# Exonérations douanières et mobilisation des recettes en zone CEMAC

*Contribution à l'étude de la politique fiscale à partir de l'exemple camerounais*

Bruno NZOYEM

# Exonérations douanières et mobilisation des recettes en zone CEMAC

*Contribution à l'étude de la politique fiscale à partir de l'exemple camerounais*

*Préface d'Edwin FONGOD NUVAGA*

L'Harmattan
Cameroun

Du même auteur

*La responsabilité fiscale du notaire en matière immobilière et successorale au Cameroun,* L'Harmattan, 2020.


**5-7, rue de l'Ecole-Polytechnique, 75005 Paris**

http://www.editions-harmattan.fr

ISBN : 978-2-14-034680-4
EAN : 9782140346804

À ma chère épouse
Que ce travail serve d'aiguillon, de boussole à nos enfants

À mes bien-aimés, Pierre TCHINDA, Freddy Patrick ENDOMBA,
partis très tôt

À ma famille

# REMERCIEMENTS

Qu'il me soit permis de remercier sincèrement le professeur Aaron Logmo Mbelek, notre directeur de thèse qui n'a ménagé aucun effort pour l'aboutissement de ce travail.

Je tiens à exprimer ma profonde reconnaissance à monsieur Edwin Fongod Nuvaga, Directeur général des douanes de la République du Cameroun, pour toute la bienveillance accordée à ma carrière administrative.

Mes remerciements s'adressent aussi à toutes les personnes qui ont largement contribué à la réalisation de ce livre à travers des échanges fructueux, et tout particulièrement aux professeurs Hervé Moneboulou Minkada, Begni Bagagna, Christian Joël Akono, Etienne Joël Louis Atangana, Etienne Mbandji Mbena ; aux docteurs David Bienvenu Nkaké Ekongolo et Lazare Kameni ; et à Mariette Bome Ekalle, Daniel Tongning et Jean Claude Ekoube pour la documentation, Dagobert Njomeni pour la relecture.

Je ne peux terminer sans remercier mon épouse, mes enfants, ma famille et ma belle-famille pour tous les soins affectifs manifestés tout au long de la rédaction de cet ouvrage.

# REMERCIEMENTS

# PRÉFACE

La mobilisation des recettes fiscales reste un défi majeur pour les administrations fiscales en zone CEMAC. Ce défi est plus prégnant, plus pressant au regard de nombreuses sollicitations financières auxquelles font face nos États. Cependant, la fonction de mobilisation est désormais contrainte par une prolifération des exonérations douanières laissant transparaître une dépense fiscale croissante et un taux de pression fiscale faible en zone CEMAC. C'est donc à juste titre que Bruno NZOYEM consacre tout un ouvrage à cette problématique dans une perspective contributive.

L'auteur a pertinemment choisi de mettre en exergue un thème d'actualité et bien controversé du paysage fiscal. Plus qu'une simple réflexion, ce travail est une étude profonde et méthodique, une invite sérieuse, pour une mise en œuvre harmonieuse des politiques fiscales en zone CEMAC. Aussi, cette étude s'inscrit dans un contexte de recherche de la performance pour les administrations fiscales en zone CEMAC. Elle intervient dans le prolongement des réflexions sur les contraintes à la dynamique communautaire de renforcement des capacités fiscales des États membres.

Sans prétendre exposer de façon exhaustive l'ensemble de l'ouvrage, certains éléments importants méritent d'être soulignés. À la question de savoir si le système camerounais d'exonérations douanières est en adéquation avec les objectifs de mobilisation de recettes en zone CEMAC, l'auteur répond par la négative. Il en profite pour dresser un état des lieux sombre de ce système en faisant observer une conception large des exonérations douanières en lieu et place d'une conception restrictive telle que préconisée par les instances communautaires. La faute à une multiplicité d'objectifs socioéconomiques qui condamnent les États à une utilisation abusive de l'outil fiscal.

Bien plus, le constat fait au niveau de la mise en œuvre des exonérations douanières n'est guère reluisant. L'on assiste à une pratique dévoyée, attestée par le non-respect des principes et exigences communautaires, notamment le non-accomplissement de l'obligation de notification et de l'accord préalable de la Commission CEMAC illustré par des manipulations unilatérales du Tarif, de généralisation des exonérations de TVA, de l'absence de transparence, de proportionnalité et de durée limitée des régimes dérogatoires. En outre, d'après l'auteur, cette mise en œuvre lacunaire se retrouve au niveau d'une gestion jugée défaillante et inappropriée. L'on note ainsi une absence de stratégie globale de suivi et de contrôle des exonérations douanières dans l'espace CEMAC. Toute chose de nature à favoriser le rétrécissement de la base taxable.

Bruno NZOYEM dans la suite de son analyse met en exergue une politique basée sur les exonérations douanières dont la pertinence est questionnable. La logique socioéconomique et politique des exonérations n'étant pas compatible avec l'impératif de rendement budgétaire. En effet, les exonérations douanières sont attentatoires aux recettes douanières sans une contrepartie avérée en termes de création d'emplois, de transformation de nos produits de base et surtout de réduction du déficit social. Plusieurs grilles de lecture théorique ou empirique ont stigmatisé l'inefficience socioéconomique des exonérations douanières. Malgré cela, il demeure constant que ces dernières constituent un instrument de politique économique aux mains du pouvoir politique pour orienter l'économie.

Dans la même veine, au sein de l'espace CEMAC les exonérations douanières ont facilité la baisse des recettes douanières par des pratiques peu orthodoxes selon l'auteur. Aussi, les exonérations douanières sont considérées comme d'importantes niches de fraudes et de corruption. Dans cette perspective, les nombreux agréments fiscaux accordés de manière discrétionnaire ne sont pas exempts de tout reproche. Ils sont devenus la cible de nombreux conseillers en défiscalisation à la recherche de gains fiscaux faciles tout en exacerbant la course effrénée vers le moins-disant fiscal. À cette allure, l'on observe pour le déplorer l'évitement fiscal, l'optimisation fiscale agressive, l'opacité et autres. Tout y passe et constitue un sérieux handicap au décollage économique des États membres de la CEMAC.

Au total, l'auteur fait observer une politique fiscale exonératoire incompréhensible, inefficace, incohérente, irrationnelle, inappropriée, porteuse de germes de fraudes, insuffisamment adossée à la stratégie nationale de développement, véritable facteur de déperdition des recettes douanières et fiscales au sein de l'espace CEMAC. Face à ce constat pour le moins désolant, l'auteur fait de nombreuses propositions allant dans le sens d'une amélioration de la gouvernance des exonérations douanières en zone CEMAC. Il est ainsi nécessaire que les politiques basées sur les exonérations soient bien redéfinies, mieux rationalisées, plus harmonisées et bien plus viables budgétairement.

Au rang des propositions, Bruno NZOYEM préconise une rationalisation plus poussée des exonérations douanières en zone CEMAC. La rationalisation postule une utilisation plus stratégique et restrictive des exonérations douanières au travers d'un meilleur ciblage. Au regard de son poids financier, toute exonération devrait concourir à la poursuite d'un objectif précis et en cohérence avec la stratégie nationale de développement du pays, être précédée d'une évaluation de l'impact ou d'une estimation chiffrée, être consacrée par une loi et avoir une durée limitée afin d'être régulièrement examinée par une structure compétente créée à cet effet.

Toujours à en croire Bruno NZOYEM, le deuxième volet de la rationalisation porte sur l'administration ou mieux la gestion appropriée des exonérations douanières. Il est désormais question de mettre en place un dispositif approprié et efficace de suivi et de contrôle des exonérations douanières, tout en intégrant la dimension éthique et de bonne gouvernance. En clair, il faut accompagner les services douaniers dans la sélection des entreprises à fort potentiel de risques en ciblant celles qui ont détourné de leur destination autorisée les biens importés en exonération. Bien plus, pour l'auteur, il faudrait améliorer le suivi particulier des entreprises admises au régime des incitations à l'investissement privé en procédant à l'audit général des facilités douanières octroyées tout en renforçant le régime de sanctions en matière de fraude afin de sécuriser les recettes fiscales.

Au-delà de la nécessaire maîtrise de la dépense fiscale, le deuxième aspect des propositions de l'auteur porte sur l'approfondissement de l'harmonisation douanière en zone CEMAC. L'objectif à ce niveau est d'aboutir à une certaine neutralité fiscale. Aussi, en réponse au foisonnement désordonné des exonérations douanières et autres dysfonctionnements observés au niveau des États membres de l'espace CEMAC, le renforcement de l'harmonisation douanière s'offre comme la voie de salut et gage d'une mobilisation optimale des recettes fiscales. Cet approfondissement passe par un meilleur encadrement communautaire des politiques fiscales des États membres à travers la réaffirmation de la primauté du droit communautaire, l'application homogène et directe de ce droit et une dynamisation des instances communautaires chargées du contrôle des aides publiques fiscales notamment la Commission CEMAC et la Cour de justice communautaire.

Cependant, toutes ces propositions ne peuvent trouver meilleure réalisation ou implémentation qu'à travers un climat des affaires favorable dans l'espace CEMAC. Tout le mérite de l'ouvrage de Bruno NZOYEM repose sur la proposition de l'avènement d'un nouvel ordre fiscalo-douanier basé sur une fiscalité incitative de droit commun. Celle-ci pourra prendre en compte une baisse substantielle des droits de douane sur les matières premières et les biens d'équipement sur la base de la Loi camerounaise de 2013 révisée et surtout un consensus autour d'une fiscalité communautaire attractive et de développement.

En clair, l'ouvrage de Bruno NZOYEM propose une réflexion prospective sur le devenir des exonérations douanières et invite les États membres de la CEMAC à repenser leur développement en dépassant les paradoxes fondamentaux qui entourent les incitations fiscales surtout dans un contexte de réforme des finances publiques au regard des exigences de transparence et de performance. À cet effet, un changement de paradigme est nécessaire. Une fiscalité douanière de droit commun aussi transparente et simple que possible doit être substituée à l'exonération systématique et aux régimes dérogatoires peu efficaces pour promouvoir le développement des activités économiques.

Au bout de compte, Bruno NZOYEM fait preuve de qualités professionnelles et intellectuelles indiscutables. En témoignent la rigueur des analyses, la densité et la diversité de la bibliographie. L'ouvrage rédigé dans un style assez clair est promis à un bel avenir. Il s'adresse aux chercheurs, aux professionnels des métiers douaniers et est recommandé aux acteurs de la sphère publique chargés de l'élaboration et de la mise en œuvre de la politique fiscale en zone CEMAC. Les agences de promotion d'investissement et d'attractivité du territoire ne sont pas en reste. La Direction générale des Douanes fera siennes les recommandations pertinentes issues de cet important ouvrage que je vous invite à parcourir. La consolidation budgétaire et la modernisation des finances publiques en dépendent largement.

Bonne lecture !

**Edwin FONGOD NUVAGA,**

*Directeur général des douanes*
*de la République du Cameroun.*

# LISTE DES SIGLES ET ABRÉVIATIONS

**ACP** : Afrique Caraïbes et Pacifiques
**ACP/UE** : Afrique Caraïbes et Pacifique/Union européenne
**AFRITAC** : African Technical Assistance Centre
**ALUCAM** : Aluminium du Cameroun
**AMGI** : Agence multilatérale de garantie des investissements
**AMI** : Accords multilatéraux d'investissements
**APE** : Accords de partenariat économique
**API** : Agence de promotion des investissements
**APME** : Agence de promotion des petites et moyennes entreprises
**ASECNA** : Agence pour la sécurité de la navigation aérienne en Afrique et à Madagascar
**ATAF** : African Tax Administration Forum
**BAD** : Banque africaine de développement
**BAE** : Bon à enlever
**BEAC** : Banque des États de l'Afrique centrale
**BEPS** : Base Erosion Profit Shifting;
**BM** : Banque mondiale
**BTP** : Bâtiments et travaux publics
**CAE** : Communauté de l'Afrique de l'Est
**CAMCIS** : Cameroon Customs Information System
**CD** : Code des douanes
**CE** : Communauté européenne
**CEDEAO** : Communauté économique des États d'Afrique de l'Ouest
**CEEAC** : Communauté économique des États de l'Afrique Centrale
**CEMAC** : Communauté économique et monétaire de l'Afrique Centrale
**CESE** : Conseil économique social en France
**CICAM** : Cotonnière industrielle du Cameroun

**CIF** : Conférence internationale de travail

**CIMENCAM** : Cimenterie du Cameroun

**CIRDI** : Agence internationale pour le règlement des différends relatifs aux investissements

**CNC** : Commission nationale de la concurrence

**CNUCED** : Conférence des Nations Unies sur le commerce et le développement

**COBAC** : Commission bancaire de l'Afrique centrale

**COMESA** : Marché commun de l'Afrique orientale et australe

**CONAC** : Commission nationale anticorruption

**CREDAF** : Cercle de réflexion et d'échanges des dirigeants des administrations fiscales

**DA** : Droit d'accises

**DD** : Droit de douane

**DDI** : Droit de douane à l'importation

**DF** : Dépense fiscale

**DGB** : Direction générale du budget

**DGD** : Direction générale des douanes

**DGD4** : Division de l'informatique en douane

**DGI** : Direction générale des Impôts

**DGT** : Direction générale du Trésor

**DSCE** : Document de stratégie de la croissance et de l'emploi

**DSF** : Déclaration statistique et fiscale

**ECAM** : Enquête camerounaise auprès des ménages

**FERDI** : Fondation pour les études et recherches sur le développement international

**FMI** : Fonds monétaire international

**FNE** : Fonds national de l'emploi

**GABAC** : Groupe d'action contre le blanchiment d'argent en Afrique centrale

**GICAM** : Groupement inter patronal du Cameroun

**GUCE** : Guichet unique du commerce extérieur

**HALCOMI** : Halte au commerce illicite

**ICAI** : Impôt sur le chiffre d'affaires intérieur

**IDE** : Investissement direct étranger

**IHD** : Indice du développement humain

**INS** : Institut national de la statistique

**IRPP** : Impôt sur le revenu des personnes physiques

**IS** : Impôt sur les sociétés

**MINFI** : Ministère des Finances

**MRI** : Mobilisation des ressources intérieures

**NIU** : Numéro d'identifiant unique

**OCDE** : Organisation de coopération et de développement économique

**ODD** : Objectifs de développement durable

**OEA** : Opérateur économique agréé

**OHADA** : Organisation pour l'harmonisation en Afrique du droit des affaires

**OIT** : Organisation internationale du travail

**OMC** : Organisation mondiale du commerce

**OMD** : Objectifs du millénaire pour le développement

**OMD** : Organisation mondiale des douanes

**OMS** : Organisation mondiale de la santé

**ONG** : Organisation non gouvernementale

**ONUDI** : Organisation des Nations Unies pour le développement industriel

**PAGODE** : Procédure automatisée de gestion des opérations douanières et de commerce extérieur

**PED** : Pays en développement

**PER** : Programme économique régional

**PIB** : Produit intérieur brut

**PM** : Premier ministre

**PMA** : Pays les moins avancés

**PME** : Petites et moyennes entreprises

**PPTE** : Pays pauvres très endettés

**PREF-CEMAC** : Programme des réformes économiques et financières de la CEMAC

**PRR** : Programme régional des réformes fiscales et douanières

**PSA** : Plan d'ajustement structurel
**RCA** : République centrafricaine
**S.I.I.O** : Système d'information interorganisationnel
**SABC** : Société anonyme des Brasseries du Cameroun
**SFR** : Système fiscal de référence
**SND30 :** Stratégie nationale de développement à l'horizon 2030
**SNH** : Société nationale des hydrocarbures
**SODECOTON** : Société de développement du coton
**SONARA** : Société nationale de raffinage
**SYDONIA** : Système douanier automatisé
**TBI** : Traités bilatéraux d'investissements
**TCA** : Taxe sur le chiffre d'affaires
**TEC** : Tarif extérieur commun
**TFUE** : Traité sur le fonctionnement de l'Union européenne
**TIC** : Technologies de l'information et de la communication
**TPG** : Tarif préférentiel généralisé
**TU** : Taxe unique
**TUE** : Traité sur l'Union européenne
**TVA** : Taxe sur la valeur ajoutée
**UA** : Union africaine
**UDEAC** : Union douanière et économique de l'Afrique centrale
**UE** : Union européenne
**UEAC** : Union économique de l'Afrique Centrale
**UEMOA** : Union économique et monétaire ouest-africaine
**UMAC** : Union Monétaire de l'Afrique Centrale
**UNESCO** : Organisation des Nations Unies pour l'éducation, la science et la culture
**UPI** : Unités de production informelles
**WEF** : World Economic Forum
**ZF** : Zone franche
**ZLECA** : Zone de libre-échange continental africaine

# LISTE DES TABLEAUX ET GRAPHIQUES

# RÉSUMÉ

Dans l'intérêt d'assainir les finances publiques des États membres de la CEMAC tout en atteignant la cible communautaire en matière de pression fiscale désormais fixée au-delà de 20 % du PIB, les instances communautaires de la zone CEMAC ont fait du recouvrement systématique des recettes fiscales le credo de la réforme fiscale et douanière de 1994. À cet effet, la réforme a jeté son dévolu sur une conception limitative des exonérations fiscales et l'interdiction des conventions particulières ou tout au moins leur conformité aux exigences communautaires. Cependant, la mise en œuvre des politiques fiscales des États membres au niveau des régimes dérogatoires révèle un état des lieux assez préoccupant. La présente étude met en évidence un système d'exonérations assez lacunaire, où foisonnent non-respect des règles et principes communautaires, fraude à l'exonération, opacité, incivisme fiscal et bien d'autres. L'on assiste impuissant à une multiplication des agréments fiscaux et des conventions particulières. La faute à une conception large des exonérations douanières doublée d'un système de gestion et de suivi questionnable.

Cette prolifération incontrôlée traduit une politique fiscale exonératoire expansive engagée désormais par les États membres dans l'espoir d'attirer les investisseurs et lutter contre la pauvreté. Ces politiques exonératoires affaiblissent le rendement de l'impôt douanier et compromettent l'atteinte des objectifs assignés aux administrations douanières sans une contrepartie avérée en termes de croissance, de création d'emplois et de réduction du déficit social. Au regard de cette tendance, les exonérations douanières telles que déployées sont attentatoires aux recettes et incompatibles à toute stratégie de mobilisation optimale de ces recettes. Face à cette situation, et dans la perspective d'amélioration des recettes, une nouvelle approche des exonérations douanières à deux détentes est désormais envisageable.

Au niveau national, une meilleure rationalisation des politiques fiscales exonératoires doit être envisagée afin d'aboutir à une utilisation modérée, efficace et plus stratégique des exonérations douanières. Cela postule également un audit régulier et périodique de ces exonérations douanières et par-dessus tout, la quête d'une maîtrise totale de la dépense fiscale de porte. Au plan communautaire, une poursuite de l'harmonisation douanière s'impose à travers la réaffirmation de la primauté de la réglementation communautaire tout en l'adaptant aux réalités socioéconomiques des États. Une harmonisation consensuelle de la fiscalité incitative de même qu'une réactivation du processus de surveillance et de coercition doivent se conjuguer pour le respect de la réglementation communautaire. À cela s'ajoute un approfondissement de l'harmonisation douanière au travers d'une amélioration du climat des investissements et des affaires en zone CEMAC.

# SOMMAIRE

# PROPOS INTRODUCTIF

La problématique de mobilisation des ressources fiscales n'épargne aucun État du monde. Elle intéresse aussi bien les pays développés que ceux en développement[1]. Toutes les zones d'intégration régionale sont aussi concernées par cette préoccupation récurrente[2]. Dans ces différentes zones et surtout en Afrique, les obstacles à un renforcement de la mobilisation des recettes existent, mais à des degrés divers. Parmi ces contraintes, l'on cite généralement la corruption omniprésente[3], le système financier peu développé, la faiblesse des politiques fiscales[4], le fonctionnement inadéquat des administrations fiscales[5], le développement de l'économie parallèle[6], la libéralisation des échanges commerciaux, la fraude et l'évasion fiscale[7] et surtout la concurrence fiscale. S'agissant de la concurrence fiscale[8], le rendement de l'imposition en zone CEMAC est largement affecté par des dispositifs d'incitation à l'investissement, basés sur des exemptions et des dégrèvements accordés à diverses catégories d'opérateurs économiques[9]. Les préoccupations d'efficacité et d'amélioration des recettes commandent de faire une incursion dans ce domaine de contraintes et d'obstacles, ce qui

---

[1] Il existe de fortes disparités entre les pays ; une comparaison des ratios impôts / PIB met en lumière les écarts en termes d'importance de recettes fiscales, celles-ci représentant de 10,8 % à 30 % du PIB en Afrique, de 11,8 % à 30,7 % en Asie, de 12,4 % à 38,6 % dans la région Amérique Caraïbes et de 16,2% à 45,9 % dans la zone OCDE.

[2] La contribution varie d'un pays à l'autre, d'une zone à une autre, en fonction principalement des efforts déployés à l'échelle nationale pour innover et diversifier les sources de recettes. Chaque pays choisissant ses sources de recettes en fonction de son contexte économique, de ses objectifs de développement et de ses groupes cibles.

[3] Sur les analyses concernant la corruption, lire GBEWOPO Attila, *Corruption, fiscalité et croissance économique dans les pays en développement,* Thèse de doctorat, Université d'Auvergne-Clermont-Ferrand, 2007, 345 pages ; lire aussi, DJEUWO Marcellin, « La corruption dans le management des ressources humaines de l'administration douanière », *Afrique contemporaine*, n° 230, 2009, pp. 55-67. Lire aussi, GBEWOPO Attila, CHAMBAS Gérard, COMBES Jean-Louis, « Corruption et mobilisation des recettes publiques : une analyse économique », *Recherches économiques de Louvain*, 2009, pp. 229-253.

[4] DIEYE MOHAMED « Quelle politique fiscale pour impulser le développement du marché financier régional de l'UEMOA ? », *Afrilex* N° 4, pp. 27-38.

[5] BAZIN Guillaume, « Les administrations fiscales : une efficacité en question », *Pouvoirs*, n° 151, 2014, pp. 71-85.

[6] BACKINY-YETNA Prosper, « Secteur informel, fiscalité et équité, l'exemple du Cameroun », *Stateco,* N° 104, 2009, pp. 92-108

[7] Sur le la fraude fiscale, lire BACCONNIER Robert et TALY Michel, « Fraude fiscale : caractérisation et enjeux », *Rapport moral sur l'argent dans le monde,* 2005, pp. 195-205.

[8] Voir par exemple, MURRATH Anne, « La concurrence fiscale », *Accountancy &Tax*, n° 1, 2003, pp. 15-19 ; lire aussi, CHANCEUX Jacques, HUGOUNENQ Réjane, MADIES Thierry, « Diversité des fiscalités européennes et risques de concurrence fiscale », *Revue de L'OFCE* n° 70, 1999 ; PEIFFERT Olivier, « À la recherche d'une exigence de concurrence fiscale loyale en droit de l'Union européenne », *Civitas Europa*, N° 29, 2012, pp. 103-135.

[9] Sur ce sujet, lire LOGMO MBELEK Aaron, « Fiscalité et développement : la problématique du rendement », *REVUE EDJA*, Droit des pays africains de la zone franc, pp. 9-26.

motive le titre de cet ouvrage : **« Exonérations douanières et mobilisation des recettes en zone CEMAC : contribution à l'étude de la politique fiscale à partir de l'exemple camerounais ».**

Cette étude intervient dans un contexte **(section I)** qu'il importe de mettre en exergue, en même temps qu'il serait convenant de clarifier le champ de recherche **(section II),** et de préciser la démarche méthodologique **(section III)**.

## SECTION I : LE CONTEXTE GÉNÉRAL DE L'ÉTUDE

Les enjeux liés à la mobilisation des ressources intérieures ont toujours fait l'objet d'une attention soutenue de la part des pouvoirs publics nationaux[10] et de la communauté internationale. Cette tendance a d'ailleurs été réaffirmée à plusieurs reprises dans les conférences internationales[11]. Dans ce sillage, les différentes conférences sur le financement du développement ont mis l'accent sur la nécessité de renforcer la mobilisation des ressources internes des pays africains en vue de contribuer à l'atteinte des objectifs de développement durable (ODD)[12].

La mobilisation des recettes fiscales [13]est pour les pays africains une urgence au regard de nombreux besoins en financement du développement. Cette mobilisation des recettes fiscales constitue une source non négligeable, durable et prévisible de financement du développement et permet de dégager un espace budgétaire utilisable pour le financement des dépenses

---

[10] Au Cameroun par exemple, suite à la crise économique des années 80 et les programmes d'ajustement qui ont suivi, la mobilisation optimale des recettes fiscales de l'État a été érigée en priorité des priorités. Voir dans ce sens, ATANGA FONGUE Roland, *Contrôle fiscal et protection du contribuable dans un contexte d'ajustement structurel : le cas du Cameroun*, Paris, L'Harmattan, 2007, 342 p. aussi, EVINA OBAM Richard, *La politique fiscale au Cameroun depuis les années 1980*, Paris, L'Harmattan, 2016, 417 pages, et le rapport général sur la réforme fiscale au Cameroun.

[11] Il s'agit principalement de la conférence de Monterrey de 2002, la conférence de Doha de 2008, la conférence d'Addis- Abeba de 2013, et de la conférence d'Abidjan de 2018. Lors de toutes ces conférences internationales de suivi sur le financement du développement, la mobilisation des ressources financières nationales notamment fiscales a été considérée comme cruciale pour réaliser le développement durable.

[12] Les 17 objectifs de développement durable (ODD ou agenda 2030) ont été adoptés en septembre 2015 par 193 pays des Nations Unies, à la suite des objectifs du millénaire pour le développement (OMD). Ils constituent un plan d'action pour la paix, l'humanité, la planète et la prospérité, nécessitant la mise en œuvre de partenariats multiacteurs. Ils ambitionnent de transformer nos sociétés en éradiquant la pauvreté et en assurant une transition juste.

[13] Voir par exemple, SEGURA-UBIERGO Alex (dir), « Mobilisation des recettes fiscales en Afrique subsaharienne : quelles sont les possibilités ? », pour ces auteurs, la mobilisation des recettes fiscales est l'un des défis les plus pressants qui se posent aux pouvoirs publics des pays d'Afrique subsaharienne. Voir aussi JACQUEMOT Pierre et RAFFINOT Marc, « La mobilisation fiscale en Afrique », *Revue d'économie financière*, 2018, pp. 243-263.

prioritaires[14]. Dans cette perspective, les impôts en général et ceux douaniers en particulier constituent une ressource intérieure importante qui peut avoir des retombées sur d'autres résultats économiques et sociaux[15]. Cette urgence est encore plus marquée dans les pays de la zone CEMAC qui offrent un environnement défavorable à la mobilisation des recettes[16]. Ils ont une économie pour l'essentiel non diversifiée, très dépendante du pétrole [17]et un marché régional encore inexploité. Le contexte dans cette zone est évolutif et oscille entre crises multiformes et reprise fragile (A), la présence de fortes incitations à l'investissement (B) et la nécessité malgré tout d'augmenter les recettes fiscales (C).

### A- Un contexte de crises multiformes et de reprise fragile en zone CEMAC

De nombreux défis restent à surmonter par les pays de la CEMAC. Il s'agit entre autres de l'atteinte des ODD à l'horizon 2030, et surtout la quête de l'émergence. Une mobilisation plus accrue des ressources fiscales s'avère comme un préalable à la réalisation de tels objectifs. Pourtant, le contexte en zone CEMAC est marqué par une triple crise : une crise économique (1), une crise sécuritaire, une crise humanitaire et sanitaire (2).

#### 1. La persistance de la crise économique en zone CEMAC

Les économies de la zone CEMAC sont confrontées depuis un certain temps aux chocs multiples causés par un environnement particulièrement instable et difficile. La raréfaction de l'aide publique au développement, le renchérissement de la dette et la forte baisse des recettes pétrolières depuis 2014 continuent de handicaper la région. Ces deux dernières années, le taux de croissance économique de la région CEMAC est négatif, les déséquilibres

---

[14] BOISSET Louis, EHRHART Hélène, « La mobilisation fiscale dans les pays de la zone franc : principaux enseignements sur longue période », *Revue Techniques financières et développement*, 2014/2 N°115, pp. 15-28.

[15] À ce sujet lire l'article de GREGORY DE PAEPE et BEN DICKINSON, "Les recettes fiscales, moteur du développement durable », Coopération pour le développement 2014, mobiliser les ressources au service du développement durable, OCDE, 2015. Les recettes fiscales donnent aux États les ressources nécessaires à l'investissement dans le développement, la réduction de la pauvreté et la fourniture de services publics, ainsi que dans le renforcement des capacités de l'État, de sa redevabilité et de son aptitude à répondre aux attentes des citoyens.

[16] CHAMBAS Gérard (dir.), *Afrique au sud du Sahara : mobiliser des ressources fiscales pour le développement*, Paris, Économica, p. 1.

[17] Le pétrole représente environ 20 % du PIB de la région et à peu près 75 % des exportations de marchandises. Les recettes fiscales et non fiscales liées au pétrole contribuent à plus de 40 % des recettes totales. Source, CEMAC, Programme des réformes économiques et financières de la CEMAC (PREF-CEMAC), *FERDI*, août 2017.

budgétaires et extérieurs se sont creusés, la dette publique a augmenté rapidement et la vulnérabilité du secteur financier s'est aggravée[18].

Cette crise économique a connu un net recul au début de l'année 2018. Ainsi, dans la zone CEMAC, la croissance économique a été de 1,7 % en 2018 (contre 0,2 % en 2017), 3,3 % en 2019, et est projetée au même niveau en 2020. Cette bonne tenue est liée à une progression sensible des activités du secteur pétrolier, conjuguée à un maintien du rythme de progression des activités dans les autres secteurs. Sur ce fondement, la croissance suit une tendance à la hausse, mais reste vulnérable aux fluctuations des cours des produits de base et ne peut combler les attentes nées des crises sécuritaire, humanitaire et bientôt sanitaire[19]. Cependant, la projection de 2020 du Cameroun a été vite revue à la baisse avec la survenue de la COVID-19. Cette dernière va entraîner un ralentissement de la croissance laissant ainsi prospérer les crises sécuritaire, humanitaire et sanitaire.

### 2. L'accentuation des crises sécuritaire, humanitaire et sanitaire en zone CEMAC

Les défis sécuritaires continuent d'exercer une forte pression sur les budgets des États. La crise sécuritaire [20]dans la zone CEMAC est caractérisée par la persistance des menaces terroristes dans le bassin du lac Tchad, la poursuite des exactions des groupes armés en Centrafrique et dans les régions du Nord- ouest et sud- ouest du Cameroun, plombant les activités dans les filières banane, caoutchouc et huile de palme. Cette crise sécuritaire en a également engendré une autre, celle de l'afflux massif des réfugiés et des personnes déplacées. Ces différentes crises se sont traduites sur le plan économique par un ralentissement de la croissance, une détérioration des comptes des finances publiques, une accentuation du déficit de la balance courante et une baisse accrue des avoirs en réserves, mettant ainsi à rude épreuve la stabilité du cadre macroéconomique de la sous-région à court et à moyen terme[21].

Ce contexte de grande vulnérabilité oblige la zone CEMAC à mettre en œuvre des mesures rapides et volontaristes, conjoncturelles, mais aussi structurelles tant au niveau régional que national. Les autorités nationales de

---

[18] Voir le rapport des services du FMI sur les politiques communes des pays membres et sur les politiques communes à l'appui des programmes de réforme des pays membres, novembre 2017.
[19] Crise sanitaire avec l'apparition du covid-19 et ses effets néfastes sur l'économie et les finances publiques. Cette crise s'est traduite sur le plan économique par un ralentissement de la croissance, une détérioration des comptes des finances publiques et mettant à rude épreuve la stabilité du cadre macroéconomique de la sous-région.
[20] Pour plus d'éclairage, lire POKAM Hilaire de Prince, *Le Cameroun à l'épreuve de l'insécurité en Afrique centrale depuis le nouveau millénaire*, Paris, L'Harmattan, 2018, 249 pages.
[21] CEMAC, PREF, *op. cit.*

la CEMAC mettent en œuvre des politiques d'assainissement des finances publiques afin de rétablir leur stabilité extérieure et budgétaire, avec le soutien du FMI dans quatre pays (Cameroun, Gabon, République centrafricaine et Tchad). Dans la perspective de sortie des crises, il est préconisé dans le cadre du Programme de réformes économiques et financières (PREF-CEMAC)[22], une série d'actions à mettre en œuvre pour stabiliser le cadre macroéconomique et opérer une transformation structurelle des économies de la CEMAC. Parmi ces actions, le renforcement de la mobilisation des recettes non pétrolières et surtout des recettes douanières tient une place de choix au sein de la zone. Ainsi, le besoin de mobiliser et de sécuriser les recettes douanières en particulier, a été identifié par les experts du FMI comme une question majeure à prendre en considération par les États membres. D'ailleurs, la pression s'est trouvée particulièrement accentuée du fait des besoins plus accrus en ressources, nécessités par la forte accélération de la mise en œuvre des programmes de développement[23]. Cette emphase sur la mobilisation des recettes, réaffirmée lors de nombreuses conférences internationales, démontre à suffisance qu'aucun développement ne peut se faire sans un accroissement de recettes. Dès lors, une mobilisation optimale des ressources fiscales devient la condition *sine qua non* à la réussite des politiques de développement au sein des États. Toutefois, le recouvrement systématique des recettes en zone CEMAC est limité par un contexte de fortes incitations à l'investissement.

### B- Un contexte de fortes incitations à l'investissement et d'instauration des régimes dérogatoires

Le contexte de la zone CEMAC est caractérisé par de fortes incitations à l'investissement (1) avec pour conséquence la résurgence des régimes dérogatoires (2).

#### 1. Un contexte de fortes incitations à l'investissement

Le contexte actuel de mondialisation des rapports économiques au cours des dernières décennies a poussé les gouvernements du monde entier à placer les investissements au cœur des politiques gouvernementales[24]. Ainsi, dans la

---

[22] CEMAC, Programme des réformes économiques et financières de la CEMAC, août 2017, Les autorités nationales et les institutions régionales de la communauté économique et monétaire de l'Afrique centrale (CEMAC) ont entamé la mise en œuvre de la stratégie régionale, adoptée en décembre 2016 qui contribuera à prévenir l'épuisement des réserves et soutenir le régime de l'union monétaire. Ainsi, les mesures visant à accroître les recettes non pétrolières devraient jouer un rôle plus déterminant dans l'assainissement des finances publiques.

[23] OUSMANE MEY Alamine, Avant-propos du rapport annuel DGI, 2015, p.6.

[24] MEMPHIL NDI Evelyne-Patience, *Attractivité économique des investissements directs étrangers en zone CEMAC : harmonisation des instruments juridiques aux règles internationales*, Thèse de doctorat, Université Nice Sophia Antipolis, 2015, p. 14.

zone CEMAC, l'investissement est devenu au fil des années l'épicentre de la croissance économique des États, de la productivité et la pérennité des emplois, et par ricochet, du bien-être social des populations[25]. Plus globalement, il est question pour les États membres de parvenir à une offre infrastructurelle suffisante afin de favoriser l'éclosion d'un système productif, performant et créateur de richesses et d'emplois. Dans ce contexte de fortes incitations, la concurrence est rude entre les différents États membres de la zone. Aussi, la fiscalité demeure l'un, voire le principal facteur pour attirer les investisseurs aussi bien nationaux qu'étrangers.

Les États membres de la zone CEMAC appliquent des codes spécifiques nationaux (code des investissements, code minier, code forestier, code pétrolier) dont les objectifs sont multiples et les instruments d'incitations souvent nombreux et variés[26]. Ces dispositifs sont très éloignés des préconisations de la Charte des investissements adoptée en 1999[27]. Aussi, tous les pays de la zone CEMAC, indépendamment de la dynamique d'intégration économique qui appelle à une harmonisation plus marquée des systèmes fiscaux étatiques[28], se livrent à un bradage fiscal pour attirer les investissements étrangers. Cette situation conduit à une multiplicité des exonérations douanières et fiscales aboutissant à une incohérence des systèmes d'incitations économiques. Malgré l'encadrement communautaire, l'on observe ainsi, une application dévoyée de la réglementation douanière en zone CEMAC à travers la prolifération des régimes dérogatoires pour des objectifs extrabudgétaires.

### 2. Un contexte d'instauration des régimes dérogatoires

La zone CEMAC a mis en place un cadre de législations harmonisées pour la fiscalité directe et indirecte avec l'objectif de limiter les distorsions susceptibles de modifier les localisations d'activités entre pays membres. Cependant, cette harmonisation demeure partielle. L'un des traits caractéristiques de cette zone est la présence massive des régimes dérogatoires dont l'objectif annoncé est d'encourager les investissements productifs nationaux et étrangers. La tentation est alors grande pour les États membres

---

[25] *Idem.*

[26] CADOT Olivier, CALIPEL Stéphane, CHAMBAS Gérard, GEOURJON Anne-Marie, QUARTREBARBES Céline LAPORTE Bertrand, « Intégration commerciale et harmonisation fiscale », in GEOURJON Anne-Marie, GUERINEAU Samuel, GUILLAUMONT Patrick, GUILLAUMONT Sylvianne (dir.), *Intégration régionale pour le développement en zone franc*, Paris, Économica, p.97.

[27] Règlement n°17/99/CEMAC-20-CM-03 du 17 décembre 1999 relatif à la Charte des investissements de la CEMAC.

[28] NIANE Abdoulaye, *Fiscalité et intégration économique, le cas du système fiscal sénégalais dans l'UEMOA*, Paris, L'Harmattan, 2013, p. 11.

de s'écarter des règles communes pour arrimer leur fiscalité à leurs intérêts économiques ou aux exigences d'une conjoncture particulière[29].

Les États membres de la CEMAC, dans la quête de l'attractivité de leur territoire, dans un but plus ou moins avoué de promouvoir le développement économique et social et très souvent pour des raisons critiquables (notamment politiques, à travers la lutte contre l'instabilité sociopolitique), ont mis en place des régimes dérogatoires dans lesquels les exonérations douanières tiennent une place de choix, et ce, en totale contradiction avec les prescriptions communautaires. La fiscalité est dès lors considérée par ces États membres comme un élément de stratégie économique et sociale, autrement dit, un levier pour orienter le devenir économique et social de leurs concitoyens[30]. Bien que cet objectif soit louable, le sacrifice fiscal ne saurait être justifié seulement par des effets visiblement positifs des interventions étatiques, assis sur une parfaite lisibilité du dispositif d'aide et un schéma de gouvernance clair, efficace et parfaitement maîtrisé. Le constat semble indiquer que l'on est retombé dans les avatars, les travers de la période d'avant la réforme fiscalo-douanière de 1994[31]caractérisée par une prolifération décriée des exonérations fiscales en général et douanières en particulier.

Les exonérations douanières apparaissent en lame de fond des difficultés économiques et financières que traverse la zone CEMAC ces dernières années. La persistance des exonérations dans cet espace avait été fermement décriée par le FMI lors de la réunion des ministres des Finances des États membres en janvier 2016 et explicitement rappelée aux chefs d'État de la zone CEMAC en décembre de la même année. D'après les experts du FMI[32], il est temps de prendre conscience de l'importance de la lutte contre ce phénomène fiscal grandissant. Avec l'explosion des déficits budgétaires, les États ont en effet besoin de financement, d'où l'intérêt suscité pour recouvrer les importantes recettes qui échappent à l'administration douanière. La position du FMI ne surprend pas, car la logique fiscale est prédominante au sein de cette institution. Mais, notre approche consiste plus à nous interroger sur l'efficacité et la pertinence des choix opérés par les gouvernements à travers les exonérations douanières.

La crise économique traversée par la zone CEMAC a relancé l'attention sur les exonérations fiscales en général. Ces dernières ont sans nul doute une certaine part de responsabilité dans l'émergence de la crise économique. Pour

---

29 CASTAGNEDE Bernard, préface du livre de IREH ASSIM Thomas, *TVA en Afrique centrale*, Paris, l'Harmattan, 2012, p. 11.

30 CASTAGNEDE Bernard, *La politique fiscale, que sais-je* ? Paris, PUF, 2008, p. 3.

31 UDEAC, *Réforme fiscalo-douanière, nouveau régime fiscal et douanier*, édité par le secrétariat général de l'UDEAC, RCA, avril 1997.

32 CORFMAT François, GOORMAN Adrien, « Régimes douaniers suspensifs et exonérations », *in* KEEN Michael et al (dir.,), *Moderniser la douane, défis et stratégies de réforme de l'administration douanière*, FMI, 2003, pp. 103-121.

preuve, elles réduisent les revenus de l'État, pèsent sur l'épargne publique, fragilisent l'épargne nationale et pénalisent l'investissement local[33]. De plus, elles créent de profonds déséquilibres des finances publiques, réduisant ainsi la couverture des besoins financiers de l'État. C'est d'ailleurs pourquoi dans le cadre du programme économique régional, la mobilisation des ressources internes non pétrolières est un objectif prioritaire au niveau de l'assainissement des finances publiques en zone CEMAC.

### C- Un contexte de poursuite de l'assainissement budgétaire avec un objectif prioritaire : une mobilisation optimale des ressources fiscales

Le contexte de fortes tensions budgétaires fait de crises multiformes exige que les États membres de la zone CEMAC mobilisent davantage les recettes fiscales et notamment douanières[34]. Dans un tel contexte difficile, ces pays doivent intensifier leur stratégie budgétaire axée sur la mobilisation optimale des ressources fiscales intérieures. Le contexte plaide en faveur d'un rôle accru des mesures visant à augmenter les recettes non pétrolières dans la poursuite de l'assainissement budgétaire qui apparaît incontournable dans un contexte de déclin structurel des recettes pétrolières. Les États de la CEMAC doivent s'attaquer aux contraintes qui expliquent la modestie de l'effort fiscal, d'autant plus que la mobilisation des ressources fiscales intérieures est une condition au développement[35]. Au Cameroun par exemple, l'objectif de la politique budgétaire globale reste la poursuite de la consolidation budgétaire en vue d'assurer la soutenabilité à moyen et à long terme des finances publiques et garantir la bonne mise en œuvre de la Stratégie nationale de développement à l'horizon 2030 (SND30)[36].

Par ailleurs, suivant les prescriptions de la Charte des investissements de la CEMAC, en vue de l'assainissement des finances publiques, les États doivent veiller à une application rigoureuse de la réforme fiscale et douanière de 1994, notamment en ce qui concerne la limitation des régimes dérogatoires

[33] CADOT Olivier et al, « Intégration commerciale et harmonisation fiscale », *in* GEOURJON Anne-Marie, GUERINEAU Samuel, GUILLAUMONT Patrick, GUILLAUMONT Sylviane, (dir.), *Intégration régionale pour le développement en zone franc,* Paris, Économica, 2013, p. 101.

[34] Les États membres de la CEMAC doivent financer de nouvelles dépenses en capital et en infrastructures, préserver les dépenses sociales et créer des amortisseurs budgétaires contre les risques (mondiaux et sécuritaires).

[35] LAMBERT Thierry, Préface du livre, MBOUNOU-NGOPO Mathurin, *La fiscalité et l'impératif de développement de la Centrafrique*, Paris, L'Harmattan, 2019, p 12.

[36] Le gouvernement camerounais s'est doté récemment d'un nouveau cadre de référence de l'action publique, la SND-30. Cette stratégie dans le prolongement de la DSCE qui a expiré en 2019, s'inscrit dans le sens de la poursuite de l'opérationnalisation de la vision adoptée en 2009 ambitionnant de faire du Cameroun un « pays émergent, démocratique et uni dans sa diversité à l'horizon 2035 ».

et attacher du prix au recouvrement systématique des recettes fiscales et douanières, afin d'équilibrer les recettes et les dépenses publiques[37]. Les États s'engagent dans la même lancée à assurer une mise en œuvre homogène du tarif extérieur commun, à lutter contre la fraude, à limiter les régimes dérogatoires sources de distorsions et d'inefficacité[38]. Les experts du FMI admettent d'ailleurs que les mesures destinées à augmenter les recettes ont généralement une incidence moins négative sur la croissance que la coupe dans les dépenses, en particulier celles d'investissement. Aussi, les efforts doivent porter sur la quête de l'optimum fiscal capable de drainer suffisamment de ressources pour assurer les services publics tels que l'éducation, la sécurité et la santé[39]. Des possibilités d'accroissement des recettes fiscales existent et varient en fonction des potentialités de chaque État.

Cependant, à l'opposé de cette exigence, l'on observe la persistance des pratiques contraires aux normes communautaires en matière de TVA, des droits d'accises[40], une application non uniforme du tarif extérieur commun (TEC) et des règles d'évaluation. Les États membres mettent également en place de manière pléthorique les régimes douaniers dérogatoires, expression non seulement d'une volonté de démarrage économique des pays, mais aussi de relance des économies étouffées, essoufflées après des décennies d'ajustement. Cette situation de paradoxe en zone CEMAC, qui allie de manière contre-nature la mobilisation optimale des ressources et une hausse des exonérations douanières, exige que l'on recentre davantage sur le champ de l'étude.

## SECTION II : LE CHAMP DE LA RECHERCHE

Le contexte susévoqué montre l'existence d'un conflit d'objectifs consubstantiels entre les dispositifs dérogatoires multiples et le rendement de l'impôt favorable à la mobilisation fiscale optimale comme il a été voulu en zone CEMAC. Il est question d'assurer un meilleur rendement budgétaire sans compromettre les objectifs de plus grande diversification des économies de la sous-région. Ainsi, il importe de restituer le cadre de l'étude (A), l'objectif (B), l'intérêt (C), la problématique et les hypothèses de recherche (D).

---

[37] Annexe 5 Règlement n° 17/99/CEMAC-020-CM-03 relatif à la charte des investissements de la CEMAC, article2.

[38] *Ibid.*, article 16.

[39] Lire NKODO Laurent, « Optimisation des recettes dans un contexte d'incitations fiscales à l'investissement », Conférence des responsables des services centraux et extérieurs du Ministère des Finances, 2008, pp. 1-11.

[40] MEYONG ABATH Roger-Athanase, *L'harmonisation fiscale et douanière en zone CEMAC : fiscalité communautaire en Afrique centrale (Cameroun, Centrafrique, Congo, Gabon, Guinée Équatoriale, Tchad*), Berlin, Éditions universitaires européennes, 2011, p. 275.

### A- Le cadre de l'étude

Le cadre de l'analyse renvoie aux précisions d'ordre conceptuel ou terminologique, ainsi qu'aux délimitations matérielle et géographique. Il s'agit de situer le thème de réflexion, afin d'éviter les débordements vers lesquels il peut entraîner[41]. Il convient ainsi de retracer le cadre conceptuel (1), géographique (2) et matériel (3) de l'étude.

#### 1. Le cadre conceptuel de l'étude

Dans son cours de droit administratif, Charles EISENMANN recommandait de commencer toujours par résoudre avec clairvoyance le problème de définition des concepts, qui forment l'armature d'une étude, sinon poursuit-il *« on discuterait dans l'obscurité en vain ».*[42] Allant dans le même sens, Émile DURKHEIM souligne que « *la première démarche du (chercheur) doit être de définir les choses dont il traite afin qu'il sache ce qui est en question »*[43].

Le présent sujet porte donc sur des notions plurivoques, polysémiques et suffisamment complexes qui nécessitent des définitions sans pour autant prétendre à l'exhaustivité notamment : la notion d'exonération (a) et la notion de douane (b). En définissant chaque terme isolément, l'on aboutit à une appréhension aisée de la notion des exonérations douanières (c), qui pourra être confrontée à l'expression « mobilisation des recettes » (d), et enfin à la notion de politique fiscale (e).

**a) La notion d'exonération**

Notion familière, mais confuse, le mot exonération a plusieurs définitions. Étymologiquement, du latin « *exonerare* » signifie décharger[44]. Dans son sens général, la notion d'exonération renvoie à une décharge totale ou partielle, d'une obligation, d'un devoir, d'une charge ou d'une responsabilité pouvant résulter de la loi, d'une décision administrative, d'un contrat ou d'une clause d'un contrat (exonération conventionnelle)[45]. L'exonération est donc avant tout une décharge ; l'acte par lequel un débiteur est libéré de son obligation de

---

[41] ONDOA Magloire, *Le droit de la responsabilité publique dans les États en développement : contribution à l'étude* de *l'originalité des droits africains*, Thèse de doctorat d'État en droit public, Université de Yaoundé II-Soa, 1997, p.5. Et repris par BEGNI BAGAGNA, *L'harmonisation* des *politiques fiscales en zone CEMAC :* esquisse *de théorie du droit fiscal communautaire,* Thèse de doctorat /Ph. D. en droit public, Université de Douala, 2013, p. 22.

[42] Charles EISENMANN, cité par BEGNI BAGAGNA, *L'harmonisation des politiques fiscales en zone CEMAC : esquisse de théorie du droit fiscal communautaire*, Thèse de doctorat en droit public, Université de Douala, 2013, p.23.

[43] *Ibid.*, p.23.

[44] CORNU Gérard, (dir), *Vocabulaire juridique*, Paris, Association Henri CAPITANT, PUF, 11e édition, 2016, p.437.

[45] *Idem.*

paiement[46]. En matière fiscale, elle est une dispense accordée à un redevable au regard de l'impôt dû[47]. L'on parlera de clause exonératoire pour désigner tout ce qui tend à décharger par avance une personne d'une obligation ou d'une responsabilité[48]. La notion d'exonération peut dans certains contextes être considérée comme une exemption, une négligence, une dispense, une franchise, une faveur, un sursis, une défiscalisation[49].

Le phénomène d'exonération surtout fiscale est aussi ancien que l'impôt. En effet, il est difficile de concevoir un système fiscal sans prévoir des mécanismes d'exonération. Aussi, parler des exonérations dans un contexte d'historicité laisse entrevoir des politiques d'exonérations fiscales remontant à la période coloniale, qui ont été reprises par les autorités postcoloniales[50]. Les exonérations fiscales sont une réalité universelle. La théorie générale des mécanismes dérogatoires aux prélèvements obligatoires essaie tant bien que mal de trouver les causes et les explications à ce phénomène[51]. Cette théorie s'intéresse également à la pertinence des mécanismes d'exonération à travers des méthodes rigoureuses d'analyse[52]. Les révolutions universelles, soutenues par plusieurs pensées philosophiques, politiques et économiques ont alimenté les débats quant à l'anéantissement des privilèges fiscaux[53].

Dans cette perspective, la théorie générale des exonérations aide à mieux comprendre le phénomène que constituent les exonérations. La controverse est d'ailleurs bien présente dans ce domaine. Ainsi, dans le contexte camerounais, les exonérations fiscales font l'objet de beaucoup de controverses. Pour les uns, il s'agit d'un avantage considérable pour le développement et le bien-être de certains contribuables[54]. Pour les autres, il s'agit d'une perte significative de recettes pour l'État[55]. La prise en compte tardive des effets pervers de la prolifération des exonérations alimente aussi le débat sur la possibilité de contrôler les exonérations. Éric PICHET, quant à lui, a mis en place trois théories distinctes pour comprendre le phénomène des exonérations et formuler des recommandations pour le juguler. Ces théories

---

[46] IREH ASSIM Thomas, *La TVA en Afrique centrale*, Paris, L'Harmattan, 2012, p.307.

[47] *Idem.*

[48] CORNU Gérard, (dir), *op. cit.*, p.437.

[49] KAMENI FOEKO Arsène, *Le régime d'exonération fiscale au Cameroun,* Mémoire de Master II, Fiscalité appliquée, Université de Douala, 2013-2014, p.2.

[50] KABANDA MATANDA Boniface, *les exonérations fiscales des investissements* en RDC, *op.cit.*, p.75.

[51] PICHET Éric, *La théorie des dépenses sociofiscales*, Paris, les Éditions du Siècle, 2016,491p.

[52] COLLET Martin, Préface du livre de PICHET Éric, Théorie *générale des dépenses sociofiscales, op.cit.* p. 2.

[53] KABANDA MATANDA Boniface, *op.cit.*, p 24.

[54] KAMENI FOEKO Arsène, *Le régime d'exonération fiscale au Cameroun, op. cit.,* p.1.

[55] KAMENI FOEKO Arsène, *op. cit.*, KABANDA MATANDA Boniface, *op.cit,* WEIDENFELD Katia, *op.cit*, PICHET Éric, *op. cit.*

comprennent entre autres, la théorie de la classe politique[56], la théorie de la gouvernance publique[57] et une théorie des prélèvements sociofiscaux[58].

La théorie générale des exonérations met également au-devant l'iniquité créée par les décharges d'impôts. Les exonérations sapent les fondements du principe d'égalité devant la loi et plus spécifiquement la loi fiscale et devant les charges publiques. La notion d'exonération est également en débat sur le terrain économique sous le couvert du principe de la neutralité fiscale. En effet, une divergence de vues persiste entre les auteurs classiques et les keynésiens. Dans l'optique des classiques, les exonérations si elles existent ne peuvent se justifier que pour des raisons purement fiscales. Les mesures préférentielles ont toujours existé, mais sans être considérées comme instrument de politique fiscale à caractère interventionniste. Par exemple, les exonérations d'ordre technique peuvent se justifier pour éviter la double imposition ou le cumul d'imposition. Le réalisme contemporain conduit à associer les exonérations à la politique interventionniste des États[59]. Le recours à l'impôt en tant qu'instrument de développement a connu un fort développement dans le courant de la seconde moitié du XX^e^ siècle[60]. Du fait des chocs pétroliers et des crises économiques avec leurs multiples conséquences, les différents États s'inspirant de la théorie de KEYNES[61] ont mis en place de véritables instruments d'intervention dans la vie économique et sociale.

Bien plus, les exonérations sont également en débat sur le terrain politique. Aussi d'après la théorie de la classe politique prônée par Éric PICHET, des raisons implicites expliquent la présence des exonérations fiscales : elles sont d'ordre politique[62]. C'est ainsi qu'à maintes reprises, les exonérations ont été utilisées comme palliatifs pour calmer l'exaspération sociale face à une pression fiscale perçue comme insupportable[63]. Elles sont aussi, une manière de céder aux lobbies : une occasion pour la classe dirigeante de distribuer des cadeaux fiscaux aux affidés. Ces pratiques visent à octroyer à la base électorale des privilèges fiscaux suffisamment ciblés. Dans cette optique,

---

[56] La théorie de la classe politique permet de comprendre les motivations du législateur, incarnation de la classe politique

[57] La théorie de la gouvernance publique permet de comprendre la manière dont l'ordre constitutionnel et conventionnel s'impose au législateur (à travers la contrainte du conseil constitutionnel, mais aussi des deux hautes cours françaises qui intègrent le droit conventionnel international) et limite sa capacité d'action dans ce domaine).

[58] La théorie des prélèvements sociofiscaux dans un État de droit permet de sélectionner parmi les exonérations fiscales les plus rentables et les plus efficaces.

[59] BOUVIER Michel, (dir.), *Finances publiques*, 14e édition, Paris, LGDJ, Lextenso éditions, 2015, p 61.

[60] CASTAGNEDE Bernard, *La politique fiscale*, Collection Que sais-je ? PUF, 2008, p.4.

[61] Lire *La théorie générale de l'emploi, de l'intérêt et de la monnaie*, 1936, citée par BOSSERELLE Éric, op. cit., p.32.

[62] PICHET Éric, *Théorie générale des dépenses sociofiscales*, *op.cit.*, p.85.

[63] *Idem.*

Pascal SALIN dans « l'arbitraire fiscal » a qualifié l'État de distributeur de privilèges et un lieu d'affrontement d'intérêts particuliers[64]. En somme, les exonérations reflètent la prise en compte, par les pouvoirs publics, des intérêts des groupes politiques, sociaux ou professionnels en mesure de les faire valoir avec suffisamment d'efficacité[65].

Au-delà des querelles doctrinales qui fleurissent en la matière, les exonérations sur le plan fiscal sont aussi vieilles que l'impôt. Elles violent les principes fondamentaux de l'équité fiscale, de l'efficience économique et de la simplification du système fiscal. Elles posent également un problème de transparence budgétaire. La théorie de la taxation optimale considère que toute « dérogation au système général de l'impôt » va donc à l'encontre de son efficacité : elle le rend moins uniforme et requiert un taux d'imposition plus élevé sur la base devenue plus étroite.

Mais il faut reconnaître que toute politique fiscale effectue des arbitrages ; car l'impôt est l'instrument de politique dont les objectifs sont contradictoires. Les grands arbitrages sont ceux qui opposent efficacité et équité d'une part, neutralité et incitation d'autre part[66]. En clair, la politique fiscale demeure écartelée entre le souci d'orthodoxie économique consistant à couvrir les dépenses publiques en perturbant le moins possible l'allocation des ressources, et à l'inverse, la tentation d'intervenir directement dans le fonctionnement de l'économie en utilisant l'outil fiscal pour privilégier ou handicaper un secteur ou une zone[67].

Dans le cadre de cette analyse, l'exonération serait une renonciation unilatérale de l'État, à la perception de l'impôt douanier, ou un allègement des droits et taxes à l'importation par rapport aux normes communautaires en vigueur. Les exonérations occupent une place essentielle dans le dispositif d'interventionnisme fiscal en zone CEMAC. Il était donc tout à fait nécessaire de cerner les considérations théoriques sur la notion d'exonération avant d'aborder celles portant sur la douane.

**b) La notion de douane**

Cette notion est au cœur du droit douanier. En dépit de son importance, elle s'est révélée si difficile à cerner qu'elle ne trouve pas une définition unanimement acceptée. La difficulté est grande, tant cette notion est floue et peut prendre de nombreuses significations. Ainsi, en raison de son hétérogénéité et de sa complexité, elle demeure rebelle à toute

---

[64] SALIN Pascal, *L'arbitraire fiscal*, Paris, Éditions Robert Laffont, Libertés 2000, 1985, p. 12.

[65] CASTAGNEDE Bernard, *op. cit.*, p.32.

[66] VALENDUC Christian, « Les dépenses fiscales, reflets et perspectives », VLIII, 2004, pp. 1-87.

[67] BARREL Étienne (dir), *Économie politique contemporaine*, Paris, Armand Colin, 2000, p.148.

systématisation[68]. Mais au-delà de la querelle définitionnelle, le mot douane n'a pas un sens unique. Il désigne à la fois l'institution d'un impôt frappant les marchandises importées ou exportées, les services qui l'ont en charge, les bâtiments qui les abritent et les lieux où ceux-ci sont établis[69].

Le dictionnaire universel [70]retient presque la même définition. La douane est d'abord une administration publique chargée de percevoir des droits sur les marchandises importées ou exportées. Elle est ensuite le lieu où est établi le bureau de la douane. Elle est enfin la taxe perçue par l'administration des douanes. Le dictionnaire des termes douaniers internationaux[71] la définit comme les services administratifs responsables de l'application de la législation douanière et de la perception des droits et taxes à l'importation et à l'exportation, et qui sont également chargés de l'application d'autres lois et règlements relatifs, entre autres, à l'importation, au transit et à l'exportation de marchandises[72]. Le qualificatif « douanier (ère) » est relatif à la douane. Aussi, suivant ces différentes définitions, la douane est à la fois une administration et un impôt.

- **La douane comme administration**

L'administration des douanes est un ensemble des services chargés de l'assiette, de la liquidation et de la perception des droits de douane ainsi que du contrôle des marchandises lors du franchissement d'une frontière[73]. La douane camerounaise est une administration relevant du Ministère des Finances[74] dont elle constitue l'une des directions générales. Elle dispose d'une organisation et d'un mode de fonctionnement qui découlent de la spécificité de ses missions. L'administration des douanes est donc un instrument d'exécution chargé de la mise en œuvre et du contrôle de l'application de diverses réglementations auxquelles sont assujettis les mouvements internationaux des marchandises à l'entrée et à la sortie du territoire. En définitive, la douane dans une conception organique est une administration qui, au travers d'un ensemble de règles, perçoit les ressources publiques, protège les industries nationales contre les produits fabriqués à l'étranger tout en maintenant l'ordre public. C'est dire une administration qui s'intéresse aux mouvements des marchandises et à la régulation des échanges économiques internationaux[75]. L'administration des douanes dans sa version

---

68 BOUILLART Caroline, *Les mutations d'un service public régalien, la douane*, Thèse, Université de Lille 2, 2003,799 p.

69 CORNU Gérard, (dir), *Vocabulaire juridique*, Paris, Association Henri CAPITANT, *op. cit.*, p.373.

70 *Dictionnaire universel*, Hachette, Edicef, 4e éd, 2005.

71 CCD/OMD, *Lexiques des termes douaniers internationaux*, édition OMD, Belgique 2018.

72 CCD/OMD, *op. cit.*

73 CCD/OMD, *Lexique des termes douaniers internationaux*, édition OMD, Belgique 2018.

74 *Guide de l'usager en douane* 1re édition, novembre 2010, pp. 15-21.

75 JEANNARD Sébastien, *op.cit.*, p.4.

actuelle met un accent sur sa vocation économique à travers des instruments classiques et modernes de soutien à l'activité économique.

- **La douane comme impôt sur les échanges internationaux**

Pour dénouer l'embarras causé par la définition de la douane, l'on peut également la saisir dans une approche fonctionnelle comme un impôt prélevé sur le mouvement de marchandises aussi bien à l'entrée qu'à la sortie. En tant qu'administration fiscale, la douane camerounaise contribue à la mobilisation des recettes budgétaires ; celles mobilisées par les services des douanes s'élèvent en moyenne à 33 % des recettes non pétrolières de l'État[76]. Les États ont de plus en plus pris conscience de l'importance que le droit de douane pouvait jouer dans la régulation des échanges internationaux. Ainsi, le système douanier mis en place est de nature à influencer non seulement la politique commerciale, mais aussi la politique économique. Le droit de douane a été toujours reconnu comme un instrument légitime de protection en dépit du triomphe d'une idéologie internationale profondément libérale[77]. La question se pose très souvent de savoir si le législateur devrait utiliser sa compétence tarifaire comme une arme économique contre la marchandise importée ou bien s'il devait en faciliter l'entrée. Le débat reste ouvert. Les droits de douane ont à la fois une nature protectionniste et une autre libre-échangiste.

La vocation économique des droits de douane est donc réaffirmée à travers des politiques d'incitation à l'investissement consacrant des régimes douaniers dérogatoires qui en dépit de la législation communautaire prennent le nom d'exonérations douanières. Les exonérations douanières sont une technique traditionnelle aussi vieille que l'impôt entre les mains des États pour influencer l'économie, en attirant les investisseurs nationaux et étrangers. Elles sont devenues une arme économique à la disposition des États pour renforcer la compétitivité et l'attractivité de leur territoire économique national[78]. Cette pratique nuit à la cohérence de la politique fiscale communautaire et encourage une concurrence fiscale dangereuse [79]entre les États membres de la CEMAC. Concrètement, cela va se traduire sur le plan douanier par un abaissement ou une suppression pure et simple des droits de douane sur les marchandises franchissant les frontières nationales. Cette

[76] Douanes camerounaises, *Guide de l'usager en douane*, Direction générale des douanes, novembre 2010.

[77] BERR Claude jean et TREMEAU Henri, *op.cit.*, p 3.

[78] BERTHET Karim, *op. cit.*, p.51.

[79] Selon BERTHET, La concurrence autrement dénommée « dumping fiscal » peut se définir comme la compétition non coopérative entre une pluralité d'acteurs publics (États, collectivités territoriales) cherchant à améliorer l'attractivité de leur territoire pour les acteurs économiques (sociétés, personnes physiques, capitaux) par une fiscalité avantageuse (reposant sur une imposition plus faible que celle proposée par les autres juridictions ou régions).

manipulation unilatérale des droits de douane porte un sérieux coup à la convergence au plan douanier.

En définitive, l'approche de « douane » retenue dans le cadre de cette analyse renvoie aux droits et taxes perçus lors du franchissement du cordon douanier. Une renonciation de prélèvement de ces droits et taxes ou un allègement unilatéral constituerait une exonération douanière. Mais que faut-il entendre par exonérations douanières ?

**c) L'expression "exonérations douanières"**

En dépit de la définition des notions d'exonérations et de douane, l'expression "exonérations douanières" s'est révélée si difficile à cerner qu'elle ne trouve pas une définition unanimement acceptée. L'expression « exonérations douanières » aussi usuelle qu'elle puisse paraître n'a pas toujours fait l'objet d'une définition universellement acceptable et scientifiquement reconnue[80]. Les dictionnaires juridiques tels que le vocabulaire juridique, le lexique des termes juridiques ou encore le glossaire des termes douaniers internationaux apportent peu d'informations sur la notion. Pourtant, le concept d'exonérations douanières est largement utilisé en droit douanier sans que pour autant se dégage une définition assez claire.

La confusion est même entretenue par les textes, qui utilisent invariablement les notions d'exemptions, de franchise et d'exonérations. La notion d'exonérations douanières qui jusqu'à une date récente était caractérisée par une absence d'harmonisation au plan communautaire a contribué à brouiller les pistes en s'alimentant en permanence des opinions divergentes sur cette « épineuse question ». Quoi qu'il en soit, les exonérations douanières constituent un phénomène fiscal assez difficile à appréhender au regard de la diversité des situations et des mécanismes utilisés. L'on pourra revisiter les tentatives de perception dont elle a été l'objet, pour en dégager une conception plausible, tout en analysant aussi les notions voisines.

- **Les différentes tentatives de perception de la notion d'exonérations douanières**

Partant de la définition des notions « exonérations » et « douane » précédemment donnée, les exonérations douanières signifient de manière laconique s'affranchir du paiement partiel ou total des droits et taxes de douane à l'occasion de l'exportation et surtout lors de l'introduction d'une marchandise sur le territoire douanier d'un État, et cela, en vertu d'une disposition de faveur qui déroge à la règle. Aussi, littéralement les exonérations douanières constituent une décharge, une dispense du paiement

---

[80] Cette formule est utilisée par EVINA OBAM Richard, parlant de la notion de « politique fiscale » dans son livre, EVINA OBAM Richard, *La politique fiscale au Cameroun depuis les années 1980*, P. 20.

des taxes et droits douaniers aussi bien à l'importation qu'à l'exportation, leur effacement partiel ou total.

C'est une renonciation légale devant bénéficier aux importateurs ou aux exportateurs concernés et contribuant de façon directe à l'allègement de leur charge fiscale globale[81]. C'est un sacrifice fiscal consenti par les pouvoirs publics en vue d'atteindre un objectif social ou économique. Elles constituent une technique, un instrument privilégié par les pouvoirs publics afin de réaliser leur politique interventionniste (fiscale)[82]. L'exonération douanière tout comme la défiscalisation est une technique de levier fiscal imaginée afin de stimuler les investissements productifs destinés à provoquer le démarrage économique[83]. C'est une défiscalisation des droits de douane au profit de certaines entreprises ou certains opérateurs économiques dans le but de réduire leur assiette fiscale contre l'investissement productif[84].

Ainsi, les exonérations interviennent pour contredire le principe établi par le code des douanes CEMAC disposant, *« les lois et règlements douaniers doivent être appliqués sans égard à la qualité des personnes, les marchandises importées ou exportées par les États membres ou pour leur compte ne font l'objet d'aucune immunité ou dérogation, sauf dans les cas prévus par l'article 276 ci-après »*[85]. Dans la même lancée, « *les marchandises qui entrent sur le territoire douanier sont passibles des droits d'importation inscrits au tarif des douanes, les marchandises qui sortent du territoire douanier sont passibles des droits de sortie »*[86]. Les exonérations douanières constituent une entorse au régime de droit commun qui préconise le paiement des droits et taxes pour toute marchandise qui franchit le cordon douanier soit à l'importation, soit à l'exportation. C'est donc une exclusion du droit commun dans un cas particulier.

Le FMI considère les exonérations douanières comme une exception au droit commun. En effet, le régime de droit commun s'applique en principe à toutes les importations de marchandises mises à la consommation sur le marché intérieur, à deux exceptions près ; soit l'importateur bénéficie d'une exonération, soit le pays d'origine de la marchandise a conclu un accord préférentiel d'échanges avec le pays de destination. Dans ces deux cas, la taxation sera nulle ou réduite[87]. Dans cette perspective, les exonérations

---

81 EVINA OBAM Richard, *op.cit.*, p.163.

82 PAPADAMAKI Ioanna, *op. cit.*, p.23.

83 DIENER Pascal, *Droit de la défiscalisation dans les DOM-TOM réalité et mirages*, Paris, Dalloz, 1994, p.8.

84 HINANO BAGNIS, *Le traitement des investissements en Polynésie française, approche nationale, communautaire, internationale*, Mémoire de DEA, Université de Nice Sophia Antipolis, septembre 2000, p.37, *op. cit.*

85 Art 2 du Code des douanes CEMAC.

86 Art 3 du Code des douanes.

87 KEEN Michael, (dir), *Moderniser la douane, défis et stratégies de réforme de l'administration douanière*, Washington, Fonds monétaire international, 2003, p. 33.

douanières constituent donc une dérogation au système douanier communautaire établi par le Traité instituant l'UDEAC-CEMAC. L'exonération douanière n'existe que par rapport à une norme fiscale de référence. Elle résulte d'une inapplication fidèle et intégrale de la législation communautaire qui consacre le système fiscal de référence. Le système fiscal de référence est « Le régime fiscal le plus neutre possible s'appliquant à tous les contribuables ou à toutes les opérations économiques avec le moins de discrimination possible. Il indique pour chaque impôt, droit ou taxe, l'assiette et le taux »[88]. L'exonération touche ainsi le taux ou l'assiette préalablement fixés.

La notion d'exonérations douanières pour être bien appréhendée à notre sens, doit être abordée comme une pratique discriminatoire, qui bat en brèche le sacro-saint principe de l'égalité devant l'impôt. Elle est donc définie comme une renonciation légale de perception des impôts ou un allègement substantiel des droits et taxes concédé aux importateurs bénéficiant de cette facilité en vertu d'une disposition ou d'un acte qui le consacre. Il est ainsi question d'encourager les agents économiques à orienter leurs investissements ou activités en fonction des priorités gouvernementales, économiques, sociales ou culturelles[89].

Relativement, aux exonérations douanières, des terminologies voisines se retrouvent dans la littérature douanière notamment, la taxation à taux réduit, les abattements de droits et taxes, la « décatégorisation » ou déclassement tarifaire et bien d'autres. Ces pratiques douanières sont des mécanismes qui aboutissent *in fine* à des exonérations douanières discrétionnaires, voire fantaisistes. Il n'existe pas de « nomenclature officielle » des exonérations douanières et chaque pays définit sa propre catégorisation. Le besoin d'en définir une s'est accru récemment avec l'essor des efforts d'intégration régionale. Ainsi, dans le cadre d'une union douanière, la définition des catégories communes constitue un enjeu déterminant pour harmoniser les politiques dans ce domaine et garantir la mise en œuvre effective du tarif extérieur commun[90]. Dans cette perspective, les exonérations douanières peuvent soulever de nombreuses problématiques, notamment l'affectation des échanges entre les États, l'altération de la concurrence et la perte de recettes pour l'État. Par ailleurs, il faut faire un *distinguo* entre la franchise douanière qui a une origine communautaire et une application commune par tous les États membres de la CEMAC et les exonérations douanières qui ont un caractère national, les textes les instituant relevant de la compétence des autorités étatiques nationales. Mais pour des raisons pratiques, l'étude intègre

---

[88] Article 5 de la Décision n° 08/2015/CM/UEMOA du 2 juillet 2015 instituant les modalités d'évaluation des dépenses fiscales dans les États membres de l'UEMOA.
[89] BOUBAY-PAGES Michel, « Des exonérations fiscales pour des investissements vertueux », *op. cit.*, p. 152.
[90] *Ibid.*, p.33.

tous ces aspects, et en conséquence, l'on envisage les exonérations douanières au sens large.

Les exonérations douanières définies, il est maintenant indiqué d'apporter des éclaircissements sur la différence voire les nuances entre cette notion et les notions voisines.

- **Exonérations douanières et notions voisines**

En parcourant le Traité instituant l'UDEAC-CEMAC, nulle part, il n'est fait mention des exonérations douanières. Ce Traité consacre des règles qui dérogent au droit commun communautaire pour faire allusion ainsi aux exonérations douanières et bien d'autres situations. Les exonérations douanières s'inscrivent dans un grand ensemble de régime fiscal dérogatoire d'appellation variée en fonction des auteurs : dépenses fiscales, niches fiscales, mesures fiscales préférentielles, les aides d'État de nature fiscale.

- **Exonérations douanières et dépenses fiscales**

La dépense fiscale est un concept apparu en 1967 en droit fiscal américain et étudié en France pour la première fois par le conseil des impôts dans son quatrième rapport en 1979[91]. C'est un concept qui englobe « toutes les dispositions fiscales à caractère dérogatoire à une norme fiscale, qui ont pour effet de diminuer le montant des impôts dus par certains contribuables »[92]. Devant l'émergence et la multiplication des mesures fiscales de faveur qu'a connues le système fiscal américain, le professeur Stanley Surrey fut le premier à s'intéresser à ce phénomène et à introduire le concept de « dépense fiscale ». Dès 1967, Surrey a préconisé une pleine comptabilisation des mesures fiscales préférentielles afin de déterminer et de rendre publique l'ampleur du manque à gagner qu'elles génèrent. Par la suite, il a défini les dépenses fiscales comme étant « *un programme gouvernemental d'aide financière offert par des dispositions fiscales plutôt que par des dépenses publiques directes* ». Les dépenses fiscales constitueraient ainsi des dérogations à un système dit de référence. Le principal objectif derrière ce concept est de pouvoir déterminer le coût, sur le plan des recettes fiscales renoncées par les gouvernements, découlant de l'utilisation de certaines dispositions dérogatoires[93].

La doctrine fiscale camerounaise [94]définit la dépense fiscale comme l'ensemble des mécanismes dérogatoires à la norme et à travers lesquels les pouvoirs publics déchargent certains assujettis du paiement de l'impôt. Les

---

[91] France, Conseil des impôts, 4e Rapport au Président de la République relatif à l'impôt sur le revenu, 1979, p.267.

[92] AGRON Laure, *Histoire du vocabulaire fiscal*, Paris, LGDJ, 2000, p.79.

[93] GODBOUT Luc, *L'intervention gouvernementale par la politique fiscale, le rôle des dépenses fiscales, étude comparée : Canada, États-Unis, France*, Paris, Économica, 2006, p.2.

[94] IREH ASSIM Thomas, *op. cit.*, p. 306.

dépenses fiscales constituent les avantages fiscaux accordés par l'État en vue d'encourager des personnes (physiques ou morales) ou des politiques publiques, en renonçant volontairement à une partie de ses revenus pour atteindre des objectifs déterminés. Elles revêtent plusieurs formes et peuvent porter, soit directement sur l'assiette imposable, soit sur les taux d'imposition ou alors indirectement sur la trésorerie de l'entreprise. Au niveau de l'assiette fiscale, les mesures dérogatoires concernent les exonérations totales, partielles ou temporaires, les déductions, les abattements et les franchises d'impôts. Au niveau des taux d'imposition, l'écart entre les taux préférentiels accordés à certaines activités et les taux normaux est considéré comme dépense fiscale[95].

Par ailleurs, le législateur français définit les dépenses fiscales comme « *les dispositions législatives ou réglementaires dont la mise en œuvre entraîne pour l'État une perte de recettes et donc pour les contribuables, un allègement de leur charge fiscale par rapport à ce qui serait résulté de l'application de la norme, c'est-à-dire des principes généraux du droit français* »[96]. En l'absence de texte, la Cour des comptes française a donné sa définition ainsi qu'il suit : « les dépenses fiscales sont des pertes de recettes directes résultant des dérogations fiscales[97] ». Autrement dit, les dépenses fiscales représentent un allègement de la charge fiscale qui peut emprunter une pluralité de techniques, parmi lesquelles : les réductions de l'assiette imposable, les réductions du montant de l'impôt, les ajournements ou annulations de la dette fiscale[98]. Une dépense fiscale selon l'Organisation de coopération et de développement économique (OCDE)[99] est un transfert de ressources publiques résultant d'une réduction des obligations fiscales relativement à une norme, plutôt que d'une dépense directe. Cette définition précise deux conditions qui caractérisent une dépense fiscale : (1) une baisse de recettes de l'État, et (2) un écart par rapport à la norme fiscale (système de référence). La dépense fiscale est une alternative à la dépense publique. Cette définition cadre avec la fiscalité interne. Ainsi, au niveau de la fiscalité de porte, les exonérations douanières constituent l'essentiel de mesures de faveur utilisées par le législateur fiscal.

En définitive, les exonérations douanières au sens large peuvent également porter le nom de dépenses fiscales douanières. Mais pour la doctrine fiscale, toutes les exonérations ne sont pas des dépenses fiscales, ainsi, exonérations

---

[95] DGI Rapport annuel 2016, p. 67.

[96] Conseil des prélèvements obligatoires, Entreprise et « niches » fiscales et sociales. Des dispositifs dérogatoires nombreux, octobre 2010, p.22. Cité par PICHET Éric, *op. cit.*, p. 31.

[97] Cour des comptes, Rapport public annuel 2011, février 2011, p. 39.

[98] ORSONI Gilbert, « Brèves remarques sur l'utilisation de l'instrument fiscal », *op.cit.* pp. 139-140.

[99] Voir à ce propos, OCDE, *Les dépenses fiscales dans les pays de l'OCDE*, Paris, les Éditions de l'OCDE, 2010.

fiscales et dépenses fiscales ne sont pas des notions équivalentes[100]. La dépense fiscale est constituée par la perte de recettes ou le manque à gagner occasionné par les exonérations fiscales.

- **Exonérations douanières et niches fiscales**

Les niches fiscales [101]sont également considérées comme des mécanismes dérogatoires qui nuisent à la fiscalité et amputent les ressources budgétaires d'importantes sommes d'argent. Ainsi, les niches fiscales sont régulièrement placées sur la sellette. Elles sont responsables des failles du système fiscal comme du creusement des déficits[102]. L'expression « niche fiscale » est principalement employée dans un sens dépréciatif[103]. Dans l'expression "niche", se cachent non seulement les exploitations astucieuses des silences du législateur, mais aussi les dispositifs légaux qui autorisent, d'une manière ou d'une autre, à réduire l'impôt[104]. L'on voit bien que la « dépense fiscale » renvoie à un souci d'évaluation de coût, de comptabilisation alors que la notion de « niche fiscale » est plutôt péjorative. Une niche fiscale est un abri juridique permettant que certains revenus ou certaines opérations soient exemptés du prélèvement fiscal[105]. Comme telle, elle peut résulter ; soit d'une lacune ou d'un vide dans la législation permettant à un contribuable de réduire sa charge fiscale ou d'échapper à l'impôt sans être en infraction, soit d'une dérogation accordée par la législation fiscale et qui donne la possibilité à un contribuable de réduire le montant de ses impôts[106].

Les niches fiscales font également valoir de nombreuses techniques de mise en œuvre. Elles peuvent prendre la forme d'une exonération, d'une déduction, d'un crédit d'impôt, d'un abattement applicable sur une base d'imposition ou d'un taux d'imposition réduit. Au niveau de la fiscalité de porte, les exonérations douanières sans être illégales constituent l'essentiel des niches fiscales. Par ailleurs, dans ce domaine, la législation camerounaise en compte beaucoup sous la forme de régimes fiscaux dérogatoires comme ceux prévus par la loi n° 2013-004 du 18 avril 2013 fixant les incitations à l'investissement privé en République du Cameroun, et aussi le régime de la zone franche. En conclusion, les exonérations douanières, puisqu'elles

---

[100] GEOURJON Anne-Marie, ROTA -GRAZIOSI Grégoire, "L'illusion des dépenses fiscales », *Notes brèves*, FERDI, n° 96, 2014.
[101] Lire à ce sujet, PECH Thierry, « Les vrais comptes des niches fiscales », *Alternatives économiques*, n° 305, 2011 ; lire aussi ECALLE François, « Les niches fiscales », *Les commentaires de l'actualité*, 2019, pp. 1-7.
[102] WEIDENFELD Katia, *A l'ombre des niches fiscales*, Paris, Économica, 2011, p.1.
[103] *Idem.*
[104] *Idem.*
[105] NDZANA BILOA Alain. Symphorien, *Sauvons l'impôt pour préserver l'État*, Paris, Les Éditions du Panthéon, 2018, p. 40.
[106] NDZANA BILOA Alain-Symphorien, *op. cit.*

permettent aux contribuables d'exploiter les failles du système fiscal, peuvent se confondre aux niches fiscales douanières.

- **Exonérations douanières et mesures fiscales préférentielles**

Les systèmes fiscaux des différents pays possèdent tous plusieurs mesures préférentielles permettant aux contribuables d'annuler ou de réduire leur impôt à payer. Ces mesures fiscales préférentielles peuvent prendre la forme de crédits d'impôt, déductions fiscales, d'exonérations du revenu, de taux réduits d'imposition, de dégrèvements, de décotes, de parts supplémentaires, de report de crédit ou encore de congés fiscaux[107]. Ces mesures peuvent être d'application générale ou ciblée. Elles peuvent aussi avoir une durée déterminée ou indéterminée. Dans le domaine douanier, et dans un contexte concurrentiel, en vue d'attirer les investissements directs étrangers, les pouvoirs publics ne manquent pas d'imagination allant jusqu'au renoncement total ou partiel des impositions[108]. Ces mesures incitatives sont des mesures fiscales préférentielles et peuvent prendre la forme des exonérations douanières au niveau de la fiscalité de porte. L'on dénombre d'ailleurs de nombreux régimes fiscaux douaniers préférentiels pour les entreprises surtout dans un contexte de forte incitation pour attirer les activités économiques.

- **Exonérations douanières et aides d'État de nature fiscale**

Le droit communautaire européen fait large écho de la notion d'aide d'État. Dans ce sillage, l'article 107 du Traité sur le fonctionnement de l'Union européenne (TFUE) dispose dans son premier paragraphe que « *sauf dérogations prévues par les traités, sont incompatibles avec le marché intérieur, dans la mesure où elles affectent les échanges entre États membres, les aides accordées par les États ou au moyen des ressources d'État sous quelque forme que ce soit qui faussent ou qui menacent de fausser la concurrence en favorisant certaines entreprises ou certaines productions* ». Cette disposition ne vise pas spécialement les aides fiscales, mais l'appréhension extensive de la notion d'aides d'État ne laisse aucun doute sur le fait que ces dernières y sont bien incluses[109]. Plusieurs indices cumulatifs permettent de caractériser une aide publique comme une aide d'État. Ces indices sont au nombre de quatre notamment, la mesure en cause doit procurer un avantage sans contrepartie, elle doit être accordée par l'État ou au moyen de ressources d'État sous quelque forme que ce soit, elle doit avoir un caractère sélectif, l'avantage étant réservé à certaines entreprises ou productions, et elle doit affecter les échanges entre États membres et fausser la concurrence.

---

107 GODBOUT Luc, *op. cit.*, p.21.
108 KABANDA MATANDA Boniface, *op.cit.*, p. 75.
109 PAPADAMAKI Ioanna, *op. cit.*, p. 29.

Les aides octroyées en fiscalité peuvent emprunter une multitude de formes qui diffèrent d'un État à l'autre. À cet effet, il n'est pas possible d'envisager une liste exhaustive des différentes formes que peuvent recouvrer les aides fiscales dans les États[110]. Dans le contexte de la CEMAC, les exonérations douanières émergent comme des instruments privilégiés pour octroyer des aides publiques afin de procurer un avantage particulier aux entreprises, en allégeant leurs charges fiscales. À cet effet, les exonérations douanières sont une composante des aides d'État de nature fiscale. Ainsi, au regard des aides dans l'Union européenne (UE), le tableau de bord des aides d'État publié en 2010 par la Commission montre que les exonérations fiscales ont représenté près de 42 % du total des aides accordées à l'industrie et au secteur des services[111]. Une multitude de notions existent et ont également un lien avec les exonérations douanières. L'on peut citer sans être exhaustif, les notions de « paradis fiscal », de « congés fiscaux », de « dumping fiscal », « d'achalandage fiscal », de « cadeaux fiscaux », de « défiscalisation », de « subventions fiscales », de « privilèges fiscaux » et des « allègements fiscaux ». Toutes ces notions sont des mesures incitatives qui impactent significativement le budget de l'État, dans la mesure où ce dernier renonce volontairement à une partie de ses recettes pour soutenir le secteur productif ou social[112].

Les exonérations douanières ainsi définies sont associées à de nombreuses expressions qui contribuent à mieux les cerner. Elles sont susceptibles de fausser la concurrence et d'affecter les échanges entre les États membres et surtout mettre à mal les exigences de mobilisation des recettes fiscales des États de la sous-région. Elles demeurent une notion juridique ambiguë, hybride, difficile à définir et à appréhender. Elles pourront tout de même être confrontées à l'autre expression du thème à savoir « la mobilisation des recettes ».

#### d) L'expression « mobilisation des recettes »

Elle renvoie à une activité pérenne des pays membres de la sous-région à savoir la mobilisation des ressources internes notamment les recettes fiscales et surtout celles douanières. Ces États sont confrontés permanemment à la satisfaction de leurs missions traditionnelles (éducation, santé, infrastructures et autres). Le niveau du prélèvement public doit être suffisant pour éviter un déséquilibre néfaste des finances publiques et pour financer les dépenses de l'État nécessaires au développement[113]. Ces États doivent par conséquent

---

110 MICHEAU Claire, *op. cit.*, p. 67.

111 *Ibid.*, p.24.

112 GEOURJON Anne-Marie, « L'évaluation des dépenses fiscales : des principes à la pratique guide méthodologique », *FERDI*, 2018.

113 CHAMBAS Gérard, *Fiscalité et développement en Afrique Subsaharienne, op.cit.*, p. 1.

s'attaquer aux sources, aux facteurs contribuant à l'érosion du prélèvement public notamment les exonérations douanières. Les États de la CEMAC doivent nécessairement atteindre l'indicateur du critère de convergence [114]relatif à la pression fiscale, sans oublier le critère relatif au solde budgétaire de base qui les contraint à dégager suffisamment de ressources internes afin de couvrir les besoins primaires et de parvenir à financer les infrastructures de développement. Atteindre ces critères nécessitera des efforts de mobilisation fiscale significatifs pour la plupart des pays de la CEMAC. Bien plus, ces pays sont engagés dans un vaste projet de réformes visant à éradiquer la crise économique qui affecte la sous-région Afrique centrale. Entre autres, les gouvernements se sont engagés à maximiser le recouvrement des recettes non pétrolières afin d'être moins dépendants des ressources tirées du pétrole. Cette maximisation de recettes constitue l'une des recommandations du sommet extraordinaire des chefs d'État de la CEMAC tenu à Yaoundé en décembre 2016, et fait partie des cibles définies dans le Programme économique et financier conclu avec le FMI.

La mobilisation renvoie à l'idée de mettre en œuvre toutes les stratégies, tous les moyens nécessaires afin d'aboutir à un rendement optimal des administrations fiscales. L'atteinte du potentiel fiscal est nécessaire. Dans cette optique, une typologie faite par Gérard CHAMBAS laisse apparaître les pays à mobilisation fiscale effective forte (taux de prélèvement supérieur à 20 %) ; des pays à mobilisation effective moyenne (taux de prélèvement compris entre 15 % et 20 %) ; des pays à mobilisation médiocre ou faible (taux de prélèvement inférieur à 15 %). Au regard de cette typologie, les pays de la zone CEMAC se retrouvent pour la plupart dans la troisième catégorie, excepté le Congo et le Gabon qui ont un taux de pression fiscale régulièrement au-dessus de 15 %. Ces pays souffrent de la faiblesse de leur capacité fiscale (aptitude à recouvrer les impôts) soit environ 20 % du PIB, s'y ajoute un taux de pression fiscale par rapport au PIB (13 % à 15 %) inférieur à l'UEMOA en raison des carences liées à la politique fiscale et au recouvrement de l'impôt. En effet, ces états sont confrontés à plusieurs problématiques telles que la baisse de l'aide publique au développement, l'explosion de la dette, l'insuffisance des capacités à mobiliser les ressources intérieures, la piètre qualité de la gestion des finances publiques et la corruption systématique. Les prévisions montrent que le volume des financements devra fortement s'accroître pour assurer la transformation structurelle de la sous-région et réaliser le programme de développement durable à l'horizon 2030 et l'agenda 2060. Dans cette perspective, atteindre le niveau de recettes ciblé par la CEMAC au-delà de plus de 20 % du PIB nécessitera des efforts de mobilisation fiscale significatifs pour la plupart des pays membres au regard

[114] Voir CEMAC, Rapport définitif de surveillance multilatérale 2018 et perspectives pour 2019 et 2020, 37e Édition, 2019.

de leur politique de mobilisation fiscale qui manque d'efficacité[115]. La mobilisation des ressources publiques constitue donc un enjeu crucial[116].

**Tableau 1 : Taux de pression fiscale (en %) en zone CEMAC**

| | 2012 | 2013 | 2014 | 2015 | 2016 | 2017 | 2018 |
|---|---|---|---|---|---|---|---|
| **Zone CEMAC** | **15,0** | **14,9** | **14,6** | **14,1** | **12,3** | **12,0** | **13,2** |
| Cameroun | 12,0 | 12,3 | 12,6 | 12,7 | 12,1 | 12,1 | 12,7 |
| République centrafricaine | 7,6 | 4,8 | 4,1 | 6,3 | 7,2 | 7,7 | 8,6 |
| Congo | 27,5 | 27,4 | 27,1 | 28,8 | 26,7 | 26,6 | 29,4 |
| Gabon | 1,9 | 22,5 | 20,9 | 18,3 | 15,3 | 13,3 | 17,7 |
| Guinée Équatoriale | 5,5 | 3,7 | 4,9 | 5,2 | 4,3 | 3,5 | 5,4 |
| Tchad | 6,1 | 7,4 | 6,8 | 7,0 | 5,5 | 5,7 | 6,5 |

*Source : Commission de la CEMAC, BEAC.*

Le calcul du taux de pression fiscale pour le Congo comporte un biais du fait de la prise en compte de l'entièreté des recettes fiscales.

Au regard de la tendance baissière pour la communauté observée depuis l'avènement du choc pétrolier, l'on comprend pourquoi les politiques fiscales en zone CEMAC doivent mettre l'accent sur le renforcement de la mobilisation des recettes nationales pour permettre aux pays de mettre en œuvre des stratégies de développement. Le diagnostic est assez clair, les systèmes fiscaux de la zone CEMAC sont peu productifs en raison de l'étroitesse de l'assiette fiscale aboutissant à de faibles recettes. La faiblesse persistante des recettes fiscales a été relevée plusieurs fois par le FMI. Il est donc urgent de s'attaquer aux carences pour maximiser le potentiel de mobilisation des ressources supplémentaires. En réduisant ainsi l'écart fiscal, l'on pourra avancer vers une recette optimale. Le renforcement potentiel total de la mobilisation des recettes fiscales est estimé à 4 % du PIB.

Le concept de recettes renvoie aux différents prélèvements effectués par les pouvoirs publics[117]. Ainsi, la fonction première d'une politique fiscale est

---

[115] Lire CHAMBAS Gérard (dir.), *Afrique au sud du Sahara, mobiliser des ressources fiscales pour le développement,* Paris, Économica, p. XI

[116] *Ibid.* p. 1.

[117] Quatre fonctions essentielles peuvent être assignées aux prélèvements obligatoires :
- d'abord, les prélèvements obligatoires ont pour objet premier de financer les services publics ;
- ensuite, ils permettent également de prélever une partie des rentes des agents économiques qui disposent d'un pouvoir de marché, pour en faire profiter l'ensemble de la collectivité ;

de générer des recettes pour le gouvernement tout en assurant l'efficacité économique et en allégeant le fardeau fiscal des segments les plus pauvres de la société par le biais de structures fiscales plus ou moins progressives. Ainsi, le fait d'avoir un régime fiscal efficace est une considération clé dans la mobilisation des recettes de l'État qui lui permet de constituer un « matelas financier »[118] suffisamment étoffé pour répondre aux besoins de son développement économique et social. Aussi, les États mobilisent les recettes en utilisant des instruments fiscaux et non fiscaux[119]. Les sources des recettes du budget sont assez diversifiées dans la zone CEMAC. Dans cette optique, le budget du Cameroun par exemple est essentiellement constitué des :

- recettes des impôts et taxes intérieurs ;
- recettes douanières ;
- recettes pétrolières ;
- autres recettes.

Les recettes des impôts et taxes intérieurs comprennent les revenus issus des prélèvements obligatoires, qu'ils soient directs (impôt sur le revenu des personnes morales ou impôt sur les sociétés (IS), et l'impôt sur le revenu des personnes physiques (IRPP), ou indirects (taxe sur la valeur ajoutée intérieure, taxe spéciale sur les produits pétroliers, droits d'accises…), l'impôt sur les sociétés pétrolières. Elles sont de la compétence de la Direction générale des Impôts (DGI)[120]. Tandis que les recettes douanières comprennent les droits de douane tels qu'issus de l'application du tarif extérieur commun (TEC), la TVA sur les importations, les droits d'accises et autres précomptes d'impôts prélevés à la porte. Elles sont de la compétence de la direction générale des douanes (DGD)[121]. Les recettes pétrolières pour leur part sont composées essentiellement des redevances pétrolières transférées par la SNH au trésor

Le système de prélèvements obligatoires a également permis la mise en place de l'État providence, avec des objectifs sociaux de redistribution et d'assurance face à des risques ; Enfin, la fiscalité est dorénavant de plus en plus utilisée comme un instrument incitatif visant à orienter les comportements individuels dans un sens favorable à la collectivité.

[118] L'expression est empruntée de MEKONGO Jean-Marie, *Les retenues à la source dans le système fiscal camerounais,* Lille, ANRT diffusion, 2005, p. 11.

[119] Lire MANSOUR Mario, « Une base de données sur les recettes fiscales en Afrique subsaharienne, 1980-2010 », *Revue d'économie du développement*, 2014/3 Vol. 22, pp. 99-128.

[120] Les différents rapports annuels de la direction générale des impôts retracent in extenso l'évolution des recettes au niveau des services du fisc depuis de longues années, lire aussi utilement, YOUAGAM Richard Vivien, *La sécurisation des recettes fiscales au Cameroun*, mémoire de master II en fiscalité appliquée, Université de Douala, 2014, 102 pages.

[121] Les différents rapports annuels de la Direction générale des douanes retracent l'évolution des recettes dans cette administration. Voir aussi, AKAMBA Dimitri, *Réforme douanière au Cameroun : impact de la mise en œuvre sur les performances de l'administration des douanes*, mémoire master II en administration fiscale, Université de Douala, 2013, 104 pages.

public. Enfin, les autres recettes [122]sont constituées des ressources non fiscales à l'instar des recettes de service et des cotisations pour la retraite, y compris le droit de transit du pipeline et les recettes de privatisation. Elles sont pour l'essentiel de la compétence de la direction générale du Trésor (DGT).

**Tableau 2 : Situation des recouvrements des recettes budgétaires par administration en 2014 - Unité : milliards de FCFA**

| | | |
|---|---|---|
| **DGI** | 1548,8 | 53,1 % |
| **DGD** | 700,1 | 24,0 % |
| **SNH** | 517,0 | 17,7 % |
| **AUTRES** | 152,1 | 5,2 % |
| **RECETTES TOTALES** | **2919,0** | **100%** |

*Source : Direction générale des Impôts (DGI), rapport annuel 2014*

**Graphique 1 : Situation des recouvrements des recettes budgétaires par administration en 2014**

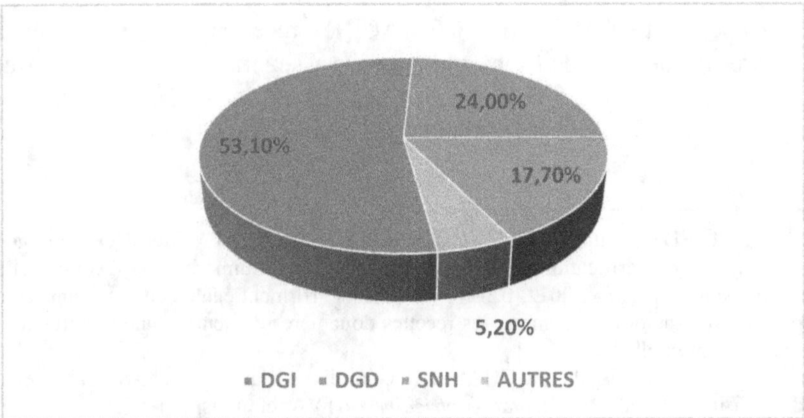


*Source : Direction générale des impôts, Rapport annuel 2014*

La composition des recettes publiques varie d'un pays à l'autre, en fonction principalement des efforts déployés à l'échelle nationale pour innover et diversifier les sources de recettes[123]. Chaque pays devrait choisir ses sources

---

122 Lire « les recettes non fiscales utilisées pour financer le développement durable », dans le rapport économique sur l'Afrique, in *: la politique budgétaire au service du financement du développement durable,* Nations Unies Commission économique pour l'Afrique, 2019.

123 Les recettes fiscales sont en moyenne plus élevées dans les pays développés que dans les pays en développement

de recettes en fonction de son contexte économique, de ses objectifs de développement et de ses groupes cibles. Les facteurs structurels et de politique macroéconomique expliquent le niveau de mobilisation tout comme les facteurs institutionnels, sociopolitiques et culturels peuvent annihiler les efforts de mobilisation des recettes.

Dans la zone CEMAC, les recettes douanières constituent une source importante pour le financement des pays membres[124]. Elles permettent de juguler momentanément au moins les tensions de trésorerie. Aujourd'hui encore, malgré la libéralisation des échanges et la transition fiscale [125]en cours consistant à substituer aux recettes tarifaires celles des taxes domestiques telles que la TVA, le rôle de la douane dans la mobilisation des recettes reste primordial. En effet, dans les pays membres de la CEMAC, la plupart des biens de consommation finale sont importés et la collecte de l'essentiel de la TVA se fait aux frontières. Les prélèvements de l'État sont encore assis sur les opérations du commerce extérieur. C'est dans ce sens que Gérard CHAMBAS écrivait à juste titre, *« malgré les efforts engagés, la structure de la fiscalité de la plupart des pays de l'Afrique n'a pas évolué dans un sens favorable à la croissance. Leurs recettes fiscales reposent de manière excessive sur la taxation des échanges avec l'extérieur à travers d'importants droits de porte qui affectent la compétitivité des productions locales »*[126].

Cependant, dans la zone CEMAC, les recettes douanières subissent les foudres d'une crise de l'Union douanière assez marquée[127]. Elle se traduit par

---

124 DEQUIEDT Vianney, GEOURJON Anne-Marie, ROTA-GRAZIOSI Grégoire, "Les programmes de vérification des importations (PVI) à la lumière de la théorie de l'agence », *Afrique contemporaine*, 2012, p. 156, ces auteurs affirment également que dans de nombreux pays en voie de développement, les recettes douanières demeurent une importante source de financement public.

125 Sur la transition fiscale, lire CHAMBAS Gérard, « Afrique au sud du Sahara, quelle stratégie de transition fiscale ? », *Actualité africaine*, « TVA et transition fiscale en Afrique : les nouveaux enjeux », *Afrique contemporaine,* n° 215,2005, pp. 181-194.

126 CHAMBAS Gérard, *op. cit*., p. 1.

127 L'Union douanière apparaît d'une part, comme un mode d'organisation non stabilisée, d'autre part, sa mise en œuvre reste source de nombreuses difficultés et interrogations. Voir aussi, CRISTU Jean, l'Union douanière européenne : ses conditions et ses difficultés, Thèse de doctorat en droit, 1956, 287 pages, HIBOU (B), « Contradictions de l'intégration de l'intégration régionale en Afrique centrale », L'auteur concluait que l'Afrique centrale n'a jamais été intégrée et que l'histoire de l'UDEAC est trente ans d'échecs ; échec de l'harmonisation des investissements et la répartition des coproductions, échec de la mise en œuvre d'une politique commerciale et fiscale, cité par NOUMA MENYENGUE, *La communautarisation du droit fiscal en zone CEMAC : enjeux et perspectives*, Thèse de doctorat en droit privé, Université de Douala, 2013, 739 pages, voir aussi AVOM Désiré, « Intégration régionale dans la CEMAC : des problèmes institutionnels récurrents », *Afrique contemporaine,* 2007, pp. 199-221.

la persistance des logiques de disparités et de concurrence fiscale[128], des comportements de fraude et d'évasion fiscale, le non-respect de la liste des exonérations par les États membres et la difficulté d'un consensus régional sur la question. Cette crise traduit aussi les difficultés à mettre en place une politique fiscale communautaire cohérente et coordonnée. Aussi, convient-il de définir la politique fiscale.

**e) La notion de « politique fiscale »**

C'est une notion familière, mais confuse. Sa fréquence d'utilisation n'a d'égale que la faiblesse de sa définition. Elle est régulièrement confondue à la politique budgétaire[129]. Très souvent, elle est invariablement utilisée à la place des notions comme la gouvernance fiscale [130]ou encore la technique fiscale[131]. La politique fiscale d'après Bernard CASTAGNEDE s'entend de plusieurs façons. Au sens large, l'expression recouvre des choix qui concourent à fixer les caractéristiques d'un système fiscal. Relèvent en ce sens de la politique fiscale les mesures exerçant des effets sur le niveau de la pression fiscale, la répartition du prélèvement, la définition des dispositifs techniques d'imposition, les décisions relatives à l'assiette ou au tarif des différents impôts et taxes. Au sens plus étroit, la politique fiscale désigne l'utilisation faite de l'impôt à des fins économiques ou sociales. L'impôt est alors envisagé en tant qu'instrument de politique économique, utilisable en complément des autres moyens de pilotage que sont ou peuvent être la monnaie et le crédit, la dépense publique, le contrôle des prix ou des revenus et la régulation de tout ordre[132].

À ce stade, la politique fiscale est aujourd'hui au cœur de l'action économique publique et de manière générale, l'impôt figure désormais au premier rang des instruments mobilisés par l'État pour mener à bien ses projets

---

[128] MEYONG ABATH Roger-Athanase, *L'harmonisation fiscale et douanière en zone CEMAC, fiscalité communautaire en Afrique centrale (Cameroun, Centrafrique, Congo, Gabon, Guinée Équatoriale, Tchad*), Berlin, Éditions universitaires européennes, 2011, p. 268.

[129] La politique budgétaire s'intéresse au niveau des dépenses publiques à autoriser par le parlement en vue de dégager le solde par rapport aux ressources publiques. La politique budgétaire constitue un ensemble coordonné de décisions stratégiques et tactiques que prend un État en matière de revenus et de dépenses de fonctionnement et d'investissement. La politique fiscale est une composante de la politique budgétaire. Voir EVINA OBAM Richard, *op. cit.* p. 23.

[130] La gouvernance fiscale est plus englobante. Elle ne vise pas seulement le contenu des choix relatifs au dispositif d'imposition, elle désigne aussi les conditions de leur élaboration, ou encore leur qualité formelle. Elle s'intéresse également aux conditions de fonctionnement du système fiscal, à l'efficience de l'action des administrations fiscales, aux règles et pratiques conduisant à l'application de l'impôt à chaque contribuable. Voir CASTAGNEDE Bernard, *op. cit.*, p. 4.

[131] La technique fiscale est un outil de mise en œuvre de la politique fiscale. Elle consiste à fixer les modalités d'assiette, de contrôle et de recouvrement de l'impôt. Voir EVINA OBAM Richard, *op. cit.*, p. 23.

[132] CASTAGNEDE Bernard, *op. cit.*, p. 3.

de transformations économiques et sociales[133]. Dans le sens le plus accessible, la politique fiscale désigne l'ensemble des stratégies et choix de l'État en matière fiscale. En d'autres termes, les politiques fiscales sont des stratégies à la disposition de l'État pour agir sur l'économie selon les objectifs qu'il se fixe[134]. Les politiques fiscales de porte renvoient à un ensemble de mesures qu'un État est susceptible de prendre pour orienter ou ajuster la circulation des biens et services dans le sens de l'entrée ou de la sortie de son territoire national[135]. En tant qu'instrument économique, elle peut être conjoncturelle[136] ou structurelle[137].

Mais il faut dire qu'au niveau de la CEMAC, l'exercice de la compétence fiscale est enserré dans des règles communautaires. Ainsi, la politique fiscale des États ne peut se déployer hors du cadre communautaire. Les dispositions du droit communautaire sont plus précises et contraignantes. Elles fixent le cadre à l'intérieur duquel doivent se définir les choix fiscaux et stratégiques des États membres de la CEMAC. La politique fiscale doit être d'inspiration communautaire[138]. Le droit communautaire CEMAC limite fortement les capacités nationales d'user librement de l'outil fiscal[139]. Aussi, le principal obstacle dressé par les contraintes communautaires à la libre utilisation de l'instrument fiscal à des fins de politique économique est cependant constitué de l'interdiction des régimes douaniers dérogatoires[140].

Au demeurant, l'étude menée sur les exonérations douanières et la mobilisation des recettes permet de mieux comprendre les choix adoptés par les pays membres de la CEMAC en matière de politique fiscale. Ainsi, autant une attention particulière est accordée aux mesures génératrices de recettes fiscales, sur la base d'un système de taxation commun, autant il est admis que

---

133 GEFFROY Jean-Baptiste, *Grands problèmes fiscaux contemporains*, PUF, 1993, cité par EVINA OBAM Richard, *op. cit.*, p.23.

134 MAMOUDOU BARRY, *Politiques fiscales et douanières en matière d'investissements étrangers en Afrique francophone, le cas du secteur des ressources naturelles extractives*, Paris, LGDJ, p. 16.

135 *Idem.*

136 Par son incidence sur la masse monétaire à disposition des agents économiques privés, l'impôt peut être utilisé comme un instrument de régulation de la conjoncture. Voir CASTAGNEDE Bernard, *op. cit.*, p. 5.

137 L'impôt est utilisé pour favoriser, de la part des agents économiques, un comportement répondant aux objectifs définis, en matière de développement des entreprises, d'aménagement du territoire, ou en tous autres domaines où se déploient les politiques publiques. *Ibidem.*

138 Lire SAWADOGO Elvis Flavien, *Les instruments de la convergence des politiques budgétaires dans la zone UEMOA,* Thèse de doctorat en droit public, Université de Bordeaux, mars 2016, 530 pages.

139 Lire SAWADOGO Elvis Flavien, *Les instruments de la convergence des politiques budgétaires dans la zone UEMOA*, Thèse précitée.

140 La prohibition de principe des régimes dérogatoires s'accommode de certaines exceptions ou dérogations, dont le bénéfice peut être subordonné à un accord préalable du comité de direction. Voir article 37 du Traité de L'UDEAC.

les exonérations douanières sont accordées pour des opérations particulières ou à des activités spécifiques, en fonction du choix des gouvernements. MIMOUN le dit si bien, « *de toute évidence, les besoins en ressources budgétaires, d'une part, et la nécessité d'engager des actions pour soutenir la croissance économique et de consolider la cohésion sociale, d'autre part, constituent pour la majorité des pays, les défis majeurs du présent et de l'avenir* »[141]. Ces deux composantes sont des leviers du développement à disposition des États, qui doivent être actionnés en suivant le cadre préétabli par le droit communautaire CEMAC. Une fois les notions clairement définies, il est nécessaire de consentir quelques limitations destinées à réduire le risque de déperdition dû à un champ d'étude trop vaste. Pour ce faire, il importe donc de saisir le cadre géographique de l'analyse.

### 2. Le cadre géographique de l'étude

Le cadre géographique renvoie à son champ d'études, à son milieu, ou à son environnement[142]. Parlant à ce propos, le professeur Magloire ONDOA précise que *« le cadre de la recherche se présente sous une double dimension conceptuelle et géographique. Dans les deux cas, il s'agit de situer le thème de réflexion, afin d'éviter les débordements vers lesquels il peut entraîner »*[143]. La recherche s'effectue en zone CEMAC (a) et plus spécifiquement au Cameroun (b).

#### a) Le cadre général de l'étude : la zone CEMAC

Le cadre général de l'étude étant la zone CEMAC, il apparaît nécessaire de présenter sommairement la zone CEMAC. Ensuite, il sera nécessaire de faire un détour sur la réforme fiscalo-douanière mise en œuvre dès 1994, qui constitue la clé de voûte du système douanier communautaire.

- **La zone CEMAC et les États membres**

La CEMAC est créée par une convention le date du 16 mars 1994 à Ndjamena ; ladite convention est entrée en vigueur le 5 février 1998. Elle est constituée de six États membres, dont le Cameroun, le Gabon, le Tchad, la République centrafricaine, le Congo-Brazzaville et la Guinée Équatoriale[144]. Cette précision des États membres permet d'éviter la confusion avec une organisation d'intégration en Afrique centrale dénommée la CEEAC (Communauté Économique des États de l'Afrique Centrale) composée du

[141] MIMOUN (Z), « La politique fiscale au Maroc : enjeux et défis », *REMALD*, n° 136, septembre 2017, p. 10.
[142] MBPILLE Pierre-Esaïe, *Le Président de la République en droit constitutionnel camerounais*, Thèse de doctorat en Droit public, Université de Douala, 2015, p.24.
[143] ONDOA Magloire, *Le droit de la responsabilité publique dans les États en développement : contribution à l'étude de l'originalité des droits africains,* Thèse de doctorat en Droit public, Université de Yaoundé-Soa, 1997, p.5. Cité par MPBILLE Pierre-Esaïe, *op. cit.*, p. 24.
[144] YOMBI J-P Éric, *Décrypter la CEMAC*, Douala, Les Éditions du Mérite, 2012, 144p.

Burundi, de la République démocratique du Congo, de l'Angola, de Sao Tomé-et-Principe, en plus des six États membres de la CEMAC sus-citée. Le Rwanda, pays fondateur de la CEEAC, a quitté l'organisation en 2007 pour rejoindre la Communauté de l'Afrique de l'Est[145]. En instituant la CEMAC le 16 mars 1994, les chefs d'État ont réaffirmé leur ferme volonté de poursuivre le processus d'intégration régionale et de l'utiliser, une fois de plus, comme moteur de croissance et plateforme vers l'insertion de leurs économies dans le processus de la mondialisation en cours[146]. Le Traité de la CEMAC marque la volonté de réaffirmer l'ambition de l'intégration régionale tout en donnant une nouvelle impulsion marquée par une harmonisation accrue des politiques et des législations de leurs États, un recentrage des stratégies de coopération et de développement[147]. Les objectifs de la CEMAC peuvent se résumer en quatre principaux points : l'Union douanière, la stabilité et la convergence macroéconomiques, l'intégration du secteur financier et les autres politiques sectorielles. Tous ces objectifs visent la création d'un marché commun de biens, services, facteurs de travail et capital dans le cadre d'une Union économique et monétaire. La réalisation du marché commun passe quant à elle par l'union douanière, l'effectivité de la libre circulation des facteurs de production et une franche mise en œuvre des politiques sectorielles communes[148].

Pour réaliser ses objectifs, la CEMAC a mis en place une structure qui comprend, quatre institutions : l'Union économique de l'Afrique centrale (UEAC), l'Union monétaire de l'Afrique centrale (UMAC), le Parlement communautaire et la Cour de justice. Elles sont complétées par des organes exécutifs dont la Conférence des chefs d'État, le Conseil des ministres, le Conseil ministériel, le Secrétariat exécutif, le Comité inter-États, la Banque des États de l'Afrique centrale (BEAC), la Commission bancaire de l'Afrique centrale (COBAC) et le groupe d'action contre le blanchiment d'argent en Afrique centrale (GABAC)[149]. La zone CEMAC est une zone d'intégration régionale[150], d'harmonisation des politiques fiscales qui s'est traduite par la réforme fiscalo-douanière. Celle-ci a favorisé l'émergence d'un véritable droit douanier communautaire.

---

[145] BEGNI BAGAGNA, *op. cit.*, p.34.
[146] BAMOU Ernest, *op. cit.*, p. 13.
[147] NOUMA MENYENGUE, *op. cit.*, p.15.
[148] BAMOU Ernest, *op. cit.*, p.14.
[149] BAMOU Ernest, p. 14.
[150] L'analyse économique distingue plusieurs degrés dans l'intégration régionale, chacun étant constitué du degré précédent auquel s'ajoute un élément nouveau : les associations et forums de coopération, les accords de préférence non réciproque, la zone de libre-échange, l'union douanière, le marché commun et l'union monétaire.

- **La réforme fiscalo-douanière[151] : fondement du système fiscal communautaire de référence**

À la suite d'une réflexion engagée sur la fiscalité pendant la crise, la recherche d'un système de mobilisation des ressources fiscales attrayant et efficace est devenue la principale préoccupation des pouvoirs publics en Afrique centrale[152]. Ainsi, l'amélioration des mécanismes de mobilisation des recettes publiques requise par les institutions financières internationales dans le cadre des programmes d'ajustement structurel (PAS) exigeait une réforme en profondeur du système fiscal de la zone CEMAC[153]. La réforme visait à éliminer les faiblesses et à moderniser le système. En effet, d'après le secrétariat de l'UDEAC, « *le système, par sa complexité, donnait l'impression d'une jungle exigeant une administration lourde pour l'État et les contribuables. La taxe unique, les codes d'investissement, les exonérations exceptionnelles diverses, la taxe sur le chiffre d'affaires, cumulative en cascades, introduisaient des distorsions importantes et beaucoup d'inégalités dans la répartition du fardeau fiscal* »[154]. Il est donc intéressant d'envisager le contenu de la réforme et ses conséquences au niveau des exonérations douanières.

- **Le contenu de la réforme mise en application depuis 1994 sur le plan douanier**

La réglementation douanière communautaire tire l'essentiel de sa substance de la réforme de 1994. Dans la perspective de renforcer la convergence au plan douanier, les États membres ont mis en place des instruments douaniers appelés à régir les prélèvements dus au franchissement du cordon. Parmi ces instruments, l'on peut d'abord citer le tarif extérieur commun (TEC)[155]. Ce dernier, après la réforme de 1994, vise essentiellement à simplifier le système fiscal en vue d'une administration facile et transparente, accroître le rendement fiscal à travers l'amélioration de la capacité de collecte des recettes et à améliorer l'efficacité et la compétitivité des entreprises de la zone par l'élargissement de la base fiscale[156]. Elle recherche aussi la réduction et l'uniformisation des taux d'imposition[157]. Le TEC dépouillé de la taxe sur le chiffre d'affaires à l'importation et de la taxe

---

[151] KAMGNIA DIA Bernadette, « La réforme fiscale et douanière en zone CEMAC est-elle optimale ? », *in* BEKOLO-EBE Bruno, TOUNA MAMA, FOUDA Magloire-Séraphin (dir), *Mondialisation, exclusion et développement africains : stratégie des acteurs publics et privés*, Paris, Afrédit, Tome 1, 2006.

[152] IREH ASSIM Thomas, *op. cit.* p. 16.

[153] *Idem.*

[154] UDEAC, *Réforme fiscalo-douanière*, *op. cit.*, p.7.

[155] Le Tarif extérieur commun (TEC) a été adopté par Acte n° 16/96-UDEAC-556-CD-57 du 1er juillet 1996 portant adoption du Tarif extérieur commun de la CEMAC.

[156] BAMOU Ernest, *op. cit.*, p. 30.

[157] *Idem.*

complémentaire comporte quatre taux pour quatre catégories de marchandises :

- 5 % catégorie I pour les biens de première nécessité ;
- 10 % catégorie II pour les matières et biens d'équipement ;
- 20 % catégorie III pour les biens intermédiaires ;
- 30 % catégorie IV pour les biens de consommation courante.

Le tarif extérieur commun (TEC)[158] était complété par une surtaxe temporaire, dont le taux était plafonné à 30 %. La surtaxe qui s'appliquait uniquement aux produits faisant l'objet de contingentement n'existe plus de nos jours. Les États membres de la CEMAC ne reconnaissent comme droits de douane et taxes d'effet équivalent que les seuls droits de douane inscrits dans la colonne *ad hoc* du tarif extérieur commun (TEC) de la CEMAC. Ensuite, au rang des instruments douaniers, la réforme a consacré le Tarif préférentiel généralisé (TPG). L'Union avait eu le souci de développer les échanges commerciaux entre les États membres ; la taxe unique conçue à cette fin a favorisé l'investissement et l'accroissement de la production intérieure, sans doper les exportations intracommunautaires. Le TPG s'applique aux produits originaires de la zone, à l'importation vers un pays membre. Son taux était initialement fixé à 20 % du TEC applicable au produit concerné. Celui-ci a été ramené à 10 % en janvier 1966 et annulé en 1998. Son but était de faciliter l'avènement d'un marché commun en Afrique centrale.

Dans la même lancée, toujours dans son volet fiscal, la réforme a prévu la Taxe sur la valeur ajoutée[159]. Cette réforme dont le « projet phare » est l'adoption de la TVA par les États de l'Afrique centrale a pour objectif d'ajuster structurellement leurs économies[160]. Cet impôt se substituait à l'impôt sur le chiffre d'affaires intérieur (ICAI) et aux taxes uniques (TU) issues des codes des investissements pour devenir le pivot de la réforme[161]. Elle remplace toutes les taxes indirectes et s'applique aux livraisons de biens, aux prestations de services et aux importations. Elle ne fait pas de discrimination entre les importations et les productions nationales. Les États fixent le taux dans la limite des fourchettes définies.

---

[158] Lire utilement PADONOU Mahugnon Honoré, « Le Tarif extérieur commun (TEC) de la Communauté économique des États de l'Afrique de l'Ouest (CEDEAO) : avancées et contraintes », in MEDE Nicaise et YENOUSSI Nicolas, *Bénin : les recettes publiques en débats*, Dakar, L'Harmattan, 2020, pp. 367-390.

[159] La TVA est introduite par la directive n° 1/99/CEMAC-028-CM-03 du 17/12/99 portant harmonisation des législations des États membres en matière de Taxe sur la Valeur ajoutée.

[160] IREH ASSIM Thomas, *op.cit.*, p. 28.

[161] *Idem.*

La taxe sur valeur ajoutée (TVA)[162] est un prélèvement à caractère fiscal qui frappe à égalité et au même taux les produits, qu'ils soient importés ou fabriqués localement. La base imposable en ce qui concerne les importations est obtenue en ajoutant à la valeur imposable telle qu'elle est définie par les articles 23 et suivants du code des douanes de la CEMAC, le montant du droit de douane (DD) et du droit d'accises (DA). Enfin, la réforme a consacré le droit d'accises (DA)[163]. Pour ajuster les recettes fiscales aux besoins des trésors publics, les États agissent sur le droit d'accises applicable à certains biens figurant sur une liste arrêtée par le Comité de direction. Le droit d'accises est un droit à caractère fiscal, qui frappe à égalité et au même taux certains biens qu'ils soient importés ou fabriqués localement, et dont la liste est fixée par un acte du Conseil des ministres. D'après Anne-Marie GEOURJON, c'est une taxe sur les biens et services, autres que les droits et taxes « généraux » (droits de douane et TVA)[164]. Ces produits concernent notamment, les boissons alcoolisées, les cigares, cigarettes et autres tabacs, les véhicules de tourisme et les motocycles d'une cylindrée supérieure à 250 cm3[165]. Le taux du droit d'accises est librement fixé par chaque État membre, à l'intérieur d'une fourchette comprise entre 0 à 30 %. Pour certains produits comme le tabac et les boissons, le taux d'importation ne peut être nul. La base imposable de droit d'accises en ce qui concerne les importations est établie en ajoutant à la valeur imposable telle qu'elle est définie par les articles 23 et suivants du Code des Douanes de la CEMAC, le montant de droit de douane. Dans la même lancée, aucune exonération ne peut être accordée par les États membres sur les produits soumis au droit d'accises à l'exception des intrants des produits soumis au droit d'accises. Cette exonération est également élargie à d'autres domaines.

- **La réforme fiscalo-douanière et la suppression des exonérations douanières**

La zone CEMAC est un espace économique en crise permanente[166]. À cet effet, la réforme vient bouleverser le paysage fiscal et douanier. Il convient de rappeler que le dispositif susdécrit vient en remplacement d'un système antérieur, articulé autour des codes d'investissements volontaristes et des

---

[162] Lire AKAKPO-DJIHOUNTRY Éric Maxime M., « La TVA : vers un meilleur rendement », in MEDE Nicaise et YENOUSSI Nicolas, *Bénin : les recettes publiques en débats*, *op. cit.*, pp. 129-152.

[163] Le droit d'accises est introduit par la directive n° 1/99/CEMAC-28-CM-03 du 17/12/99 portant harmonisation des législations des États membres en matière du droit d'accises (DA), modifiée par la directive n° 03-19-UEAC-010A-CM-33 portant harmonisation des législations des États membres en matière de droit d'accises.

[164164] GEOURJON Anne-Marie, « Les accises, un potentiel inexploité de recettes », in *Coordination fiscale dans l'UEMOA : évaluer le présent et tracer l'avenir*, FERDI, Dakar 30 avril- 2 mai 2014.

[165] Cette liste n'est pas exhaustive.

[166] IREH ASSIM Thomas, *op. cit.*, p. 45.

régimes privilégiés. Ces régimes, privilégiés dans la pratique, se sont révélés inefficaces et coûteux pour le trésor public. En effet, très peu d'entreprises créées sous ces auspices s'étaient révélées solides et compétitives dans le moyen terme contre beaucoup d'échecs dus, il faut bien le dire, autant aux abus de certains entrepreneurs qu'aux failles du système[167]. D'après ENGONE Kénaelle Cyndie, en matière d'investissements, et plus précisément de la fiscalité des investissements, les États d'Afrique centrale sont passés d'une communauté basée sur l'octroi des avantages fiscaux à une réglementation axée sur une relative restriction au libre exercice des politiques publiques des États[168].

Les études menées avaient abouti au constat, que 60 % d'opérations des entreprises s'effectuaient sous des régimes dérogatoires[169]. Point n'est besoin de révéler que les caisses de l'État avaient été particulièrement mises à mal du fait des avatars du système. Dans cette perspective, il a été constaté que les avantages accordés variaient de manière importante d'une entreprise à une autre, créant des distorsions majeures dans la concurrence et des discriminations dans la taxation des produits importés ou produits localement. De plus, la différenciation des taux d'un pays à un autre contribuait du reste à l'aggravation des barrières tarifaires entre les États[170]. Ces différents régimes dérogatoires, nés dans le désordre, ont subsisté dans la confusion. L'avènement de la réforme fiscale et douanière [171]traduit la volonté des États membres de mettre un terme aux régimes privilégiés à travers la limitation drastique des exonérations et les restrictions aux régimes du code des investissements.

- **La limitation des exonérations douanières à travers la généralisation du droit commun**

Au lendemain des indépendances, les pays de la zone CEMAC avaient besoin de s'industrialiser afin de limiter leur trop grande dépendance vis–à-vis de l'extérieur. Il fallait pour ce faire octroyer beaucoup de facilités aux jeunes industries naissantes à travers entre autres des exonérations douanières. Par celles-ci, on entend le fait pour le législateur d'écarter une marchandise du champ d'application d'un impôt[172]. En d'autres termes, une exonération permet à une marchandise qui normalement devait supporter un impôt de se

---

[167] LIBOM LI LIKENG Minette, *op. cit.*, p.3.
[168] ENGONE Kénaelle Cyndie, Thèse précitée.
[169] LIBOM LI LIKENG Minette, *op. cit.*, p. 3.
[170] UDEAC, *op. cit.*, p. 164.
[171] Sur la réforme fiscale et douanière, il existe une abondante littérature qui revient sur les différents aspects de cette réforme notamment dans le cadre du programme régional de réforme fiscale (PRRF). Le PRRF, adopté par les Actes nos. 4/92-UDEAC-556-CD-SE11 et 7/93-UDEAC-556-CD-SE11 comprend la réforme de la fiscalité de porte et de la fiscalité indirecte intérieure.
[172] ABANDA AYISSI Gabriel, *op. cit.,* p.48.

trouver hors de son–champ d'application. Seulement, dans la pratique, le phénomène des exonérations avait connu très rapidement des dérapages et avait conduit à des fraudes massives qui pénalisaient non seulement l'ensemble des économies par la perte de recettes importantes, mais aussi encourageaient la concurrence déloyale entre les sociétés. La réforme vient ainsi supprimer les exonérations en généralisant le régime de droit commun. Dans cette lancée, l'Acte n° 2-92-UDEAC-556-CD-SE1 portant révision de l'Acte n° 13-65-UDEAC-35 fixant les conditions d'application de l'article 241 du code des douanes a été adopté. Cet article définit les modalités d'application des exemptions exceptionnelles et conditionnelles des droits et taxes ; de même, il supprime les franchises accordées à titre exceptionnel par les ministres de Finances ou les directeurs nationaux ou généraux de douanes[173]. Dans cette lancée, dans le cadre du programme régional de réformes, donnant une nouvelle impulsion à l'intégration régionale, les pays de la CEMAC ont été contraints de moderniser leurs politiques nationales régissant les interventions publiques au regard de nombreuses restrictions.

- **Les restrictions aux régimes du code des investissements et des conventions d'établissement**

La réforme a eu pour principale conséquence l'extension du régime de droit commun à toutes les entreprises. Cette extension se traduira par l'élargissement de l'assiette fiscale qui aura pour conséquence le renflouement des caisses de l'État. La réforme fiscalo- douanière vient ainsi mettre un terme à tous les régimes spéciaux. L'Acte n° 3-93-UDEAC-556-CD-SEI portant mise en conformité des codes des investissements avec le Programme régional des réformes fiscalo-douanières (PRR) stipule : *« toutes les dispositions des codes nationaux des investissements permettant un régime dérogatoire au PRR ne sont plus applicables à compter de la date de mise en application de la réforme fiscalo-douanière par chaque État membre »*[174]. Les codes nationaux des investissements ne sont pas supprimés. Ils restent valables dans leurs dispositions non contraires au PRR, notamment en ce qui concerne les avantages extrafiscaux tels que les privilèges sociaux et les avantages de fiscalité directe. En revanche, les dispositions dérogatoires au PRR sont supprimées et réputées non écrites au cas où elles subsisteraient à la mise en œuvre de la réforme fiscalo-douanière ou à la révision de ces codes[175].

Bien plus, l'Acte n° 4/93-UDEAC-556-CD-SE1 visant la mise en conformité des conventions d'établissement avec le programme régional des réformes dispose : « Les États membres veilleront à ce que toutes les conventions d'établissement contenant des dispositions accordant un régime dérogatoire soient mises en conformité avec le programme régional de

---

[173] Art. 40 de l'Acte n° 2-92-UDEAC-556-CD-SE1.

[174] Art. 1er Acte n° 3/93-UDEAC-556-CD-SE1.

[175] Art. 1er Acte n° 4/93-UDEAC-556-CD-SE1.

réformes (PRR) au plus tard au 31 décembre 1995 ». À cette fin, les États membres renégocient les conventions dans les conditions permettant de les mettre en conformité avec les dispositions fiscales et douanières de la réforme[176]. Les conventions d'établissement ne sont pas supprimées. Elles restent valables dans leurs dispositions non contraires au PRR. En revanche, les dispositions dérogatoires au PRR sont supprimées ou réputées non écrites au cas où elles subsisteraient, et feront obligatoirement l'objet de négociations nouvelles afin qu'elles deviennent conformes au PRR. Comme on le voit, les autorités communautaires se sont efforcées avec la réforme fiscalo-douanière d'améliorer l'efficacité, de maîtriser l'évolution des régimes douaniers dérogatoires. Ainsi, les exonérations douanières ont fait l'objet de remise en ordre successif avec comme point d'orgue la définition des conditions de mise en œuvre de ces régimes et les autorités compétentes en la matière.

Cependant, force est de constater une mauvaise transposition en droit interne des États de cette législation communautaire relativement aux régimes douaniers dérogatoires. Cette mauvaise transposition est vérifiée par le poids grandissant et étouffant des exonérations douanières dans les finances publiques. Mais la réforme répondait aussi à une politique fiscale de sortie de crise, avec une priorité orientée vers la vocation budgétaire de l'impôt. Voilà peut-être pourquoi quelques années plus tard un revirement s'est imposé : les États membres de la CEMAC cherchant à réaffirmer leur rôle essentiel pour la promotion du développement économique et social au travers de la fiscalité dérogatoire ou du développement[177]. L'interventionnisme fiscal redevient un enjeu dans la stratégie de développement des gouvernements. Qu'en est-il de l'état d'application de la législation communautaire au Cameroun ?

Le cadre de la recherche, globalement, est limité à la zone CEMAC à travers son droit fiscal communautaire ; qui est inégalement appliqué au niveau national. Mais l'analyse peut visiter certaines zones d'intégration notamment la Communauté européenne. Toutefois, la recherche va d'abord s'intéresser à la pratique camerounaise en matière de régime dérogatoire et son incidence sur la mobilisation des recettes fiscales.

#### b) Le cadre restreint de la recherche : la République du Cameroun et sa politique douanière incitative

En dépit de l'encadrement communautaire, la politique douanière camerounaise depuis les premières années de l'indépendance est assez fluctuante. Elle navigue entre une vocation budgétaire et une vocation économique[178]. L'on note ainsi une politique douanière dont la priorité est à la vocation budgétaire de l'impôt et en même temps à la stimulation du

---

[176] Art. 2, *op. cit.*

[177] Lire MEDE Nicaise et ERROL Toni, (dir.), *La fiscalité de développement en Afrique de l'Ouest francophone*, Paris, L'Harmattan, 104 pages.

[178] EVINA OBAM Richard, *op. cit.*, p.139.

potentiel productif. À l'opposé des exigences de mobilisation des recettes douanières, se mettent en place de manière progressive, les régimes douaniers dérogatoires, expression non seulement d'une volonté de démarrage économique du pays, mais aussi de relance d'une économie étouffée, essoufflée après des décennies d'ajustement structurel. Les plus connus se manifestent à travers les exonérations douanières. L'intérêt du Cameroun pour les exonérations douanières ne date pas d'aujourd'hui. Un survol historique montre que le pays a toujours eu recours à cette pratique fiscale, notamment dès les premières années de son indépendance, et ce, à travers de nombreuses lois de finances, les différents codes des investissements, les régimes de zones franches, les codes sectoriels et bien d'autres supports juridiques. L'on sait pourtant que ces différentes sources des exonérations sont dommageables pour les finances publiques.

Aussi, la politique douanière camerounaise s'est édifiée autour de sa mission de pourvoyeuse de recettes et en arrière-plan était perceptible le souci de promotion et d'orientation de l'économie à travers de nombreux allègements fiscaux[179]. Les exonérations douanières sont intimement liées à la politique interventionniste et volontariste de l'État. Ce dernier désirant faire de l'outil fiscal un instrument de développement économique et social[180]. Le constat est donc clair, les exonérations douanières se sont érigées depuis les indépendances, en instrument de politique publique avec pour rôle principal de promouvoir le développement économique et social du pays. Les pouvoirs publics renoncent délibérément à une partie des recettes douanières dans le but d'encourager des secteurs d'activités en difficulté ou une frange de population vivant dans des conditions défavorables. Leur application autorise à faire une incursion dans la pratique camerounaise en ce domaine.

L'enjeu des exonérations douanières au Cameroun est particulièrement préoccupant, car la mobilisation des ressources fiscales internes est devenue une exigence dans un contexte de libéralisation économique et de capacité d'endettement limité. Le Cameroun est particulièrement exposé à deux types d'exonérations douanières sans que leur efficacité ait été clairement établie. Le pays s'est livré à une certaine concurrence pour attirer les investissements directs étrangers en multipliant les régimes fiscaux plus ou moins généreux dérogeant au droit fiscal communautaire. Puis, l'évolution des prix mondiaux des denrées alimentaires avec des épisodes de crise a amené le Cameroun à

---

179 ABENA Jean-Paul, *Comment la douane peut aider à la promotion des entreprises camerounaises sans faillir à sa mission de pourvoyeur de recettes de l'État*, ENAM, 1986-1987, p. 4.

180 CHIHA KHEMICI, « La fiscalité comme levier de développement économique dans les pays en développement : le cas de l'Algérie », *Revue algérienne de la mondialisation et des politiques économiques*, N° 03, 2012, pp. 31-45.

exonérer de façon temporaire ou permanente de tout droit et taxe la plupart de ces produits espérant ainsi leur prix raisonnable sur le marché intérieur[181].

Le cadre spécifique de cette analyse est bien limité au Cameroun, pays caractérisé par un fort potentiel économique, très extraverti avec des ports qui desservent toute la sous-région. L'exemple camerounais n'est que le révélateur de ce qui se présente dans la plupart des administrations douanières des pays de la CEMAC. Le comportement de son système fiscal ne s'éloigne pas trop de celui de la plupart des autres pays du fait d'une conduite économique, relativement similaire. Toutefois, la recherche pourra sortir du Cameroun pour s'intéresser à la pratique d'autres pays de la CEMAC afin de mieux cerner le champ matériel de l'étude.

### 3. La délimitation du cadre matériel de la recherche

La réglementation douanière applicable en zone CEMAC est très vaste. Elle est constituée essentiellement par le code des douanes et ses textes d'application, le tarif, la nomenclature douanière et les autres textes et règlements douaniers rendus nécessaires pour une exacte application des droits et taxes d'entrée[182]. Les dérogations ou les exonérations à cette réglementation sont aussi nombreuses. Il est donc important de délimiter le champ matériel de notre étude qui s'intéresse aux impôts douaniers harmonisés dans le cadre communautaire. Le périmètre s'intéresse aux prélèvements obligatoires effectués sur les échanges avec l'extérieur et les divers avantages fiscaux accordés aux importateurs. L'analyse s'intéresse à l'application des droits et taxes communautaires à l'importation notamment le TEC ou le droit de douane à l'importation (DDI), la TVA, et les droits d'accises. Elle exclut de son champ les droits et taxes à l'exportation, d'autant que la taxation dans ce domaine relève de la compétence de chaque État membre[183]. Le champ matériel est limité aux manipulations unilatérales des droits et taxes communautaires à l'importation par les États membres et plus particulièrement le Cameroun. L'analyse portera sur les diverses exonérations du TEC, de la TVA et dans une moindre mesure des droits d'accises et leur corrélation avec les exigences de mobilisation de recettes fiscales. Il s'agira aussi de calculer la différence entre la valeur de chaque taxe qui aurait dû être liquidée si l'importation ne faisait pas l'objet d'une mesure dérogatoire, et celle qui a été effectivement liquidée.

L'étude ne s'intéresse pas aux régimes suspensifs ou aux régimes économiques. Ils sont réglementés par le code des douanes CEMAC et ne sauraient constituer des exonérations douanières ; ils sont plutôt caractérisés

[181] Lire GEOURJON Anne-Marie, ROTA-GRAZIOSI Grégoire, « L'illusion des dépenses fiscales en Afrique », FERDI, *Notes brèves*, n° 96.
[182] Art.29 du Traité UDEAC.
[183] Art 32 du Traité UDEAC.

par un dédouanement composé à la fois d'une procédure simplifiée et d'un assouplissement des modalités de paiement des droits et taxes (report de paiement, remboursement des droits payés), lorsque l'opération en cause est tournée vers l'exportation ou encore rentre dans le cadre des activités de transformation. Dans ce sillage, il est plutôt question d'alléger les contraintes procédurales et dans une certaine mesure le poids immanent des charges fiscales sur ces opérations.

Il s'agit en définitive d'évaluer le système uniforme de taxation à l'importation, de revisiter les exceptions au droit communautaire au niveau du TEC, de la TVA et des droits d'accises et d'en tirer les différentes problématiques en lien avec la mobilisation des recettes fiscales. Il est question d'évaluer les pertes de recettes à la suite des exonérations, comparées aux objectifs. Mais il n'est pas exclu qu'on puisse aller au-delà des droits et des taxes communautaires à l'importation. Des emprunts seront opérés dans plusieurs autres domaines pour mieux appréhender ce champ matériel. Le droit fiscal douanier étant d'ailleurs au carrefour de plusieurs disciplines qui sont entre autres, le droit communautaire et d'intégration, le droit fiscal international, les finances publiques, le droit constitutionnel, le droit administratif, le droit international public, le droit international économique et le droit international des investissements. Cette perspective permettra de mieux saisir l'objectif de cette analyse.

## B- L'objectif de l'étude et l'état des savoirs constitués

La question des incitations fiscales est devenue une priorité dans l'agenda politique de toutes les régions. En Afrique, plusieurs États se sont engagés à lutter contre les exonérations fiscales inefficaces. Cette étude s'inscrit dans cette logique et en lien avec la problématique de mobilisation des recettes qui n'est pas récente, mais elle est profondément renouvelée au regard de la conjoncture difficile. L'on pourra ressortir dans cette rubrique, l'objectif de l'étude (1) et l'état des savoirs constitués sur cette recherche (2).

### 1. L'objectif de l'étude

L'analyse de la fiscalité des États membres de la CEMAC révèle diverses formes d'interventionnisme se caractérisant par une multitude d'exceptions et de régimes particuliers dérogeant aux règles de droit commun[184]. Ces dispositions des législations nationales qui vont des réductions d'impôts aux exonérations en passant par divers mécanismes affectant le calcul de l'impôt concernent aussi bien la fiscalité interne que celle de porte[185]. Dans la zone CEMAC, l'harmonisation douanière à travers la suppression des droits de douane ou des taxes d'effet équivalent entre les États membres et la création

---

184 MEYONG ABATH Roger Athanase, *op. cit.*, p. 205.
185 *Idem.*

d'un système uniforme de taxation à l'importation, est bien réelle, mais de nombreuses pesanteurs y subsistent et en particulier la croissance anarchique des exonérations douanières qui génère de nouvelles formes de dysfonctionnements du système fiscal communautaire.

Dans la perspective d'un affermissement, d'un approfondissement prospectif du processus d'harmonisation douanière, tout en préservant les performances économiques et budgétaires, l'objectif de cette analyse est de remettre au goût du jour les différentes problématiques soulevées par les politiques nationales d'octroi des exonérations douanières des États membres en Zone CEMAC. Le prétexte est ainsi trouvé pour faire un état des lieux sur les exonérations douanières au Cameroun, vérifier leur corrélation (positive ou négative) avec les exigences de mobilisation des recettes, et dans la perspective d'aboutir à l'amélioration de leur système d'octroi, proposer des aménagements fiscaux nécessaires aussi bien à l'échelon national que communautaire. L'objectif principal *in fine* est de contrôler les exonérations douanières afin de pallier les externalités[186] et de préconiser des mécanismes susceptibles d'imposer un juste équilibre entre les exigences de construction communautaire à travers une concurrence non faussée et la prise en compte des intérêts vitaux et légitimes des États membres. En clair, il est question de plaider pour un renouvellement des méthodes d'action économique par l'impôt à travers la définition et la mise en œuvre des politiques fiscales nationales rationnelles respectant les contraintes communautaires de la zone CEMAC. L'analyse des exonérations douanières a pour objectif final d'éclairer la politique fiscale[187]. Afin d'atteindre cet objectif, il est question de revisiter les différentes analyses et études qui s'inscrivent dans la même lignée.

### 2. L'état difficile des savoirs constitués sur la thématique

Le domaine des exonérations douanières est insuffisamment exploré et longtemps laissé en friche au Cameroun ; il souffre d'ailleurs d'une carence de recherches spécialisées. L'inflation des exonérations douanières non conformes aux prescriptions communautaires en zone CEMAC n'a pas été accompagnée d'un apport doctrinal significatif. À partir du dépouillement de la littérature consacrée sur la question et d'une enquête documentaire effectuée, quelques travaux abordent la question des exonérations douanières de manière furtive en se limitant à des généralités. Plus concrètement, les

---

[186] Le terme "externalités" renvoie aux effets externes d'autant plus que les exonérations douanières sont susceptibles de générer des effets qui dépassent les frontières nationales et affectent ainsi les relations économiques entre les États. Ces répercussions transfrontalières sont appelées « externalités ».

[187] FERDI, « Les dépenses fiscales : de leur évaluation à leur rationalisation », second webinaire organisé dans le cadre de la plateforme française interministérielle sur la mobilisation des ressources publiques (MRIP), 30 décembre 2020, p. 2.

ouvrages y faisant allusion comportent parfois une section ou quelques paragraphes pour les présenter comme une entrave au processus d'harmonisation fiscale en cours en zone CEMAC[188], ou comme distorsion en matière de politique douanière communautaire[189]. Quelques ouvrages au niveau européen sont consacrés aux aides d'État de nature fiscale en droit de l'Union, mais ils se limitent non seulement à la fiscalité directe[190], mais se consacrent uniquement à l'identification des aides fiscales et les contours de leur régime. Il est aussi à noter de nombreuses études de la Banque mondiale[191], du Fonds monétaire international [192]et des experts internationaux [193]qui se rapportent à la mobilisation fiscale en Afrique subsaharienne. Ces études ciblent la prolifération des exonérations et régimes de faveur parmi tant d'autres comme facteur de réduction de l'assiette fiscale. Mais ces études qui restent partielles et font la part belle aux autres facteurs sont faites dans une perspective d'amélioration du système fiscal en général.

Plus concrètement, au Cameroun, quelques auteurs se sont essayés à cette thématique de fiscalité dérogatoire sans véritablement faire le lien avec la mobilisation des recettes. Ainsi, NOUMBISSIE Séraphin[194], envisage les exonérations fiscales dans ses fondements et les considère comme une perversion du système fiscal au regard de ses effets très nocifs sur les plans économique et budgétaire. Marianne NGASSAM[195] fait une incursion dans les exemptions douanières en zone CEMAC dans une approche purement descriptive en ressortant les différentes catégories d'exemptions et les procédures liées à leur octroi. À sa suite, Alexandre TANA[196] met en exergue

---

[188] IREH ASSIM Thomas, *La TVA en Afrique centrale*, Paris, L'Harmattan, 2012, *op. cit.*

[189] MEYONG ABATH Roger-Athanase, *L'harmonisation fiscale et douanière en zone CEMAC : fiscalité communautaire en Afrique centrale (Cameroun, Centrafrique, Congo, Gabon, Guinée Équatoriale, Tchad*), Berlin, Éditions universitaires européennes, 2011, *op.cit*, voir aussi, ONANGA OPISSINA Vianney *Problématique de l'application de la TVA dans l'espace OHADA*, Paris, L'Harmattan, 2016, *op. cit.*

[190] MICHEAU Claire, *Droit des aides d'État et des subventions en fiscalité, droit de l'Union européenne et de l'OMC*, Bruxelles, Éditions Larcier, 2013, lire aussi, PAPADAMAKI Ioanna, *Les aides d'État de nature fiscale en droit de l'Union européenne*, Bruxelles, Éditions Bruylant, 2018, *op. cit.* Voir aussi, RENARD Gérard, *Les règles communautaires en matière d'aides d'État et la fiscalité*, Paris, L'Harmattan, 2005.

[191] Lire à ce sujet, *Étude sur les écarts fiscaux en République démocratique du Congo*, groupe de la Banque mondiale région Afrique, 2017, ou encore Banque mondiale, *Étude sur la fiscalité en Afrique de l'Ouest, options de réforme dans une perspective sous régionale*, 2019.

[192] Fonds monétaire international, *CEMAC, questions générales*, 2019.

[193] JACQUEMOT Pierre et RAFFINOT Marc, « La mobilisation fiscale en Afrique », *Revue d'économie financière*, n° 131, 2018, pp. 243-263.

[194] NOUMBISSIE Séraphin, *La problématique des exonérations fiscales au Cameroun : essai d'analyse critique,* Mémoire de fin de formation, ENAM, 1997-1998, 96 pages.

[195] NGASSAM TCHOUBANE Marianne, *Les exemptions douanières dans la zone CEMAC*, Mémoire de fin de formation à l'ODECI, Douala, 2003, 36 pages.

[196] TANA Alexandre, *Dépenses fiscales et fraude dans les régimes douaniers de production*, ENAM, 1991.

le caractère pernicieux des exonérations douanières en faisant le lien entre la dépense fiscale et les fraudes dans les régimes douaniers économiques. KAMENI FOEKO Arsène [197]pour sa part met en relief le régime d'exonération fiscale au Cameroun en faisant allusion aux conditions d'obtention des exonérations fiscales, la procédure ainsi que les effets qui y sont liés. L'on pourra également mentionner quelques rapports d'études portant sur l'évaluation des dépenses fiscales au Cameroun [198]qui mettent en lumière le manque à gagner occasionné par la fiscalité dérogatoire et qui recommandent une maîtrise budgétaire des dispositifs incitatifs dans le cadre de l'option de rationalisation et de suivi des dépenses fiscales. Mais ces études, certes louables, n'épuisent pas l'ambition de la présente recherche. Elles se limitent seulement au Cameroun et sans aucune interaction avec les instances communautaires.

Au niveau africain, quelques auteurs [199]s'intéressent aux exonérations fiscales et douanières dans différents pays respectifs en faisant valoir la non-attractivité des investissements directs étrangers (IDE) malgré de nombreux allègements fiscaux concédés en termes d'exonérations. Au regard de l'illusion des codes d'investissement, ils plaident pour une nouvelle gouvernance des politiques fiscales et douanières incitatives en Afrique. Au niveau européen, la littérature sur la thématique des dépenses fiscales se répartit entre deux blocs. Le premier [200]s'intéresse spécifiquement au concept de dépense fiscale en lui-même, avec l'idée principale de tirer les leçons des études théoriques et des expériences gouvernementales pour cerner les différentes problématiques entourant ce concept. Le second bloc [201] s'attache à la dimension budgétaire des dépenses fiscales. Un constat se dégage, le phénomène des dépenses fiscales se développe de manière spectaculaire en contribuant davantage à creuser le déficit public et porte atteinte aux principes directeurs d'une fiscalité efficace. Il est par conséquent recommandé d'imposer aux fins de rationalisation du coût des dépenses fiscales, un cadre contraignant et un suivi rigoureux par l'application des règles de bonne

---

[197] KAMENI FOEKO Arsène, *Le régime d'exonération fiscale au Cameroun*, Mémoire de master II en fiscalité appliquée, Université de Douala, 2013-2014, 116 pages.

[198] Lire MINFI, Rapports sur la dépense fiscale, 2016, 2017, 2018.

[199] À ce sujet, lire MAMOUDOU BARRY, *Politiques fiscales et douanières en matière d'investissements étrangers en Afrique francophone : le cas du secteur des ressources naturelles extractives*, Paris, LGDJ Lextenso, 2020, 422 pages, lire aussi, MATANDA KABANDA Boniface, *Les exonérations fiscales des investissements en RDC*, Paris, L'Harmattan, 2016, 819 pages.

[200] Lire à ce sujet, GODBOUT Luc, *L'intervention gouvernementale par la politique fiscale, le rôle des dépenses fiscales, étude comparée : Canada, États-Unis, France,* Paris, Économica, 309 pages, lire aussi, PICHET Éric, *Théorie générale des dépenses sociofiscales*, Paris, Les Éditions du siècle, 491 pages.

[201] BARQUE François, « La rationalisation du coût des dépenses fiscales ou la difficile appréhension de l'interventionnisme fiscal par le droit budgétaire », *Revue de droit fiscal* n°40, octobre 2010, p. 2.

gouvernance à l'image de celles réservées aux dépenses budgétaires[202]. Plus proche du thème d'étude, est la thèse de HASSAN EL KTINI[203]. Ce dernier envisage la dépense fiscale dans sa dimension théorique et budgétaire et propose surtout une rationalisation du système incitatif marocain. Sa recherche se limite au niveau national et n'intègre nullement le contexte international et surtout communautaire.

C'est donc autour de la dimension budgétaire des dépenses fiscales induites par les exonérations que l'étude s'est adossée, afin de pouvoir disposer d'outils d'analyse et de décryptage propres à répondre à notre préoccupation. Mais la recherche tire son originalité de la dimension communautaire introduite pour mieux appréhender le phénomène des exonérations douanières. C'est d'ailleurs cette originalité qui justifie l'intérêt accordé à cette étude.

## C- L'intérêt de l'étude

À l'heure de la mondialisation, de l'ouverture des frontières avec comme corollaire la libre circulation des marchandises et le démantèlement des barrières tarifaires, la problématique des exonérations douanières semble être reléguée au second plan. La récente entrée en vigueur de la zone de libre-échange en Afrique [204]est là pour conforter cette position. Aussi, en parler aujourd'hui peut sembler à priori anachronique. Cependant, lorsqu'on jette un regard dans les prévisions budgétaires, l'on se rend compte que les pays de la zone CEMAC connaissent une forte dépendance sur le plan budgétaire, par rapport aux recettes douanières[205]. D'une année à l'autre, il est évident que les recettes douanières sont en constante augmentation[206] et contribuent à hauteur d'au moins 30 % dans le budget du Cameroun. Toute source de moins-value fiscale doit être dans ce sillage questionnée[207], raison pour laquelle l'analyse

---

[202] Lire à ce sujet, ECALLE François, « La maîtrise des dépenses fiscales », *Les commentaires de l'actualité*, FIPECO, 2018, pp. 1-28 ; lire aussi, BENMOUSSA Mohammed, « Le sanctuaire des dépenses fiscales », Les Échos, n°1072, voir aussi, Conseil des impôts, « *La fiscalité dérogatoire, pour un réexamen des dépenses fiscales* », 4e rapport au Président de la République, 2003.

[203] HASSAN EL KTINI, *Les dépenses fiscales en droit marocain*, Thèse de doctorat en droit, Université Grenoble Alpes, 2020.

[204] Le 21 mars 2018, les représentants d'un nombre important de pays membres de l'Union africaine (UA) ont signé l'accord instituant la Zone de Libre-échange continentale pour l'Afrique (ZLECAF). Cet accord intervient cinq ans après que les Chefs d'État de l'UA ont décidé de créer la ZLECAF et près de deux ans après le début des négociations.

[205] DIARRA Eloi, « Coopération ou intégration fiscale au sein de l'union économique et monétaire ouest-africaine (UEMOA) », *Revue burkinabè du droit*, n° 45, 1er semestre 2004, p.3 repris par ONANGA OPISSINA Vianney, p. 182.

[206] Pour l'année 2019, les objectifs budgétaires assignés à la Douane sont de l'ordre de 850 milliards.

[207] Voir DULIN Antoine, *Les mécanismes d'évitement fiscal, leurs impacts sur le consentement à l'impôt et la cohésion sociale,* Paris, *CESE* 14, 2016, 134p.

des exonérations devrait susciter un fort engouement. Une libéralisation complète des échanges dans ce contexte est donc impensable, sauf sous la condition d'une faisabilité financière[208].

D'ailleurs, cette problématique est revenue plusieurs fois dans les discours des différents responsables douaniers qui présentent les exonérations douanières comme le principal obstacle à la stratégie de mobilisation des recettes. Au niveau régional, elles sont présentées comme des facteurs de désintégration et de moindre croissance. C'est donc un thème d'actualité, qui mérite une attention soutenue aussi bien au niveau interne que communautaire du fait de son double intérêt théorique et pratique ou managérial.

Entreprendre aujourd'hui une réflexion sur la problématique des exonérations douanières ne saurait être un fait du hasard ou dénué de tout fondement. La persistance du phénomène conforte l'idée qu'il faut entreprendre de nouvelles réflexions et identifier de nouvelles pistes. L'étude a donc un intérêt à double détente : théorique (1), et pratique ou managérial (2).

### 1. L'intérêt théorique

L'intérêt de cette recherche n'est pas d'entrer en rupture épistémologique avec tous les multiples travaux effectués dans ce domaine fiscal, mais plutôt d'en apporter une plus-value en abordant un aspect périphérique portant sur les exonérations douanières. Faute d'une étude pouvant offrir une vue globale du sujet, cette recherche participe du renouvellement du débat autour de l'interventionnisme fiscal et de la théorie de la concurrence fiscale. Elle permettra également de mieux interroger la notion de souveraineté fiscale [209]des États membres en lien avec la construction communautaire. Une meilleure appréhension et une clarification de la théorie des dépenses sociofiscales sont au rendez-vous, afin de démystifier un concept longtemps resté dans un flou juridique.

Cette analyse vise aussi à questionner la persistance des logiques de disparités et de concurrence fiscale en zone CEMAC. Il s'agit enfin d'établir une nouvelle vision autour des systèmes nationaux d'octroi des exonérations douanières, élargie à plusieurs enjeux en présence, notamment celui lié à la mobilisation des recettes fiscales. Les résultats de cette étude contribuent ainsi à l'avancement des connaissances sur le plan de la conception et de la mise en œuvre des politiques fiscales incitatives en zone CEMAC. Cette perspective est d'ailleurs complémentaire à l'intérêt pratique.

---

208 ONANGA OPISINA Vianney, *op. cit.*, p. 182.

209 Sur cette notion, lire LOGMO MBELEK Aaron, « La souveraineté fiscale des États africains au sud du Sahara (face aux enjeux de développement), l'exemple du Cameroun », *Cahiers africains d'Administration publique*, *African Administrative Studies* n° 74, 2010.

## 2. L'intérêt pratique ou managérial

L'intérêt pratique est celui « qui concerne la réalité concrète, qui s'attache à l'efficacité, facile à utiliser ; qui épargne du temps et de l'effort »[210]. Aussi, la banalisation ou l'utilisation excessive des exonérations aboutira à coup sûr au contrôle des instances communautaires. Dans le contexte européen, la fréquence d'utilisation des aides fiscales conduit naturellement à une augmentation de leur contrôle. Ce qui nourrit par la suite le contentieux respectivement au niveau national et devant les juridictions de l'Union[211]. Le contentieux des aides fiscales est de plus en plus riche en Europe. Au regard des enjeux, les aides de nature fiscale et notamment les exonérations douanières, deviennent un sujet de vives préoccupations.

Au niveau de la zone CEMAC, les États membres se doivent de respecter la réglementation communautaire au risque de se voir sanctionnés. Il est donc question pour eux de rompre avec les pratiques fiscales dommageables, discriminatoires. Ils doivent établir une nouvelle vision autour des exonérations douanières en mettant de côté les points de distorsion et de dysfonctionnement les plus handicapants[212]. Il est question afin de lutter contre des pratiques antérieures laxistes et de mettre en évidence un ensemble de règles de bonne conduite applicables aux politiques de dépenses fiscales des États.

L'analyse permettra ainsi d'avoir une lisibilité sur les exonérations douanières accordées après une longue pratique des politiques fiscales incitatives par les États membres. Elle aidera à esquisser une rationalisation des mesures douanières dérogatoires, surtout dans un contexte où l'on parle de plus en plus de l'affermissement de l'intégration communautaire et de la consolidation des recettes fiscales. La promotion de bonnes pratiques fiscales par les États membres permettra de réduire au strict minimum les possibilités de recourir aux mécanismes d'enclenchement de leur responsabilité fiscale au niveau des instances communautaires. Il importe que les pays de la CEMAC travaillent ensemble et non dans des directions opposées en ce qui concerne leurs politiques fiscales [213]dans la perspective d'égaliser les conditions de concurrence en éliminant les disparités et les distorsions fiscales.

Au niveau du Cameroun, l'évaluation des dépenses fiscales est encore dans sa phase de tâtonnement[214]. Un comité est mis sur pied pour évaluer l'impact des exonérations douanières sur les recettes budgétaires. C'est un travail encore

---

[210] Dictionnaire de la langue française, *op. cit.*, p. 360.
[211] PAPADAMAKI Ioanna, *op. cit.*, p. 51.
[212] ONANGA OPISSINA Vianney, *op. cit.*, p. 37.
[213] DRAPIER Sylvie, *op. cit.*, p. 1.
[214] Au Cameroun, depuis 2016, le Ministère des Finances produit un rapport sur les dépenses fiscales, à ce jour, trois rapports sont déjà publiés notamment, 2016, 2017 et 2018.

embryonnaire comparé aux pays comme le Maroc [215]ou le Sénégal [216]qui produisent régulièrement des rapports sur les dépenses fiscales. À travers cette recherche, il s'agit de consolider cette démarche d'évaluation des dépenses fiscales, tout en dotant la politique fiscale des règles de bonne gouvernance et de transparence. En définitive, l'heure est venue de porter un regard critique sur la croissance anarchique des exonérations douanières, en vue d'en améliorer la conception et l'administration, d'en renforcer l'utilité et de rendre meilleure la compatibilité avec les exigences de mobilisation des recettes fiscales. Cette analyse s'inscrit donc dans une perspective contributive tendant à l'amélioration de la gouvernance, à l'encadrement strict des exonérations douanières, dans l'optique d'une mobilisation accrue des recettes fiscales, vectrices de croissance et de développement socioéconomique.

Au regard de ces différents intérêts, il en ressort que l'étude concernant les exonérations douanières en lien avec les exigences de mobilisation de recettes en zone CEMAC a de sérieuses raisons d'être menée. Il reste à indiquer la problématique et les hypothèses de recherche.

## D- La problématique et l'hypothèse de recherche

Comme une boussole guidant le navigateur, la problématique est la « matrice de pensée »[217]qui oriente le chercheur. Sa construction s'appuie sur un certain nombre de préceptes qui en constituent de préalables nécessaires[218]. De manière générale, la problématique est un « ensemble construit »[219], ou encore, l'« ensemble des questions que soulève un sujet »[220].

L'harmonisation par la fiscalité en zone CEMAC ambitionne de réaliser le libre jeu de la concurrence[221]. L'atteinte de cet objectif suppose la création des conditions fiscales transparentes et identiques[222]. Parmi les prescriptions retenues pour parvenir à ce régime de saine concurrence, figure en bonne place l'harmonisation de la taxation des produits importés et provenant des pays tiers. Dans cette perspective, l'emprise de la fiscalité communautaire est telle que l'interventionnisme fiscal des États doit être encadré. Naturellement, le

---

[215] Le Maroc produit le rapport sur les dépenses fiscales depuis 2005, voir à ce sujet, HASSAN EL KTINI, *Les dépenses fiscales au Maroc, contribution à la rationalisation du système des incitations fiscales*, Thèse de doctorat, Université de Grenoble Alpes, 2020, p. 103.
[216] Le Sénégal produit le rapport sur les dépenses fiscales depuis 2008.
[217] MBALLA OWONA Robert, *La notion d'acte administratif unilatéral au Cameroun*, Thèse de doctorat Ph.D, en droit public, Université de Yaoundé II Soa, 2010, p.53. Lire aussi ONANA Jean, « La construction d'une problématique de recherche », Communication au colloque international organisé par le GRAPS, sous l'égide de l'Association africaine de Science politique à Yaoundé, janvier 2002.
[218] *Idem.*
[219] BEAUD Michel, *L'art de la thèse*, Paris, Guides Repères, La découverte, 1997, p. 32.
[220] *Idem.*
[221] MEYONG ABATH Roger-Athanase, *op. cit.*, p. 115.
[222] *Ibid.*

processus d'harmonisation fiscale en cours en zone CEMAC affecte directement l'élaboration de la politique fiscale nationale et, par voie de conséquence, module l'utilisation des régimes douaniers dérogatoires, dont les exonérations douanières. L'étude sur les exonérations douanières se situe ainsi au cœur d'une confrontation d'intérêts divergents.

D'un côté, les États membres soucieux de relancer, de soutenir ou d'orienter leur économie nationale utilisent abondamment les exonérations douanières. En cela, il faut reconnaître les prérogatives des États membres à intervenir dans leur propre économie par le biais de la fiscalité. Il a été affirmé à maintes reprises que le droit fiscal est « le symbole par excellence des pouvoirs régaliens de l'État »[223]. Il se trouve au cœur de la souveraineté des États et notamment au cœur de la légitimité des parlements nationaux, le pouvoir fiscal étant intimement lié au pouvoir politique[224]. À travers les exonérations douanières, les États membres ont tendance à défendre leurs intérêts nationaux au détriment des intérêts communs[225].

De l'autre côté, le législateur communautaire, conscient des dangers d'une manipulation unilatérale des droits et taxes à l'importation, interdit les régimes douaniers dérogatoires. En effet, cette manipulation unilatérale peut avoir des effets néfastes sur les échanges interétatiques et fausser ainsi la concurrence qui se veut équitable. Au regard du droit communautaire, les exonérations douanières sont donc incompatibles. Elles risquent de menacer le bon fonctionnement du système de concurrence libre et non faussée, pierre angulaire de la construction communautaire et dont la mise en place et le maintien constituent l'un des objectifs de l'Union[226]. Elles constituent des facteurs de paralysie de la construction communautaire. Mais cette incompatibilité n'est ni absolue ni inconditionnelle. Le Traité UDEAC contient des clauses de sauvegarde[227], qui prévoient des exceptions, certaines d'office et d'autres conditionnelles. Comme on le voit, la problématique des exonérations douanières est au croisement de plusieurs sensibilités : confrontation entre les courants interventionnistes et libéraux, confrontation entre les effets positifs de certaines exonérations pour relancer l'économie et leur impact potentiellement néfaste sur la mobilisation des recettes, mais surtout confrontation entre les intérêts nationaux et ceux de l'Union[228].

Les pays de la zone CEMAC sont englués dans le carcan du sous-développement. Ils sont par ailleurs dans une situation de crise économique

---

223 MAITROT DE LA MOTTE Alexandre, *souveraineté fiscale et construction communautaire*, *op. cit.*, p. 1.
224 *Ibid.*, pp. 39-40.
225 ONANGA OPISSINA Vianney, *op. cit.*, p. 18.
226 PAPADAMAKI Ioanna, *op. cit.*, p. 25.
227 Art 37 du Traite UDEAC.
228 PAPADAMAKI Ioanna, *op. cit.*, p. 56.

permanente [229]qui se traduit par l'explosion des déficits budgétaires, des difficultés socioéconomiques et financières. Les exonérations douanières s'y trouvent au cœur des enjeux de développement socioéconomique, budgétaires et d'harmonisation douanière. Il devient ainsi important de concilier la contrainte de développement, les exigences communautaires et budgétaires dans le cadre des politiques nationales d'octroi des exonérations douanières. La problématique (1) aura un lien avec les enjeux budgétaires et sera suivie de l'hypothèse de recherche (2).

### 1. La problématique de recherche

Au regard des enjeux budgétaires, la mobilisation des recettes constitue depuis quelques années un sujet de vive préoccupation pour les différents gouvernements dans un contexte de lutte contre la pauvreté et de forte incitation à l'investissement. Dans un tel contexte, il est tout à fait logique de s'interroger sur la capacité des administrations douanières à mobiliser plus de recettes. Les exonérations douanières bien que s'inscrivant dans les stratégies de développement socioéconomique des pays membres en constituent une contrainte. Aussi, dans le prolongement des réflexions sur les obstacles à la stratégie douanière de recherche de la performance, la question de recherche dans le cadre de la présente étude s'articule autour de l'interrogation suivante : **le système camerounais d'exonération douanière, est-il en adéquation avec l'objectif de mobilisation efficace des recettes en zone CEMAC ?** La réponse à cette question demeure un enjeu majeur et actuel pour toute politique fiscale. Dans cette lancée, la réponse à cette question mérite qu'on puisse émettre une hypothèse.

### 2. L'hypothèse de recherche

Pour être précis, soulignons avec Madame la professeure Madeleine GRAWITZ que « l'hypothèse est une proposition de réponse à la question posée »[230]. Il s'agit d'un postulat c'est-à-dire une idée formulée en réponse à la problématique[231]. Celle-ci devra être vérifiée tout au long du travail de recherche[232]. Dans le cas d'espèce, à la question de savoir si le système camerounais d'exonération douanière est en adéquation avec l'objectif de

[229] La crise tire ses sources non pas exclusivement des dysfonctionnements endogènes des appareils productifs, mais davantage des chocs extérieurs au périmètre communautaire (détérioration des termes de l'échange, fluctuations de cours du dollar, chocs pétroliers, montée en puissance des pays émergents, perturbations du marché international des produits d'exportation…), voir dans ce sens EVINA OBAM Richard, *op. cit.*, p. 37.

[230] GRAWITZ Madeleine, *Méthodes des sciences sociales*, 11e édition, Paris, Dalloz, 2001, p.398.

[231] Lire à ce sujet BOME EKALLE Mariette, *La dématérialisation de l'administration publique camerounaise*, Mémoire de Master II recherche en droit public, Université de Douala, 2019-2020, p. 14.

[232] *Idem.*

mobilisation de recettes en zone CEMAC, l'hypothèse suivante est donnée en guise de réponse :

Le système camerounais d'exonération douanière est en inadéquation avec l'objectif de mobilisation efficace des recettes en zone CEMAC, et pour cela, il nécessite une amélioration, un ajustement. Cette hypothèse part d'un constat, l'existence de nombreux avantages fiscaux douaniers favorisant une perte de recettes pour un bénéfice incertain. Des études bien menées font valoir « l'illusion des exonérations »[233], la non-attractivité des exonérations douanières[234], des instruments à l'efficacité douteuse[235], des niches de fraude[236], le « virus des niches fiscales »[237], le « symbole de tous les maux du système fiscal, complexe, illisible et bien souvent inéquitable »[238], des « cadeaux fiscaux »[239] , un instrument inefficace pour des aides inefficaces et biens d'autres récriminations[240].

Ainsi, si par principe les exonérations douanières ont pour vocation de contribuer au développement socioéconomique du pays, les conditions de sa mise en œuvre préparent à un résultat contraire. Pire encore, les recettes douanières sont victimes de la « dictature » des exonérations douanières non conformes aux prescriptions communautaires. Le constat est donc celui d'une application inappropriée et désordonnée des exonérations douanières observée à travers la diversité des fondements et des sources. Aussi, quoique diversement appréciées sur le plan théorique, elles restent une menace, une contrainte permanente sur la mobilisation des recettes douanières, un obstacle à l'effort fiscal douanier, conséquence d'une prolifération incontrôlée. Il est question d'une étude critique. L'effort de proposition s'inscrit en complément logique de la critique. Une critique sans proposition est un diagnostic inutile pour reprendre Le Tourneau[241]. Dans ce sillage, la réduction ou la maîtrise des exonérations douanières sera au centre des efforts de mobilisation de recettes additionnelles.

---

233 KABANDA MATANDA Boniface, *op. cit*, P. 289.

234 *Idem.*

235 WEIDENFELD Katia, *op. cit.*, p. 61.

236 Les exonérations douanières se sont révélées être un champ de privilèges, de gaspillage de ressources, de favoritisme, de népotisme et de corruption.

237 TRANNOY Alain, *Il faut une révolution fiscale : qu'en pensent les économistes* ? Eyrolles, 2012, p.25.

238 COLLET Martin, *in :* Préface PICHET Éric, *La théorie générale des dépenses sociofiscales*, Paris, Les Éditions du siècle, 2016, p. 1.

239 *Ibidem.*

240 BOUBAY-PAGES Michèle, « Des exonérations fiscales pour des investissements vertueux », pp. 151-213.

241 Le TOURNEAU, « La plume professorale est libre », D, 1995, chron, 275 *; in* STARK Boris, ROLAND Henri, et BOYER Laurent, *Introduction au droit*, Paris, Litec, 1996, repris par MONEBOULOU MINKADA Hervé-Magloire, *Système pénitentiaire et criminalité au Cameroun*, Thèse de doctorat, *op. cit.*, p. 32.

Bien plus, la démonstration de l'hypothèse va se faire à l'aune de la mobilisation d'une panoplie de méthodes qui permettront de structurer cette recherche.

### SECTION III : LA DÉMARCHE MÉTHODOLOGIQUE ET L'ANNONCE DU PLAN

L'acceptation de l'hypothèse ci-dessus amène à admettre le choix d'une méthodologie plurielle. En effet, il s'agit de passer au crible de la critique pluridisciplinaire, qui s'enracine dans le caractère transversal la question des exonérations douanières en lien avec les exigences de mobilisation des recettes fiscales. Cette démarche plurielle (A) sera suivie du plan de la démonstration (B).

#### A- Les approches méthodologiques

Dans le but de mieux cerner les différentes problématiques liées aux exonérations douanières et à la mobilisation des recettes en zone CEMAC, l'on devrait recourir à des exigences ou à des référents méthodologiques.

La méthode est nécessaire à tout travail scientifique. Elle renvoie à l'ensemble des opérations par lesquelles une discipline cherche à atteindre des vérités qu'elle poursuit, les démontre et les vérifie. Aussi, le professeur KAMTO ajoute-t-il que la « méthode éclaire les hypothèses et détermine les conclusions »[242]. La méthode est selon AKTOUF OUMAR « la procédure logique de toute science »[243]. La méthode est aussi, comme le précise Madeleine GRAWITZ, un moyen de parvenir à un aspect de la vérité, de répondre plus particulièrement à la question « comment »[244]. Bien plus, le professeur Magloire ONDOA précisait que « de la méthode choisie dépend en effet de la fiabilité des résultats attendus. Il s'agit d'opter pour une technique insusceptible de falsifier la réalité et propre à garantir des résultats au moins relativement dignes d'intérêt »[245]. Ainsi, comme écrivait si bien BAYART Jean-François, *« l'explication de la méthode de travail, outre sa portée épistémologique (...), permet de mieux saisir la spécificité de la démonstration de l'ouvrage »*[246].

---

242 ATANGA FONGUE Roland, *Contrôle fiscal et protection du contribuable dans un contexte d'ajustement structurel : le cas du Cameroun*, Paris, L'Harmattan, 2007, p. 25.

243 BEGNI BAGAGNA, *op. cit.*, p. 42.

244 GRAWITZ Madeleine, *Méthodes des sciences sociales*, Paris, Dalloz, 11e édition, 2001, p. 419.

245 ONDOA Magloire, *Le droit de la responsabilité publique dans les États en développement : contribution à l'étude de l'originalité des droits africains*, Thèse de Doctorat d'État en Droit public, Université de Yaoundé II-Soa, p.22.

246 BAYART Jean-François, *L'État au Cameroun*, p.320.et repris par ESSOMBA Ambroise-Louison, *Le domaine du pouvoir réglementaire du Premier ministre au Cameroun*, Thèse de Doctorat de Droit public, Université de Yaoundé II-Soa, 2011-2012, p. 71.

En outre, le phénomène fiscal est multiforme par nature et complexe de par sa mise en œuvre. En témoigne l'ensemble des disciplines qui concourent à son élaboration ainsi qu'à son application. Aussi, serait-il difficile à travers une approche parcellaire d'appréhender le fait fiscal dans tous ses contours[247]. Dans le même sens, le droit fiscal pour être au carrefour de plusieurs disciplines, conduit à l'aborder en faisant appel non pas à une méthode unique, mais à une pluralité de méthodes[248]. L'on comprend donc que chaque discipline scientifique a sa méthode, mieux, ses modes de raisonnement[249]. Dans le cadre de cette étude, la recherche s'articulera principalement autour d'une approche juridique (1), à laquelle seront greffées des méthodes non juridiques (2).

### 1. L'approche juridique par l'exégèse

Dans la mesure où une grande partie de l'étude est abordée sous l'angle juridique, l'on fera recours à l'approche juridique ou analytique qui consiste à aller du droit au fait et du fait au droit, à « *ouvrir les textes comme on ouvre une noix, et les décortiquer* »[250]. L'approche juridique renvoie à l'exégèse des textes de droit. L'exégèse est un exercice d'interprétation et de critique des textes[251]. L'on procédera donc à l'analyse des textes juridiques et en priorité les lois et textes en rapport avec les régimes douaniers dérogatoires. En d'autres termes, l'on procédera à une approche exégétique des normes internes et communautaires, qui encadrent la mise en œuvre des exonérations douanières en zone CEMAC. Il faudra dans une perspective positiviste parcourir les dispositions juridiques camerounaises, qui encadrent l'objet de l'analyse, notamment les lois de finances, les codes sectoriels, la loi sur les incitations fiscales, et bien d'autres dispositions en vigueur. Ces textes existent à la faveur du principe bien connu « pas d'exonérations sans texte ».

Au niveau communautaire, l'on analysera notamment les Traités fondateurs de l'UDEAC et de la CEMAC, les directives, les règlements et bien d'autres dispositions en vigueur et en lien avec les exonérations douanières. Ces dispositions sont contenues dans les sources primaires[252] et dérivées[253] de la communauté[254]. Dans le contexte de l'étude, toutes ces dispositions, qu'elles relèvent du droit matériel institutionnel ou procédural, seront abordées. Il en est de même de toutes les catégories d'actes de droit dérivé qui

---

[247] EVINA OBAM Richard, *op. cit.*, p. 39.
[248] ONANGA OPISSINA Vianney, *op. cit.*, p. 39.
[249] MBPILLE Pierre-Esaïe, *op. cit.*, p. 46.
[250] ATANGA FONGUE Roland, *op. cit.*, p. 25.
[251] *Dictionnaire universel,* Hachette, Edicef, 5e éd. 2008.
[252] Les sources primaires renvoient aux traités constitutifs.
[253] Les sources dérivées renvoient aux actes pris par les institutions en application des traités constitutifs
[254] Voir aussi GNIMPIEBA TONNANG Édouard, *L'ordre juridique communautaire de la CEMAC,* Paris, L'Harmattan, 2016, 241 pages.

en procèdent. Ces textes seront étudiés au moindre détail afin d'en déduire l'esprit du législateur communautaire. L'approche juridique sied mieux à la présente étude, car elle permet d'explorer les textes juridiques en la matière (dogmatique), de les démontrer (casuistique), et de procéder enfin à une vérification au besoin comparative. Le droit étranger est convoqué aussi pour pallier les insuffisances du droit camerounais et du droit communautaire de la zone CEMAC. D'autres méthodes venant en appoint du positivisme juridique seront également mises en relief.

### 2. Les approches méthodologiques non juridiques

L'on ne saurait se limiter à une approche parcellaire. Aussi, dans le but de mieux aborder les problématiques liées aux exonérations douanières, l'on devrait également recourir à d'autres méthodes, notamment l'approche économique (a), l'approche sociologique (b), et autre (c).

#### a) L'approche économique de la recherche

Si l'on considère que la fiscalité a plus d'implications juridiques, il n'en demeure pas moins qu'elle interfère dans la sphère économique[255]. Aussi, dans le cadre de cette étude, les considérations relatives à l'analyse économique ne manqueront pas dans la mesure où celles-ci sont nécessaires, et évoquées de plus en plus souvent en la matière, afin de démontrer le véritable impact des exonérations sur la mobilisation des recettes fiscales. Les exonérations douanières sont souvent considérées comme des instruments de politique économique, il ne serait donc pas superflu d'interroger leur efficacité sur le plan économique. Il en sera de même de l'évaluation des coûts des exonérations douanières qui fera intervenir l'analyse économique. Il sera également fait cas des analyses qui mêlent au discours juridique des éléments empruntés à la science économique, sans oublier les théories élaborées par certains économistes notamment les libéraux et les interventionnistes. Dans le cadre des exonérations douanières, il y a des enjeux économiques à prendre en compte. C'est l'analyse économique qui va permettre d'identifier les aides fiscales « justifiées et acceptables ». L'approche économique pourra d'ailleurs être complétée par celle sociologique.

#### b) L'approche sociologique de l'étude

Outre l'approche économique, l'étude pourra bénéficier du concours de la sociologie. Il sera donc important de recourir à la méthode sociologique, qui est l'ensemble des procédés intellectuels par lesquels s'élabore la démarche sociologique. En effet, l'impôt est un fait social, par conséquent une étude sur les exonérations douanières ne saurait ignorer l'influence du social. La mise en œuvre des exonérations douanière est ainsi influencée par les faits

---

[255] ONANGA OSSIPINA Vianney, *op. cit.*, p. 40.

sociologiques. Comme le souligne Marc LEROY : « *L'impôt constitue un processus central du fonctionnement des sociétés qui relève du domaine général de la sociologie. Il faut donc traiter sociologiquement les faits fiscaux pour analyser une variété de questions générales* »[256].

Les exonérations douanières sont au cœur des mutations sociales. Elles sont d'ailleurs utilisées comme des instruments de politique sociale. L'approche sociologique permettra ainsi d'élucider les déterminants sociaux des exonérations douanières. Bien plus, la fraude à l'exonération est devenue un fait de société dont il faudra cerner les contours. À travers cette méthode, l'on pourra s'interroger sur le bien-fondé des exonérations à caractère social. Dans la même perspective, l'analyse sociologique est utilisée en faisant référence aux comportements et actions des acteurs intervenant dans la conception et dans la mise en œuvre de la politique fiscale. Il s'agira particulièrement de l'observation directe de type sociologique du comportement des agents des administrations fiscales, des groupes économiques privés et bien d'autres.

**c) Les autres méthodes et outils nécessaires à cette étude**

Dans le cadre de cette analyse, l'approche méthodologique sera interdisciplinaire[257], voire syncrétique[258]. Certaines méthodes pourront également être mises à profit, notamment : la méthode comparative [259]et bien d'autres. Dans la même lancée, à l'appui de l'analyse de la politique fiscale, l'utilisation d'outils quantitatifs et statistiques sera de rigueur comme il est de coutume en politique fiscale. Ce qui intéresse, ce sont en priorité les outils de mesure des performances d'un système fiscal global. Il sera donc utilisé les outils d'analyse tels, le taux de pression fiscale, le ratio fiscal, l'effort fiscal, l'écart fiscal et bien d'autres.

Les statistiques utilisées sont celles disponibles au niveau des administrations fiscales camerounaises, au niveau de la CEMAC et dans les institutions financières internationales. Dans le même sillage, le caractère évolutif du sujet rend difficile sa limitation temporelle. Tout de même, les données empiriques de l'analyse se situeront sur la période 2007-2019. Il ne sera pas étonnant d'actualiser certaines données avant d'achever cette œuvre. Le souci étant celui de l'amélioration qualitative de l'étude. En définitive, le positivisme juridique est la méthode classique du juriste. Mais il peut s'avérer

---

[256] LEROY Marc, *La sociologie de l'impôt,* PUF, COLL. Que sais-je ? 2002, p. 6.

[257] OST François et VAN DER KERCHOVE Michel, « Pour une épistémologie de la recherche interdisciplinaire en droit », *Revue interdisciplinaire d'Études juridiques*, 1982, n° 8, p. 2.

[258] Sur le syncrétisme juridique, voir BURDEAU Georges, *Traité de science politique*, Paris, LGDJ, tome I, 2e édition, 1966, p. 25.

[259] La méthode comparative trouve sa place à tous les niveaux de la recherche. Une description peut constater une analogie superficielle ou les éléments d'une structure. Quant à la classification, elle utilise au maximum la comparaison dans l'établissement de typologie. Voir MONEBOULOU MINKADA Hervé Magloire, *op. cit.*, p. 33.

restrictif pour la compréhension des problématiques liées aux exonérations douanières en zone CEMAC. La place a été ainsi ouverte à des méthodes secondaires, dans le souci d'interdisciplinarité qu'exige l'étude.

À présent que les méthodes de travail ont été identifiées, il reste à préciser la voie que suivra la démonstration.

### B- Annonce du plan

L'utilisation de la fiscalité pour des objectifs extrabudgétaires est une pratique fiscale, chère aux États membres de la CEMAC. C'est un phénomène grandissant, décrié, fort complexe et d'actualité. Ce phénomène connaît des mutations importantes à la faveur de l'utilisation détournée de mesures fiscales exonératoires. Les États restent très attachés à leur souveraineté fiscale et budgétaire, maillon essentiel de leur souveraineté politique. La fiscalité a toujours été valorisée par les États membres dans un contexte de sous-développement. Ceux-ci y trouvent un levier intéressant de l'interventionnisme étatique[260]. Pourtant, l'intervention étatique sous la forme d'aide de nature fiscale est soumise au droit matériel de la CEMAC qui apporte des limitations à l'exercice des compétences fiscales étatiques. L'idéal est dans l'application effective et efficiente de la loi fiscale harmonisée par les administrations fiscales des différents États membres. Cette saine application est pourvoyeuse de recettes fiscales supplémentaires.

Aussi, la prolifération des exonérations douanières facilitée par des motivations d'ordres politique et socioéconomique depuis de nombreuses années a des répercussions sur la mobilisation des recettes qu'il convient de déterminer. Elle est en contradiction avec les principes de simplicité, d'équité fiscale, d'application homogène du TEC, et de limitation des régimes dérogatoires comme voulu par la Charte des investissements de la CEMAC. L'observation fait constater des politiques fiscales exonératoires expansives, illisibles, inefficaces, incohérentes, porteuses de germes de fraude et insuffisamment adossées aux stratégies nationales de développement. En définitive, l'on pourra parler d'une pratique des politiques fiscales exonératoires généreuses, facteur de déperdition de recettes en zone CEMAC **(première partie**).

Face aux nombreux effets pervers de cette prolifération, aux sources diverses et aux facettes multiples, des axes prioritaires de réforme s'imposent. Un retour à la rationalité fiscale et à une meilleure gouvernance fiscale est souhaitable. La quête d'une politique fiscale attractive et rentable sur le plan

---

260 CASTAGNEDE Bernard, « La fiscalité des pays en développement », Communication au colloque *fiscalité et développement,* Paris, septembre 1980, repris par NIANE Abdoulaye, *op. cit.*, p. 14.

budgétaire[261] nécessite une approche rationnelle et harmonisée des exonérations douanières, prélude à un plaidoyer pour un profond renouvellement de la conduite des politiques fiscales exonératoires en zone CEMAC. Il apparaît aujourd'hui impérieux que la politique fiscale exonératoire soit mieux utilisée, mieux optimisée pour une mobilisation accrue des recettes **(seconde partie)**.

---

[261] Voir MAMOUDOU BARRY, *Politiques fiscales et douanières en matière d'investissements étrangers en Afrique francophone, le cas du secteur des ressources naturelles extractives*, Paris, LGDJ Lextenso, 2020, 422 pages.

# PREMIÈRE PARTIE :

# DES POLITIQUES FISCALES EXONÉRATOIRES GÉNÉREUSES : FACTEUR DE DÉPERDITION DES RECETTES EN ZONE CEMAC

La politique de communautarisation fiscale[262], d'unification des droits douaniers en zone CEMAC est une dynamique qui connaît une évolution contrastée avec un bilan assez mitigé dans sa mise en œuvre[263]. Elle est faite de complexités accrues, de balbutiements et dans une logique d'affrontement ou de confrontation entre la souveraineté fiscale des États et l'idéal de la construction communautaire[264]. L'impôt est considéré par les États membres, non seulement comme la marque fondamentale de la souveraineté, mais aussi, son instrument privilégié[265]. Il est abondamment utilisé à des fins interventionnistes[266]. Cette confrontation est d'une acuité notoire dans l'espace CEMAC. De nombreuses distorsions à la réglementation douanière y subsistent, lesquelles se répercutent sur la démarche d'harmonisation de la zone et déteignent sur les performances fiscales. Ces disparités douanières, dans le cadre de la construction communautaire, peuvent amener à se poser la question des conséquences d'une telle approche, dans la perspective de l'intégration des États membres dans un ensemble cohérent[267].

En principe, l'appartenance à une zone communautaire, à une union douanière, implique d'une part, l'application uniforme de la réglementation douanière, l'usage d'un code des douanes et d'un tarif douanier communs et d'autre part, la dépréciation ou mieux l'inexistence des frontières fiscales[268]. Cette application homogène facilite la libre circulation des biens, des services et des capitaux. Elle postule l'entrée uniforme des marchandises dans le territoire

---

262 NOUMA MENYENGUE, *La communautarisation du droit fiscal en zone CEMAC : enjeux et perspectives* Thèse de doctorat en droit privé, Université de Douala, 2013.

263 L'union douanière apparaît, d'une part, comme un mode d'intégration non stabilisé. D'autre part, sa mise en œuvre reste source de nombreuses difficultés et interrogations. Voir aussi, CRISTU Jean, *L'Union douanière européenne : ses conditions et ses difficultés*, Thèse de Droit, Paris, 1928,287p, citée par JEANNARD Sébastien, *les transformations de l'ordonnancement juridique douanier en France*, Paris, LGDJ, 2011, p.23. B. HIBOU, « Contradictions de l'intégration régionale en Afrique centrale ». L'auteur concluait que l'Afrique centrale n'a jamais été intégrée et que l'histoire de l'UDEAC est trente ans d'échecs : échec de l'harmonisation des investissements et la répartition des coproductions, échec de la mise en œuvre d'une politique commerciale et fiscale, cité par NOUMA, *op. cit.* p. 13.

264 MAITROT de la MOTTE Alexandre, *Souveraineté fiscale et construction communautaire, recherche sur les impôts directs*, Paris, LGDJ, 2005.

265 JACQUES BUISSON, « *Impôts et souveraineté », Archives de philosophie de droit,* n°046,2002, pp.25-31 repris par MAITROT de la MOTTE Alexandre, *op. cit.*, p.4, lire aussi, l'article de LOGMO MBELEK Aaron, Souveraineté fiscale des États africains au sud du Sahara (face aux enjeux du développement) l'exemple du Cameroun », *Cahiers africains d'administration publique,* Numéro 74, 2010.

266 ORSONI Gilbert, *L'interventionnisme fiscal,* Paris, Presses universitaires de France, 1995, p.25.

267 BLUEMANN Yves, *Les régimes douaniers et fiscaux dérogatoires dans l'espace communautaire*, Collection Guide, p.6.

268 OPHÉLIE ALLOUARD, *Les frontières fiscales dans l'Union européenne appliquées à la fiscalité directe,* Paris, L'Harmattan, 2016.

commun de la zone. En somme, les États membres adoptent, appliquent et maintiennent une législation et une réglementation douanière commune en ce qui concerne le paiement des droits et taxes à l'importation[269]. La CEMAC s'est dotée d'une politique d'harmonisation douanière précise. L'Union douanière est, en ce domaine, l'exemple type d'une harmonisation fiscale réussie ou souhaitée. Fondamentalement, elle repose sur l'abandon du pouvoir fiscal des États membres au profit du législateur communautaire. Ce dernier pourra légiférer par voie de directives ou de conventions fiscales multilatérales. L'on assiste à un transfert formel de la compétence fiscale de l'État. Ainsi, les contraintes juridiques pesant sur les initiatives fiscales des législateurs douaniers nationaux les empêchent de mener des politiques économiques interventionnistes. L'harmonisation douanière modifie ainsi l'autonomie fiscale des États[270], ce qui est naturellement le cas avec le processus d'harmonisation entrepris dans la zone CEMAC. En principe, les dispositions du droit communautaire relatives aux aides fiscales d'États font ainsi obstacle à la conduite de politiques fiscales nationales au moyen des dépenses fiscales assurant un avantage financier aux opérateurs économiques[271].

Cependant, la cohabitation d'un ordre fiscal commun à la CEMAC, qui se veut rationnel, neutre et propice à la mobilisation optimale des recettes avec les sous-systèmes fiscaux des États soumis aux impératifs de développement reste difficile. Cette analyse s'inscrit dans le cadre global de la problématique aiguë de la mobilisation des ressources dans un contexte de sous-développement[272]. Malgré la nécessité de mobiliser davantage de ressources internes pour la viabilité à long terme des efforts de développement, le contexte de sous-développement pousse les États à mettre en place des politiques fiscales exonératoires généreuses. Chaque pays en Afrique centrale a pu, non sans mimétisme et par analogie vis-à-vis de ce qui se passe chez le voisin, intégrer une coloration locale propre au socle bâti par la communauté de destin[273]. Ces politiques se traduisent ainsi sur le plan douanier par une multiplication incontrôlée des exonérations douanières qui affectent la base imposable douanière **(Titre I),** portant ainsi un sérieux coup au rendement budgétaire des administrations douanières **(Titre II)**.

---

[269] Art 29 Traité de l'union douanière et économique de l'Afrique centrale suivant modification de l'acte n°2-91. UDEAC-556-CE-27 du 6 décembre 1991 à Libreville.

[270] GODBOUT Luc, *L'intervention gouvernementale par la politique fiscale : le rôle des dépenses fiscales ; étude comparée : Canada, États-Unis, France,* Paris, Économica, 2006, 300p.

[271] CASTAGNEDE Bernard, *op. cit.,* p.47.

[272] CHAMBAS Gérard, *Mobiliser les ressources fiscales pour le développement*, Paris, Économica, 2005. Citée par NIANE Abdoulaye, *Fiscalité et intégration économique, le cas du système fiscal sénégalais dans l'UEMOA*, *op.cit.*, p. 21.

[273] MEKONGO Jean-Marie, *Les retenues à la source dans le système fiscal du Cameroun, op.cit.*, p. 21.

# TITRE I :

# L'ASSIETTE FISCALE DOUANIÈRE À L'ÉPREUVE D'UNE MULTIPLICATION INCONTRÔLÉE DES EXONÉRATIONS DOUANIÈRES

L'étroitesse de l'assiette douanière est due à l'amputation de celle-ci à travers de nombreuses exonérations dont on peut douter de l'efficacité réelle[274]. Cette amputation est l'une des causes des contre-performances des administrations douanières[275]. En effet, les États membres de la CEMAC utilisent invariablement les exonérations douanières et la mobilisation des recettes comme des éléments de stratégie ou de politique fiscale pour dynamiser leur développement. Il s'agit de deux éléments complémentaires qui peuvent devenir antinomiques si leur attelage n'est pas bien agencé. Dans cette perspective, une politique fiscale incitative généreuse, peut freiner la mobilisation des recettes et partant le développement. Telle est, malheureusement, la situation observée en zone CEMAC. L'importance de la dépense fiscale y témoigne de l'abondante utilisation de l'instrument fiscal comme levier de développement.

Au Cameroun comme partout ailleurs dans la sous-région CEMAC, les politiques fiscales mises en œuvre ne semblent pas concilier l'attractivité et la rentabilité. En effet, les instruments d'incitation douanière mettent à rude épreuve les principes de base de l'harmonisation douanière et les politiques de convergence en cours dans la zone CEMAC. Pourtant, ces principes sont vecteurs de performances fiscales pour les États membres. Aussi, les ignorer signifierait ramer à contre-courant et favoriser une sous-mobilisation fiscale. L'on sait depuis longtemps que le niveau du prélèvement public doit être suffisant pour éviter un déséquilibre néfaste des finances publiques et pour financer les dépenses de l'État nécessaires au développement[276]. Le droit communautaire est, en effet, perçu comme un instrument d'assainissement de l'environnement des affaires, de sécurisation des investissements étrangers[277]. L'harmonisation fiscale est une solution conventionnellement négociée dans le but d'encadrer les taux et d'homogénéiser les assiettes, c'est-à-dire les bases imposables, en vue d'éviter les distorsions fiscales et le basculement de la charge de l'impôt sur les assiettes les moins mobiles au sein de l'espace communautaire[278]. Ce faisant, l'harmonisation semble se poser en protecteur de l'assiette fiscale.

---

[274] Lire MEDE Nicaise, TONI Errol (dir), *La fiscalité de développement en Afrique de l'Ouest francophone*, Paris, L'Harmattan, 2018, p. 40.

[275] *Idem.*

[276] Voir CHAMBAS Gérard, *op. cit.*, p. 1.

[277] POUILLIEUTE (A), « Bilan et perspectives de l'intégration sous régionale en Afrique », *Afrique contemporaine,* N° 193, 1er trimestre 2000, p. 70, repris par ONDOA Magloire, « Le droit public des États africains sous ajustement structurel : le cas du Cameroun », *op. cit.*, p. 384.

[278] NGAKOSSO Antoine, repris par BEGNI BAGAGNA, *op. cit.*, p. 28.

Cependant, la locomotive que constitue la base imposable douanière est attaquée de toute part par les pratiques fiscales volontaristes des États membres : aucun domaine de taxation n'est épargné[279]. Tous les secteurs de la vie économique sont concernés à tel point qu'on se demande ce qui reste de la matière taxable. Aussi, les régimes d'incitation et d'exonération, loin d'être des régimes d'exception, ont concerné une part parfois très importante des importations mises à la consommation dans les pays de l'espace CEMAC[280]. Cette érosion de la base taxable est la résultante d'une stratégie ruineuse de compétition fiscale faite d'une conception extensive des exonérations douanières **(chapitre I),** associée à la faiblesse des mécanismes de mise en œuvre **(chapitre II).**

---

[279] Voir CHAMBAS Gérard, « Afrique au sud du Sahara, quelle stratégie fiscale ? », *Afrique contemporaine*, 2005/1 n° 213 pp. 133-163, par exemple, à en croire Gérard CHAMBAS, un grand nombre de biens largement consommés (biens de base, éducation, santé…) ne sont pas inclus dans le champ d'application de la TVA, ce qui réduit fortement l'efficacité budgétaire de la TVA.

[280] CHAMBAS Gérard (dir.), *Afrique au sud du Sahara : mobiliser des ressources fiscales pour le développement, op. cit.,* p. 114.

# CHAPITRE I :

# UNE CONCEPTION EXPANSIVE DES EXONÉRATIONS DOUANIÈRES

En se rapportant précisément au Traité instituant l'UDEAC, les États doivent recourir à des mesures dérogeant à la réglementation communautaire que dans le cadre de la clause de sauvegarde. Ce recours revêt un caractère exceptionnel et est strictement encadré. Pourtant, le diagnostic est assez clair, les systèmes fiscaux de la zone CEMAC sont peu productifs en raison de l'étroitesse de l'assiette fiscale[281]. Cette assiette naturellement étroite est érodée par la multiplicité des exonérations douanières et fiscales dont bénéficient certaines activités ou certaines entreprises et par une fraude omniprésente dont l'importance paraît avoir augmenté au cours des dernières années[282]. En réalité, dans la mesure où elles portent atteinte au droit communautaire, les exonérations douanières doivent être conçues comme un outil présentant un caractère exceptionnel dont le champ d'application doit être limité et les conditions de mise en œuvre strictement encadrées.

Cependant, la situation est toute autre en zone CEMAC. En dépit d'une restriction à l'octroi des aides publiques, le régime fiscal et douanier a conduit à une quasi-généralisation des exonérations[283]. L'on comprend d'ailleurs, car, bien que fortement encadré, l'outil fiscal reste l'un des rares leviers dont disposent les pouvoirs publics nationaux, dans le contexte communautaire et d'économie de marché, pour établir leur capacité à orienter le devenir économique et social de leurs concitoyens[284]. L'outil fiscal est ainsi mobilisé au service de multiples objectifs pour lequel il n'est pas forcément le plus apte. Aussi, la fiscalité est perçue comme la prérogative régalienne par excellence des États membres en ce qu'elle constitue un instrument de mise en œuvre de leur souveraineté. En outre, c'est par l'exercice de leur compétence fiscale que les États membres peuvent réaliser les politiques économiques de leur choix au sein de leur territoire[285]. L'harmonisation fiscale va céder sous le poids des contraintes socioéconomiques. La politique fiscale incitative des États

---

[281] CHAMBAS Gérard, *Fiscalité & développement en Afrique Subsaharienne, op. cit., P. 41.*

[282] *Idem.*

[283] Lire ENGONE Kénaelle Cyndie, *Les mécanismes d'incitations fiscales à l'investissement des entreprises étrangères en France et au Gabon*, Thèse de doctorat en droit public, Université de Limoges, 2019, p. 124.

[284] CASTAGNEDE Bernard, *La politique fiscale, op.cit.*

[285] V. PFISTER Mike, *Une fiscalité orientée vers le développement et l'investissement : aperçu de quelques enjeux de politique fiscale en Afrique*, OCDE, 2009, p. 1-22.

membres de la CEMAC s'exprime largement dans le cadre des politiques publiques poursuivant les objectifs les plus divers (**section I**) à travers une accumulation de dispositifs juridiques sans cohérence (**section II**).

## SECTION I : LES CAUSES DE L'EXPANSION DES EXONÉRATIONS DOUANIÈRES

Le fait d'accorder autant d'importance aux exonérations douanières est un choix de politique fiscale au Cameroun. En effet, parmi les instruments contribuant au développement d'un pays, la fiscalité occupe une place significative. Si cette évidence est perceptible pour les pays développés, elle l'est davantage pour les pays en voie de développement [286]surtout à travers la fiscalité dérogatoire. Phénomène très décrié, mais toujours présent et en hausse constante dans le dispositif douanier camerounais, les exonérations douanières doivent sûrement trouver leur justification quelque part même si elles nuisent grandement à la mobilisation des recettes douanières. Leurs fondements théoriques[287] sont intimement liés à l'évolution de la théorie économique portant sur le rôle de l'État. Le recours aux exonérations douanières correspond à un interventionnisme étatique croissant d'inspiration keynésienne et a connu au Cameroun comme dans les autres États membres de la CEMAC, un exceptionnel développement.

Après une période de stabilisation apparente à la suite de la réforme fiscale et douanière de 1994, l'on note une expansion rapide des exonérations douanières après l'atteinte du point d'achèvement en 2006. Cette période de post consensus de Washington[288] correspond à l'adoption d'une politique fiscale de stimulation du potentiel productif. Le Cameroun se signale dès lors avec la loi du 13 avril 2013 fixant les incitations à l'investissement privé en République du Cameroun et la signature de l'Accord d'étape avec la Communauté européenne. Les pays de l'Afrique centrale ont désormais intérêt à situer les préoccupations de diversification et de transformation structurelle de leurs économies dans une vision stratégique. Aussi, les déséquilibres socioéconomiques très marqués se répercutent sur la conduite

---

[286] BANGO Ange, *L'élaboration et la mise en œuvre de la fiscalité dans les pays de la communauté économique et monétaire de l'Afrique centrale (CEMAC*), Thèse de doctorat en Droit, Université Jean Moulin Lyon, juillet 2009, p. 1.

[287] Lire ZAM Houria, YOUSFI Majid, « Les fondements théoriques du concept des dépenses fiscales : cas du Maroc », *Revue française d'Économie et Gestion,* Vol. 3 n° 3 mars 2022.

[288] HUGON Philippe, *Afrique entre puissance et vulnérabilité*, Paris, Armand Colin, 2016, p. 96. D'après cet auteur, les pays africains ont géré en quatre temps la transition d'économies administrées et protégées postcoloniales vers des économies ouvertes et libéralisées. Le premier temps est celui des politiques volontaristes s'appuyant sur l'État (1960-1974), le second temps est celui de la spirale de l'endettement permanent (1975-1985), le troisième temps est celui du Consensus de Washington, de la stabilisation, de l'ajustement et de la gestion de la dette (1980-2000), et enfin le quatrième temps est celui des politiques de lutte contre la pauvreté et de la bonne gouvernance (2000-2015).

des politiques fiscales. La résurgence des exonérations douanières se situe dans le cadre de l'accompagnement fiscal de l'opérationnalisation de la politique de développement économique, social et culturel. Dans cette optique, la conception extensive correspond à la multiplicité des objectifs économiques (para I) sociaux et autres (para II) assignés aux exonérations douanières dans le cadre de la mise en œuvre de la politique d'impulsion de l'activité économique du gouvernement camerounais.

## Paragraphe I : Les motivations économiques assignées aux exonérations douanières

Loin du caractère exceptionnel préconisé par la réglementation communautaire, les exonérations douanières sont aujourd'hui monnaie courante. Les politiques économiques marquées en Afrique centrale par l'impératif de stabilisation sont désormais une préoccupation lointaine. Malgré l'ampleur des déficits macroéconomiques à certaines périodes, ces pays ont inscrit leur choix de politique dans la perspective d'une reprise plus forte de la croissance économique. La fiscalité dérogatoire est désormais mise à contribution, au service d'un « État stratège et pragmatique », très loin de l'État préconisé par les institutions financières internationales. L'État au Cameroun a pris le contrôle de l'économie. Le mythe du marché tout-puissant a progressivement reculé au profit d'une combinaison optimale entre le libéralisme et l'interventionnisme. Aussi, les exonérations douanières sont désormais situées au cœur de la problématique de l'équilibre et de la croissance économique du pays. C'est pour cette raison qu'elles sont associées au dynamisme de l'économie, d'où la recherche d'un pouvoir fiscal de développement[289].

Pour Jean-Marie MONNIER, la politique fiscale est aujourd'hui au cœur de l'action économique publique et de manière générale, l'impôt figure désormais au premier rang des instruments mobilisés par l'État pour mener à bien ses projets de transformations économiques et sociales[290]. Les États de la sous-région Afrique centrale ont tourné le dos à la doctrine classique [291]caractérisée par un socle commun fondé sur la croyance aux vertus autorégulatrices du marché et la nécessité d'une intervention strictement limitée de l'État. La doctrine classique prône par ailleurs la neutralité fiscale, aspect particulier de la neutralité plus générale des finances publiques

289 FOTSING Jean-Baptiste, *Le pouvoir fiscal en Afrique : essai sur la légitimité fiscale dans les États d'Afrique noire francophone*, Paris, L.G.D.J, p. 164, lire aussi, KHEMICI CHIHA, « La fiscalité comme levier de développement économique dans les pays en développement : cas de l'Algérie », *Revue algérienne de la mondialisation et des politiques économiques*, n° 3, 2012, pp. 31-45.

290 EVINA OBAM Richard, *op. cit.*, p. 23.

291 BOSSERELLE Éric, *Les courants économiques et leurs enjeux*, Paris, TOP Édition, 1998, p. 30.

classiques. Dans le cadre classique, la fiscalité se réduit à lever les ressources pour la couverture des charges de l'État. Ainsi, le recouvrement de l'impôt doit être le plus bas possible et la nature des impositions limite au maximum les distorsions et les atteintes à la croissance. L'impôt est d'ailleurs considéré comme un simple pourvoyeur des ressources du Trésor. Tel était le sens des célèbres formules de Gaston Gèze « il y a des charges publiques, il faut les couvrir et l'impôt est une prestation pécuniaire, requise des particuliers à titre définitif et sans contrepartie en vue de la couverture des charges publiques »[292].

Malgré l'hostilité de la doctrine classique, les pays de la sous-région Afrique centrale ont continué dans un contexte déjà difficile à chercher les meilleurs voies et moyens pour une stratégie de croissance économique, de réduction de la pauvreté et à éviter une fragilisation des populations vulnérables[293]. Dans cette optique en zone CEMAC, l'on observe la mise en place des politiques douanières attractives. Tous ces États ont adopté des législations accordant de nombreux avantages douaniers aux contribuables. La vulnérabilité des économies de la sous-région (A) pousse les États membres de la CEMAC, dont le Cameroun, à utiliser les exonérations douanières comme instrument de politique publique de relance économique (B).

### A- La vulnérabilité de l'économie camerounaise comme déterminant de l'usage des exonérations douanières

Les représentations dominantes de l'économie de la sous-région oscillent entre la marginalisation, l'exclusion et les crises économiques. L'on sait pourtant que toute situation de vulnérabilité, de crise transforme le système juridique en vigueur et se présente ainsi comme un puissant facteur de remise en cause de l'ordre établi[294]. L'Afrique en général a connu une stagnation à long terme de la productivité conduisant à une marginalisation vis-à-vis des flux commerciaux et financiers internationaux et à un endettement extérieur longtemps difficilement gérable[295]. L'évolution des agrégats macroéconomiques à travers le produit intérieur brut laisse voir que le Cameroun a connu plusieurs phases. L'on peut globalement observer des phases de croissance annuelle, strictement positive, des périodes de crise

---

292 ORSONI Gilbert, *L'interventionnisme fiscal*, Coll. PUF, 1995.

293 Commission économique pour l'Afrique, bureau pour l'Afrique centrale, Paris, Maisonneuve & Larose, 2003, p. 45.

294 V. ONDOA Magloire, « Le droit public des États africains sous ajustement structurel : le cas du Cameroun », *in* : BEKOLO-EBE Bruno, TOUNA MAMA, FOUDA Séraphin-Magloire (dir), *Mondialisation, exclusion et développement africain* : *stratégies des acteurs publics et privés*, Africaine d'édition, 2006, p. 375.

295 HUGON Philippe, *Afrique entre puissance et vulnérabilité*, Paris, Armand Colin, 2016, p. 14.

économique et des périodes de reprise. Ainsi, la reprise de la croissance de l'économie camerounaise observée depuis 2019 cache pourtant les nombreuses faiblesses dont regorge cette économie, comme la plupart des économies de la sous-région. Malgré leurs profondes transformations internes, les économies africaines, dont celle du Cameroun, sont restées largement dominées par l'économie de plantation ou l'économie minière[296]. La vulnérabilité de l'économie camerounaise s'illustre par une prédominance du secteur tertiaire dans l'ensemble de l'économie (1), la faible industrialisation de cette économie (2) ; un secteur primaire avec une productivité faible (3) et d'autres pesanteurs (4).

### 1. La prédominance du secteur tertiaire avec ses faiblesses infrastructurelles

Le secteur tertiaire constitué essentiellement des services, tant privés que publics, apparaît être le plus important au regard de sa contribution au PIB. De 1991 à 2006, par exemple, cette contribution a été, en moyenne, de 42,50 % par an, contre 29,25 % et 21,30 % respectivement pour le secteur secondaire et le secteur primaire[297]. En 2010, le secteur tertiaire, qui représente près de 44,6 % du PIB, est demeuré le plus dynamique. Son taux de croissance moyenne est de 4, 7 % depuis 2007, grâce au bon comportement du commerce et des télécommunications, mais également grâce à l'effet d'entraînement du secteur des bâtiments et travaux publics (BTP) sur les transports[298]. Le secteur tertiaire se compose essentiellement des activités suivantes : les transports ; les postes et télécommunications l'hôtellerie et le tourisme ; le commerce et les institutions financières.

Mais le secteur tertiaire est assez hétérogène et a longtemps gardé l'esprit de l'économie de traite. Il est caractérisé souvent de tertiaire de survie parce qu'il concerne des activités urbaines dites informelles, constituées de petits commerces de micro détail en passant par les services de rue de restauration ou de transport[299]. Sa précarité place l'État en position de locomotive dans le cadre de la création de richesses qui garantissent le bien-être des citoyens. La stratégie de contribution à la création de la richesse repose sur l'utilisation du levier fiscal pour une meilleure contribution de l'entreprise dans sa création, son financement, son développement et sa compétitivité[300]. La tertiarisation de l'économie est caractérisée par la faiblesse infrastructurelle (faiblesse des

---

[296] HUGON Philippe, *L'économie de l'Afrique*, *op.cit.*, p. 23.
[297] TOUNA MAMA, *L'économie camerounaise pour un nouveau départ*, Afrédit, 2008, p. 125.
[298] Voir Commission économique des Nations-Unies pour l'Afrique Bureau sous régional pour l'Afrique centrale, CEMAC, *Les économies de l'Afrique centrale 2012, les défis énergétiques en Afrique centrale*, Jepublie, 2008.
[299] HUGON Philippe *L'économie de l'Afrique*, septième édition, La découverte, Paris, 2013, p. 39.
[300] EVINA OBAM Richard, *op. cit.*, p. 187.

télécommunications, électricité, transports, services publics). Cette situation n'est d'ailleurs que la conséquence d'une faible industrialisation de l'économie camerounaise.

### 2. La faible industrialisation de l'économie camerounaise

Le secteur secondaire dégage des indicateurs utiles pour une meilleure compréhension du phénomène des exonérations douanières. L'industrialisation est encore embryonnaire et ce secteur au Cameroun comme partout ailleurs en Afrique centrale demeure fortement dépendant en capitaux, en technologie et en main-d'œuvre[301]. L'on note une faiblesse du tissu industriel et une quasi-absence de biens d'équipement. L'industrie se limite à l'exploitation des matières premières. La conjoncture défavorable des années 1980 a révélé, tout en les accentuant les fragilités de ce système. Mais un rapide inventaire de cet embryon d'industrie laisse apparaître quelques entreprises dans le secteur alimentaire et para-alimentaire, dans le secteur des industries extractives, métallurgiques et dans le secteur du bois[302].

L'on note également dans ce secteur industriel de nombreux dysfonctionnements. Nous pouvons citer entre autres, un environnement international instable, des facteurs macroéconomiques, des problèmes organisationnels et enfin les choix de politique économique. L'état des lieux de l'industrialisation au Cameroun reste préoccupant ; le secteur tertiaire est prépondérant à hauteur de 62,2 %. Dans les quinze premières entreprises classées selon le chiffre d'affaires, on retrouve seulement cinq (5) entreprises du secteur secondaire qui sont : la Société nationale de raffinage (SONARA), la Société anonyme des brasseries du Cameroun (SABC), la Société de développement du coton du Cameroun (SODECOTON), les Cimenteries du Cameroun (CIMENCAM) et la Compagnie camerounaise de l'aluminium (ALUCAM)[303]. L'industrialisation du Cameroun nécessite une politique active d'incitations fiscales menée auprès des industriels étrangers et nationaux. Il en va de même du secteur névralgique que constitue le secteur primaire dominé par l'agriculture.

### 3. Le secteur primaire avec une faible productivité

L'état des lieux du secteur primaire au Cameroun est tout aussi désastreux, car ce secteur reste encore désarticulé. L'on note ainsi une agriculture en panne d'inspiration (a), et d'autres domaines tout aussi peu productifs (b).

---

[301] HUGON Philippe, *op. cit.*, p. 36.
[302] Voir TOUNA MAMA, *op. cit.*, p. 85.
[303] TOUNA MAMA *op. cit.*, p. 196.

**a) L'agriculture peu productive**

Le secteur primaire est dominé par l'agriculture qui occupe près de trois quarts de la population[304]. En dépit de son riche potentiel agricole, le Cameroun reste confronté à un environnement avec de nombreux facteurs de faible compétitivité et de faible productivité. Les causes de la baisse de production sont liées principalement au vieillissement des plantations et des planteurs, aux problèmes phytosanitaires, à l'absence de mécanisation[305]. L'on peut également constater des vulnérabilités structurelles importantes et la persistance d'un environnement défavorable. L'on note enfin, les difficultés d'accès aux terres, aux techniques agricoles modernes et aux innovations de la recherche agronomique, les difficultés d'accès aux crédits et les difficultés de commercialisation de la production[306].

Dans cette perspective, *la capacité de production du Cameroun reste fortement sous-exploitée, ce qui ne lui permet pas d'avoir dans notre économie la place qui lui revient et, par voie de conséquence, de contribuer au relèvement du niveau des vies des populations concernées*[307]. La productivité du secteur primaire demeure faible globalement, à cause notamment du caractère rudimentaire des techniques agricoles, du renchérissement des prix des intrants agricoles et de l'absence de financement approprié[308]. Il est donc important de passer d'une agriculture traditionnelle archaïque à une agriculture industrielle moderne.

**b) La vulnérabilité des autres domaines du secteur primaire**

Dans ce domaine, l'élevage, la pêche, la sylviculture à travers l'exploitation forestière tiennent une place de choix. Ces différents domaines connaissent de fortes expansions, mais ils restent confinés au stade archaïque. Ces domaines sont bien en décalage avec les ambitions de développement tant souhaité par le pays. L'élevage occupe une bonne partie de la population, mais la production reste insuffisante. La pêche est essentiellement artisanale et celle industrielle représente environ 20 % de la capture du poisson[309]. L'on observe une stagnation chronique de la production halieutique, qui traduit les difficultés que connaît ce sous-secteur et qui expliquent l'importation importante du poisson[310]. Dans ces différents domaines, l'on note également de nombreux facteurs de blocages : l'on peut citer entre autres, la détérioration

---

304 TOUNA MAMA, *L'économie camerounaise, pour un nouveau départ*, *op. cit.*, p. 49.

305 Voir MEKONGO Jean-Marie, *op. cit.*, p. 44.

306 TOUNA MAMA, *L'économie camerounaise à l'épreuve de l'émergence*, *op. cit.*, P. 189.

307 V. Discours du président Paul Biya à l'ouverture du comice agropastoral d'Ebolowa le 17 janvier 2010.

308 V. Commission économique des Nations unies pour l'Afrique, Bureau sous régional pour l'Afrique centrale, CEMAC, *Les économies de l'Afrique centrale, 2012*, *op. cit.*, p. 78.

309 TOUNA MAMA, *L'économie camerounaise, pour un nouveau départ*, *op. cit.*, p. 56.

310 *Ibid.*

de l'écosystème, les distorsions politiques, les difficultés de commercialisation et d'approvisionnement, les technologies inadaptées et vétustes et les facteurs climatiques[311].

#### 4. Les autres facteurs de vulnérabilité de l'économie camerounaise

Au Cameroun, la croissance économique reste fragile tant dans sa dynamique que dans les effets attendus sur l'amélioration des conditions de vie. Au-delà des trois secteurs qui sont restés bloqués au stade du décollage, le Cameroun présente une économie bien fragilisée par des déséquilibres internes (a) et des facteurs externes (b) qui l'empêchent d'intégrer l'économie mondiale.

##### a) Les pesanteurs internes de l'économie camerounaise

En marge des difficultés déjà évoquées, il existe au Cameroun d'autres facteurs de vulnérabilité qui contribuent à la fragilisation d'une évolution vers la croissance soutenue[312]. Parmi ces pesanteurs, l'on retrouve surtout les questions structurelles et conjoncturelles. Les problèmes structurels comprennent quelques domaines notamment : le déficit infrastructurel (route, barrages…) qui est la caractéristique d'une économie sous-développée. À cela, peut s'ajouter une infrastructure énergétique peu fiable et peu solide ; la faiblesse de la demande et les contraintes de devises pour les importations de biens capitaux ; l'absence de la diversification de la production peut également être citée comme un obstacle à la marche vers la croissance ; l'étroitesse des marchés, qui provient en partie du sous-développement parfois tragique des zones rurales et du manque de complémentarité dans les initiatives d'industrialisation du pays[313].

Cette liste n'est pas exhaustive. Jean-Marie MEKONGO relevait dans sa thèse de nombreux facteurs et a ainsi mis en exergue : l'engagement des projets irréalistes, la gestion gabégique des ressources de l'État, les mentalités impropres à la production et l'ampleur des financements informels[314]. L'on ne peut aussi ignorer le poids de l'endettement qui étouffe la relance économique du Cameroun.

Les questions conjoncturelles sont liées à la situation sécuritaire porteuse de déstabilisation notamment : la crise sécuritaire qui empêche le déploiement des activités économiques dans les zones en conflit (Nord-ouest, Sud-ouest et l'extrême-nord avec boko haram), la crise sanitaire de COVID-19 peut également être citée comme un élément perturbateur de l'économie

---

[311] HUGON Philippe, *L'économie de l'Afrique*, *op. cit.*, p. 35.
[312] Lire HARAKAT Mohamed (dir), *Économie politique de la fragilité et de la gouvernance en Afrique*, Paris, L'Harmattan, 2021, 240 pages.
[313] Commission économique pour l'Afrique, Bureau pour l'Afrique centrale, *Les économies d'Afrique centrale, 2003*, Maisonneuve & Larose, p. 167.
[314] MEKONGO Jean-Marie, *op. cit.*, pp.58- 65.

camerounaise[315]. Dans la même lancée, l'on peut évoquer la dégradation du climat sociopolitique à la suite de l'élection présidentielle d'octobre 2018. Les facteurs conjoncturels comprennent également les crises économiques internes, mais beaucoup plus celles qui surviennent à l'échelon international[316].

**b) Les pesanteurs externes de l'économie camerounaise**

L'économie camerounaise est contrainte par les facteurs provenant de l'extérieur. Le contexte international influence largement l'activité économique au Cameroun. Ainsi, un contexte international difficile marqué par un ralentissement de l'activité économique mondiale aura forcément des répercussions sur le climat des affaires au Cameroun. En gros, l'on observe généralement l'incertitude liée aux tensions commerciales et à la décélération de la croissance mondiale, la volatilité persistante des prix des produits de base, les contraintes communautaires et bien d'autres. L'on devra également noter la rude concurrence internationale qui prive l'économie camerounaise de capitaux et de devises au profit d'autres régions. La rareté des capitaux pourrait se traduire par une baisse des investissements au Cameroun et un recul des exportations[317].

Toutes ces différentes vulnérabilités économiques constituent des défis pour le gouvernement camerounais qui doit pouvoir les relever pour maintenir les acquis en matière de développement. Tous ces défis interpellent aussi tous les partenaires au développement de la sous-région Afrique centrale, en l'occurrence les organisations intergouvernementales et non gouvernementales, les acteurs du secteur privé, les chercheurs et partenaires au développement. Une saine application de la législation communautaire s'est révélée inefficace face aux priorités de promotion du développement socioéconomique des États membres. Aussi, l'inscription de la relance économique dans une dynamique conquérante nécessite la mise en place des dispositifs juridiques ou fiscaux capables de soutenir cette croissance. L'accompagnement fiscal est donc situé au cœur de la problématique de la croissance économique du Cameroun. Il résulte d'une croyance marquée dans le rôle indispensable et décisif de l'État en vue d'organiser la politique économique de la nation[318]. Cet accompagnement est d'ailleurs fortement

---

315 Lire notamment MBANDJI MBENA Etienne, « Le droit à l'éducation à l'épreuve de la pandémie de COVID-19 au Cameroun », SOLON, *Revue africaine de Parlementarisme et de Démocratie*, Volume III, n°25, juillet 2021, pp. 171-204.

316 Lire ECHKOUNDI M'hammed, « La vulnérabilité de l'État en Afrique : comment faire face à l'urgence qui empêche le développement ? », in HARAKAT Mohamed (dir), *La gouvernance des finances publiques en Afrique*, *op. cit.*, pp. 255-260.

317 Commission économique des Nations unies pour l'Afrique, Bureau sous régional pour l'Afrique centrale, CEMAC, Les économies de l'Afrique centrale, 2012, *op. cit.*, p. 13.

318 MARTINETTI Robin Ch, *L'aide fiscale à la recherche de développement en France*, Thèse pour le doctorat en droit, Université de Nice-Sophia-Antipolis, 2000, p. 16.

associé au dynamisme de l'économie du pays. Dans cette perspective, l'interventionnisme étatique dans le domaine douanier va se traduire par l'utilisation des exonérations douanières comme un instrument de relance économique.

### B- Les exonérations douanières comme levier stratégique de politique publique de relance économique

L'émergence d'un droit douanier communautaire [319]d'application directe et immédiate n'a pas empêché les États membres en zone CEMAC d'élaborer des mesures fiscales incitatives. En fait, la fiscalité a toujours été valorisée dans un contexte de sous-développement et l'interventionnisme étatique trouve là un levier intéressant. Chaque État cherche à diversifier son économie en offrant des conditions plus incitatives pour le développement du secteur privé, moteur de la croissance. Aussi, selon MOUSSA ISSA Traoré, la politique fiscale est dictée par la nécessité d'accélérer la croissance nationale et de combler le retard technologique[320]. Dans cette veine, les avantages douaniers sont devenus l'un des instruments clés des politiques économiques et sociales des États.

Cette situation est presque anecdotique. Les règles édictées jusqu'à présent dans le cadre du système fiscal régional ne permettent pas de satisfaire les commanditaires de l'intégration que sont les États intéressés à l'existence d'une fiscalité, levier de développement[321]. Il se pose ainsi le problème de la fiscalité de sous-développement dans un cadre régional intégré[322]. La consécration dans les législations internes des exonérations douanières non conformes au droit communautaire est une pratique constante. Elles servent à la fois d'instrument de politique conjoncturelle et structurelle. Cette vision trouve son fondement dans une grille de lecture historique et théorique (1) qui permet de mieux appréhender l'option pragmatique du Cameroun pour une fiscalité dérogatoire (2).

#### 1. Les différentes grilles de lecture historique et théorique

Le problème des exonérations fiscales en général et douanières en particulier, est en débat depuis l'antiquité et agite la communauté des fiscalistes. Les neutralistes rejettent automatiquement les exonérations fiscales et douanières. Elles sont source de distorsions économiques. D'après eux, le pouvoir d'impulsion de développement est du ressort de l'entreprise et

---

319 MBOUNOU-NGOPO Mathurin, *La fiscalité et l'impératif de développement de la Centrafrique*, Paris, l'Harmattan, 2019, p. 71.
320 MOUSSA ISSA Traoré, *La politique fiscale du Mali,* Thèse de doctorat Université ASSAS Paris, p. 78.
321 NIANE Abdoulaye, *op. cit.*, p. 32.
322 *Idem.*

non de l'État. Ainsi, la neutralité fiscale est gage de croissance économique. Dans cette optique, l'impôt douanier ne saurait être utilisé comme instrument d'interventionnisme étatique. Les neutralistes à l'exemple de Maurice LAURE, père de la TVA, [323]s'opposent à l'approche actuelle qui consiste à détourner l'impôt de sa fonction initiale, c'est-à-dire celle du financement des dépenses publiques, pour lui conférer des rôles économiques et sociaux. Une politique fiscale compatible avec la croissance économique et la création d'un marché interne suppose la mise en place des taux d'imposition modérés applicables à une assiette élargie selon le principe de l'égalité de tous devant l'impôt et de neutralité concurrentielle. Dans le sillage des auteurs classiques, les législations de faveur, les incitations fiscales ne sauraient être justifiées.

L'État ne peut donc prétendre encourager le développement économique en utilisant l'outil fiscal. Dans cette optique, LAURE spécifie qu' « il est difficile d'exercer sur l'économie une influence directe à l'aide de la fiscalité, parce que les impôts sont des instruments conçus pour prélever et non pour guider »[324]. Il persistait encore, en 1993 en dénonçant le « démon redoutable » de l'interventionnisme qui « rôde en matière fiscale »[325]. Surrey spécifie que les exonérations compliquent les lois fiscales, affectent la progressivité du système fiscal, procurent des traitements avantageux à un groupe donné de contribuables ou créent de la distorsion dans le processus décisionnel d'affaires[326]. Marie-Christine LEPETIT s'insurge contre les mesures préférentielles et notamment les exonérations. Leur prolifération entraîne une faible lisibilité de la politique fiscale, un risque d'instauration d'une fiscalité catégorielle, inéquitable. Bien plus, leur impact financier n'est pas connu, mal évalué et pas limité[327].

Les exonérations douanières, si elles existent dans l'optique des classiques, ne peuvent se justifier que pour des raisons purement fiscales. C'est le cas notamment des marchandises en retour sur le territoire qui bénéficient d'une exonération des droits de douane dans un cadre bien réglementé. C'est le cas également, des exonérations douanières dues à l'application du principe de réciprocité dans le cadre des conventions internationales telle la convention de Vienne. Le Conseil des impôts [328]en France les appelle « allègements

---

[323] BARILARI André, « Maurice LAURE, un innovateur fiscal », *innovations, créations et transformations en finances publiques*, cité par OSSA René, *Réformes fiscales et développement en Afrique subsaharienne*, Paris, Édilivre Éditions, 2012, p. 79.

[324] LAURE Maurice, *Traité de politique fiscale*, Paris, 1956, p. 320, cité par ATANGA FONGUE Roland, *op. cit.*, p. 42.

[325] LAURE Maurice, *Science fiscale*, Paris, PUF, 1993, p. 37.

[326] SURREY Stanley, Pathways to tax reform, the concept of tax expenditures, Harvard University press, 1973a, repris par GODBOUT Luc, *op. cit.* p. 1.

[327] LEPETIT Marie-Christine, « Les dépenses fiscales », *in : Innovations, créations et transformation en finances publiques*, pp. 48-49, repris par OSSA René, *op. cit.*, p. 101.

[328] Conseil des impôts, *La fiscalité dérogatoire*, pour un réexamen des dépenses fiscales, XXI^e rapport au Président de la République, septembre 2008.

structurels ». Cette catégorie est déterminée par les mesures qui ne sont pas rattachables à une politique ciblée et qui ne peuvent être décrites comme instrument d'un programme budgétaire.

Mais il faut reconnaître que l'impôt en lui-même peut déjà dans beaucoup de circonstances modifier le comportement des contribuables. La neutralité totale est hors de portée des praticiens de la politique fiscale[329]. Ces observations sont d'ailleurs des prémisses d'une utilisation de l'impôt comme instrument d'intervention de la puissance publique à travers des mesures fiscales préférentielles pour des motifs économiques et sociaux. Ainsi, né pour remplir des fonctions budgétaires, l'impôt se double immédiatement d'enjeux politiques, économiques et/ou sociaux[330] ; il peut également servir à des fins d'intervention de la puissance publique[331]. C'est d'ailleurs la raison d'être des exonérations douanières au Cameroun, car comme l'ont affirmé J.M. AUBRY et DUCOS-ADER « derrière chaque exonération se cache un motif économique impérieux »[332]. Dans ce sillage, l'évolution des théories économiques sur le rôle actif de l'État au cours du XX^e^ siècle a conduit à utiliser la politique fiscale comme instrument d'intervention économique. Ce phénomène est généralisé. Ce détour historique et théorique permet de mieux comprendre l'utilisation massive des exonérations douanières dans notre contexte.

### 2. L'option pragmatique et stratégique du Cameroun pour une fiscalité dérogatoire

Au Cameroun, malgré l'encadrement communautaire, les exonérations douanières occupent une place de choix dans le dispositif incitatif du pays. Elles sont mises en place spécifiquement dans le but d'impulser les investissements et la création des emplois[333]. L'idée est de favoriser un développement durable [334]et équilibré par l'application d'une fiscalité incitative adaptée à la spécificité de chaque filière de production afin de participer efficacement au financement de la croissance. Dans cette perspective, elles participent à la dynamique de pôles de développement identifiés, contribuent à la stimulation de la croissance, assurent le

---

[329] SERLOOTEN Patrick, « La neutralité fiscale, un principe obsolète ? », *dans mélanges dédiés à Louis Boyer*, Presses de l'Université des sciences sociales de Toulouse, 1996, pp. 701-715, cité par GODBOUT Luc, *op. cit.*, p. 11.

[330] WEIDENFELD Katia *À l'ombre des niches fiscales*, *op.cit.*, p. 5.

[331] MEHL Lucien, BELTRAME Pierre, *Science et technique fiscale*, PUF, 1984, p. 77, cité par GODBOUT Luc, p. 11.

[332] AUBY Jean-Marie, DUCOS -ADER Robert, *Droit fiscal*, Paris, Sirey, 1970, p. 19.

[333] DJOMENI KOLOKO Elvis, *La fiscalité des investissements et l'optimisation fiscale : cas du Cameroun*, Mémoire de DESS fiscalité appliquée, Université de Douala, 2008, p.1.

[334] V.MANCEBO François, *Le développement durable*, Paris, 2e édition Armand Colin, 2010, 320 pages.

développement de l'entrepreneuriat[335]. L'économie camerounaise est en quête d'émergence afin de sortir du sous-développement et rentrer dans l'ère de la modernité. Dans ce sillage, le gouvernement a élaboré une vision stratégique prospective [336]et mis sur pied un Document de stratégie pour la croissance et l'emploi (DSCE)[337] qui a une déclinaison décennale. La fiscalité douanière dérogatoire centrée sur la vision 2035 permet la relance économique à travers l'amélioration des agrégats macroéconomiques (a) et celle des secteurs-clés de l'économie (b).

**a) Les exonérations douanières à l'appui de l'amélioration des agrégats macroéconomiques**

La recherche de nouvelles politiques susceptibles de provoquer la croissance économique est désormais à l'ordre du jour. Aussi, la quête de croissance des agrégats macroéconomiques est à l'origine du renouveau des politiques douanières incitatives en zone CEMAC[338]. Au Cameroun, la Vision 2035 retient comme objectif global, devenir un pays émergent à l'horizon 25-35. Dans cette perspective, l'État renonce à la perception d'une bonne partie des droits et des taxes pour les importations franchissant le cordon douanier dans la perspective d'améliorer la compétitivité générale de l'économie camerounaise qui est un objectif des politiques publiques. L'impôt douanier devient ainsi un instrument de politique économique. Un traitement fiscal incitatif est mis à contribution. L'amélioration des agrégats macroéconomiques s'effectue en direction de la création des entreprises et des emplois (i) ; l'attractivité des investissements directs étrangers (IDE) (ii) et surtout la stimulation des exportations (iii).

**i) Les exonérations douanières et l'incitation à la création des entreprises et des emplois**

L'importance du secteur privé dans l'économie camerounaise n'est plus à démontrer[339]. Le secteur privé participe à la mise sur pied des unités de production qui à leur tour favorisent la création des emplois, préoccupation essentielle de toute politique économique, tant on sait que la création des

[335] BIBI Lucie, *La fiscalité des investissements au Cameroun, étude critique*, ENAM, octobre 1999, p. 14.

[336] La vision 2035 du Cameroun cherche à : réduire la pauvreté à un niveau socialement acceptable ; accéder au statut de pays à revenu intermédiaire ; devenir un nouveau pays industrialisé ; et consolider le processus démocratique et renforcer l'unité nationale.

[337] Le DSCE (2010-2020) est centré sur l'accélération de la croissance, la création d'emplois formels et la réduction de la pauvreté.

[338] Voir ENGONE Kénaelle Cyndie, *Les mécanismes d'incitations fiscales à l'investissement des entreprises étrangères en France et au Gabon*, Thèse de doctorat en droit public, Université de Limoges, décembre 2019, 635 pages.

[339] En dehors du secteur informel, les entreprises constituent les gisements d'emplois les plus féconds et le grand pourvoyeur du salariat moderne. Bien plus, les entreprises sont un indicateur performant du niveau d'évolution d'une économie.

emplois décents est inscrite comme un objectif prioritaire dans la Vision 2035 du Cameroun. En clair, la place de l'entreprise dans la stratégie de développement est importante au regard de sa contribution à la croissance et à l'éradication du chômage[340]. Au Cameroun, l'inscription du secteur privé dans une dynamique conquérante nécessite un accompagnement fiscal. Les exonérations douanières participent des mécanismes d'interventionnisme fiscal contribuant à la création des entreprises et des emplois. Dans ce sillage, toute la fiscalité douanière dérogatoire ou incitative vise à améliorer l'environnement fiscal de l'entreprise. Elle vise également à favoriser la croissance et la diversification de l'économie sur la base d'un développement harmonieux du secteur privé et des investissements. Les exonérations douanières apparaissent comme un instrument de développement économique et social destiné aux opérateurs économiques dans le but de réduire leur assiette fiscale contre l'investissement supposé productif[341].

Dans cette lancée, pour bénéficier des incitations fiscales et douanières communes, la création des emplois fait partie des critères à satisfaire. Aux termes des dispositions de l'article 4 de la loi du 18 avril 2013, « *peut prétendre au bénéfice des avantages prévus par les dispositions de la présente loi, tout investisseur dont l'activité est conforme aux dispositions législatives et réglementaires en vigueur, qui satisfait l'un des critères ci-après : création d'emplois pour les Camerounais, pendant la phase d'exploitation, et selon la taille de l'entreprise et le secteur d'activités, à concurrence d'un emploi au moins par tranche allant de cinq (5) millions de francs CFA à vingt-cinq (25) millions de francs CFA d'investissements programmés, selon le cas*[342]*…*».

Comme on le voit, les exonérations douanières sont intégrées dans la politique de relance économique du Cameroun qui, pour conforter la croissance en créant les conditions d'une relance des activités économiques, a progressivement mis en place des régimes fiscaux incitatifs. Ces régimes s'insèrent dans l'approche camerounaise de ce que l'on a appelé « l'État providence[343]», un État capable d'avoir des réponses à tout. Dans le domaine douanier, au-delà des régimes économiques dont la vocation est d'accompagner et de soutenir les activités de transformation des entreprises (régime de perfectionnement actif et passif, drawback…) de nombreuses dérogations sous forme d'exonérations caractérisent le système douanier

---

[340] Commission économique pour l'Afrique, Bureau pour l'Afrique centrale, *Les économies de l'Afrique centrale, 2003*, Maisonneuve & Larose, p. 157.

[341] BAGNIS Hinano, *Le traitement des investissements en Polynésie française, approche nationale- communautaire- internationale*, Mémoire de DEA, Université de Nice Sophia Antipolis, septembre 2000, p. 37.

[342] Article 4 de la loi N° 2013/ 004 du 18 avril 2013 fixant les incitations à l'investissement privé en République du Cameroun.

[343] Voir à ce sujet, MERRIEN François-Xavier, *L'État-providence*, Presses universitaires de France (PUF), coll. « Que sais-je ? » Paris, 1997, 127 pages.

camerounais. Elles ont ainsi contribué, depuis l'accession du Cameroun à l'indépendance, au démarrage de l'économie ainsi qu'à la réduction des inégalités à travers la création d'emplois.

Ces multiples exonérations se retrouvent dans une législation disparate[344]. La loi n° 2006/13 [345]dans son chapitre deuxième, article 6 (2), dispose que « le droit de douane sur les biens d'équipements importés et destinés à l'investissement est fixé à 5 % ». Bien plus, la loi n° 2013/004 [346]accorde pendant la phase d'installation, qui ne peut excéder cinq (5) ans, des exonérations de droit sur tous les équipements et matériels, l'exonération de TVA due à l'importation de ces équipements et matériels. En outre, pendant la phase d'exploitation qui ne peut excéder dix (10) ans, en considération de la taille des investissements et des retombées économiques attendues, les entreprises nouvelles, agréées au régime des incitations communes bénéficient d'un taux réduit de 5% du droit de douane applicable à l'importation d'équipements, d'outils, de pièces de rechange, de produits intermédiaires, de fournitures et de consommables n'ayant pas de similaires fabriqués localement, à l'exception des droits, taxes et autres charges de nature non fiscale ayant le caractère d'une rémunération de service[347].

Au regard de ce dispositif juridique, les exonérations douanières s'affirment comme de véritables instruments de promotion des investissements, de création d'entreprises et d'emplois ainsi que l'affirment King et Kesselman[348]. Abondant dans le même sens, André SIAKA, ancien président du GICAM affirmait que « la fiscalité d'un pays ne peut pas avoir pour seule finalité les finances publiques, c'est-à-dire remplir les caisses de l'État, la fiscalité doit aussi avoir un aspect développement, c'est-à-dire permettre que les entreprises se développent »[349]. Sur ces prémisses, les dispositions de politique fiscale à prendre devront veiller, comme le prescrit le Président de la République à travers de nombreuses circulaires relatives à l'élaboration des lois de finances, à ne pas mettre en péril les potentialités et les acquis des entreprises en tant que vivier d'emplois ni obérer leur pleine compétitivité. Elles devront par ailleurs soutenir la production des entreprises qui sont autant de facteurs de croissance. La relance de la croissance

---

[344] Voir à ce sujet, Les différents codes d'investissement, le régime des zones franches, les codes pétrolier et minier…).

[345] Loi n° 2006/13 du 29 décembre 2006 portant loi de finances de la République du Cameroun pour l'exercice 2007.

[346] Loi n°2013/004 du 18 avril 2013 fixant les incitations à l'initiative privée en République du Cameroun.

[347] Article 7 (2) loi N° 2013/004 du 18 avril 2013 fixant les incitations à l'investissement privé en République du Cameroun.

[348] KING et KESSELMAN Cité par GODBOUT Luc, *op. cit.*, p. 39.

[349] SIAKAM André cité par TONZE KENFACK Patrick-Bertrand, *L'influence de la fiscalité camerounaise sur les investissements étrangers*, Mémoire de DESS en Fiscalité appliquée, Université de Douala, 2004, p. 4.

économique nécessite un accompagnement fiscal aussi bien dans la création des entreprises que dans l'attractivité des investissements directs étrangers[350].

**ii) Les exonérations douanières et l'attractivité des IDE**

Selon de nombreuses études[351], le Cameroun souffrirait d'un déficit d'attractivité. La faible attractivité des investissements directs étrangers a longtemps renvoyé à une pluralité de facteurs : la taille des économies ; des défaillances institutionnelles et d'infrastructures physiques et sociales ; un tissu économique et social ; et surtout les problèmes réels ou perçus en termes d'instabilité politique, de volatilité des politiques économiques ou d'instabilités internationales[352]. Le Cameroun n'est pas très loin de cette description[353].

L'attractivité internationale des nations est une préoccupation majeure des pouvoirs publics au point où l'on assiste à un renouvellement des politiques publiques en la matière ainsi qu'à un foisonnement des études et réflexions destinées à identifier les niches devant permettre à tout pays de mieux se vendre à l'étranger[354]. La Banque de France définit les IDE comme « des investissements internationaux par lesquels des entités résidentes d'une économie acquièrent ou ont acquis un intérêt durable dans une entité résidente d'une économie autre que celle de l'investisseur »[355]. Il s'agit en général d'investissements réalisés par un investisseur étranger qui en conserve le contrôle. Le plus typique est celui fait par une entreprise qui installe une filiale ou prend le contrôle d'une entreprise existante dans un pays étranger[356]. Dans un environnement concurrentiel, les États ne manquent pas d'imagination

---

350 Voir ENGONE Kénaelle Cyndie, *Les mécanismes d'incitations fiscales à l'investissement des entreprises étrangères en France et au Gabon*, Thèse de doctorat en droit public, Université de Limoges, décembre 2019.

351 Au regard de multiples rapports de « doing business », ERNST& YOUNG, « attractiveness survey, Africa 2014, executing growth" Ernst & Young International, 2014, ce rapport fait remarquer que le Cameroun ne fait pas partie des pays les plus attractifs du continent en termes d'investissements directs étrangers (IDE).

352 HUGON Philippe, *Afrique, entre puissance et vulnérabilité*, *op. cit.*, p. 101, voir aussi, NGUENIN (M), *L'analyse des déterminants de l'investissement direct étranger au Cameroun,* Mémoire de DEA, spécialité : économie industrielle, FSEGA, Université de Douala, 2009.

353 MOUANGUE KOBILA James, *Le Cameroun face à l'évolution du droit international des investissements*, thèse de doctorat, Université de Yaoundé-Soa, p. 14. D'après cet auteur, la place du Cameroun dans la géographie des investissements étrangers n'est pas très enviable. Cette situation résulte d'un cumul de handicaps, dont l'étroitesse des marchés, la faiblesse des perspectives économiques, l'insécurité juridique, les troubles civils et bien d'autres.

354 EVINA OBAM Richard, *op. cit.*, p. 334.

355 MEMPHIL NDI Evelyne-Patience, *Attractivité économique des investissements directs étrangers en zone CEMAC : harmonisation des instruments juridiques aux règles internationales*, *op.cit.*, p. 37.

356 GANKOU Jean-Marie, *L'investissement dans les pays en développement, le cas du Cameroun*, Paris, Économica, 1985, p. 157.

allant jusqu'au renoncement total ou partiel des impositions[357]. Pour preuve au Cameroun, des mesures incitatives qui datent de la période postcoloniale et qui sont en cours malgré les effets néfastes sur les finances publiques. Les exonérations douanières s'imposent de nos jours et sont édictées en vue d'attirer les IDE. La forte mobilité du capital et le sentiment des gouvernements que la fiscalité demeure l'un, voire, le principal facteur pour attirer les investissements directs étrangers dans le pays ont présidé à la mise en œuvre des régimes dérogatoires parmi lesquels les exonérations douanières.

Au Cameroun, les exonérations douanières sont généralement consignées dans les codes d'investissement, minier, pétrolier et divers textes de loi. Elles sont exigées par les entreprises étrangères, partenaires au développement. Les codes d'investissement et autres sont inspirés de l'idée selon laquelle il faut accorder aux investisseurs étrangers disposant d'importants capitaux, des avantages fiscaux de façon à faciliter leur implantation sur le territoire camerounais. Cette implantation permettra de développer une activité industrielle dont le pays pourrait tirer profit. Les stimulants fiscaux permettent d'attirer les investisseurs étrangers qui contribuent à la création des richesses et d'emplois[358]. Le professeur Pascal DIENER définit l'exonération ou la défiscalisation comme une technique de levier fiscal imaginée afin de stimuler les investissements productifs destinés à provoquer le démarrage économique des régions et territoires »[359].

D'ailleurs, l'histoire économique démontre que des schémas d'industrialisation des pays comme le Japon, la Corée du Sud, Taiwan et le Brésil se sont servis de cette pratique pour atteindre des résultats significatifs. Ainsi, « l'idéologie du développement à laquelle souscrit l'État camerounais comporte entre autres thérapies pour combattre le sous-développement, la politique d'incitation fiscale qui attirerait par ses faveurs fiscales les capitaux étrangers[360]. Les exonérations douanières répondent aux préoccupations des investisseurs étrangers qui ont une propension à s'implanter dans les pays à pression fiscale faible[361]. Par exemple, au Cameroun pour attirer les investisseurs étrangers pétroliers et miniers, le matériel entrant dans la phase d'exploration et de recherche est totalement exonéré. En définitive, la stratégie d'attraction des capitaux extérieurs est mise en œuvre au Cameroun à travers des exonérations douanières censées garantir les conditions fiscales favorables à l'institution d'un bon climat d'investissement. Cette stratégie rame à contre-

---

[357] MATANDA KABANDA Boniface, *Les exonérations fiscales des investissements en RDC*, Paris, l'Harmattan, 2016, p. 75

[358] TONZE KENFACK Patrice-Bertrand, *op. cit.*, p. 8.

[359] DIENER Pascal, *Droit de la défiscalisation dans les DOM-TOM réalité et mirages*, Paris, Dalloz, 1994, P. 8.

[360] ATANGA FONGUE Roland, *op. cit.*, p. 41. Et reprenant FOTSING Jean-Baptiste.

[361] TONZE KENFACK Patrice-Bertrand, *op. cit.*, p. 8.

courant de la politique de mobilisation optimale des ressources voulue par le gouvernement. Elle se traduit par un rétrécissement de l'assiette fiscale préjudiciable aux intérêts du trésor public. En dépit de cette tendance pernicieuse, cette stratégie, basée sur la défiscalisation des droits d'entrée et autres allègements fiscaux, se poursuit d'ailleurs sur le champ des exportations.

**iii) Les exonérations douanières et la stimulation des exportations**

L'économie camerounaise est insuffisamment intégrée dans l'économie mondiale[362]. Le déficit des opérations courantes de la balance de paiement est là pour témoigner de cette marginalisation extérieure[363]. La logique de l'économie de rente et la faiblesse de gain de productivité ne peuvent conduire qu'à une faible compétitivité de l'économie camerounaise. La stratégie fiscale camerounaise vise à produire une inflexion à cette marginalisation. Elle devra permettre ainsi à l'économie de s'insérer durablement dans l'économie mondiale à travers la diversification des produits et des partenaires.

Les autorités camerounaises sont désormais conscientes et convaincues que c'est à travers les exportations qu'on crée la richesse nationale, qu'on développe le tissu industriel et par là aussi la relance de la croissance économique. C'est dans ce sens qu'un dispositif d'incitation à l'exportation a été mis sur pied afin de garantir la compétitivité des entreprises sur les marchés internationaux. Dans ce dispositif, les exonérations douanières jouent un rôle de premier plan. Aussi, à la lecture des dispositions de lois fixant les incitations à l'investissement privé en République du Cameroun, il en ressort que « *peut prétendre aux bénéfices des avantages prévus par les dispositions de la présente loi, tout investisseur dont l'activité est conforme aux dispositions législatives et réglementaires en vigueur, qui satisfait à l'un des critères ci-après : activité d'exportation à concurrence de 10 à 25 % du chiffre d'affaires hors taxes* »[364]. Dans cette perspective, en plus de la création des entreprises, de l'attraction des capitaux étrangers, les incitations

---

[362] L'analyse de la structure des échanges avec l'extérieur montre :
-une prépondérance des exportations des produits primaires au détriment des produits manufacturés ;
-un poids important des importations des biens de consommation des ménages traduisant une forte dépendance alimentaire ;
-une balance des services structurellement déficitaire ;
-une contribution faible des investissements directs étrangers (IDE).

[363] Le solde de la balance commerciale globale a été déficitaire en 2009 en raison de la hausse des importations de pétrole brut. La balance commerciale hors pétrole est déficitaire depuis 1996 ; ce déficit est passé de 41 milliards de FCFA en 1996 à 876,5 milliards en 2010.

[364] Article 4 de la loi n° 2013/004 du 18 avril 2013 fixant les incitations à l'investissement privé en République du Cameroun.

douanières au Cameroun visent également à encourager les entreprises ayant une vocation exportatrice[365].

La signature des accords de partenariat ACP/UE rentre également dans le cadre de cette politique de promotion des exportations. Les Accords de partenariat économiques (APE) constituent avant tout des conventions commerciales passées entre deux partenaires (UE, ACP), consacrant une ouverture réciproque, mais progressive de leurs frontières respectives. Ces accords permettent ainsi aux productions et aux exportations mutuelles d'accéder en toute franchise de droits et sans aucun contingentement quantitatif ou tarifaire aux marchés des États membres. Le Cameroun a dû signer les accords intérimaires afin d'éviter de subir les effets commerciaux négatifs entraînés par l'expiration des accords précédents. Le démantèlement s'effectuera à un rythme différent suivant les produits. Ceux-ci sont regroupés en quatre listes (A, B, C et D). La première liste (A) pour laquelle le droit de douane est éliminé dès la mise en application de l'APE regroupe les produits faiblement taxés. La libéralisation des produits de la liste B suivra. La liste C comprenant principalement les produits finis sera libéralisée en dernier. La liste D, celle des produits sensibles est exclue de la libéralisation. Le Cameroun s'est lancé seul mettant ainsi à rude épreuve la réglementation douanière communautaire[366].

Les zones franches sont également la traduction concrète de cette politique tournée vers l'exportation. L'ordonnance n° 90/001[367]dispose qu' « il est créé un régime de zone franche en vue de promouvoir de nouveaux investissements, de faciliter le développement des exportations ». La zone franche est caractérisée par le recul du cordon douanier, c'est une zone hors douane. Elle ne comporte aucune protection douanière et se retrouve librement ouverte à la concurrence du monde entier. Dans le cadre de l'ordonnance précitée, le législateur accorde aux entreprises éligibles à la zone franche une exonération totale des droits de douane sur les machines, les équipements et matériels destinés à la production. Cette ordonnance accorde également l'exonération du droit d'entrée des matières premières à transformer dans toute usine opérant dans la zone franche. La zone franche est dès lors considérée comme une aire géographique grâce à une fiction juridique située à l'étranger et dérogeant des régimes existants jusqu'ici dans la réglementation douanière[368]. La zone franche est considérée comme, hors du

---

365 MOUBITANG Hervé Rock, *Fiscalité de porte et développement au Cameroun*, Mémoire de Master II en fiscalité appliquée, Université de Douala, 2004, p. 38.

366 V. KAMGA KAMGA Louis, *Les critiques des Accords de Partenariat économique (APE).*

367 Ordonnance n° 90/001 du 29 janvier 1990 instituant les zones franches et les points francs.

368 Pour plus d'éclairages sur les zones franches, lire KANGUEU EKEUH Robert, *Les aspects institutionnels, juridiques et pratiques des zones franches africaines : le cas du Cameroun, du Togo et de la Tunisie,* Thèse pour le doctorat en droit, Paris XII, 1997, voir aussi, MOUANGUE

territoire douanier pour l'application d'une partie du droit commun. On dit aussi qu'elle est *extraterritoriale* ou *offshore*[369].

Dans la même lancée, la promotion des exportations passe également par l'exonération des droits de sortie sur les produits manufacturés au Cameroun et l'application d'une TVA au taux zéro. De nombreuses entreprises camerounaises bénéficient d'un code d'exonération des droits de sortie, entre autres : la société MAYOR et Cie, PILCAM, Nestlé Cameroun, UNALOR, Panzani Cameroun, OK plastic, SIPCA, TORRECAM, ALUBASSA, Source du pays, CICAM, SOCATRAL et bien d'autres. La politique douanière du Cameroun dans l'ensemble est favorable aux exportations à travers la mise en œuvre des exonérations douanières. Cette politique incitative relève d'une stratégie de développement de l'État camerounais. Elle vise globalement à améliorer les agrégats macroéconomiques tout en insistant sur les secteurs-clés de l'économie.

**b) Les exonérations douanières et l'amélioration des secteurs prioritaires de l'économie**

Au-delà des objectifs macroéconomiques, la vision 2035 du Cameroun met un accent particulier sur les objectifs sectoriels. La fiscalité douanière s'est résolument engagée dans l'accompagnement des politiques publiques de relance de la croissance économique. Au-delà de sa fonction première à savoir la fonction budgétaire, la politique douanière est désormais orientée vers la prise en compte des préoccupations socioéconomiques. La priorité est désormais accordée aux secteurs porteurs de l'économie. Le renforcement de l'appareil de production aux fins de créer les conditions idéales d'une croissance économique amène l'État à cibler les grands secteurs de la vie économique auxquels des avantages fiscaux sont concédés[370]. Ces secteurs névralgiques ont nécessité la mise en place des politiques douanières attractives afin d'améliorer l'accélération de la croissance. La poursuite de la mise en œuvre de la politique d'import substitution en vue du renforcement de l'offre nationale en produits de grande consommation n'est pas en reste. L'accompagnement fiscal s'est fait ressentir au niveau du secteur agricole (i), de celui des ressources naturelles extractives (ii), et au niveau des projets structurants à l'appui de l'industrialisation (iii).

---

KOBILA James, *Le Cameroun face à l'évolution du droit international de l'investissement*, Thèse de doctorat, Yaoundé II Soa, 2004.

[369] LEPETIT Yves, *Les zones franches d'exportation et la dynamique du régime des investissements directs*, P. 15.

[370] EVINA OBAM Richard, *La politique fiscale au Cameroun depuis les années 1980*, *op. cit.*, p. 197.

#### i) Les exonérations douanières et le soutien au secteur agricole

Le secteur agricole au Cameroun demeure une réelle source de préoccupation compte tenu du faible niveau de sa modernisation. Pourtant, l'importance de l'agriculture dans l'amorce du développement économique est unanimement admise par les économistes du développement[371]. La théorie économique reconnaît traditionnellement trois fonctions à l'agriculture dans les politiques de développement[372]. Dans cette perspective, l'agriculture finance le développement et fournit la main-d'œuvre ou mieux des travailleurs à l'industrie. Enfin, l'agriculture constitue un débouché pour l'industrie et un accélérateur de la croissance. Au Cameroun, le poids du secteur agricole dans l'économie est considérable. Il contribue à hauteur de 20 % au PIB et emploie près de 60 % de la population active qui pour la plupart se recrutent en milieu rural[373].

Les enjeux sont donc énormes. Cependant, la capacité de production de l'agriculture camerounaise reste fortement sous-exploitée, et confrontée à de nombreux défis. Les besoins de l'agriculture sont nombreux en termes de capitaux, de technologie et de ressources humaines. Il est donc temps de passer d'une agriculture traditionnelle archaïque à une agriculture industrielle moderne ; de mettre en place une grande politique qui aurait pour objectif « une agriculture de seconde génération[374] ». De façon générale, les gouvernements des pays sous-développés comprennent de plus en plus qu'il est important d'investir dans l'agriculture et de procéder à l'aménagement du milieu rural qui abrite la majorité de la population pour accélérer le développement[375]. Le gouvernement camerounais a choisi pour sa part de poursuivre ses efforts de promotion des investissements dans ce secteur.

Sur le plan fiscal, la loi n° 2013/004 du 18 avril 2013 fixant les incitations à l'investissement privé et ses textes d'application, prévoient une panoplie d'avantages fiscaux et douaniers concédés aux entreprises qui réalisent des investissements dans le secteur prioritaire qu'est l'agriculture. Toutefois, malgré ce premier dispositif, l'absence de mesures incitatives spécifiques a ralenti l'objectif majeur de développement de l'agriculture. Il était donc question pour les autorités camerounaises de trouver de nouveaux instruments

---

[371] BAYEMI Inès Désirée, « Mesures incitatives, l'agriculture au centre des attentions », *Impôts infos*, N° 005, mai 2017, p. 36.

[372] JACQUEMOT Pierre, RAFFINOT Marc, *Accumulation et développement*, Paris, L'Harmattan, 1985, p. 75. Repris par TOUNA MAMA, *op. cit.*, p. 182.

[373] BAYEMI Inès Désirée, *op. cit.*, p. 36.

[374] Une agriculture capable :
- d'assurer la sécurité et l'autosuffisance alimentaire au niveau interne ;
- d'approvisionner l'industrie de transformation des produits agricoles ;
- de créer un marché et une consommation internes pour les filières extraverties ;
- de développer les exportations et améliorer ainsi la balance commerciale, en réduisant l'importation des produits alimentaires qui est devenue un gouffre de devises.

[375] TOUNA MAMA, *L'économie camerounaise à l'épreuve de l'émergence*, *op. cit.*, p. 186.

capables de soutenir la compétitivité du secteur agricole. Ces instruments devront rendre le secteur agricole apte à affronter les défis liés au contexte macroéconomique mondial quelque peu difficile. Contexte aggravé par la concurrence liée à l'entrée massive des produits étrangers qui pourraient découler de l'accord de partenariat avec l'Union européenne. Pour y parvenir, il y a une nécessité de promouvoir une agriculture de seconde génération avec une transformation accrue de produits de base.

La loi de finances pour l'exercice 2017 apporte des réponses à tous les défis présentés à travers un lot de mesures nouvelles pour les agriculteurs. Ces mesures sont constituées de nombreuses incitations fiscales et douanières destinées à alléger les coûts d'acquisition de matériels participant à l'amélioration de la production et de la compétitivité de l'agriculture camerounaise. Ce déploiement s'observe à travers l'exonération de la TVA sur l'importation des pesticides, des engrais et intrants utilisés par les producteurs, ainsi que des matériels et équipements de l'agriculture, de l'élevage et de la pêche.

En zone CEMAC, la mise en œuvre de la politique douanière communautaire varie suivant les priorités retenues par chaque pays. Le Cameroun, en raison des faiblesses macroéconomiques et sectorielles de son économie, affine sa stratégie de promotion des investissements de manière à donner une nouvelle impulsion à ses performances économiques. En vue de cela, un secteur comme l'agriculture devrait bénéficier des mesures de soutien de manière à relever la compétitivité de l'économie camerounaise. Dans cette lancée, les exonérations douanières permettent de réduire le coût des investissements. Elles participent à coup sûr à accroître davantage des investissements dans le secteur agricole et la création d'emplois nouveaux, autant de facteurs qui participent à améliorer la croissance. La stratégie de développement enclenchée par le gouvernement et relayée par les mesures douanières incitatives est aussi présente dans le secteur des ressources naturelles extractives.

**ii) Les exonérations douanières et le développement du secteur des ressources naturelles extractives**

L'exploitation des matières premières extractives constitue la principale source de revenus des États en voie de développement[376]. Le Cameroun est d'ailleurs connu pour la richesse de son sol et sous-sol. Ainsi, dès les premières années de l'indépendance, les dirigeants camerounais ont placé le

[376] DESA Paulo, GARY MCMAHON, « Les ressources minérales : un atout pour le développement de l'Afrique subsaharienne ? », *Annales des Mines- Responsabilité et environnement*, Vol. 58, n° 2, 2010, p. 79-83.

secteur extractif au centre de leur stratégie de développement[377]. Ce secteur est d'ailleurs au cœur de la vision d'émergence à l'horizon 2035[378], cependant, son rendement reste faible. Il dénote de l'incapacité du Cameroun à opérer la transformation économique des ressources naturelles extractives de son territoire en produits finis ou semi-finis. Le Cameroun n'a pas les sociétés extractives capables de procéder aux investissements nécessaires au développement des grands projets extractifs. Ce secteur manque également des entreprises à capitaux nationaux disposant de moyens techniques et financiers pour durablement exister. C'est d'ailleurs ce qui justifie, en grande partie, l'ouverture de ce secteur aux entreprises étrangères et aux institutions financières internationales[379].

Avec l'arrivée des IDE, de nombreux enjeux caractérisent ce secteur[380]. En effet, les matières premières extractives sont caractérisées par leur nature épuisable. Aussi, une reconstitution d'une mine de fer ou d'un gisement de pétrole ne permettrait pas d'espérer une deuxième exploitation. Toute exploitation est censée être définitive et irréversible[381]. Bien plus, il est difficile de maîtriser avec certitude les enjeux financiers du secteur des matières premières extractives. Les coûts de la recherche, de la prospection, de l'exploitation et de la commercialisation sont très élevés et impliquent diverses exigences : exigences de maîtrise scientifique et industrielle ; exigences de respect de l'environnement. Le cas spécifique de la recherche minière ou énergétique démultiplie les enjeux financiers et les risques d'absence de résultats concluants en aval du projet de recherche[382].

Dans cette hypothèse, les investissements peuvent se solder par une perte irrécupérable[383]. Enfin, un des enjeux majeurs du secteur des matières premières extractives réside dans les fluctuations de leur prix[384]. En plus de ces enjeux, de nombreuses contraintes existent aussi. L'on peut souligner la quasi-inexistence d'infrastructures de transport et d'énergie, sans occulter l'absence d'expertise locale nécessaire au développement du secteur extractif.

---

377 Centre régional africain pour le développement endogène et communautaire, Les exonérations fiscales dans le secteur extractif au Cameroun, *publish what you pay,* coalition camerounaise, 2016, p. 7.

378 *Idem.*

379 MAMOUDOU BARRY, *op. cit.*, p. 5.

380 L'industrie minière a trois caractères : elle est concurrentielle, capitalistique et risquée surtout dans sa phase de développement primaire.

381 MAMOUDOU BARRY, *idem.*

382 FAVENNEC Jean-Pierre, COPINSCHI Philippe, « Les nouveaux enjeux pétroliers en Afrique », *Politique africaine*, Vol. 89, n° 1, 2003, p. 127-148.

383 L'on parle d'un risque géologique, car la recherche minière induit substantiellement la possibilité de ne rien trouver après des dépenses effectivement supportées.

384 COPINSCHI Philippe, « Le pétrole, un bien commercial soumis aux logiques de marché », *in* : COPINSCHI Philippe, (dir), « Le pétrole, quel avenir ? Analyse géopolitique et économique », De Boeck Supérieur, 2010, p. 75-101.

Bien plus, les instabilités sociopolitiques et juridiques et l'aléa de souveraineté[385] sont à mettre à l'actif des contraintes.

Tous ces enjeux et contraintes ont nécessité la mise en place d'une stratégie fiscale et douanière capable d'attirer les IDE en territoire camerounais. Les exonérations douanières constituent un élément de politique d'attractivité mis en place pour soutenir le développement des secteurs minier, gazier, pétrolier et autres. Les avantages douaniers considérables consentis vont contribuer à alléger les charges des investisseurs dans l'espoir que la réalisation de l'investissement principal conduise à engranger des recettes importantes plus tard[386]. Tous les États en Afrique centrale ont quasiment tous adopté des législations attractives, orientées vers le développement du secteur extractif, tout en répondant aux attentes fiscales, douanières et juridiques des multinationales étrangères. Dans cette lancée, les dispositions des codes pétrolier, minier et gazier accordent en faveur des titulaires des contrats et leurs sous-traitants la franchise de tous droits et taxes, les matériels et les équipements destinés aux opérations pétrolières de prospection et de recherche[387]. Bien plus, pendant la phase de développement des opérations pétrolières, minières ou gazières qui s'étend sur les cinq (5) premières années de mise en production commerciale au titre de l'autorisation d'exploitation, les équipements, les machines, les matériels, les matériaux et outillages ainsi que les produits chimiques, directement liés et nécessaires à cette phase, qu'ils soient importés par le titulaire, ses concessionnaires, ses affiliés ou ses sous-traitants bénéficient d'un taux global réduit de cinq pour cent (5 %) des taxes et droits perçus à l'importation[388].

Comme on le constate, la séduction douanière est bien présente dans le secteur extractif[389]. D'ailleurs, la prépondérance des dépenses fiscales enregistrées à la suite de la mise en œuvre des incitations issues des codes minier et pétrolier en atteste largement. Toutefois, en dépit de cette législation de faveur intéressant le secteur extractif, force est de constater certaines lacunes. La faible présence durable d'investissements directs étrangers dans

---

385 L'aléa de souveraineté qui découle de la faculté pour l'État d'accueil d'user lors de l'exécution du contrat, des pouvoirs qu'il détient en tant que souverain. Cet aléa a poussé les investisseurs à demander de plus en plus l'insertion dans leur contrat des clauses de protection. Par celles-ci, l'État hôte s'engage à ne pas exercer les compétences législatives ou contractuelles inhérentes à sa souveraineté.

386 ESSAGA Victor Stéphane, *La clause de stabilité fiscale dans les contrats pétroliers au Cameroun*, Mémoire de DESS en administration fiscale, Université de Douala, 2005-2006, p. 97.

387 Voir par exemple, l'article 115 (2) de la loi n° 2019/008 du 25 avril 2019 portant code pétrolier.

388 Article 116 (1) *op. cit.*

389 Lire à ce sujet ETCHEGYA NOM Serge Marius, *Fiscalité et attractivité du secteur minier camerounais*, Mémoire de Master II en fiscalité appliquée, Université de Douala, 2011, 86 pages.

le secteur, la sous-exploration et la sous-exploitation du secteur par rapport à ses potentialités, la quasi-inexistence d'industries de transformation sur place sont les témoignages factuels de cette défaillance[390].

Les États de l'Afrique centrale, dont le Cameroun, doivent prendre conscience de la force que représentent l'importance et la diversité de leurs ressources naturelles, dont l'exploitation harmonieuse et coordonnée leur permettrait d'en tirer profit pour accélérer le développement des différents pays[391]. Le volume important des aides fiscales aux entreprises de ce secteur devrait justifier la lecture économique attendue de ces aides surtout dans un contexte de mobilité accrue des entreprises. Il devient donc urgent pour le Cameroun de mettre en place des infrastructures de base afin d'accélérer le processus d'industrialisation du pays.

### iii) Les exonérations douanières et les projets structurants à l'appui de l'industrialisation

Il est généralement admis que l'industrialisation est le facteur essentiel de la croissance et une condition nécessaire de développement[392]. Le secteur industriel est celui qui, par excellence, exerce des effets d'entraînement bénéfiques aussi bien en amont qu'en aval sur les autres secteurs de l'économie[393]. La Vision 2035 retient de faire de l'essor industriel le moteur du développement du pays. Elle se fixe comme objectifs de faire émerger un secteur manufacturier compétitif nécessaire pour générer des ressources, soutenir la croissance, l'emploi, les exportations et l'intégration à l'économie mondiale. Cet essor industriel s'appuiera sur le développement des infrastructures. Le gouvernement camerounais est bien conscient de l'ampleur du déficit infrastructurel. Le pari majeur reste la création des conditions d'une véritable industrialisation, car l'émergence ne se conçoit pas sans une industrie viable[394]. L'état des lieux de l'industrialisation au Cameroun est assez préoccupant[395]. Le taux d'industrialisation reste très faible ; il ne pourra d'ailleurs pas permettre d'atteindre la croissance nécessaire à l'atteinte des objectifs du développement durable (ODD). L'on sait par ailleurs qu'un pays émergent est celui qui a amorcé sérieusement son industrialisation[396].

---

[390] MAMOUDOU BARRY, *op. cit.*, p. 11.

[391] Commission économique des Nations unies pour l'Afrique, 2012, *op. cit.*, p. 5.

[392] Lire BOUBAY-PAGES Michel, « Des exonérations fiscales pour des investissements vertueux », Boubaypagès, pp. 1-63.

[393] GANKOU Jean-Marie, *L'investissement dans les pays en développement, le cas du Cameroun*, Paris, Économica, p. 30.

[394] TOUNA MAMA, *L'économie camerounaise à l'épreuve de l'émergence*, *op. cit.*, p. 191.

[395] V. EDIAFRIC-la documentation africaine-, *L'industrie camerounaise, une décennie d'industrialisation*, Paris XVI, 249 pages.

[396] V. BAMOU Ernest, NJINKEU Dominique, (dir), *Impératifs africains dans le nouvel ordre du commerce mondial,* cas du Cameroun, Yaoundé Cameroun, Éditions CLE, 2005, 168 pages.

L'état désastreux de l'industrialisation a nécessité la mise en place d'une stratégie d'industrialisation adossée à la vision 2035 au Cameroun qui a pour ambition de faire du Cameroun un nouveau pays industrialisé. Mais pour libérer le potentiel industriel du pays, il faudra une infrastructure physique de base solide et fiable. En effet, la mise en place des infrastructures est une condition préalable à la diversification et à l'industrialisation de l'économie camerounaise. Elle est vitale pour la transformation des ressources de base et pour le traitement des produits primaires, ainsi que pour le commerce et le développement des services. Des performances économiques fortes exigent des infrastructures solides.

Les autorités camerounaises comptent atteindre cet objectif à travers la mise en œuvre d'une stratégie fiscale bien ficelée. Dans cette optique, le gouvernement accorde aux entreprises ou à certaines catégories d'opérateurs des facilités d'investissement sous la forme d'avantages fiscaux. Ces mesures de faveur sont prises par le gouvernement qui accepte volontairement de se priver d'une partie de ses revenus fiscaux pour améliorer l'offre en infrastructures de base. Dans ce sillage, L'État a soutenu fiscalement un investissement massif dans le développement des infrastructures en général, des infrastructures de communication et télécommunications et les infrastructures énergétiques en particulier. Aussi, les entreprises adjudicataires des marchés relatifs aux projets structurants tels que le port de Kribi, la centrale à gaz de Kribi, la centrale thermique de Yassa, le barrage de Lom Pangar, le barrage de Memve'elé, le barrage hydroélectrique de Mékin ont bénéficié des exonérations douanières dans l'importation du matériel et équipement rentrant dans ces projets. Dans la même lancée, les infrastructures de sport telles, les stades de Japoma et d'Olembé bénéficient également des exonérations douanières. L'approche sectorisée apporte une meilleure lisibilité des activités porteuses de valeurs ajoutées.

La stratégie de développement des infrastructures de communication, de télécommunication et énergétiques bénéficie de l'accompagnement fiscal à travers diverses formes d'exonérations douanières. Les conventions d'investissement sont ainsi mises à contribution. Les marchés publics sont également passés avec les exonérations des droits et taxes à l'importation de divers matériaux. L'accompagnement fiscal est bien présent dans le domaine des infrastructures à l'appui de l'industrialisation. L'on peut simplement regretter que depuis des années, le décollage tarde à pointer à l'horizon. Les infrastructures, socle de la croissance économique, n'ont pas permis d'atteindre le développement social[397] ; le pays reste encore marqué par une précarité sociale. L'interventionnisme fiscal dans cette sphère sociale est nécessaire pour combler le « déficit social ». Ceci étant, les politiques

---

[397] Voir à ce sujet ASSIGA ATEBA Étienne Modeste, *Croissance économique et réduction de la pauvreté au Cameroun*, Paris, L'Harmattan, 2010, 181 pages.

publiques dans les pays en développement, continuent de faire du produit de l'impôt le moyen privilégié pour trouver des solutions idoines à leurs problèmes économiques et sociaux. Faute de stratégies alternatives, les politiques fiscales s'érigent en planche de salut pour réduire les inégalités et mettre fin aux situations de précarité qui se multiplient[398], surtout dans le domaine social.

### Paragraphe II : Les motivations sociopolitiques attachées aux exonérations douanières

Si la logique économique a été mise au-devant pour justifier les exonérations douanières, depuis les années de crise, les problématiques sociologiques sont revenues sur le devant de la scène[399]. Toute société implique un certain degré de développement d'intervention de l'État. Cette dernière est d'ailleurs perçue comme une condition même du développement de la société[400]. La création des États-providence dans une logique fonctionnelle et sociale est nécessaire[401]. Cette exigence d'intervention sociale est plus marquée au Cameroun. D'une manière générale, les indicateurs de développement humain se sont considérablement dégradés au cours des années de crise, notamment dans le secteur de l'éducation et de la santé. Dans cette perspective, le Cameroun a placé la question de la réduction de la pauvreté [402]au centre des préoccupations. En plus, l'activation des leviers fiscaux s'étend aussi aux aspects sociaux. Le Cameroun a bien besoin du levier fiscal pour faire face à un défi majeur, celui de combler un « déficit social », qui en l'absence d'une attention soutenue, fragiliserait la cohésion sociale. Aussi, faute de stratégie alternative, les politiques fiscales s'érigent en planche de salut pour réduire les inégalités et mettre fin aux situations de précarité qui se multiplient[403].

Les exonérations douanières à finalité sociale sont présentes au Cameroun. Elles vont davantage rétrécir la base imposable au regard de l'ampleur du marasme social qui y sévit. La politique douanière du Cameroun à travers les exonérations sert de moyen d'intervention sociale de l'État visant à réduire les écarts sociaux et économiques entre les individus[404]. Elle ambitionne également de faciliter la redistribution des richesses, tout en soutenant l'accès à un plus grand nombre aux produits de première nécessité et la couverture

---

398 HASSAN EL KTINI, *Les dépenses fiscales en droit marocain, op. cit.*, p. 38.
399 CASTEL Robert, *Les métamorphoses de la question sociale*, Paris, Fayard, 1995.
400 V. SWAAN Abraham, *Sous l'aile protectrice de l'État*, Paris, PUF, 1995.
401 MERRIEN François Xavier, *L'État-providence*, *op. cit.*, p. 31.
402 V. ASSIGA ATEBA Étienne Modeste, *Croissance économique et réduction de la pauvreté au Cameroun*, Paris, L'Harmattan, 2010.
403 HASSAN EL KTINI, *Les dépenses fiscales en droit marocain*, Thèse de doctorat en droit, Université de Grenoble Alpes, 2020, p. 38.
404 GODBOUT Luc, *op. cit.*, p. 11.

des besoins de la population. Elle s'inscrit dans le renouveau du concept de développement dont le nouveau cadre fait ressortir l'importance de la prise en compte des dimensions politiques, sociales et culturelles de l'épanouissement des hommes et des peuples. La politique douanière vise à réduire la pauvreté au sens large[405]. Les exonérations douanières sont utilisées à des fins d'équité sociale, c'est-à-dire pour aider les défavorisés et encourager l'importation des denrées de première nécessité. L'État utilise en abondance le levier fiscal dans le paysage social. L'ampleur de la précarité sociale au Cameroun (A) pousse l'État camerounais à se servir des exonérations douanières comme instrument de politique sociale (B).

### A- Les exonérations douanières comme outil de limitation de la précarité sociale

Le droit communautaire CEMAC est également à l'épreuve des contraintes sociales des États membres, lesquelles sont prises en compte dans l'élaboration des politiques fiscales des États. Les pays de la CEMAC continuent de progresser lentement en matière de réduction de la pauvreté comparativement aux autres régions en développement du monde. Plusieurs raisons peuvent justifier cette situation. Premièrement, l'Afrique centrale n'a connu une croissance économique, relativement forte et soutenue que depuis le début de la décennie 2000. Deuxièmement, les données agrégées de la croissance sous-régionale cachent de fortes disparités entre les pays. Troisièmement, la croissance en Afrique centrale n'a pas été suffisamment forte dans les secteurs où les pauvres travaillent et là où ils vivent. L'expansion de la valeur ajoutée a été principalement le fait du secteur extractif qui n'entretient que des liens distendus avec le reste de l'économie, n'ayant par conséquent que de retombées limitées sur la création d'emplois et la réduction de la pauvreté[406]. En examinant l'indice de développement humain (IDH), qui permet de mesurer le développement non seulement en termes de croissance économique, mais aussi de progrès dans le domaine de la santé et de l'éducation, les pays de la CEMAC font partie de ceux qui occupent le dernier rang du classement mondial[407]. Le Cameroun se singularise par un développement humain faible. Les indicateurs sociaux attestent d'un niveau de pauvreté à la fois élevé et très répandu, notamment dans les zones rurales.

---

[405] La Banque mondiale définit la pauvreté comme englobant non seulement une certaine carence en biens matériels-mesurable par un concept approprié de revenu ou de consommation-, mais aussi et bien évidemment par un accès réduit à l'éducation et à la santé (Banque mondiale, 1996). La pauvreté va au-delà des seuls critères monétaires et s'étend en l'occurrence à l'accès à l'éducation et à la santé, à la vulnérabilité, à l'exclusion et à la dignité.

[406] Commission économique des Nations unies pour l'Afrique, Bureau sous-régional pour l'Afrique centrale, CEMAC, *Les économies de l'Afrique centrale, 2012*, *op. cit.*, p.55.

[407] *Ibidem*, lire aussi, ABESSOLO Serge, « Réflexions et propositions pour une fiscalité du développement en Afrique centrale », Conférence consultative régionale en Afrique 5 au 7 novembre 2007, Accra-Ghana.

La situation sociale à l'heure actuelle au Cameroun est caractérisée par la précarité de l'emploi (1), la dégradation du système sanitaire (2), la dégradation du système scolaire (3) et autres vulnérabilités sociales (4).

### 1. La précarité de l'emploi et l'explosion du chômage au Cameroun

La situation de l'emploi demeure particulièrement préoccupante[408]. Les politiques d'ajustement et de stabilisation engagées sous la houlette des institutions de Bretton Woods ont eu des effets dévastateurs sur l'emploi. La restructuration des entreprises du secteur public et parapublic, qui a entraîné la fermeture de certains établissements, le gel des recrutements dans la fonction publique et les mesures d'allègement des effectifs ont engendré une forte montée du chômage. Entre 1984 et 1991, le niveau de l'emploi a baissé de 10 % et le chômage atteint le taux de 17 % en 1995. En 2001 par exemple, le chômage a touché environ 8 % de la population active, dont 18,9 % en milieu urbain et 2,3 % en zone rurale, avec des pointes dans les villes de Douala et Yaoundé qui enregistrent des taux de chômage de 25,6 % et 21,5 % respectivement[409]. Dix ans après, la situation n'a guère changé. En 2009, le sous-emploi visible est estimé à 11 % et le chômage élargi est de 13 %[410]. Les emplois sont régulièrement créés dans le secteur des services notamment, dans l'économie informelle où les emplois restent néanmoins précaires[411]. Par ailleurs, le chômage reste élevé parmi les jeunes et l'inadéquation formation/emploi par rapport aux besoins de l'économie contribue à aggraver la situation de l'emploi.

Pour remédier à cette situation, le gouvernement a lancé une série de mesures, à travers le Fonds national de l'emploi (FNE), qui visent à assurer la transparence et l'intermédiation dans le marché de l'emploi. Il faut donner aux chômeurs des formations qualifiantes d'adaptation ou sur le tas pouvant leur permettre de s'insérer et d'appuyer toutes les analyses de création de microprojets individuels[412]. Mais le gouvernement va également solliciter la politique douanière d'après-crise pour accompagner la stratégie de création de l'emploi. Cette stratégie entend mettre en priorité l'accent sur le développement de l'emploi salarié, à travers l'appui à l'éclosion et à la compétitivité des petites et moyennes entreprises. La promotion de l'emploi sera le second élément de cette stratégie, tandis que le troisième élément consistera en la mise en place de programmes spécifiques de promotion de

---

[408] V. FOKAM K.Paul, *Misère galopante du sud, complicité du nord, jeux, enjeux, solutions*, Paris, Maisonneuve & Larose, 2005, 160 pages, voir aussi, FOKAM K. Paul, *Tomorrow's Africa, what about take off*? Paris, Maisonneuve & Larose, 234 pages.

[409] Document de stratégie de réduction de la pauvreté, p. 4.

[410] TOUNA MAMA, *L'économie camerounaise à l'épreuve de l'émergence, op. cit.*, p. 40.

[411] Les formes précaires d'emplois s'écartent de la relation de travail du type salarié à plein temps et à durée indéterminée

[412] Document de stratégie de réduction de la pauvreté, *idem.*

l'emploi en faveur des couches les plus défavorisées et le rajeunissement des effectifs de la fonction publique[413]. Au-delà de la stratégie gouvernementale, la précarité va également se retrouver au niveau du système sanitaire, provoquant ainsi la sollicitation de l'impôt douanier.

### 2. La dégradation du système sanitaire ou la contrainte sanitaire au Cameroun

La pandémie du COVID. 19 est venue mettre en exergue les failles du système sanitaire des différents pays du monde. Au Cameroun, la situation est plus qu'inquiétante. De nombreuses difficultés existent dans le domaine sanitaire. Les contractions budgétaires ont conduit à l'arrêt des constructions et d'acquisition d'équipements des formations sanitaires, l'arrêt de recrutement des personnels sanitaires dans la fonction publique et l'insuffisance de ce personnel en quantité et en qualité. L'évolution montre encore aujourd'hui que le budget de la santé publique est structurellement insuffisant par rapport aux besoins. De plus, le personnel est mal réparti sur l'ensemble du pays et connaît un faible rendement à cause d'une motivation insuffisante. Les principaux ratios d'indicateurs [414]de performance se sont détériorés par rapport aux normes de l'Organisation mondiale de la santé (OMS), notamment un médecin pour 10.000 habitants (contre 1 pour 3.000) et un infirmier pour 2.250 habitants (contre 1 pour 1 000)[415].

La dégradation du système sanitaire intervient de manière concomitante à l'apparition de nouveaux défis qui interpellent le secteur de la santé[416]. L'on peut évoquer la pandémie du COVID. 19, le VIH/SIDA, la tuberculose et la persistance du paludisme. Cette situation entraîne une dégradation de la santé de la population camerounaise et une diminution du capital humain en quantité et en qualité, ce qui risque de porter préjudice aux perspectives de croissance économique à moyen et long terme[417]. Cette explication justifie l'augmentation du taux de mortalité maternelle. Il est passé de 669 décès pour 100. 000 naissances vivantes en 2004 à 782 en 2011. Par ailleurs, l'on observe une évolution non satisfaisante de la mortalité infantile, qui bien qu'étant passée de 74 à 62 pour 1000, n'a pas atteint la cible de 50 fixée pour 2012[418]. La stratégie gouvernementale doit tendre vers un système de santé accessible au plus grand nombre, capable de délivrer des soins et services de santé

---

413 TOUNA MAMA, *op. cit.*, p. 40.

414 Les principaux indicateurs relatifs à la santé renvoient à l'espérance de vie, la mortalité infantile, le nombre d'habitants par médecin, la taille moyenne des individus.

415 Source : Document de stratégie de réduction de la pauvreté, République du Cameroun, 2003.

416 Pour plus d'éclairages, lire NDI FOE Christophe, *Le droit à la santé au Cameroun*, Paris, L'Harmattan 2019.

417 V. Document de stratégie de réduction de la pauvreté, 2003, p. 6.

418 TOUNA MAMA, *op. cit.*, p. 69.

publique satisfaisants et à moindre coût. L'accompagnement fiscal est également présent dans ce secteur, tout comme il est requis dans le système éducatif.

### 3. La nette détérioration de la qualité du système d'enseignement

Malgré le relèvement de l'enveloppement budgétaire alloué au secteur de l'éducation, de nombreuses difficultés prévalent encore dans ce secteur. L'on note l'insuffisance des structures d'accueil due à l'arrêt des constructions des salles de classe. L'on constate aussi la dégradation du ratio, élèves/enseignants sous l'effet du recrutement réduit d'enseignants et l'insuffisance de matériels didactiques et autres auxiliaires d'enseignement et d'apprentissage. Le Cameroun a tout de même accompli de nombreux efforts en vue d'assurer l'éducation primaire pour tous. Le taux de scolarisation dans le primaire tend vers la cible de 100 %. Les résultats appréciables tiennent à la mise en œuvre des politiques appropriées, notamment l'abolition des frais de scolarité au primaire. Mais dans l'ensemble, on est très loin de l'atteinte de l'objectif de scolarisation universelle. Les conflits dans les zones anglophones et dans la région de l'Extrême-nord ont causé une détérioration importante de l'infrastructure éducative.

Au niveau de l'enseignement technique et de la formation professionnelle, les équipements didactiques sont très insuffisants et obsolètes, rendant la formation plus théorique que pratique. Au niveau de l'enseignement supérieur, le déséquilibre dans l'allocation du budget des Universités en faveur des charges d'intendance au détriment de l'enseignement et de la recherche a détérioré les conditions de travail et conduit à la démobilisation de la communauté universitaire. Comme conséquence, l'on constate une détérioration des conditions et des performances dans l'enseignement supérieur, qui se traduit par la dégradation du ratio étudiant/enseignant, l'insuffisance de l'encadrement des étudiants, la dégradation de la qualité des enseignements dispensés et le faible rendement du système d'enseignement supérieur, aux plans interne et externe[419].

Le gouvernement est bien conscient qu'atteindre les objectifs de scolarisation universelle nécessite non seulement des ressources additionnelles, mais aussi de développer un partenariat effectif avec le secteur privé. Un axe important de la stratégie et du partenariat avec le secteur privé est de créer un cadre incitatif et réglementaire à même de faciliter le développement de l'initiative privée dans l'éducation, du primaire au supérieur, tout en maintenant les standards de qualité. L'accompagnement

---

[419] V. Document de stratégie de réduction de la pauvreté, avril 2003, p. 5.

douanier est agissant dans ce domaine avec tout un dispositif accordant de nombreuses franchises[420].

**4. Les autres vulnérabilités sociales au Cameroun**

Le déficit social est très accentué au Cameroun. Certains auteurs qualifient cette situation de vulnérabilité de « séisme social »[421]. Selon Christophe FOE NDI, la réalité du Cameroun au plan social est peu reluisante[422]. L'offre publique des services sociaux de base est particulièrement insuffisante. Les indicateurs de développement se sont considérablement dégradés au cours des dernières années. La pauvreté, l'analphabétisme et l'exclusion sociale y ont élu domicile. L'environnement social est caractérisé par une forte explosion démographique non maîtrisée qui génère une importante main-d'œuvre que le système économique ne peut absorber et qui de ce fait, est contrainte de se recycler dans les activités informelles[423]. La dégradation de l'environnement traduite par une pollution générale est une source de véritable préoccupation. La faiblesse de la croissance économique peut justifier la morosité de l'environnement social.

Bien plus, l'accès à un logement décent est une véritable gageure. L'on constate ainsi la dégradation de l'habitat aussi bien dans les zones urbaines que rurales. L'environnement camerounais est également caractérisé par le difficile accès à l'eau et à l'électricité. Les routes sont aussi dans un état piteux. Dans cette lancée, le renforcement du réseau routier, en volume comme en qualité, l'amélioration de l'accès à l'eau potable, l'extension de la couverture du territoire en réseau électrique constituent les axes prioritaires de la stratégie de développement des infrastructures. En tout état de cause, le Cameroun est loin de l'atteinte des objectifs du développement durable (ODD)[424]. Comme les autres États africains au sud du Sahara, il est caractérisé

---

[420] Voir Acte n° 2/92-UDEAC-556-CD-SEI du 30 avril 1992 portant révision de l'acte n° 13/65-UDEAC-35 portant les conditions d'application de l'article 241 du Code des Douanes de l'UDEAC.

[421] COURADE Georges, Introduction *in* : COURADE Georges, (dir), *Le désarroi camerounais l'épreuve de l'économie-monde, Yaoundé*, IRD, éditions Ifrikiya, 2011, p.5.

[422] NDI FOE Christophe, *Le droit à la santé au Cameroun, op. cit.*, p. 27.

[423] V. COURADE Georges, (dir), *Le désarroi camerounais à l'épreuve de l'économie-monde*, Cameroun, IRD, éditions Ifrikiya, 2011, p. 161.

[424] ODD. Rappelons que les objectifs du développement durable adoptés par les 193 pays à New York lors du sommet de l'ONU des 25-27 septembre 2015 sont :

1. Éliminer la pauvreté sous toutes ses formes et partout dans le monde ;
2. Éliminer la faim, assurer la sécurité alimentaire, améliorer la nutrition et promouvoir l'agriculture durable ;
3. Permettre à tous de vivre en bonne santé et promouvoir le bien-être de tous à tout âge ;
4. Assurer à tous une éducation équitable, inclusive et de qualité et des possibilités d'apprentissage tout au long de la vie ;
5. Égalité de genre : parvenir à l'égalité des sexes et autonomiser toutes les femmes et les filles ;

par l'insuffisance alimentaire, l'état de santé précaire, le niveau d'instruction faible, la croissance démographique accélérée, le gaspillage des ressources naturelles, la faible productivité du secteur primaire, le très lent du développement du secteur secondaire, l'hypertrophie du secteur tertiaire, le sous-emploi, les inégalités sociales, la détérioration des termes de l'échange[425]. En somme, au Cameroun, les franges sociales les plus fragiles continuent de vivre dans des conditions extrêmement précaires, où elles font face aux difficultés existentielles[426].

Le retard accusé par le Cameroun dans le domaine social est une véritable contrainte qui pèse sur l'élaboration et la mise en œuvre de la politique fiscale. Le levier fiscal, au nom de l'idéologie de l'État-développeur, de l'État social ,se doit d'accompagner le pays dans sa stratégie de lutte contre la pauvreté et de réduction du déficit social. La multiplication des dépenses fiscales révèle l'attention soutenue apportée par le législateur camerounais aux difficultés rencontrées par différents groupes sociaux vulnérables.

---

6. Garantir l'accès de tous à des services d'alimentation en eau et d'assainissement gérés de façon durable ;
7. Garantir l'accès de tous à des services énergétiques fiables, durables et modernes, à un coût abordable ;
8. Promouvoir une croissance économique soutenue, partagée et durable, le plein emploi productif et un travail décent pour tous ;
9. Bâtir une infrastructure résiliente, promouvoir une industrialisation durable qui profite à tous et encourager l'innovation ;
10. Réduire les inégalités dans les pays et d'un pays à l'autre ;
11. Faire en sorte que les villes et les établissements humains soient ouverts à tous, sûrs, résilients et durables ;
12. Établir des modes de consommation et de production durables ;
13. Prendre d'urgence des mesures pour lutter contre les changements climatiques et leurs répercussions ;
14. Conserver et exploiter de manière durable les océans, les mers et les ressources marines aux fins du développement durable ;
15. Préserver et restaurer les écosystèmes terrestres, en veillant à les exploiter de façon durable, gérer durablement les forêts, lutter contre la désertification, enrayer et inverser le processus de dégradation des terres et mettre fin à l'appauvrissement de la biodiversité ;
16. Promouvoir l'avènement de sociétés pacifiques et inclusives aux fins du développement durable, assurer l'accès de tous à la justice et mettre en place, à tous les niveaux, des institutions efficaces, responsables et ouvertes à tous ;
17. Renforcer les moyens de mettre en œuvre le parlement mondial pour le développement durable et le revitaliser.

[425] Lire à ce propos, LOGMO MBELEK Aaron, « La souveraineté fiscale des États africains au sud du Sahara face aux enjeux du développement », *Cahiers africains d'Administration publique*, N° 74, 2010, pp. 53 à 67.

[426] NNOMENKO'O Joseph-Éric, *Les Objectifs du millénaire pour le développement (OMD) face à la réalité camerounaise*, Paris, l'Harmattan 2019, p. 15.

### B- Les exonérations douanières comme outil de redistribution au service des politiques sociales du Cameroun

Si de nombreuses controverses entourent les exonérations douanières notamment sur le plan philosophique, pourfendeurs et défenseurs sont en revanche en phase pour reconnaître une certaine légitimité sociale aux mesures fiscales dérogatoires. Les exonérations douanières se situent au cœur de la problématique de la cohésion sociale et du développement social. Dans cette optique, parallèlement aux objectifs de croissance, le gouvernement camerounais s'est engagé dans une politique de développement humain durable et de lutte contre la pauvreté. De nombreuses exonérations douanières ont été instituées pour accompagner l'État dans sa politique sociale. Elles s'inscrivent dans le dispositif de lutte contre la vie chère (1), de soutien à l'accès aux soins de santé (2), de soutien à l'habitat social, et autres (3).

#### 1. Les exonérations douanières et le dispositif de lutte contre la vie chère

La lutte contre la vie chère continue dans le contexte camerounais de donner lieu à des mesures diverses de défiscalisation. Cette défiscalisation vise à inverser la tendance inflationniste avec pour effet immédiat le rétrécissement de l'assiette fiscale. Les événements de février 2008 baptisés « grève de la faim » ont révélé au grand jour l'utilisation de la politique douanière à des fins sociales. Dans ce sillage, les autorités camerounaises ont adopté des mesures fiscales dérogatoires pour tenter de limiter la hausse des prix de denrées de première nécessité. Aussi, la défiscalisation totale ou partielle de certains produits de grande consommation vise à assurer l'approvisionnement optimal du marché national et à réduire leur prix de revient aux consommateurs[427]. Ces mesures ont concerné à la fois le tarif extérieur commun (TEC) et la taxe sur la valeur ajoutée (TVA).

Dans un premier temps, l'ordonnance n° 2006/002 du 30/10/2006 portant révision de la fiscalité applicable aux produits de première nécessité, notamment les poissons congelés, le riz, le sel brut, la farine et le tourteau de maïs a été adoptée. Ces biens, anciennement considérés comme « biens de consommation courante » pour l'application du TEC au taux de 30 %, ont été « décatégorisés » en biens de « première nécessité » pour l'application du TEC de 5 %[428]. Cette baisse du TEC à 5 % sur les biens de première nécessité a été reprise dans la loi de finances de 2007. Dans cette perspective de réduction de l'impact de la hausse des prix, le principe de l'exonération complète de la TVA sur les importations des produits identifiés a été retenu[429].

[427] Note de n° 005/MINFI/DGD du 11 janvier 2016 portant sécurisation des produits défiscalisés.

[428] Art 1 de l'ordonnance.

[429] Art 2 de l'ordonnance.

S'inscrivant dans la même logique, l'ordonnance n° 2008/002 du 7 mars 2008 est venue suspendre l'application des droits et taxes sur les produits de première nécessité ci-dessus désignés. Cette suspension a été reprise dans la loi de finances de l'exercice 2009. Elle fait l'objet d'une révision constante de la part des autorités camerounaises qui accordent une attention particulière à l'évolution des prix sur le marché. La baisse unilatérale des droits et taxes a également concerné le ciment dont le TEC est désormais fixé à 10 % et 5 % sur les ciments non pulvérisés dits « clinkers ». Le manque à gagner généré par ces mesures a porté un sérieux coup à la mobilisation des recettes douanières dont l'évolution est allée croissant. En clair, le potentiel taxable a été gravement réduit par ce rétrécissement de l'assiette qui rampe à contre-courant du rendement[430].

Dans le cadre de la lutte contre la vie chère au Cameroun, l'on relève de nombreuses discordances entre le dispositif communautaire de TVA et de TEC et la législation douanière interne qui accorde un intérêt particulier aux problématiques sociales. L'on sait par ailleurs que certains principes ont été consacrés dans le cadre communautaire notamment l'interdiction de modification unilatérale de l'assiette et des taux de l'impôt. Plusieurs auteurs [431]ont décrié ces exonérations à finalité sociale qui violent manifestement la réglementation communautaire. Il s'agit d'ailleurs d'une législation illégale, parallèle et non conforme au droit communautaire, qui profite encore de la tolérance des institutions communautaires de contrôle. La directive CEMAC portant l'harmonisation de la TVA ouvre une brèche en accordant une possibilité aux États [432]d'accorder des exonérations de TVA dans des situations bien précises. Aussi, « *les États membres peuvent tenir compte des réalités socioéconomiques de leurs pays et accorder des exonérations visant à juguler des crises ponctuelles, notamment dans le domaine de la lutte contre la vie chère ou en cas d'épidémie grave menaçant la vie des populations démunies* »[433]. Cette situation se retrouve également sur le terrain du soutien à l'accès à la santé.

### 2. Les exonérations douanières et le dispositif de soutien à l'accès aux soins de santé

Dans le souci d'améliorer les conditions de vie des Camerounais, les exonérations douanières sont également mises à contribution. Dans cette

---

[430] IREH ASSIM Thomas, *La TVA en Afrique centrale*, *op. cit.*, p. 311.

[431] V. VIEUX PE Pierre, *La problématique de l'évaluation des dépenses fiscales de porte au Cameroun*, Mémoire de Master II en fiscalité appliquée, Université de Douala, 2014, 96 pages, voir aussi, IREH ASSIM Thomas, La *TVA en Afrique centrale*, *op. cit.*, p. 308.

[432] Directive N° 07/11-UEAC-028-CM-22 portant révision de la directive N° 1/99-CEMAC-028-CM-03 portant harmonisation des législations des États membres en matière de taxe sur la valeur ajoutée (TVA) et du droit d'accises (DA).

[433] Article 7 *idem.*

lancée, les produits pharmaceutiques et leurs intrants sont exonérés de TVA. Les matériaux et les équipements des industries pharmaceutiques, les réactifs et autres ont été inscrits dans le dispositif de facilitation d'accès aux soins. Les autorités camerounaises se sont servies des exonérations douanières pour améliorer l'accessibilité aux médicaments, réactifs et dispositifs médicaux essentiels aux populations[434]. Ces mesures contribuent à leur manière à réduire le prix des médicaments d'au moins 40 % et à en assurer la disponibilité dans toutes les formations sanitaires. L'importation des matériels et équipements spécialisés pour personnes handicapées bénéficie également de l'exonération de la TVA en application de l'article 128 (21) du CGI[435]. Il est aussi à noter l'exonération totale des droits et taxes de douane en faveur des médicaments importés par la loi de finances 1994-1995.

Dans le cadre de la lutte contre la pandémie du COVID -19, les mots du Secrétaire général de la Présidence de la République sont illustratifs puisqu'il déclare que *« dans le cadre de la mise en œuvre du plan de riposte national contre la COVID-19, le Président de la République, marque son haut accord pour l'exonération de la TVA et des droits de douane sur tous les équipements et consommables acquis »*[436]. Au Cameroun, une simple note administrative peut remettre en cause tout l'édifice communautaire. Dans le cas d'espèce, l'on peut comprendre le bien-fondé d'une telle mesure. Il s'agit d'une question d'épidémie menaçant la vie des populations démunies au regard du droit communautaire. Cette exonération gagnerait à être encadrée pour fermer un boulevard ouvert à la fraude.

Bien plus, la circulaire [437]fixant la liste des appareils, consommables, équipements et matériaux médicaux éligibles à l'exonération des droits et taxes de douane à l'importation pour une période de 24 mois traduit la volonté gouvernementale de relever le plateau technique local, au service de l'amélioration de l'offre nationale en soins de santé.

---

[434] Pour plus de détails, voir la circulaire N° 001/CE/MINFI/CAB/ du 9 janvier 2012 précisant les modalités d'application des dispositions de l'article 128 (6) et (17) du Code général des impôts.

[435] Décision n° 00000340/ MINFI/DGI/LRIL du 7 mai 2019 fixant la liste des matériels et équipements spécialisés pour personnes handicapées bénéficiant de l'exonération de la TVA en application de l'article 128 (21), du Code général des Impôts.

[436] Note n° 1263/SGPR du 7 avril 2020 au ministre de la Santé publique.

[437] Circulaire n° 00000454/MINFI/DGD du 30 décembre2021 fixant la liste des appareils, consommables, équipements et matériels médicaux éligibles à l'exonération des droits et taxes de douane pour une période de 24 mois, conformément aux dispositions de l'article cinquième de la loi n°2021/026 du 16 décembre 2021portant loi de finances pour l'exercice 2022.

### 3. Les exonérations douanières et le soutien à l'habitat social et autres

L'accompagnement fiscal dans le secteur de l'habitat sert à comprendre l'importance des exonérations douanières dans le système fiscal des États de l'Afrique centrale. Au Cameroun, l'accès au logement décent constitue l'une des principales préoccupations des pouvoirs publics. Sur ce fondement, le levier fiscal est régulièrement activé dans le cadre de la recherche de solutions idoines à ces préoccupations. C'est ainsi que pour améliorer l'offre de logements, des avantages fiscaux conséquents ont été accordés aux promoteurs immobiliers afin de susciter l'intérêt des investisseurs dans ce secteur pour réduire les coûts de construction des logements et à terme, améliorer l'offre des logements sociaux[438]. Dans ce sillage, afin de faciliter l'accès des Camerounais à l'habitat social, les exonérations douanières sont appliquées aux équipements et aux matériels importés dans le cadre du projet gouvernemental de construction de dix mille (10 000) logements sociaux.

La dimension sociale des exonérations douanières s'observe également à travers l'exonération de la TVA sur les importations des matériels et équipements d'exploitation des énergies solaires et éoliennes. L'interventionnisme fiscal du Cameroun à travers ces exonérations douanières, orienté pour l'essentiel vers la perspective d'un développement économique et social intègre bien d'autres préoccupations. Celles-ci concernent les domaines culturel, écologique[439], scientifique[440] et bien d'autres. Les mesures de soutien au secteur de l'éducation et du transport urbain [441]sont également présentes dans le domaine douanier. La relance des activités économiques dans les zones économiquement sinistrées n'est pas en reste à travers l'exonération des importations en lien avec ces zones. Les exonérations douanières de nos jours au Cameroun concernent tous les aspects de la vie publique. Elles sont au centre du développement durable[442].

Fort de ces exemples, l'on comprend aisément que la politique douanière au Cameroun ne vise pas seulement à mobiliser les recettes pour la couverture

---

[438] Voir le rapport de la Cour des comptes en France, La gestion des dépenses fiscales en faveur du logement, mars 2019.

[439] Lire CARUNA Nicolas, *La fiscalité environnementale, entre impératifs fiscaux et objectifs environnementaux, une approche conceptuelle de la fiscalité environnementale,* Thèse de Doctorat en droit, Université Aix-Marseille, 473 pages.

[440] Cf. MARTINETTI Robin ch., *L'aide fiscale à la recherche-développement en France*, Thèse de Doctorat, Université de Nice-Sophia-Antipolis, 2000, 344 pages.

[441] Voir Instruction n° 00000338/MINFI/DGD du 26 mars 2020 fixant les modalités d'application des dispositions de l'article septième de la loi des finances pour l'exercice 2020 relatives au taux réduit du droit de douane de 5 % pour les véhicules neufs acquis auprès des concessionnaires à des fins de transport urbain en commun des personnes.

[442] MANCEBO François, *Le développement durable,* Paris, Armand Colin, 320 pages, voir aussi, Cour des Comptes française, L'efficience des dépenses fiscales relatives au développement durable, septembre 2016.

des charges publiques. Elle intègre une dimension sociale importante dans le cadre de son déploiement. Au travers de cette politique d'allègement des charges fiscales, la pauvreté, le chômage et d'autres maux qui minent notre société peuvent être facilement vaincus. Cette orientation douanière devient un instrument de politique conjoncturelle de l'État. D'ailleurs, comme le disait J-C. Le DUIGOU : « Les économies occidentales sont sorties de la crise entre les deux guerres grâce à la transformation du rôle de l'État et de la fiscalité »[443]. Les exonérations douanières peuvent contrecarrer les exaspérations sociales. Elles se présentent dans cette perspective comme un catalyseur dans la recherche de la paix sociale au Cameroun, conduisant pour ainsi dire à relever le déficit social par le levier fiscal.

Toutes ces illustrations confortent la pertinence du réalisme keynésien. La prolifération des exonérations douanières fait suite à un interventionnisme étatique croissant, d'inspiration keynésienne[444]. Les exonérations douanières s'insèrent dans le cadre de la promotion des investissements conformément à la stratégie globale de développement du Cameroun qui vise l'amélioration de la croissance, la création des emplois, et le bien-être social des populations. Les exonérations douanières procèdent de nombreux choix des politiques économiques, sociales et autres opérés par le gouvernement camerounais. La contrainte économique et sociale amène l'État à rétrécir considérablement la base d'imposition douanière à travers les multiples objectifs assignés aux exonérations douanières[445]. Il revient tout simplement à l'État de mieux

---

[443] LE DUIGOU Jean-Christophe, *Réinventer l'impôt*, Paris, Syros, 1995, cité par PICHET Éric, *op. cit.*, p. 71.

[444] *Idem.*

[445] La structure des dépenses fiscales au Cameroun laisse apparaître de nombreux objectifs assignés aux exonérations douanières, il s'agit entre autres :

- Accompagner la politique de relance économique ;
- Faciliter (encourager) la réalisation d'œuvres à caractère social et humanitaire ;
- Faciliter la réalisation des projets de l'État ;
- Inciter à l'investissement et au réinvestissement
- Promouvoir les programmes de l'habitat et des logements à caractère économique et social ;
- Respecter les traités et accords internationaux ;
- Soutenir la création des entreprises ;
- Soutenir la politique de l'emploi et de la lutte contre le chômage ;
- Soutenir la politique sociale, culturelle et sportive de l'État ;
- Soutenir le développement de la pêche et de l'élevage ;
- Soutenir le développement des zones franches ;
- Soutenir le développement du secteur agricole ;
- Soutenir le développement du secteur énergétique ;
- Soutenir le développement du secteur minier ;
- Soutenir le développement du secteur pétrolier ;
- Soutenir le secteur de l'éducation et de la formation ;
- Soutenir les entreprises et le secteur privé ;
- Soutenir les ménages.

encadrer, de mieux définir le cadre juridique de déploiement de ces exonérations afin de réduire au strict minimum les pertes de recettes inévitables. Malheureusement, dans le contexte camerounais, à la diversité des objectifs stratégiques de politique socioéconomique et à leur évolution dans le temps, répond la très grande diversité des mesures dérogatoires. L'on assiste à un empilement des sources légales d'exonérations qui rétrécissent davantage l'assiette fiscale douanière.

## SECTION II : L'ACCUMULATION INCOHÉRENTE DES INSTRUMENTS JURIDIQUES DE DIFFUSION DES EXONÉRATIONS DOUANIÈRES

Au-delà de la dispersion d'objectifs avoués et inavoués qui rend difficile toute stratégie cohérente de l'application des exonérations douanières, le régime de celles-ci au Cameroun reste marqué par des incohérences et une instabilité. La grande variété des régimes d'exonérations douanières participe de la mise en œuvre de la politique économique et sociale à savoir la transformation structurelle de l'économie camerounaise et l'effort de construction des infrastructures sociales de base. Le choix multiple des instruments fiscaux à la base des exonérations douanières restreint les possibilités de mieux mobiliser les recettes fiscales. L'état des lieux de la fiscalité dérogatoire laisse apparaître une prolifération désordonnée des textes consacrant les exonérations douanières. Ce foisonnement d'exonérations non conformes au droit communautaire constitue d'ailleurs une préoccupation constante des citoyens, des organisations non gouvernementales, des fiscalistes et bien d'autres[446].

Le dispositif juridique accordant des exonérations douanières au Cameroun se caractérise par une diversité de textes, situation qui rend difficile à priori toute étude exhaustive. Au Cameroun, les instruments de diffusion de la norme fiscale issue du politique se caractérisent par leur interaction, leur diversité et leur complexité[447]. Aussi, la mise en œuvre de la politique fiscale par l'usage d'instruments juridiques extrêmement diversifiés apparaît comme une source supplémentaire de fragmentation excessive du système fiscal de nature à exprimer l'absence d'unicité conceptuelle[448]. Ainsi, les dispositifs de mesures fiscales de faveur sont un amas de dispositions éparpillées dans un ordre juridique lui-même caractérisé par sa dispersion[449]. Les dépenses fiscales au Cameroun forment un système qui manque à la différence du Code

---

446 IREH ASSIM Thomas, *op. cit.*, p. 308. L'auteur fait allusion à l'expression de la dictature interne en matière de dépense fiscale.

447 EVINA OBAM Richard, *La politique fiscale au Cameroun depuis les années 1980*, *op.cit.*, p. 95.

448 *Idem.*

449 EVINA OBAM Richard, *op. cit.*, p. 95.

civil par exemple, d'une cohérence rationnelle[450]. Elles forment un édifice social complexe, mais sans architecte[451]. L'on observe ainsi un empilement de mesures incohérentes.

Sur le plan de la conception des exonérations douanières, l'éparpillement des textes décrit offre un maquis d'une rare complexité[452]. Malgré ce désordre, la détermination du cadre juridique (législatif national, régional et international) est importante. Elle permettra ainsi d'identifier le moment venu les exonérations douanières fantaisistes, impromptues, voire discrétionnaires, qui ne répondent à aucun critère déterminé. Dans cette veine, la dispersion des exonérations douanières se lit au travers de l'extrême atomisation des instruments normatifs qui tiennent lieu d'ancrage juridique pour l'octroi des avantages douaniers. La mise en œuvre des exonérations douanières par l'usage des instruments juridiques apparaît comme une source supplémentaire de désordre et de rétrécissement de l'assiette fiscale douanière. Ainsi, au niveau du Cameroun, plusieurs textes peu accessibles régissent le déploiement des exonérations douanières. L'inventaire de cette législation disparate et protéiforme fait apparaître des textes internationaux et communautaires moins ravageurs (para I), à côté d'une pléthore de normes de droit interne bien dommageables à l'assiette fiscale (para II).

## Paragraphe I : Le foisonnement des instruments internationaux et communautaires

Les normes internationales et communautaires trouvent leur place dans la galaxie hiérarchisée des supports de droit appelés à mettre en œuvre les exonérations douanières. Dans cette perspective, la création des régimes douaniers dérogatoires est liée à des contraintes supra-législatives. Cette contrainte tient aux engagements du Cameroun par les traités bilatéraux ou multilatéraux. L'on assiste d'ailleurs à une production normative sécrétée par des mouvements intégrationnistes ainsi que l'expansion des organisations internationales mues par des exigences de surveillance multilatérale[453]. Cependant, les normes internationales et communautaires sont moins visibles en matière des exonérations douanières. Elles existent et doivent être appliquées. Conformément à la constitution camerounaise, « *les traités ou accords internationaux régulièrement approuvés ou ratifiés ont, dès leur publication, une autorité supérieure à celle des lois, sous réserve pour chaque accord ou traité, de son application par l'autre partie* »[454]. Ce

[450] PICHET Éric, *Théorie générale des dépenses sociofiscales*, *op.cit.*, p.101.
[451] *Ibidem.*
[452] PICHET Éric, *op. cit.*, p. 99.
[453] EVINA OBAM Richard, *La politique fiscale au Cameroun depuis les années 1980*, *op. cit.*, p. 231.
[454] Article 45 de la constitution camerounaise.

texte est au fondement du principe de la supériorité du traité sur la loi même postérieure, tel qu'il a été mis en œuvre par la jurisprudence[455]. II convient donc d'abord de voir les textes internationaux (A), et ensuite les normes communautaires (B) à l'origine des exonérations douanières.

## A- L'existence des textes internationaux relatifs aux exonérations douanières

Les clauses douanières contenues dans les traités et les conventions et leurs annexes intervenues entre les États membres de la CEMAC et des pays tiers sous quelque forme qu'elles aient été rédigées sont mises en application par actes du Conseil des ministres de l'UEAC[456]. L'appartenance de l'État camerounais à l'ordre juridique international entraîne pour obligation l'adoption des traités et conventions intégrables en droit interne[457]. De ce fait, il a été possible d'aboutir à l'édification d'un cadre juridique international consacrant les exonérations douanières. Quatre textes au moins, ont des incidences quant à l'application des exonérations douanières au Cameroun. Ces textes de nature conventionnelle comprennent entre autres, l'accord de Florence (1), la convention de Vienne sur les relations diplomatiques (2), la convention de Chicago (3) et l'accord d'étape entre le Cameroun et l'UE (4).

### 1. L'accord de Florence et le protocole de Nairobi

L'accord de Florence [458]se préoccupe essentiellement de promouvoir la libre circulation des idées et des connaissances et d'une manière plus large, la diffusion des différentes formes d'expression des civilisations. Celles-ci sont d'ailleurs les conditions impérieuses tant du progrès intellectuel que de la compréhension internationale[459]. Dans cette veine, les échanges s'effectuent essentiellement par l'intermédiaire des livres, des publications et d'objets à caractère scientifique ou culturel. Il est donc question d'accorder une attention particulière aux différents supports de l'activité intellectuelle notamment, les publications, les œuvres d'art, le matériel de laboratoire et toute documentation utile. L'accord de Florence est basé sur l'importation d'objets à caractère éducatif, scientifique ou culturel. Il définit le cadre juridique régissant cette importation. Dans cet accord, l'on peut lire « les États

---

[455] Arrêt de la Cour de cassation du 24 mai 1975, *Sté des Cafés J. Vabre*, et de l'arrêt du Conseil d'État du 20 octobre 1989, *Nicolo.*

[456] Article 10 du Code des Douanes de la CEMAC.

[457] MATHIEU Benoit, « La norme, le juge et la sécurité », Justice et cassation, Dalloz, 2012, pp.67-82 repris par MBANDJI MBENA Etienne, *Les droits fondamentaux de l'enfant en droit camerounais*, Thèse de doctorat de l'Université de Toulouse, en cotutelle internationale avec l'Université de Douala, 2013, p.72.

[458] Accord de Florence du 17 juin 1950 adopté par la conférence de l'UNESCO.

[459] V. Préambule de L'Accord de Florence.

contractants s'engagent à ne pas appliquer les droits de douane et autres impositions à l'importation ou à l'occasion de l'importation :

- aux livres, publications et documents visés dans l'annexe A au présent Accord ;
- aux objets de caractère éducatif, scientifique ou culturel visés dans les annexes B, C, D et E du présent Accord.

Lorsqu'ils répondent aux conditions fixées par ces annexes et sont des produits d'un autre État contractant »[460].

Cependant, cet article n'empêche pas un État contractant de percevoir sur les objets importés :

- des taxes et autres impositions intérieures de quelque nature qu'elles soient, perçues lors de l'importation ou ultérieurement, à condition qu'elles n'excèdent pas celles qui frappent directement ou indirectement les produits nationaux similaires ;
- des redevances et impositions autres que les droits de douane, perçues par les autorités gouvernementales ou administratives à l'importation ou à l'occasion de l'importation, à la condition qu'elles soient limitées au coût approximatif des services rendus et qu'elles ne constituent pas une protection indirecte des produits nationaux ou des taxes de caractère fiscal à l'importation[461].

L'accord invite aussi les États à accorder toutes les facilités (fiscales, administratives, juridiques) à l'importation des objets à caractère éducatif, scientifique ou culturel importés pour être présentés lors d'une exposition publique. Cependant, aucune disposition de l'Accord ne saurait aliéner le droit des États contractants de prendre, en vertu de leurs législations nationales, des mesures destinées à interdire ou à limiter l'importation ou la circulation après leur importation, de certains objets, lorsque ces mesures sont fondées sur des motifs relevant directement de la sécurité nationale, de la moralité ou de l'ordre public de l'État contractant[462].

Le protocole de Nairobi a également été initié par l'Organisation des Nations Unies pour l'éducation, la science et la culture (UNESCO), il vise à approfondir et à moderniser l'accord de Florence. Les États contractants s'engagent à étendre l'exemption des droits de douane à l'importation aux

- livres, publications et documents ;
- œuvres d'art et objets de collection, de caractère éducatif, scientifique ou culturel ;

[460] Article premier (1) de l'Accord.
[461] Article premier (2) de l'Accord.
[462] Article VI de l'Accord.

- matériels visuels et auditifs de caractère éducatif, scientifique ou culturel ;
- objets destinés aux aveugles et autres personnes handicapées ;
- matériels sportifs ;
- instruments de musique et autres équipements musicaux ;
- matières et machines servant à la fabrication des livres, publications et documents.

En réalité, les dispositions de l'accord ont été reprises par l'Acte 2/92-UDEAC[463] et consacrées dans le tarif des douanes CEMAC. En clair, il ne s'agit plus d'une exonération au sens strict du terme, mais d'une franchise douanière, car la norme de référence est déjà au taux zéro. Quoi qu'il en soit, l'accord de Florence est cité comme source d'exonérations douanières dans la structure des dépenses fiscales au Cameroun[464]. Il entraîne une perte de recettes somme toute négligeable et moins importante que la convention de Vienne.

### 2. La convention de Vienne sur les relations diplomatiques de 1961

La politique fiscale au Cameroun est la traduction interne d'une expulsion décisionnelle d'origine internationale[465]. La convention de Vienne sur les relations diplomatiques est bien une illustration de l'extranéité des sources de politique fiscale et d'instrument de diffusion des exonérations douanières. Dans cette optique, les acteurs principaux des relations internationales que sont les États à travers leurs représentants et les organisations internationales bénéficient de nombreux avantages qui se résument en privilèges et immunités dites diplomatiques[466]. C'est pourquoi le législateur fiscal international a bien voulu consacrer les immunités et privilèges fiscaux[467]. L'objectif de ces privilèges est d'assurer un accomplissement efficace des fonctions des missions diplomatiques en tant que représentants des États. La convention vise à rapprocher les peuples en favorisant les relations d'amitié entre les pays,

---

[463] Acte 2/92-UDEAC-556-CD-SEI relatif aux exemptions exceptionnelles et conditionnelles des droits et taxes.

[464] Au sens de la douane, tous les régimes dérogatoires ne constituent pas des dépenses fiscales. En effet, le régime d'admission des marchandises en franchise des droits de douane n'est pas considéré comme source de dépenses fiscales. Il s'agit dans ce cas de régime de franchise applicable aux immunités diplomatiques, aux envois humanitaires, aux matériels et documents pédagogiques. Le Cameroun parle de régime dérogatoire de droit commun. Cf. Rapport sur les dépenses fiscales de l'exercice 2017, octobre 2018.

[465] EVINA OBAM Richard, *La politique fiscale au Cameroun depuis 1980*, *op. cit.*, p. 228.

[466] V. TCHOUATA KENNE Jackson, *Régime fiscal des missions diplomatiques, postes consulaires et organisations internationales*, Mémoire de Master II professionnel en fiscalité appliquée, Université de Douala, 2010/2011, 88 pages.

[467] *Idem.*

quelle que soit la diversité de leurs régimes constitutionnels et sociaux[468]. C'est pourquoi la réciprocité est exigée dans l'application de ces facilités. D'ailleurs, peuvent seuls bénéficier des franchises diplomatiques, les pays accrédités qui consentent, à titre de réciprocité, des avantages analogues en faveur des missions diplomatiques et postes consulaires camerounais qui y sont ou seraient établis. Au Cameroun, la convention de Vienne a connu une traduction interne à travers une instruction ministérielle[469]. Celle-ci définit les privilèges en matière douanière, et notamment en ce qui concerne l'importation des véhicules (a) et autres biens (b).

**a) Le régime d'importation, utilisation et cession des véhicules**

Dans le cadre de l'instruction précitée, peuvent importer les véhicules de tourisme en franchise des droits et taxes :

- les missions diplomatiques[470], les postes consulaires et les organisations internationales pour les besoins de leurs services ;
- les membres de leurs personnels diplomatique[471], administratif et technique non camerounais pour leur usage privé.

Le bénéfice de cette importation pour ce qui concerne les personnels diplomatiques est limité à deux véhicules par famille en rapport avec la taille de celle-ci, et à un véhicule par famille pour les personnels administratifs et techniques. Le bénéfice de l'importation en franchise est accordé pour une durée d'un an renouvelable.

L'importation des véhicules est faite suivant une déclaration d'acquit-à-caution, en garantie des droits et taxes et éventuellement dus ou encourus. Toutefois, s'agissant du cas particulier des véhicules automobiles qui relèvent du patrimoine de la mission diplomatique, du poste consulaire ou de l'Organisation internationale, la caution financière est remplacée par une caution morale du chef de mission qui s'engage à se soumettre à la réglementation en matière d'importation temporaire de véhicules de tourisme, notamment :

- le renouvellement du titre d'importation temporaire ;
- l'interdiction de céder à titre gratuit ou onéreux, les véhicules en importation temporaire sans l'autorisation préalable du Ministère des Relations extérieures ;

---

468 Préambule de la convention de Vienne sur les relations diplomatiques.

469 Instruction interministérielle n° 0060/MINFI/DIPL du 26/03/2010 relative à l'application des privilèges diplomatiques en matière fiscale et douanière.

470 Par « chef de mission », il faut entendre selon le cas, l'Ambassadeur, le Haut-commissaire, le Consul, le chargé d'affaires et tout agent diplomatique assurant la direction d'une mission diplomatique ou la représentation d'une Organisation internationale.

471 Il faut entendre par « agent diplomatique », tout agent d'une mission diplomatique bénéficiant du statut de diplomate.

- l'usage exclusif aux fins de service ou à titre strictement personnel[472].

Concernant l'utilisation et la cession, le véhicule destiné à l'usage exclusif du bénéficiaire ne peut être cédé à titre onéreux ou gratuit ou remplacé dans un délai de trois (3) ans à compter de la date d'enregistrement de la déclaration sauf un cas de force majeure dûment constaté (destruction mécanique, vol, accident, accident ayant entraîné des dommages importants, départ définitif du bénéficiaire). En cas de réexportation, le bénéficiaire est tenu de régulariser la situation douanière de son véhicule. En tout état de cause, la cession doit être préalablement autorisée par le Ministère des Relations extérieures[473].

**b) Le régime applicable aux objets identifiables de consommation durable, matériels et matériaux de construction**

Lorsqu'il s'agit des consommables durables, la franchise des droits et taxes, pour l'importation des objets tels que les réfrigérateurs, climatiseurs, magnétoscopes, cuisinières, téléviseurs, vélomoteurs meubles et bien d'autres, est accordée à l'occasion de la première installation aux ayants droit diplomatiques et non diplomatiques (personnel administratif et technique), et pendant toute la durée de leur séjour pour les agents ayant la qualité de diplomate. Cependant, pour ces derniers, compte sera tenu notamment de la durée de vie de ces articles et de la régularisation douanière de ceux précédemment exonérés[474].

Le matériel et les matériaux destinés à la construction de la mission diplomatique, de la chancellerie et du consulat dirigé par un fonctionnaire consulaire de carrière, peuvent bénéficier de la franchise ou du remboursement de la taxe acquittée[475]. Ils sont appelés à faire partie intégrante des ouvrages concernés[476]. Les objets identifiables de consommation durable destinés à l'usage de leurs membres ne peuvent être cédés. En effet, la demande de franchise établie par le chef de la représentation et visée par les services camerounais compétents stipule l'engagement du bénéficiaire à ne pas céder les objets, même à titre gracieux[477]. En tout état de cause, la convention de Vienne sur les relations diplomatiques de 1961 a une incidence sur l'application des exonérations douanières. Pour preuve, cette convention dispose que « suivant les dispositions législatives et réglementaires qu'il peut adopter, l'État accréditaire accorde l'entrée et l'exemption des droits de douane, taxes et autres redevances connexes autres que frais d'entreposage, de transport et frais afférents à des services analogues sur :

---

[472] V. Titre 2 (chapitre 1 section 1) de l'instruction relative aux privilèges en matière douanière.
[473] Titre 2 (chapitre 1 section 2) de l'instruction relative aux privilèges en matière douanière.
[474] Titre 2 (Chapitre 2 section 1) de l'instruction relative aux privilèges en matière douanière.
[475] Titre 2 (chapitre 2 (section 2) de l'instruction relative aux privilèges en matière douanière.
[476] *Idem.*
[477] Titre 2 (chapitre 2 section 3) de l'instruction relative aux privilèges en matière douanière.

- les objets destinés à l'usage officiel de la mission ;
- les objets destinés à l'usage personnel de l'agent diplomatique ou des membres de sa famille qui font partie de son ménage, y compris les effets destinés à son installation"[478].

Toutefois, cette disposition est également reprise par l'acte 2/92 UDEAC[479]. Il s'agira d'une franchise au sens propre du terme. Ainsi, tout agent diplomatique concerné sollicitera non l'exonération, mais une franchise des droits et taxes. Intégrée à la structure des dépenses fiscales camerounaises, la convention de Vienne engendre une perte de recettes d'une ampleur plus grande que celle de Chicago.

### 3. La convention de Chicago et sa portée limitée sur l'assiette taxable

Le développement de l'aviation civile internationale est resté longtemps une préoccupation majeure de la communauté internationale. Un développement harmonieux peut aider à créer et à préserver entre les nations et les peuples du monde l'amitié et la compréhension[480]. C'est un secteur sensible et de haute technicité. Aussi, l'aviation civile doit se développer d'une manière sûre et ordonnée au risque de constituer une menace pour la sécurité générale. Dans la même perspective, pour éviter toute mésentente entre les peuples, ce secteur nécessite un accompagnement juridique, administratif et surtout fiscal. Le législateur international n'a pas dérogé à la règle. La convention de Chicago, consciente de l'importance vitale de ce secteur, a consacré de nombreuses facilités douanières au bénéfice des compagnies aériennes.

Cette convention a une incidence sur l'application des mesures douanières. Dans cette lancée, « *au cours d'un vol à destination ou en provenance du territoire d'un autre État contractant ou transitant par ce territoire, tout aéronef est temporairement admis en franchise des droits, sous réserve des règlements douaniers de cet État. Le carburant, les huiles lubrifiantes, les pièces de rechange, l'équipement habituel et les provisions de bord se trouvant dans un aéronef d'un État contractant à son arrivée sur le territoire d'un autre État contractant et s'y trouvant encore lors de son départ de ce territoire, sont exempts des droits de douane, frais de visite ou autres droits et redevances similaires imposés par l'État ou les autorités locales. Cette exemption ne s'applique pas aux quantités ou aux objets déchargés, à moins que ne l'admettent les règlements douaniers de l'État, qui peuvent exiger que ces quantités ou objets soient placés sous la surveillance de la douane* »[481].

---

478 Article 36 Convention de Vienne de 1969 sur les relations diplomatiques.

479 Acte 2/92 *op. cit.*

480 Préambule de la convention relative à l'aviation civile internationale signée à Chicago, le 7 décembre 1944.

481 Article 24 (a), de la convention de Chicago.

Toujours dans la même veine, *« les pièces de rechange et le matériel importés dans le territoire d'un État contractant pour être installés ou utilisés sur un aéronef d'un autre État contractant employé à la navigation aérienne internationale sont admis en franchise de droits de douane, sous réserve de l'observation des règlements de l'État intéressé, qui peuvent disposer que ces objets sont placés sous la surveillance et le contrôle de la douane »*[482].

Cette convention a d'ailleurs été reprise par l'acte 2/92[483] à travers une liste des matériels et documents intéressant la navigation internationale. Cette liste concerne aussi bien l'Agence pour la sécurité de la navigation aérienne (ASECNA) (a) que les compagnies aériennes (b).

**a) Les franchises concernant l'ASECNA**

Concernant l'ASECNA, sont admis en franchise des droits et taxes, les produits et matériels importés pour la réalisation de son objet, c'est-à-dire :

- les matériaux et fournitures destinés à la construction ou à la réparation des immeubles et ouvrages nécessaires au fonctionnement officiel de l'Agence et de ses services, à l'exclusion des logements du personnel ;
- les matériels, pièces de rechange et autres marchandises destinés à l'équipement et à la réparation des installations techniques ou au fonctionnement officiel de l'Agence et de ses services.

Ce matériel comprend entre autres : le matériel de lutte contre l'incendie destiné aux aérodromes gérés par l'Agence (véhicules spéciaux et leurs accessoires, groupes, motopompes, vêtements en amiante, extincteurs vides ou chargés, etc.), les matériels électriques, radioélectriques et téléphoniques, le matériel de balisage, le matériel météorologique destiné à l'équipement ou au fonctionnement des installations ayant pour objet la transmission des messages techniques et trafic, le guidage des aéronefs, le contrôle de la circulation aérienne, l'information en vol, la prévision et la transmission des informations dans le domaine météorologique, aussi bien que pour la circulation en route que pour l'approche de l'atterrissage sur les aérodromes gérés par l'Agence.

La franchise des droits et taxes est concédée par le directeur général des douanes aux conditions suivantes :

- il doit être joint à la déclaration une attestation signée par le directeur de l'Agence ou par son représentant qualifié, indiquant l'aérodrome ou les installations dans lesquels les produits et matériels doivent être utilisés, certifiant que ceux-ci seront directement acheminés vers la destination déclarée et qu'ils seront pris en charge dans la comptabilité matières du service ;

---

482 Article 24 (b) de la convention de Chicago.

483 Acte 2/92 *op. cit.*

- le directeur de l'ASECNA doit, en outre, prendre l'engagement, sur l'attestation, d'utiliser les machines importées que pour les besoins de l'Agence et de ne pas céder même à titre gratuit sans l'accord préalable du service des douanes qui fixe les conditions de cessions éventuelles[484].

**b) Les franchises concernant les compagnies aériennes**

Concernant les compagnies aériennes, sont admis en franchise des droits et taxes, les matériels et documents importés par les entreprises de transport aérien pour être utilisés à l'intérieur d'un aéroport international en vue de la mise en œuvre ou du fonctionnement des services aériens internationaux assurés par lesdites entreprises. Sont également admis en franchise des droits et taxes, les documents de transport aérien et notamment les lettres de transport aérien, les billets de passage, les billets d'excédent de bagages, les bons d'échange, les rapports de dommages et d'irrégularités, les étiquettes de bagages et de marchandises, les horaires et indicateurs ainsi que les devis de poids et de centrage.

Les compagnies aériennes intéressées tiennent un registre spécial préalablement coté et paraphé par les services des douanes, la comptabilité matières des matériels admis en franchise en corrélation avec les diverses déclarations en douane relatives à ces matériels. Les matériels admis en franchise font l'objet de recensements périodiques de la part du service des douanes dans les limites de l'aéroport où ils ont été pris en charge. En cas de déficit par rapport à la comptabilité matières, l'infraction est poursuivie et punie par application des dispositions du Code des Douanes[485].

Malgré les poussées externes qui militent en faveur des facilités douanières, la convention de Chicago a connu une gestion harmonieuse au niveau étatique et surtout communautaire. Elle s'est parfaitement intégrée à l'ordre juridique communautaire de l'Afrique centrale. Dans cette optique, l'accord a été érigé en norme de référence et ne constitue plus une dérogation à la législation douanière. Cet esprit de conciliation et de compromis au niveau communautaire manque pourtant aux Accords de Partenariat économique (APE) avec l'UE.

### 4. L'accord d'étape Cameroun/ UE et la consécration des exemptions non conformes au droit communautaire

Dans l'optique bien comprise de promouvoir et d'ouvrir de nouvelles perspectives de croissance et de développement, le Cameroun a dû signer l'accord d'étape intérimaire avec l'UE, et ce dans l'attente de l'aboutissement d'un APE régional complet en Afrique centrale. L'objectif de cet accord est

---

[484] Titre VI (chapitre unique section 1 article 36) de l'Acte 2/92.

[485] TITRE VI (chapitre unique, section 2 article 39) de l'Acte 2/92.

de permettre au Cameroun de s'insérer de manière harmonieuse et progressive dans l'économie mondiale. Cet accord d'étape intérimaire à en croire ses initiateurs va permettre au Cameroun d'éradiquer la pauvreté par l'établissement d'un partenariat commercial avec l'objectif de développement durable en point de mire. Il est question à travers cet accord de promouvoir une économie camerounaise plus compétitive et plus diversifiée avec une croissance plus soutenue. Il s'agit en définitive de créer un cadre commercial en cohérence avec les exigences de l'OMC et qui constitue un catalyseur pour le développement du secteur privé et la création d'emplois.

Les APE constituent avant tout des conventions commerciales passées entre deux partenaires (UE, ACP) consacrant une ouverture réciproque, mais progressive de leurs frontières respectives. Cette ouverture va ainsi permettre à leurs productions et les exportations mutuelles d'accéder en toute franchise de droits et sans aucun contingentement quantitatif ou tarifaire aux marchés des États membres. Le démantèlement tarifaire concerne en premier chef la douane qui est une administration de porte. Certains affirment que l'APE intérimaire bilatéral Cameroun-Union européenne aura des enjeux diversement appréciables sur la fiscalité de porte et de façon générale sur l'économie du Cameroun[486].

L'évolution des négociations d'un APE avec l'UE n'a pas été facile. En effet, la convention de Lomé (1975) signée entre les 77 pays des régions Afrique Caraïbes et Pacifique (ACP) et les pays de l'Union européenne (UE) prévoyait la levée des barrières commerciales tarifaires pour les exportations des pays ACP vers l'UE, tout en leur permettant de maintenir les droits de douane sur les importations en provenance de l'UE. Ce régime de préférences commerciales non réciproques posait cependant un problème de compatibilité avec l'article 24 des accords de l'OMC régissant le commerce des marchandises[487].

L'accord de Cotonou (2000) a ainsi prévu la mise en place d'APE à l'horizon 2008, visant à créer un cadre de libre-échange réciproque entre l'UE et les pays ACP[488]. Dans ce sillage, les APE prévoient pour l'Europe, la

---

486 Lire à ce sujet, MAJOMO Marceldeteze, *La fiscalité de porte face à l'APE d'étape au Cameroun : enjeux et perspectives*, Mémoire de Master II en fiscalité appliquée, Université de Douala, 2013/2014, 144 pages, voir aussi, WANGSO (G), *L'incidence de l'Accord d'étape bilatéral sur la mission fiscale de l'administration des douanes camerounaises*, Mémoire de DEA, droit public interne, Université de Douala, 2013-2014, 116 pages.

487 L'article XXIV régit les accords commerciaux régionaux conclus par les membres de l'OMC, une zone de libre-échange est constituée de pays membres éliminant entre eux les droits de douane ainsi que les restrictions quantitatives à l'importation, mais conservant chacun leur propre politique commerciale vis-à-vis des pays tiers.

488 Lire à ce sujet BOUNGOU BAZIKA Jean-Claude, « Les APE : atouts et freins à l'intégration régionale des pays de la CEMAC », intervention lors du colloque « quel cadre pour les politiques agricoles, demain, en Europe et dans les pays en développement ? », organisé par Pluriagri, Notre Europe et FARM les 27, 28 et 29 novembre 2006.

suppression de toutes les barrières tarifaires restantes sur les produits en provenance des pays ACP dès 2008. De manière réciproque, mais asymétrique, les pays ACP devront ouvrir progressivement leurs frontières aux produits européens. Les pays ACP pourraient maintenir les droits de douane sur un sous-ensemble de produits sensibles, représentant environ 20 % de leur importation en provenance de l'Europe et bénéficiant d'un long délai pour mettre en œuvre l'accord dans son intégralité. Dans le cadre de ces APE, l'UE s'est engagée à supprimer progressivement leurs subventions à l'exportation sur tous les produits qui seraient exemptés des tarifs douaniers par les pays ACP. Ces accords devraient entrer en vigueur au 1er janvier 2008, mais cette échéance n'a pu être respectée en raison de divergences entre les parties prenantes. Dans ce désaccord, certains pays ont dû signer les APE intérimaires afin d'éviter de subir les effets commerciaux négatifs entraînés par l'expiration des accords précédents. C'est le cas notamment de certains pays de la zone franc (Côte d'Ivoire et le Cameroun en 2009), ou d'autres pays africains (Kenya, Mozambique, Botswana, Ouganda).

Le Parlement camerounais a autorisé le Président de la République à ratifier l'accord d'étape vers un accord de partenariat économique (APE) entre la Communauté européenne et ses États membres d'une part, et de la partie Afrique centrale, d'autre part en date du 9 juillet 2014. Le Cameroun a d'ailleurs paraphé le 17 décembre 2007, puis signé le 15 janvier 2009, un accord d'étape intérimaire vers un APE avec la CE et ses États membres. La ratification de cet instrument est intervenue le 22 juillet 2014[489], car suivant le Règlement 1528/2007 adopté en mai 2013 par le Parlement et le Conseil européen, les pays qui n'auront pas ratifié ces accords à cette date perdront l'accès préférentiel de leurs produits sur le marché européen. L'accord est mis en œuvre au Cameroun depuis le 4 août 2016 [490]et ses effets se produisent à deux niveaux à savoir le démantèlement tarifaire sur les produits originaires de la CE (a), et l'entrée libre des produits camerounais sur le territoire européen (b).

**a) Le démantèlement tarifaire progressif sur les produits originaires de la CE**

Dans le cadre des APE, la période envisagée pour démanteler les droits de douane appliqués aux importations de produits originaires de l'UE serait de 15 à 25 ans et ce démantèlement tarifaire sera progressif et il ne concernera

---

[489] Voir le Décret n° 2014/267 du 22 juillet 2014 portant ratification de l'accord d'étape vers un accord de partenariat économique entre la communauté européenne et ses États membres et la partie Afrique centrale.

[490] Voir Décret n° 2016/061 du 3 août 2016 fixant les règles d'origine et les méthodes de coopération administrative applicables aux marchandises de l'Union européenne dans le cadre de l'accord d'étape vers l'accord de partenariat économique.

pas l'ensemble des produits[491]. Il s'effectuera à un rythme différent suivant la nature des produits[492].

La proposition camerounaise de démantèlement tarifaire actuellement en application prévoit un démantèlement progressif jusqu'en 2029. Les démantèlements sont achevés en 2019 pour les produits de la liste A ou groupe (1), en 2023 pour les produits de la liste (B) ou groupe (2) et en 2029 pour ceux de liste (C) ou groupe (3)[493]. En gros, l'application de cet Accord est effective au Cameroun depuis 2016. La contrepartie de la partie européenne à savoir l'entrée libre des produits camerounais est toujours attendue.

**b) L'entrée libre des produits originaires du Cameroun**

Au regard de l'accord, les produits originaires du Cameroun sont importés dans la partie CE, libres de droits de douane, excepté pour les produits indiqués, et sous les conditions définies, à l'annexe II[494]. Dans la même veine, aucun nouveau droit de douane n'est introduit et ceux qui sont déjà appliqués ne sont pas augmentés, dans le cadre du commerce entre les parties[495]. D'après Emmanuel Nganou Djoumessi, « *l'accord doit être perçu comme une approche stratégique qui traduit l'ambition du Cameroun de conquérir des parts du marché sur la scène internationale ; et surtout préserver l'accès préférentiel de ses produits d'exportation sur le marché européen* »[496]. Toutefois, une mesure de sauvegarde peut être imposée si des produits originaires des régions ou États concernés sont importés dans l'Union en quantités tellement accrues ou dans des conditions telles qu'ils causent ou menacent de causer :

- un préjudice grave à l'industrie de l'Union ;
- des perturbations dans un secteur de l'économie, notamment si ces perturbations provoquent des difficultés ou des problèmes sociaux majeurs susceptibles d'entraîner une détérioration grave de la situation économique dans l'Union ;
- des perturbations dans les marchés de produits agricoles ou dans les mécanismes régulant ces marchés[497].

---

[491] Entre 60 % à 80 % des produits seraient concernés par le démantèlement.
[492] V. l'article 21 de l'accord.
[493] Direction générale des douanes, Rapport annuel 2018, p. 32.
[494] Article 20 (1) de l'accord.
[495] Article 20 (2) de l'accord.
[496] Extrait de l'interview de M. Emmanuel Nganou Djoumessi, ancien ministre de l'Économie et de l'Aménagement du territoire du Cameroun dans « la lettre économique du Cameroun », n° 0025, août 2014, p.2.
[497] Article 10 du Règlement (UE) 2016/1076 du parlement européen et du conseil du 8 juin 2016 appliquant aux produits originaires de certains appartenant au groupe des États d'Afrique, des Caraïbes et du Pacifique (ACP) les régimes prévus dans les accords établissant ou conduisant à établir des accords de partenariats économiques

L'accord intérimaire du Cameroun pose un sérieux problème de légalité. En effet, le Cameroun en étant membre de la CEMAC, ne saurait faire cavalier seul. La mise en œuvre de l'APE est un véritable pied de nez porté à la réglementation communautaire. Ainsi, cet accord intérimaire demeure un sujet de vives préoccupations au niveau des instances communautaires. Au vu de l'engagement régional, la décision unilatérale du Cameroun est inacceptable pour certains responsables communautaires[498]. Cet accord Cameroun/UE remet en cause les fondements de l'Union douanière au sein de la CEMAC, laquelle postule l'application harmonisée ou uniforme des taux des droits de douane vis-à-vis des produits en provenance des pays tiers. Au vu de cet accord, l'harmonisation fiscale en zone CEMAC reste au stade proclamatoire avec le règne de l'inter étatisme[499]. L'on peut constater avec Philippe HUGON que l'intégration régionale en Afrique centrale fait partie de la rhétorique davantage que de la réalité[500]. Pour nous, il est tout simplement souhaitable que la région Afrique centrale parvienne à signer au plus vite un accord juste et équilibré qui prend en compte le taux de libéralisation, la période transitoire, le financement du programme de développement et plus encore la compensation de l'impact fiscal net.

Au-delà de toute polémique, l'entrée en vigueur de l'accord s'est matérialisée par l'exonération progressive des droits de douane sur certaines catégories de produits en provenance de l'Union européenne. En quatre ans d'application, les conséquences se font déjà sentir sur les recettes douanières. Cette manière unilatérale de procéder du Cameroun contribue à assécher considérablement la base taxable douanière[501]. Plusieurs produits vont se trouver soustraits à terme de l'assiette fiscale douanière, toute chose que les instruments communautaires de diffusion des exonérations ou franchises douanières essaient tant bien que mal de circonscrire.

### B- La pluralité des sources communautaires consacrant les exonérations douanières

Les États membres de la CEMAC, confrontés à la nécessaire stabilisation de leurs recettes fiscales, aux effets néfastes de la concurrence fiscale et à la nécessité de financer l'investissement ont opté pour l'harmonisation de la fiscalité douanière[502]. Les premiers signes de l'harmonisation du système

---

[498] Ministre gabonais de l'Économie dans son interview à l'AFP

[499] BEGNI BAGAGNA, *L'harmonisation des politiques fiscales en zone CEMAC : esquisse de théorie du droit fiscal communautaire, op. cit.*

[500] HUGON Philippe, *Afrique entre puissances et vulnérabilité, op. cit.*, p. 109.

[501] Lire BOCAR BA, *Perspective du Mali dans l'accord de partenariat économique Union européenne/Afrique de l'Ouest*, Thèse de doctorat en Sciences économiques, Université Jean Moulin Lyon 3, 2009, 161 pages.

[502] NOUMA MENYENGUE, *La communautarisation du droit fiscal en zone CEMAC : enjeux et perspectives*, op. cit., p.223.

fiscalo-douanier en Afrique centrale sont apparus dès le traité du 8 décembre 1964 et se sont poursuivis avec l'adoption et la mise en œuvre de la réforme fiscale et douanière de 1994[503]. En vue de cela, l'ordre fiscal communautaire va révéler un faisceau de règles fiscales qui porte le système normatif supranational, c'est-à-dire un ensemble cohérent et ordonné de règles originales dotées d'une force obligatoire à l'égard des acteurs communautaires et dont la méconnaissance est sanctionnée par un ordre juridique propre[504]. Le droit communautaire de la fiscalité procède des normes relativement autonomes que les réglementations fiscales internes des États ne sauraient remettre en cause[505]. Dans cette perspective, au niveau communautaire, on recense quelques textes diversifiés et hiérarchisés ayant une incidence dans l'application de la réglementation douanière en matière des exonérations douanières. Aussi, l'encadrement communautaire des exonérations douanières est contenu dans le Code des douanes et ses additifs, notamment l'acte 2/92 (1), les directives portant harmonisation des législations des États membres en matière de TVA et du DA (2), la charte des investissements (3) et le règlement relatif à la concurrence (4).

### 1. L'encadrement des franchises exceptionnelles et conditionnelles par le Code des douanes et ses additifs

L'adoption d'une politique douanière commune à la création de l'UDEAC s'est traduite par une application des dispositions réglementaires communes. La fiscalité douanière est depuis lors inspirée des dispositions communautaires de la période de l'UDEAC à celle de la CEMAC. Sa particularité est l'adoption d'un tarif extérieur commun et surtout l'application d'un code de douane unique pour les membres de cette zone d'intégration[506]. Le Code des douanes de l'UDEAC (devenu Code des douanes de la CEMAC) a fait l'objet en 1965 de l'acte N° 8/65-UDEAC-37 du Conseil des chefs d'État de l'Union, complété ou modifié par plusieurs autres actes[507]. Il a été révisé par :

---

[503] *Idem.*

[504] GNIMPIEBA TONNANG Édouard, *L'ordre juridique communautaire de la CEMAC*, Paris, L'Harmattan, 2016, p.47.

[505] MAITROT DE LA MOTTE Alexandre, *op. cit.*, p.52. Repris par BEGNI BAGAGNA, *op. cit.*, p.53.

[506] EVINA OBAM Richard, *op. cit.*, p. 235.

[507] Il s'agit notamment des actes suivants : Acte N° 13/65-UDEAC-35 du 14 décembre 1965 fixant les conditions d'application de l'article 241 ; acte N° 102/66-CD-168 du 10 juin1966, fixant la liste des marchandises visées par les dispositions de l'article 260 ; acte N° 23/67-CD-566 du 21 juin 1967, pris en application de l'article 130 ; acte N° 164/67-CD-608 du 19 décembre 1967, modifiant l'article 216 ; acte N° 166/67-CD-614 du 19 décembre 1967, modifiant l'article 26 p.1 ; acte N° 167/67-CD-616 du 19 décembre 1967, modifiant l'article 139 ; acte N° 1/68-CD-96 bis du 11 décembre 1968, modifiant l'article 1er p.2 ; acte N° 28/68-CD-671 bis du 10 février1968, pris en application de l'article 43 ; acte N°68/69-CD-753 du 26

- l'acte n° 19/86-CD-1297 du 15 décembre 1986 ;
- le règlement n° 5/01-UEAC-097-CM-06 du 3 août 2001, pour la mise en conformité avec la CEMAC. Il est aujourd'hui la base légale du Code des douanes de la CEMAC en vigueur[508]. Mais il faut noter qu'un nouveau Code des Douanes CEMAC est en cours d'implémentation depuis 2019.

Le Code des Douanes occupe une place supérieure dans la hiérarchie des textes normatifs de chaque État membre[509]. Le principe de primauté du droit fiscal communautaire est inscrit à l'article 44 du Traité CEMAC[510]. La spécificité du droit communautaire est qu'il induit une application directe dans l'ordre juridique interne des États membres de la CEMAC. Ainsi, l'article 276 du code des douanes traitant des admissions en franchise bénéficie de l'effet direct d'application. Cet article est censé influencer la politique douanière du Cameroun en matière des franchises. Dans cette perspective, l'article 276 dresse une liste de biens et marchandises qui bénéficient de la franchise des droits et qui s'imposent à tous les États membres. Les conditions d'application de cet article sont fixées par plusieurs textes[511]. Il est intéressant de voir le champ d'application des franchises (a), et les différentes interdictions et restrictions (b).

---

juillet 1969, modifiant l'article 112, Acte N° 6/70-CD-801 du 27 juin 1970, modifiant l'article 246 ; acte N° 11/70-CD-806 du 27 juin 1970, modifiant l'article 170 p.3 ; acte N° 15/70-CD-811 du 27 juin 1970, pris en application de l'article 189 ; acte N° 48/70-CD-850 du 15 décembre 1970, créant les articles 139 bis et 139 ter ; acte N°45/71-CD-906 du 13 décembre 1971, portant modification du code des douanes ; acte N° 30/72-CD-931 du 23 juin 1972, portant modification du code des douanes ; acte N° 2/79-CD-1142 du 26 juillet 1979, abrogeant les dispositions de l'article 1er p. 2 ; acte N° 31/81-CD-1220 du 14 décembre 1981, portant modification de l'acte N° 114/69-CD-769 du 19 décembre 1969 pris en application des articles 114 à 121.

508 Pour plus de détails à ce sujet, voir DIKOUME Albert Léonard, *La fiscalité pétrolière des États membres de la CEMAC, Cameroun, Congo, Gabon, Guinée Équatoriale, Tchad, Centrafrique*, Paris, L'Harmattan, p. 85, voir également, BANGO Ange, *L'élaboration et la mise en œuvre de la fiscalité dans les pays de la communauté économique et monétaire de l'Afrique centrale*, Thèse de doctorat en droit, Université Jean Moulin Lyon 3, 2009, p. 143.

509 Cette primauté implique que les normes administratives et législatives des États ne puissent faire obstacle à l'application des normes communautaires d'où l'obligation pour tout juge national d'écarter les normes nationales contraires pour que puisse jouer la norme de la CEMAC.

510 NOUMA MENYENGUE, *op. cit.*, p. 321.

511 Acte n° 2/92-UDEAC-556-SEI du 30 avril 1992 portant révision de l'Acte N°13/65-UDEAC-35 fixant les conditions d'application de l'article 241 DU Code des Douanes de l'UDEAC et modifié par :
- l'acte n° 8/93-UDEAC-556-CD-SEI ;
- l'acte n° 28/94-UDEAC-556-CD-56 ;
- l'acte n° 18/96-UDEAC-556-CD-57.

### a) Le champ d'application des franchises en zone CEMAC

L'activité douanière au Cameroun est régie par la législation communautaire. Les principes fondamentaux de cette législation commune sont énoncés dans les articles 2 et 3 du Code des Douanes. La substance est la suivante : « *les lois et règlements douaniers doivent être appliqués sans égard à la qualité de la personne... Les marchandises qui entrent sur le territoire douanier ou qui en sortent sont passibles, selon les cas, des droits d'importation ou des droits de sortie inscrits au tarif des douanes* ». Comme tout principe, ceux-ci souffriront des exceptions. L'article 276 du même Code apportera des atténuations à la rigidité des principes sus évoqués en énumérant des cas d'importation en exemption des droits de douane. Les articles 277 à 281 du Code des Douanes ne manqueront pas d'ajouter à ces régimes privilégiés l'avitaillement des navires et des aéronefs[512]. Dans cette optique, l'importation en franchise des droits et taxes peut être autorisée en faveur :

- des marchandises originaires du territoire douanier ou nationalisées par le paiement des droits, en retour de l'étranger ;
- des dons offerts aux chefs de l'État ;
- des matériels et produits fournis gratuitement aux États membres par les États étrangers ou des organismes internationaux ;
- des envois destinés aux Ambassadeurs, aux services diplomatiques et consulaires et aux membres étrangers de certains organismes internationaux officiels siégeant dans les États membres ;
- des envois destinés à la Croix-Rouge et aux autres œuvres de solidarité à caractère national ;
- des envois exceptionnels dépourvus de tout caractère commercial ;
- de certains matériels et produits, soit en raison de leur mode de financement, soit en raison de leur nature ou de leur destination[513].

Bien plus, sont exemptés des taxes et droits dus à l'entrée, les houilles et les hydrocarbures destinés à l'avitaillement de tous les navires immatriculés ou non dans les États membres, qu'ils naviguent en mer, sur les cours d'eau affluant à la mer jusqu'au dernier bureau de douane situé en amont ou encore sur les fleuves formant la frontière entre deux bureaux de douane[514]. Comme on le constate, les dispositions qui intéressent la réglementation douanière contenue dans les arrangements, conventions ou traités de commerce et leurs annexes intervenues entre les États membres et les pays tiers sont pour l'essentiel reprises dans le code des douanes. On les retrouve davantage dans l'acte n° 2/92-UDEAC-556-CD-SE du 30 septembre 1992 du Conseil des

---

[512] NGASSAM TCHOUBANE Marianne, *Les exemptions douanières dans la zone CEMAC : cas particulier du Cameroun,* Mémoire de sortie ODECI, Douala, 2003-2004, 36 pages.
[513] Article 276 (1) du Code des Douanes.
[514] Article 277 (1) du Code des Douanes.

Chefs d'État de l'UDEAC et les textes pris en application de cet acte. Ce dernier fixe les conditions d'application des franchises et fixe les interdictions et les restrictions.

**b) Les interdictions et les restrictions relatives aux franchises**

En matière d'interdiction, les franchises accordées à titre exceptionnel par les ministres des Finances ou les directeurs nationaux des douanes sont supprimées[515]. Le principe de l'interdiction est posé, mais la réalité révèle autre chose. Les exonérations à caractère exceptionnel tiennent une place assez importante dans la structure des dépenses fiscales au Cameroun et bien sûr dans tous les États membres de la CEMAC. Il est donc temps de revenir à la stricte application de la réglementation douanière. Ces interventions des ministres des Finances et des directeurs nationaux des douanes sapent les fondements de l'harmonisation fiscale en zone CEMAC.

Concernant les restrictions, l'on peut d'abord évoquer la compensation qui est une opération strictement interdite[516]. La compensation peut être décrite comme la présentation au bénéfice du régime de faveur de marchandises destinées à remplacer dans les stocks de l'importateur des marchandises similaires régulièrement dédouanées, et livrées au destinataire privilégié en exemption des droits et taxes d'importation. Le service des douanes peut d'ailleurs exiger toutes les justifications utiles (factures, marchés, fiches de dépenses engagées, comptabilité matières, etc.), prendre des mesures de contrôle des livraisons et procéder à des vérifications après dédouanement pour s'assurer que les marchandises n'ont pas été détournées de leur destination privilégiée.

L'on peut également évoquer l'interdiction de cession. Elle peut être entendue comme le fait de céder, de donner à un tiers un bien qui ne lui appartient pas en principe[517]. Dans le cas d'espèce, il s'agit des cas où l'importateur privilégié se charge de céder la marchandise en question ou de la prêter à quelqu'un d'autre sans s'être acquitté des droits et taxes en vigueur. Cette interdiction de cession souffre de quelques dérogations. Ainsi, sont-ils exclus de ce champ, les échantillons de valeur négligeable, des formulaires d'importation temporaire ou de circulation internationale expédiés aux associations de tourisme devant servir pour l'admission à l'étranger de véhicules ou d'autres objets.

Dans le même sillage, l'on peut ajouter les affiches ayant pour objet de promouvoir le tourisme ou l'exposition à l'étranger présentant un caractère général pourvu que ces documents soient distribués gratuitement et qu'ils ne contiennent pas de publicité commerciale d'une proportion supérieure à 25

[515] Article 44 de l'acte modifié n° 2/92-UDEAC.
[516] Article 47 de l'acte modifié n° 2/92-UDEAC.
[517] NGASSAM TCHOUBANE Marianne, *op. cit.*, p. 9.

%[518]. De même, les produits dont l'importation est réalisée en vue de leur distribution gratuite à certaines catégories de personnes (œuvre de solidarité nationale par exemple) ne sont pas soumis à la non-cession. La dernière exclusion concerne les objets admis en franchise dans le cadre des déménagements, héritages et trousseaux de mariage ou d'élèves. Dans ces derniers cas, l'interdiction de céder ou de prêter à titre onéreux ou gratuit est limitée dans un délai de trois ans à compter de la date d'enregistrement de la déclaration d'importation.

L'interdiction concerne enfin le détournement de destination. Le détournement renvoie à l'action de s'éloigner de la voie directe, de sa destination initiale[519]. L'on cite ainsi les détournements de destination privilégiée. Aussi, « *sauf autorisation spéciale de l'administration des douanes et droits indirects, il est interdit d'utiliser les objets admis en franchise à d'autres usages que ceux en vue desquels la franchise a été accordée* »[520]. Dans cette optique, les agents des douanes peuvent prendre toutes les mesures nécessaires de contrôle pour s'assurer que les marchandises n'ont pas été détournées de leur destination initiale.

L'encadrement communautaire vise à réexaminer l'utilisation généralisée des exonérations douanières à la lumière des objectifs de politique commerciale et budgétaire à long terme, car elles nuisent aux efforts de développement et vont à l'encontre des objectifs de recettes. L'élargissement du champ des exonérations douanières semble être la marque de fabrique des États de l'Afrique centrale. Il est loisible de stigmatiser dans cette œuvre l'encadrement, les hésitations et autres imperfections qui sapent encore son total déploiement. Malgré la persistance des logiques de disparités et de différenciations fiscales en matière des exonérations justifiées par la prise en compte de handicap socioéconomique[521], l'encadrement communautaire ne s'est pas limité aux franchises douanières. Dans une visée fiscale intégratrice, il s'est poursuivi au niveau de la fiscalité indirecte à travers les directives relatives à l'harmonisation de la TVA et les droits d'accises.

### 2. La limitation du champ des exonérations douanières par les directives CEMAC

L'article 21 du traité révisé de la CEMAC consacre une variété d'instruments normatifs permettant à l'organisation communautaire de réaliser ses objectifs. L'un des plus pertinents se trouve être la directive communautaire. Ainsi, parmi la multiplicité des sources communautaires des

---

[518] *Ibid.*
[519] *Dictionnaire universel*, 4e éd, Paris, AUPELF-EDICEF, 1988, p. 353.
[520] Acte 2/92 modifié du 30 avril 1992.
[521] LALEURE-LUGREZI Jeanne, *Les régimes fiscaux des régions insulaires d'Europe latine*, Paris, LGDJ, Lextenso éditions, 2014, p. 85.

exonérations douanières figurent en bonne place les directives sur la TVA et le droit d'accises. Ces directives sont nées de la volonté des États membres de poursuivre l'harmonisation des législations fiscales nationales afin d'assurer le bon fonctionnement du marché commun. Elles visent à lutter contre la concurrence fiscale dommageable et contribuent à réaliser l'uniformisation des systèmes internes de taxation. Elles ont également pour but d'assurer l'égalité de traitement des opérateurs économiques au sein de la communauté. Une bonne compréhension des exonérations douanières en zone CEMAC passe par la maîtrise des champs d'application des exemptions douanières en matière de TVA (a) et du droit d'accises (b).

**a) Le champ d'application des exemptions de TVA au regard de la directive**

La directive[522] s'inscrit dans la perspective d'une généralisation du champ d'application de l'impôt avec des exonérations strictement limitées, la définition d'une base commune et une fourchette de taux d'imposition. Elle vise également la détermination de principes communs sur le fait générateur, l'exigibilité et le régime des déductions[523]. En matière d'importation, à savoir le franchissement du cordon douanier d'un autre État membre pour la mise à la consommation des marchandises provenant de l'extérieur, les exonérations de TVA sont définies par la directive. Dans ce sens, aucune exonération ou exemption n'est accordée par les États membres dans le cadre des mesures d'incitation à la création d'entreprise et à l'investissement, dans le cadre de mesures ou dispositions visant des secteurs particuliers, ou dans le cadre de conventions particulières[524]. Ainsi, au regard de l'article 7, sont exonérées de la TVA :

- les importations des biens exonérés dans le cadre de l'article 241 du Code des douanes de l'UDEAC et ses modifications subséquentes ;
- les biens de première nécessité figurant à l'annexe 2 et les produits pharmaceutiques figurant à l'annexe 3 de la présente directive, ainsi que leurs intrants. Les intrants des produits agricoles, d'élevage et de pêche utilisés par les producteurs à condition que ces produits soient exonérés ;
- les intrants importés et utilisés en industrie destinés à la production locale, sur une liste établie de commun accord entre les opérateurs économiques concernés, la direction générale des impôts, la direction générale des douanes et la Commission de la CEMAC ;

522 Directive n°07/11-UEAC-028-CM-22 portant révision de la directive n°1/99-CEMAC-028-CM-03 portant harmonisation des législations des États membres en matière de taxe sur la valeur ajoutée (TVA) et du droit d'accises (DA).
523 Préambule de la directive précitée.
524 Article 7 de la directive relative à la TVA.

- les matériels et produits servant à la lutte contre le VIH/SIDA, la tuberculose, la fièvre jaune et les infections virales sévères liées aux maladies infantiles et des personnes du troisième âge sans ressources, dans les conditions fixées par voie réglementaire ;
- l'acquisition des matériels et équipements servant à la production et à la promotion des énergies renouvelables.

En dépit des interdictions de l'article 7, et s'agissant des secteurs miniers, des hydrocarbures, les États membres peuvent appliquer des régimes douaniers suspensifs qui diffèrent ou suspendent la taxation. Le bénéfice de ces régimes doit toutefois être limité aux biens d'investissement strictement nécessaires à l'exercice de l'activité, en phase d'exploration, de prospection ou de recherche[525]. En contrepartie des exonérations ainsi accordées, les États membres développent les méthodes nécessaires à la gestion et au contrôle de ces franchises[526]. Les États membres sont obligés de prendre les dispositions législatives, réglementaires et administratives nécessaires pour se conformer à la présente directive[527].

La gestion des exonérations devrait aboutir à terme, à la mutualisation des expériences acquises par certains États membres au niveau communautaire, pour prévenir les fraudes, les évasions fiscales et les abus éventuels, liés à leur application[528]. Malgré l'encadrement communautaire, les dysfonctionnements liés à la transposition de la directive TVA dans les ordres juridiques internes des États membres sont assez nombreux. L'on assiste d'ailleurs à une transposition d'une « TVA à géométrie variable »[529]. Le marketing fiscal a contribué à dénaturer la directive TVA, créant ainsi, de multiples distorsions aux échanges commerciaux. Les États membres ont donc consacré de nombreuses exonérations de TVA non conformes au droit communautaire[530].

Cette dérive est d'ailleurs facilitée par la brèche ouverte par la directive elle-même. D'après celle-ci, les États membres peuvent tenir compte des réalités socioéconomiques de leurs pays et accorder des exonérations visant à juguler des crises ponctuelles, notamment dans les domaines de la lutte contre la vie chère ou en cas d'épidémie grave menaçant la vie des populations démunies[531]. Les exonérations de lutte contre la vie chère censées être ponctuelles sont devenues permanentes au Cameroun. Ainsi, les ordonnances

[525] Article 8 de la directive relative à la TVA.
[526] Article 9 de la directive relative à la TVA.
[527] Article 58 de la directive relative à la TVA.
[528] *Idem.*
[529] IREH ASSIM Thomas, *La TVA en Afrique centrale*, *op. cit.*, p. 295.
[530] Tous ces différents cas sont recensés par IREH ASSIM, *La TVA en Afrique centrale*, Paris, L'Harmattan, 2012, P. 308-313.
[531] Article 7 de la directive relative à la TVA.

de 2008 prises pour lutter contre la vie chère restent d'application[532]. La prégnance de la souveraineté fiscale des États membres est criante dans le domaine de la TVA[533]. Toute chose que la réglementation du droit d'accises essaie de corriger.

**b) Le champ d'application des exonérations au droit d'accises**

La consécration des exonérations douanières se retrouve également dans la directive portant harmonisation des législations des États membres en matière de droit d'accises[534]. Cette directive vise à réaliser la cohérence des systèmes internes de taxation des États membres et à consolider les efforts de construction du marché commun[535]. Dans cette perspective, le fait générateur du droit d'accises est constitué entre autres de la mise à la consommation s'agissant des importations. Le champ d'application du droit d'accises couvre de nombreux produits. Ainsi, sont obligatoirement, soumis au droit d'accises :

- les boissons alcoolisées (chapitre 22 du tarif extérieur commun de la CEMAC), à l'exclusion des vinaigres (position 22.09) ;
- les cigares, cigarettes et autres tabacs (chapitre 24) ;
- les véhicules automobiles de tourisme (position 87. 03) à l'exclusion des véhicules neufs n'excédant pas 1. 500 cm3 (positions 87. 03. 21. 10 et 87. 03.22. 10) ;
- les motocycles d'une cylindrée supérieure à 250 cm3 (sous-positions 87. 11.30, 87.11. 40, 87. 11. 50)[536].

Concernant les droits d'accises, les intrants des produits soumis au droit d'accises sont exonérés, à condition :

- qu'ils soient nécessaires à la production locale ;
- que l'importateur ait préalablement obtenu une attestation spécifique d'exonération délivrée par l'administration fiscale[537].

En-dehors des intrants définis comme tout élément entrant dans un processus de production, aucune exonération ne peut être accordée par les États membres sur les produits soumis au droit d'accises. L'application de cette directive pose moins de problèmes surtout que sa transposition s'est faite

---

532 Ordonnance n° 2008/002 du 07 mars 2008 portant suspension des droits et taxes de douane à l'importation de certains produits de première nécessité.

533 MBOGNE CHEDJOU Gabriel Cédric, *La transposition dans l'ordre juridique national des directives CEMAC : une analyse sous le prisme de la pratique européenne*, Master en relations internationales, option intégration régionale et management des organisations internationales, Université de Yaoundé/ IRIC, 2012, 101 pages.

534 Directive n° 03/19-UEAC-010A-CM-33 portant harmonisation des législations des États membres en matière de droit d'accises.

535 Préambule directive précitée.

536 Article 3 de la directive relative au droit d'accises.

537 Article 4 de la directive relative au droit d'accises.

immédiatement par le Cameroun. Son haut rendement fiscal oblige. Tout le contraire de la charte des investissements qui cherche encore ses marques.

### 3. La Charte des investissements de la CEMAC et la recherche de convergence en matière d'incitations à l'investissement

La volonté de créer un environnement juridique stable, destiné à promouvoir et à assurer la sécurité des investissements est désormais une préoccupation mondiale. L'Afrique centrale n'est pas en reste. L'on assiste en zone CEMAC à une amorce d'une politique d'incitation à l'investissement tant national qu'étranger à travers la mise sur pied d'un cadre légal d'attractivité économique des investissements directs étrangers. La Charte des investissements [538]constitue le cadre général commun regroupant l'ensemble des dispositions destinées à améliorer l'environnement institutionnel, fiscal et financier des entreprises dans le but de favoriser la croissance et la diversification des économies des pays membres[539]. Cet objectif bien dévoilé se fera sur la base d'une meilleure définition du rôle de l'État, et d'un développement harmonieux du secteur privé à travers des investissements d'origine nationale ou étrangère[540].

La tendance est donc à la recherche de nouveaux marchés extérieurs et à l'attraction des capitaux étrangers[541]. « L'investissement fait les pays riches ». L'on comprend dans ces conditions la volonté des pays membres de la CEMAC d'instaurer un climat favorable à l'accroissement de l'investissement aussi bien autochtone qu'étranger. L'expression la plus courante au niveau des gouvernements devient de ce fait celle de l'attractivité économique de leurs territoires[542]. Aussi, pour éviter une concurrence féroce et dommageable entre les États membres, la charte s'inscrit dans une dynamique d'harmonisation des instruments juridiques de la zone CEMAC en matière d'attraction des investissements. Au plan douanier, la charte milite en faveur de la limitation des régimes dérogatoires à travers la consécration des franchises uniquement pour les activités de recherche (a) tout en promouvant des principes fiscaux adaptés à l'attraction des investisseurs (b).

---

[538] Règlement n°17/99/CEMAC-020-CM-03 relatif à la Charte des investissements de la CEMAC.

[539] Préambule de la Charte.

[540] *Idem.*

[541] MEMPHIL NDI Evelyne-Patience, *Attractivité économique des investissements directs étrangers en zone CEMAC : harmonisation des* instruments *juridiques aux règles internationales*, *op. cit.*, p. 32.

[542] *Ibid.*, p. 14.

### a) La consécration des franchises pour les activités de recherche en matière de ressources naturelles

Afin de mettre en place un cadre attractif pour les investissements, les États membres de la CEMAC ont dû instituer de nombreux mécanismes visant à offrir des garanties de stabilité politique, juridique et institutionnelle aux investisseurs[543]. Aussi, nombreuses, sont les mesures prises dans cette charte pour relancer directement ou indirectement l'investissement, notamment : les mesures monétaires, financières, juridiques, institutionnelles, fiscales, etc.[544] Cependant, la charte intervient dans un contexte difficile. Aussi, en vue de l'assainissement des finances publiques, les États membres veillent à une application rigoureuse de la réforme fiscale et douanière UDEAC de 1994, notamment en ce qui concerne la limitation des régimes dérogatoires et attachent du prix au recouvrement systématique des recettes fiscales et douanières, afin d'équilibrer les recettes et les dépenses publiques[545]. Dans cette perspective, au plan douanier, la charte consacre uniquement la suspension des droits de douane sous forme d'admission temporaire ou d'entrée en franchise pour les activités de recherche en matière de ressources naturelles, dans le cadre des réglementations spécifiques[546].

En effet, la charte reconnaît l'importance du secteur des ressources naturelles extractives. Mais, en raison des diverses étapes distinctes qui font partie du processus d'extraction des ressources et de leur commercialisation, la charte a jeté son dévolu sur la phase de recherche. Les activités de recherche doivent sûrement comprendre la recherche proprement dite et la prospection. La recherche nécessite des moyens humains, technologiques et financiers importants d'où la nécessité d'un accompagnement fiscal[547]. Ainsi, la charte a pour ambition de protéger la base d'imposition sans entraver l'investissement et les échanges transnationaux. Elle vise à rationaliser la fiscalité minière en Afrique centrale tout en la rendant compatible avec la politique de mobilisation des recettes. Elle s'inscrit dans une mouvance libérale en consacrant davantage des principes fiscaux favorables à l'investissement en lieu et place des exonérations douanières.

### b) La consécration par la charte des principes fiscaux favorables à l'investissement

L'adoption de la charte des investissements au sein de la CEMAC peut véritablement constituer une étape décisive dans la constitution d'un marché

---

543 MEMPHIL NDI Evelyne-Patience, *op. cit.*, p. 67.

544 Article 42 Traité de l'UDEAC, suivant modification de l'Acte N° 2/91-UDEAC-556-CE-27 du 6 décembre 1991 à Libreville.

545 Article 2 de la charte des investissements de la CEMAC.

546 Article 19 de la Charte des investissements de la CEMAC.

547 Lire ESSAGA Victor Stéphane, *La clause de stabilité fiscale dans les contrats pétroliers au Cameroun,* DESS en Administration fiscale, Université de Douala, 2006, 127 pages.

commun. Elle vise en effet, à éliminer toute concurrence entre les États membres. Dans cette perspective, la charte consacre de nombreux principes fiscaux favorables à l'investissement et à l'amélioration du climat d'affaires. Aussi, le dispositif fiscal attractif de la charte plaide en faveur d'un environnement douanier débarrassé de son carcan de lourdeur et de lenteur. En ce sens, elle engage les États membres à réduire les délais de dédouanement des marchandises qu'elle juge encore excessifs[548]. Dans la même veine, elle plaide pour une modernisation des administrations douanières et fiscales, seul gage de la réussite des missions assignées à celles-ci.

Bien plus, avec la charte, il est question de mettre en place une fiscalité douanière harmonisée afin d'éviter des pratiques discriminatoires qui font obstacle au libre jeu de la concurrence. Ainsi, la charte plaide pour une fiscalité neutre [549]qui repose sur les principes de la simplicité[550], d'équité [551]et de modération dans la pression fiscale[552]. Aussi, les États membres s'engagent à assurer une mise en œuvre homogène du tarif extérieur commun, à lutter contre la fraude et à limiter les régimes dérogatoires sources de distorsions et d'inefficacité. Dans la même lancée, la charte fait valoir une application généralisée de la TVA qui assure ainsi une fiscalité indirecte simplifiée et neutre pour l'entreprise. Cependant, dans une perspective d'assouplissement, la charte laisse aux États membres la possibilité d'adopter des législations spécifiques à certains secteurs d'activité notamment dans les domaines minier, touristique et forestier. Bien plus, pour favoriser un développement harmonieux du territoire, des avantages spéciaux sont accordés aux entreprises qui investissent dans les régions enclavées ou arriérées[553].

Ces différentes brèches vont donner aux États membres l'occasion de dénaturer l'esprit ou la philosophie de la charte lors de l'adoption des normes internes relatives aux investissements. En effet, le texte consacrant la Charte des investissements en zone CEMAC est un règlement, par conséquent emporte une primauté sur les normes de droit interne des États membres. Le règlement est un acte de portée générale, obligatoire dans tous ses éléments et directement applicable[554]. Contrairement aux autres actes législatifs

---

[548] Article 18 de la charte des investissements de la CEMAC.

[549] Un système fiscal ne doit pas créer de distorsion financière dans le choix d'allocation des ressources par les contribuables afin de ne pas fausser leurs décisions économiques.

[550] Un système de taxation doit être le plus simple possible pour être efficace. La simplicité d'un impôt facilite tant son application par l'État que son observation par le contribuable.

[551] Un système fiscal doit effectuer une répartition équitable du fardeau fiscal entre les contribuables. Il doit être non seulement équitable, mais doit également être perçu comme tel par les contribuables. Pour plus d'informations, lire GODBOUT Luc, *L'intervention gouvernementale par la politique fiscale*, *op. cit.*, pp. 13-20.

[552] Article 17 de la Charte des investissements de la CEMAC.

[553] Article 21 de la charte.

[554] GNIMPIEBA TONNANG Édouard, *L'ordre juridique communautaire de la CEMAC, op. cit.*, p. 73.

communautaires[555], Les États signataires de cette charte se soumettent à son caractère obligatoire et ne sauraient créer ou ratifier une norme du droit interne qui lui soit contraire, ou qui l'affaiblisse[556]. Cependant, le droit des investissements actuellement en vigueur dans chaque État membre est loin d'être en cohérence avec le dispositif communautaire. Une simple évaluation sommaire va révéler de nombreuses discordances. Chaque État membre y est allé avec sa spécificité dans l'élaboration des différents Codes d'investissement.

Il est évident que la charte n'exclut pas la possibilité pour les États membres d'adopter des normes internes relatives aux investissements. L'adoption de ces lois d'investissement a donné l'occasion aux États membres de faire prévaloir davantage de marketing fiscal que toute autre chose. Ces lois dérogent très souvent aux dispositions essentielles de la Charte. Pour preuve, les lois camerounaises continuent d'accorder les avantages douaniers dans la phase d'exploitation des ressources minières. Bien plus, les exonérations de TVA continuent de s'appliquer aux opérations minières et à bien d'autres, toute chose interdite par la charte. La charte a connu un succès mitigé pour des raisons évidentes d'égoïsmes nationaux et parce que difficilement applicable aux économies naissantes des pays membres[557].

L'avènement de la charte n'a pas permis de canaliser les ardeurs des États membres en matière de chalandage fiscal. Ce dernier se manifeste par la multiplicité, la variété d'instruments fiscaux octroyant des mesures préférentielles et des incitations fiscales fort généreuses. La Charte des investissements des États membres se heurte à la critique faite par la Banque mondiale qui contre-indique dans ses guidelines les incitations fiscales comme

---

555 - La directive : doit être mise en application par l'État lui-même, c'est-à-dire, l'État est libre de choisir les moyens qui lui permettront d'appliquer cette loi. Il a l'obligation d'appliquer la directive dans un certain délai, mais le mode est libre ;

- La décision : les décisions ne contraignent que les destinataires auxquels elles s'adressent (un pays membre ou une entreprise, par exemple) et sont directement applicables ;

- Les recommandations : les recommandations n'entraînent aucune obligation pour leurs destinataires. Elles permettent aux institutions communautaires de faire connaître leur avis et de proposer des mesures, sans contraindre les destinataires à s'y conformer ;

- les avis : les avis sont utilisés par les institutions pour exprimer leur point de vue sans imposer d'obligations à leurs destinataires. Ce sont des actes législatifs non contraignants. Pour plus d'éclairage, lire les articles 20-24 de l'additif au Traité CEMAC relatif au système institutionnel et juridique de la communauté, Traité du 16 mars 1994, révisé le 25 juin 2008.

556 MEMPHIL NDI Evelyne-Patience, *Attractivité économique des investissements directs étrangers en zone CEMAC : harmonisation des instruments juridiques aux règles internationales*, *op. cit.*, p. 69.

557 NGNIMPIEBA TONNANG Édouard, *Droit matériel et intégration sous régionale en Afrique centrale : contribution à l'étude du droit communautaire de la communauté économique et monétaire de l'Afrique centrale* (CEMAC), *op. cit.*, p. 62.

méthodes d'attraction des investissements étrangers[558]. L'on peut sans exagération dire que la mise en œuvre de la charte s'est soldée à l'épreuve des faits par un cuisant échec. Un échec auquel pourra remédier le règlement portant réglementation des pratiques étatiques affectant le commerce entre les États membres de la CEMAC.

### 4. Le règlement relatif à la concurrence et l'encadrement communautaire des pratiques discriminatoires des États membres

La politique communautaire de la concurrence est animée par une volonté commune des États membres d'établir des normes propices à un environnement économique et juridique dans lequel une concurrence saine et équitable peut s'imposer[559]. La quête du libre jeu de la concurrence est désormais une préoccupation essentielle au sein de la zone CEMAC. Un environnement concurrentiel est essentiel pour un développement économique juste, équilibré et durable. Cet environnement sain est également de nature à augmenter la compétitivité de l'économie de la sous-région, à améliorer les conditions de croissance et à relever le niveau de vie des populations au sein de la communauté[560]. Le règlement CEMAC relatif à la concurrence s'inscrit en droite ligne de cette préoccupation[561]. Le législateur communautaire s'intéresse aux pratiques étatiques, en particulier, les aides publiques susceptibles de fausser la concurrence en favorisant certaines entreprises ou certaines productions. Aussi, les règles de la concurrence s'appliquent lorsque les pratiques discriminatoires des États ont pour effet de restreindre ou de fausser le jeu de la concurrence à l'intérieur de l'union, ou lorsque les pratiques affectent le commerce entre les États membres[562].

Fort de ce constat, c'est donc tout logiquement que le législateur communautaire CEMAC s'est attelé à encadrer les interventions publiques ainsi que les aides accordées aux opérateurs économiques par les États membres[563]. Il a posé le principe de l'incompatibilité des aides d'État avec le

558 MOUANGUE KOBILA James, *Le Cameroun face à l'évolution du droit international des investissements*, Thèse, Yaoundé II, 2004, p. 359. Cité par BEGNI BAGAGNA, *La sécurité juridique en matière fiscale au Cameroun*, Master II en droit public, Université de Douala, 2007, p. 63.

559 RENARD Geoffroy, *Les règles communautaires en matière d'aides d'État et la fiscalité*, Paris, l'Harmattan, p. 17.

560 Voir les différents considérants du règlement relatif à la concurrence.

561 Règlement n° 06/19-UEAC-638-CM-33 qui remplace le règlement n° 4/99-UEAC-CM-639 du 18 août 1999 portant réglementation des pratiques étatiques affectant le commerce entre les États membres, le règlement n°12/99-UEAC-CM-639 U-CM-SE du 25 juin 2005 portant modification du Règlement n°1/99-UEAC-CM-639 réglementant les pratiques commerciales anticoncurrentielles.

562 Préambule du règlement relatif à la concurrence.

563 GNIMPIEBA TONNANG Édouard, *Droit matériel et intégration en Afrique centrale : contribution à l'étude du droit communautaire de la CEMAC*, *op. cit.*, p. 331.

marché commun, en estimant que ces dernières peuvent fausser la concurrence entre les entreprises et affecter les échanges entre les États[564]. Cette incompatibilité avec le marché commun était déjà présente dans la convention instituant l'UEAC[565]. Au regard de cette convention, les règlements précisent les interdictions et peuvent prévoir des exceptions limitées afin de tenir compte des situations spécifiques. Le principe d'incompatibilité devient relatif, car il faut trouver un équilibre entre la protection du marché et celles des autres intérêts fondamentaux[566]. Aussi, au-delà de l'interdiction des aides publiques qui peuvent prendre la forme d'exonérations d'impôts et autres[567], le règlement consacre la compatibilité de certaines aides. L'on peut ainsi recenser les aides fiscales catégorielles à caractère social (a) et celles liées aux perturbations économiques (b).

### a) La consécration des aides fiscales catégorielles à caractère social

Les préoccupations sociales n'ont pas échappé à l'attention du législateur communautaire. Il ne pouvait en être autrement au regard de la situation sociale déplorable qui sévit en Afrique centrale. La crise sanitaire liée au COVID-19 est là pour en attester. En effet, le Règlement CEMAC relatif à la concurrence a consacré la compatibilité des aides catégorielles à caractère social à la condition qu'elles soient accordées sans discrimination liée à l'origine des produits[568]. Cependant, ce texte ne donne aucune indication quant à la nature et la portée de ces aides. Cela peut se comprendre, car l'encadrement communautaire des aides n'en est qu'à ses débuts en Afrique centrale. On peut se servir de la législation européenne de laquelle le législateur CEMAC s'est inspiré pour avoir quelques clarifications. Aussi, cette forme d'aide se retrouve également mise en œuvre au sein de l'UE en vertu de l'article 87-2 du TFUE[569]. Peuvent entrer dans cette catégorie toutes les aides octroyées aux couches sociales les plus défavorisées et, d'une manière plus générale, les mesures individuelles de relance de la

---

[564] *Idem.*

[565] Article 23 (c) de la convention régissant l'Union économique de l'Afrique centrale.

[566] PAPADAMAKI IOANNA, *Les aides d'État de nature fiscale en droit de l'Union européenne*, *op. cit.*, P. 39.

[567] Pour les différentes catégories d'aides, l'on peut lire MICHEAU Claire, *Droit des aides d'État et des subventions en fiscalité : droit de l'Union européenne et de l'OMC*, Bruxelles, Éditions Larcier, 2013, 266 pages, lire aussi, MAITROT de la MOTTE Alexandre, *Droit fiscal européen*, 2e édition, Bruxelles, Éditions Bruylant, 2016, 867 pages, BEGNI BAGAGNA, *L'harmonisation des politiques fiscales en zone CEMAC* : *esquisse de théorie du droit fiscal communautaire*, Thèse de doctorat/Ph. D. en droit public, Université de Douala, 2013, 551 pages, GNIMPIEBA TONNANG Édouard, *Droit matériel et intégration sous régionale en Afrique centrale : contribution à l'étude du droit communautaire de la CEMAC*, Thèse en droit, Université Nice Sophia Antipolis, 2004, 476 pages.

[568] Article 81 (a) du règlement relatif à la concurrence.

[569] RENARD Geoffroy, *Les règles communautaires en matière d'aides d'État et la fiscalité*, *op. cit.*, P. 85.

consommation[570]. La doctrine communautaire européenne, dans son interprétation de l'article 87 (2) CE, considère les aides accordées aux chômeurs de longue durée comme des exemples types d'aide à caractère social[571]. Le législateur communautaire ne s'est pas limité à la consécration des aides à caractère fiscal. Il s'est également penché sur les préoccupations de développement économique[572].

### b) La consécration des aides fiscales liées aux perturbations économiques et autres calamités naturelles.

Le développement économique juste, équilibré et durable sur l'ensemble de l'Union, est au fondement même de la création de la zone CEMAC[573]. L'on ne saurait empêcher toute initiative louable qui contribuerait à sortir les différentes régions du carcan de l'enclavement, de l'insularité et du sous-développement. C'est dans cette perspective que se justifie la seconde catégorie concernant les aides fiscales liées aux perturbations économiques et autres calamités naturelles. Aussi, en dehors des aides destinées à remédier aux dommages causés par les calamités naturelles ou par d'autres événements imprévisibles et insurmontables par l'entreprise qui sont déclarées compatibles de plein droit[574], d'autres aides peuvent être considérées comme compatibles avec le marché commun ; il s'agit notamment :

- des aides aux entreprises, et en particulier aux petites et moyennes entreprises, destinées à favoriser le développement économique des régions défavorisées ou souffrant d'un retard notoire dans leur développement économique ;
- des aides destinées à promouvoir la réalisation d'un projet important d'intérêt sous régional commun, ou à remédier à une perturbation grave de l'économie d'un État membre ;
- des aides aux entreprises, et en particulier aux petites et moyennes entreprises, destinées à faciliter le développement de certaines activités quand elles n'altèrent pas les conditions des échanges dans une mesure contraire à l'intérêt commun ;
- des aides destinées à promouvoir la culture, la conservation du patrimoine et la protection de l'environnement quand elles n'altèrent

---

[570] NGNIMPIEBA TONNANG Édouard, *Droit matériel et intégration en Afrique centrale : contribution à l'étude du droit communautaire de la communauté économique de l'Afrique centrale (CEMAC)*, *op. cit.*, p. 348.
[571] *Idem.*
[572] Lire ENGONE Kénaelle Cyndie, *Les mécanismes d'incitations fiscales à l'investissement des entreprises étrangères en France et au Gabon*, *op. cit.*, pp. 103-126.
[573] Lire MEYONG ABATH Roger Athanase, *L'harmonisation fiscale et douanière en zone CEMAC : fiscalité communautaire en Afrique centrale (Cameroun, Centrafrique, Congo, Gabon, Guinée Équatoriale, Tchad)*, op. cit., voir également la convention régissant l'union économique de l'Afrique centrale (UEAC).
[574] Article 81 (b) du règlement relatif à la concurrence.

pas les conditions des échanges et de la concurrence dans la communauté dans une mesure contraire à l'intérieur commun[575].

Comme le prévoit l'article 83 du règlement CEMAC relatif à la concurrence, la commission est exclusivement compétente pour accorder à une mesure d'aide le bénéfice de l'une de ces catégories. Elle dispose à cet effet, de pouvoirs discrétionnaires. Dans la même veine, le Conseil des ministres définit, sur proposition de la commission, une politique d'encadrement des aides dont il ne peut modifier la liste des catégories des aides. Il fixe les plafonds des aides octroyées aux entreprises dans le cadre d'appui au développement des régions ou de certaines activités[576].

Au-delà des objectifs de développement socioéconomique derrière les aides d'État de nature fiscale, celles-ci semblent avoir servi de prétexte aux États membres pour violer impunément cette réglementation sur la concurrence. C'est une autre occasion manquée pour limiter les exonérations douanières. La volonté de se conformer aux principes d'une économie de marché ouverte, concurrentielle et qui favorise l'allocation optimale des ressources est loin d'être un acquis en zone CEMAC[577]. L'encadrement communautaire en général des exonérations douanières n'a pas résisté à la pression des États membres, soucieux de donner une priorité aux difficultés socioéconomiques internes. En réalité, l'analyse montre la généralisation de politiques douanières nationales en déphasage complet avec la législation commune. L'unification tarifaire recherchée par les États membres reste illusoire tant les pesanteurs demeurent fortes[578]. La pluralité des textes nationaux aux origines des exonérations douanières est là pour témoigner de cette dérive.

### Paragraphe II : La pléthore de textes de droit interne consacrant les exonérations douanières

Le paysage fiscal camerounais est marqué par une exubérance législative et réglementaire particulièrement marquée en matière de dépenses fiscales de porte. L'existence des exonérations douanières au niveau de chaque État membre est la preuve de l'absence d'unicité conceptuelle dans l'élaboration de la politique fiscale en zone CEMAC. Elle est l'illustration d'une

575 Article 82 du règlement relatif à la concurrence.
576 Article 83 du règlement relatif à la concurrence.
577 Préambule de la convention régissant l'Union économique de l'Afrique centrale (UEAC).
578 NGNIMPIEBA TONNANG Édouard, *Droit matériel et intégration sous régionale en Afrique Centrale : contribution à l'étude du droit communautaire de la Communauté économique et monétaire de l'Afrique centrale (CEMAC), op. cit.*, p. 132.

harmonisation fiscale difficile en Afrique centrale[579]. Chaque État essaie de mettre en place une politique fiscale qui prenne mieux en compte ses intérêts et ses aspirations. Dans cette perspective, la politique douanière incitative au Cameroun est à l'image de la politique fiscale en général, l'expression d'une désagrégation des sources de décisions de l'État[580]. Une fragmentation des sources de diffusion des exonérations douanières est perceptible dans l'ordre juridique interne du Cameroun. Ainsi, les normes de droit interne plus nombreuses trouvent leur place dans la galaxie hiérarchisée des supports de droit appelés à régir les exonérations douanières.

Dans ce sillage, la création des régimes douaniers dérogatoires est liée à une contrainte nationale. L'articulation plus poussée des exonérations douanières dans la législation nationale est intimement liée à la définition restrictive de celles-ci. Aussi, les exonérations douanières ont un caractère national[581], et les textes les instituant, relèvent de la compétence des autorités étatiques nationales. Bien qu'étant membre d'une communauté, les exonérations douanières sont d'application nationale et varient d'un pays à un autre en fonction des objectifs poursuivis. Au Cameroun, l'on constate un foisonnement préjudiciable des textes accordant les exonérations douanières. L'on dénombre parmi ces textes, les lois fiscales (A) et autres sources internes infralégislatives (B).

### A- La multiplicité des lois fiscales consacrant les exonérations douanières

La loi reste, du moins formellement, la principale source de droit fiscal,[582] et Martine BETCH de renchérir : le droit fiscal est d'origine législative[583]. La constitution camerounaise réserve au seul législateur le pouvoir d'édicter les règles relatives à la création d'impôts, à la détermination de l'assiette et au recouvrement des impositions de toute nature[584]. Suivant la jurisprudence du Conseil constitutionnel en France, les droits de douane ont un caractère fiscal, il s'ensuit que les dispositions les concernant peuvent se retrouver dans les lois fiscales[585]. La doctrine camerounaise perçoit assez mal l'abondante législation nationale sur les dérogations fiscales de porte au Cameroun. C'est

---

579 MEYONG ABATH Roger Athanase, *L'harmonisation fiscale et douanière en zone CEMAC : fiscalité communautaire en Afrique centrale (Cameroun, Centrafrique, Congo, Gabon, Guinée Équatoriale, Tchad)*, *op. cit.*, p. 113.

580 EVINA OBAM Richard, *La politique fiscale au Cameroun depuis les années 1980*, *op. cit.*, p. 47.

581 NGASSAM TCHOUBANE Marianne, *Les exemptions douanières en zone CEMAC : cas particulier du Cameroun*, *op. cit.*, p.16.

582 LAMARQUE Jean, NEGRIN Olivier, AYRAULT Ludovic, *Droit fiscal général*, Paris, LexisNexis, p. 396.

583 BETCH Martine, *Droit fiscal*, 4e édition, Paris, Vuibert, p. 26.

584 Article 26 -d (3) de la constitution camerounaise du 18 janvier 1998.

585 C. Const, 28 décembre 1990, n° 90-286 ; RJF 1991, p. 131.

un domaine qui relève du champ communautaire[586]. Aussi, c'est une législation dont la légalité peut être attaquée[587]. Elle est la traduction d'une illégalité consacrée[588]. Malgré ces observations de la doctrine, les grands traits de la politique incitative douanière au Cameroun sont matérialisés par des dispositions de valeur législative (lois et ordonnances)[589]. En clair, les lois fiscales dominent le champ des exonérations douanières au Cameroun. L'on peut de manière non exhaustive citer les lois de finances (1), les lois minières (2) et les lois ordinaires (3) et les ordonnances (4).

### 1. Les lois de finances et les exonérations douanières

L'absence de cohérence dans le système camerounais d'octroi des exonérations douanières implique un fort morcellement des sources des décisions en la matière. En effet, il *n'est pas d'exercice budgétaire, ou, rares sont celles des lois des finances de la République, qui n'ont pas légiféré sur les dépenses fiscales, fussent-elles en matière de douanes ou des impôts*[590]. Aussi, l'adoption de la loi de finances constitue un moment privilégié pour le législateur d'introduire les exonérations douanières dans le paysage fiscal national. Il nous revient de voir la nature des lois de finances (a) et de faire l'inventaire de quelques lois de finances ayant une incidence sur les exonérations douanières (b).

#### a) La nature des lois de finances

La loi de finances de la République du Cameroun est un document-cadre qui fixe les prévisions budgétaires pour une année. C'est une expression générique désignant les lois qui déterminent la nature, le montant et l'affectation des ressources et des charges de l'État. Outre l'autorisation de percevoir les impôts de l'État et des collectivités, et l'ouverture par grandes masses des crédits budgétaires de l'État, elles ne peuvent contenir que certaines dispositions législatives ordinaires[591]. Aussi, la loi de finances de l'année prévoit et autorise l'ensemble des ressources et des charges pour la durée de l'année civile[592]. La loi de finances est adoptée par le Parlement et promulguée par le Président de la République. En tant qu'outil d'actualisation annuelle des mesures de politique fiscale, la loi de finances semble souvent constituer un instrument pour le gouvernement dans sa volonté d'insérer

---

[586] VIEUX PE Pierre, *La problématique de l'évaluation des dépenses fiscales de porte au Cameroun*, Mémoire de Master II en fiscalité appliquée, Université de Douala, 2014, p. 13.
[587] *Idem.*
[588] *Idem.*
[589] Lire aussi, LEVOYER Loïc, *L'influence du droit communautaire sur le pouvoir financier du parlement français*, Paris, LGDJ, 2000 ;
[590] *Ibid.*, p. 21.
[591] GUINCHARD Serge, DEBARD Thierry, (dir), *Lexique des termes juridiques*, 25e édition, Paris, 2017, p. 688.
[592] *Idem.*

insidieusement des mesures nouvelles dans l'ordre fiscal existant[593]. Ainsi, outre l'existence des cavaliers budgétaires, on retrouve bel et bien en leur sein des dispositions atypiques, traduisant la volonté des autorités d'en faire des instruments juridiques « fourre-tout »[594]. C'est à ce titre qu'elle contient les dispositions fiscales relatives aux droits de douane. Dans le paysage fiscal camerounais, chaque loi de finances apporte son lot de nouveautés concernant les avantages fiscaux. Ainsi, plusieurs lois de finances contiennent des dispositions exonérant certains biens et produits des droits de douane.

**b) L'inventaire de quelques lois de finances ayant une incidence sur les exonérations douanières**

Les lois de finances ont pour objet de déterminer les recettes de l'État, de définir les conditions de l'équilibre budgétaire et financier, d'arrêter le budget de l'État et de rendre compte de son exécution. Elles peuvent en outre comporter toute disposition de nature législative relative à la détermination des recettes et dépenses de l'État, ainsi qu'aux modalités de leur mise en œuvre et de leur contrôle[595]. Dans ce sillage, les lois de finances constituent un cadre idéal pour la consécration des exonérations douanières dans l'ordre juridique interne. L'on peut en citer quelques :

- la loi n° 2000/08 du 31 juin 2000 portant loi de finances de la République du Cameroun pour l'exercice 2000/2001 qui dresse en annexe 1 une liste des biens de première nécessité exonérés de la TVA ;
- la loi n° 2006/013 du 29 décembre 2006 portant loi de finances de la République du Cameroun dispose en son article sixième (2) que le droit de douane sur les biens d'équipement importés et destinés à l'investissement est fixé à 5 % ;
- la loi n°2008/012 du 29 décembre 2008 portant loi des finances de la République du Cameroun pour l'exercice 2009, il est dit que la suspension des droits et taxes de douane sur les produits de première nécessité demeure pour une période six (6) mois[596] ;
- la loi n° 2010/015 du 21 décembre 2010 portant loi des finances de la République du Cameroun pour l'exercice 2011 ; il est fait application sur la valeur imposable des véhicules de tourisme et les véhicules utilitaires de moins de 5 tonnes, un abattement de 30 % sur les véhicules que l'âge, au moment de l'importation, n'excède pas sept (7) ans ainsi que sur les véhicules neufs importés par les particuliers pour leur usage

593 EVINA OBAM Richard, *La politique fiscale au Cameroun depuis les années 1980*, *op. cit.*, p. 126.
594 *Idem.*
595 Article 12 de la loi n°2018/012 du 11. Juillet 2018 portant régime financier de l'État et des autres entités publiques.
596 Article 2 (a) de cette loi de finances n° 2008/012.

personnel [597]; les pneumatiques neufs bénéficient à l'importation d'un abattement de 20 % sur la valeur imposable [598]; les moteurs hors-bord bénéficient à l'importation d'un abattement de 30 % sur la valeur imposable[599].

- La loi n° 2011/020 du 14 décembre 2011 portant loi de finances de la République du Cameroun pour l'exercice 2012, dans cette loi de finances, le pétrole brut d'origine hors CEMAC, est soumis à l'imposition aux droits et taxes inscrits au tarif des douanes. Le tarif extérieur commun étant déclassifié au taux de 5 %[600] ;
- la loi n° 2019/023 du 24 décembre 2019 et le taux réduit du droit de douane de 5 % pour les véhicules neufs acquis auprès des concessionnaires à des fins de transport urbain en commun des personnes[601]. Cette même loi dans le cadre de la réhabilitation des zones sinistrées accorde aux entreprises qui réalisent des investissements nouveaux, de nombreux avantages douaniers tels que l'exonération des droits et taxes de douanes sur les équipements et matériels destinés au programme d'investissement en phase d'installation, et le taux réduit du droit de douane à 5 % et l'exonération de TVA, à l'importation d'équipements, de pièces de rechange, consommables et matières premières non disponibles localement[602].
- La loi n° 2020/018 du 17 décembre 2020 portant loi de finances de la République du Cameroun pour l'exercice 2021 consacre un taux réduit de 5 % de TEC et l'exonération de TVA pour les biens d'équipement importés et destinés à l'industrie pharmaceutique.

Par ailleurs, cette loi consacre l'exonération des droits et taxes pour les médicaments ainsi que les intrants importés destinés à l'industrie pharmaceutique[603].

La loi des finances pour l'exercice 2022 dans le cadre de la promotion de la politique de l'import-substitution consacre l'exonération totale des droits et taxes de douane sur les serres destinées à l'agriculture, les semences végétales et animales, les vaccins pour la médecine humaine et animale, les médicaments à usage vétérinaire. Bien plus, cette loi consacre également l'exonération totale des droits et taxes de douane à l'importation d'équipements, matériels et outils, non disponibles localement utilisés dans le cadre de la « transformation plus poussée » du bois.

---

[597] Article deuxième 1 (b) de la loi n° 2010/015.
[598] Article deuxième (2) de la loi n° 2010/015.
[599] Article deuxième (3) de la loi n°2010/015.
[600] Article troisième (1), de la loi n° 2011/20.
[601] Article septième de la loi de finances pour l'exercice 2020.
[602] Article treizième de la loi de finances pour l'exercice 2020.
[603] Article cinquième (1) et (2) de la loi de finances n° 2020/018 du 17 décembre 2020.

Cette énumération ne saurait être exhaustive. Elle démontre à suffisance combien les manipulations unilatérales de la législation communautaire sont présentes au Cameroun. Cette intervention régulière de la loi de finances dans la consécration des exonérations douanières n'est pas une spécificité camerounaise. Les autres pays de la zone CEMAC y font régulièrement le recours. Pourtant, le pouvoir de légiférer en matière de droits et taxes d'importation est exercé par le Conseil des ministres de l'UEAC[604]. En outre, les actes du Conseil des ministres de l'UEAC sont exécutoires de plein droit et doivent entrer en vigueur simultanément dans les États membres auxquels ils s'appliquent et peuvent être promulgués selon la procédure d'urgence[605].

Dans le même sillage, les pouvoirs des États membres sont clairement déterminés dans le Code des Douanes. Ainsi, en cas de mobilisation, en cas d'agression manifeste mettant les États membres dans la nécessité de pourvoir à leur défense, en période de tension extérieure, lorsque les circonstances l'exigent, les gouvernements peuvent réglementer ou suspendre l'importation de certaines marchandises[606]. Il est temps de revenir à l'orthodoxie douanière afin de faciliter la communautarisation fiscale en cours en zone CEMAC. Aussi, au regard de l'effet dévastateur sur l'assiette fiscale douanière, la limitation des lois de finances dans la consécration des exonérations douanières serait la bienvenue. Les lois minières n'échappent pas aussi à cette critique.

**2. Les lois minières et la consécration des exonérations douanières**

Au Cameroun, la politique fiscale est un élément essentiel de la stratégie, de redressement et de développement socioéconomique. Sur ce fondement, elle cherche à relever le niveau de pression fiscale exercée sur le tissu productif, tout en accompagnant l'investissement à travers des mesures incitatives et autres schémas d'attraction. Dans ce sillage, la fiscalité est devenue un enjeu de positionnement des économies aussi bien dans le cadre international que sous-régional. Conscient de son poids dans le choix des décisions d'investissement, chaque État fait de sa fiscalité un instrument d'amélioration du climat d'affaires et d'orientation de sa politique économique. Le Cameroun sensible au risque géologique[607], au lourd investissement doublé de l'incertitude et de la volatilité des prix[608], n'est pas resté en marge de cette vision dans le domaine minier. Il s'est doté depuis son

---

604 Article 7 (1) du Code des Douanes, voir aussi, l'article 20 de l'Additif au Traité de la CEMAC.

605 Article 7 (2) du Code des Douanes.

606 Article 14 (2) du Code des Douanes.

607 ESSAGA Victor Stéphane, *La clause de stabilité fiscale dans les contrats pétroliers au Cameroun*, *op. cit.*, p. 4.

608 ESSAGA Victor Stéphane, *op. cit.*

indépendance d'une fiscalité minière de nature à attirer et encourager les investisseurs.

Ces lois minières déterminent l'ensemble des dispositions juridiques qui se rapportent au droit minier, aux conditions d'obtention des permis de recherche, des permis d'exploitation et surtout des incitations fiscales et douanières.[609] Dans la perspective d'encourager, de favoriser et de promouvoir les investissements dans le secteur minier susceptibles de contribuer au développement économique et social, ces lois contiennent de nombreuses dispositions dérogatoires. Cette fiscalité dérogatoire est contenue dans les codes minier[610], pétrolier [611]et gazier[612]. Les lois minières tiennent une place importante dans la structure des dépenses fiscales au Cameroun. Elles sont source de nombreuses exonérations douanières aussi bien dans la phase de reconnaissance, de prospection ou de recherche (a) que dans celle d'exploitation (b).

### a) Les nombreuses exonérations douanières accordées en phase de prospection préjudiciables à l'assiette fiscale

L'environnement minier est concurrentiel, capitalistique et risqué surtout dans sa phase de recherche[613]. Aussi, conscientes de ces différents enjeux, les autorités camerounaises ont mis en place une fiscalité attractive, incitative qui puisse permettre l'accessibilité aux divers capitaux nationaux et étrangers. Dans cette optique, le législateur minier à travers les différents codes précités a mis en place un régime préférentiel, favorable au traitement des biens et matériels miniers franchissant le cordon douanier. La stratégie fiscale camerounaise consiste à accorder de nombreuses exonérations douanières en phase de recherche ou de prospection. Dans cette lancée, les différentes lois minières camerounaises [614]contiennent d'importantes dispositions fiscales et douanières incitatives[615]. Au nombre de celles-ci, l'on a notamment

---

609 DIKOUME Albert Léonard, *La fiscalité pétrolière des États membres de la CEMAC : Cameroun, Congo, Guinée Équatoriale, Tchad, Centrafrique*, Paris, L'Harmattan, 2008, p. 87.

610 Loi n° 2016-17 du 14 décembre 2016 portant Code minier.

611 Loi n° 2019/008 du 25 avril 2019 portant Code pétrolier.

612 Loi n° 2002/013 du 30 décembre 2002, modifiée par la loi n° 2012-006 du 19 avril 2012.

613 ETCHEGYA NOM Serge Marius, *Fiscalité et attractivité du secteur minier camerounais*, Mémoire de Master II professionnel, fiscalité appliquée, Université de Douala, 2011, p. 12.

614 La législation minière au Cameroun était constituée, après l'indépendance et la réunification, de la loi fédérale n° 64/LF/3 du 06 avril 1964 portant régime des substances minérales et la loi n° 78/24 du 29 décembre 1978 fixant l'assiette, les taux et le mode de recouvrement des droits fixes, redevances et taxes minières, la loi n° 2001/001 du 16 avril 2001 marquant l'avènement du premier code minier et abrogeant les dispositions antérieures contraires des deux premières lois, le premier Code a été modifié en 2010 par la loi n° 2010/011 du 29 juillet 2010 , La loi n° 99/013 du 22 décembre 1999 portant Code pétrolier, la loi n° 2019/008 du 25 avril 2019 portant Code pétrolier.

615 Les incitations sont des avantages économiques, fiscaux et autres accordés à des entreprises étrangères par un État ou une entité publique afin d'attirer les investissements étrangers et/ou

l'admission en franchise des droits de douane sur les matériaux et pièces de rechange nécessaires au fonctionnement des matériels et équipements professionnels[616]. Bien plus, les lubrifiants spécifiques nécessaires au fonctionnement des matériels et équipements de recherche sont admis en franchise des droits et taxes de douane[617]. En outre, l'on doit aussi relever l'exonération de TVA sur les importations des matériels et équipements directement liés aux opérations minières figurant sur une liste arrêtée conjointement par les ministres en charge des mines et des finances.[618] Le bénéfice effectif de l'exonération de la TVA est conditionné par la présentation d'une attestation d'exonération délivrée par l'administration fiscale sur demande écrite du titulaire[619]. Un constat s'impose dans le cadre du Code minier de 2016, le titulaire d'un permis de recherche bénéficie plutôt du régime de l'admission temporaire [620]pour le matériel utilisé au cours de la phase de recherche ainsi que pour l'équipement professionnel, les machines, les appareils, les véhicules de chantier, les pièces détachées et de rechange[621].

Le Code pétrolier va plus loin en accordant aux titulaires de permis de recherche et à leurs sous-traitants, l'importation en franchise de tous droits et taxes, les matériels et les équipements destinés aux opérations pétrolières de prospection et de recherche[622]. Cette disposition correspond aux préconisations de la Charte des investissements de la CEMAC. Ces mesures exonératoires vont se retrouver davantage dans la phase d'installation et d'exploitation.

### b) Les mesures exonératoires accordées en phase d'installation et d'exploitation

Les dispositions conventionnelles contraignantes de la Charte des investissements de la CEMAC n'ont pas prévu de franchise en phase d'installation et d'exploitation. Pourtant, le Cameroun dans la quête de l'attractivité de son territoire a consacré la franchise des droits pour une période bien déterminée. Ainsi, les titulaires d'un permis d'exploitation bénéficient pendant la phase d'installation ou de construction de la mine telle que spécifiée dans la convention minière, de l'exonération des taxes et droits

de les inciter à modifier leur comportement et faire en sorte qu'ils contribuent plus spécifiquement à la réalisation de certains objectifs des politiques publiques.

616 Article 180 (4) du Code minier 2016.

617 Article 180 (5) du Code minier 2016.

618 Article 179 (1) du Code minier 2016.

619 Article 179 (2) du Code minier 2016.

620 Le régime de l'admission temporaire est un régime douanier qui permet à certains biens d'entrer dans le territoire douanier en suspension des droits et taxes douanières. Les marchandises restent sous sujétion douanière et ce régime temporaire a tendance être apuré par l'attribution d'autres régimes.

621 Article 180 (1) du Code minier 2016.

622 Article 115 (2) du Code pétrolier 2019.

de douane sur le matériel, matériaux, intrants et biens d'équipements nécessaires à la production ainsi que sur le premier lot de pièces de rechange qui devrait accompagner l'équipement de démarrage, à l'exception des véhicules de tourisme, des matériels et fournitures de bureau. Ils bénéficient également :

- de l'exonération des droits et taxes de douane sur l'équipement de remplacement en cas d'incident technique et sur l'équipement devant servir à une extension de l'exploitation ;
- de l'exonération jusqu'à la date de la première production commerciale constatée par arrêté conjoint du ministre des Mines et du ministre des Finances des droits et taxes de douane sur l'importation des intrants ;
- de l'exonération jusqu'à la date de la première production commerciale constatée par arrêté du ministre des Mines et du ministre des Finances, des droits et taxes de douane sur l'importation des matériaux et matériels nécessaires à la construction des bâtiments ;
- d'une exonération des droits et taxes de douane sur les lubrifiants spécifiques[623].

Toutefois, jusqu'à la date de la première production commerciale constatée par arrêté conjoint du ministre des Mines et du ministre des Finances, il est accordé le bénéfice de l'exonération de la TVA à l'importation sur les matériels et équipements dans les conditions prévues à l'alinéa 1 ci-dessus[624]. Les avantages susvisés sont également accordés aux sous-traitants des titulaires de permis de recherche[625].

Les avantages fiscaux et douaniers prévus par la présente loi portent sur les équipements, les consommables et les matériels ci-après :

Première catégorie : les équipements, matériels, gros outillage, engins et véhicules de chantier figurant sur le registre des immobilisations des sociétés concernées ;

Deuxième catégorie : les consommables destinés à l'extraction et à la concentration des substances minières brutes, y compris le fioul lourd à l'exclusion des carburants, lubrifiants courants et autres produits pétroliers ;

Troisième catégorie : les consommables destinés à la transformation sur place des substances minières en produits semi-finis ou finis, y compris le fioul lourd et les lubrifiants spécifiques, à l'exclusion des carburants, lubrifiants courants et autres produits pétroliers[626].

---

623 Article 182 (1) du Code minier 2016.
624 Article 182 (2) du Code minier 2016.
625 Article 183 (1) du Code minier 2016.
626 Article 184 du Code minier 2016.

Le code pétrolier, quant à lui, prévoit que pendant la phase de développement des opérations pétrolières qui s'étend sur les cinq (5) premières années de mise en production commerciale au titre de l'autorisation d'exploitation, les équipements, les machines, les matériels, les matériaux et outillages ainsi que les produits chimiques directement liés et nécessaires à cette phase, qu'ils soient importés directement par le titulaire, ses concessionnaires, ses affiliés ou ses sous-traitants, bénéficient d'un taux réduit de cinq pour cent (5 %) des taxes et droits perçus à l'importation. Ce régime préférentiel, qui s'étend aux parties et aux pièces détachées destinées aux machines et aux équipements nécessaires auxdites opérations pétrolières, s'applique également pendant les deux (2) années que dure l'autorisation provisoire d'exploiter[627].

Le bénéfice du taux réduit accordé par le ministre des Finances est subordonné à la production :

- d'un programme général d'importation validé par l'administration compétente, après avis du ministre des Hydrocarbures ;
- des demandes ponctuelles d'admission au bénéfice du taux réduit susvisé[628].

Au regard du Code gazier de 2012, pendant la phase d'installation qui ne peut excéder cinq (5) ans à compter de la date de notification de publication des actes d'attribution ou de signature des contrats selon les cas, les sociétés gazières peuvent bénéficier des avantages ci-dessous :

- le taux réduit du droit de douane à 5 % ainsi que l'exonération de la TVA à l'importation des biens d'équipements et matériels destinés aux opérations gazières[629].

Pendant les cinq (5) premières années d'exploitation, les sociétés gazières sont assujetties aux impôts, taxes et redevances prévus par le Code général des Impôts et la législation douanière, sous réserve des dispositions du présent article[630]. En considération de la taille des investissements nécessaires aux projets gaziers visés par les conventions gazières et des retombées économiques attendues de ceux-ci, notamment pour des projets de construction d'usines de liquéfaction de gaz ou d'autres projets similaires, les sociétés gazières peuvent bénéficier, pour une période maximale de dix (10) ans définie dans leurs conventions gazières, des exemptions au paiement des taxes, impôts, droits et autres charges dont

- la taxe sur la valeur ajoutée ;

---

627 Article 116 (1) du Code pétrolier de 2019.
628 Article 116 (3) du Code pétrolier.
629 Article 56 (1) du Code gazier du 19 avril 2012.
630 Article 57 (1) du Code gazier du 19 avril 2012.

- les droits de douane[631].

Dans la perspective d'exploiter son riche potentiel minier (à travers l'effort d'exploration-production), et maximiser ses recettes minières[632], le Cameroun dès les premières années de son indépendance a mis en place une législation minière favorable à l'attractivité de ce secteur[633]. Cette législation s'est traduite par la consécration de nombreuses exonérations douanières aussi bien dans la phase de reconnaissance, de recherche que d'exploitation. Les lois minières sont l'une des causes de rétrécissement de la base taxable douanière au Cameroun. Aussi, de nombreux biens et matériels directement liés aux opérations minières échappent à la taxation douanière. Ces lois minières sont source d'importantes dépenses fiscales et de nombreuses incohérences subsistent entre les codes gazier, minier et pétrolier. Un toilettage serait d'ailleurs nécessaire pour les adapter et les mettre en cohérence avec la charte des investissements de la CEMAC. Malgré ces différentes lois censées attirer les investisseurs, le Cameroun est resté un acteur marginal sur la scène minière continentale[634]. La production minière, bien que diversifiée, reste modeste[635]. L'on comprend pourquoi cet arsenal juridique minier a été complété par des lois ordinaires d'investissement[636].

### 3. L'émergence des lois ordinaires d'investissement et la consécration des exonérations douanières

L'assiette fiscale douanière est largement affectée par des dispositifs d'incitation à l'investissement qui datent de la période précoloniale. Aussi, les mesures visant à favoriser l'investissement ont été implémentées au Cameroun bien avant l'indépendance[637]. Ces mesures ont été enrichies et diversifiées depuis l'accession du pays à l'indépendance[638]. Avant la réforme

---

[631] Article 57 (2), loi n° 2012/006 du 19 avril 2012 portant Code gazier.

[632] DIKOUME Albert Leonard, *La fiscalité pétrolière des États membres de la CEMAC : Cameroun, Congo, Gabon, Guinée Équatoriale, Tchad, Centrafrique*, *op. cit.*, p. 130.

[633] Lire BOHEK Edwige Lucie, *La fiscalité pétrolière des États membres de la CEMAC : les mesures incitatives,* DESS fiscalité appliquée, Université de Douala, 2008/2009, 113 pages.

[634] ETCHEGYA NOM Serge Marius, *Fiscalité et attractivité du secteur minier camerounais*, *op. cit.*, p. 4.

[635] *Idem.*

[636] Lire YAMEDJEU Joëlle, *Le régime des incitations fiscales à l'investissement au Cameroun : étude comparative des lois de 1990 et de 2013*, Mémoire de Master II, Université de Douala, 2012/2013, 83 pages.

[637] NDZANA BILOA Alain Symphorien, *La fiscalité, levier pour l'émergence des pays africains de la zone franc : le cas du Cameroun,* l'Harmattan, 2015, p. 77.

[638] *Idem,* ces facilités douanières trouvent leur origine dans de nombreuses lois incitatives telles que :

- la loi n° 60/64 du 27 juin 1960 portant Code des investissements au Cameroun, complétée par la loi n°64/LF-6 du 6 avril 1964, revue elle aussi par la loi n°66-LF-5 du 10 juin 1966 ;
- la loi n°84/3 du 4 juillet 1984 portant Code des investissements du Cameroun ;

fiscale et douanière de 1994, les exonérations douanières ont connu leur période de gloire avec des chiffres avoisinant les 70 % à 80 % des recettes douanières. Cette réforme est venue rationaliser ce domaine avec la suppression de nombreux avantages fiscaux. Après l'atteinte du point d'achèvement à l'initiative PPTE en 2006, le gouvernement camerounais, conscient du retard accusé dans le domaine du développement économique et social (retard dû à la mise en œuvre des programmes d'ajustement structurel), a mis en place une nouvelle stratégie basée sur la relance de l'économie. Cette stratégie vise à faire du Cameroun un pays émergent à l'horizon 2035. Dans la même veine, sans remettre en cause l'objectif de mobilisation des ressources fiscales, le Cameroun dès 2007 a mis en place un dispositif légal d'accompagnement de l'investissement. Ce dispositif est construit autour de la loi des finances de 2007 qui accorde d'une manière générale, une réduction de 5 % de droit de douane pour les importations des biens d'équipement destinés à l'investissement.

Mais depuis le 1er janvier 2010, date du début de la mise en œuvre du DSCE comme cadre de référence de l'action gouvernementale jusqu'au 31 décembre 2020, un nouveau dispositif fiscal d'accompagnement a vu le jour[639]. Ce nouveau dispositif est articulé autour de la loi n° 2013/011 du 16 décembre 2013 régissant les zones économiques au Cameroun, mais surtout la loi n° 2013 fixant les incitations à l'investissement privé en République du Cameroun. Au travers de ces différentes lois, la politique fiscale camerounaise est ainsi mise à contribution pour devenir un véritable levier de politique économique, un véritable soutien à l'investissement. Ce dispositif légal au plan douanier s'est traduit par la mise en place de nombreux régimes dérogatoires destinés à encourager et attirer l'investissement privé aussi bien dans la phase d'installation (a) que dans la phase d'exploitation (b).

**a) Les exonérations douanières consacrées dans la phase d'installation**

Dans la perspective de favoriser, promouvoir et attirer les investissements productifs en vue de développer les activités orientées vers la promotion d'une croissance économique forte, durable et partagée, le Cameroun a mis en place la Loi n° 2013/004 du 18 avril 2013 fixant les incitations à l'investissement privé en République du Cameroun. Cette loi s'applique aux opérations d'investissements relatives à la création, à l'extension, au renouvellement, au

- l'ordonnance n° 90/007 du 8 novembre portant Code des investissements du Cameroun ;
- la loi n°2002/004 du 19 avril 2002 relative à la Charte des investissements en République du Cameroun, modifiée d'abord par la loi n° 2004-20 du 22 juillet 2004, puis par l'ordonnance n°2009/001 du 13 mai 2009.

639 NDZANA BILOA Alain Symphorien, *op. cit.*, p. 115.

réaménagement d'actifs et/ou à la transformation d'activités[640]. Mais pour prétendre aux avantages de la loi de 2013, tout investisseur dont l'activité est conforme aux dispositions législatives et réglementaires en vigueur, doit satisfaire l'un des critères ci-après :

- création d'emplois pour les Camerounais, pendant la phase d'exploitation, et selon la taille de l'entreprise et le secteur d'activités, à concurrence d'un emploi au moins par tranche allant de cinq (5) millions de francs CFA à vingt-cinq (25) millions de francs CFA d'investissements programmés, selon le cas ;
- activité annuelle d'exportation à concurrence de 10 à 25 % du chiffre d'affaires hors taxes ;
- utilisation des ressources naturelles à concurrence de 10 à 25 % de la valeur des intrants ;
- contribution à la valeur ajoutée à concurrence de 10 à 30 % du chiffre d'affaires hors taxes[641].

Au plan douanier, pendant la phase d'installation [642]qui ne peut excéder cinq (5) ans, à compter de la délivrance de l'agrément, l'investisseur bénéficie des avantages suivants :

- l'exonération des taxes et droits de douane sur tous les équipements et matériels liés au programme d'investissement ;
- l'exonération de la TVA due à l'importation de ces équipements et matériels[643].

Les incitations douanières communes accordées à la phase d'installation visent à influencer le comportement des différents acteurs dans le sens de la création des entreprises en tant que vivier d'emplois. Pour influencer davantage l'engouement des créateurs de richesse, et soucieux de bâtir une économie compétitive, le gouvernement a élargi les avantages douaniers à la phase d'exploitation.

### b) Les exonérations douanières consacrées dans la phase d'exploitation

La phase d'exploitation correspond à la période de réalisation effective des activités de production, qui débute

[640] Article 2 (2) de la loi n° 2013/004 du 18 avril 2013 fixant les incitations à l'investissement privé en République du Cameroun.
[641] Article 4 de la loi n° 2013/004 du 18 avril 2013, *op. cit.*
[642] La phase d'installation correspond à la période pendant laquelle l'investisseur se consacre à la construction et à l'aménagement des infrastructures et des équipements nécessaires à la mise en place d'une unité de production.
[643] Article 6 de la loi n° 2013/004 du 18 avril 2013, *op. cit.*

- pour les nouveaux investisseurs d'office dès la fin de la phase d'installation ou avant la fin de celle-ci, dès la commercialisation ou la vente des produits, telle que constatée par un arrêté conjoint des ministres des Investissements privés, des Finances et du Commerce ;
- pour les entreprises déjà installées au Cameroun et réalisant de nouveaux investissements, dès la mise en service desdits investissements telle que constatée par un arrêté conjoint des ministres des Investissements privés, des Finances et du Commerce[644].

Au plan douanier, pendant la phase d'exploitation qui ne peut excéder dix (10) ans, en considération de la taille des investissements et des retombées économiques attendues de ceux-ci, l'investisseur peut bénéficier, selon le cas, des exemptions ou des réductions au paiement des taxes, impôts, droits et autres charges suivantes :

- droits de douane, ainsi que tous les autres frais et taxes de services applicables à l'importation d'équipement de tout type, de matériaux de construction, d'outils, de pièces détachées, de produits intermédiaires, de fournitures et de consommables n'ayant pas de similaires fabriqués localement à l'exception des droits et taxes et autres charges de nature non fiscale ayant un caractère de rémunération du service ;
- droits de douane applicables à l'exportation d'équipements de construction et d'équipements des usines de transformation[645].

Dans la même logique, l'investisseur peut en outre, bénéficier des avantages suivants :

- l'exemption au paiement de droits et taxes, redevances de douane, sur les importations de biens d'équipements destinés à être affectés et utilisés pour son programme d'investissement[646].

Bien plus, toute entreprise existante en fonctionnement, engagée dans un programme d'investissement visant l'extension de ses capacités de production, le renouvellement de ses actifs ou l'accroissement de ses performances peut bénéficier pendant une période n'excédant pas cinq (5) ans, des incitations communes visées ci-dessus, lorsque son programme d'investissement assure une augmentation de la production des biens ou des services ou du personnel camerounais à la concurrence de 20 % au moins[647].

Au-delà des incitations communes, des incitations spécifiques peuvent être accordées aux entreprises qui réalisent des investissements permettant d'atteindre les objectifs prioritaires ci-après :

---

644 Article 3 de la loi n° 2013/004 du 18 avril 2013, *op. cit.*

645 Article 7 (1) de la loi n° 2013/004 du 18 avril 2013 fixant les incitations à l'investissement privé en République du Cameroun.

646 Article 7 (2) de la loi n° 2013/004 du 18 avril 2013, *op. cit.*

647 Article 17 de la loi n° 2013/004 du 18 avril 2013, *op. cit.*

- développement de l'agriculture, de la pêche, de l'élevage, des activités d'emballage et stockage des produits d'origine végétale animale ou halieutique ;
- développement de l'offre touristique et des loisirs de l'économie sociale et de l'artisanat ;
- développement de l'habitat et du logement social ;
- promotion de l'agro-industrie, des industries manufacturières, de l'industrie lourde, des matériaux de construction de la sidérurgie, la construction métallique des activités maritimes et de navigation ;
- le développement de l'offre de l'énergie et de l'eau ;
- encouragement du développement des régions et de la décentralisation ;
- lutte contre la pollution et la protection de l'environnement ;
- promotion et transfert des technologies innovantes et de la recherche-développement ;
- promotion des exportations ;
- promotion de l'emploi et de la formation professionnelle[648].

Au plan douanier, toute entreprise qui envisage de réaliser les investissements permettant d'atteindre les objectifs prioritaires susvisés peut prétendre selon le cas au bénéfice des incitations communes ci-après :

- exonération de TVA sur les crédits relatifs au programme d'investissement ;
- exonération du droit de sortie sur les produits manufacturés localement pour les entreprises qui réalisent des opérations d'exportation.

Sur un tout autre plan, le gestionnaire et l'entreprise installée dans les zones économiques de la loi n° 2013/011 du 16 décembre bénéficient de l'ensemble des incitations prévues par la législation relative aux incitations à l'investissement privé en République du Cameroun[649]. La loi sur les zones économiques sinistrées rentre également dans cette catégorie avec les mêmes avantages douaniers.

L'on peut relever tout simplement pour le regretter la multiplicité des lois ordinaires relatives à l'investissement qui tentent à leur manière de développer et de diversifier le tissu industriel à travers de nombreuses mesures incitatives. Ces différentes mesures constituent autant de dépenses fiscales douanières consenties par les pouvoirs publics aux entreprises. Elles affectent durablement l'assiette fiscale douanière. L'impôt est abondamment utilisé au Cameroun à des fins d'attractivité économique dans une compétition au

---

[648] Article 14 de la loi n° 2013/004 du 18 avril 2013 fixant les incitations à l'investissement privé en République du Cameroun.

[649] Article 26 de la loi n° 2013/011 du 16 décembre 2013 régissant les zones économiques.

moins-disant fiscal. Ces mesures préférentielles généreuses dénaturent l'édifice communautaire en zone CEMAC. La Charte des investissements de la CEMAC plaide pour une généralisation de la TVA, une application des droits de douane modérés harmonisés dans le cadre du tarif extérieur commun et de la limitation des régimes dérogatoires[650].

D'ailleurs, toutes les dispositions des codes nationaux des investissements permettant un régime dérogatoire au programme régional des réformes ne sont plus applicables à compter de la date de mise en application de la réforme fiscale et douanière par chaque État membre[651]. En revanche, les dispositions dérogatoires au PRR sont réputées non écrites au cas où elles subsisteraient à la mise en œuvre de la réforme fiscale et douanière ou à la révision de ces codes[652]. Les codes nationaux des investissements ne sont pas supprimés. Ils restent valables dans leurs dispositions non contraires au PRR, notamment en ce qui concerne les avantages extrafiscaux tels que les privilèges sociaux, et les avantages de fiscalité directe. Il est donc urgent que le Cameroun réalise un bond qualitatif pour arrimer sa fiscalité aux standards internationaux, mais en attendant, la saignée se poursuit sur le terrain des ordonnances consacrant l'apologie de l'État présidentiel[653].

#### 4. La pratique des ordonnances dans la consécration des exonérations douanières au Cameroun

La prolifération des textes consacrant les exonérations douanières se poursuit sur le plan interne au travers des ordonnances. L'un des traits est également la diversité qui les caractérise. Elles sont la traduction de la prééminence de l'exécutif dans l'élaboration de la politique fiscale, malgré la consécration constitutionnelle d'une attribution parlementaire de principe. Dans ce sillage, le Parlement peut habiliter le président de la République à légiférer par ordonnances[654]. Ainsi, à travers ces ordonnances, le président de la République peut être autorisé à accorder par cet instrument des restrictions à l'application de la législation douanière. Le paysage fiscal regorge de nombreuses ordonnances qui consacrent les exonérations relatives à la vie chère (a) et celles relatives à l'investissement (b).

---

[650] Article 19 du règlement n° 17/99/CEMAC-020-CM-03 relatif à la charte des investissements de la CEMAC.

[651] Article 1er Acte n°3/93-UDEAC-556-CD-SEI portant mise en conformité des codes des investissements avec le Programme régional des réformes fiscales et douanières (PRR).

[652] *Idem.*

[653] ATANGANA Étienne Joël Louis, *La révision des constitutions en droit camerounais*, Thèse de doctorat Ph.D en droit public, Université de Douala, 2012, p.366.

[654] Article 28 de la constitution du 18 janvier 1996. Lire aussi, TJOMB (E), *Les ordonnances en droit positif camerounais*, Mémoire de maîtrise en droit public, Université de Yaoundé, 1991.

### a) Les ordonnances et les mesures exonératoires de lutte contre la vie chère et la pandémie de la COVID-19

L'Afrique centrale est le théâtre de nombreuses maladies et autres poussées inflationnistes. Aussi, l'envolée des prix de denrées de première nécessité a provoqué le courroux des consommateurs qui sont descendus dans la rue pour exprimer leur « ras-le-bol » vers la fin du premier trimestre 2008[655]. Le Cameroun n'a pas échappé à cette vague de protestations. Aussi, face à la flambée des prix et dans un souci d'atténuer les effets de l'inflation, les pouvoirs publics ont pris des mesures exonératoires à travers des ordonnances. Dans cette perspective, dans une volonté de protéger les catégories les plus démunies de la population, de nombreuses ordonnances ont été prises, surtout pour alléger la fiscalité des produits de première nécessité. L'on peut citer entre autres :

- l'ordonnance n° 2006/002 du 30/10/2006 modifiant et complétant l'ordonnance n° 2006/001 portant révision de la fiscalité applicable à certains produits de première nécessité ;
- l'ordonnance n° 2008/001 du 7 mars 2008 portant révision du taux du tarif extérieur commun applicable à l'importation du ciment ;
- l'ordonnance n° 2008/002 du 7 mars 2008 portant suspension des droits et taxes de douane à l'importation de certains produits de première nécessité[656].

Plus récemment, la survenue de la COVID-19 a obligé le président de la République à signer une ordonnance modifiant et complétant certaines dispositions de la loi de finances 2020[657], recentrée sur la lutte contre la pandémie. Ainsi, ce dispositif exonère totalement les droits et taxes de douane à l'importation de produits et matériels de prévention et de lutte contre la COVID-19. Une liste de produits exonérés est prise à cet effet pour une durée de six (6) mois[658]. Dans le même sillage, les achats des équipements, matériels et produits destinés à la lutte contre le coronavirus sont exonérés de la taxe sur la valeur ajoutée (TVA)[659]. Ce collectif budgétaire procède de l'urgence d'une

---

655 IREH ASSIM Thomas, *La TVA en Afrique centrale*, *op. cit.*, p. 309.

656 Ces produits notamment le poisson congelé, le riz, le sel brut, la farine et les tourteaux de maïs, de troisième catégorie devenaient ainsi par voie d'ordonnance présidentielle, des produits de première nécessité grâce à leur reclassement douanier afin d'améliorer la qualité de vie des populations.

657 Ordonnance n° 2020/001 du 3 juin 2020 modifiant et complétant certaines dispositions de la loi n° 2019/023 du 24 décembre 2019 portant loi de finances de la République du Cameroun pour l'exercice 2020.

658 Article treizième (bis), ordonnance n° 2020/001 du 3 juin 2020 modifiant et complétant certaines dispositions de la loi n° 2019/023 du 24 décembre 2019 portant loi de finances de la République du Cameroun pour l'exercice 2020.

659 Article quinzième (bis), 2 (a), ordonnance *op. cit.*

rectification des prévisions en matière budgétaire ainsi que d'une volonté de combattre efficacement la COVID-19.

Les exonérations douanières par ordonnance visent à juguler des crises ponctuelles, notamment dans le domaine de la lutte contre la vie chère et de lutte contre les pandémies. Cependant, le potentiel taxable a été gravement réduit par le rétrécissement de l'assiette fiscale qui rampe à contre-courant du rendement[660]. Le Cameroun pourrait également voir sa marge de manœuvre budgétaire diminuer par la présence des ordonnances consacrant des mesures d'exonération relatives aux investissements.

### b) Les ordonnances et les mesures exonératoires attractives

Dans le contexte camerounais, l'on pourrait s'imaginer que les ordonnances présidentielles étaient prises pour parer au plus pressé, pour juguler des situations de crises urgentes[661]. Que non ! Un regard rétrospectif dans le paysage fiscal camerounais prouve le contraire. Des ordonnances ont été prises pour régir un pan entier de l'activité économique du pays. Aussi, l'éparpillement des mesures exonératoires s'est poursuivi dans l'attractivité du territoire à travers des ordonnances. L'on peut citer notamment :

- l'ordonnance n° 90/007 du 8 novembre 1990 portant Code des investissements du Cameroun ;
- et surtout l'ordonnance n° 90/001 du 29 janvier 1990 créant le régime de la zone franche au Cameroun, ratifiée par la loi n° 90/023 du 10 août 1990.

Dans ce dispositif d'attractivité, les exonérations douanières jouent un rôle de premier plan. Ainsi, dans le cadre de l'ordonnance n° 90/001 du 29 janvier 1990, le législateur accorde aux entreprises éligibles à la zone franche, une exonération totale des droits de douane sur les machines, les équipements et matériels destinés à la production, l'exonération des droits d'entrée sur les matières premières à transformer dans toute usine opérant dans la zone franche. La zone franche est, dès lors considérée comme une aire géographique, située à l'étranger grâce à une fiction juridique et dérogeant des régimes existants jusqu'ici dans la réglementation douanière[662]. Ces dispositifs relèvent de la génération des mesures d'incitations fiscales prises au plus fort de la crise économique pour rendre attractif le territoire camerounais à un moment critique

---

[660] IREH ASSIM Thomas, *La TVA en Afrique centrale*, *op. cit.*, p. 311.

[661] ESSOMBA Ambroise Louison, *Le domaine du pouvoir réglementaire du Premier ministre au Cameroun*, Thèse de doctorat/Ph. D. en droit public, Université de Douala, 2012, p. 195.

[662] Pour plus d'éclairage sur les zones franches, lire KANGUEU EKEUH Robert, *Les aspects institutionnels, juridiques et pratiques des zones franches africaines : le cas du Cameroun, du Togo et de la Tunisie,* Thèse de doctorat, Paris XII,1997, lire aussi, MOUANGUE KOBILA James, *Le Cameroun face à l'évolution du droit international de l'investissement*, Thèse de doctorat, Université de Yaoundé II, 2004.

de l'histoire de ce pays[663]. Il s'agissait pour les pouvoirs publics de donner des signaux de crédibilité et d'attractivité aux investisseurs à travers l'octroi d'avantages fiscaux dérogatoires du droit commun[664].

L'utilisation des ordonnances dans la consécration des exonérations douanières montre à quel point l'interventionnisme fiscal a été banalisé au Cameroun. L'incursion de la législation nationale est flagrante et dénoncée pour son illégalité. L'on aurait souhaité voir une réponse globale de la sous-région face aux événements touchant à la sécurité alimentaire et à la santé publique. Les États membres se doivent de respecter leurs engagements communautaires. Mais au-delà des ordonnances, une autre curiosité au Cameroun est l'existence d'une cohorte des exonérations douanières en marge de celles prévues par la loi. Elles se retrouvent dans des conventions d'établissement et autres autorisations administratives. Aussi, les avantages douaniers sont disséminés dans plusieurs textes internes de valeur infralégislative.

## B- La multiplicité des mesures infralégislatives consacrant les exonérations douanières

De nombreuses dispositions infralégislatives viennent étoffer le dispositif normatif instituant les mesures douanières exonératoires au Cameroun. Aussi, une abondante législation nationale sur les régimes dérogatoires est entretenue par différentes autorités à des degrés divers de l'administration camerounaise[665]. L'on assiste ainsi à une consécration normative des mesures douanières exonératoires manquant de cohérence, parce qu'éparpillées dans de nombreux textes. Elle traduit ainsi l'absence d'unicité conceptuelle de la politique fiscale en matière de régime dérogatoire au Cameroun[666]. L'hétérogénéité des instruments juridiques consacrant les mesures exonératoires laisse voir les textes réglementaires (1) et les sources contractuelles (2).

### 1. Les mesures réglementaires et la consécration des exonérations douanières au Cameroun

L'environnement douanier camerounais est marqué par une forte propension à la banalisation des exonérations douanières, une forte tendance à l'esquive et à l'évitement de l'impôt douanier. Ainsi, la multiplication des normes réglementaires instituant des exonérations douanières au Cameroun est une donnée constante. Elle est la résultante de l'intervention de plusieurs

---

663 EVINA OBAM Richard, *La politique fiscale au Cameroun depuis les années 1980*, *op. cit.*, p.100.
664 EVINA OBAM Richard, *idem.*
665 VIEUX PE Pierre, *La problématique de l'évaluation des dépenses fiscales de porte au Cameroun*, *op. cit.*, p. 12.
666 EVINA OBAM Richard, *La politique fiscale au Cameroun depuis les années 1980, op. cit.*, p. 119.

autorités administratives à divers niveaux de la hiérarchie douanière. Ces autorités se retrouvent au niveau central (a) et déconcentré (b).

**a) Les mesures réglementaires exonératoires des autorités centrales**

Dans la galaxie des normes réglementaires consacrant les exonérations douanières, l'on recense les décrets, les arrêtés, les instructions et les circulaires. Ces normes sont des actes administratifs de portée générale ou individuelle [667]qui imposent respect, obéissance et exécution d'office vis-à-vis des particuliers. Ces mesures des autorités centrales proviennent essentiellement du Président de la République, du ministre des Finances et du directeur général des douanes.

Concernant le ministre des Finances, malgré les interdictions du code des douanes, il est un acteur majeur dans l'octroi des exonérations douanières. Dans le contexte camerounais, le ministre des Finances peut exceptionnellement et de manière discrétionnaire prendre des décisions accordant des exonérations douanières à certains usagers de la douane. Dans cette perspective, dans des réponses à des sollicitations diverses, le ministre peut ainsi écrire « compte tenu des raisons sus-évoquées… Je vous accorde à titre exceptionnel, le bénéfice de la mesure sollicitée ou alors, je vous accorde à titre exceptionnel, un abattement de … »[668]. Ces faveurs permettent de naviguer entre les abattements, qui sont l'application d'un certain taux sur la valeur imposable de la marchandise importée pour réduire les droits et taxes à supporter par l'usager. Ces facilités peuvent également prendre la forme des déclassements tarifaires. Le ministre des Finances n'est pas la seule autorité à évoluer en marge de la réglementation communautaire. Il est souvent concurrencé par le directeur général des douanes.

En dépit également de l'interdiction du code des douanes[669], le directeur général des douanes est un acteur fiscal majeur dans l'octroi des exonérations douanières. En effet, au regard des statistiques, d'importantes dépenses fiscales sont consacrées par le directeur général des douanes. Il le fait en termes identiques à ceux du ministre des Finances. À titre d'illustration, dans le cadre d'adaptation des taux d'imposition tarifaire à l'activité industrielle, le redevable qui souhaite bénéficier de cette facilité doit introduire une requête

[667] Lire MBALLA OWONA Robert, *La notion d'acte administratif unilatéral au Cameroun*, Thèse pour le doctorat Ph. D. en droit public, Université de Yaoundé II-SOA, 2010, 752 pages ; voir aussi, ESSOMBA Ambroise Louison, *Le pouvoir réglementaire du Premier ministre*, Thèse pour le doctorat Ph. D. en droit public, Université de Douala, 2011-2012, 564 pages.

[668] Lettre n° 00001730/MINFI/DGD du 26 mai 2010 signée du MINFI et accordant de manière pérenne l'exonération totale des droits et taxes de douanes et de TVA à la société TOTAL S.A pour toutes ses importations de lampes solaires au Cameroun.

[669] Article 42, Acte n° 2/92-UDEAC-556-CD-SE1 portant révision de l'Acte n°13/65-UDEAC-35 fixant les conditions d'application de l'article 241 du Code des Douanes de l'UDEAC. Ainsi, les franchises accordées à titre exceptionnel par les ministres des Finances ou les Directeurs nationaux des Douanes sont supprimées.

auprès du directeur général qui est seul habilité à autoriser ce déclassement tarifaire[670]. Ces exonérations sont dites discrétionnaires. Elles sont appliquées au cas par cas, très souvent sans aucune base juridique. Dans la même veine, l'on a vu le directeur général des douanes par une simple note de service, remettre en cause le tarif communautaire relatif à l'importation des conserves de sardine. Ainsi, par note de service portant application des facilités douanières exceptionnelles, *« le service et les usagers sont informés que le dédouanement des conserves de sardines continue de s'effectuer aux conditions ci-après ; DDI : au taux de 10 % »*[671]. L'on sait pourtant que le taux communautaire des conserves de sardines est fixé à 30 %. Les exonérations douanières exceptionnelles nuisent aux efforts de développement et vont toujours à l'encontre des objectifs de mobilisation des recettes.

**b) Les mesures exonératoires des autorités douanières déconcentrées**

Plusieurs autorités interviennent dans la création des exonérations douanières au niveau régional et local. Il s'agit entre autres des chefs de secteur, responsables des régions et des différents chefs des structures locales de collecte des recettes. Le chef de secteur au niveau régional est situé au sommet de la pyramide administrative douanière[672]. Son action se situe dans le prolongement de celle du directeur général[673]. Sa position hiérarchique lui donne l'opportunité d'accorder des privilèges douaniers à certains usagers du service. Ces exonérations sont dites discrétionnaires et très décriées par les institutions financières internationales. Les chefs des unités locales de collecte des recettes interviennent aussi dans l'octroi des exonérations douanières. Ces chefs détiennent un pouvoir discrétionnaire énorme pour faire baisser les valeurs imposables. Une telle réduction de valeur doit être encadrée au risque d'encourager des comportements déviants. Les évaluations manuelles sont également des occasions données aux chefs des unités de collecte de faire bénéficier des mesures préférentielles à certains usagers du service.

Au final, ni le ministre des Finances ou tout autre organe gouvernemental ou ministériel tel qu'une commission d'investissement, ni la direction générale des douanes, ni un agent des douanes local ne doivent être habilités à accorder des exonérations sur la base discrétionnaire. D'ailleurs, ces actions

---

670 Voir circulaire précisant les modalités d'application de certaines dispositions de la loi n° 2017/021 du 20 décembre 2017 portant loi de finances de la République du Cameroun pour l'exercice 2018.

671 Note de service n° 367/MINFI/DGD du 2 novembre 2020 portant application des facilités douanières exceptionnelles à l'importation des conserves de sardines.

672 Voir TCHAPA TCHOUAWOU, *Vade-mecum du chef de bureau, du chef de secteur des douanes*, Douala, Alpha print, 2004, 212 pages, lire aussi, BELLA AMBATINDA Claude Henri, *L'école du chef de brigade des douanes camerounaises*, Paris, L'Harmattan, 2018, 249 pages.

673 Ses attributions font l'objet de l'article 327 du décret n° 2013/066 du 28 février 2013.

des autorités nationales ne trouvent leur fondement dans aucun texte, chose curieuse comme l'est désormais la création des exonérations par des instruments contractuels.

### 2. Les instruments conventionnels consacrant les exonérations douanières au Cameroun

Une autre incohérence dans le contexte camerounais est l'application dévoyée de la réglementation douanière communautaire à travers la démultiplication des conventions. L'approche contractuelle est désormais présente dans le paysage administratif fiscal camerounais. Cette approche marque une rupture avec un passé ponctué des relations autoritaires où la méconnaissance du statut citoyen des contributeurs était l'apanage des administrations[674]. En effet, soumis à la pression de divers lobbies, l'État éprouve une difficulté certaine à orienter ses interventions en fonction de l'intérêt général et du bien public. La contractualisation fait ainsi son intrusion dans l'échiquier fiscal. Cette approche contractuelle d'élaboration des dispositions fiscales est source de nombreuses dépenses. Cette politique juridique de contractualisation au plan fiscal se traduit par des conventions d'établissement ou d'investissement (a) et des cahiers de charge ou des protocoles (b).

#### a) Les conventions d'établissement ou d'investissement et la consécration des mesures exonératoires.

L'analyse des exonérations douanières par source légale montre une prépondérance des exonérations liées aux conventions avec l'État. Les conventions sont des sources contractuelles de création des exonérations douanières. Ainsi, les conventions d'établissement définissent les conditions d'application de la fiscalité dans un secteur bien déterminé. Les sources contractuelles sont très usitées dans les secteurs d'activités comme les mines, les hydrocarbures, les forêts et bien d'autres[675]. Les conventions d'établissement ont pour fondement les codes d'investissements ou les lois fixant les incitations à l'investissement privé en République du Cameroun. Dans cette perspective, toute entreprise considérée comme prioritaire et capable de favoriser, de promouvoir et d'attirer les investissements productifs en vue de développer les activités orientées vers la promotion d'une croissance économique forte, durable et partagée, ainsi que de l'emploi[676], peut passer avec le gouvernement une convention d'établissements qui lui impose un

---

674 EVINA OBAM Richard, *La politique fiscale au Cameroun*, *op. cit.*, p. 133.

675 BOHEK Edwige Lucie, *La fiscalité pétrolière des États membres de la CEMAC : les mesures incitatives*, *op. cit.*, p. 31. Lire aussi DIKOUME Albert Léonard, *op. cit.*, p. 87.

676 Titre (I), article 1er (2) de la loi n° 2013/ 004 du 18 avril 2013 fixant les incitations à l'investissement privé en République du Cameroun.

certain nombre d'engagements et lui offre en retour de nombreux avantages et garanties.

C'est d'ailleurs dans le cadre des garanties et autres avantages que sont consacrées les exonérations douanières partielles ou totales. Concrètement, l'on peut citer la convention d'établissement entre la République unie du Cameroun et la compagnie PECTEN CAMEROON. Dans cette convention et au niveau du régime douanier, PECTEN bénéficie de l'entrée en franchise des droits et taxes du matériel pétrolier de prospection et d'exploration. Bien plus, pendant la phase de production qui ne peut excéder cinq (5) ans, PECTEN bénéficiera d'une réduction au taux de 5 % pour tout matériel rentrant dans la production. Dans la même veine, l'on peut illustrer par la convention d'investissement relative au développement et à l'exploitation des carrières et d'une cimenterie entre le gouvernement de la République du Cameroun et DANGOTE INDUSTRIES LIMITED. Dans cette convention, en contrepartie de la satisfaction des besoins énormes en ciment du pays, ainsi que de l'impact économique et social attendu, l'État est disposé à faciliter la mise en œuvre du projet, à travers l'octroi d'avantages fiscaux et douaniers. Dans ce sillage, et au plan douanier, pendant la phase d'implantation dont la durée est de trois (3) ans, l'État accorde à DANGOTE les mesures incitatives ci-après :

- l'exonération de TVA sur les importations destinées à la mise en place du projet en équipements, pièces de rechange et intrants destinés aux essais suivant les listes qui seront approuvées par le ministre de l'Industrie[677] ;
- l'application du taux de 5 % du droit de douane sur le carburant, les matières premières (gypse, clinker), les emballages de tout genre non réutilisables, les équipements et matériels (y compris les matériaux de construction, machines et équipements ou pièces de rechange), les fournitures liées à ces équipements et le matériel nécessaire à la mise en œuvre du projet qui sont importés par DANGOTE ou ses contractants[678].

Pendant la phase d'exploitation, les matières premières (gypse, clinker), le carburant, les emballages de tout genre non réutilisables, les équipements et matériels (y compris matériaux de construction, équipements ou pièces de rechange) les fournitures liées à ces équipements qui sont importés par DANGOTE ou ses contractants, sont assujettis à 5 % de droit de douane[679].

En se rapportant à la loi fixant les incitations à l'investissement privé au Cameroun, le paysage fiscal camerounais s'est enrichi de nombreuses

---

[677] Article 18 (3) (vi), Convention d'investissement relative au développement et à l'exploitation des carrières et d'une cimenterie entre le gouvernement du Cameroun et DANGOTE INDUSTRIES LIMITED.

[678] Article 18 (3) (vi), *op. cit.*

[679] *Idem.*

conventions d'établissement ou d'investissement. La globalisation économique a engendré simultanément aussi les nouvelles stratégies de maximisation de la valeur des multinationales dans la recherche effrénée des bénéfices et une recrudescence des formes d'incitations économiques dans les États à travers des outils conventionnels[680]. Ces conventions mettent à rude épreuve la base d'imposition douanière. La base d'imposition douanière est d'autant fragilisée, parce que les entreprises recherchent les gains fiscaux à travers des choix appropriés qui portent sur une série d'avantages de localisation, surtout que les firmes retiennent comme territoires d'accueil de leurs investissements, uniquement ceux qui renforcent leur compétitivité[681]. Cette recherche effrénée de gains fiscaux avec leurs effets néfastes sur les recettes douanières va se poursuivre sur le terrain des protocoles d'accord et des cahiers de charge.

### b) La pratique des cahiers de charges et autres protocoles d'accord dans la consécration des mesures exonératoires

La prolifération désordonnée des textes créant des exonérations douanières trouve son expression facile à ce niveau au travers des cahiers de charges. Les démarches incessantes des lobbies et le syndrome du « pourquoi pas nous ? », qui apparaît régulièrement à la suite de la création d'une niche en faveur d'un concurrent peuvent justifier cet état de choses. Une niche peut ainsi voir son périmètre s'élargir sous l'effet des lobbies qu'elle a elle-même contribué à créer ou à renforcer[682]. L'on observe un phénomène de contagion de l'exonération entre les entreprises similaires ou d'un secteur d'activité à un autre, du fait des revendications des entreprises concurrentes. Ainsi s'installe la banalisation des mécanismes d'octroi des exonérations douanières à travers la signature des cahiers des charges et autres protocoles d'accord.

Chaque groupe de pression à son niveau veut obtenir le précieux sésame. Cette banalisation des exonérations douanières est souvent la résultante des rapports entretenus à travers la collusion entre le politique et le monde des affaires[683]. Cette situation est souvent favorable au développement de la corruption et beaucoup d'autres comportements déviants, nuisibles aux efforts de mobilisation des recettes douanières. Dans cette perspective, les cahiers de charges signés entre le gouvernement camerounais et certaines entités économiques comportent des stipulations faisant allusion aux exonérations

---

680 TEDOUNFOUET Martial Aimé, *La problématique des prix de transfert dans un contexte camerounais d'incitation des entreprises multinationales à l'investissement privé*, Mémoire de Master II en fiscalité appliquée, Université de Douala, 2013/2014, 168 pages.

681 *Idem.*

682 PICHET Éric, *Théorie générale des dépenses sociofiscales*, *op.cit.*, p. 102.

683 BAZART Cécile, *La fraude fiscale : modélisation du face-à-face État-contribuable*, Thèse de doctorat, Université de Montpellier.

douanières. L'on peut évoquer pour l'illustrer les cas du chantier naval industriel, la société CICAM, PROMETAL[684] et les Aciéries du Cameroun[685].

Au Cameroun, il n'est pas rare de voir naître des instruments conventionnels intitulés « cahiers des charges » se substituer à l'action des instances communautaires. Un acte conventionnel interne ne saurait valablement déroger à des principes dûment posés par la loi communautaire, encore moins outrepasser la sphère matérielle circonscrite par le législateur communautaire. Ces dérogations au droit commun participent de la complexification de la galaxie des mesures de politique fiscale prises par le gouvernement[686]. D'autant plus que ces instruments conventionnels ont tendance à s'orienter vers l'octroi d'avantages fiscaux par voie de contournement de la législation habituelle[687].

En tout état de cause, l'approche contractuelle dans la conduite des politiques fiscales douanières est devenue une réalité dans le paysage juridico-politique camerounais. Mais il convient de prévenir les dysfonctionnements et dérives qui surviendraient dans la mise en œuvre de cette orientation. Aussi, madame LIBOM LI LIKENG le faisait savoir notamment, la pratique des cahiers de charges et autres protocoles d'accord particulier prévoyant des exonérations et autres dérogations tarifaires à la carte, sont perçus comme un facteur d'incertitude, ayant par ailleurs pour effet de vicier le libre jeu de la concurrence entre les acteurs évoluant dans un même espace économique[688].

L'approche contractuelle doit être canalisée au risque de voir une érosion importante de l'assiette fiscale douanière. La portée juridique de ces instruments conventionnels doit d'ailleurs être questionnée. Les bouleversements et mutations qui se produisent sous la pression des lobbies et autres ne doivent pas être de nature à remettre en cause fondamentalement la réglementation douanière communautaire. Il est question de faire un usage intelligent de l'approche conventionnelle. Aussi, il faut renforcer la place du contrat là où il est synonyme d'efficacité de l'action publique[689].

---

684 Voir cahier de charges entre PROMETAL et le gouvernement camerounais du 4 juin 2010, ce Cahier contient d'énormes avantages douaniers concédés à l'entreprise PROMETAL notamment l'exonération de toute importation rentrant dans la fabrication du fer à béton.

685 Voir cahier de charge entre les Aciéries du Cameroun et le gouvernement camerounais du 18 juillet 2007. Les mêmes facilités douanières accordées à l'entreprise PROMETAL sont accordées aux Aciéries du Cameroun à savoir l'exonération des intrants dans la fabrication du fer.

686 EVINA OBAM Richard, *La politique fiscale au Cameroun depuis les années 1980, op. cit.*, p. 134.

687 *Idem.*

688 Exposé de madame le directeur général des douanes sur le thème « les instruments douaniers de soutien à l'activité économique », conférence annuelle des responsables des services centraux, déconcentrés et extérieurs du ministère des Finances, Palais des congrès, Yaoundé du 19 au 21 janvier 2010.

689 EVINA OBAM Richard, *op. cit.*

D'ailleurs, se basant sur la réforme fiscale et douanière de 1994, les États membres veilleront à ce que les conventions contenant des dispositions accordant un régime dérogatoire soient mises en conformité avec le programme régional de réforme (PRR) au plus tard au 31 décembre 1995. Pour cela, les États membres renégocient les conventions dans les conditions permettant de les mettre en conformité avec les dispositions fiscales et douanières de la réforme[690]. Cependant, l'on assiste plutôt à un renouveau des conventions d'établissement dans le paysage fiscal camerounais. Les instruments conventionnels variés limitent les possibilités de mobilisation des recettes.

690 Acte n°4/93-UDEAC-556-CD-SEI visant la mise en conformité des conventions d'établissement avec le programme régional des réformes (PRR).

## CONCLUSION DU CHAPITRE I

Malgré la limitation des régimes dérogatoires prônée par la réforme fiscale et douanière de 1994, l'on assiste au Cameroun à un renouveau dans la conduite des politiques fiscales et douanières. Ce renouveau est axé sur un regain d'intérêt accordé aux exonérations douanières. Cette résurgence des mesures préférentielles intervient dans le cadre de l'allègement du service de la dette à la suite de l'atteinte du point d'achèvement de l'initiative PPTE en 2006. Ainsi, l'option de politique économique visant à créer la croissance et le bien-être des Camerounais amène les pouvoirs publics camerounais à un changement impérieux d'orientation par adoption d'une politique douanière de stimulation du potentiel productif. Désormais, la multiplicité des exonérations est l'une des manifestations tangibles du renouveau de la politique fiscale incitative et attractive en cours en zone CEMAC.

Dans cette perspective, la conception des exonérations douanières au Cameroun est désormais extensive et moins rigoureuse dans un contexte de forte incitation à l'investissement et des multiples sollicitations sociopolitiques. La structure des dépenses fiscales au Cameroun laisse apparaître de nombreuses exonérations douanières à finalité économique et sociale. Phénomène croissant et préoccupant, la prolifération des exonérations douanières intéresse tous les secteurs de la vie socioéconomique (bâtiments et travaux publics, commerce, industrie, santé, culture, sport, éducation, exportations, agriculture et bien d'autres). Cette conception extensive et flexible profite aussi à de nombreux bénéficiaires (personnes morales ou physiques, entreprises des zones franches, entreprises du secteur de l'énergie, entreprises du secteur immobilier et de l'habitat, entreprises minières, pétrolières ou nouvelles, organismes internationaux et bien d'autres).

La diversité des secteurs et des personnes bénéficiaires est la résultante de la diversité des objectifs avoués ou inavoués assignés aux exonérations douanières notamment ; l'accompagnement de la politique de relance économique, l'encouragement à la réalisation d'œuvre à caractère social et humanitaire, la facilitation de la réalisation des projets d'État, l'incitation à l'investissement et au réinvestissement, la promotion des programmes de l'habitat et des logements à caractère économique et social, le soutien à la création des entreprises et la politique de l'emploi et de la lutte contre le chômage, le soutien de la politique sociale, culturelle et sportive de l'État, le développement de la pêche et de l'élevage, le développement des zones franches, le développement du secteur agricole, le soutien au développement des secteurs énergétique, minier, pétrolier, le soutien au secteur de l'éducation et de la formation, le soutien aux entreprises et au secteur privé, le soutien aux zones économiquement sinistrées et bien d'autres objectifs inavoués notamment politiques (lutte contre la vie chère, lutte contre les exaspérations sociopolitiques et la distribution des privilèges aux affidés politiques).

En somme, comme le rapporte Laurent Benzoni[691], ces objectifs peuvent être regroupés en trois catégories plus générales :

- la recherche de l'efficacité économique pour pallier un marché ou une concurrence inefficace liée soit à la présence d'un rendement croissant, soit à la présence d'externalités positives ou négatives ;
- la recherche de l'efficacité sociale pour une meilleure égalisation des acteurs en concurrence sur le marché ;
- la recherche de l'intervention politique pour maximiser le soutien des électeurs indépendamment des deux premiers critères d'efficacité économique et sociale.

Plus les exonérations douanières totales ou partielles sont nombreuses, plus la base d'imposition se rétrécit. Elle se traduira par une perte énorme des recettes d'où la nécessité d'une cohérence des textes qui les consacrent. Malheureusement, au Cameroun, à la diversité des objectifs assignés va correspondre un éparpillement du dispositif légal de création des exonérations douanières. En effet, le régime fiscal des exonérations douanières est marqué par de nombreuses incohérences qui semblent travestir l'idéal d'unicité conceptuelle. Dans ce sillage, les dépenses fiscales douanières proviennent des dispositions issues des conventions avec l'État, traités et accords internationaux, le régime minier, le régime pétrolier, le régime des codes et lois d'investissement, le régime de zone franche, le code des douanes, le code général des impôts et les mesures issues des autres lois et dispositions diverses. Tout le contraire des prescriptions communautaires. Cette incohérence juridique des mesures de politique fiscale incitative va se traduire par une mise en œuvre lacunaire des exonérations douanières dans le contexte camerounais. Cette mise en œuvre dévoyée va d'ailleurs conduire davantage à un rétrécissement ou une contraction de la base douanière imposable.

---

691 BENZONI Laurent, « Les aides d'État et leur impact sur la concurrence dans les échanges entre les États membres », *Revue de la concurrence et de la consommation*, mai-juin 2003, N°133, p. 12.

# CHAPITRE II :

# UNE MISE EN ŒUVRE LACUNAIRE DES EXONÉRATIONS DOUANIÈRES

L'analyse croisée des dispositions communautaires notamment, le traité de l'union douanière et économique de l'Afrique centrale[692], la convention régissant l'union économique de l'Afrique centrale[693], la charte des investissements de la CEMAC[694], le règlement relatif à la concurrence[695], fait constater que les contraintes imposées à l'interventionnisme fiscal en zone CEMAC ont réellement circonscrit l'autonomie fiscale des États membres[696]. En effet, ces dispositions prônent une neutralité de l'impôt dans l'ordre fiscal communautaire, une économie libérale ouverte à la concurrence avec une interdiction des aides d'État de nature fiscale. D'ailleurs, un véritable processus d'harmonisation fiscale a été réalisé en matière de fiscalité indirecte (droit de douane, TVA et droit d'accises) dans le but de favoriser le libre jeu de la concurrence, essentiel pour un développement économique juste, équilibré et durable pour l'ensemble de l'Union.

Désormais, le droit communautaire de la concurrence encadre les pratiques étatiques en particulier, les aides publiques susceptibles de fausser la concurrence en favorisant certaines entreprises ou certaines productions. Allant dans ce sens, les pratiques étatiques anticoncurrentielles ne peuvent être appréhendées que par les autorités communautaires. Ces autorités ont pour credo la recherche de la neutralité dans les interventions étatiques dans les différentes économies de la zone CEMAC.

Pourtant, le déploiement des exonérations douanières au Cameroun soulève des objections multiples notamment des autorités communautaires de la CEMAC. En effet, soumis à la pression des objectifs multiples et à celles des divers lobbies, ou plus simplement des urgences liées aux préoccupations économiques et sociales, l'État camerounais éprouve une difficulté certaine à

---

692 Suivant modifications de l'Acte n°2/91-UDEAC-556-CE-27 du 6 décembre 1991 à Libreville, notamment le chapitre consacré à la clause de sauvegarde.

693 Convention régissant l'UEAC du 5 juillet 1996 au regard des articles 23 à 25.

694 Règlement n°17/99/CEMAC-020-CM-03 relatif à la charte des investissements de la CEMAC.

695 Règlement n° 06/19-UEAC-CM-33 relatif à la concurrence notamment les pratiques étatiques affectant le commerce entre les États membres.

696 GODBOUT Luc, *L'intervention gouvernementale par la politique fiscale, le rôle des dépenses fiscales, étude comparée : Canada, États-Unis, France, op.cit.*, p.199.

orienter ses interventions suivant un canevas bien tracé par la réglementation communautaire. Aussi, le recours aux dépenses fiscales notamment à travers les exonérations douanières connaît un exceptionnel développement malgré la réforme fiscale et douanière de 1994. Cette prolifération se fait à un moment où s'affirment de manière plus précise les contraintes juridiques pesant sur les initiatives fiscales des législateurs nationaux. En réalité, les contraintes communautaires devraient pousser l'État camerounais à un renouvellement des méthodes d'action économique et sociale par l'impôt. Ainsi, la mise en application des exonérations douanières devrait respecter les prescriptions communautaires. L'on est très loin de la réalité au Cameroun. Le pilotage des exonérations douanières est caractérisé par une non-prise en compte des exigences communautaires (section I) avec une gestion administrative tout aussi défaillante (section II).

## SECTION I : UNE MISE EN ŒUVRE DÉVOYÉE DES EXIGENCES COMMUNAUTAIRES

Point n'est besoin de revenir longuement sur la hiérarchie des normes pour souligner que les règles de droit communautaire s'imposent en principe, dans les ordres juridiques internes des États membres. Dans cette lancée, le droit communautaire en zone CEMAC est marqué de l'empreinte de la prohibition des restrictions fiscales à la libre circulation des marchandises. Aussi, dans le cadre de l'harmonisation en cours, les États membres adoptent, appliquent et maintiennent une législation et une réglementation douanière commune en ce qui concerne les droits et taxes à l'importation[697]. En cela, les mesures dérogatoires n'existent que dans le cadre de la clause de sauvegarde. Cette clause ne peut être mise en œuvre que dans les conditions bien déterminées[698].

Dans la même veine, la Charte des investissements de la CEMAC invite les États membres à veiller à une application rigoureuse de la réforme fiscale et douanière de 1994, notamment en ce qui concerne la limitation des régimes dérogatoires[699]. Bien plus ces États doivent attacher du prix au recouvrement systématique des recettes fiscales et douanières, afin d'équilibrer les recettes

---

[697] Article 29 du traité-UDEAC suivant modifications de l'Acte n°2/91-UDEAC-556-CE-27 du 6 décembre 1991 à Libreville.

[698] Selon l'article 37 du traité instituant l'UDEAC, dans le cas où, pour faire face aux nécessités de son développement ou aux besoins de son industrialisation, un État membre envisage de recourir à des mesures dérogeant aux dispositions du présent traité, cet État membre en informe immédiatement le Comité de direction qui peut l'y autoriser à titre temporaire. Si des perturbations se produisent dans un secteur de l'activité économique d'un ou de plusieurs États membres, ou si des difficultés surgissent pouvant se traduire par l'altération grave d'une situation économique régionale, les États membres peuvent prendre immédiatement les mesures nécessaires au rétablissement d'une situation saine. Ils en informent le Comité de direction en lui fournissant les éléments d'appréciation.

[699] Article 2 du règlement n°/17/99/CEMAC-020-CM-03 relatif à la Charte des investissements de la CEMAC.

et les dépenses publiques[700]. La charte engage les États à l'application généralisée de la taxe sur la valeur ajoutée (TVA), assurant ainsi une fiscalité indirecte simplifiée et neutre pour l'entreprise[701]. Dans la même lancée, les États membres veilleront à la mise en conformité des conventions d'établissement et des codes nationaux d'investissement avec le programme régional des réformes (PRR).

Au-delà des prescriptions ci-dessus, le règlement relatif à la concurrence consacre le principe d'incompatibilité des pratiques étatiques restrictives de concurrence. Toute aide octroyée par un État membre et susceptible de fausser la concurrence doit être considérée comme incompatible avec le marché intérieur. Aussi, les aides publiques susceptibles de fausser la concurrence en favorisant certaines productions sont interdites en vertu de l'article 23 (c) de la convention régissant l'UEAC[702]. Toutefois, le règlement ne ferme pas totalement la porte aux aides compatibles. Elles doivent simplement respecter les conditions fixées pour sa mise en œuvre. L'usage de ces conditions reste très encadré, afin qu'elles ne servent pas de prétexte pour éluder l'application des clauses contraignantes communautaires.

Au Cameroun, la mise en œuvre des exonérations douanières n'est pas forcément en parfait accord avec les prescriptions communautaires qui n'existent que sur papier, preuve que l'harmonisation douanière en zone CEMAC a encore du chemin à parcourir. L'application effective des textes demeure imparfaite et les effets attendus de l'harmonisation de la législation douanière restent en deçà des attentes[703]. La mobilisation des recettes va ainsi prendre un coup au regard de l'érosion inévitable de la base taxable. En somme, la mise en œuvre des exonérations douanières reste encore « emblématique des difficultés d'harmonisation des politiques nationales »[704]. La difficulté majeure vient du fait que le droit fiscal possède une valeur symbolique à tel point que la lutte pour le pouvoir fiscal a même, dans plusieurs États modernes été à l'origine des révolutions qui ont donné leurs institutions actuelles[705]. Dans ce sillage, l'on observe au niveau des modalités d'application des avantages douaniers au Cameroun, le non-respect des principes communautaires (paragraphe I) et des procédures de mise en œuvre complexes et variées (paragraphe II).

---

[700] Article 2, *op. cit.*

[701] Article 19 de la charte des investissements de la CEMAC.

[702] Article 78 du règlement n° 06/19-UEAC-639-CM-33 relatif à la concurrence.

[703] CADOT Olivier, CALIPEL Stéphane, CHAMBAS Gérard, GEOURJON Anne-Marie, DE QUATREBARBES Céline, LAPORTE Bertrand, « Intégration commerciale et harmonisation fiscale », *op. cit.*, p. 106.

[704] CEMAC, *Fiche sur l'application des textes communautaires*, document de travail du Conseil des ministres, Malabo, 2005, p. 14.

[705] DRAPIER Sylvie, *Les palliatifs du défaut d'harmonisation fiscale communautaire*, Paris, Diffusion ANRT, P. 11.

## Paragraphe I : L'application inappropriée des principes communautaires de mise en œuvre des exonérations douanières

Les préoccupations en vue d'assurer la libre circulation des marchandises et d'égaliser les conditions de la concurrence ont justifié la mise en place des dispositions de droit communautaire contraignantes à l'endroit des politiques fiscales nationales. Le droit communautaire fixe ainsi le cadre à l'intérieur duquel doivent se définir les politiques fiscales des États membres[706]. L'on sait de manière générale que la fiscalité peut compromettre le fonctionnement d'une union. Aussi, la libre circulation des marchandises exige l'harmonisation de la fiscalité douanière et le respect du principe de neutralité de l'impôt. Dans ce sillage, le droit fiscal communautaire est lié à la construction communautaire conformément aux règles et principes posés dans les différents textes fondateurs. Ces principes visent à assurer la discipline fiscale communautaire et la convergence des politiques fiscales. Parmi ceux-ci, figure l'interdiction non absolue des régimes dérogatoires au droit douanier communautaire notamment à travers les aides d'État de nature fiscale. Cependant, le recours aux aides de nature fiscale doit répondre aux obligations d'autorisation à travers la notification préalable et les nécessités de transparence de manière générale.

La mise en œuvre des exonérations douanières doit garantir autant que possible la préservation des quatre libertés fondamentales [707]et la neutralité de l'impôt. Elle ne doit pas compromettre la cohérence d'une action fiscale communautaire, clé de voûte de la réussite de l'intégration régionale. Les États membres doivent limiter les disparités dans la structure de leurs prélèvements fiscaux en ce qui concerne les marchandises franchissant le cordon douanier. La préoccupation première de la CEMAC aujourd'hui est de parvenir à supprimer tout obstacle de nature fiscale, douanière au libre exercice des libertés consacrées par le traité[708]. Au Cameroun, les grands principes consacrés par le traité originel sont constamment remis en cause par des pratiques discriminatoires. L'élargissement unilatéral du champ d'application des exonérations douanières domine le paysage fiscal camerounais. La survivance de la souveraineté fiscale amène l'État à utiliser abondamment l'outil fiscal à des fins de politique socioéconomique sans autorisation préalable (A) et dans une absence totale de transparence (B).

---

706 CASTAGNEDE Bernard, *La politique fiscale*, *op. cit.*, p.42.

707 Les quatre libertés sont : la libre circulation des marchandises, la libre circulation des personnes, la libre circulation des capitaux et la libre circulation des services.

708 MEYONG ABATH Roger Athanase, *op. cit.*, p. 320.

## A- L'absence de notification préalable à la mise en œuvre des exonérations douanières au Cameroun

La mise en place des exonérations douanières est un processus législatif et/ou réglementaire qui consiste à instituer un ensemble de dispositifs juridiques favorables aux divers acteurs socioéconomiques[709]. C'est un processus qui requiert normalement l'intervention des autorités communautaires. Aussi, le législateur communautaire, afin de préserver une concurrence saine et loyale, a consacré le principe non absolu de l'incompatibilité des aides d'État de nature fiscale avec le marché commun. Pourtant, l'inobservation des prescriptions communautaires en matière des aides publiques susceptibles de fausser la concurrence est flagrante au Cameroun. Ainsi, l'analyse des différentes stratégies douanières attractives montre que l'État camerounais ignore le principe d'autorisation à travers la notification préalable dont il convient de saisir la portée, le champ d'application (1) afin de mieux apprécier les différentes violations au Cameroun (2).

### 1. Le champ d'application de l'exigence de notification

Pour les États membres de la CEMAC, la fiscalité douanière est depuis des décennies un moyen de stimuler certaines activités ou entreprises par biais des exonérations douanières[710]. Toutefois, dans un espace communautaire où la concurrence est supposée s'exercer sainement et librement, de telles pratiques étatiques susceptibles d'être discriminatoires ne sauraient être admises sans condition. Aussi, parmi ces conditions, figure en bonne place l'exigence de notification. Le législateur communautaire, estimant nécessaire pour garantir le libre jeu de la concurrence, essentiel pour un développement économique juste, équilibré et durable, a entériné le principe d'une autorisation préalable à la mise en œuvre des aides publiques de nature fiscale.

En vertu de l'article 83 du règlement relatif à la concurrence, la commission bénéficie d'un pouvoir exclusif d'appréciation de la compatibilité d'une aide fiscale avec le marché commun[711]. Afin de donner effet utile à ce pouvoir, ces dispositions enjoignent les États membres à informer la commission de tout projet relatif à l'instauration de toute aide nouvelle. Faute de notification, l'aide est considérée comme illégale et les États membres

---

[709] MAMOUDOU BARRY, *Politiques fiscales et douanières en matière d'investissements étrangers en Afrique francophone : le cas du secteur des ressources naturelles extractives*, *op. cit.*, p. 25.

[710] Voir à ce sujet, RENARD Geoffroy, *Les règles communautaires en matière d'aides d'État et la fiscalité*, *op. cit.*

[711] Selon l'article 83, la Commission procède avec les États membres à l'examen permanent des régimes d'aides existant dans ces États. La commission autorise ou interdit les aides notifiées par les États membres.

seront soumis à l'obligation de restitution[712]. Cette obligation de notification permet d'interdire le plus efficacement possible toute mesure pouvant constituer une aide fiscale incompatible avec le marché commun, ou à défaut de retirer d'une manière rétroactive toute aide incompatible déjà mise en œuvre[713].

La Commission se situe au cœur du contrôle des aides d'État bénéficiant d'un pouvoir exclusif d'appréciation de la compatibilité d'une mesure sélective avec le marché commun. Dans ce sillage, la commission est informée en temps utile des projets tendant à instituer ou à modifier les aides et les régimes d'aide par une notification des États membres[714]. Ce pouvoir de la commission est subordonné naturellement à une obligation de notification pesant sur les autorités nationales. Cette obligation de notification et d'autorisation a été exprimée dans le traité de l'UDEAC ainsi : « dans le cas où, pour faire face aux nécessités de son développement ou au besoin de son industrialisation, un État membre envisage de recourir à des mesures dérogeant aux dispositifs du présent titre, cet État membre en informe immédiatement le comité de direction qui peut l'y autoriser à titre temporaire »[715]. Au regard de l'article 84 du règlement relatif à la concurrence, la commission autorise ou interdit les aides notifiées par les États. Elle transmet sa décision aux États membres sur tout projet d'institution ou de modification d'un régime d'aide, dans un délai de trois (3) mois à compter de la réception de la notification. Ce délai peut être prorogé si des informations complémentaires attendues des États membres ne sont pas transmises dans le délai requis. L'État membre concerné ne peut mettre les mesures projetées à exécution avant l'aboutissement de la procédure à une décision finale.

La compétence nationale qui resurgit après harmonisation des législations est donc strictement encadrée. Le recours à des aides fiscales de manière unilatérale est exclu. La finalité de la réglementation des aides d'État vise à éliminer les distorsions de la concurrence provoquée par les interventions étatiques. La concurrence ne se limite pas aux entreprises, mais elle peut exister également entre les États membres. En effet, l'on assiste depuis longtemps à l'apparition d'un phénomène de concurrence fiscale entre les États, concurrence qui a été appréhendée sous ses aspects déloyaux ou dommageables[716]. L'obligation de notification est d'une interprétation assez extensive au niveau européen. Le caractère illégal d'une aide relève dès lors de son aspect formel, à savoir qu'elle a été mise en place en ne respectant pas la procédure de notification des aides mises en place par le règlement relatif à

---

712 Voir PAPADAMAKI Ioanna, *Les aides d'États de nature fiscale en droit de l'Union européenne*, *op. cit.*, P. 285.

713 *Idem.*

714 Article 84 du règlement n° 06/19-UEAC-639-CM-33 relatif à la concurrence.

715 Article 37 du traité UDEAC.

716 PAPADAMAKI Ioanna, *op. cit.*, p. 280.

la concurrence. Il existe donc trois hypothèses pouvant mener à définir comme illégale une aide :

- la mesure n'a pas été notifiée préalablement à la commission ;
- la mesure a été notifiée, mais a été mise en œuvre avant l'autorisation de la commission ;
- la mesure a été maintenue après le refus d'autorisation par la commission[717].

Toutefois, la nomenclature des régimes d'aides publiques permet de retenir un régime de dérogation systématique, le régime de l'exemption de notification et le régime de la notification préalable. Ces régimes correspondent aussi à des aides potentiellement compatibles avec le marché commun notamment : les aides catégorielles à caractère social, à condition qu'elles soient accordées sans discrimination liée à l'origine des produits ; les aides destinées à remédier aux dommages causés par les calamités naturelles ou par d'autres événements imprévisibles et insurmontables par l'entreprise[718]. Dans la même veine, l'on dénombre des aides potentiellement compatibles : développement économique de certaines régions ou activités, réalisation d'un projet important d'intérêt sous régional commun, perturbation grave de l'économie d'un État membre, culture et conservation du patrimoine[719].

En tout état de cause, le principe fondamental qui gouverne le contrôle communautaire des aides est l'obligation de notification préalable. En effet, le régime des aides d'État comprend également des aspects procéduraux, à savoir la notification préalable à la commission d'une mesure susceptible de fausser la concurrence en favorisant certaines entreprises ou certaines productions. Ce faisant, les États membres ont en quelque sorte transféré une de leur prérogative la plus importante à la commission, celle de consentir à l'impôt, ce qui laisse apparaître un doute quant au principe de la légalité fiscale[720]. Le Cameroun semble très loin de respecter ce principe dans la mise en œuvre des exonérations douanières. En zone CEMAC, malgré l'adoption d'une législation commune, les États membres sont relativement libres d'adopter des mesures fiscales mettant en place une certaine discrimination entre les entreprises. Mais au regard de l'ampleur des disparités dans les législations douanières des États membres, il est temps de prendre conscience des effets potentiellement dommageables que peut revêtir une concurrence

717 MAITROT DE LA MOTTE Alexandre, *Droit fiscal de l'Union européenne*, *op. cit.*, p. 285.
718 Article 81 du règlement relatif à la concurrence.
719 Article 82 du règlement relatif à la concurrence.
720 MAITROT DE LA MOTTE Alexandre, *Droit fiscal de l'Union européenne*, *op. cit.*, p. 234.

fiscale agressive[721]. En attendant cette prise de conscience, la prolifération des mesures dérogatoires est criante au Cameroun, mettant ainsi à rude épreuve l'assiette fiscale douanière.

### 2. Les multiples violations de la procédure communautaire de mise en œuvre des exonérations douanières

En se rapportant au droit primaire de la communauté, l'Union constitue un seul territoire à l'intérieur duquel la circulation des personnes, marchandises, biens, services et capitaux est libre[722]. Dans la même lancée, les États membres adoptent, appliquent et maintiennent une législation et une réglementation douanière communes en ce qui concerne les droits et taxes à l'importation[723]. Aussi, les dérogations intervenant dans le cadre de la clause de sauvegarde ne sont possibles qu'avec l'autorisation à titre temporaire de l'autorité communautaire compétente.

Au regard de la réalité, le Cameroun n'a jamais sollicité l'autorisation préalable des autorités communautaires. Pour preuve, de nombreuses exonérations douanières que l'on pourrait qualifier d'illégales inondent le paysage fiscal camerounais. Cette situation a été décriée à maintes reprises par les autorités communautaires d'autant qu'elle génère des divergences fiscales entre les États membres. La liberté d'action en matière fiscale de chaque État, pris individuellement, découle d'un manque de cohésion entre les systèmes fiscaux, source de nombreuses difficultés au niveau communautaire[724]. L'on assiste à une primauté des logiques nationales, à des stratégies individuelles qui empêchent l'action communautaire d'harmonisation[725]. Ainsi, les manifestations de distorsion, de disparités et d'entraves sont nombreuses au Cameroun, illustrées par les manipulations unilatérales du TEC et de la valeur en douane (a), l'élargissement unilatéral du champ d'application de la TVA (b) et des exonérations problématiques des droits de douane d'entrée au sens strict (c).

#### a) Les manipulations unilatérales du tarif extérieur commun (TEC) et de la valeur en douane

En ligne de mire de ces pratiques étatiques discriminatoires, figurent en bonne place les manipulations unilatérales du tarif extérieur commun. Ces

---

[721] SCHMITZ Guillaume, *Aides fiscales et concurrence fiscale dommageable, quel équilibre entre le régime des aides d'État et le code de conduite dans le domaine de la fiscalité des entreprises* ? Mémoire de Master en droit, 2014-2015, p. 74.

[722] Article 27 du Traité UDEAC suivant modifications de l'Acte n° 2/91-UDEAC- 556-CE-27 du 6 décembre 1991 à Libreville.

[723] Article 29 du Traité UDEAC, *op. cit.*

[724] DRAPIER Sylvie, *Les palliatifs du défaut d'harmonisation fiscale communautaire*, *op. cit.*, p.41.

[725] *Idem.*

manipulations sont si nombreuses qu'il est difficile de cerner avec certitude le tarif officiel applicable au Cameroun. L'on en veut pour preuve, les différences qui existent sur la base de taxation du système informatique de la douane et celui de l'organisme de sécurisation des recettes douanières à savoir la SGS[726]. Ainsi, plutôt que d'introduire une requête au plan régional pour adapter le TEC à l'évolution du contexte, le Cameroun a modifié individuellement la catégorisation de certains produits dans son tarif national. Cette pratique est observée aussi bien dans l'UEMOA que dans la CEMAC[727]. Au Cameroun, en 2007, les taux du droit de douane différaient de ceux du TEC communautaire sur environ 300 positions tarifaires (OMC, 2007)[728]. L'harmonisation par l'adoption d'un tarif extérieur commun est un objectif en proie à de multiples dysfonctionnements en zone CEMAC et notamment au Cameroun[729].

Bien plus, les détournements tarifaires qui empêchent une application systématisée d'un tarif unique entre les États se poursuivent avec les déclassements tarifaires entre les quatre catégories prévues dans le TEC. Ces déclassements tarifaires, « qui ne sont pas des opérations définitives liées à des positions tarifaires[730] » sont, de toute évidence, contraires au TEC. Aussi, au Cameroun, la lutte contre la vie chère a poussé le gouvernement à détaxer en 2008 unilatéralement les produits de première nécessité notamment le lait, le riz, le poisson, huile et autres[731]. Cette suspension unilatérale a été reprise dans la loi de finances de l'exercice 2009. Le déclassement tarifaire unilatéral a également concerné le ciment dont le TEC est désormais fixé à 10 % et le TEC sur les ciments non pulvérisés dits « clinkers » est fixé à 5 %.

Dans le cadre du rajeunissement du parc automobile national et de la promotion de la pêche, la loi n°2010/015 du 21 décembre 2010 portant loi de finances de la République du Cameroun pour l'exercice 2011 accorde des mesures d'abattement des droits et taxes de façon suivante : abattement de 30 % sur la valeur imposable des moteurs hors-bord importés ; abattement de 20 % sur la valeur imposable des pneus neufs importés, abattement des droits

---

[726] Ce phénomène est dû à l'utilisation des tarifs parallèles et des changements incessants des positions tarifaires.

[727] GEOURJON Anne-Marie, GUERINEAU Samuel, GUILLAUMONT Patrick, GUILLAUMONT JEANNENEY Sylvianne, (dir.), *Intégration régionale pour le développement en zone franc*, *op. cit.*, p. 70.

[728] *Idem.*

[729] ONANGA OPISSINA Vianney, *Problématique de l'application de la TVA dans l'espace OHADA*, *op. cit.*, p. 194.

[730] CEMAC, *Fiche sur l'application des textes communautaires*, Document de travail du Conseil des ministres, Malabo, 2005, p. 14.

[731] L'ordonnance n° 2008/002 du 7 mars 2008 est venue suspendre l'application des droits et taxes sur les produits de première nécessité notamment les poissons congelés, le riz, le sel brut, la farine et les tourteaux de maïs.

d'accises sur la valeur imposable des véhicules importés d'au moins 7 ans d'âge.

Dans la même veine, la loi n° 2006/013 dispose de manière unilatérale que « le droit de douane sur les biens d'équipement importés destinés à l'investissement est fixé à 5 %[732]. Cette modification unilatérale du TEC se poursuit avec la réduction du taux du pétrole brut d'origine hors CEMAC. Ce TEC est déclassifié au taux de 5 %[733]. La loi n° 2017/021 du 20 décembre 2017 portant loi de finances de la République du Cameroun pour l'exercice 2018 accorde à titre exceptionnel, le déclassement tarifaire à certains produits. Ainsi, les produits ci-après sont déclassés et soumis à un tarif extérieur commun au taux de 10 % pour la période allant du 1er janvier au 31 décembre 2018 :

- les tôles en acier en bobine des 7208. 100.00.000 à 7208.39. 00.000 et 7209. 15.00.000 à 7209.90.00.000 ;
- les tôles en acier en bobine, peintes, revêtues ou plaquées des 7210.61.00.000 à 7210.90.000 et 7212.40.00.000 à 7212.60.00.000 ;
- les fils machines de diamètre inférieur à 5,5 mm des 7213.91.00.100 et 7227.90.00.000 ;
- les bouteilles de gaz domestique du 7311.00.90.000 ;
- les conserves de sardines du 1604.13.00.100.

Plus récemment encore, la loi n° 2019/23 du 24 décembre 2019 a réduit unilatéralement le taux de droit de douane à 5 % pour les véhicules neufs acquis auprès des concessionnaires à des fins de transport urbain en commun des personnes. Les raisons évoquées par les États membres de la CEMAC résultent d'une lecture de la situation économique de la sous-région Afrique centrale au cours de ces dernières années, qui montre que l'augmentation du coût de la vie dans les différents pays ne s'est pas accompagnée d'un accroissement conséquent du pouvoir d'achat des populations[734].

Les distorsions observées dans l'application du TEC au Cameroun mettent ainsi à rude épreuve cet instrument de base de l'union douanière. L'application uniforme du TEC représente un jalon indispensable vers le marché commun[735]. Dans ce contexte, il serait difficile pour les États d'appliquer aux marchandises originaires des pays tiers les mêmes droits d'entrée. Pourtant,

---

732 Loi n° 2006/013, chapitre deuxième, article 6 (2), du 29 décembre 2006 portant loi de finances de la République du Cameroun pour l'exercice 2007.

733 Loi n° 2011/020 du 14 décembre 2011 portant loi de finances de la République du Cameroun pour l'exercice 2012.

734 ONANGA OSSIPINA Vianney, *Problématique de l'application de la TVA dans l'espace OHADA*, *op. cit.*, p. 197.

735 ROTA-GRAZIOSI Grégoire et MANSOUR Mario, « coordination fiscale dans l'Union économique et monétaire ouest-africaine », *Revue d'économie du développement*, Vol.20, 2012, pages 9 à 34.

l'enjeu principal du TEC est de gommer les écarts entre les systèmes de protection des États de l'union douanière afin de supprimer les distorsions entre les pays membres[736]. La généralisation de l'application uniforme du TEC permettrait de coordonner les politiques fiscales de manière à éviter des réductions non concertées et concurrentielles des taux ou d'assiette[737]. Mais au-delà des disparités dans l'application du TEC, l'on observe également l'élargissement unilatéral du champ d'application des exonérations de TVA.

### b) L'élargissement unilatéral du champ d'application des exonérations de TVA

L'élargissement unilatéral du champ d'application des exonérations de TVA se fait également en violation des textes communautaires. En effet, les États membres de la CEMAC ont transposé les directives relatives à la TVA avec pour objectif de permettre la convergence des systèmes de cet impôt et de limiter une concurrence fiscale destructrice pour les trésors publics[738]. Cependant, un écart important s'observe entre les objectifs affichés et la réalité de l'harmonisation[739]. Pourtant, l'article 7 de la directive de la CEMAC portant harmonisation des législations des États membres en matière de TVA et du droit d'accises (DA) prévoit qu' « …aucune exonération ou exemption n'est accordée par les États membres dans le cadre de mesures d'incitation à la création d'entreprises et à l'investissement, dans le cadre des mesures ou dispositions visant des secteurs particuliers, ou dans le cadre des conventions particulières ». Dans le même sillage, la charte des investissements de la CEMAC plaide pour une application généralisée de la taxe sur la valeur ajoutée (TVA), avec des exonérations strictement limitées. Tout ceci en vue d'assurer une fiscalité indirecte simplifiée et neutre pour l'entreprise[740].

Au Cameroun, les violations des dispositions communautaires en matière de TVA sont nombreuses. Ainsi, la réalisation de la convergence des systèmes de taxes sur le chiffre d'affaires pour garantir la neutralité est largement battue en brèche. Aussi, dans le cadre des incitations fiscales à l'investissement dans le secteur pétrolier au Cameroun, l'État a admis formellement l'exonération de TVA pour les importations des matériels, matériaux, machines et biens d'équipement directement liés aux opérations pétrolières. Cet avantage fiscal est également accordé aux concessionnaires, aux affiliés et sous-traitants de l'entreprise pétrolière titulaire. Les exonérations de TVA accordées aux

---

[736] ONANGA OPISSINA Vianney, *Problématique de l'application de la TVA dans l'espace OHADA*, *op. cit.*, p. 196.
[737] Lire KAKORO Lanciné, Préface du livre de BAH ALIOU Mamadou, *La fiscalité des pays de la CEDEAO*, Paris, L'Harmattan, 2021, p. 13.
[738] GENDRON Pierre-Pascal, « Options pour renforcer le rôle de la TVA dans la mobilisation des recettes », Coordination fiscale en UEMOA, Dakar, 30 avril-2, mai, 2014.
[739] *Ibid.*, P. 17.
[740] Article 19 (2) du règlement n°17/99/CEMAC-020-CM-03 relatif à la charte des investissements de la CEMAC.

fournisseurs des entreprises pétrolières du seul fait de ce lien économique méritent d'être annulées selon certains auteurs[741]. Outre que cela étend mécaniquement la stabilité fiscale à des opérateurs non concernés légalement par la pratique de la stabilité fiscale, elle obère les recettes budgétaires et rend difficile le contrôle de l'utilisation conforme de ces exonérations « contagieuses »[742]. Dans le cadre du code minier, le titulaire d'un permis d'exploitation minière, jusqu'à la date de la première production commerciale constatée par arrêté conjoint du ministre des Mines et du ministre des Finances, est exonéré de la TVA à l'importation sur les matériels et équipements dans les conditions prévues par ce Code[743].

Bien plus, d'autres exonérations de TVA plus importantes sont contenues dans les codes des investissements (CI), les lois régissant les zones économiques, les lois fixant les incitations à l'investissement privé au Cameroun et la loi sur les zones économiques sinistrées. Aussi, pendant la phase d'installation qui ne peut excéder cinq (5) ans, l'investisseur bénéficie de l'exonération de TVA due à l'importation des équipements et matériels. Dans le même sillage, les marchandises entrant dans les zones franches industrielles instituées par l'ordonnance n° 90/001 du 29 janvier 1990 bénéficient de l'exonération de TVA[744].

- La subsistance des pratiques contraires aux normes communautaires en matière de TVA se poursuit sur le terrain des biens de première nécessité. Ainsi, à la suite des émeutes contre la vie chère, le gouvernement camerounais a exonéré une grande partie des « consommations populaires des droits de douane et de la TVA[745]. Dans le même sillage, au regard de la circulaire précisant les modalités d'application de certaines dispositions de la loi n° 2017/021 du 20 décembre 2017 portant loi des finances de la République du Cameroun pour l'exercice 2018, les marchandises ci-après sont exonérées de la TVA à l'importation :
- les bouteilles de gaz à usage domestique du 7311 00 90 000 (exclusivement pour la période allant du 1er janvier au 31 décembre 2018) ;
- les arrosoirs à usage agricole du 3924 90 00 000 ;
- les microscopes du 9011. 80 00 000 ;

---

741 ESSAGA Victor Stéphane, *La clause de stabilité fiscale dans les contrats pétroliers au Cameroun*, *op. cit.*, p. 97.
742 *Idem.*
743 Article 182 (2) du Code minier 2016, loi n° 2016-17 du 14 décembre 2016.
744 Article 6 de la loi n° 2013/004 du 18 avril 2013 fixant les incitations à l'investissement privé en République du Cameroun.
745 IREH ASSIM Thomas, *La TVA en Afrique centrale, op. cit.*, p. 310.

- les produits de la parapharmacie dont la liste figure à l'annexe I de l'article 128 du Code général des impôts.

La liste de cet élargissement unilatéral du champ d'application de la TVA est bien longue[746]. Ces exonérations sont en contradiction avec la liste établie au niveau communautaire et à laquelle les États doivent se conformer. La charte des investissements de la CEMAC a plaidé pour une mise en œuvre des avantages extrafiscaux dans le cadre des incitations à l'investissement. Mais l'on comprend que les pays en développement sont assez souvent amenés à prendre des mesures spécifiques dérogeant à leur droit commun, afin d'attirer les investissements directs étrangers, pour favoriser l'essor de leur économie[747]. Ces dispositions sont commandées par des impératifs économiques, politiques et sociaux de ces États, soucieux de développer leur emploi, la qualification de la main-d'œuvre, la valorisation des ressources locales et la promotion de leur exploitation[748]. Ainsi, l'on peut comprendre pourquoi les exonérations douanières illégales subsistent au Cameroun malgré le rétrécissement de l'assiette fiscale.

**c) La consécration unilatérale des exonérations de droit d'entrée non conformes au droit communautaire**

Le paysage fiscal douanier camerounais est l'illustration de l'inachèvement du laborieux chantier de la fiscalité indirecte commune. En témoignent les nombreux cas de non-respect de la législation communautaire dans les dispositifs normatifs internes notamment en ce qui concerne les droits d'entrée[749]. En effet, les importations font l'objet de deux catégories de taxes perçues en douane. L'on dénombre ainsi, les droits de porte (droit de douane) et les taxes indirectes internes (TVA, droit d'accises). Ces droits et taxes sont d'application uniforme dans la zone CEMAC et n'admettent pas des dérogations provenant des États en dehors du cadre communautaire. Mais la violation des procédures de mise en œuvre des régimes douaniers dérogatoires est également illustrée par la consécration unilatérale des exonérations de droit d'entrée pour les marchandises franchissant le cordon douanier au Cameroun. Les exonérations des droits d'entrée, dont le champ d'application est défini de manière imprécise, ajoutent aux distorsions provenant déjà d'une application inappropriée des exonérations de TVA. Les exonérations proviennent des mesures spécifiques en faveur des codes d'investissements, des codes

---

[746] Voir CHAMBAS Gérard, « TVA et transition fiscale en Afrique : les nouveaux enjeux », *Afrique contemporaine*, N° 215, 2005, pages 181 à 194.
[747] BEGNI BAGAGNA, *L'harmonisation des politiques fiscales en zone CEMAC : esquisse de théorie du droit fiscal communautaire*, *op. cit.*, p. 375.
[748] *Idem.*
[749] Lire NIANE Abdoulaye, *Fiscalité et intégration économique : le cas du système fiscal sénégalais dans l'UEMOA*, *op.cit.*, p. 92 et aussi YONABA Salif, « la difficile intégration des règles communautaires », *RFFP,* « l'Union européenne et les finances publiques nationales », 2000.

sectoriels, des conventions d'établissement et autres. À ces exonérations prévues par les textes, et donc partie intégrante du système fiscal, s'ajoutent des « exonérations exceptionnelles » ou « exonérations ad hoc » discrétionnaires, attribuées selon des critères souvent peu rationnels[750]. Il est important d'y ajouter les exonérations douanières d'ordre social concernant les produits de première nécessité qui sont consacrées au Cameroun depuis 2006.

Dans le même sillage, la loi n° 2013/004 du 18 avril 2013 fixant les incitations à l'investissement privé en République du Cameroun prévoit des exonérations des droits d'entrée de manière unilatérale. Ainsi, pendant la phase d'installation qui ne peut excéder cinq (5) ans, à compter de la délivrance de l'agrément, l'investisseur bénéficie de l'exonération des taxes et droits de douane sur tous les équipements et matériels liés au programme d'investissement[751]. En outre, pendant la phase d'exploitation qui ne peut excéder dix (10) ans, en considération de la taille des investissements et des retombées économiques de ceux-ci, l'investisseur peut bénéficier des exemptions des droits de douane, ainsi que tous les autres frais et taxes de services applicables à l'importation d'équipements de tous types, de matériaux de construction, d'outils, de pièces détachées, de produits intermédiaires, de fournitures et de consommables n'ayant pas de similaires fabriqués localement, à l'exception des droits, taxes et autres charges de nature non fiscale ayant le caractère d'une rémunération de service[752].

Les différents codes sectoriels, pétrolier, minier, gazier, prévoient aussi des franchises de droit de douane pour les biens d'équipement et matériels acquis pendant la phase d'installation. En effet, l'idéologie de développement à laquelle souscrivent ces différents États comporte, entre autres thérapies, pour combattre le sous-développement, la politique d'incitation fiscale qui attirerait par ses « faveurs fiscales » les capitaux étrangers[753]. Ainsi, pour convaincre les capitaux étrangers à investir dans la sous-région, chaque État membre de la CEMAC a conclu, avec certaines entreprises jugées stratégiques des conventions « *sui generis* », dites conventions d'établissements [754]qui contiennent surtout des exonérations douanières non prescrites par la réglementation communautaire. En l'absence d'institutions de surveillance et de contrôle pour vérifier la mise en œuvre de la réglementation

---

[750] CHAMBAS Gérard, *Fiscalité et développement en Afrique subsaharienne*, *op. cit.*, p. 57.
[751] Article 6 de la loi de 2013 fixant les incitations à l'investissement privé en République du Cameroun.
[752] *Ibid.* article 7 (2).
[753] FOTSING Jean-Baptiste, *Le pouvoir fiscal en Afrique : essai sur la légitimité fiscale dans les États d'Afrique noire francophone*, Paris, LGDJ, p. 213.
[754] BEGNI BAGAGNA, *L'harmonisation des politiques fiscales en zone CEMAC : esquisse de théorie du droit fiscal communautaire, op. cit.*, p. 376.

communautaire au niveau des États[755], ces conventions ont tendance à dominer le droit communautaire de la CEMAC. Pourtant, formellement la primauté du droit communautaire par rapport aux conventions ne devrait souffrir d'aucune contestation ou remise en cause. D'ailleurs, de nombreux actes communautaires obligent les États membres à mettre en conformité les codes des investissements et les conventions d'établissement en conformité avec le programme régional des réformes fiscales et douanières[756].

Au regard de toutes ces nombreuses illustrations[757], les exonérations douanières au Cameroun ne respectent aucunement la procédure de mise en œuvre des régimes dérogatoires comme prévu par la réglementation communautaire, du moins en ce qui concerne les notifications préalables. Par conséquent, le bénéfice de ces exonérations ne s'est jamais accommodé de l'accord préalable de la commission de la CEMAC. Les aides d'État de nature fiscale en principe incompatibles avec le marché commun continuent de figurer au nombre d'instruments de politique économique mis en œuvre au Cameroun. Les effets limitatifs des capacités nationales d'user librement de l'outil fiscal sont ignorés au Cameroun. L'on en veut pour preuve l'absence de transparence et la pérennisation des incitations fiscales.

### B- Les pratiques peu transparentes dans la mise en œuvre des exonérations douanières au Cameroun

La réglementation communautaire définit les principes et les obligations que les États membres doivent respecter en matière de mise en œuvre des régimes dérogatoires notamment la mise en œuvre des exonérations douanières. Aussi, cette mise en œuvre doit être conforme au code de transparence et de bonne gouvernance dans la gestion des finances publiques de la CEMAC[758]. Bien plus, « *le Conseil des ministres définit, sur proposition de la Commission, une politique d'encadrement des aides, et peut notamment modifier la liste des catégories des aides prévues à l'article 82 ci-dessus. Il fixe les plafonds des aides octroyées aux entreprises dans le cadre d'appui au développement des régions ou de certaines activités, arrête les conditions, les modalités et les plafonds des aides aux petites et moyennes entreprises*

[755] Actuellement, les dispositifs indispensables pour vérifier la mise en œuvre de la réglementation communautaire au niveau des États sont insuffisants : soit ils sont inexistants, soit ils sont mal appliqués, le plus souvent faute de moyens. Or, sans mécanisme de surveillance accompagné de sanctions, l'application des dispositions communautaires ne peut être qu'imparfaite et constitue un frein à l'intégration.

[756] Acte n° 3/92-UDEAC-556-CD-SEI portant mise en conformité des codes des investissements avec le PRR et l'acte n° 4/93-UDEAC-556-CD-SEI visant la mise en conformité des conventions d'établissement avec le PRR.

[757] Il est difficile de lister toutes les exonérations douanières non autorisées au Cameroun, tellement elles sont nombreuses.

[758] Directive n° 06/11-UEAC-190-CM-22 relative au code de transparence et de bonne gouvernance dans la gestion des finances publiques.

*(PME)*[759] ». En outre, cette mise en place doit être conforme aux principes règles et pratiques internationalement reconnues. Ces standards sont dégagés aussi de la pratique de la Commission européenne en matière d'examen des régimes d'aides notifiées. Cependant, la pratique camerounaise est loin de respecter les standards exigés. L'absence de totale transparence est la caractéristique principale du pilotage des exonérations douanières au Cameroun. Pourtant, à en croire Adamou ISSOUFOU, l'actualité est à l'instauration d'une nouvelle culture de la transparence.[760]Cette absence de transparence se traduit par une absence de qualification des exonérations douanières (1), une absence de mesurabilité et de proportionnalité de l'aide (2) et la pérennisation des aides (3).

### 1. L'absence de qualification des exonérations douanières au Cameroun

Dans la perspective de limiter les pratiques ayant pour effet de restreindre ou fausser le jeu de la concurrence à l'intérieur de l'Union, tout en affectant les échanges entre les États membres, le déploiement des aides publiques doit respecter le principe de qualification. Dans ce sillage, les règles établissant l'aide fiscale doivent permettre une claire qualification de l'aide, en permettant, le cas échéant, le rattachement à une catégorie pour laquelle un régime dérogatoire est demandé[761]. Les dispositions du droit communautaire relatives aux aides fiscales de l'État font ainsi obstacle à la conduite des politiques nationales au moyen des dépenses fiscales de manière désordonnée. L'obligation de qualification invite les États membres à mieux circonscrire les aides fiscales. Ainsi, dans le cadre de la clause de sauvegarde, la dérogation doit correspondre « aux nécessités de son développement ou aux besoins de son industrialisation ».

Bien plus, l'aide fiscale doit également répondre « aux perturbations se produisant dans un secteur de l'activité économique d'un ou de plusieurs États membres ou à des difficultés pouvant se traduire par l'altération grave d'une situation économique régionale »[762]. Dans la même veine, et au regard du règlement relatif à la concurrence, les exonérations douanières doivent rentrer dans la catégorie des aides compatibles. Ainsi, elles doivent correspondre aux aides catégorielles à caractère social, à condition qu'elles soient accordées

[759] Article 83 du Règlement n°06/19-UEAC-639-CM-33 relatif à la concurrence.

[760] Lire ISSOUFOU Adamou, « La transparence des finances publiques : un nouveau principe budgétaire dans l'Union économique et monétaire Ouest-africaine (UEMOA) ? », *in* MEDE Nicaise, *Les nouveaux chantiers de finances publiques en Afrique, Mélanges en l'honneur de Michel BOUVIER*, Paris, L'Harmattan, 2019, pp. 269-302.

[761] CASTAGNEDE Bernard, *La politique fiscale*, *op. cit.*, p. 55.

[762] Article 37 du Traité de l'UDEAC suivant modifications de l'acte n° 2/91-UDEAC-556-CE-27 du 6 décembre 1991 à Libreville.

sans discrimination liée à l'origine des produits[763] ; les aides destinées à remédier aux dommages causés par les calamités naturelles ou par d'autres événements imprévisibles et insurmontables par l'entreprise[764].

L'analyse de la pratique camerounaise fait observer le contraire de l'exigence de qualification des aides fiscales, une exigence ne rentre d'ailleurs pas dans les préoccupations des autorités camerounaises. Pour preuve, aucune exonération douanière n'est qualifiée à l'avance. L'on reste dans l'imprécision totale. Dans ce sillage, les exonérations issues des conventions, des codes sectoriels ne rentrent dans aucune catégorie établie par la législation communautaire. Dans la même veine, la mise en place des zones franches n'avait pas reçu l'onction des autorités communautaires, et il est aujourd'hui difficile de les mettre dans une catégorie bien précise. La prolifération des exonérations douanières discrétionnaires ou exceptionnelles est également un élément suffisant pour jeter du discrédit à la pratique camerounaise, relativement à cette exigence de qualification. Ces aides fiscales partent finalement dans tous les sens, loin de constituer un programme étatique cohérent, elles évoquent l'absence totale de qualification. La loi camerounaise fixant les incitations à l'investissement privé en République du Cameroun est tout aussi imprécise que vague[765]. Ce discrédit de la pratique camerounaise se poursuit sur le terrain de la mesurabilité et de la proportionnalité des aides d'État de nature fiscale au Cameroun.

### 2. L'absence de mesurabilité et de proportionnalité des exonérations douanières au Cameroun

Dans la perspective de rationaliser l'interventionnisme fiscal en zone CEMAC, le législateur communautaire invite les États à respecter le principe de mesurabilité et de proportionnalité dans la mise en œuvre des exonérations fiscales. La directive n° 06/11-UEAC-190-CM-22 relative au code de transparence et de bonne gouvernance dans la gestion des finances publiques exige que : les décisions ayant une incidence sur le budget de l'État soient chiffrées et rendues publiques ; que l'évaluation de l'impact financier de ces décisions fasse partie des documents budgétaires à joindre au projet de loi de finances de l'année. Ce code promeut la transparence dans la gestion des finances publiques à travers la culture de l'évaluation à priori et a posteriori et l'obligation générale de rendre compte au contribuable. Tel est d'ailleurs le centre d'intérêt de Pierrot SEGO [766].

---

763 Article 81 (a) du règlement relatif à la concurrence.

764 Article 81 (b) du règlement relatif à la concurrence.

765 Loi n° 2013/004 du 18 avril 2013 fixant les incitations privées en République du Cameroun.

766 Lire SEGO Pierrot, « Gestion budgétaire par la performance au sein des États membres de l'UEMOA : une ambition, quatre défis ! », *in* MEDE Nicaise (dir), *Les nouveaux chantiers de finances publiques en Afrique, Mélanges en l'honneur de Michel BOUVIER*, Paris, L'Harmattan, 2019, pp. 145-166.

La mesurabilité de l'aide de nature fiscale permet d'en évaluer l'intensité, traduite, selon les dispositions communautaires, en « équivalent subvention brute »[767]. L'aide doit ainsi être plafonnée, lequel plafond doit correspondre aux objectifs. C'est d'ailleurs, pourquoi la proportionnalité est également exigée dans la mise en œuvre des exonérations douanières. La recherche de proportionnalité conduit notamment à garantir que l'avantage offert à l'opérateur économique ne sera pas excessif eu égard à l'objectif de comportement poursuivi, dans un contexte bien défini[768]. Pour être regardées comme compatibles avec le marché commun, les exonérations douanières pour lesquelles l'État apporte un soutien aux entreprises doivent en définitive respecter le principe de proportionnalité et de mesurabilité. L'interventionnisme fiscal doit ainsi répondre aux mêmes critères qu'un interventionnisme financier qui se traduit par une dépense plus directement budgétaire, d'évaluation relativement aisée et plus immédiate. Le défaut de respect de ce principe au regard des dispositions du règlement relatif à la concurrence entraîne l'annulation de l'aide fiscale et si possible son remboursement.

Le déploiement des exonérations douanières au Cameroun témoigne aussi du non-respect du principe de mesurabilité et de proportionnalité exigé par le législateur communautaire. Cette absence traduit l'inadéquation de la politique fiscale incitative camerounaise par rapport au contexte communautaire. Les politiques d'incitation fiscale à l'investissement n'ont jamais plafonné les aides. Pour illustration, les codes sectoriels (pétrolier, gazier, minier), les conventions d'établissement n'incorporent pas le principe de mesurabilité ou de proportionnalité auquel sont désormais soumises les politiques de dépenses fiscales conduites dans le contexte communautaire. Ces codes et conventions se contentent d'énumérer de manière générale, les différentes exonérations ou franchises accordées en phase d'installation et d'exploitation aux entreprises agréées. La loi fixant les incitations à l'investissement privé en République du Cameroun contient les mêmes faiblesses que les codes sectoriels[769]. Les dispositifs nationaux d'exonération de TVA dans leur articulation sont très loin des exigences de proportionnalité. Aucune évaluation du coût à priori n'est possible dans le contexte camerounais. Cette non-conformité aux lignes directrices définies par la communauté se poursuit avec la pérennisation des régimes d'exonérations douanières au Cameroun.

---

767 CASTAGNEDE Bernard, *La politique fiscale*, *op. cit.*, p. 55.

768 *Idem.*

769 L'on pourra également évoquer le cas des lois régissant les zones économiques et les zones économiquement sinistrées au Cameroun.

### 3. La pérennisation des exonérations douanières au Cameroun contraire aux principes communautaires

La fiscalité a toujours constitué un levier important des politiques publiques, qu'elles relèvent des doctrines économiques d'obédience classique ou keynésienne. Dans ce sens, le développement économique implique que soit actionné de manière harmonieuse ce levier, dans la perspective de réunir les conditions favorables à l'épanouissement des citoyens communautaires. Pour cela, l'encadrement communautaire des politiques fiscales incitatives des États membres est assez contraignant[770]. Cet encadrement vise l'élimination des distorsions de la concurrence, provoquées par les interventions étatiques à travers l'adoption des mesures restrictives. Parmi ces restrictions, figure en bonne place l'exigence de délimiter la durée des exonérations fiscales. Délimiter les exonérations douanières signifie leur imposer une durée limitée, le cas échéant assortie d'une dégressivité[771]. Le droit communautaire tend par là à prévenir l'érosion des assiettes fiscales liée à la pérennisation des dépenses fiscales[772].

Cependant, la tendance à la pérennisation des exonérations douanières est une caractéristique propre au système fiscal camerounais. Pourtant, ces régimes doivent disparaître pour des raisons tenant à la préservation de la cohérence du fonctionnement de la communauté. La pluralité des origines des exonérations douanières au Cameroun laisse également entrevoir leur pérennisation. L'on observe d'ailleurs une profusion des textes contradictoires, les uns annulant les autres et entretenant ces exonérations dans la durée.

Le régime des zones franches et points francs industriels est révélateur des politiques fiscales incitatives pérennes au Cameroun. Ce régime institué par l'ordonnance n° 90/001 du 29 janvier 1990 est toujours d'actualité malgré les lois fixant les incitations à l'investissement privé. Ce régime contient de nombreuses exonérations qui ne connaissent pas de limites dans la durée. Ainsi, aussi longtemps que ce régime existe, le législateur camerounais accorde aux entreprises éligibles, une exonération totale des droits de douane sur les machines, les équipements et matériels destinés à la production, l'exonération du droit d'entrée des matières premières à transformer dans toute usine opérant dans la zone franche[773].

---

[770] La réglementation des aides d'État de nature fiscale s'inscrit naturellement dans un contexte permettant aux institutions communautaires d'adopter des mesures restrictives à l'encontre des États membres. En effet, le régime des aides d'État de manière générale est censé constituer l'un des terrains de prédilection de l'intégration négative.

[771] CASTAGNEDE Bernard, *La politique fiscale*, *op. cit.*, p. 56.

[772] *Idem.*

[773] Pour plus de détails sur les incitations fiscales en zone franche, lire, KANGUEU EKEUH Robert, *Les aspects institutionnels, juridiques et pratiques des zones franches africaines : les*

Dans la même veine, les exonérations douanières issues des conventions obéissent à la même logique de durée illimitée. En effet, en vertu du principe de la stabilité fiscale contenu dans ces conventions[774], les dispositifs fiscaux de faveur sont d'application de longue durée. Ce délai, à en croire les bénéficiaires semble suffisamment proportionnel au cycle recherche-développement-exploitation de l'activité minière ou industrielle. Le souci majeur de sécurisation des investisseurs conduit l'État camerounais à pérenniser ces faveurs fiscales.

Les exonérations et exemptions de droits et taxes à l'importation issues des lois d'investissement et des codes minier, pétrolier, gazier et autres connaissent des périodes plus ou moins longues. Ainsi, la phase d'installation peut durer entre trois (3) à cinq (5) ans. La phase d'exploitation, quant à elle, est très longue et va de dix (10) à vingt-cinq (25) ans. Les exonérations douanières accordées par le déclassement tarifaire connaissent le même phénomène de durée illimitée. Tel est le cas de certaines exonérations d'ordre social liées à la lutte contre la vie chère instituées en 2008 et qui subsistent de nos jours. Cette situation crée des distorsions importantes et beaucoup d'inégalités dans la répartition du fardeau fiscal[775]. Ces exonérations, associées à d'autres, créent un véritable « paradis fiscal »[776]. Partant de ce constat, les exonérations accordées dans le contexte camerounais sont *ad vitam aeternam.*

Au bout du compte, les exonérations douanières au Cameroun sont pour la plupart non- dégressives, non plafonnées et illimitées dans le temps. Par ailleurs, ces incitations fiscales se sont accumulées au fil du temps, se superposant les unes aux autres, créant ainsi de nombreuses distorsions. L'inadéquation des pratiques nationales au contexte communautaire de déploiement des politiques fiscales est criante. La générosité des exonérations douanières contraires au cadre juridique régional tout comme en France d'après BOUBAY-PAGES offre un excellent contre-exemple, une voie à ne pas suivre à la lettre[777]. Par conséquent, ces pratiques sont défavorables à un rendement fiscal accru. Elles induisent ainsi, l'érosion dans la durée de la base

---

*cas du Cameroun, du Togo et de la Tunisie*, Thèse en vue de l'obtention du doctorat en droit, Université Paris Val -de-Marne (Paris XII), juin 1997, 385 pages.

774 Lire à ce sujet, ESSAGA Victor Stéphane, *La clause de stabilité fiscale dans les contrats pétroliers au Cameroun, op. cit.*

775 Lire SCHWEITZ Nicolas, *La répartition de la charge fiscale*, Thèse de doctorat, Université Panthéon-Assas (Paris II), 2002, 564 pages.

776 MATANDA KABANDA Boniface, *Les exonérations fiscales des investissements en RDC*, Paris, L'Harmattan, 2016, p 291. Cette expression est utilisée par l'auteur, il entend par paradis fiscal, l'absence d'impôt ou plutôt une imposition proportionnellement au taux réduit.

777 BOUBAY-PAGES Michèle, « Les exonérations fiscales pour des investissements vertueux », *op.cit.*

taxable[778]. Cette navigation à vue au niveau des principes va se poursuivre au niveau des procédures de mise en œuvre hétéroclites et tout aussi complexes.

## Paragraphe II : Des procédures de mise en œuvre plurielles et opaques

Dans cette rubrique, il devrait être question de parler de procédure de mise en œuvre de la clause de sauvegarde dans le cadre des régimes dérogatoires à l'harmonisation douanière ou de procédure de mise en œuvre des aides compatibles ou susceptibles d'être compatibles dans le cadre du règlement relatif à la concurrence et concernant les pratiques étatiques restrictives. Mais il n'en est rien. Le gouvernement camerounais n'a jamais sollicité cette procédure. Il est donc nécessaire de la voir au niveau interne tout en insistant qu'elle est une procédure non conforme, favorisant le rétrécissement de l'assiette fiscale. Elle est loin des préconisations de la législation communautaire. La procédure communautaire se veut homogène, identique et applicable à tous les États membres.

Suivant l'analyse, cette procédure interne est complexe et à facettes multiples. L'encadrement procédural est fonction des instruments de diffusion des exonérations douanières. Ainsi, la pluralité aux origines des exonérations va induire une diversité de mécanismes de mise en œuvre de nature à favoriser l'érosion de la base taxable[779]. Chaque type d'exonération suit une procédure bien particulière. Il convient de faire preuve de rigueur dans la conception et la mise en œuvre des procédures afin de réduire au minimum les risques de fraudes considérables qu'elles peuvent créer et notamment les abus susceptibles de miner la base des recettes[780]. Plusieurs procédés permettent d'obtenir les exonérations douanières au sein de l'administration des douanes camerounaises. En l'absence d'un document unique décrivant la procédure, l'on peut déceler une succession de procédures notamment : l'autorisation préalable auprès du ministre des Finances (A) ; l'accès automatique (B) et l'agrément préalable engagés auprès de l'API (C).

### A- La procédure de l'autorisation préalable auprès du ministre des Finances en dépit des interdictions du Code des douanes

L'exonération reste une autorisation exceptionnelle de déroger aux dispositions de droit commun. Les exonérations douanières et les préférences tarifaires interviennent pour contredire le principe établi par le Code des

---

[778] Lire HAULOTTE Samantha et VALENDUC Christian, « Réduire les dépenses fiscales : une voie de réforme ? », *Reflets et Perspectives*, LIII, 2014, p. 1-31.

[779] Lire MARTINETTI Robin-Ch, *L'aide fiscale à la recherche-développement en France, op. cit.*, p. 28.

[780] KEEN Michael, (dir), *Moderniser la douane, défis et stratégies de réforme de l'administration douanière*, FMI, Washington, 2003.

douanes, disposant que les marchandises qui entrent sur le territoire douanier sont passibles des droits d'importation inscrits au tarif des douanes[781]. Les avantages douaniers prévus par la loi au sens large, en tant que moyens destinés à favoriser la réalisation d'objectifs économiques, sociaux et autres, peuvent être acquis aux contribuables de manière individualisée, au terme d'une procédure fondée sur l'octroi d'autorisation préalable. Cette procédure classique fait intervenir plusieurs structures et responsables au sein du ministère des Finances. L'on peut citer entre autres le ministre des Finances (1), la direction générale des douanes à travers son directeur général (2), la division de l'informatique (3) et le bureau douanier de rattachement (4).

### 1. L'intervention problématique du ministre des Finances

Le ministre des Finances est un acteur majeur intervenant dans la procédure d'octroi des exonérations douanières. Dans le cas où le dossier serait déposé à son niveau en provenance de la direction générale avec un avis favorable, il se contente d'accorder cette exonération. Mais il peut arriver que l'usager, au lieu de saisir le directeur général des douanes, saisisse directement le ministre des Finances de sa demande d'exonération des droits et taxes. Il peut donc accorder l'exonération sollicitée ou alors renvoyer le dossier au niveau de la direction générale des douanes avec des instructions bien précises. Cette procédure est souvent décriée, car les exonérations peuvent être accordées sur une base discrétionnaire sans aucun fondement légal[782]. Une fois l'exonération accordée par le ministre des Finances, la procédure suit son cours normal avec l'intervention de la division de l'informatique et le bureau de rattachement. Mais la cheville ouvrière dans cette procédure est la direction générale des douanes.

### 2. L'intervention de la direction générale des douanes dans la procédure d'octroi des exonérations douanières

Une demande d'exonération des droits et taxes de douane (a) est adressée au directeur général des douanes, suivie du traitement réservé à cette demande (b) indépendamment du fait que le demandeur soit détenteur ou non d'une base légale.

---

781 Article 3 (1) du Code des douanes.

782 Voir lettre n° 00004784/MINFI/DGD du 1er novembre 2013. Dans cette lettre, le ministre des Finances écrit : en réponse, j'ai l'honneur de vous faire connaître qu'au regard des facilités accordées aux sociétés concurrentes dans la filière de la cimenterie et afin de garantir l'exigence de non-discrimination, je marque mon accord pour l'application des avantages ci-après :

- La dispense d'AVI sans pénalité ;
- Le bénéfice du taux réduit de 5 % du droit de douane ;
- L'exonération de TVA ;
- Le cas échéant, l'enlèvement direct sous réserve de la souscription d'une caution auprès d'une banque de premier ordre.

### a) La demande d'exonération des droits et taxes adressée au directeur général des douanes

Les formalités préalables à l'octroi des exonérations des droits et taxes de douanes commencent par une demande élaborée par le soin de l'usager et adressée au directeur général des douanes. Elle doit comporter les informations relatives aux produits importés. Le requérant doit joindre à sa demande le ou les textes consacrant la dispense totale ou partielle des droits et taxes de douane sollicités. Au surplus, s'ajoutent les documents douaniers qui accompagnent l'importation à savoir : la facture commerciale ; la lettre de transport aérien ou le connaissement, la valeur de la marchandise, la désignation commerciale de la marchandise et tout autre document nécessaire à l'étude de la requête. Mais il faut dire qu'il n'existe pas de documents standards exigés[783]. Aussi, à chaque demande correspond un type particulier de documents à exiger ou à joindre afin que le traitement commence.

### b) Le traitement de la demande d'exonération

Une fois la demande introduite et enregistrée avec un numéro d'accusé de réception, le directeur général procède à l'étude à travers des chargés d'étude répartis dans les différentes divisions de la direction générale des douanes et surtout ceux de la division chargée de la législation où un contrôle est effectué relativement à la régularité du texte exonératoire et des différents signataires. Si l'étude menée est concluante, le directeur général des douanes transmet la décision au ministre des Finances avec un avis favorable. Il reviendra donc à celui-ci en dernier ressort de notifier l'accord d'exonération au requérant. Mais très souvent dans la pratique, en lieu et place du ministre des Finances, le directeur général des douanes peut directement accorder l'exonération[784]. La réponse du ministre des Finances ou du directeur général des douanes est transmise à l'usager par le bureau du courrier au vu de la décharge qui lui a été donnée lors du dépôt de sa requête. L'usager peut ainsi, se rendre à la division de l'informatique de la douane.

---

[783] Dans le cadre des exonérations de souveraineté, notamment les missions diplomatiques et autres organisations internationales, le bénéfice de l'exonération est conditionné par la production d'une attestation visée par le chef de mission, le chargé d'affaires ou un responsable ayant au moins rang de diplomate désigné à cet effet. Ensuite, l'attestation est adressée au ministre des Relations extérieures qui, après visa, se charge de transmettre au ministre des Finances (direction générale des douanes) et à ce niveau, la procédure doit suivre son cours à travers des vérifications requises.

[784] C'est d'ailleurs le cas pour les exonérations de souveraineté, voir aussi en exemple, la lettre n°0005445/MINEFI/DGD3/CDL/ du 21 août 2012 à la suite de la demande de la compagnie minière du Cameroun (CMC-SA).

### 3. Le rôle de la division de l'informatique -douane

L'usager muni de la réponse favorable du ministre des Finances ou du directeur général des douanes se rend à la division de l'informatique pour l'annulation des droits et taxes. Une fois à ce stade, la division de l'informatique procède elle aussi aux vérifications nécessaires à travers ses chargés d'étude. Si l'exonération des droits et taxes est fondée, elle attribue un « code[785] » qui permettra à l'usager de valider sa déclaration en bénéficiant des facilités sollicitées.

### 4. Le rôle du bureau de rattachement ou l'ultime étape de vérification

L'usager une fois le code additionnel attribué au niveau de la division de l'informatique, établit une déclaration en détail de mise à la déclaration directe ; la déclaration en détail est l'acte juridique par lequel le déclarant assigne un statut à sa marchandise, c'est-à-dire lui choisit un régime douanier et s'engage sous les peines de droit d'accomplir les obligations qui en découlent et à fournir les indications nécessaires à l'identification de celle-ci, à l'application des mesures fiscales et douanières et à l'établissement des statistiques du commerce extérieur[786]. Par la suite, la déclaration en détail est attribuée automatiquement à un inspecteur de visite. Ce dernier procède aux vérifications nécessaires. Il s'assure de la régularité de la demande par rapport aux dispositions de la réglementation douanière.

Bien plus, il vérifie la régularité des pièces justificatives et le respect des quantités. En clair, l'inspecteur de visite s'assure que l'usager bénéficie réellement de l'exonération en confrontant les divers documents mis à sa disposition. Si la vérification ne révèle aucune anomalie, l'inspecteur délivre un bon à enlever électronique (BAE), libérant ainsi la marchandise de toute sujétion douanière. La signature de l'inspecteur de visite marque la fin de cette procédure, mais certains usagers dans des conditions bien précises peuvent recourir à la procédure automatique.

## B- La procédure automatique d'octroi des exonérations douanières

La procédure pour l'obtention d'une exonération des droits et taxes de douane au sein de l'administration des douanes peut être automatique. Elle permet à l'usager de faire l'économie du temps à passer dans les couloirs de

---

785 Aucune mesure autorisant une dérogation fiscale ne peut être appliquée sans l'octroi d'un code relatif à la dépense fiscale obtenue. On l'appelle aussi code additionnel. Le code ZFR signifie exonération zone franche.

786 DIFFOUO Guy Innocent, Cours de droit douanier général, inédit, 2012, p. 17.

l'administration pour le suivi du dossier. Il nous revient de voir le principe de cette procédure (1) et ses risques (2).

### 1. Le principe de la procédure automatique

La procédure est dite automatique lorsqu'elle fait directement intervenir la division de l'informatique. Dans le principe, l'usager peut bénéficier des avantages prévus par la loi en se rendant directement à la division de l'informatique. En pratique, les entreprises ou usagers bénéficiaires de l'exonération des droits et taxes se retrouvent avec un « code » préalablement attribué en début d'année budgétaire, au niveau de la cellule informatique. Aussi, il suffit d'introduire ce « code » dans le système informatique de la douane lors de l'établissement de la déclaration en détail, et les droits et taxes sont automatiquement annulés. Dans la même veine, certains bénéficiaires de conventions d'établissement comme les pétroliers, les détenteurs d'accords de siège et autres lois de finances peuvent se rendre directement à la division de l'informatique pour se voir attribuer un code avant la validation de leur déclaration en détail. Mais c'est une procédure qui n'est pas sans risque.

### 2. Les risques liés à la procédure automatique

Cette procédure peut donner lieu à des pratiques peu orthodoxes. Elle peut encourager la recherche de rente et la corruption. En réalité, « *ceux qui sont chargés de l'application et de la mise en œuvre des codes d'exonérations peuvent, s'ils ne respectent pas une certaine déontologie à laquelle ils doivent pourtant être astreints, devenir des législateurs muets, qui sous cape, multiplient des dépenses fiscales sans aucune base juridique, leur atout étant la position qu'ils occupent pour pouvoir mettre en œuvre la facilité dérogatoire accordée ou pas à un usager* »[787].

Cette procédure est très dangereuse pour les recettes douanières. Il suffit d'introduire le numéro d'identifiant unique (NIU) de la personne physique ou morale pour bénéficier de l'exonération des droits et taxes. À titre d'illustration, si l'Université de Buea, établissement public administratif est exonérée pour son matériel didactique, en introduisant l'identifiant de cette université avec l'appui des manipulateurs de code, quiconque bénéficie automatiquement de l'exonération des droits et taxes. Cette procédure automatique est assez révélatrice de la contrainte que constituent les exonérations douanières dans le cadre de la mobilisation des recettes.

Réagissant d'ailleurs à cette pratique, le chef de division de l'informatique attirait l'attention des vérificateurs en ces termes : « *Il m'a été donné de constater que certains importateurs bénéficiant des mesures de faveurs de par*

---

[787] VIEUX PE Pierre, *La problématique de l'évaluation des dépenses fiscales de porte au Cameroun*, *op. cit.*, p. 33.

*leur statut les étendent à des opérations non approuvées, glissements principalement liés au fait que dans le SYDONIA, les facilités sont accordées aux NIU et non aux déclarations, ce qui ouvre la possibilité aux bénéficiaires de passer d'autres opérations non admises pendant la durée de deux jours qui leur est laissée après ouverture desdites facilités afin de procéder à l'enregistrement des déclarations. Ces glissements sont susceptibles d'échapper à vos vérificateurs qui se déchargent de leurs responsabilités sur le personnel de la DGD4 (informatique) ayant accordé lesdits avantages* »[788].

En définitive, les préposés au système informatique « *peuvent être des créateurs non institués de la dépense fiscale de porte, parce qu'il faut le préciser, l'annulation de la TVA par exemple sur une marchandise procède de la manipulation d'un outil informatique qui est géré par des opérateurs qui pourraient se laisser tenter par ce genre de prouesses, quand bien même l'usager ne le mérite pas »*[789]. Mais elle n'est pas plus dangereuse que la procédure de l'agrément préalable. Celle-ci accorde un important pouvoir discrétionnaire aux organes intervenant dans la procédure.

## C- La procédure de l'agrément préalable

L'agrément fiscal est un procédé mis en œuvre au Cameroun pour accorder des exonérations fiscales et douanières aux investisseurs. En effet, le législateur pour des raisons d'incitation économique a mis à la disposition des investisseurs nationaux et internationaux des possibilités de choix fiscaux qui s'obtiennent par un agrément fiscal qui s'inscrit dans la volonté affirmée d'offrir un environnement attractif en vue de dynamiser le développement socioéconomique. Ainsi, la simple manifestation de volonté de l'investisseur du choix du régime fiscal privilégié ne suffit pas à elle seule, elle est subordonnée au consentement de l'administration.

Tournié donne de l'agrément fiscal la définition suivante : « c'est un acte administratif qui exonère d'une partie ou de la totalité de ses impôts, un contribuable qui s'engage à poursuivre certains objectifs, ou à réaliser certains investissements qui sont reconnus conformes aux objectifs et aux recommandations du plan de développement économique et social. Il s'agit là d'un privilège personnalisé entraînant une violation du droit commun qui peut s'affranchir de la volonté du législateur »[790]. L'agrément est un acte condition qui a pour effet d'appliquer au bénéficiaire un statut légal privilégié dont les

[788] Note n° 999/MINFI/DGD/DGD4 du 12 novembre 2013.
[789] *Idem.*
[790] TOURNIE Gérard, *Les agréments fiscaux*, Paris, Pédone, 1970. P. 260, cité par BELHEDI Larbi, *Les discriminations fiscales en droit français*, Thèse de doctorat, Université Panthéon-Assas (Paris II), p. 259.

éléments sont définis par la loi[791]. L'agrément fiscal est un acte discriminatoire, et comme tel, le régime doit être fixé par le législateur seul. Dans ce sillage, il importe de voir les critères d'éligibilité (1) et les formalités préalables à l'obtention de l'agrément (2).

### 1. Les critères d'éligibilité

La politique incitative ou attractive est bien d'actualité au Cameroun. Ainsi, à la lecture des dispositions croisées des différents codes d'investissement et surtout la loi du 18 avril 2013 fixant les incitations à l'investissement privé en République du Cameroun, l'on se rend compte que ces textes prévoient un certain nombre de conditionnalités que le requérant devrait satisfaire pour bénéficier des avantages fiscaux prévus par ces lois d'incitation. C'est donc avec intérêt qu'il revient d'interroger ces critères. Ils intéressent aussi bien les entreprises nouvelles (a) que celles déjà existantes (b).

#### a) Les critères d'éligibilité concernant les entreprises nouvelles

Les entreprises nouvelles au regard de l'arrêté ministériel [792]précisant les modalités de mise en œuvre des avantages fiscaux et douaniers de la loi n° 2013/004 du 18 avril 2013 fixant les incitations à l'investissement privé en République du Cameroun, sont classées en trois catégories. Aussi, les critères sont-ils fonction des catégories.

Ainsi, est éligible dans la **catégorie A** tout investisseur ou entreprise dont l'activité est conforme aux dispositions législatives réglementaires en vigueur, qui s'engage à réaliser sur une période de cinq (5) ans au plus, des investissements d'un montant inférieur ou égal à un (1) milliard de francs CFA et à satisfaire au moins à l'un des critères ci-après :

- créer pendant la phase d'exploitation au moins un (01) emploi par tranche de vingt (20) millions d'investissements dans les secteurs industriel, touristique, artisanal, agricole, de l'élevage et de la pêche ;
- générer une activité dont les exportations annuelles représentent au moins 25 % du chiffre d'affaires hors taxes au cours des cinq premiers exercices de production dans les secteurs d'activités ci-dessus ;
- utiliser les ressources naturelles nationales à concurrence d'au moins 20 % de la valeur des intrants dans les secteurs d'activités ci-dessus, à

---

791 DELMAS MARSALET Jacques, « Le contrôle juridictionnel des interventions économiques de l'État », *Rapport public du Conseil d'État*, EDCE,1969, p. 137, repris par BELHEDI Larbi, *op. cit.*, p. 259.

792 Arrêté n° 00000366/MINEFI/SG/DGI/DGD/ du 19 novembre 2013 précisant les modalités de mise en œuvre des avantages fiscaux et douaniers de la loi n° 2013/004 du 18 avril 2013 fixant les incitations à l'investissement privé en République du Cameroun.

l'exclusion de la main-d'œuvre, de l'eau, de l'électricité et des télécommunications ;

- générer une augmentation de la valeur ajoutée d'au moins 30 % dans les secteurs d'activités ci-dessus.

En outre, est éligible dans la **catégorie B**, toute entreprise qui s'engage à réaliser sur une période de cinq (5) ans au plus, des investissements d'un montant supérieur à un (1) milliard de francs CFA et inférieur ou égal à cinq (5) milliards de francs CFA et à la satisfaction au moins à l'un des critères ci-après :

- créer pendant la phase d'exploitation au moins un (01) emploi par tranche de vingt (20) millions d'investissements dans les secteurs industriel, touristique, artisanal, agricole, de l'élevage et de la pêche, de l'habitat social, culturel, sportif, sanitaire et éducatif ;
- générer une activité dont les exportations annuelles représentent au moins 25 % du chiffre d'affaires hors taxes au cours des cinq premiers exercices de production dans les secteurs d'activités ci-dessus ;
- utiliser les ressources naturelles nationales ou les produits du cru, à concurrence d'au moins 25 % de la valeur des intrants dans les secteurs d'activités ci-dessus, à l'exclusion de la main-d'œuvre, de l'eau, de l'électricité et des télécommunications ;
- générer une augmentation de la valeur ajoutée d'au moins 25 % dans les secteurs d'activités ci-dessus.

Bien plus, est éligible à la **catégorie C**, toute entreprise qui s'engage à réaliser sur une période de cinq (5) ans au plus des investissements d'un montant supérieur à cinq (5) milliards de francs et à satisfaire à l'un des critères ci-après :

- créer pendant la phase d'exploitation au moins un (01) emploi par tranche de vingt (20) millions d'investissements dans les secteurs industriel, touristique, artisanal, culturel, sportif, sanitaire, éducatif, énergétique, agricole, de l'élevage et de la pêche, de l'habitat social et du transport urbain ;
- générer une activité dont les exportations annuelles représentent au moins 20 % du chiffre d'affaires hors taxes au cours des cinq premiers exercices de production dans les secteurs d'activités ci-dessus ;
- utiliser les ressources naturelles nationales à concurrence d'au moins 25 % de la valeur des intrants dans les secteurs d'activités ci-dessus, à l'exclusion de la main-d'œuvre, de l'eau, de l'électricité et des télécommunications ;

- générer une augmentation de la valeur ajoutée d'au moins 25 % dans les secteurs d'activités ci-dessus[793].

L'accessibilité aux avantages fiscaux passe par la satisfaction d'au moins un critère répertorié par les lois d'incitation. Certains auteurs estiment qu'en matière de mouvement de capitaux, l'autorisation préalable est inopportune et pensent également qu'elle n'est qu'un expédient politique d'une légitimité économique douteuse[794]. En tout état de cause, les conditions se résument aux conditionnalités suivantes : être une entité qui se conforme à la législation camerounaise qui peut au moins répondre à la capacité financière tout en favorisant la création d'emplois ou en garantissant la valeur ajoutée ou à défaut promouvoir l'exportation. Mais concernant les entreprises existantes, elles doivent satisfaire d'autres critères.

**b) Les critères d'éligibilité concernant les entreprises existantes**

Dans le cadre de l'attractivité des nouvelles entreprises, le législateur ne cherche pas à mettre en péril les potentialités et les acquis des entreprises existantes en tant que vivier d'emplois ni obérer leur pleine compétitivité. Le législateur cherche d'ailleurs à les conforter dans cette position. Aussi, les concernant, les conditionnalités à l'agrément sont de deux ordres. De ce fait, les entreprises existantes agréées au régime des incitations communes de la loi fixant les incitations à l'investissement privé en République du Cameroun qui procèdent à des investissements dans le cadre de l'extension de leurs capacités de production, du renouvellement de leurs outils de production ou de la transformation de leurs activités, bénéficient des avantages fiscaux et douaniers lorsque leurs investissements nouveaux visent :

- soit une augmentation de la production des biens ou des services à concurrence d'au moins 20 % par rapport à la production de l'exercice précédent ;
- soit un accroissement du personnel camerounais à concurrence d'au moins 20 % des effectifs employés avant la mise en place du projet[795].

À l'analyse, l'on constate que presque tous les secteurs de l'activité économique sont concernés : aucun domaine n'est épargné. Cette situation traduit un assouplissement[796] des critères qui reflète la volonté du législateur de répondre au défi majeur de la politique d'investissement au Cameroun. Ce

---

[793] Article 5 de l'arrêté n° 00000366/MINEFI/SG/DGI/DGD du 19 novembre 2013.

[794] KABANDA MATANDA Boniface, *Les exonérations fiscales des investissements en RDC*, *op.cit.*, p. 234, et reprenant PREISWERT.

[795] Article 7 Arrêté n° 00000366/MINEFI/SG/DGI/ du 19 novembre 2013 précisant les modalités de mise en œuvre des avantages fiscaux et douaniers de la loi n° 2013/04 du 18 avril 2013 fixant les incitations à l'investissement privé en République du Cameroun.

[796] À une certaine époque, les critères étaient nombreux et cumulatifs. Aujourd'hui, à travers la loi fixant les incitations à l'initiative privée, ces critères sont réduits et désormais alternatifs. Ainsi, il suffit d'en satisfaire un.

défi consiste à renforcer les stratégies productives aptes à accroître de manière substantielle la richesse, à rendre la croissance forte et durable. Les critères ont été réduits à leur plus simple expression, afin de permettre au plus grand nombre d'entreprises d'en bénéficier. Mais cette situation, décriée par les fiscalistes ou les collecteurs d'impôts, va justement créer une hémorragie fiscale à la suite de la multiplication des exonérations douanières et des réductions d'impôts qui en découlent[797]. Pour éviter cette saignée, il est donc question de mettre en place des procédures cohérentes, objectives et transparentes afin d'éviter une déroute fiscale de l'État. Les institutions concernées, foyer de la défiscalisation, sont-elles à la hauteur ?

### 2. Les formalités préalables à l'obtention de l'agrément ou le jeu trouble des agences de promotion des investissements (API)

L'agrément fiscal, parce qu'il engage fiscalement l'État, nécessite une procédure rigoureuse, dénuée de toute complaisance et de favoritisme. Un encadrement légal est donc nécessaire afin de garantir l'équité dans la distribution des faveurs fiscales. Dans cette perspective, la loi n° 2017/015 du 12 juillet 2017 modifiant et complétant certaines dispositions de la loi n° 2013/004 du 18 avril 2013 fixant les incitations à l'investissement privé en République du Cameroun, définit les formalités préalables à l'obtention de l'agrément tel que défini par la charte des investissements en République du Cameroun[798]. Cette procédure illustre parfaitement la volonté déclarée des pouvoirs publics de simplifier et d'accélérer les formalités. Dans la perspective d'épargner les investisseurs des lourdeurs, des lenteurs et des tracasseries de l'administration, peu d'organes étatiques interviennent dans la procédure dans des délais strictement encadrés (a), mais des critiques ne manquent pas (b).

#### a) Les organes étatiques compétents intervenant dans la procédure

Tout investisseur sollicitant les incitations fiscales introduit un dossier auprès du guichet unique créé auprès de l'organe chargé :

- de la promotion des PME, en ce qui concerne les PME locales ;
- de la promotion des investissements, en ce qui concerne les autres investisseurs locaux et les investisseurs étrangers[799].

Après vérification des pièces exigées pour la composition du dossier, le guichet unique délivre un récépissé à l'investisseur concerné. Il dispose d'un

---

[797] MEYO AKOULOUZE Maryse, *L'attractivité du Code des investissements camerounais : aspects juridiques*, Mémoire de DESS, option juriste-conseil d'entreprise, Université de Douala, p. 7.

[798] Loi n° 2002/004 du 19 avril 2002, article 19 (4).

[799] Article 18 (1) de la loi n° 2017/015 du 12 juillet 2017 modifiant et complétant certaines dispositions de la loi n° 2013/004 du 18 avril 2013.

délai de cinq (5) jours pour examiner le dossier et le transmettre au ministre des Finances. Ce dernier dispose d'un délai de quinze (15) jours ouvrables pour délivrer son avis. Passé ce délai, l'avis favorable du ministre des Finances est réputé acquis. En cas d'avis favorable du ministre des Finances, l'organisme chargé de la promotion des investissements ou des petites et moyennes entreprises, selon le cas, dispose d'un délai de trois (3) jours ouvrables pour délivrer l'agrément.

L'agrément est accordé à l'investisseur par l'organisme chargé de la promotion des investissements ou des petites et moyennes entreprises, après avis du ministre des Finances, dûment annexé à l'agrément[800]. Le ministre des Finances est assisté en cela par un comité créé par sa décision, et composé des représentants de la direction générale des impôts qui en assure la présidence, et de la direction générale des douanes chargée du rapport des travaux. Ce comité instruit la demande d'agrément[801]. L'agrément est donné sous la forme d'une convention retraçant les droits et les obligations de chaque partie.

L'acte d'agrément spécifie : la raison sociale ; l'objet, l'étendue, le lieu d'implantation de l'entreprise et la durée de réalisation du programme d'investissement et ses effets induits ; la date d'entrée en vigueur et la durée d'application du régime accordé, en distinguant celles relatives à la phase d'installation et d'exploitation ; les avantages consentis au bénéficiaire ; les engagements vis-à-vis de l'État et le cas échéant, d'autres obligations particulières, la liste des équipements, des matériels et des matières premières agréées ; l'objet du projet d'investissement ; les modalités et conditions de contrôle spécifiques auxquelles l'entreprise est soumise, notamment le programme des investissements, le montant, les effectifs, les salaires, la production, les exportations, le chronogramme de réalisation du projet ; les sanctions applicables en cas de non-respect des engagements[802]. Au bout de l'agrément sont subordonnés les avantages fiscaux fixés par la loi, qui peuvent paraître de prime abord comme contradictoires avec le principe d'égalité. Aussi, cette procédure ne va pas sans susciter des critiques et de réelles inquiétudes quant à la mobilisation des recettes fiscales.

**b) Les critiques à l'égard des agréments fiscaux et des organes de promotion**

Les pourfendeurs des agréments fiscaux mettent au-devant leur caractère discriminatoire. En effet, l'agrément, qui est un élément de la discrimination

---

800 Article 19 de la loi du n° 2017/015 du 12 juillet 2017, *op.cit.*

801 Article 3 de l'Arrêté n° 00000366/MINEFI/SG/DGI/DGD/ du 19 novembre 2013 précisant les modalités de mise en œuvre des avantages fiscaux et douaniers de la loi n° 2013/004 du 18 avril 2013 fixant les incitations à l'investissement privé en République du Cameroun.

802 Article 20 (2) de la loi fixant les incitations à l'investissement privé en République du Cameroun

fiscale[803], permet la mise en œuvre d'un traitement différencié entre les différentes catégories de contribuables. Pourtant, la généralité de la règle est un principe essentiel à la technique fiscale. Le capitalisme privé et surtout dans le cadre des multinationales [804]fait sentir sa puissance, surtout négativement sur les États du Sud. La part belle leur est ainsi concédée en termes de faveurs fiscales et autres avantages douaniers. L'on évoque d'ailleurs régulièrement les batailles qui opposent les groupes locaux et les enseignes étrangères.

La critique se poursuit sur le terrain du pouvoir d'appréciation des organes compétents en la matière. En effet, les inconvénients de cette fiscalité dérogatoire notamment l'insécurité et l'inégalité tant décriées résultent du pouvoir discrétionnaire reconnu à l'administration dans l'octroi, le refus ou le retrait de l'agrément. Il ne suffit pas de remplir les conditions légales et réglementaires pour bénéficier de l'agrément, encore faut-il apparaître aux yeux de l'administration comme celui qui sera réellement apte à mener à bien la tâche liée à l'agrément. Il en résulte que le droit à l'agrément dépend d'une situation individuelle subjective et non d'un statut objectif et réglementaire[805].

En outre, l'impuissance institutionnelle et technique d'analyse de projets soumis à l'agrément se lit aussi comme une faiblesse de cette politique dérogatoire. La raison majeure qui sous-tend la défiscalisation des IDE par les pays d'accueil est la création de richesses et d'emplois, facteurs de croissance économique[806]. Les structures étatiques doivent être en mesure d'analyser avant l'agrément et pendant l'exonération si les projets présentés sont à même de créer les richesses et les emplois tant convoités. La question de la technicité de la part des autorités publiques revient à la surface[807]. Au Cameroun, les délais impartis pour apprécier les dossiers de demande d'agrément sont suffisamment courts. L'on se demande si effectivement l'avis émis par l'API et le comité au sein du ministère des Finances est objectif et fiable. Il est vrai que compte tenu de la mobilité des capitaux, les multinationales ne supportent plus d'attendre indéfiniment une décision aléatoire de l'administration. Si les procédures sont trop lentes, elles préfèrent aller voir ailleurs.

Enfin, le pouvoir discrétionnaire et d'appréciation des organes étatiques compétents en la matière peut laisser libre cours à des comportements de rente et à des pratiques peu orthodoxes. La multiplication des signatures des conventions d'agrément au niveau de l'API est assez révélatrice des

---

803 BELHEDI Larbi, *Les discriminations fiscales en droit français*, *op. cit.*, p. 258.

804 BONIN Bernard, *L'entreprise multinationale et l'État, Tendances actuelles*, Éditions Études vivantes, Montréal, 1984, 292 pages.

805 TOURNIE Gérard, *Les agréments fiscaux, op. cit.*, p. 260.

806 MATANDA KABANDA Boniface, *Les exonérations fiscales des investissements en RDC*, *op. cit.*, p. 175.

807 *Idem.*

inquiétudes suscitées au sein de la communauté des collecteurs d'impôts[808]. Les conseillers en défiscalisation ont trouvé là un terreau fertile pour les activités de recherche de rente[809]. Il est difficile d'égrener toute une litanie de griefs à l'encontre des agréments fiscaux, toujours est-il qu'ils ont pour eux et contre eux de fervents laudateurs et des pourfendeurs. L'exemption irréfléchie, bien qu'elle affecte négativement le budget de l'État, peut conduire à l'injustice fiscale, dérégulatrice de la concurrence entre opérateurs économiques par la coexistence de l'enfer fiscal[810], du purgatoire fiscal [811]et du paradis fiscal[812] à l'intérieur d'un même État.

Le défi majeur de la politique fiscale au Cameroun est de trouver un équilibre optimal entre un régime fiscal favorable à l'entreprise et à l'investissement, et un niveau d'imposition dégageant suffisamment de recettes pour financer les investissements publics. Mais la propension des agences de promotion de l'investissement à accorder des faveurs fiscales risque d'empêcher de relever ce challenge. Au surplus, vient s'ajouter la faiblesse des mécanismes de gestion des exonérations douanières au Cameroun.

## SECTION II : UNE GESTION LACUNAIRE DES EXONÉRATIONS DOUANIÈRES AU NIVEAU INTERNE

L'analyse des niches ne saurait se limiter à leur conception ou à leur naissance. Une stratégie de gestion efficiente et régulière doit être mise en œuvre. Au Cameroun, l'assiette fiscale douanière est mise à rude épreuve à cause d'un suivi défaillant des exonérations. La faute à une gestion anarchique de la fiscalité dérogatoire incapable de stopper la dérive fiscale. Le désordre ambiant qui règne au niveau des niches fiscales est dû à l'absence d'une stratégie de suivi régulier de ces niches. Cette absence de suivi constitue un « talon d'Achille » dans l'environnement fiscal camerounais. La volonté de suivre au plus près la dépense de l'État, tant dans son volet budgétaire que

[808] À ce jour l'on dénombre plus 180 agréments fiscaux ou conventions signées par l'API.

[809] Lire utilement OCDE, *En finir avec les montages financiers abusifs : réprimer les intermédiaires qui favorisent les délits fiscaux et la criminalité en col blanc*, OCDE, Paris, 2021.

[810] MATANDA KABANDA Boniface, Pour cet auteur, l'enfer fiscal est l'antithèse de paradis fiscal, il se caractérise par le taux élevé d'imposition.

[811] L'expression est du même auteur et empruntée à l'Église catholique romaine, renvoie au lieu intermédiaire entre le paradis et l'enfer fiscal.

[812] D'après MATANDA KABANDA, il faut entendre par paradis fiscal, l'absence d'impôt ou plutôt une imposition au taux proportionnellement réduit. Sur les paradis fiscaux, voir aussi, NDZANA BILOA Alain Symphorien, *Sauvons l'impôt pour préserver l'État,* Paris, Les Éditions du Panthéon, 2018, p. 53. L'auteur définit le paradis fiscal par l'absence d'échange de renseignement, par les impôts inexistants ou insignifiants, l'absence de transparence ou une transparence biaisée, l'absence d'activités substantielles et une législation de complaisance.

fiscal, est d'une nécessité absolue aujourd'hui[813]. D'après de nombreux spécialistes, plusieurs raisons peuvent justifier les exigences du contrôle et du suivi des exonérations douanières notamment l'ampleur du manque à gagner qu'elles occasionnent, les risques de fraude et d'abus ainsi que la complexité même du système. Le contexte camerounais est donc marqué par une absence des stratégies de suivi opérationnel (paragraphe I), et de contrôle des exonérations douanières (paragraphe II).

### Paragraphe I : L'absence d'une stratégie de suivi opérationnel des exonérations douanières au Cameroun

L'exigence de suivi des politiques fiscales incitatives n'est pas récente. Elle a toujours existé sous la pression des bailleurs de fonds dans la quête de la transparence et de la performance[814]. La finalité de la performance est donc intégrée dans le pilotage des exonérations fiscales. Dans la même veine, la directive n° 06/11-UEAC-190-CM-22 relative au code de transparence et de bonne gouvernance dans la gestion des finances publiques exige que les décisions ayant une incidence sur le budget soient chiffrées et rendues publiques. Bien plus, l'évaluation de l'impact financier doit désormais faire partie des documents budgétaires à joindre au projet de loi de finances[815].

Au même titre que plusieurs pays en voie de développement, le Cameroun s'emploie à séduire les investisseurs par le moyen d'une politique fiscale incitative. Mais, cette politique fiscale généreuse à l'égard de l'initiative privée et du bien-être social a un coût considérable[816], et une moins-value perpétuellement en hausse. Le suivi de la dépense fiscale ainsi générée est d'une extrême importance[817]. Malgré cette importance et ces exigences, et en dépit des dispositifs mis en place destinés à maîtriser les exonérations, l'on note malheureusement au Cameroun, l'absence d'une stratégie de suivi opérationnel. Elle se traduit par l'absence d'une structure de suivi permanent des exonérations douanières à l'échelon national (A) et un suivi inopérant au niveau de la direction générale des douanes (DGD) (B).

---

[813] WEIDENFELD Katia, *A l'ombre des niches fiscales*, *op.cit.*, p. 31.

[814] SANON Jean-Gustave, « L'objectif de performance dans la politique d'harmonisation des finances publiques dans l'Union économique et monétaire Ouest africaine », *in logique de performance et pays en développement, RFFP* n°98-2007, pp. 59-67.

[815] Voir la directive n° 06/11-UEAC-190-CM-22 relative au code de transparence et de bonne de gouvernance dans la gestion des finances publiques et son annexe.

[816] Lire à ce sujet, HASSAN EL KTINI, *Les dépenses fiscales en droit marocain, op. cit.*, p. 257.

[817] Lire YEHOUNOU Charles, « Dépenses fiscales au Bénin : propos évaluatifs », *in* MEDE Nicaise, YENOUSSI Nicolas (dir), *Bénin : les recettes publiques en débats*, Dakar, L'Harmattan, 2020, pp. 109-128.

### A- L'absence d'une structure de suivi permanent des exonérations douanières à l'échelon national

La mobilisation des recettes douanières reste plombée par une insuffisante maîtrise des dépenses fiscales. En effet, l'État camerounais semble n'avoir pas encore pris la mesure et l'importance de la nécessité de mettre sur pied un service gestionnaire et de suivi des dépenses fiscales et particulièrement des exonérations douanières. Pour preuve, l'évaluation des dépenses fiscales est une activité récente. Le premier rapport date de 2016. Il est d'ailleurs produit sous la pression des bailleurs de fonds et des autorités communautaires de la CEMAC[818]. Ainsi, l'implication de l'État dans l'encadrement des dépenses fiscales est encore timide. Pourtant, le contexte de grande défiscalisation à travers les lois fixant les incitations à l'investissement privé milite en faveur de la création d'une structure unique de gestion et de suivi des exonérations douanières. Bien plus, l'appui institutionnel de l'État camerounais, comparé aux pratiques des États occidentaux est presque inexistant. Ailleurs, les pouvoirs publics tentent de mieux coordonner les régimes d'aides. Par ailleurs, la gestion des aides est confiée de plus en plus à des organismes publics autonomes, voire privés. Cette insuffisante implication de l'État camerounais va se traduire par une navigation à vue ou l'absence de coordination (1), une évaluation insuffisante (2), des documents budgétaires inexistants ou lacunaires (3).

#### 1. Une coordination limitée dans le pilotage administratif des exonérations douanières

L'amélioration de la coordination des aides de nature fiscale est généralement le préalable à une meilleure connaissance de ces dernières par l'ensemble des acteurs. Mais il est surprenant d'observer que le Cameroun ne dispose pas de structure à l'échelon national capable d'assurer le suivi et la coordination des exonérations douanières. L'accumulation des dépenses fiscales issues de celles-ci, nombreuses et diverses, parfois anciennes et souvent prorogées, ne permet pas d'identifier a posteriori la cohérence et la lisibilité des choix opérés dans le cadre des politiques douanières incitatives. Il est donc difficile de déduire de cette accumulation une cohérence d'ensemble. Aussi, contrairement aux dépenses directes, celles fiscales induites par les exonérations douanières ne sont pas soumises aux mêmes règles de contrôle et de suivi imposées par la réglementation budgétaire.

L'on peut donc comprendre le désordre qui règne au Cameroun dans ce domaine et qui se traduit par la difficulté de maîtriser les différentes aides fiscales douanières. Pourtant, l'exigence de rigueur budgétaire rend nécessaire

---

[818] À travers la transposition de la directive n° 06/11-UEAC-190-CM-22 relative au code de transparence et de bonne gouvernance.

la cohérence dans la conception et la mise en œuvre des exonérations douanières. Le rapport annuel de la Cour des comptes publié en France en 2011 témoigne de l'actualité de cette exigence. Ce rapport alarme en effet sur « l'enjeu budgétaire majeur » revêtu par les dépenses fiscales[819]. D'où une nécessaire administration des aides fiscales douanières pour une meilleure lisibilité.

Le constat au Cameroun est donc celui d'une absence de coordination des exonérations douanières, laquelle résulte d'un insuffisant encadrement de la part de l'État camerounais. Pourtant, le processus formalisé relatif à tout système d'aide fiscale aux entreprises comporte outre, sa création, le régime (condition d'attributions), la publicité, la coordination et l'évaluation[820]. Il est donc nécessaire d'avoir un cadre institutionnel pour le suivi et l'analyse des exonérations douanières ou mieux de la dépense fiscale. D'après de nombreux spécialistes[821], plusieurs raisons peuvent justifier les exigences de coordination des exonérations douanières, notamment l'ampleur du manque à gagner qu'elles occasionnent, les risques de fraude et d'abus ainsi que la complexité même de ce système au Cameroun. Ainsi, une stratégie de suivi systématique des exonérations douanières constitue un enjeu essentiel tant pour des considérations d'équité et d'acceptabilité des prélèvements que de meilleure efficacité[822]. L'effervescence anarchique qui caractérise la naissance des exonérations douanières au Cameroun doit être compensée par une coordination effective. Le déficit d'administration des aides fiscales douanières conduit inévitablement à l'érosion de la base taxable, mais pas dans les mêmes proportions qu'une évaluation peu fiable.

### 2. L'évaluation partielle des exonérations douanières au Cameroun

Si l'évaluation des aides de nature fiscale est en train de devenir dans différents pays développés un véritable levier stratégique, au Cameroun, celle-ci demeure encore partielle et insuffisamment diffusée[823]. L'absence d'un cadre institutionnel de suivi des exonérations douanières à l'échelon national va se traduire par une évaluation non exhaustive et peu fiable. Les évaluateurs au Cameroun reconnaissent cela en déclarant qu': « il convient de préciser que toutes les mesures constitutives de la dépense fiscale recensées n'ont pas l'objet d'une évaluation. Seules, les plus significatives l'ont été, et parmi ces

---

819 WEIDENFELD Katia, *À l'ombre des niches fiscales*, *op.cit.*, p. 3.

820 LEVET Jean-Louis (dir), « Les aides publiques aux entreprises : une gouvernance, une stratégie », *Commissariat général du Plan*, 2003, p. 83.

821 PICHET Éric, *Théorie générale des dépenses sociofiscales*, *op.cit.*, p. 427.

822 *Ibid.*, p. 428.

823 Pour plus de détails, lire FERDI, « Les dépenses fiscales : de leur évaluation à leur rationalisation », second webinaire organisé dans le cadre de la plateforme française interministérielle sur la mobilisation des ressources intérieures publiques (MRIP), 30 septembre 2020.

dernières, certaines l'ont été partiellement du fait de l'indisponibilité de l'information dans les déclarations statistiques et fiscales (DSF) ou de l'absence d'importation »[824]. Dans cette lancée, l'évaluation ne peut garantir un chiffrage exact des coûts correspondants. Les méthodes de chiffrage sont inadaptées. En conséquence, les montants affichés sont peu fiables et sous-estimés. En clair, le système camerounais d'évaluation des dépenses fiscales reste très lacunaire[825]. Lacunaire en raison du caractère insuffisant des données et par manque d'outils et de compétences d'analyse[826].

Pourtant, une évaluation complète et régulière s'inscrit dans un contexte général d'amélioration de la gestion publique. Au Cameroun d'ailleurs, l'évaluation de la dépense fiscale a pour objectif principal d'améliorer le rendement fiscal tout en assurant une meilleure gouvernance des régimes fiscaux et douaniers aussi bien de droit commun que dérogatoires[827]. Certains pays comme l'Allemagne, les Pays-Bas, les États-Unis sont cités comme ayant de bonnes pratiques d'évaluations régulières. D'après les évaluateurs au Maroc, « connaître le coût budgétaire des dépenses fiscales devient nécessaire pour une meilleure transparence financière du budget général de l'État et pour une plus grande rationalisation en matière d'allocation des ressources »[828].

Le Cameroun est à la traîne. La culture générale de l'évaluation qui reste partielle et peu diffusée ne s'est pas encore développée dans notre pays. L'on observe une mauvaise maîtrise des dépenses fiscales de porte par l'administration camerounaise et son refus d'appropriation des techniques et méthodes fiables d'évaluation de ces mesures[829]. Il est à noter que le premier rapport sur les dépenses fiscales date seulement de 2016. L'évaluation des dépenses fiscales nécessite un travail permanent pour fiabiliser les données. Au Cameroun, cette évaluation se fait encore de manière sporadique, à travers des responsables nommés périodiquement sous la supervision générale du ministre des Finances et sous la coordination du directeur général des douanes et des impôts. L'évaluation est encore parcellaire et trop récente pour y accorder un quelconque crédit et, en dépit des efforts déployés, reste entachée d'imperfections, de manque de précision et de fiabilité.

Le Cameroun est concerné depuis peu par l'évaluation des dépenses fiscales et l'exercice a démarré avec un périmètre initial très restreint faute de

---

824 MINFI, Rapport sur les dépenses fiscales de l'exercice 2017, octobre 2018, p. 7.

825 Les évaluateurs reconnaissent que la fiabilité du chiffrage est encore perfectible et que les méthodes employées sont encore trop sommairement expliquées.

826 À ce propos, lire KASSIM Lanre et MANSOUR Mario, « Les rapports sur les dépenses fiscales des pays en développement : une évaluation », *Revue d'économie du développement*, vol. 26, 2018, pp. 113-167.

827 *Idem.*

828 Rapport sur les dépenses fiscales 2010, Maroc, ministère de l'Économie et des Finances, p 4.

829 VIEUX PE Pierre, *La problématique de l'évaluation des dépenses fiscales de porte au Cameroun*, *op.cit.*, p. 43.

données disponibles et parfois de moyens[830]. En somme, les dépenses fiscales de porte au Cameroun constituent encore un ensemble mal maîtrisé. La prise de conscience tardive des effets pervers des niches est manifeste et plusieurs raisons l'expliquent. Aux incertitudes qui entourent le champ de l'estimation du coût des dépenses fiscales, s'ajoute le fait que les dispositifs fiscaux dérogatoires de porte font l'objet d'une attention insuffisante de la part des pouvoirs publics[831]. Cette insouciance de l'État va se ressentir au niveau des documents budgétaires liés aux dépenses fiscales.

### 3. La quasi-inexistence des documents budgétaires liés aux dépenses fiscales de porte

Le législateur communautaire à travers le code de transparence et de bonne gouvernance dans la gestion des finances publiques, exige que la nature et le coût budgétaire des exonérations et dérogations fiscales fassent l'objet d'une présentation détaillée à l'occasion de l'adoption du budget. Cependant, le déficit d'administration des exonérations douanières au Cameroun conduit inévitablement à l'inexistence des documents budgétaires pourtant très réclamés dans le suivi opérationnel des régimes dérogatoires[832]. Cet instrument a été créé en France pour surveiller les coûts, l'objet et le rendement des dépenses fiscales[833]. Dans cette perspective, à la suite des recommandations du Conseil des impôts en France, la notion de dépenses fiscales a été officiellement introduite dans les travaux budgétaires, en application de l'article 32 de la loi des finances de l'année 1980. Cet article dispose que (…) « chaque année, dans le fascicule « des voies et moyens » annexé au projet de loi de finances, le gouvernement retracera l'évaluation des dépenses fiscales en faisant apparaître de manière distincte, les évaluations initiales, les évaluations actualisées, de manière détaillée, par nature de mesures, par catégorie de bénéficiaires et par objectifs ».

Toutes ces précautions, prises par le législateur français n'ont malheureusement pas fait tache d'huile dans la législation camerounaise[834]. En l'absence des documents budgétaires, le Parlement est peu éclairé dans les discussions concernant les dépenses fiscales. Il serait difficile pour les parlementaires d'exercer leur pouvoir de contrôle malgré leur volonté de suivre au plus près la dépense de l'État, tant dans son volet budgétaire que

---

830 GEOURJON Anne-Marie, ROTA-GRAZIOZI Grégoire, « L'illusion des dépenses fiscales en Afrique », FERDI, Note brève, n° 96, mai 2014.

831 VIEUX PE Pierre, *ibid.*, p. 77.

832 En effet, selon KASSIN Lanre et MANSOUR Mario, les documents budgétaires liés aux dépenses fiscales en général visent à fournir une information analytique pour enrichir le débat politique sur l'élargissement de la base d'imposition

833 WEIDENFELD Katia, *op. cit.*, p. 30.

834 VIEUX PE Pierre, *La problématique de l'évaluation des dépenses fiscales de porte au Cameroun*, *op. cit.*, p. 77.

fiscal. Une simple transmission du rapport sur les dépenses fiscales d'un exercice ne suffit pas à répondre aux préoccupations des parlementaires. Il faut aller au-delà en interrogeant chaque dépense fiscale sur son coût, sa rentabilité, son efficacité et son efficience[835].

Ainsi, les dépenses fiscales doivent faire l'objet d'une présentation détaillée au Parlement. Ce document, annexé à chaque projet de loi de finances, doit permettre aux parlementaires et à travers eux, aux citoyens de prendre la mesure des dérogations aux règles générales de l'impôt, de leur coût, de leurs bénéficiaires et des objectifs poursuivis[836]. Ainsi, grâce à lui, le contrôle du budget par la nation doit s'étendre au suivi des dépenses fiscales[837]. Le Cameroun se doit donc d'introduire les documents budgétaires comme instrument de suivi des exonérations douanières dans l'environnement fiscal camerounais. La lisibilité du suivi budgétaire en dépend. Faute de cela, on ne pourra avoir qu'une image tronquée de la réalité du dispositif dérogatoire au Cameroun et partant en zone CEMAC[838]. L'enjeu budgétaire commande des règles contraignantes de pilotage budgétaire et des règles de bonne gouvernance publique[839]. Faute d'une structure autonome de pilotage administratif des niches fiscales pour fournir toutes ces informations, la direction générale des douanes pourrait s'y investir. Malheureusement, elle est plus occupée dans sa mission de collecte des recettes de l'État.

### B- Le suivi inopérant des exonérations au niveau de la direction générale des douanes

La gestion défectueuse des exonérations douanières au Cameroun se poursuit au niveau de la direction générale des douanes. En dépit des efforts fournis dans le sens d'un suivi adéquat, les résultats obtenus restent mitigés. Cette direction a de la peine à suivre l'accumulation des exonérations douanières nombreuses et diverses. D'ailleurs, le rythme soutenu de leur création conduit à un empilement de mesures préférentielles. Face à cette cohorte d'exonérations douanières, l'administration des douanes doit s'organiser afin de répondre efficacement au défi que constitue leur suivi opérationnel. Malheureusement, l'on constate leur encadrement insuffisant au niveau central. En conséquence, la structure chargée au niveau de la direction générale est inopérante (1). Au surplus, s'ajoute la dispersion des structures de suivi au plan local (2).

---

[835] Cour des comptes, *La gestion des dépenses fiscales en faveur du logement*, mars 2019.
[836] WEIDENFELD Katia, *op. cit.*, p. 60.
[837] *Idem.*
[838] HASSAN EL KTINI, *Les dépenses fiscales en droit marocain*, Thèse en droit, Université Grenoble Alpes, 2020, p. 276.
[839] HASSAN EL KTINI, *op. cit.*

### 1. L'efficacité limitée de la structure de suivi des exonérations douanières au niveau central[840]

Au fil du temps, plusieurs structures chargées du suivi se sont succédé au niveau de la direction générale des douanes, au gré des différentes modifications de l'organigramme du ministère des Finances. Elles n'ont pas véritablement joué leur rôle d'autant plus qu'elles sont considérées comme des structures mort-nées. Ainsi, autour des années 1990, l'on a connu le service des investissements et des régimes spéciaux logé à la sous-direction de la législation et du contentieux. Ce service s'occupait de tous les problèmes de réglementation douanière dérogeant au droit commun à travers notamment :

- la gestion du fichier des entreprises et sociétés agréées aux différents régimes fiscaux privilégiés ;
- l'établissement et l'application de la réglementation relative aux régimes suspensifs de douane ;
- l'étude de toutes les questions afférentes au code des investissements, à la taxe intérieure, à la production, à la taxe unique ainsi qu'aux autres régimes privilégiés ;
- l'instruction des dossiers relatifs à l'application des traités instituant des unions économiques et douanières régionales et sous-régionales.

Le service des investissements et des régimes spéciaux comprenait entre autres :

- le bureau des investissements ;
- le bureau de la taxe unique ;
- le bureau de la taxe intérieure à la production ;
- le bureau des autres régimes fiscaux privilégiés.

Cette structuration, au moins théoriquement, pouvait garantir un meilleur suivi, mais la pratique a montré de nombreuses limites illustrées par de multiples fraudes douanières[841].

Autour des années 2000, le directeur général par note de service[842] a créé une cellule de suivi des exonérations au sein de la direction des douanes. Ainsi, l'on peut lire : dans le but de rationaliser le contrôle et le suivi des exonérations, il est créé, au sein de la direction des douanes, une cellule de suivi des exonérations dont les missions sont les suivantes :

---

840 Un service est qualifié de central dans la mesure où les compétences dévolues s'exercent sur l'ensemble du territoire de l'État.
841 Lire TANA Alexandre, *Dépense fiscale et fraude dans les régimes douaniers de production*, Rapport suivi d'un mémoire, ENAM, 1989-1991.
842 Note de service n°00163/MINEFI/DD du 17 novembre 2000.

- la reconstitution, sur la base des textes existants, des procédures d'octroi des exonérations, partielles ou totales ;
- l'évaluation par type d'exonération et si nécessaire, par usager, des écarts par rapport à la norme en vigueur ;
- l'élaboration des propositions d'amélioration du système existant.

La cellule, placée sous la supervision du directeur des douanes, comprenait comme membres, le chef de la division de la révision, des enquêtes et recherches, le chef de la division de la législation et du contentieux, le chef de la division de l'informatique et des statistiques, le chef de secteur du littoral, le chef de secteur du centre, le chef de la brigade des enquêtes et recherches.

Cette cellule, semble-t-il, n'a pas vocation à durer dans le temps et sa composition est assez disparate pour qu'on puisse penser à une activité pérenne. Elle est composée de responsables qui ont une activité autre que le suivi des exonérations douanières ; d'où son inertie avérée. Ces responsables ne peuvent s'impliquer qu'à temps partiel ; encore faudrait-il qu'ils aient une motivation suffisante. C'est d'ailleurs pourquoi le législateur camerounais en 2013 a pensé créer une structure stable, entièrement consacrée aux exonérations douanières et autres régimes suspensifs.

À l'issue du décret n° 2013/066[843], il ressort que la gestion et le suivi des exonérations douanières relèvent de la compétence de la division de la législation et du contentieux, notamment à travers sa cellule des régimes douaniers économiques. Aussi, ce décret dispose : « placée sous l'autorité d'un chef de cellule, la cellule des régimes douaniers est chargée du suivi de l'application de la réglementation relative aux régimes économiques, notamment les exonérations douanières et les régimes suspensifs »[844]. Il convient de mentionner que cette cellule jusqu'à ce jour n'est pas encore mise en place. L'obtention en temps réel des informations complètes concernant les exonérations douanières est assez difficile. Il n'est même pas toujours possible d'obtenir auprès de la direction générale des douanes une liste exhaustive à jour des entreprises bénéficiant des exonérations douanières dans le cadre de divers régimes (agréments fiscaux, conventions, mesures particulières).

Cette absence d'une structure uniquement dédiée au suivi des exonérations douanières a créé un préjudice énorme en matière de mobilisation des recettes douanières. Mais, l'on peut noter pour s'en féliciter qu'en date du 25 juin 2020[845], le ministre des Finances a nommé le tout premier responsable à la tête de cette structure en la personne de monsieur ESSOLA EDDY. Après une longue période d'hibernation, cette cellule a été ressuscitée. Espérons que cela

[843] Décret n° 2013/066 du 28 février 2013 portant organisation du ministère des Finances.
[844] Article 100 du décret précité.
[845] Arrêté n°00000212 /MINFI du 25 juin 2020 portant nomination des responsables au ministère des Finances.

augure un regain d'intérêt pour cette question de suivi des exonérations douanières au niveau de la direction générale des douanes, d'autant plus que la situation n'est guère reluisante au plan local, où la dispersion des structures rime avec inefficacité.

### 2. La dispersion des structures de suivi au niveau local

La faiblesse institutionnelle du suivi des exonérations douanières est manifeste au niveau local[846]. Tout semble indiquer que l'enjeu budgétaire que représentent les dérogations fiscales est encore sous-estimé au Cameroun. La mise en place des unités douanières au plan local conforte d'ailleurs cette tendance. En effet, l'on y observe l'absence d'une unité spécialement dédiée aux opérations exonérées. Pourtant, à Douala à une certaine époque, il existait un bureau spécialisé dénommé « Douala port III ». Ce bureau hors classe s'occupait des opérations relatives aux entreprises agréées aux différents régimes douaniers privilégiés. Toutes les opérations de dédouanement des marchandises exonérées étaient centralisées avec l'avantage de favoriser une certaine lisibilité.

De nos jours, plusieurs structures interviennent dans la gestion et le suivi des exonérations douanières au niveau régional ou local. La stratégie camerounaise a, semble-t-il, été de laisser à chaque bureau des douanes, le soin de gérer ses opérations exonérées. C'est par exemple le cas du bureau principal des douanes hors classe de Douala-aéroport, qui est ouvert à toutes les opérations de dédouanement y compris les opérations exonérées. Mais curieusement, l'on peut noter pour le déplorer l'absence d'un service exclusivement chargé de suivre les opérations exonérées dans cette structure. D'ailleurs, dans le cadre de cette recherche, il a été particulièrement difficile d'obtenir les informations ou les statistiques liées aux opérations exonérées. Preuve que les exonérations douanières sont diluées dans la grande masse des opérations traitées dans ce bureau. Il devient important d'améliorer la gestion des exonérations douanières au plan local en créant des services spécialement dédiés au suivi de ces régimes privilégiés.

En l'état actuel, aucune attention particulière n'est accordée aux opérations exonérées, elles sont reléguées au second plan des préoccupations des responsables douaniers. La gestion médiocre des régimes dérogatoires entraîne du fait de la fraude, un rétrécissement de l'assiette taxable. Au Cameroun, tout comme en République centrafricaine, le système fiscal accorde aux investissements des privilèges et des allègements fiscaux sans

[846] La douane camerounaise est une administration relevant du ministère des Finances. Elle dispose d'une organisation et d'un mode de fonctionnement qui découlent de la spécificité de ses missions. Au niveau de l'organisation administrative, comme tous les services publics, l'on recense les services centraux et les services déconcentrés ou locaux.

aucun suivi et aucune étude d'impact[847]. La multiplication des régimes dérogatoires est, pour les administrations fiscales et douanières camerounaises, une source de difficultés[848]. Les administrations douanières disposant de moyens limités ne parviennent pas toujours à maîtriser de manière satisfaisante l'ensemble des procédures nécessaires au suivi[849]. Aussi, l'on pouvait imaginer un système de contrôle efficace pour combler ces défaillances, mais là encore les faiblesses institutionnelles sont également à décrier.

## Paragraphe II : L'absence d'une véritable stratégie de contrôle des opérations exonérées au Cameroun

Les aides-douanières aux entreprises et autres acteurs sociaux constituent une préoccupation croissante pour de nombreux États. Depuis le milieu des années 1990, de nombreuses initiatives dans plusieurs pays européens et nord-américains visent à définir des priorités, à accroître l'efficacité des modes de gouvernance, à développer la culture et les pratiques de contrôle[850]. Le secteur des régimes dérogatoires douaniers regorge souvent des enjeux financiers énormes. Aussi, les décisions prises par les institutions en charge du contrôle de ces régimes sont déterminantes pour la survie du système fiscal et douanier. Au Cameroun, l'on s'interroge sur la capacité des structures institutionnelles et administratives à maîtriser les rouages et les enjeux des dépenses fiscales. À l'observation, les dispositifs dérogatoires sont encore peu contrôlés. Malgré leur coût toujours croissant, les dépenses fiscales de porte ne font pas l'objet d'une politique de contrôle ambitieuse. D'après Moumouni GUINDO, cette situation se retrouve également au Mali où, en dépit de son intensification progressive, le système de contrôle des finances publiques reste peu efficace[851]. La gestion et le contrôle des finances sont peu performants[852]. L'on note ainsi, l'absence de stratégie globale de contrôle se traduisant par des opérations exonérées peu contrôlées à l'échelle nationale (A) et des contrôles partiels peu productifs au niveau de la direction générale des douanes (B).

---

847 MBOUNOU-NGOPO Mathurin, *La fiscalité et l'impératif de développement de la Centrafrique*, *op. cit.*, p. 165.
848 *Idem.*
849 CHAMBAS Gérard (dir), *op. cit.*, p. 113.
850 LEVET Jean-Louis (dir), « Les aides publiques aux entreprises : une gouvernance, une stratégie », Commissariat général du plan, octobre 2003.
851 GUINDO Moumouni, *Le contrôle des finances publiques au Mali, d'indispensables réformes*, Paris, L'Harmattan, 2021, p. 51.
852 *Idem.*

## A- Un contrôle des exonérations douanières inopérant au plan national

L'avènement de la loi du 18 avril 2013 fixant les incitations à l'investissement privé en République du Cameroun a remis au goût du jour la problématique du contrôle des exonérations douanières et au-delà celle de la dépense fiscale. La performance de l'administration douanière est désormais tributaire du contrôle exercé sur les entreprises bénéficiant des facilités fiscales. Malheureusement, au Cameroun, l'environnement ne facilite pas un contrôle efficace (1) attesté par la mise en veilleuse du comité de contrôle créé par la loi fixant les incitations fiscales (2).

### 1. L'environnement peu favorable au contrôle de la dépense fiscale de porte

Globalement, la culture de la pratique du contrôle des dépenses fiscales n'est pas encore répandue au Cameroun[853]. Elle est même à la limite inexistante. Pourtant, les enjeux d'un environnement favorable au contrôle des exonérations douanières sont de taille : mobilisation accrue des recettes, développement, sécurité, qualité de vie des citoyens, investissements directs étrangers, entre autres. De nombreux obstacles continuent de plomber l'avènement d'une activité de contrôle des régimes dérogatoires douaniers. L'on peut citer entre autres des pesanteurs socioculturelles et politico-économiques. Bien plus, le laxisme est la principale caractéristique de cette activité au Cameroun. Pourtant, à la lecture du code de transparence et de bonne gouvernance dans la gestion des finances publiques en zone CEMAC, toutes les opérations relatives aux recettes, aux dépenses et au financement des budgets des administrations publiques doivent être soumises à un contrôle démocratique, juridictionnel et administratif[854].

Le gouvernement camerounais ne semble pas encore avoir pris conscience de l'importance que revêt la mise en place d'un véritable dispositif de contrôle des dépenses fiscales[855]. Aucune démarche systématique de contrôle n'est déployée sur l'ensemble du territoire. Aucune vision complète des contrôles effectués sur les dépenses fiscales n'est disponible. Aucun contrôle n'est exercé sur l'emploi ou la destination des biens exonérés. Pour preuve, l'activité de la Chambre des comptes est inexistante comparée au déploiement

---

[853] Lire THIERRY LAMBERT, « Le contrôle de la performance du contrôle fiscal en France », *in* MEDE Nicaise, YENOUSSI Nicolas (dir), *Bénin : les recettes publiques en débats*, Dakar, L'Harmattan, 2020, pp 241-252.

[854] Annexe section VI (1) du code de transparence et de bonne gouvernance dans la gestion des finances publiques.

[855] AKAKPO Maxime B., « La justice financière : le mal logé de la démocratie en Afrique francophone subsaharienne », *in* MEDE Nicaise (dir), *Les nouveaux chantiers de finances publiques, Mélanges en l'honneur de Michel BOUVIER*, Paris, L'Harmattan, 2019, pp. 131-144.

tous azimuts de la Cour des comptes en France. Aucun rapport sur la dépense fiscale n'a jusqu'ici été produit par la chambre des comptes au Cameroun. En France, plusieurs organismes participent au contrôle des finances publiques en général et des dépenses fiscales en particulier. L'on cite entre autres : l'inspection générale des finances publiques, la Cour des comptes, le conseil des prélèvements obligatoires autrefois appelé Conseil des impôts[856].

Dans la même lancée, le contrôle parlementaire des dépenses fiscales est inexistant. L'on constate une réelle insuffisance des contrôles sur les dépenses fiscales émanant du parlement. La technicité des contrôles ne peut justifier cette absence de regard parlementaire. Il est question de mettre en place une stratégie de contrôle rénovée en rendant les données disponibles aux parlementaires. Mais en attendant, la stratégie globale de contrôle est largement défaillante, attestée par la mise en veilleuse du comité de contrôle issu de la loi du 18 avril 2018.

### 2. La mise en veilleuse du comité de contrôle de la loi du 18 avril 2013

Le système camerounais de contrôle des aides publiques de nature fiscale reste particulièrement lacunaire. Il apparaît encore difficile aujourd'hui d'élaborer une observation fiable sur la réalité de ce système de contrôle[857]. Responsables politiques, partenaires sociaux, décideurs politiques ont le sentiment partagé et justifié d'un système d'aide peu lisible, proliférant, incontrôlé, dont l'impact réel sur l'économie est difficilement évaluable[858]. Dans ce contexte, les institutions de contrôle sont peu connues à l'exemple du comité de contrôle créé par la loi du 18 avril 2018 fixant les incitations à l'investissement privé au Cameroun. En effet, au terme de cette loi, un comité de contrôle crée par décret du Président de la République, procède de concert avec les services des ministères des Finances, de l'Investissement privé et du Travail, au contrôle de l'effectivité des investissements et à l'instruction des recours[859].

Le contrôle porte notamment sur la conformité des équipements avec le programme annoncé ; la vérification des pièces justificatives pour les importations et les achats locaux effectués dans les conditions prescrites dans l'acte d'agrément, en fonction du programme d'investissement présenté par l'entreprise et retenu dans l'acte ; les déclarations des revenus de l'entreprise

---

[856] De nombreux rapports sont produits annuellement par ces institutions dans le contexte français.

[857] Lire KANANURA Paul, « Contrôle des finances publiques en Afrique, entre les exigences politiques et la rigueur de la transparence démocratique », in HARAKAT Mohamed (dir), *La gouvernance des finances publiques en Afrique*, *op. Cit.*, pp. 21-36.

[858] LEVET Jean-Louis, *Les aides publiques aux entreprises : une gouvernance, une stratégie*, *op.cit.*, p. 110.

[859] Article 22 (1) de la loi fixant les incitations à l'investissement privé en République du Cameroun.

en vue de l'obtention des incitations fiscales retenues dans l'acte d'agrément ; le contrôle des emplois créés[860].

Au vu des résultats du contrôle qui doivent être notifiés à l'entreprise, celle-ci bénéficie des incitations prévues pour la phase d'exploitation si cette dernière est déjà atteinte ou peut être raisonnablement atteinte dans les délais retenus. Bien plus, l'acte d'agrément est dénoncé et peut entraîner le retrait des incitations qui y sont prévues, lorsque celles-ci ont été utilisées à d'autres fins que celles qui doivent faire l'objet du programme d'investissement retenu dans l'acte. Dans ce cas, les administrations compétentes procèdent au recouvrement des droits éludés assortis de pénalités[861].

Face à la crainte des risques d'abus de la part des bénéficiaires des incitations fiscales dans le cadre de la loi fixant les incitations à l'investissement privé, le législateur camerounais a vite ressenti l'urgente nécessité d'encadrer les activités des acteurs au moyen de la mise en œuvre d'une institution de contrôle. Cette institution est là pour garantir les intérêts supérieurs de l'État. Toutefois, à l'épreuve de la réalité, l'objectif de contrôle n'a pas encore été concrétisé dans les faits. Tout au plus, le système de contrôle est resté à l'état « proclamatoire ». Un fossé peut être observé entre le vœu et la pratique. Cet état de choses dénote même déjà de la difficulté d'appréhender le dispositif camerounais de surveillance des exonérations douanières.

Il est loisible de stigmatiser dans cette politique de contrôle au Cameroun, son manque d'ambition, ses hésitations et autres imperfections. L'on est très loin des standards internationaux exigés par les organismes internationaux tels l'OCDE, le FMI. Une bonne partie des recommandations de ces organismes porte sur la maîtrise des dispositifs d'exonération ou de suspension. Les régimes douaniers d'exonérations instaurés par les États producteurs de matières premières extractives ont fait l'objet d'abus de la part de plusieurs investisseurs[862]. Il est évident que l'application de mesures visant l'attractivité du secteur extractif pour les investisseurs nécessite que les agents de douanes puissent exercer un contrôle sur ces derniers[863]. L'on comprend dès lors le bien-fondé de l'intervention de l'administration des douanes pour, semble-t-il, corriger les errements des contrôles externes à cette administration.

---

860 Article 22 (3) de la loi, *op. cit.*

861 Article 23 (2) de la loi précitée.

862 MAMOUDOU BARRY, *Politiques fiscales et douanières en matière d'investissements étrangers en Afrique francophone : le cas du secteur des ressources naturelles extrac*tives, *op.cit.*, p. 221.

863 *Idem.*

### B- Un dispositif de contrôle peu convaincant des opérations exonérées au niveau de l'administration des douanes

L'accroissement considérable et continu du volume des exonérations douanières oblige les administrations des douanes à adopter des méthodes toujours plus sophistiquées pour contrôler les mouvements de ces opérations exonérées. En effet, des infractions graves se produisent dans tout système fiscal et douanier surtout en ce qui concerne les opérations exonérées, raison pour laquelle il est nécessaire pour l'administration douanière de disposer d'un véritable système de contrôle permettant de déceler toute fraude à l'exonération. Le contrôle fiscal se définit comme une activité administrative par laquelle l'administration s'assure de la sincérité et de l'exhaustivité des déclarations faites par les contribuables[864]. Plus encore, il constitue une faculté laissée à l'administration fiscale lui permettant d'une part de vérifier les déclarations, actes et opérations servant de base à l'impôt, d'autre part, d'assujettir à l'impôt tout contribuable qui s'est partiellement ou totalement soustrait, en vue de réparer les omissions, insuffisances et inexactitudes constatées dans l'assiette ou le recouvrement des impôts et taxes[865].

Le contrôle douanier s'inscrit dans ce grand ensemble. Il est l'ensemble des vérifications effectuées par l'administration des douanes auprès des opérateurs ou de leurs représentants en vue de s'assurer de la sincérité de leurs déclarations en matière de respect de la législation douanière au moment du passage à la frontière ou après enlèvement des marchandises afin de déceler les manquements et d'opérer le cas échéant, les redressements nécessaires[866]. Grâce au contrôle douanier, les bénéficiaires des exonérations doivent se sentir sous pression, épiés, avertis, et tout dérapage est susceptible d'aboutir à des sanctions pécuniaires et si possible au retrait de l'agrément. Dans ce sillage, un contrôle douanier mal assuré, inexistant est susceptible d'emporter des conséquences fâcheuses au niveau des recettes douanières.

Concernant la direction générale des douanes, sa mission de contrôle comporte deux volets : un contrôle avant enlèvement et un contrôle après enlèvement. Mais la pratique de ce contrôle est tributaire de son environnement, lequel est marqué par l'amateurisme dans la conduite des contrôles qui n'est pas propre au Cameroun[867]. En conséquence, le contrôle

---

[864] ATANGA FONGUE Roland, *Contrôle fiscal et protection du contribuable dans un contexte d'ajustement structurel : le cas du Cameroun, op.cit.*, p. 12, voir aussi, BANAKEN Jean, *Le contrôle fiscal au Cameroun*, mémoire de master II professionnel en fiscalité appliquée, Université de Douala, 2014, 137 pages.

[865] *Idem.*

[866] Direction générale des douanes, *Guide de l'usager en douane*, 1re édition, novembre 2012, p. 61.

[867] Voir Cour des comptes, Rapport public annuel 2010, *Les méthodes et les résultats du contrôle fiscal*, février 2010, dans ce rapport, il est fait mention d'un contrôle insuffisant des dépenses fiscales. Cette faiblesse des contrôles sur les dépenses fiscales est fâcheuse dans la

douanier des opérations exonérées, pourtant une priorité du législateur communautaire, est particulièrement défaillant[868]. Cette défaillance tient à de nombreux facteurs. Il importe ainsi de voir les limites tenant au contrôle avant enlèvement des opérations exonérées (1) et celles liées au contrôle après enlèvement de ces opérations (2).

### 1. Les limites liées au contrôle immédiat des opérations exonérées dans les structures douanières

Le contrôle de première ligne trouve son fondement et sa raison d'être dans la vulgarisation de la déclaration contrôlée. Ce contrôle est opéré dans les bureaux locaux des douanes, c'est-à-dire au moment de l'importation de la marchandise[869]. Les experts s'accordent à dire que tant que les contribuables bénéficieront des avantages du système déclaratif, ils devront s'attendre à subir les contrôles de première ligne. Les contrôles avant dédouanement, qui comprennent les inspections physiques, servent notamment à évaluer les quantités, à vérifier que la désignation des marchandises est suffisante pour permettre d'établir leur classement tarifaire et leur origine et d'appliquer les diverses dispositions légales. En matière d'exonérations douanières, le contrôle est important à cette étape. Une simple négligence du service entraîne des pertes énormes et la performance de l'administration en est tributaire.

Mais la pratique du contrôle immédiat ou de première ligne des opérations exonérées dans les structures douanières fait l'objet de vives critiques. Au regard de son fonctionnement, de nombreux observateurs avertis égrènent à son endroit un chapelet de récriminations, notamment le laxisme dans le contrôle des exonérations dû à la contrainte du temps, à un manque de compétence et d'intégrité.

Concernant la contrainte de temps, les agents des douanes chargés de la vérification sont tenus par les délais impartis au traitement des déclarations[870], l'heure étant à la facilitation des échanges commerciaux[871]. Ces vérificateurs ont en moyenne quelques heures seulement pour libérer une déclaration. En

---

mesure où elles sont économiquement équivalentes à des dépenses budgétaires et devraient donc être plus strictement contrôlées ; voir aussi, Cour des comptes, Rapport public annuel 2012, *Le pilotage national du contrôle fiscal,* février 2012.

[868] Voir décision n° 31/19-UEAC-010A-CM-34 du 18 décembre 2019 fixant la catégorisation des mesures d'exonération totale ou partielle des droits et taxes à l'importation et précisant les modalités de contrôle des déclarations de mise à la consommation en exonération totale ou partielle des droits et taxes.

[869] Direction générale des douanes, *Guide de l'usager en douane*, 1re édition, novembre, 2012, p. 61.

[870] Les agents des douanes sont désormais soumis au contrôle de l'exécution du service à travers les contrats de performance dont l'objectif vise la facilitation et la lutte contre la fraude douanière.

[871] Lire NGUEDA NDIEFOUO Gustave, *La douane camerounaise à l'ère de la facilitation des échanges commerciaux*, Paris, L'Harmattan, 2011, 287 pages.

conséquence, le temps matériel pour l'étude du dossier fait cruellement défaut. Pire encore, aucune spécialisation n'est permise dans l'organisation des structures des douanes au niveau local surtout en ce qui concerne les exonérations. Dans cette perspective, les vérificateurs, bousculés par la charge de travail et agissant dans la précipitation, accordent peu d'intérêt aux opérations exonérées. Ils sont guidés en cela par la simple logique qu'il n'y a pas d'enjeux financiers en matière de droits et taxes dans ces opérations. En somme, sous la contrainte du temps, peu d'efforts sont consacrés à la collecte d'informations pertinentes par les inspecteurs de première ligne. Dans ces conditions, il serait difficile de trouver des discordances entre les déclarations exonérées et les pièces justificatives, encore moins de détecter la fraude à l'exonération. Pourtant, il s'agit là des dossiers à haut risque ignorés pour défaut de compétence.

Le défaut de compétence est l'une des récriminations faites à l'endroit des agents de première ligne dans le cadre du contrôle des opérations exonérées. Ce défaut de compétence est très souvent décrié par l'Organisation mondiale des douanes (OMD), le Fonds monétaire international (FMI), et la Banque mondiale (BM). La fiscalité dérogatoire est assez complexe et exige des connaissances pointues dans différents domaines. Par exemple, dans le secteur minier, il faut maîtriser les biens et équipements rentrant dans la phase de prospection et de recherche, ce qui est une tâche absolument difficile. L'agent des douanes ne saurait être un ingénieur de mine, un ingénieur de génie civil, encore moins un expert technique. Aussi, quelle que soit sa bonne volonté, celui de première ligne ne pourra pas agir efficacement au-delà de sa qualification professionnelle[872]. Globalement, les compétences qu'exige la mise en œuvre du contrôle des exonérations en première ligne font défaut ou sont insuffisantes. Bien plus, il faut ajouter le défaut d'intégrité.

Le défaut d'intégrité des agents des douanes est souvent évoqué pour justifier la faiblesse du contrôle des exonérations en première ligne. L'on sait que l'intégrité professionnelle des agents de l'administration permet de mesurer l'efficacité d'un système fiscal et douanier[873]. Est considéré comme intègre l'agent dont la conduite est conforme aux lois, à l'éthique et à la morale et dont les actes sont irréprochables de par son caractère honnête et juste[874]. Aussi, l'intégrité s'oppose à la corruption.

La fiscalité dérogatoire ayant souvent des enjeux financiers de grande importance, les décisions prises par les agents des douanes sont déterminantes

---

[872] Lire MAMOUDOU BARRY, *Politiques fiscales et douanières en matière d'investissements étrangers en Afrique francophone : le cas du secteur des ressources naturelles extractives*, *op.cit.*, p. 194. Cet auteur parle de la compétence des gestionnaires du système fiscal et douanier.

[873] Voir par exemple FJELDSTAD Odd-Helge, « Vers plus d'éthique dans les douanes en Afrique subsaharienne », *op. cit.*, p. 33-54.

[874] *Idem.*

pour l'atteinte des objectifs budgétaires assignés à l'administration douanière. Leur complaisance, voire leur collusion avec les opérateurs bénéficiaires des exonérations douanières, conduit inévitablement à la contre-performance de l'administration douanière. L'ancien directeur général des douanes camerounaises affirmait que : « la multiplication des exonérations douanières à la plus-value incertaine aboutit parfois à la déstabilisation de certaines filières ainsi qu'à la démobilisation des agents des douanes qui pourraient profiter de la brèche ainsi ouverte pour retomber dans les pratiques longtemps décriées en douanes »[875]. Comme on peut le constater, de l'attitude de l'agent des douanes, dépendent fortement les résultats du contrôle des opérations exonérées, les exonérations douanières constituant un domaine propice à la fraude douanière. Les agents des douanes doivent se départir des comportements déviants afin de laisser triompher l'objectivité dans l'étude des dossiers. Mais la pratique des contrôles des exonérations douanières en première ligne est assez lacunaire, et empreinte de manque d'efficience d'où de nombreuses attentes au niveau des contrôles après enlèvement malgré les contraintes environnementales.

### 2. Les limites liées au contrôle après enlèvement des opérations exonérées dans les structures douanières

Dans le cadre de la stratégie de contrôle des exonérations douanières, le contrôle après enlèvement des opérations exonérées est également mis à contribution et semble même le plus indiqué. Ainsi, en fonction du moment, du lieu du contrôle, et de la matière sujette à vérification, l'on peut distinguer deux niveaux de contrôles douaniers après enlèvement ou contrôle *a posteriori* à savoir le contrôle différé et le contrôle basé sur des enquêtes sur place.

Le contrôle différé consiste en une révision ou encore à une seconde vérification des déclarations sur la base des pièces jointes ; il est effectué dans les services des douanes juste après la main levée des marchandises. Il a pour objet de confronter les énonciations des déclarations aux documents qui l'accompagnent afin de déceler les erreurs matérielles qui auraient pu échapper au service et d'apporter, après constatations, les corrections nécessaires en vue de la perception éventuelle des droits complémentaires[876].

Dans l'organisation de la direction générale des douanes, les contrôles différés relèvent de la compétence des brigades de contrôles placées sous l'autorité des chefs de secteur. Ces brigades ont été instituées dans le but d'alléger la charge de travail en première ligne, et par ce moyen, favoriser la

---

[875] LIBOM LI LIKENG Minette, exposé du directeur général des douanes, lors de la conférence annuelle des responsables des services centraux, déconcentrés et extérieurs du ministère des Finances, avec pour thème, « Les douanes camerounaises à l'ère du budget programme, quels instruments pour une administration performante en 2013 ? », Yaoundé du 16 au 18 janvier 2013.

[876] Lire *Guide de l'usager en douane*, *op. cit.*, p. 61.

réduction de temps de passage des marchandises en douane. Intervenant en seconde ligne, la brigade des contrôles apparaît comme une structure de vérification, en seconde instance, des déclarations libérées et transmises par les bureaux[877].

Les contrôles basés sur les enquêtes sur place sont des investigations effectuées par la suite dans les écritures commerciales et les pièces comptables des opérateurs du commerce extérieur dans les limites de la prescription. Ces contrôles trouvent leur fondement juridique dans l'article 76 du code des douanes relatif au droit de communication particulier à l'administration des douanes. Ce contrôle est confié principalement à la division des enquêtes de la direction générale des douanes.

Ces différents contrôles sont particulièrement efficaces pour vérifier la valeur, le classement tarifaire, l'origine et tout ce qui rentre dans les opérations exonérées. Les contrôles après la mainlevée correspondent bien aux opérations exonérées au regard de la complexité des transactions qui les entourent. La plupart des administrations modernes ont mis au point une stratégie de vérification qui conjugue des contrôles sélectifs fondés sur le risque avant la mainlevée, à des vérifications a *posteriori* et audits[878]. Au Cameroun malheureusement, les contrôles *a posteriori* souffrent des mêmes imperfections que celles évoquées au niveau des contrôles de première ligne. Ils sont loin de remplir les critères de performance d'un contrôle fiscal[879]. Un accent particulier sera mis sur l'accès difficile aux renseignements, les problèmes d'organisation et de procédures, ainsi que le problème de motivation.

Les vérifications des exonérations abusives constituent un volet crucial des contrôles douaniers pratiqués au Cameroun. Un bon service de renseignement est indispensable pour mener efficacement les enquêtes concernant les exonérations. Il importe tout autant que les sources de renseignement soient établies à l'intérieur et à l'extérieur du pays. Mais l'affectation des moyens limités dont dispose l'administration des douanes camerounaise ne permet pas toujours d'avoir un accès facile à ces renseignements[880] susceptibles de faciliter l'analyse des informations disponibles. Le constat est donc là, le difficile accès aux renseignements ne permet pas toujours aux vérificateurs de

---

[877] *Idem.*

[878] KEEN Michael, (dir), *Moderniser la douane : défis et stratégies de réforme de l'administration douanière*, FMI, Édition française, 2003, p. 82.

[879] THIERRY LAMBERT, « Le contrôle de la performance du contrôle fiscal en France », in MEDE Nicaise et YENOUSSI Nicolas, *Bénin : les recettes publiques en débats*, *op. cit.*, pp. 241-252, les critères renvoient au nombre significatif de contrôles, au rendement budgétaire du contrôle fiscal, au contentieux résultant du contrôle fiscal et enfin faire sanctionner des fraudes les plus graves par le juge pénal.

[880] Lire aussi, M. MONEMOU OUO-OUO WAITA, *Contribution à l'amélioration de la performance en matière d'imposition sur le revenu en République de Guinée*, Thèse de doctorat en droit fiscal, Université Paris Dauphine, 2015, 371 pages.

mener à bien leur mission dans le cadre des détections des exonérations douanières abusives. Cette problématique est souvent liée à celle renvoyant à l'organisation et aux procédures de ces contrôles.

La problématique d'organisation est revenue plusieurs fois dans le cadre des difficultés rencontrées par les vérificateurs dans les pays en développement. Le Cameroun dans le cadre des contrôles liés aux exonérations douanières, n'y échappe pas. Dans cette lancée, toute stratégie de contrôle efficace doit s'appuyer sur des procédures extrêmement élaborées de vérification *a posteriori*. Aussi, la brigade de vérification concernée doit être bien organisée avec des procédures adéquates. L'organisation doit permettre d'identifier les cas pertinents à travers la bonne connaissance du fonctionnement des entreprises bénéficiaires des exonérations douanières. Elle doit également permettre d'identifier et d'évaluer des risques à travers l'audit des entreprises pouvant être contrôlées.

Cependant, au Cameroun, l'on reste sur une organisation traditionnelle basée sur des procédures anciennes. Une organisation qui n'a aucune lisibilité en matière d'identification des risques, en termes d'audit des registres et des documents comptables des entreprises. L'on est loin d'une organisation capable d'assurer une programmation de contrôle adapté au contexte actuel avec ses nouveaux enjeux. En clair, l'organisation des enquêtes au Cameroun n'est pas de nature à mettre les vérificateurs dans les bonnes conditions de travail. D'ailleurs selon Ange BANGO, les administrations financières des pays de la CEMAC voient leur fonctionnement entravé par de mauvaises conditions de logement, l'insuffisance et l'inadéquation des moyens matériels[881]. Sans une organisation fiable, la fraude à l'exonération a encore de beaux jours devant elle d'autant plus que les vérificateurs restent démotivés.

L'une des causes de la défaillance des contrôles des opérations exonérées est liée au manque de motivation des vérificateurs de la brigade des enquêtes. Le contexte au Cameroun reste marqué par le peu d'engouement à travailler à la division des enquêtes. Une affectation à cette brigade est parfois considérée comme une sanction disciplinaire. Pourtant, à en croire TCHODIE KOKOU Philipe, la motivation est au cœur même de la vie professionnelle et de la performance des organisations[882]. Un instrument de satisfaction des travailleurs, mais aussi d'optimalisation de la mobilisation des recettes[883]. Dans certains pays, les vérificateurs se recrutent à l'issue d'une sélection

[881] BANGO Ange, *L'élaboration et la mise en œuvre de la fiscalité dans les pays de la communauté économique et monétaire de l'Afrique centrale (CEMAC)*, *op.cit.*, p. 301.
[882] TCHODIE KOKOU Philippe, « Les motivations ultra-matérielles et la question des moyens de travail dans les administrations fiscales », *in* MEDE Nicaise, YENOUSSI Nicolas (dir), *Bénin : les recettes publiques en débats*, Dakar, L'Harmattan, 2020, pp. 293-326.
[883] *Idem.*

rigoureuse, en fonction de leur expérience, de leurs compétences et de leur motivation[884].

Il est essentiel que les vérificateurs se situent à un rang et à un niveau de rémunération plus élevé que ceux qui effectuent les contrôles ordinaires, de manière à attirer les agents qualifiés et compétents à ces postes[885]. Tel n'est malheureusement pas le cas au Cameroun. Les agents préposés au contrôle *a posteriori* sont démunis, livrés à eux-mêmes sans véritable budget pour mener à bien leurs enquêtes[886], ils sont dans l'inconfort total. Tout aussi grave est le manque de moyens de déplacement ou de crédits pour indemniser les frais de mission des fonctionnaires. Que penser d'un contrôle fiscal où le fonctionnaire est pris en charge par le véhicule du contribuable ?[887] L'on peut ainsi redouter leur collusion avec les opérateurs économiques ou qu'ils se livrent à des pratiques peu orthodoxes[888]. En gros, le contrôle après enlèvement fait face à de nombreuses difficultés notamment : la non-exhaustivité des données ; les mesures dilatoires des entreprises contrôlées, l'intervention de plus en plus accrue de la hiérarchie (MINFI) ; l'insuffisance d'expertise qualifiée en ressources humaines ; les moyens limités pour la recherche de la fraude ; l'absence de renforcement permanent de capacité conduisant au fonctionnement défectueux de l'opération de contrôle[889].

---

884 La formule s'est révélée particulièrement efficace dans les services douaniers des États-Unis et du Canada.

885 KEEN Michael (dir*), Moderniser la douane : défis et stratégies de réforme de l'administration douanière, op. cit.*, p. 87.

886 ALAKA ALAKA Pierre, *L'impôt au Cameroun, contribution à l'étude d'un dysfonctionnement administratif, op. cit.*, p.15. Le professeur ALAKA parle d'une gestion calamiteuse des ressources humaines dans les administrations fiscales.

887 CHAMBAS Gérard, *Fiscalité &développement en Afrique subsaharienne*, *op. cit.*, p.70.

888 M. MONEMOU OUO-OUO WAITA, *Contribution à l'amélioration de la performance en matière d'imposition sur le revenu en République de Guinée*, *op. cit.*, p. 181. Voir aussi, MEKONGO Jean-Marie, *Les retenues à la source dans le système fiscal camerounais*, Thèse, Panthéon-Sorbonne, 2005, p. 97.

889 Pour plus d'éclairage, lire aussi, PEKASSA NDAM Gérard, « Les transformations de l'administration fiscale camerounaise », *in* ONDOA Magloire, *L'administration publique camerounaise à l'heure des réformes*, Paris, L'harmattan, 2010, pp. 29-65, lire aussi, MEDE Nicaise, TONI Errol (dir), *La fiscalité de développement en Afrique de l'Ouest francophone*, *op. cit.*, pp. 46-50.

## CONCLUSION DU CHAPITRE II

La mise en œuvre des exonérations douanières au Cameroun, à partir d'une grille de lecture théorique et de l'analyse empirique a révélé non seulement des orientations contraires aux prescriptions communautaires, mais aussi une gestion désastreuse de nature à réduire considérablement l'assiette fiscale douanière. En effet, au niveau des orientations contraires aux prescriptions communautaires, l'on a relevé une application inappropriée des principes de mise en œuvre des exonérations douanières. Elle s'est traduite par l'absence de notification préalable attestée par de multiples manipulations unilatérales du tarif extérieur commun (TEC), l'élargissement unilatéral du champ d'application de la taxe sur la valeur ajoutée (TVA) et les multiples exonérations discrétionnaires des droits de douane au sens strict.

Bien plus, cette application inappropriée des principes communautaires s'est manifestée également par l'absence de transparence qui caractérise la mise en œuvre des exonérations douanières au Cameroun. Elle est vérifiée par l'absence de qualification ou de classification, l'absence de mesurabilité des aides de nature fiscale et surtout leur caractère illimité dans la durée. Le défaut d'encadrement communautaire se poursuit sur le terrain des procédures d'octroi des exonérations douanières. En effet, ces procédures plurielles, complexes et opaques sont l'illustration de la violation des principes communautaires. L'on y observe l'intervention de multiples autorités administratives et organismes nationaux de promotion des investissements en lieu et place des autorités et organes communautaires.

Mais au-delà des principes dévoyés, le système camerounais des exonérations douanières reste lacunaire dans sa gestion. C'est un système illisible, proliférant et surtout avec un suivi défaillant doublé d'une absence de stratégie globale de contrôle. Toute chose de nature à faciliter davantage le rétrécissement de la base taxable douanière.

## CONCLUSION DU TITRE I

Ce titre a été l'occasion de démontrer les lacunes observées dans la conception et la mise en œuvre des mécanismes et procédures d'octroi des exonérations douanières. Toute chose de nature à miner les fondements de l'assiette globale des droits et taxes à l'importation. En effet, le diagnostic partiel est le reflet de la nouvelle politique fiscale du Cameroun précisée depuis fort longtemps par la circulaire présidentielle de 2007[890]. Aussi, la politique camerounaise en matière d'octroi des exonérations douanières semble montrer son inadéquation avec les objectifs de mobilisation des recettes.

Cette politique est le symbole de la grande vitalité des souverainetés nationales et concomitamment, d'un droit fiscal communautaire plutôt mou, en devenir[891]. Le pan le plus visible de cette inadéquation est l'érosion de l'assiette fiscale douanière face à la prolifération des exonérations douanières. Ce foisonnement est la résultante de nombreux objectifs sociaux économiques, politiques, environnementaux et autres assignés à ces exonérations traduites par un éparpillement des sources aussi bien internes qu'externes. Aussi, le spectre de l'exonération douanière est très large et touche tous les biens d'équipement, matières premières, matières consommables et produits finis.

Au-delà de la conception extensive, la mise en œuvre des exonérations n'est guère enviable. Elle est marquée par une violation flagrante des principes communautaires, notamment l'absence de l'autorisation des autorités communautaires à travers la notification préalable, et d'autres exigences non moins importantes. Bien plus, avec une gestion désordonnée, illustrée par un suivi défaillant, doublé de l'absence d'une véritable stratégie de contrôle, le pilotage administratif de ces exonérations conduit tout aussi inévitablement à l'érosion de l'assiette fiscale. L'on observe une véritable navigation à vue, sans boussole, sans point de repère. Celle-ci va sûrement aboutir à une baisse du rendement fiscal qui affecte les moyens financiers et budgétaires de l'État. À l'heure du bilan, les chiffres liés à cette surenchère fiscale ruineuse seront effroyables et difficiles à comptabiliser.

---

[890] Les contours de la nouvelle politique fiscale du Cameroun ont été précisés par une circulaire présidentielle du 17 octobre 2007 relative à la préparation du budget de l'État pour l'exercice 2008, dans ce texte, le gouvernement est invité à maintenir les efforts de mobilisation des recettes non pétrolières grâce à l'élargissement de l'assiette fiscale. Mais, la circulaire insiste sur la nécessité de trouver un point d'équilibre entre l'augmentation des recettes et la mise en place d'un dispositif légal maîtrisé d'accompagnement fiscal des investissements.

[891] NIANE Abdoulaye, *Fiscalité et intégration économique, le cas du système fiscal sénégalais op. cit.*, p. 91.

# CONCLUSION DU TITRE

# TITRE II :

# LE RENDEMENT BUDGÉTAIRE DE L'IMPÔT DOUANIER À L'ÉPREUVE D'UNE DÉPENSE FISCALE CROISSANTE

Les défis budgétaires et l'impératif de performance s'effritent progressivement face à l'octroi excessif d'exonérations. Aussi, à en croire Gérard CHAMBAS, la faible efficacité de l'impôt douanier au Cameroun et en zone CEMAC comme instrument de recettes provient largement du rétrécissement de son assiette du fait des exonérations douanières [892]qui réduisent le potentiel taxable à un taux très élevé[893]. Pourtant, la mobilisation accrue des recettes fiscales est une exigence communautaire. D'ailleurs, le taux de pression fiscale exigé oscille autour de 20 % du PIB[894] ; mais, l'effort fiscal exigé des États membres est anéanti par des politiques fiscales exonératoires inappropriées en cours en zone CEMAC[895]. L'écart fiscal s'expliquant en grande partie par de fortes dépenses fiscales de porte. L'importance des exonérations douanières de toute nature, à l'origine des dépenses fiscales considérables, amenuise à n'en point douter les performances financières des administrations douanières[896]. Aussi, les exonérations douanières représentent un enjeu budgétaire important en raison de leur effet sur le budget de l'État comparable à celui des dépenses publiques.

En effet, la zone communautaire CEMAC est encore en construction : c'est une zone en devenir. Elle présente encore de nombreux dysfonctionnements qui la fragilisent. Aussi, c'est un système inachevé où le rapport de force est encore à l'avantage des États membres. Ce rapport est attesté par le primat de l'économique et du social sur la cohérence des normes communautaires[897]. Ainsi, en matière d'impôts indirects, à la moindre tension sociale, l'expérience montre que les États n'hésitent pas à torpiller les règles harmonisées[898]. Dans ce sillage, en attendant l'aboutissement du laborieux chantier de la fiscalité indirecte commune, l'on observe un accroissement considérable et continu du volume des exonérations douanières. Ce développement exceptionnel des régimes dérogatoires est une pratique fiscale interdite, du moins encadrée, au

---

892 Voir CHAMBAS Gérard, « Afrique au sud du Sahara quelle stratégie de transition fiscale ? », *Afrique contemporaine*, 2005/1 n°213, pp. 133-163.

893 *Idem.*

894 Le ratio des recettes sur le PIB est un critère important de convergence macroéconomique en zone CEMAC.

895 Lire FMI, Afrique subsaharienne, perspectives économiques régionales, mobilisation des recettes fiscales et investissement privé, Washington.

896 Lire BAMOU Ernest, « La performance du système fiscal des pays d'Afrique subsaharienne », *Mondialisation, exclusion et développement africain : stratégie des acteurs publics et privés*, tome 1, pp. 119-136.

897 NIANE Abdoulaye, *Fiscalité et intégration économique : le cas du système fiscal sénégalais dans l'UEMOA*, *op. cit.*, p. 92.

898 *Idem.*

regard des nombreuses contraintes communautaires et budgétaires au niveau des États membres[899].

Les politiques douanières exonératoires sont constamment au centre des discussions, au centre des débats théoriques. Elles sont adulées par les agences de promotion des investissements et les États membres de la CEMAC qui les considèrent comme un levier stratégique de leurs politiques publiques. Une véritable panacée pour les pouvoirs publics. Pourtant, ses pourfendeurs n'y voient qu'un élément de complexification du système fiscal, un facteur de désintégration régionale et de concurrence déloyale, un agresseur interne, vecteur de fraude et d'évasion fiscale qui fait des ravages sur les finances publiques de l'État. En d'autres termes, elles déteignent sur le rendement fiscal des États membres. Le dénigrement à l'égard des dépenses fiscales de porte ne cesse de croître et les discours de dénonciation de leur prolifération et leurs effets négatifs sur les finances publiques sont légion[900]. Mais au-delà de la confrontation entre les laudateurs et les pourfendeurs, l'heure est venue de faire le bilan de la pratique camerounaise en matière de politique douanière exonératoire, d'évaluer l'impact de cette politique faite d'exonérations sur la mobilisation des recettes douanières, afin de déceler son influence sur le rendement fiscal.

À l'observation, à partir des premières analyses, une réduction du champ d'application de l'assiette taxable est prémonitoire à une altération du rendement fiscal. Le rendement étant défini comme la « relation entre les variations des quantités produites -out put- et les facteurs nécessaires pour les produire-in put- »[901]. Il est donc loisible de constater que les politiques douanières exonératoires favorisent une perte de recettes douanières importante sans une contrepartie adéquate (chapitre 1), de même qu'une baisse de recettes facilitée par des pratiques peu orthodoxes (chapitre 2).

---

[899] Lire SAWADOGO Elvis Flavien, *Les instruments de la convergence des politiques budgétaires dans la zone UEMOA*, Université de Bordeaux, Thèse de doctorat en droit public, 2016, 530 pages.

[900] Voir à ce sujet, HASSAN EL KTINI, *Les dépenses fiscales en droit marocain, op. cit.*, p. 13.

[901] CHAUDEMAISON (sous la direction), *Dictionnaire d'économie et des sciences sociales*, Paris, 1993, p. 348. Lire aussi, ATANGANA Modeste-Jean, *La problématique du rendement fiscal à la direction des impôts : le cas du Cameroun,* Mémoire ENAM, 1995-1997, 111pages.

# CHAPITRE I :

## UNE BAISSE SIGNIFICATIVE DES RECETTES DOUANIÈRES SANS UNE CONTREPARTIE ADÉQUATE

La course solitaire vers le moins-disant fiscal est lourde de conséquences pour l'administration douanière, car elle perd des recettes à due concurrence. Plusieurs données démontrent à suffisance l'étendue des sacrifices ainsi consentis par l'État du Cameroun. Aussi, les différentes études sur les dépenses fiscales au Cameroun ont justement confirmé une grande incidence des régimes dérogatoires sur le rendement fiscal. Cette influence se retrouve aussi dans de nombreux pays développés comme les États-Unis, la France, l'Allemagne et bien d'autres. En France par exemple, les mécanismes dérogatoires amputent les ressources budgétaires de plus de 65 milliards d'euros, soit environ un quart de recettes fiscales nettes, la moitié du déficit public et un peu plus que le produit de l'impôt sur le revenu[902]. En réalité, les mesures d'incitation à l'investissement sont contre-productives, difficiles à administrer et à contrôler[903]. Au Cameroun, le coût budgétaire des dépenses fiscales évaluées dans le rapport de 2017 a été estimé à 24 % des recettes fiscales non pétrolières, soit 3,14 % du PIB.

Par conséquent, l'opération de « charme » à l'égard des investisseurs internationaux a eu un résultat très insignifiant occasionnant de ce fait un manque à gagner énorme pour les caisses de l'État[904]. D'ailleurs, les exonérations douanières se développent d'une manière spectaculaire en contribuant davantage à creuser le déficit public et portent atteinte aux principes directeurs d'une fiscalité efficace[905]. Dans cette perspective, le système camerounais des exonérations douanières n'est pas exempt de reproches et les promesses de retombées positives pour l'économie ne sont pas à prendre pour argent comptant[906]. L'on évoque généralement l'enjeu budgétaire considérable d'un instrument de politique publique dont la pertinence et l'efficacité demeurent incertaines surtout en l'absence de règles contraignantes de pilotage budgétaire et de règles de bonne gouvernance. Les

---

902 WEIDENFELD Katia, *op.cit.*, p. 1.

903 MBOUNOU-NGOPO Mathurin, *La fiscalité et l'impératif de développement du Centrafrique*, *op. cit.*, p. 166.

904 *Idem.*

905 HASSAN EL KTINI, *Les dépenses fiscales en droit marocain*, Thèse de doctorat en droit, Université Grenoble Alpes, 2020, p. 21.

906 *Idem.*

exonérations douanières seraient ainsi contraires à une fiscalité optimale comme prescrit par GAUTIER Jean-François[907]. Il est donc question dans ce chapitre d'évaluer l'impact des exonérations douanières sur la mobilisation des recettes (section I) et si possible, évaluer l'atteinte des objectifs assignés à ces exonérations douanières (section II).

## SECTION I : L'ANALYSE DU MANQUE À GAGNER OCCASIONNÉ PAR UNE MULTIPLICATION INCONSÉQUENTE DES EXONÉRATIONS DOUANIÈRES AU CAMEROUN

Gérard CHAMBAS affirme que la prolifération des exonérations des droits de douane constitue l'une des causes du rétrécissement de l'assiette fiscale en Afrique[908]. En effet, les largesses fiscales ont grevé lourdement les budgets de tous les États sans exception. Ces exonérations génèrent un manque à gagner substantiel et sans l'assurance d'un retour sur investissement[909]. Aussi, malgré la volonté des pouvoirs publics de les considérer comme une bouée de sauvetage, une panacée, les exonérations douanières déteignent sur le système douanier au regard de l'hémorragie fiscale occasionnée.

Au regard de ces affirmations, il est question ici de traiter des effets, de l'impact des exonérations douanières sur la mobilisation des recettes. Il s'agira à partir des données recueillies de voir comment les exonérations douanières affectent les recettes douanières. L'évaluation de ce manque à gagner se fera suivant une méthodologie bien précise. Aussi, le périmètre de l'étude se limite aux déclarations de mise à la consommation. La période retenue pour évaluer les exonérations douanières remonte à 2009. La méthode de calcul des « pertes de recettes toutes choses égales par ailleurs » a été retenue dans le cadre de la présente évaluation. L'estimation du coût des exonérations a été faite à travers la détermination de la valeur en impôt de la mesure de faveur. Il convient toutefois de préciser que dans la pratique, l'estimation des « pertes de recettes » résultant d'un dispositif fiscal dérogatoire ne donne qu'une vue limitée des effets budgétaires et économiques de la mesure. Une telle estimation ne prend en compte ni les changements de comportement qu'elle induit (effet incitatif) ni l'impact de la mesure sur les autres recettes ou sur le niveau d'activité (effet de bouclage macroéconomique et budgétaire).

Les éléments qui ont été utilisés pour procéder à cette évaluation proviennent de la base des données de la direction générale des douanes, notamment de la division informatique à travers ses outils SYDONIA ou

---

907 GAUTIER Jean-François, « Taxation optimale et réformes fiscales dans les pays en développement, une revue de la littérature », in *Développement et insertion internationale*, DT/2001/02, pp. 1-31.

908 CHAMBAS Gérard, *Fiscalité et développement en Afrique subsaharienne*, Économica, 1994, p. 57.

909 MBOUNOU-NGOPO Mathurin, *La fiscalité et l'impératif de développement du Centrafrique*, *op. cit.*, p. 162.

CAMCIS au travers de la structure des codes additionnels (alphabétique, numérique, alphanumérique) intégrée dans le système informatique douanier. Concrètement, il s'agira à partir des données extraites du SYDONIA ou de CAMCIS et au regard des prévisions et des réalisations d'évaluer le coût des exonérations et les répercussions sur les performances budgétaires. Pour mieux apprécier le manque à gagner, l'estimation des pertes de recettes se fera au regard des prévisions et des réalisations incombant à l'administration douanière (paragraphe 1) et surtout en cernant les secteurs « budgétivores » qui mettent sans cesse à mal la performance de l'administration douanière au fil des années (paragraphe 2).

### Paragraphe I : L'évaluation du manque à gagner au regard des prévisions et des réalisations de l'administration douanière

Les exonérations douanières pèsent lourd sur le budget de l'État. L'enjeu budgétaire est donc important au regard du coût de plus en plus lourd pour les finances publiques[910]. L'analyse de l'évolution annuelle des dépenses fiscales de porte atteste de la place prépondérante qu'occupent désormais ces dépenses dans les réalisations de l'administration douanière. Ces dépenses fiscales sont en constante évolution. L'on observe régulièrement une moins-value budgétaire perpétuellement en hausse. Elle est la résultante d'une pratique à laquelle les autorités fiscales ont largement recours, d'ailleurs souvent avec peu de discernement que sont les dépenses fiscales[911]. Aussi, chaque année, la courbe des dépenses fiscales déjà très élevée prend de la hauteur. Le rythme de progression exponentiel ne cesse d'aggraver la dérive des finances publiques. Cette tendance croissante traduit le foisonnement au fil des années des dispositions dérogatoires dans le paysage fiscal camerounais. Il est question ici d'analyser l'incidence des dépenses fiscales sur les réalisations de l'administration douanière (A) et d'apprécier les catégories de taxes les plus touchées (B).

#### A- L'incidence des dépenses fiscales de porte sur les réalisations de l'administration douanière

Le contexte de multiplication des exonérations douanières amène sûrement à s'interroger sur leur incidence sur les réalisations de l'administration douanière. Ainsi, serait-il intéressant de porter un regard sur les prévisions, les réalisations ou les performances budgétaires en lien avec les montants croissants des exonérations douanières au fil des années. L'appréciation du

---

[910] Lire PECH Thierry, « Les vrais comptes des niches fiscales », in *Alternatives économiques* n° 305 septembre 2011, pp. 1-4, ou encore, ECALLE François, « Les niches fiscales », in *Les commentaires de l'actualité, FIPECO,* 2019, pp. 1-7.

[911] NIANE Abdoulaye, *Fiscalité et intégration économique, le cas du système fiscal sénégalais dans l'UEMOA, op. cit.*, p. 153.

comportement des recettes sera fonction de la consistance des dépenses fiscales de porte. Le doute n'est pas permis quant aux conséquences négatives des exonérations douanières sur les recettes de l'État. D'après la législation communautaire, pour évaluer avec précision l'impact budgétaire généré par les mesures d'exonération totale ou partielle des droits et taxes à l'importation des marchandises, les administrations des douanes paramètrent leur système d'information pour permettre d'établir automatiquement la perte de recettes occasionnée par chaque catégorie ou sous-catégorie d'exonération[912].

Au regard des différents tableaux et graphiques ci-dessous, il est loisible de constater que les exonérations douanières croissent inlassablement d'année en année, ce qui constitue un frein à l'évolution des recettes de l'État [913]du fait qu'elles entraînent des effets pervers d'ordre budgétaire, occasionnant de ce fait des manques à gagner énormes pour le budget de l'État[914]. Pour l'exercice 2009, le montant des dépenses fiscales en douane s'élève à 66, 9 milliards, soit plus de 14 % de recettes annuelles de 2009. En l'absence des exonérations douanières, l'administration des douanes en 2009 aurait réalisé des recettes de l'ordre 546,474 milliards pour un taux de réalisation de 117 % contre 479,574 milliards pour un taux de réalisation de 102,47 % avec des exonérations douanières sur des prévisions de 468 milliards.

Pour l'exercice 2010, le montant des dépenses fiscales en douane s'élève à 58 milliards, soit 12 % des recettes annuelles de 2010. En l'absence des exonérations douanières, l'administration des douanes aurait réalisé des recettes de l'ordre de 561,5 pour un taux de réalisation de 113 % contre 503,5 milliards pour un taux de réalisation de 100,9 % avec des exonérations douanières pour des prévisions de 499 milliards.

Pour l'exercice 2011, le montant des dépenses fiscales en douane s'élève à 105, 4 milliards, soit 19 % des recettes annuelles de 2011. En l'absence de ces exonérations douanières, l'administration des douanes aurait réalisé des recettes de l'ordre de 650,7 milliards, soit un taux de réalisation de 118 % contre 545,3 pour un taux de réalisation de 99,1 % avec des exonérations douanières pour des prévisions de 550 milliards.

---

912 Article 1,-1 de la décision n° 31/19-UEAC-010A-CM-34 du 18 décembre 2019 fixant la catégorisation des mesures d'exonération totale ou partielle des droits et taxes à l'importation et précisant les modalités de contrôle des déclarations de mise à la consommation en exonération totale ou partielle des droits et taxes

913 LIBONG LI LIKENG Minette, « Les douanes camerounaises à l'ère du budget programme : quels instruments pour une administration performante en 2013 ? », Conférence annuelle des responsables des services centraux, déconcentrés et extérieurs du ministère des Finances, Yaoundé, palais des congrès du 16 au 18 janvier 2013.

914 Voir d'ailleurs les différents rapports d'activités au niveau de la direction générale des douanes (DGD). Ainsi, les exonérations se traduisent par des dépenses fiscales dans la mesure où elles entraînent des pertes immédiates des recettes douanières pour l'État. Elles constituent donc un manque à gagner.

Pour l'exercice 2012, les exonérations douanières ont représenté un manque à gagner de 171,4 milliards, soit 29 % de recettes annuelles de 2012. En l'absence de ces exonérations douanières, l'administration des douanes aurait réalisé des recettes de l'ordre 766,9 milliards, soit un taux de réalisation de 124 % contre 595, 5 milliards pour un taux de réalisation de 108,3 % avec des exonérations douanières pour des prévisions de 550 milliards.

Pour l'exercice 2013, les exonérations douanières ont impacté négativement les finances publiques de l'ordre de 190, 3 milliards, soit 32 % des recettes douanières annuelles de 2013. En l'absence de ces exonérations, l'administration douanière aurait réalisé des recettes de l'ordre de 787,7 milliards, soit un taux de réalisation de 123 % contre 597,4 milliards pour un taux de réalisation de 93,64 % avec des exonérations douanières pour des prévisions de 638 milliards.

Pour l'exercice 2014, les exonérations douanières ont impacté négativement les finances publiques de l'ordre de 168,7 milliards, soit 24 % des recettes douanières annuelles. En l'absence de ces exonérations douanières, l'administration douanière aurait réalisé des recettes de l'ordre de 869,5 milliards pour un taux de réalisation de 136 % contre 700,8 milliards pour un taux de réalisation de 109, 84 % avec des exonérations douanières pour des prévisions de 638 milliards.

Pour l'exercice 2015, les exonérations douanières ont représenté un manque à gagner de l'ordre de 178 milliards, soit 26 % des recettes douanières globales. En l'absence de ces exonérations douanières, l'administration douanière aurait réalisé des recettes de l'ordre de 856,1 milliards pour un taux de réalisation de 124 % contre 678,1 milliards pour un taux de réalisation de 97, 89 % avec des exonérations douanières pour des prévisions de 692,7 milliards de francs CFA.

Pour l'exercice 2016, les exonérations douanières ont représenté un manque à gagner de l'ordre de 197,3 milliards, soit 29 % de recettes douanières annuelles. En l'absence de ces exonérations douanières, l'administration douanière aurait réalisé des recettes de l'ordre de 881,1 milliards pour un taux de réalisation de 117 % contre 683,8 milliards pour un taux de réalisation de 90, 92 % avec des exonérations douanières contre des prévisions de 752,1 milliards.

Pour l'exercice 2017, les exonérations douanières ont représenté un manque à gagner de 181,7 milliards, soit 24 % des recettes douanières annuelles. En l'absence des exonérations douanières, l'administration douanière aurait réalisé des recettes de l'ordre de 925,3 milliards pour un taux de réalisation de 116 % contre 743,6 milliards pour un taux de réalisation de 92,94 % avec des exonérations douanières pour des prévisions de 800,1 milliards.

Pour l'exercice 2018, le montant des dépenses fiscales en douane s'élève à 168,4 milliards, soit plus de 21 % des recettes douanières annuelles de 2017. En l'absence de ces exonérations douanières, l'administration douanière aurait réalisé des recettes de 971,6 de recettes pour un taux de réalisation de 121 % contre 803,2 milliards de réalisations pour un taux de 100,4 % avec des exonérations douanières pour des prévisions de 800 milliards.

La réduction des droits de douane est ainsi une source non négligeable de déséquilibre financier redoutable pour les finances publiques. Le coût des exonérations douanières est allé croissant passant de 66 milliards en 2009 à 197, 3 milliards en 2016. Ce chiffre a connu beaucoup de variations, mais il s'est stabilisé autour de 180 milliards de manques à gagner désormais soit en moyenne 23 % des recettes totales. Les recettes douanières seraient nettement meilleures, n'eut été la forte présence d'une dépense fiscale de portée croissante. La pléthore des dérogatoires douanières affaiblit le rendement de l'impôt douanier et compromet l'atteinte des objectifs par les administrations douanières. Cette générosité fiscale, débridée, en ces périodes de tension budgétaire, constitue une très grande problématique pour les finances publiques. Sa charge budgétaire ne cesse de croître et aggrave un déficit budgétaire chronique. Le poids budgétaire des exonérations douanières n'est donc plus marginal aujourd'hui au regard des différents tableaux ci-dessous.

**Tableau 3 : prévisions, réalisations, dépenses fiscales des dix dernières années (de 2009 à 2018)**

| ANNÉE | PRÉVISIONS | RÉALISATION | TAUX REALT | DEPSES FISCALES | Réalisation sans EXO | TAUX DPS FISLE | TAUX Réalisation sans EXO |
|---|---|---|---|---|---|---|---|
| 2018 | 800 | 803,2 | 100,40% | 168,4 | 971,6 | 21% | 121% |
| 2017 | 800,1 | 743,6 | 92,94% | 181,7 | 925,3 | 24% | 116% |
| 2016 | 752,1 | 683,8 | 90,92% | 197,3 | 881,1 | 29% | 117% |
| 2015 | 692,7 | 678,1 | 97,89% | 178 | 856,1 | 26% | 124% |
| 2014 | 638 | 700,8 | 109,84% | 168,7 | 869,5 | 24% | 136% |
| 2013 | 638 | 597,4 | 93,64% | 190,3 | 787,7 | 32% | 123% |
| 2012 | 550 | 595,5 | 108,27% | 171,4 | 766,9 | 29% | 139% |
| 2011 | 550 | 545,3 | 99,15% | 105,4 | 650,7 | 19% | 118% |
| 2010 | 499 | 503,5 | 100,90% | 58 | 561,5 | 12% | 113% |
| 2009 | 468 | 479,574 | 102,47 % | 66,9 | 546,474 | 14% | 117% |
| **TOTAL** | **6387,9** | **6330,774** | **99%** | **1486,1** | **7816,874** | **23%** | **122%** |

*Source : Données et calculs rassemblés sur la base des rapports annuels de la direction générale des douanes (DGD)*

**Graphique 2 : Réalisations de 2009 à 2018 par rapport aux prévisions**

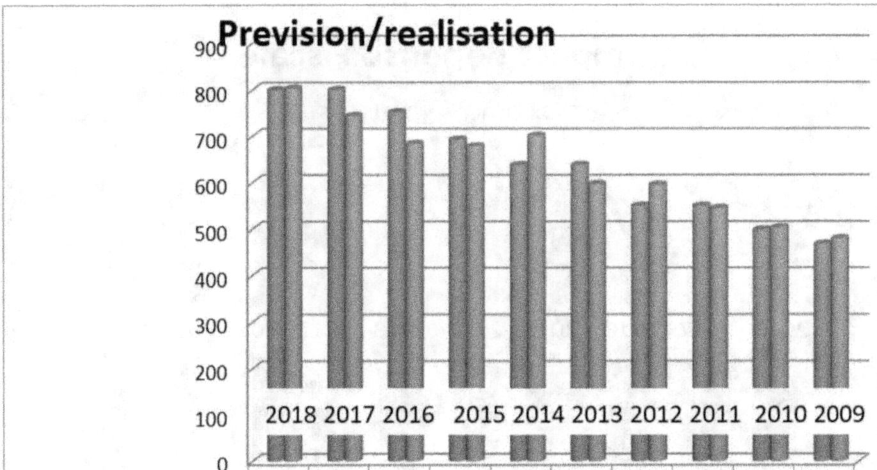


| | 1 | 2 | 3 | 4 | 5 | 6 | 7 | 8 | 9 | 10 |
|---|---|---|---|---|---|---|---|---|---|---|
| PREVISIONS | 800 | 800,1 | 752,1 | 692,7 | 638 | 638 | 550 | 550 | 499 | 468 |
| REALISATION | 803,2 | 743,6 | 683,8 | 678,1 | 700,8 | 597,4 | 595,5 | 545,3 | 503,5 | 479,6 |

*Source : Données et calculs rassemblés sur la base des rapports annuels de la direction générale des douanes (DGD)*

**Graphique 3 : Réalisations sans exonération**

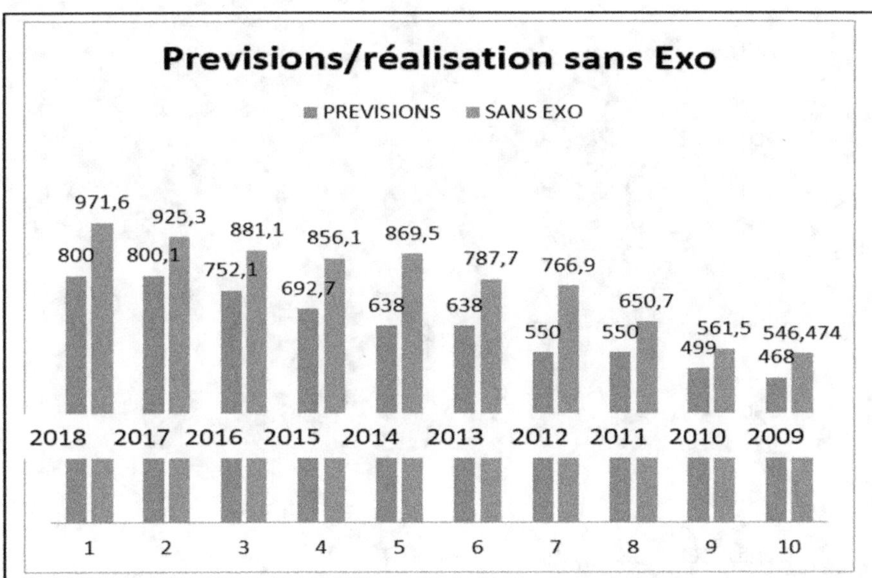


*Source : Données et calculs rassemblés sur la base des rapports annuels de la direction générale des douanes (DGD)*

**Graphique 4 : Pourcentage de réalisations et dépenses fiscales**

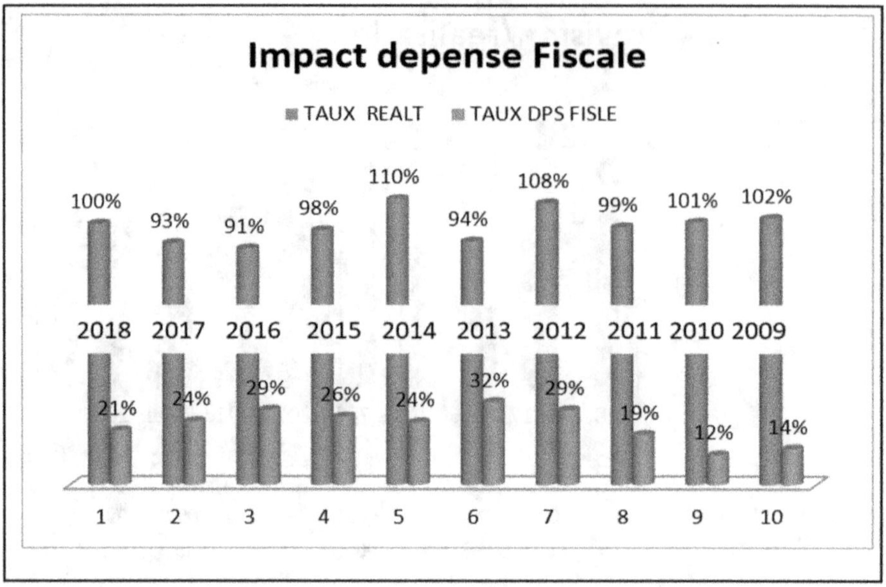


*Source : Données et calculs rassemblés sur la base des rapports annuels de la direction générale des douanes (DGD)*

**Graphique 5 : Dépense fiscale**

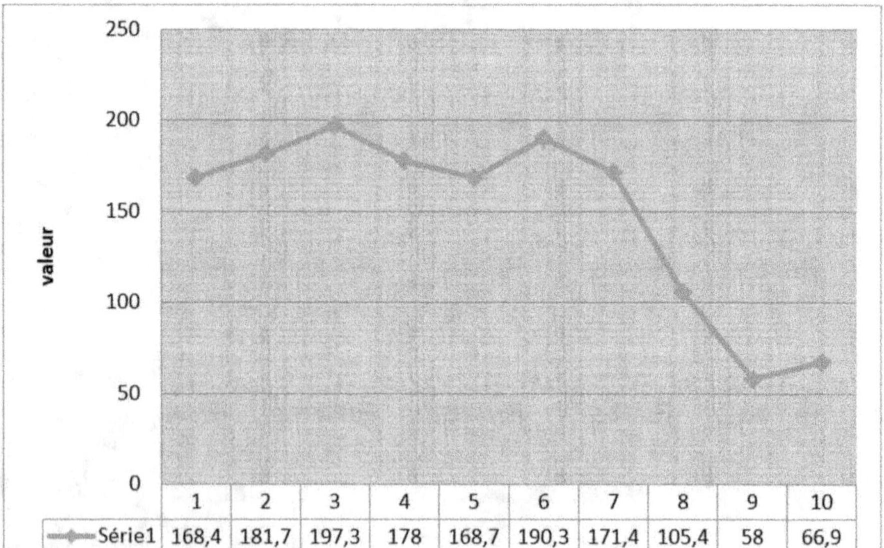


*Source : Données et calculs rassemblés sur la base des rapports annuels de la direction générale des douanes (DGD)*

**Graphique 6 : Évolution des prévisions, réalisations, dépenses fiscales de 2009 à 2018**

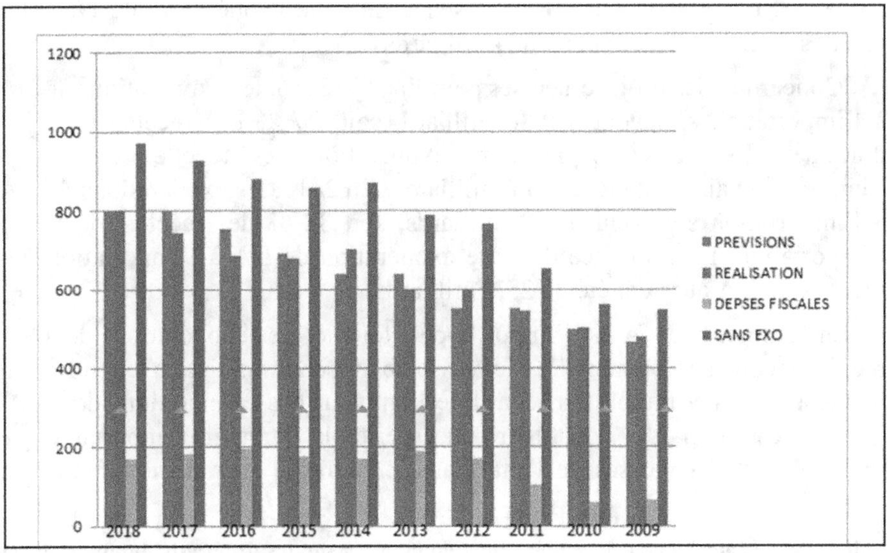


*Source : Données et calculs rassemblés sur la base des rapports annuels de la direction générale des douanes (DGD)*

## B- L'incidence des exonérations douanières sur les différents impôts et taxes (TVA, DDI, DA)

L'affaiblissement du rendement budgétaire induit par la dépense fiscale en douane s'est fait également constater au niveau des différents droits et taxes de douane budgétaires. La ventilation de la dépense fiscale évaluée par type d'impôt permet de préciser la part des dépenses afférentes à chaque impôt et sa part dans les recettes propres de l'impôt considéré. Au regard du tableau ci-dessous, les exonérations douanières les plus importantes concernent la TVA. Elles sont suivies par les droits de douane à l'importation au sens strict (DDI) et les droits d'accises (DA) dans une moindre mesure.

Concernant la TVA pour l'année 2016, la dépense fiscale de TVA à l'importation s'élève à 214, 8 milliards, soit plus de 66,6 % des recettes TVA à l'importation. En l'absence de cette exonération de TVA, les recettes TVA auraient été 537,2 milliards. En 2017, la dépense fiscale concernant la TVA à l'importation s'élève à 163,7 milliards, soit 52 % de recettes TVA à l'importation. En l'absence de cette exonération de TVA, les recettes TVA à l'importation auraient été de 479,7 milliards.

Concernant le droit de douane pour l'année 2016, la dépense fiscale de DDI s'élève à 107,45 milliards, soit 33,3 % des recettes de DDI. En l'absence de cette exonération de DDI, les recettes de DDI auraient été de 537,2 milliards. En 2017, les exonérations de DDI s'élèvent à 107,2 milliards, soit 38 % des recettes de DDI. En l'absence de cette exonération de DDI, les recettes de DDI auraient été 388,4 milliards.

Concernant les droits d'accises pour l'année 2016, les exonérations de DA à l'importation s'élèvent à 0,86 milliard, soit 6,7 % des recettes de droit d'accises. En l'absence de cette exonération, les recettes de DA à l'importation auraient été de 13,6 milliards. En 2017, les exonérations de DA à l'importation s'élèvent à 5,8 milliards, soit 32 % des recettes de DA à l'importation. En l'absence de cette exonération de DA à l'importation, les recettes de DA auraient été de 23,7 milliards.

En somme, la TVA est l'impôt le plus touché. Les exonérations de TVA réduisent considérablement l'assiette fiscale tout en affaiblissant le rendement budgétaire de cet impôt. Au regard de l'ampleur des exonérations de TVA, celle-ci est loin de constituer une véritable stratégie importante de renflouement des caisses de l'État dans le cadre de la transition fiscale en cours.

**Tableau 4 : L'incidence des exonérations douanières sur les différents impôts et taxes (TVA, DDI, DA)**

| | 2016 | | | | 2017 | | | |
|---|---|---|---|---|---|---|---|---|
| Désignation | Recettes fiscales | Dépenses fiscales | Dépenses/ Recettes | Incidence | Recettes fiscales | Dépenses fiscales | Dépenses /Recettes | Incidence |
| TVA | 322,4 | 214,8 | 66,6% | 537,2 | 316 | 163,7 | 52% | 479,7 |
| DD | 322,7 | 107,45 | 33,3% | 430,2 | 281,2 | 107,2 | 38% | 388,4 |
| DA | 12,7 | 0,86 | 6,8% | 13,6 | 17,9 | 5,8 | 32% | 23,7 |

*Source : Données rassemblées sur la base des rapports sur les dépenses fiscales des exercices 2016-2017 au Cameroun*

**Graphique 7 : Incidence des dépenses fiscales sur la TVA**

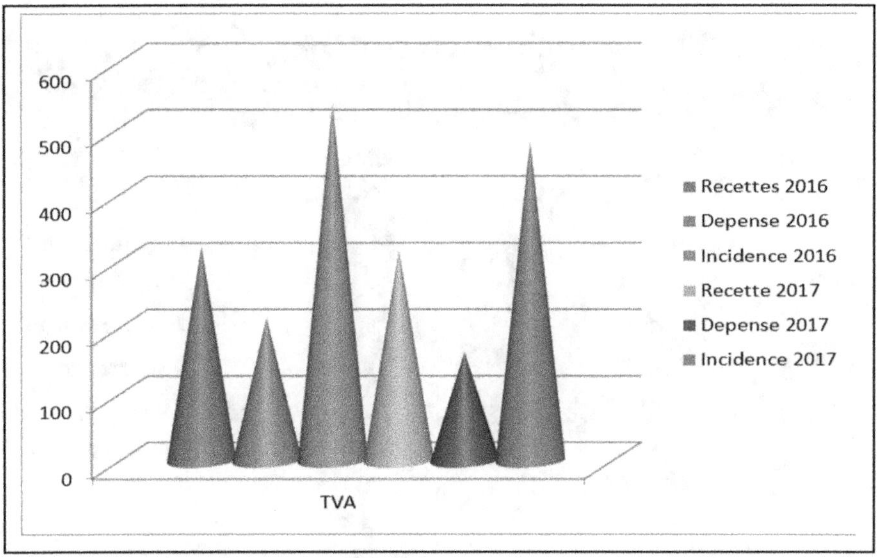


*Source : Données rassemblées sur la base des rapports sur les dépenses fiscales des exercices 2016-2017 au Cameroun*

**Graphique 8 : Incidence des dépenses fiscales sur les droits de douane (DD)**

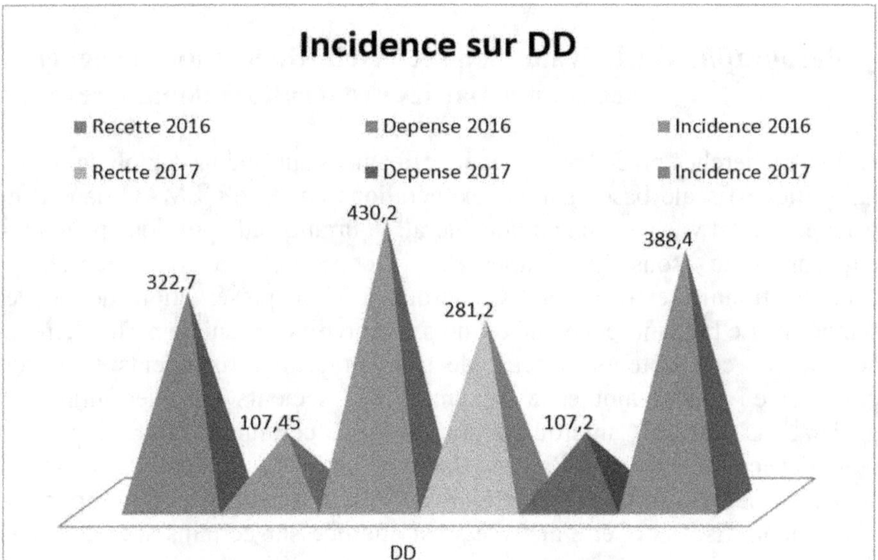


*Source : Données rassemblées sur la base des rapports sur les dépenses fiscales des exercices 2016-2017 au Cameroun*

**Graphique 9 : Incidence des dépenses fiscales sur les droits d'accises (DA)**

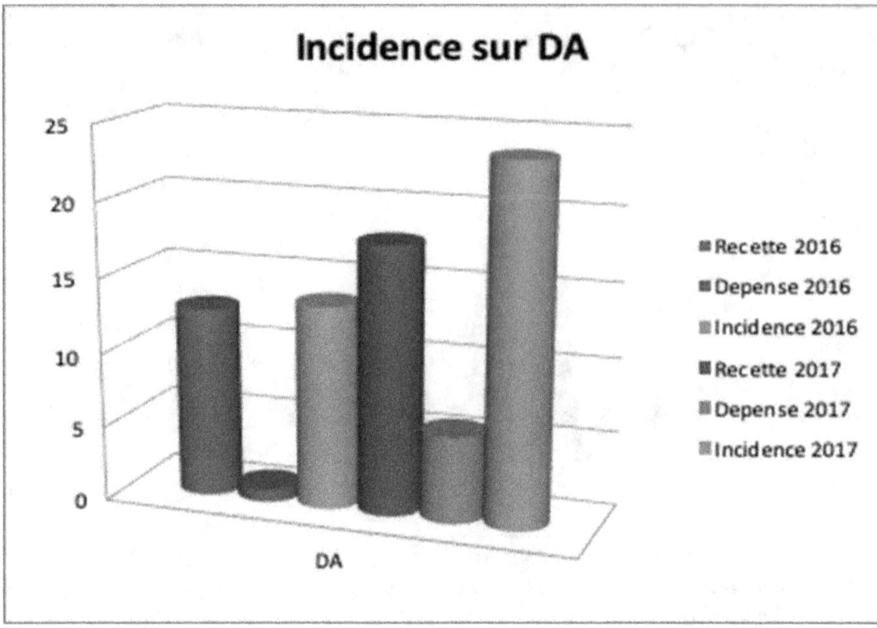


*Source : Données rassemblées sur la base des rapports sur les dépenses fiscales des exercices 2016-2017 au Cameroun*

## Paragraphe II : L'évaluation sectorielle du manque à gagner occasionné par les exonérations douanières

Les recherches précédentes ont été effectuées sur une base globale. Ainsi, la politique fiscale basée sur les exonérations en zone CEMAC dans cette perspective est vue sous un angle général. Pourtant, cette politique peut aussi être analysée sous une approche sectorielle. La particularité de l'interventionnisme fiscal au Cameroun est la préservation des codes sectoriels. Le but tant recherché est de promouvoir de manière particulière les activités de ces secteurs porteurs de très lourds investissements et de fort potentiel en valeur ajoutée à l'exemple des secteurs pétrolier, minier et gazier[915]. L'État du Cameroun a donc priorisé certains secteurs dits à fort potentiel économique pour l'accord des exonérations douanières. Ces secteurs sont considérés comme « budgétivores », car l'État y concède d'importants allègements fiscaux. Cette analyse s'est attardée sur certains secteurs jugés dignes d'intérêt à savoir ces secteurs jugés « budgétivores » (A) et dans une

[915] Voir EVINA OBAM Richard, *La politique fiscale au Cameroun depuis les années 1980*, *op. cit.*, p. 198.

moindre mesure, elle s'est intéressée à l'impact des APE sur les recettes douanières (B).

## A- L'impact de l'approche sectorielle des dépenses fiscales sur les recettes douanières

Le montant de la dépense fiscale de l'exercice 2018 s'élève à 168,4 milliards contre 188, 7 pour l'exercice 2017, soit une hausse de 13,3 milliards en valeur absolue et 7,9 % en valeur relative[916]. La ventilation des bénéfices de la dépense fiscale fait intervenir de nombreux secteurs bénéficiaires. L'on peut citer de manière non exhaustive, les secteurs extractif, métallurgique, immobilier, agricole, des produits alimentaires, de l'élevage et de la pêche, industriel, sanitaire ,et bien d'autres encore[917]. L'évaluation des dépenses par secteur d'activité permet de mesurer l'importance du dispositif incitatif et d'effectuer des comparaisons entre les différents secteurs.

Au regard du tableau et du graphique ci-dessous, quelques secteurs ont été identifiés et la dépense fiscale calculée. Ainsi, dans une tentative de ventilation des dépenses fiscales de porte, l'on peut constater que :

- le secteur de la métallurgie a bénéficié au cours de l'exercice 2018 des exonérations douanières à hauteur de 33,4 milliards contre 40,9 milliards en 2017 ;
- le secteur industriel correspondant à la loi de 2013 sur les incitations aux investissements a bénéficié au cours de l'exercice 2018 des exonérations douanières d'un montant de 23,2 milliards contre 32,8 milliards en 2017 ;
- les entreprises du secteur extractif ont bénéficié au cours de l'exercice 2018 des dépenses fiscales à hauteur de 24, 6 milliards en 2018 contre 16,4 milliards en 2017 ;
- les représentations diplomatiques, les ONG et autres institutions ont bénéficié au cours de l'exercice 2018 des exonérations douanières à hauteur de 21,2 milliards contre 24 milliards en 2017 ;
- le secteur de la cimenterie a bénéficié au cours de l'exercice 2018 des exonérations douanières à hauteur de 0,7 milliard contre 0,7 milliard en 2017 ;
- enfin, la zone franche a bénéficié au cours de l'exercice 2018 des exonérations douanières à hauteur de 4,9 milliards contre 7,9 milliards en 2017.

L'on constate pour le déplorer avec madame LIBOM LI LIKENG que l'autorisation impromptue des exonérations des droits et taxes de douane dans

[916] Source : rapport annuel 2018, direction générale des douanes, p. 31.
[917] MINFI, rapport sur les dépenses fiscales de l'exercice 2016, septembre 2020.

ces différents secteurs pourrait venir contrarier la stratégie douanière de recherche de la performance à l'aune du budget programme[918].

**Tableau 5 : Ventilation des dépenses fiscales de porte par secteurs (montants en milliards de FCFA)**

| DROITS ET TAXES | 2017 | 2018 | VARIATIONS | % |
|---|---|---|---|---|
| **TOTAL** | **181,7** | **168,4** | **-13,3** | **-7,9%** |
| **Secteur de la métallurgie** | 40,9 | 33,4 | -7,6 | -18,5% |
| **Loi de 2013 sur les indicateurs aux investisseurs** | 32,8 | 23,2 | -9,6 | -29,2% |
| **Entreprises du secteur extractif** | 16,4 | 24,6 | 8,1 | 49,5% |
| **Représentations diplomatiques, ONG et ISBL** | 24,0 | 21,2 | -2,8 | -11,5% |
| **Secteur cimenteries** | 0,7 | 0,7 | 0,0 | 0,9% |

*Source : direction générale des douanes (DGD), rapport annuel 2018.*

**Graphique 10 : Incidence des dépenses fiscales sur certains secteurs de 2017 à 2018**

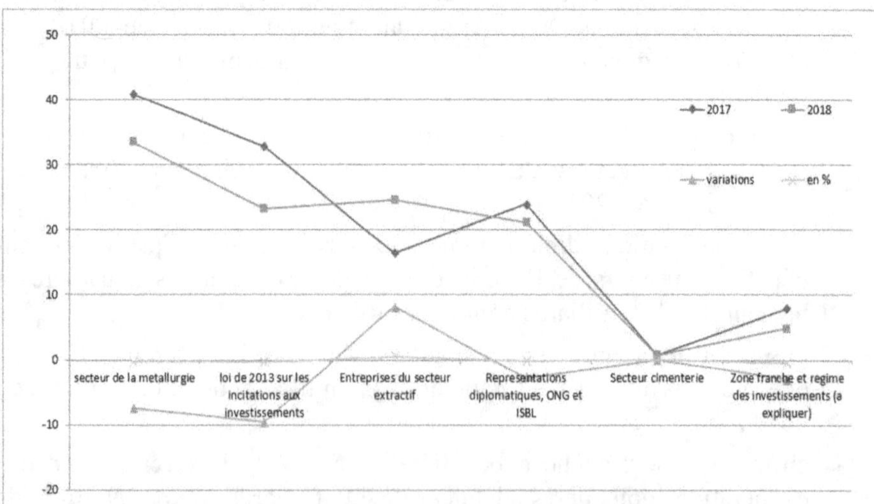


*Source : Graphique réalisé à partir des données de la direction générale des douanes (DGD), rapport annuel 2018.*

918 LIBOM LI LIKENG Minette, « Les douanes camerounaises à l'ère du budget programme : quels instruments pour une administration performante en 2013 », *op. cit.*

## B- L'impact des APE sur la mobilisation des recettes douanières au Cameroun

Les APE constituent avant tout des conventions commerciales passées entre deux partenaires (UE, ACP), consacrant l'ouverture réciproque, mais progressive de leurs frontières respectives, permettant ainsi à leurs productions et exportations mutuelles d'accéder en toute franchise des droits et sans aucun contingent quantitatif ou tarifaire aux marchés des États membres. Le démantèlement tarifaire et contingentaire concerne en premier chef la douane qui est une administration de porte et devrait d'ailleurs emporter de nombreuses conséquences [919]dont la plus évidente est la baisse des recettes douanières[920].

Ainsi, au regard du tableau et du graphique ci-dessous, le montant de la moins-value fiscale cumulée depuis le début du démantèlement jusqu'au 31/12/2018 est évalué à 6, 4 milliards de FCFA répartis ainsi qu'il suit :

- 284 millions en 2016 ;
- 1,8 milliard en 2017 ;
- 4,3 milliards en 2018.

Dans le rapport annuel de 2018, de la direction générale des douanes (DGD), l'on constate aussi que 398 opérateurs ont bénéficié de la facilité APE depuis le début du démantèlement jusqu'au 31/12/2018, dont 179 en 2016, 203 en 2017 et 243 en 2018. Il convient de relever que 18 % de ces opérateurs ont bénéficié des avantages de l'APE au cours de trois années successivement. Par ailleurs, le nombre d'opérations douanières ayant bénéficié de la facilité APE depuis le démantèlement jusqu'au 31/12/2018 se chiffre à 5374, dont 634 en 2016, 1764 en 2017 et 2976 en 2018. L'on relève ainsi des hausses importantes de 178 % en 2017 et 69 % en 2018.

---

[919] Lire l'article de DIFFOUO Guy-Innocent, « La douane camerounaise à l'épreuve des APE », inédit, lire aussi, KIMMGNANGNON, « Quel sera l'impact des APE sur les budgets publics et la fiscalité ? », 2007

[920] Lire avec intérêt LIBOM LILIKENG Minette, « La refondation de l'administration des douanes dans le cadre de l'entrée en vigueur des accords de l'OMC et de la signature des APE : enjeux et défis », Conférence des responsables des services centraux et extérieurs du ministère des Finances, janvier 2008.

**Tableau 6 : L'impact des APE des années 2016, 2017 et 2018 sur les recettes douanières**

| ANNÉE | MONTANT (Millions) | NOMBRE D'OPÉRATIONS |
|---|---|---|
| **2016** | 284 | 634 |
| **2017** | 1800 | 1764 |
| **2018** | 4300 | 2976 |

*Source : Tableau réalisé à partir des données de la direction générale des douanes (DGD), rapport annuel 2018.*

**Graphique 11 : L'impact des APE de 2016 à 2018**

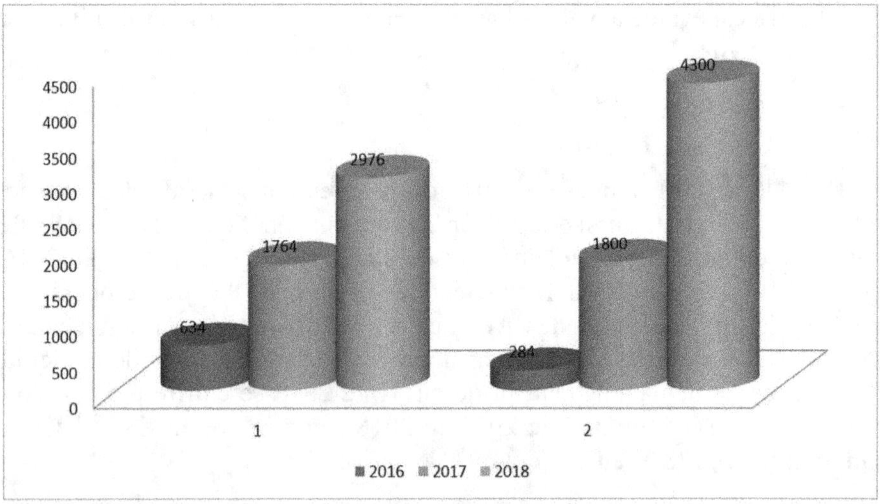


*Source : Graphique réalisé à partir des données de la direction générale des douanes (DGD), rapport annuel 2018.*

En dépit des efforts fournis par les institutions financières et certains partenaires au développement en vue de limiter les pertes de recettes douanières dues aux exonérations douanières, le manque à gagner pour le budget de l'État camerounais par exemple reste très élevé comparativement à l'évolution des dépenses fiscales en République Centrafricaine comme la présente le tableau ci-dessous. Aussi, du point de vue de la rationalité, la politique des dépenses fiscales de porte camerounaise a été jugée très déstabilisatrice pour le système, et occasionnant le déséquilibre des finances publiques.

**Tableau 7 : Évolution des dépenses fiscales en RCA (en milliard FCFA)**

| Année | Manque à gagner | Impôt | Douane |
|---|---|---|---|
| 2000 | 4,8 | 1 | 3,8 |
| 2007 | 16,6 | 4 | 12,6 |
| 2008 | 11,8 | 3,2 | 8,6 |
| 2009 | 8,2 | 2,5 | 5,7 |
| 2010 | 8,9 | 2,1 | 6,8 |
| 2011 | 8,2 | 1,7 | 6,7 |
| 2012 | 12,6 | 3,2 | 9,4 |
| 2014 | 32,9 | 1,3 | 31,6 |
| 2015 | 70 | 2,1 | 67,9 |
| 2016 | 39,1 | 2,8 | 36,3 |
| 2017 | 50,1 | 0,8 | 49,2 |

*Source : Mathurin MBOUNOU-NGOPO, La fiscalité et l'impératif de développement de la Centrafrique, p. 167.*

## SECTION II : LA PERTINENCE DES DÉPENSES FISCALES DE PORTE EN QUESTION

L'évaluation de la pertinence des politiques publiques de développement est de plus en plus d'actualité en Afrique[921]. Dans ce sillage, il nous revient de questionner la pertinence des exonérations douanières en tant que choix de politique publique des États membres dans l'espace CEMAC. La perte des recettes fiscales subie du fait des dépenses fiscales occasionnées par les exonérations douanières est bien actée au Cameroun[922]. En effet, la fiscalité dérogatoire de porte représente un manque à gagner chaque année plus important pour le budget de l'État[923]. Aussi, depuis 2016, date de la première évaluation des dépenses fiscales au Cameroun, le bénéfice du manque à gagner pour l'État est plus qu'incertain au regard des nobles objectifs que l'État camerounais s'était fixés. Au départ, le dispositif de défiscalisation vise entre autres cibles : l'amélioration du pouvoir d'achat des ménages

[921] AVOM Désiré, NKOA ONGO Bruno Emmanuel (dir), *Pertinence des politiques publiques de développement en Afrique subsaharienne,* Paris, L'Harmattan, 2021, 254 pages.
[922] Le poids des dépenses fiscales représente aujourd'hui 33,8 % des recettes fiscales non pétrolières (source, rapport sur les dépenses fiscales de l'exercice 2017).
[923] Rapport sur les dépenses fiscales de l'exercice 2016, ministère des Finances septembre 2017, p. 35.

défavorisés ; la contribution à la croissance à travers les incitations à l'investissement et la promotion des secteurs spécifiques ; la création d'emplois ; la promotion des exportations, l'utilisation des ressources naturelles et bien d'autres. Au-delà du triomphalisme béat ressenti dans les propos de Marthe Angélique MINJA[924], notamment « des investissements d'environ 893 milliards FCFA et 30 200 emplois permanents en gestation »[925], à l'analyse, force est de constater un impact mitigé des dépenses fiscales au regard des pertes considérables de recettes fiscales. En France par exemple, les rapports du Conseil des prélèvements obligatoires montrent également l'inefficacité de nombreuses dépenses fiscales[926]. S'appuyant sur les résultats des différentes évaluations des dépenses fiscales effectués au Cameroun, l'on constate pour le déplorer des effets économiques incertains (paragraphe 1) et des effets sociaux et autres insuffisants pour déclencher un cercle vertueux (paragraphe 2).

### Paragraphe I : Les effets économiques des exonérations douanières difficilement quantifiables au Cameroun

La recherche de la croissance économique a justifié au Cameroun la mise en œuvre des exonérations douanières à finalité économique notamment à travers les différents codes et lois d'investissements, les codes sectoriels et bien d'autres. Au-delà de la mise en œuvre de politiques attractives en matière douanière, la question qui mérite d'être posée et analysée est celle de l'efficacité et de l'efficience desdites politiques en matière de coût et d'impact attendus. En d'autres termes, il faudrait s'interroger sur le résultat de ces politiques. Leur effet incitatif, est-il à la hauteur des attentes ? Les réflexions théoriques sur l'efficacité économique ou l'attractivité économique des dépenses fiscales sont nombreuses[927].

---

924 Directrice générale de l'Agence de promotion des investissements (API) qui dresse le bilan de l'application de la loi d'avril 2013 fixant les incitations à l'investissement privé en République du Cameroun.

925 Interview du magazine *investir au Cameroun*, N° 50, juin 2016.

926 Voir ECALLE François, « les niches fiscales », *op. cit.*

927 DJELIL ZINELAABIDINE, *L'impact des dépenses fiscales sur l'économie algérienne : une évaluation à l'aide d'un modèle d'équilibre général calculable*, thèse de doctorat, Université d'Oran 2, 2017, voir aussi, Gabrielle FACK et Camille LANDAIS, « Les incitations fiscales aux dons sont-elles efficaces ? », *Économie et Statistique*, N°427-428, 2009, THIERRY PECH, « Les vrais comptes des niches fiscales », *Alternatives économiques,* N°305-septembre 2011, François ECALLE, « Les niches fiscales », *Les commentaires de l'actualité*, 2019, Katia WEIDENFELD, « Les niches fiscales, un instrument ambigu », *Revue projet-chercheur*, HIND HOURMAT ALLAH, BRAHIM ELMORCHID, « Les congés fiscaux : un outil inefficace pour relancer l'investissement privé en Afrique », conférence sur la renaissance et la relance des économies africaines, Tanzanie, 2010.

Pour l'essentiel, avec un manque à gagner considérable pour le trésor et en l'absence d'un pilotage contraignant, les dépenses fiscales continuent à aggraver le déficit budgétaire avec des objectifs économiques et sociaux d'une efficacité incertaine. Dans cette optique, à en croire, HASSAN EL KTINI, les dépenses fiscales sont toujours hypothétiques, voire contre-productives, tant que les questions concernant leurs effets de retour demeurent difficiles à mesurer, et que les objectifs qui leur ont été assignés sont rarement réalisés[928]. En France, la Cour des comptes met souvent en lumière dans ses rapports la faible efficience des niches, par exemple celles relatives au logement social, à l'investissement locatif des ménages ou au développement durable[929].

Au-delà des réflexions théoriques, notre analyse va se fonder sur la loi du 18 avril 2013 fixant les incitations à l'investissement privé en République du Cameroun. La mise en œuvre d'une telle loi laisse entrevoir notamment : une amélioration du tissu industriel, le recul du chômage à la suite du volume d'emplois créés, la réduction sélective des importations à la suite d'une amélioration tant en volume qu'en valeur des exportations. À l'analyse des différents rapports jusqu'ici présentés par le Cameroun, l'arme fiscale laisse entrevoir une efficacité douteuse au regard du rôle secondaire des incitations fiscales dans l'attractivité des investissements (A) et aussi un rôle secondaire dans la création des emplois et autres (B).

### A- La non-attractivité des exonérations douanières au Cameroun au regard de la loi du 18 avril 2013.

Les analyses de la Banque mondiale, de l'OCDE, du FMI, et de l'ONU présentées au G20 soulignent que les incitations fiscales ne sont pas un déterminant majeur de la décision d'investissement[930]. Malgré les récriminations portées au sujet des dépenses fiscales par la doctrine fiscale, malgré l'illusion des codes d'investissement antérieurs, le législateur fiscal camerounais a jeté une fois de plus son dévolu sur les exonérations douanières comme moteur de la croissance économique au Cameroun. En effet, en mettant en vigueur la loi du 18 avril 2013 sur les incitations à l'investissement privé, le Cameroun s'était fixé comme objectif de favoriser, de promouvoir et d'attirer les investissements productifs en vue de développer les activités orientées vers la promotion d'une croissance économique forte, durable et partagée, ainsi que des emplois productifs[931]. Il s'agissait en d'autres termes

---

[928] HASSAN EL KTINI, *Les dépenses fiscales en droit marocain, op. cit.*, p. 15.

[929] Lire ECALLE François, « Les niches fiscales », *Les commentaires de l'actualité, FIPECO*, 2019.

[930] Voir document de référence au rapport du FMI, de l'OCDE, des Nations-Unies et de la Banque mondiale au groupe de travail du G20 sur le développement, « Options pour une utilisation efficace et efficiente des incitations fiscales à l'investissement dans les pays à faible revenu », FMI, septembre 2015.

[931] Rapport sur les dépenses fiscales de l'exercice 2017, MINFI, octobre 2018, p. 48.

de promouvoir la création des entreprises nouvelles et l'extension de celles existantes, gage de l'augmentation des recettes, de création des emplois et par ricochet de la croissance[932] au travers de multiples exonérations fiscales.

Aussi, sur la base d'une mission conjointe DGI/DGD/INS/API/APME effectuée à la fin d'année 2017, une ébauche de réponse sur l'efficacité de ladite loi par rapport aux objectifs sus visés a été établie. Ainsi, il y a lieu d'insister sur le fait qu'il y a très peu d'effets attractifs liés à l'adoption de cette loi. La notion d'attractivité [933]désigne l'intérêt que peut susciter un secteur économique après la prise de mesures juridiques, notamment fiscales et douanières, par les autorités d'accueil[934]. La faiblesse de l'effet d'attractivité peut se ressentir au niveau de l'impact mitigé sur la création des entreprises (1) et l'impact incertain sur la création d'emplois (2).

### 1. L'impact mitigé sur la création des entreprises et le développement de celles existantes

La loi du 13 avril 2013 est une pièce maîtresse de la stratégie d'attraction des investissements. Elle vise à renforcer le développement des entreprises tout en garantissant les conditions d'une accélération de la croissance. Elle représente un moyen idéal de publicité de la politique gouvernementale en matière d'investissements[935]. Dans cette loi, les exonérations fiscales représentent la forme d'incitation à l'investissement choisi par l'État camerounais surtout pendant les premières années d'investissement ou d'exploitation. De telles exonérations fiscales visent, entre autres, à alléger le coût du capital qui constitue l'un des facteurs explicatifs du comportement de l'investissement privé[936].

À l'analyse, depuis l'adoption de cette loi, force est de constater que les investissements étrangers et nationaux n'ont pas suivi le rythme souhaité par le législateur dans les secteurs ciblés. Ainsi, en octobre 2018, d'après les statistiques tenues par le comité d'instruction des demandes d'agréments, 80 entreprises ont été créées et 48 ont bénéficié de l'extension de leurs activités, ou du renouvellement de leurs équipements, pour un montant global théorique d'investissement de FCFA 3 018 milliards et 35 542 emplois projetés[937]. À ce

---

932 *Idem.*

933 POIROT Jacques et GERARDIN Hubert, « L'attractivité des territoires : un concept multidimensionnel ? », *Monde en développement*, vol. 149, n° 1, 2010, p. 27-41.

934 Bourgain Arnaud, BROT Jean, et Gérardin Hubert, « L'attractivité : quel levier pour le développement ? », *Monde en développement*, vol. 149, n°1, 2010, p. 7-10.

935 Voir MEYO AKOULOUZE Maryse, *L'attractivité du code des investissements camerounais : aspects juridiques, op. cit.*, p. 6.

936 HIND HOURMAT ALLAH, BRAHIM ELMORCHID, « Les congés fiscaux: un outil inefficace pour relancer l'investissement privé en Afrique », *op.cit.*, p. 2.

937 Rapport sur les dépenses fiscales de l'exercice 2017, MINFI.

jour, l'on dénombre au moins 180 agréments accordés[938]. Au terme de l'enquête conjointe susvisée, il se dégage que sur 80 entreprises auditées (sur 128 détentrices d'agrément), pour des investissements projetés de 3 081,2 milliards et 35 542 emplois à créer, les réalisations effectives se chiffrent à 166,1 milliards en matière d'investissement pour 5 667 emplois générés soit respectivement un taux de 11 et 24 %[939].

Pour la réalisation de ces investissements, le manque à gagner est assez énorme et est obtenu en appliquant le taux de TVA ou de droit de douane sur le montant des investissements. Ainsi, en appliquant le modèle d'analyse coût/bénéfice dans les administrations fiscales et douanières, on obtient les résultats résumés dans le tableau ci-dessous et qui indiquent une perte sèche de FCFA 100,6 milliards soit 94, 865 milliards pour la DGD et 5,6 milliards pour la DGI représentant environ 26 % des dépenses fiscales théoriques qui s'élèvent à 1 264 milliards[940]. La pertinence économique de la politique de défiscalisation d'essence keynésienne n'est pas exempte de critiques. Cette orientation a des effets mitigés ou incertains sur le champ économique.

---

938 Source, Le Messager n°5841 du lundi 6 septembre 2021.

939 Source : rapport sur les dépenses fiscales de l'exercice 2017, MINFI.

940 Rapport sur les dépenses fiscales de l'exercice 2017, MINFI.

**Tableau 8 : État de mise en œuvre de la loi de 2013 par secteur d'activités**

| SECTEUR | Agroalimentaire | Industrie | Énergie | Logements Sociaux | Hôtellerie | Transformation du bois | NTIC | Hydraulique | Autres |
|---|---|---|---|---|---|---|---|---|---|
| Entreprises nouvelles | 21 | 40 | 3 | 3 | 5 | 3 | 1 | 1 | 3 |
| Entreprises Anciennes | 15 | 18 | 0 | 2 | 4 | 2 | 1 | 1 | 5 |
| Nombre total | 36 | 58 | 3 | 5 | 9 | 5 | 2 | 2 | 8 |
| Investissements envisagés en Mlds de F CFA | 470,64 | 765,91 | 1 549 | 21 | 61 | 29,3 | 67,35 | 13,863 | 40,104 |
| Dépenses fiscales théoriques (TVA) en Mlds FCA | 91,459 | 171,29 | 342,91 | 3,8 | 10,73 | 6,48 | 15,04 | 3,068 | 7,855 |
| Dépenses fiscales théoriques (DD) en Mlds FCFA au 30 juin 2017 | 97,728 | 157,182 | 309,8 | 4,2 | 13,2 | 5,86 | 13,59 | 2,7726 | 8,0208 |
| Emplois projetés en nombre | 10 342 | 18 615 | 2 819 | 408 | 1 890 | 552 | 30 | 675 | 211 |

*Source : Rapport sur les dépenses fiscales de l'exercice 2017, MINFI*

L'attractivité mitigée des exonérations douanières en matière d'incitation à l'investissement privé n'est pas un phénomène nouveau. Plusieurs auteurs auparavant ont émis des doutes quant à l'efficacité des exonérations fiscales en général. Ainsi, d'après Vito Tanzi et Howell Zee, si le recours aux encouragements fiscaux est une méthode répandue de promotion de l'investissement dans le monde, certains faits d'expérience donnent à conclure que son efficacité pour attirer les investissements supplémentaires au-delà de ceux dont les pays auraient bénéficié de toute façon sans de tels encouragements est souvent douteuse[941]. Aussi, d'après ces auteurs, les congés fiscaux (exonérations fiscales temporaires) comportent de nombreuses lacunes.

Premièrement, l'exonération fiscale accordée sans égard au montant des bénéfices visés tend à profiter à des investisseurs qui prévoient de réaliser des bénéfices importants et qui auraient investi même en l'absence d'un tel encouragement. Deuxièmement, les congés fiscaux risquent fort d'inciter les entreprises imposées à conclure avec des entreprises exonérées des ententes pour transférer leurs bénéfices en fixant des prix de cession interne, ce qui constitue une forme d'évitement fiscal. Troisièmement, la durée d'application du congé fiscal risque d'être prolongée à l'excès lorsque des investisseurs réussissent, par divers moyens, à déguiser les investissements existants en nouveaux investissements (par exemple en mettant fin à un projet pour le relancer sous un nom différent tout en conservant la propriété). Quatrièmement, les congés fiscaux limités dans le temps ont tendance à attirer les projets à court terme dont les avantages, pour l'économie, ne sont en général pas aussi intéressants que ceux des projets à long terme. Cinquièmement, les coûts budgétaires des congés fiscaux sont rarement transparents[942].

D'autres études des organismes, tant publics que privés, montrent bien l'absence de lien entre l'adoption d'un code d'investissement et l'attractivité d'un secteur économique. Selon la CNUCED par exemple, dans son rapport de 2017 sur l'investissement dans le monde[943], l'IDE sur le plan mondial a progressé de 5 %. Et toujours selon ce rapport, les États-Unis restent le pays le plus attractif en ce qui concerne les investissements étrangers, alors qu'il n'a pas de code d'investissement dédié, seul le droit commun s'appliquant à tous les investissements. Le Royaume-Uni suit directement les États-Unis en la matière. Pourtant, cet État n'a pas non plus de code d'investissement. Enfin,

---

941 VITO TANZI, HOWELL ZEE, *Une politique fiscale pour les pays en développement*, Fonds monétaire international, 2001.

942 *Idem.*

943 BEN HAMIDA WALID, « Faut-il avoir un code d'investissement pour attirer des investissements », *JCPE*, n° spécial, 18 avril 2018, p. 12.

la Chine occupe la troisième place, également sans aucun code d'investissement[944].

Fondamentalement, les politiques d'attractivité qui se fondent sur l'adoption de codes d'investissement sont une pratique des États francophones[945]. Or, en 2016, les IDE à destination de l'Afrique l'ont été en majorité vers les États non francophones, comme l'Éthiopie, le Ghana, l'Égypte ou le Nigeria. Ces États ont accueilli 57 % des IDE à destination du continent africain, alors que les États francophones se classent loin derrière en dépit de l'adoption de codes d'investissement par la majorité d'entre eux ces dernières années. Autant dire que les raisons de l'attractivité d'un État se trouvent ailleurs[946]. Au regard de ce qui précède, certains auteurs à l'instar de KABANDA MATANDA[947], parlent de l'illusion du code des investissements. L'objectif de favoriser les investissements tendant soit à la création des entreprises nouvelles, soit à l'extension et à la modernisation d'entreprises existantes de nature à contribuer au développement économique du pays en allégeant par des exonérations fiscales appropriées les charges supportées par ces entreprises et leurs promoteurs est loin d'être atteint.

De nombreuses études émanant d'experts internationaux attribuent l'attractivité des territoires à d'autres facteurs ou paramètres. Parmi ceux-ci, l'on peut citer la taille du marché, l'existence d'une main-d'œuvre qualifiée et disponible, les infrastructures de qualité notamment des routes et d'un réseau d'électricité, mais aussi, et surtout, la stabilité politique et institutionnelle, la libéralisation des politiques commerciales et la stabilité économique[948]. Dans ce sillage, le seul message de la défiscalisation des activités imposables ne suffit pas, il faut l'insérer dans l'organisation globale de la société nationale, c'est-à-dire faire appel à la globalisation des politiques publiques et privées internes[949].

La rentabilité du recours aux exonérations douanières pour promouvoir l'investissement au Cameroun est douteuse. En effet, malgré le caractère généreux de ce dispositif, le niveau d'investissement au Cameroun reste embryonnaire et reste en deçà des aspirations. L'inefficacité des exonérations douanières comme outil ou véhicule de promotion des investissements est avérée. Il est difficile de trouver au Cameroun des projets ayant vocation à

---

[944] *Idem.*

[945] MAMOUDOU BARRY, *Politiques fiscales et douanières en matière d'investissements étrangers en Afrique francophone, le cas du secteur des ressources naturelles extractives*, *op. cit.*, p. 135.

[946] *Idem.*

[947] KABANDA MATANDA Boniface, *Les exonérations fiscales des investissements en RDC*, *op. cit.*, p. 459.

[948] ANDREFF WLADIMIR, *« Déterminants de l'IDE, attractivité et localisation »*, *in* Wladimir ANDREFF (dir.), *les multinationales globales*, La Découverte, 2003, p. 82-98.

[949] KABANDA MATANDA Boniface, *op. cit.*, p. 289.

constituer des pôles de développement économique, c'est-à-dire un projet dont la mise en œuvre a vocation à s'accompagner dans sa localité d'implantation, d'un réseau de sous-traitants ou d'activités annexes, de l'utilisation des matières premières locales, ainsi que de l'essor d'activités créatrices de valeur ajoutée[950]. La meilleure stratégie envisageable pour promouvoir un investissement durable consiste à créer un cadre juridique et réglementaire stable et transparent et à mettre en place un système fiscal conforme aux normes internationales[951].

Au regard de tout ce qui précède, malgré la surenchère fiscale à laquelle se livre le Cameroun, les exonérations douanières contenues dans les lois d'investissements n'ont pas été un vecteur décisif d'une dynamique d'accumulation du capital. Il ne suffit pas d'accorder les exonérations douanières pour susciter l'intérêt des investisseurs aussi bien autochtones qu'étrangers. La pratique du marketing fiscal du Cameroun pour relancer l'investissement privé est restée presque muette, à la limite mitigée. Aussi, la mise en place des dispositifs d'aides fiscales à l'investissement ne conduit pas à un boom d'investissement. On a même, paradoxalement, assisté à des replis de l'investissement à la suite des élargissements de l'éventail des mesures incitatives ! L'incitation fiscale n'a donc pas sur les décisions des entreprises, l'influence qu'on se plaît, généralement, à lui reconnaître[952]. L'effet incitatif tant recherché est encore très éloigné des attentes[953]. Cet état de fait déploré s'est ressenti au niveau de la création des emplois.

### 2. L'impact incertain des exonérations douanières sur la création des emplois au Cameroun

Le soutien à la création des emplois par la défiscalisation est une pratique constante dans le contexte camerounais. Les autorités camerounaises entendent par-là résorber le chômage rampant qui étouffe la société camerounaise, tout entière. Aussi, l'exigence de création d'emplois rentre dans les critères d'éligibilité au bénéfice des incitations fiscales communes. L'étude menée au Cameroun révèle un taux de création d'emplois de 24 %, soit 5 667 emplois créés pour des emplois projetés autour de 35 542[954]. L'écart est énorme. Il y a lieu de s'interroger sur leur effectivité et surtout la qualité de ces emplois.

À l'observation, la création des emplois est incertaine au Cameroun au regard de l'attitude dilettante des dirigeants d'entreprises. Ces derniers se

---

950 TONGA Dieudonné, *Les politiques françaises et camerounaises face au défi de la mondialisation : une analyse comparée de la période 2007-2010*, ENA/Paris-Dauphine, Master en administration publique, 2011.

951 VITO TANZI, HOWELL ZEE, *op. cit.*, p. 17.

952 HASSAN EL KTINI reprenant NMILI (M), *op. cit.*, p. 270.

953 WEIDENFELD Katia, *A l'ombre des niches fiscales*, *op.cit.*, p. 65.

954 Rapport sur les dépenses fiscales de l'exercice 2017, MINFI.

soucient plus de bénéficier des exonérations fiscales que de créer des emplois. Les exonérations douanières sont ainsi considérées comme des sources de captation de rente. Chaque entreprise cherche à maximiser ses profits au détriment des emplois. Les préoccupations de création des emplois sont reléguées au second plan. Dans cette logique, l'on serait tenté de voir plus la création des postes d'exécution que de postes d'encadrement et de maîtrise. C'est au regard de cette situation décriée qu'on a pu parler de « 180 agréments bradés à des multinationales avec aucune incidence positive sur la survie de notre économie »[955].

D'ailleurs, si les régimes dérogatoires institués n'ont pas produit les effets escomptés en termes d'attractivité du territoire camerounais[956], il est fort à craindre que les mêmes causes produisent les mêmes effets au niveau de la création des emplois. Aussi, au regard des cahiers de charges des entreprises, les emplois projetés accordent une place importante aux petits métiers tels les manœuvres, les maçons, les soudeurs, les plombiers. Ces métiers sont essentiellement précaires et s'achèvent avec la phase d'installation. Au niveau de la phase d'exploitation, les emplois créés accordent une large place aux commerciaux et aux cadres moyens. La qualité n'y est donc pas. L'on constate surtout la présence des emplois qualifiés de précaires et mal rémunérés, compte tenu de la divergence d'intérêts entre les objectifs de politique économique mis en avant par le gouvernement pour encourager la création des emplois et les contraintes prioritaires de rentabilité que l'investisseur souhaite atteindre[957]. L'effet vertueux des incitations sur le plan de la création des emplois prête à discussion au Cameroun.

L'on peut seulement souhaiter avec les experts camerounais participant à l'évaluation des dépenses fiscales que les investissements actuellement en cours puissent être productifs au cours des années à venir. Une dépense fiscale ne peut influer sur les comportements que si elle s'inscrit dans la durée, pour être connue de ses destinataires et leur assurer une sécurité juridique suffisante[958]. Nul doute que les effets pourront se faire ressentir au niveau de la création des emplois. En attendant, il est temps d'apprécier l'efficacité des exonérations douanières sur le plan social.

---

[955] Le Messager n° 5841 du lundi 6 septembre 2021.

[956] TONGA Dieudonné, *Les politiques françaises et camerounaises face au défi de la mondialisation, une analyse comparée de la période 2007-2010*, ENA PARIS-DAUPHINE, Master en affaires publiques, 2011

[957] Rapport sur les dépenses fiscales de l'exercice 2017, MINFI.

[958] WEIDENFELD Katia, *À l'ombre des niches fiscales*, *op.cit.*, p. 73.

### Paragraphe II : Les effets sociaux des exonérations douanières improbables

L'efficacité des dépenses fiscales est essentiellement tributaire d'une part de la mesure de leur coût budgétaire et d'autre part de l'évaluation de leur impact sur le développement économique et social du pays[959]. À cet effet, les exonérations douanières ont été mises à contribution pour réduire le déficit social très accentué au Cameroun. Au travers du rapport sur les dépenses fiscales de l'exercice 2017, l'on constate que les orientations du gouvernement en matière de politique sociale ont été à l'origine de nombreux régimes dérogatoires. Ainsi, les dépenses fiscales tiennent une place de choix dans ce secteur. Au regard des chiffres, 35,3 % des dépenses fiscales bénéficient aux ménages en matière d'accès aux biens de première nécessité et aux soins de santé[960]. Dans le même sillage, le rapport laisse entrevoir une répartition de la dépense fiscale suivant leur but social (36,4 %) contre 63,4 % de la dépense fiscale pour les objectifs économiques. Plus spécifiquement, la dépense fiscale de TVA à but social représente 25,8 % contre 18,9 % pour les objectifs économiques. Relativement, aux droits de douane, elle profite à hauteur de 41 % aux objectifs sociaux contre 58,4 % aux objectifs économiques. Concernant les droits d'accises, la totalité de la dépense fiscale y relative concerne les objectifs sociaux[961]. Le tableau ci-contre donne d'ailleurs un aperçu de la pratique camerounaise en matière de dépense fiscale à finalité sociale.

---

959 BAGUEKA ASSOBO, « La problématique de la dépense fiscale dans la diversification des sources de financement de l'économie », exposé du directeur général des impôts lors de la conférence annuelle des responsables des services centraux, déconcentrés et extérieurs du ministère des Finances, Yaoundé, les 27, 28, et 29 janvier 2011.

960 *Idem.*

961 *Idem.*

**Tableau 9 : Dépenses fiscales par type de mesure et par impôts (milliards)**

| TYPES DE MESURES | TVA | DDI | DA | IS | IRPP | DE | Total | Part |
|---|---|---|---|---|---|---|---|---|
| **Mesure économique** | 114,4 | 62,6 | _ | 84,3 | 51,9 | 70,6 | **383,3** | **63,4%** |
| **Mesure sociale** | 156,3 | 44,0 | 12,4 | _ | 0,7 | _ | **220,3** | **36,4** |
| **Conventions internationales** | 1,0 | 0,5 | | _ | _ | _ | **1,5** | **0,2%** |
| **Autres** | 0,0 | 0,0 | _ | _ | _ | _ | **0,0** | **0,0%** |
| **Total général** | **277,6** | **107,2** | **12,4** | **84,3** | **53,6** | **70,6** | **605,6** | **100%** |

*Source : Les dépenses fiscales de l'exercice 2017, MINFI.*

À la faveur de tous ces chiffres, la question est celle de savoir si toute cette dépense fiscale consentie a permis d'atteindre les objectifs escomptés à savoir, l'amélioration du pouvoir d'achat des ménages défavorisés et plus encore l'amélioration des conditions de vie en général des Camerounais. L'étude menée par l'équipe du projet d'évaluation des dépenses fiscales avec l'appui des conclusions de l'enquête sur les ménages (ECAM4) réalisée par l'INS sur l'année 2014 est assez pessimiste. L'instrument fiscal de redistribution est dilué au regard de la détérioration continue du pouvoir d'achat des ménages (A) et de la dégradation continue des conditions de vie des Camerounais, en dépit de nombreuses dépenses fiscales consenties (B).

## A- La détérioration continue du pouvoir d'achat des ménages défavorisés au Cameroun

Les tensions inflationnistes sur les produits de consommation courante ont justifié la mise en place des exonérations douanières afin d'agir sur la consommation de masse[962]. En dépit de nombreuses exonérations douanières consenties dans le domaine social, la situation sociale au Cameroun n'est guère reluisante. L'étude sur les dépenses fiscales au Cameroun a révélé l'iniquité des dépenses fiscales au regard du profil du consommateur qui en bénéficie le plus. Ainsi, les exonérations douanières notamment les exonérations de TVA et autres n'améliorent guère le pouvoir d'achat des ménages défavorisés (1), à contrario, elles favorisent plutôt les couches favorisées (2).

[962] Cette action s'est effectuée à travers la baisse de la fiscalité des produits de première nécessité notamment la baisse du TEC et de la TVA sur certains produits.

### 1. L'exclusion des populations démunies du bénéfice des exonérations douanières

Malgré de nombreuses exonérations de TVA et de droits de douane, le pouvoir d'achat des ménages défavorisés ne s'est pas amélioré. Au contraire, il a tendance à stagner. Cela ne surprend pas. Même en France, des études menées sur diverses niches fiscales peinent à leur trouver une efficacité assurée[963]. Qu'elles visent à inciter à un comportement déterminé, à réparer une inégalité ou à alléger de manière ciblée la charge de certains contribuables, les résultats sont souvent loin des ambitions[964]. Le rôle de redistribution assigné aux exonérations douanières dans le domaine de la consommation de masse reste très éloigné des attentes. La faible sensibilité de certains choix est criante. Aussi, la détermination du public cible est souvent difficile et délicate.

Dans cette perspective, l'exonération de TVA et des droits de douane sur le riz est la mesure la plus coûteuse. Elle est suivie par le poisson, le gaz domestique, la farine et bien d'autres. De l'étude sur l'évaluation des dépenses fiscales au Cameroun, il est rapporté que les dépenses fiscales profitent aux ménages pauvres à hauteur de 4,6 % seulement, quand bien même ils en sont les principaux destinataires, contre 47 % pour les ménages les plus aisés[965]. L'exonération fiscale bénéficie ainsi, dans une large mesure aux populations nanties qui n'ont pas besoin d'une quelconque aide de l'État. Pourtant, la population camerounaise vivant essentiellement en milieu rural de l'autoconsommation et essentiellement de culture de rente a tendance à voir son pouvoir d'achat stagner. Parfois, le riz importé en quantité et exonéré pour ne citer que cet exemple sert à alimenter la fraude au travers des réexportations dans des pays voisins sans acquittement préalable des droits et taxes de douane. La démarche camerounaise tend à exclure les populations les plus démunies de l'aide fiscale à caractère social, tout en favorisant les couches aisées[966].

### 2. Une tendance à favoriser les couches sociales aisées

L'utilisation des dépenses fiscales comme outil de redistribution de la richesse est également mise à mal dans la pratique[967]. Dans cette perspective, l'utilisation des niches fiscales à des fins redistributives pose certaines difficultés, [968]car atteindre les couches défavorisées reste un pari risqué. Les exonérations douanières sont souvent détournées de leur objectif initial à

[963] WEIDENFELD Katia, *À l'ombre des niches fiscales*, *op. cit.*, P. 62.
[964] *Idem.*
[965] Rapport sur les dépenses fiscales de l'exercice 2017.
[966] Lire SPIRE Alexis, « La domestication de l'impôt par les classes dominantes », *Le Seuil, « Actes de la recherche en sciences sociales »*, N° 190, 2011, pages 58-71.
[967] WEIDENFELD Katia, *À l'ombre des niches fiscales*, *op. cit.*, p. 73.
[968] *Idem.*

savoir améliorer la situation pécuniaire des personnes démunies. Dans cette lancée, le rapport sur les dépenses fiscales au Cameroun a démontré que les exonérations douanières profitent à ceux qui consomment plus, à savoir les couches aisées. Ainsi, 47 % des dépenses sociales profitent aux ménages les plus aisés[969]. Le soutien à la consommation à travers la défiscalisation de certains produits de première nécessité reste une faveur accordée aux plus nantis.

Aussi, le bénéfice des dépenses fiscales est en réalité fonction du niveau de consommation et non de la taille du revenu. L'on peut ainsi dénoncer avec force un ciblage insuffisant de la dépense fiscale destinée aux ménages les plus démunis. D'ailleurs, comme le constate Robert BACONNIER, « le droit fiscal n'est pas une couturière aux doigts fins » ; il peine à cerner précisément les secteurs ou les contribuables qui méritent une aide[970]. En bref, les allègements fiscaux profitent seulement en partie, aux personnes auxquelles ils sont destinés. Justement, les exonérations douanières concernant les consommations courantes (riz, poisson, farine et tourteaux de maïs, gaz, poisson, blé, sel brut) attestent bien cette assertion. Cette iniquité de la dépense fiscale au Cameroun est à l'origine de la dégradation généralisée des conditions de vie des Camerounais.

## B- La dégradation des conditions de vie des Camerounais en dépit de nombreuses exonérations douanières

Le Cameroun utilise essentiellement les exonérations douanières comme instrument au service des politiques sociales. Ces mécanismes exonératoires visent notamment à l'amélioration des conditions de vie des Camerounais. Aussi, l'accès aux infrastructures sociales de base a milité en faveur de la mise en place des exonérations de TVA, des exonérations des droits de douane. La réalité sociale du Cameroun est loin des espérances. Les vertus des exonérations douanières dans le vécu quotidien des consommateurs ne se sont pas fait ressentir à l'épreuve des évaluations[971]. L'on observe à cet effet, des motivations sociales fortes pour un résultat mitigé (1), d'où un plaidoyer pour une construction des infrastructures de base en lieu et place des exonérations douanières (2).

### 1. Des motivations sociales fortes pour un résultat mitigé

Le déficit infrastructurel en matière sociale au Cameroun est criant. Pourtant, d'énormes dépenses fiscales de porte sont consacrées à cette cause. L'on peut citer à longueur de journée des exonérations douanières accordées

---

969 Rapport sur les dépenses fiscales de l'exercice 2017, MINFI, p. 51.

970 WEIDENFELD Katia, *op. cit.*, p. 74.

971 EVINA OBAM Richard, *La politique fiscale au Cameroun depuis les années 1980, op. cit.*, p. 164.

pour la construction des logements sociaux, l'accès aux soins de santé et autres. Mais les niches sociales à l'usage se révèlent d'une très grande inefficacité[972]. Ainsi, la facilitation de l'accès au logement est restée au stade des intentions, le développement de l'énergie solaire tarde à porter des fruits, l'allègement des coûts de santé est toujours attendu. Dans la même veine, la promotion de l'éducation est restée un vœu pieux. L'impact de l'appui fiscal notoire de l'État apporté aux dépenses de santé et d'éducation reste difficile à juger[973].

Les enseignes étrangères sont également mises au banc des accusés dans cette faillite sociale. Les multinationales sont à ce sujet très critiquées au Cameroun. « Elles ont fonctionné sans payer le moindre centime sur la TVA, sans impôt ou encore moins des frais de douanes, elles ont plombé le tissu social »[974]. Au total, de nombreux allègements fiscaux accordés sans aucune incidence positive sur la vie sociale. La pléthore de mesures susceptibles de renforcer une redistribution équitable des richesses n'a pas produit des résultats escomptés. Le résultat mitigé des exonérations douanières à finalité sociale milite en faveur d'une politique publique plus active dans le sens de la création des infrastructures sociales de base[975].

### 2. Un plaidoyer pour une construction des infrastructures de base en lieu et place des exonérations douanières

Il serait difficile pour l'État camerounais d'agir dans le domaine social au travers des exonérations douanières. Cette action sociale des dépenses fiscales risque d'accentuer les inégalités sociales au sein de la société camerounaise. D'ailleurs, quand on accorde des aides fiscales, on ne sait jamais exactement à qui on l'accorde ni combien on accorde[976]. De nombreux effets opposés aux vœux initiaux de leur auteur sont constatés[977]. Les dépenses fiscales deviennent ainsi un moyen de financement illusoire[978]. L'on estime généralement que les gouvernements de nombreux pays à faible revenu, et en

---

972 BAGUEKA ASSOBO Alfred, « La problématique de la dépense fiscale dans la diversification des sources de financement de l'économie », Conférence annuelle des responsables des services centraux, déconcentrés et extérieurs du Ministère des Finances, Yaoundé, les 27, 28 et 29 janvier 2011.

973 *Idem.*

974 Le Messager n° 5841 du lundi 6 septembre 2021.

975 Lire BAGUEKA ASSOBO Alfred, « la problématique de la dépense fiscale dans la diversification des sources de financement de l'économie », conférence annuelle des responsables des services centraux, déconcentrés et extérieurs du ministère des Finances, 2011, pp. 1-13.

976 DIKOUME Albert-Léonard, *La fiscalité pétrolière des États membres de la CEMAC : Cameroun, Congo, Gabon, Guinée Équatoriale, Tchad, Centrafrique*, *op. cit.*, p. 273.

977 PICHET Éric, *Théorie générale des dépenses sociofiscales*, *op. cit.*, p. 107.

978 GEOURJON Anne-Marie, ROTA-GRAZIOSI Grégoire, « L'illusion des dépenses fiscales en Afrique », FERDI, *Note brève*, n° 96, mai 2014.

particulier les moins performants, devraient chercher à accroître la proportion de leur PIB qu'ils soulèvent à travers les recettes fiscales[979]. Ainsi, la réduction des exemptions fiscales devrait leur accorder des marges potentielles d'augmentation des recettes en vue de la réalisation des infrastructures sociales de base. L'utilisation de la dépense fiscale en tant qu'un instrument de l'intervention gouvernementale [980]doit être circonscrit. Une question non moins importante est celle de savoir si les impôts douaniers doivent être un élément du système de redistribution ou si ce dernier doit se faire uniquement par le biais des dépenses publiques ciblées, avec principalement, celles afférentes aux programmes sociaux tels l'éducation, l'emploi, la santé et autres.

Une réponse univoque ne peut être apportée à cette préoccupation. Notre penchant va vers la seconde hypothèse. Dans cette perspective, un point d'honneur doit être mis sur la construction des infrastructures de base en lieu et place des exonérations douanières à finalité sociale. Ainsi, au lieu de perdre d'importantes sommes d'argent dans le riz exonéré qui va par ailleurs se retrouver dans les pays de la sous-région, mieux vaut orienter cet argent dans la création des agropoles et des agro-industries. Ces dernières pourront aider à améliorer les conditions de vie des Camerounais.

Cet exemple pourrait bien être transposé dans de nombreux domaines notamment la construction des routes, des hôpitaux, des industries pharmaceutiques et autres. Le pragmatisme doit désormais guider les politiques publiques camerounaises, au risque de se retrouver dans un système où les incitations fiscales et douanières font le lit de la fraude douanière, des distorsions graves et des agressions massives sur l'assiette fiscale douanière[981]. La fiscalité dérogatoire, comme l'indiquait ITRIAGO Déborah pour la fiscalité en général, n'est pas pour combattre la pauvreté[982]. En clair, le cadeau fiscal offert dans un contexte de sous-développement sert une volonté coupable de mal gouvernance.

---

[979] MOORE Mick et PRICHARD Wilson, "Comment les gouvernements de pays à faible revenu peuvent-ils augmenter leurs recettes fiscales ? », *DOCUMENT DE TRAVAIL 70 ICTD*, novembre 2017.

[980] GODBOUT Luc, *L'intervention gouvernementale par la politique fiscale : le rôle des dépenses fiscales, étude comparée : Canada, États-Unis, France*, *op. cit.*

[981] Lire FACK Gabrielle et LANDAIS Camille, « Les incitations fiscales aux dons sont-elles efficaces ? », *Économie* et *statistiques,* n°427-428, 2009, pp. 101-121, lire aussi, BOCCANFUSO D et Céline de QUATREBARBES, « La fin des exonérations de TVA est-elle favorable aux pauvres ? Le cas du Niger », in LUC SAVARD, décembre 2010.

[982] ITRIAGO Deborah, « La fiscalité pour combattre la pauvreté », OXFAM International, 2011, pp. 1-8.

## CONCLUSION DU CHAPITRE I

En dernière analyse, la réduction du champ d'application de l'assiette taxable est véritablement prémonitoire d'une altération du rendement fiscal. La multiplication incontrôlée des exonérations douanières entraîne une perte attestée des recettes considérables pour l'État. Les réalisations de l'administration douanière sont ainsi mises à mal, induisant une performance en demi-teinte. La TVA est plus touchée que le TEC qui vient en seconde position des impositions concédées, suivies des droits d'accises. Dans la même veine, des secteurs « budgétivores » tels le secteur extractif, le secteur de la métallurgie, la loi de 2013 sur les incitations à l'investissement et autres ont été identifiés. Les exonérations douanières représentent ainsi un enjeu budgétaire important au regard de la privation des recettes affectées au service des politiques publiques.

En accordant les exonérations douanières, l'État cherche à relancer l'activité économique en créant les conditions favorables à l'emploi et à la création des unités de production sur toute l'étendue du territoire camerounais. Malheureusement, le dispositif d'exonérations douanières n'aurait d'effet significatif ni sur l'emploi, ni sur la création des entreprises, ni dans la réhabilitation des zones sinistrées. L'existence d'un fort taux de chômage et le tissu industriel encore embryonnaire au Cameroun pourraient d'ailleurs justifier ce constat malgré l'ampleur des exonérations douanières concédées depuis de nombreuses années.

La confirmation de l'inefficacité des exonérations douanières se retrouve également sur le terrain social. La dégradation des conditions de vie couplée à l'iniquité des dépenses fiscales de porte en dit long. Les estimations apparaissent relativement imprécises et il convient par conséquent de rester prudent quant aux conclusions que l'on peut en tirer. Il reste difficile de dire, dans un contexte de multiplication des exonérations douanières si les effets escomptés d'un point de vue économique et social par l'instauration de ces dérogations sont réellement atteints au Cameroun.

De toute façon, l'on ne dispose pas d'évaluation précise du manque à gagner pour l'État, encore moins des véritables effets économiques et sociaux des exonérations douanières. À en croire Samuel BIROKI, une chose est sûre : l'aventure industrielle, bien que démarrée au Cameroun, n'a véritablement pas encore atteint sa vitesse de croisière[983]. À l'analyse, les opportunités d'industrialisation identifiées et séquencées ont été mal gérées [984]et les instruments de gouvernance tels que les incitations fiscales sont d'une efficacité douteuse. La dépense fiscale occasionnée par les exonérations

[983] Lire BIROKI Samuel, *Les politiques industrielles du Cameroun depuis 1945, espoir, désillusion et utopie*, Paris, L'Harmattan, 2021, p. 31.
[984] *Idem.*

légales et de fait serait d'autant plus difficile à évaluer qu'elle se combine avec le coût de la fraude que facilitent les exonérations. Une fraude aux facettes multiples qui interpelle les pouvoirs publics à mieux recadrer ce phénomène aux conséquences désastreuses sur les finances publiques.

## CHAPITRE II :

## UNE ACCENTUATION DE LA BAISSE DES RECETTES DOUANIÈRES PAR DES PRATIQUES PEU ORTHODOXES

Les politiques fiscales menées au moyen des exonérations douanières engendrent de nombreuses fraudes. En effet, les exonérations douanières alimentent la fraude et les stratégies d'évitement de l'impôt et entraînent un coût budgétaire considérable. Aussi, les incitations fiscales qui visent à encourager des activités données sont bien souvent des prétextes pour frauder le fisc. En effet, le constat des experts du FMI est assez clair, « l'ampleur excessive des exonérations conduit à une véritable atrophie de la matière imposable…, le niveau actuel des exonérations et la cohorte des fraudes qui en découlent sont incontestablement une des raisons majeures de la faiblesse des administrations fiscales et douanières »[985]. Dans la même veine, la littérature économique au regard de nombreux effets pervers, abonde très souvent dans le sens de réviser les vues sur les exonérations douanières comme instrument de promotion de l'investissement et de progrès social. Ainsi, les exonérations constituent non seulement un phénomène pernicieux, mais « la plaie des régimes fiscaux » dans divers pays considérés.

Les dispositions des codes et autres lois destinées à encourager et à attirer les investissements ont été à l'origine de la multiplication des exonérations douanières et partant, ont créé les conditions idéales pour la fraude et la corruption active. Les conseillers en défiscalisation ont trouvé un terreau fertile et sont aux aguets pour détourner la dépense fiscale de son objet. Ils captent à leur profit une part, parfois importante, de la dépense fiscale[986]. D'ailleurs, à en croire Nicaise MEDE, les destinataires des mesures exonératoires inventent des subterfuges pour en bénéficier le plus longtemps possible ou en étendre les effets au-delà du champ initialement visé[987]. Ceux-ci réduisent lesdites exonérations à de simples moyens d'érosion de l'assiette fiscale[988]. Elles créent des pertes de recettes directes, mais aussi des pertes consécutives à des détournements de destination et à des fraudes massives

[985] BODIN Jean-Paul, FOSSAT Patrick), Niger : *priorité pour la poursuite des réformes fiscales*, FMI, décembre 1997.

[986] WEIDENFELD Katia, *À L'ombre des dépenses fiscales*, *op. cit.*, p. 69.

[987] MEDE Nicaise, TONI Errol (dir), *La fiscalité de développement en Afrique de l'Ouest francophone*, Paris, L'Harmattan, 2018, p. 43.

[988] *Idem.*

difficiles à juguler[989]. En tout état de cause, les exonérations constituent toujours une source de difficultés majeures pour la mobilisation des ressources publiques[990]. L'analyse du contexte camerounais corrobore plus ou moins ces points de vue. Une constance se dégage tout de même, on y dénombre de nombreux abus. Les exonérations douanières entraînent une baisse des recettes douanières tout en constituant un domaine propice à la fraude douanière (section I) et un catalyseur des comportements déviants (section II).

## SECTION I : LES EXONÉRATIONS DOUANIÈRES COMME DES NICHES IMPORTANTES DE FRAUDES DOUANIÈRES

Les incitations fiscales accordées dans les États membres de l'espace CEMAC peuvent apparaître comme des mesures aux vertus exagérées[991]. Elles sont déteintes par de multiples cas de fraude. En effet, la multiplication des accords de libre-échange notamment la signature de l'Accord d'étape ACP-UE, la multiplication des codes sectoriels et autres lois fixant les incitations fiscales à l'investissement privé, sont autant de facteurs qui ont fait apparaître les adeptes de la fraude douanière[992]. Cette assertion sonne comme une lapalissade dans le contexte fiscal camerounais. De nombreuses distorsions sont ainsi, alimentées par la multiplication des régimes douaniers dérogatoires.

En effet, la problématique de la fraude douanière est à l'image du phénomène, complexe et empreint de polymorphie[993]. Frauder signifie simplement tricher, c'est-à-dire poser un acte dont l'objectif est de ne pas respecter les conventions, les lois et règlements en vigueur en la matière, c'est un acte de dissimulation en vue de contourner la réglementation. En douane, « la fraude est l'évasion des droits et taxes dus à l'importation ou à l'exportation des marchandises dans un territoire douanier »[994]. L'infraction douanière est constituée par « toute violation ou toute tentative de violation de la législation douanière » (convention de Kyoto révisée)[995].

---

[989] CHAMBAS Gérard (dir.), *Afrique au sud du Sahara : mobiliser des ressources fiscales pour le développement*, Paris, Économica, p. 113 ;

[990] *Idem.*

[991] Lire MEDE Nicaise, TONI Errol (dir), *La fiscalité de développement en Afrique de l'Ouest francophone*, *op. cit.*, p. 63

[992] Lire ICHAM AZIF, *Lutte contre la fraude commerciale douanière à l'importation, une démarche managériale en guise d'approche*, Collection guide, Maroc, 159 pages.

[993] BAZART Cécile, *La fraude fiscale : modélisation du face-à-face État- contribuable*, thèse de doctorat ès sciences économique, Université de Montpellier, p. 2.

[994] NDZANA Benoît, *La problématique de la fraude douanière, quelle approche dans le contexte actuel de la conjoncture difficile*, ENAM, 1990, p. 2.

[995] Douanes camerounaises, *Guide de l'usager*, 1re édition, Direction générale des douanes, novembre 2010, p. 70.

La fraude douanière [996]apparaît comme une limite au pouvoir de l'État de prélever les droits et taxes sur les marchandises qui franchissent le cordon douanier. Elle est un sujet de vive préoccupation au Cameroun du fait qu'elle génère non seulement une perte de ressources fiscales, mais aussi, crée des distorsions économiques à travers l'asphyxie ou la disparition des contribuables sûrs, le sabotage économique à travers la concurrence déloyale et les inégalités sociales.

Parmi les grands circuits de fraude douanière au Cameroun, figure en bonne place le circuit des exonérations[997]. Les dérogations fiscales constituent des foyers importants de fraude et des facteurs à risque. En effet, l'existence des exonérations favorise de la part des contribuables des comportements de contournement de la réglementation fiscale. Le but étant de pouvoir tirer avantage des exonérations auxquelles ils n'auraient pas normalement droit. Une interrogation sur la nature et les formes de fraude à travers les exonérations douanières nous permet d'identifier les fraudes classiques ou les fraudes au dédouanement (paragraphe 1), et les fraudes spécifiques aux exonérations (paragraphes 2).

### Paragraphe I : Les exonérations douanières et les fraudes classiques

La fraude douanière a pris des proportions inquiétantes et difficilement mesurables. Elle entraîne une déperdition importante des ressources fiscales[998]. La maîtrise des fraudes classiques permet de mieux cerner les contours des fraudes à l'exonération. Ainsi, une fraude sur la valeur, sur l'espèce et autres, peut entraîner un véritable manque à gagner pour l'État et constituer une sorte d'exonération qui ne dit pas son nom. D'où l'intérêt d'une étude sur les fraudes classiques qui renvoient aux fondamentaux. La fraude classique est constituée de tout type de fraude que l'on peut retrouver au-delà des opérations exonérées. Elle est ainsi présente partout, ailleurs[999]. Cette

---

[996] L'OMD définit la fraude commerciale comme toute infraction aux dispositions législatives ou réglementaires que les administrations sont chargées de faire appliquer, commise en vue : d'éluder ou de tenter d'éluder le paiement des droits, redevances ou taxes applicables aux marchandises ; d'éluder ou de tenter d'éluder les prohibitions ou les restrictions applicables aux marchandises ; de percevoir ou de tenter de percevoir de manière indue des remboursements, subventions ou autres versements ; d'obtenir ou de tenter d'obtenir des avantages commerciaux illicites portant atteinte aux principes et aux pratiques de la concurrence commerciale licite.

[997] NDZANA Benoît, *La problématique de la fraude douanière, quelle approche dans le contexte actuel de conjoncture difficile*, *op. cit.*, p. 26.

[998] Voir aussi, NGONO ATANGANA Inès Diane, *La problématique de la fraude fiscale au Cameroun : cas de la TVA*, mémoire de DESS en administration fiscale, Université de Douala, 2010, 117 pages, lire aussi, AZEBAZE TADA'A Francis Nathan, *La fraude fiscale*, mémoire de master II professionnel en fiscalité appliquée, Université de Douala, 2010, 89 pages.

[999] Lire BACCONNIER Robert, TALY Michel, « fraude fiscale : caractérisation et enjeux », *Rapport moral sur l'argent dans le monde*, 2005.

fraude douanière est aujourd'hui constituée de mécanismes à facettes multiples. Ainsi, l'on peut recenser les fraudes en lien avec les éléments de taxation (A) et celles qui n'ont aucun lien (B).

### A- Les fraudes douanières en lien avec les éléments de taxation

Les éléments de taxation sont ceux-là sur lesquels l'administration des douanes s'appuie pour liquider ou pour prélever les droits et taxes sur les marchandises franchissant le cordon douanier aussi bien à l'importation qu'à l'exportation. Les éléments de taxation des marchandises consacrés par le Code des douanes CEMAC sont : la valeur, l'espèce tarifaire, l'origine et le poids. À partir de ces éléments, on pourra avoir une fausse déclaration de valeur en douane (1), une fausse désignation de l'espèce (2), une fausse déclaration de poids ou de quantité (3) et la fausse déclaration de l'origine (4).

#### 1. La fausse déclaration de valeur en douane au travers des exonérations

La détermination de la valeur est une étape importante, fondamentale de l'opération de dédouanement. La valeur de la marchandise va servir, en effet, à asseoir les droits de douane proprement dits, ainsi que les autres droits, taxes et redevances[1000]. On conçoit aisément l'attention que portent les usagers et le service à cet élément capital[1001]. La fraude douanière induite par la sous-évaluation au travers des exonérations pose un problème épineux aux administrations douanières, en particulier dans les pays en voie de développement et notamment le Cameroun. La valeur transactionnelle peut être sous-évaluée pour bénéficier d'un taux de droit inférieur ou pour éluder les restrictions à l'importation[1002].

Par contre, l'on peut avoir une fausse déclaration indiquant une valeur supérieure à la valeur transactionnelle réelle. La valeur transactionnelle peut être surévaluée pour les raisons diverses notamment : pour bénéficier d'une compensation fiscale, d'un montant élevé à l'exportation des marchandises d'origine locale qui peuvent, d'après la loi, bénéficier de cette compensation ; pour éluder le paiement des droits antidumping et/ou des taxes internes ; pour bénéficier d'un taux de droits inférieur grâce à un classement inexact ; et enfin pour éviter le contrôle des changes ou le blanchiment de fonds[1003].

La déclaration exacte de valeur est obligatoire même lorsque les marchandises ne sont pas passibles des droits et taxes. Dans la pratique, les déclarations totalement exonérées ou partiellement exonérées comportent de

[1000] BERR Jean-Claude. TREMEAU Henri, *Le droit douanier communautaire et national*, *op. cit.*, p. 129.
[1001] *Idem.*
[1002] OMD, *Manuel destiné aux enquêteurs sur la fraude commerciale*, *op. cit.*,
[1003] OMD, *Manuel destiné aux enquêteurs sur la fraude commerciale*, *op. cit.*

nombreuses fausses déclarations de valeur. Ces valeurs en douane des marchandises exonérées ne répondent pas aux critères définis par l'article 26 relatif à la valeur transactionnelle, c'est-à-dire le prix effectivement payé ou à payer pour les marchandises lorsqu'elles sont vendues pour l'exportation à destination de l'État membre d'importation après ajustement conformément aux dispositions de l'article 27 du même code des douanes[1004].

Dans le contexte camerounais, les mécanismes de fraude au travers de la valeur sont divers[1005]. L'on peut citer entre autres les fausses factures établies par les fournisseurs, les fausses factures établies par l'importateur ou son agent, la double facturation, les paiements partiels, les valeurs fantaisistes avec des mentions telles: « valeur pour douane, value for customs purpose only », l'évocation des clauses de garantie sans véritable contrat à la base, l'exclusion des apports sur la facture, la non-déclaration des redevances et droit de licence, l'exclusion des frais imposables sur la facture, fausse désignation des quantités, les manipulations des taux de change, les manipulations monétaires, les fausses listes de colisage, l'inexactitude des frais de transport, la non-déclaration des commissions de vente, l'exclusion des frais imposables sur la facture, la fausse déclaration d'origine, et bien d'autres. Au Cameroun, de l'exploitation de 6.658 dossiers contentieux traités au cours de l'exercice 2014, la fausse déclaration de valeur est l'infraction la plus commise avec 2000 cas constatés contre 1449 cas en 2013, soit une progression de 552 cas en valeur absolue et 38,09 % en valeur relative[1006]. Ces fausses déclarations de valeur sont souvent associées aux fausses déclarations d'espèce.

### 2. La fausse déclaration de l'espèce des marchandises au travers des exonérations

Les opérations exonérées peuvent également contenir de fausses désignations mettant en cause le classement. L'espèce des marchandises est la dénomination technique qui leur est attribuée par le tarif des douanes[1007]. Les fausses déclarations d'espèce peuvent être à la base de plusieurs infractions douanières. C'est sur la base d'une nomenclature tarifaire que s'opère le classement tarifaire des marchandises.

Les marchandises sont classées à des fins douanières pour fournir des renseignements statistiques et faciliter le recouvrement du montant exact des recettes budgétaires ou l'application d'autres procédures douanières comme le régime de licence[1008]. La fraude par désignation tarifaire est une tentative

[1004] Article 26 du Code des douanes CEMAC.

[1005] Lire aussi, KALINDA ODYA Princesse, BOTSHINDO INGONDE Gédéon, *La fraude et la contrebande minières en R. D.* Congo, Paris, L'Harmattan, 2021, 247 pages.

[1006] Cf. Rapport annuel 2014, Division des requêtes et du contentieux, DGD.

[1007] Article 21 du Code des douanes CEMAC.

[1008] Lire OMD, *Manuel destiné aux enquêteurs sur la fraude commerciale*, Bruxelles, *op. cit.*

délibérée d'induire en erreur la douane en attribuant aux marchandises un faux classement de façon à en retirer un avantage. Le faux classement peut être motivé par plusieurs raisons notamment : pour minorer le taux de droits et autres taxes, pour échapper aux prohibitions, restrictions et contingentements à l'importation. Bien plus, la fausse désignation peut être également motivée par la volonté d'échapper au contrôle de change, d'éluder la fiscalité interne ou encore de se procurer un avantage commercial injustifié.

Au regard de l'importance de l'espèce tarifaire, il est nécessaire et obligatoire pour les importateurs de déclarer l'espèce tarifaire exacte des marchandises. Mais dans le contexte camerounais, quelques cas de fraude par faux classement ont été répertoriés. Ces cas concernent aussi bien les déclarations exonérées totalement ou partiellement. Dans cette perspective, les usagers de la douane en quête de gains faciles, animés du désir d'échapper aux droits de douane ou de contourner la législation douanière jugée trop contraignante, sont souvent contraints de tricher en faisant passer une marchandise fortement taxée dans une catégorie moins taxée. Ils passent ainsi aisément de la quatrième catégorie à la troisième catégorie, ou de la troisième catégorie à la deuxième catégorie, ou à la première catégorie, sachant que d'une catégorie supérieure à une catégorie inférieure d'importantes économies d'impôts sont réalisées. Nos propos peuvent être confortés par de nombreux exemples.

Aussi, les compléments alimentaires sont déclarés comme des médicaments pour bénéficier des exonérations de TVA et des droits de douane, le matériel de bureau est désigné comme matériel médical pour bénéficier de l'exonération de TVA et du taux réduit des droits de douane. Dans la même lancée, le matériel d'exploitation pétrolière est déclaré comme matériel de recherche pour bénéficier de l'exonération totale des droits et taxes (TVA, DD), les pièces détachées de véhicule déclarées comme matériel agricole pour bénéficier de l'exonération de TVA[1009], du champagne Laurent Perrier déclaré comme de l'eau Perrier afin de bénéficier de taux réduits de droits à l'importation.

L'on peut également évoquer la fausse déclaration d'espèce afin de bénéficier d'une franchise à l'importation, avec à l'appui de faux documents justifiant l'application d'un régime préférentiel, des fausses désignations déclarées pour échapper à l'obligation d'obtenir une licence d'importation ou pour pouvoir exporter des marchandises sans présenter la licence d'exportation normalement exigée, des fausses déclarations des marchandises

---

[1009] Lire avec intérêt, NGONO ATANGANA Inès Diane, *La problématique de la fraude fiscale au Cameroun* : *le cas de la TVA*, mémoire de DESS en administration fiscale, Université de Douala, 2010, 117 pages.

prohibées afin d'en faciliter l'importation, enfin, des fausses désignations des marchandises à l'appui d'une sous-évaluation[1010].

Des exemples de fraude sont légion. Au Cameroun, le nombre d'affaires concernant la fausse déclaration d'espèce est passé de 124 cas en 2011 à 116 en 2012 ; 191 en 2013 à 222 cas en 2014[1011]. L'on comprend aisément que la multiplication des fraudes sur l'espèce surtout pour bénéficier des exonérations douanières peut bien justifier la faiblesse des performances des administrations douanières comme l'est davantage la fausse déclaration de poids et de quantité.

### 3. La fausse déclaration de poids et de quantité au travers des exonérations

La fausse déclaration de poids et de quantité constitue l'une des catégories de fraude présente dans les déclarations de mise à la consommation en exonération totale ou partielle. Ce type de fraude a pignon sur rue dans le cadre de la taxation spécifique. L'on peut définir la taxation spécifique comme celle qui frappe forfaitairement une marchandise d'une certaine nature, le montant des droits se déterminant en fonction de mesures physiques simples de celle-ci : nombre de litres, longueur, surface, nombre de degrés alcooliques, etc.[1012]Le poids, la quantité ou le volume constituent directement l'assiette des droits et taxes spécifiques. Dans le cadre de l'application des droits et taxes *ad valorem,* ce sont des éléments importants pour apprécier la valeur imposable des marchandises. Ainsi, pour chaque opération, la valeur globale est fonction de la quantité. En ce qui concerne certaines marchandises, le poids et la quantité interviennent pour l'application des mesures autres que la perception des droits et taxes. Ces éléments sont importants pour l'élaboration des statistiques du commerce extérieur.

À travers ces explications, l'on comprend aisément que l'usager toujours à la recherche d'économie d'impôts peut facilement tromper la vigilance des services de douane à travers la fausse déclaration de poids et quantité. Cette assertion est d'autant plus vraie dans le cadre des exonérations. En effet, l'usager des douanes fraude sur les quantités ou le poids pour rester dans les marges accordées par les lettres d'exonération. Parfois, ces lettres d'exonération sont accompagnées des quantités dans le cadre d'un projet. L'on a vu des cas où l'usager autorisé à importer deux véhicules « pick-up » en importe dix sous le couvert de la même lettre d'exonération. Cette tricherie est aujourd'hui d'actualité dans le cadre de la loi du 18 avril 2013 fixant les

---

[1010] Pour plus de détails, lire OMD, *Manuel destiné aux enquêteurs sur la fraude commerciale*, Bruxelles, *op. cit.*

[1011] Cf. Rapport annuel 2014, Division des requêtes et du contentieux, DGD.

[1012] BERR Jean-Claude. et TREMEAU Henri, *Le droit douanier communautaire et national*, *op. cit.*, p. 83.

incitations à l'investissement privé au Cameroun. Les entreprises agréées travaillent sur la base d'une liste préalablement arrêtée par les services compétents. Le risque est de voir ces entreprises aller au-delà des quantités prescrites. La fraude est rendue possible à cause des restrictions et des limitations imposées aux entreprises par les textes d'exonération. Au Cameroun, le nombre de fausses déclarations de poids et de quantité est passé de 124 cas en 2011 à 86 en 2012 et de 109 en 2013 à 148 cas en 2014[1013]. Cette fraude est souvent associée à une fausse déclaration de l'origine.

### 4. La fausse déclaration de l'origine au travers des exonérations douanières

La fraude douanière est une manifestation de la réaction naturelle des agents économiques cherchant à contourner les coûts que l'État impose aux échanges internationaux. Ainsi, ces opérateurs très ingénieux dans leur démarche alimentent cette fraude en procédant à de fausses déclarations d'origine[1014].

L'origine désigne le lien juridique et géographique qui lie une marchandise à un pays ou à une communauté économique et douanière donnée. En d'autres termes, elle désigne le lieu où la marchandise a été récoltée, élevée, fabriquée ou a subi une plus grande ouvraison[1015]. La multiplication des accords régionaux (CEMAC, CEEAC) et la signature de l'accord d'étape entre le Cameroun et l'UE, entraînant des démantèlements tarifaires, ont fait de l'origine des marchandises la condition essentielle pour l'octroi des avantages fiscaux prévus dans lesdits accords[1016]. L'origine constitue ainsi un élément de taxation dans le cadre des unions douanières ou dans le cadre des accords de partenariat ACP-UE. La fraude commerciale ayant pour mode opératoire les fausses déclarations d'origine ou de préférence est établie essentiellement pour bénéficier indûment des régimes préférentiels. L'on entend par fraude concernant l'origine ou les préférences, toute tentative délibérée d'infraction ou d'utilisation abusive des règles d'origine ou des prescriptions documentaires de la douane stipulées par les accords bilatéraux ou multilatéraux en vigueur dans le pays considéré[1017].

La fraude concernant l'origine est orchestrée dans les buts suivants : le fraudeur cherche à bénéficier indûment de taux de droits préférentiels en attribuant un faux pays d'origine aux marchandises importées, ou encore, il

---

[1013] Cf. Rapport annuel 2014, Division des requêtes et du contentieux, DGD.

[1014] Sur les fraudes organisées sur l'origine préférentielle, lire SOUMARE NDIAGA, *Le droit douanier à l'épreuve de la criminalité transnationale organisée dans l'espace CEDEAO*, Paris, L'Harmattan, 2019.

[1015] Voir réglementation douanière, Livre I, procédure de dédouanement, CEMAC.

[1016] ICHAM AZIF, *Lutte contre la fraude commerciale douanière à l'importation, une démarche managériale en guise d'approche*, *op. cit.*, p. 16.

[1017] OMD, *Manuel destiné aux enquêteurs sur la fraude commerciale*, Bruxelles, *op.cit.*

veut importer les marchandises soumises à des prohibitions ou à des restrictions dans le pays de destination. Dans la même lancée, le fraudeur cherche à satisfaire par des moyens illicites les exigences documentaires en vigueur dans les pays d'importation, ou encore, il cherche à s'introduire de façon illicite sur le marché et à bénéficier ainsi d'un avantage commercial[1018].

Très subtils dans leur pratique, les fraudeurs à travers des mécanismes d'exonération en cours en zone CEMAC inventent des stratégies de fraude. Ainsi, l'on a pu voir une cargaison d'huile de palme raffinée, produite en Chine et dédouanée au Cameroun comme originaire du Gabon. La conséquence sur le plan douanier est immédiate. La cargaison « originaire » du Gabon, pays membre de la CEMAC est exemptée du TEC. La cargaison ne liquide que la TVA qui est une taxe de consommation intérieure. La perte de recette fiscale est importante dans le cas d'espèce. Le contrôle des règles d'origine prend davantage d'importance au vu des risques d'importations frauduleuses de marchandises extracommunautaires sous le couvert de l'origine d'un des pays membres de la CEMAC[1019]. Le Cameroun a connu 16 cas de fausses déclarations d'origine en 2011, 5 en 2012, 8 en 2013 et 7 en 2014[1020].

L'étude typologique des irrégularités en matière d'origine a fait l'objet d'un travail mené par l'OMD au regard des expériences partagées par les administrations des douanes membres[1021]. La nécessité d'appliquer des taux tarifaires différents aux marchandises selon leur pays d'origine s'accompagne d'une certaine complexité, d'où la nécessité de veiller à la stricte observation des règles d'origine en matière de dédouanement. La maîtrise des règles d'origine vise ainsi à éviter d'étendre involontairement le bénéfice des réductions tarifaires à des opérateurs non éligibles, ce qui constituerait une dilution des préférences. Cette exigence l'est également pour les autres cas de fraudes qui n'ont pas de lien avec les éléments de taxation.

### B- Les autres cas de fraudes sans lien avec les éléments de taxation

Ces fraudes tiennent une part importante dans l'activité contentieuse au Cameroun. Elles sont sanctionnées d'inexécution des engagements souscrits dans les acquits-à-caution. Le nombre d'affaires est allé presque croissant. Ainsi, on dénombre 1 166 cas en 2011 contre 1 354 en 2012 et 1 228 en 2013 contre 1 570 en 2014[1022]. Dans le cadre de cette typologie, l'objectif de la

---

1018 *Idem.*

1019 Lire OLO SIB Palé, *Au cœur d'une administration douanière africaine : Douane en action*, Paris, L'Harmattan, 2020, p. 50.

1020 Cf. Rapport annuel, Division des requêtes et du contentieux, DGD.

1021 OMD, Guide sur la lutte contre les irrégularités en matière d'origine (excepté la fraude), dossier recettes, juin 2015, révisé en juin 2016.

1022 Cf. Rapport annuel, Division des requêtes et du contentieux, DGD.

fraude est de profiter des facilités mises en place par l'administration des douanes dans le cadre des régimes douaniers suspensifs (1), et des régimes économiques de transformation (2) pour bénéficier abusivement des régimes d'admission en franchise des droits et taxes.

### 1. Les fraudes dans le cadre des régimes douaniers suspensifs traditionnels

Les régimes suspensifs sont utilisés depuis longtemps au Cameroun. De plus en plus, on les associe aux régimes économiques pour coller à la réalité actuelle. Ainsi, les régimes suspensifs traditionnels sont définis comme des régimes permettant le stockage, la circulation ou la transformation sur le territoire douanier, en suspension des droits, taxes et prohibitions, des marchandises étrangères importées destinées à être réexportées ou versées ultérieurement sur le marché intérieur[1023]. Cette définition traduit la primauté du fiscal sur l'économique. À l'origine, cette définition couvrait essentiellement les régimes de l'entrepôt, du transit et de l'admission temporaire. Le régime de l'entrepôt est un régime suspensif qui permet le stockage des marchandises étrangères ou locales sur le territoire douanier en suspension des droits et taxes à l'importation ou à l'exportation. Trois types d'entrepôts sont prévus par la loi douanière : l'entrepôt réel ou l'entrepôt public, l'entrepôt spécial et l'entrepôt privé ou entrepôt fictif[1024].

Le transit aux termes de l'article 156 du Code des douanes CEMAC est la facilité à transporter en suspension des droits et taxes, des marchandises sous douane, soit à destination, soit au départ d'un point déterminé du territoire douanier. Il existe différents types de transits : le transit ordinaire et le transit international[1025].

L'admission temporaire est un régime douanier qui permet, sous certaines conditions, d'introduire dans le territoire douanier, en suspension totale ou partielle des droits et taxes (à l'exception des taxes pour service rendu) et en suspension des mesures de prohibition, des marchandises destinées à être réexportées en l'état dans un délai déterminé, ou après avoir été utilisées dans certaines conditions. Toute personne qui déclare des marchandises en admission temporaire prend l'engagement cautionné, sous peine de droit, de se conformer aux lois et aux règlements régissant ce régime et aux conditions particulières auxquelles peut être subordonnée la réalisation de l'opération[1026].

La fraude dans le cadre des régimes suspensifs est perpétrée afin d'éluder le paiement des droits et taxes à l'importation (qui auraient été exigibles si les

---

[1023] BERR Jean-Claude et TREMEAU Henri, *Le droit douanier communautaire et national*, *op. cit.*, p. 255.
[1024] Voir *Guide de l'usager en Douane*, *op. cit.*, p. 50.
[1025] *Ibid.*, p. 45
[1026] *Idem.*

marchandises étaient destinées à être mises à la consommation) ou encore de substituer aux marchandises importées des marchandises produites sur place, les marchandises importées étant ensuite détournées pour la mise à la consommation sur le marché intérieur. Bien plus, la fraude est également perpétrée afin de détourner les marchandises importées temporairement afin de les céder sur le marché intérieur et de leur substituer à des fins de réexportation des marchandises de qualité inférieure produites sur place.

En somme, la fraude dans le cadre des régimes suspensifs consiste en général à éluder le paiement des droits et taxes de douane exigibles pour des marchandises importées ou exportées sous ces régimes. L'activité frauduleuse en question est aussi, destinée à éviter diverses prescriptions de la législation nationale qui régissent l'admission en franchise, l'exemption ou la remise des droits et taxes auxquels sont soumises les marchandises importées ou exportées au titre de ces procédures. Le fonctionnement des régimes suspensifs donne lieu à divers abus qui visent tous à bénéficier des exonérations ou des franchises. Ainsi, les marchandises n'arrivent point à destination dans le cadre du transit[1027], elles sont frauduleusement reversées sur le marché local. Au niveau de l'entrepôt, la fraude consiste en de fausses réexportations et en des substitutions de marchandises. Cette tendance à l'évitement fiscal est encore plus prononcée dans les régimes économiques dits modernes.

**2. La fraude dans les régimes douaniers économiques dits modernes**

Les régimes douaniers économiques modernes sont également des foyers de fraude mettant au-devant de la scène la recherche des exonérations douanières ou des franchises. Toute fraude recherche un gain fiscal et les facilités douanières riment toujours avec la fraude. Pour accompagner le développement de nos entreprises en vue d'un meilleur positionnement au regard de la concurrence internationale, le code des douanes CEMAC a prévu des mécanismes douaniers d'incitation économiques désignés sous le nom de régimes économiques[1028]. De manière générique, on peut définir les régimes économiques en douane comme des mécanismes douaniers qui procurent aux bénéficiaires des privilèges et facilités qui sont de nature à favoriser la production, les échanges, le commerce et la consommation des biens dans un territoire[1029]. Ces régimes ont pour vocation d'optimiser la situation des entreprises à l'international dans un environnement mondial marqué par la

[1027] Voir NGONO ATANGANA Inès Diane, *La problématique de la fraude fiscale au Cameroun : cas de la TVA*, mémoire de master II en administration fiscale, Université de Douala, 2010, p. 20.

[1028] Lire AMOUGOU-ESSI Vincent, *Les régimes économiques et le développement économique du pays en période de crise*, Mémoire ENAM, 1987/1989, 23 p.

[1029] *Guide de l'usager en Douane, op. cit.*, p. 52.

compétitivité accrue entre les nations[1030]. Les régimes douaniers économiques permettent, selon les mécanismes dérogatoires à la règle de droit commun, de répondre aux besoins et aux capacités particuliers des entreprises. Le code des douanes CEMAC consacre quatre (4) régimes économiques à savoir, le régime du perfectionnement actif ; le régime de perfectionnement passif ; le régime du drawback et le régime de transformation pour la mise à la consommation.

Le régime de perfectionnement actif est celui qui permet de recevoir dans un territoire en suspension des droits et taxes à l'importation certaines marchandises destinées à subir une transformation, une ouvraison ou une réparation en vue d'être réexportées. C'est dire que les marchandises admises au régime du perfectionnement actif n'acquittent pas les droits et taxes à leur entrée. Néanmoins, les produits et les déchets qui ne sont pas exploités ou traités de manière à leur ôter toute valeur commerciale doivent acquitter les droits et taxes. Le régime du perfectionnement passif est un régime douanier qui permet d'exporter temporairement des marchandises qui se trouvent en libre circulation sur le territoire douanier en vue de faire subir à l'étranger une transformation, une ouvraison ou une réparation et de les réimporter ensuite en exonération totale ou partielle des droits et taxes à l'importation.

Le régime douanier du drawback est celui qui permet, lors de l'exportation des marchandises, d'obtenir le remboursement total ou partiel des droits et taxes à l'importation qui ont frappé soit les marchandises, soit les produits contenus dans les marchandises consommées au cours de la production. Le régime de la transformation des marchandises destinées à la consommation est un régime douanier en application duquel les marchandises importées peuvent subir, sous le contrôle de la douane et avant la mise à la consommation, une transformation ou une ouvraison ayant pour effet que le montant des droits et taxes à l'importation applicable au produit obtenu soit inférieur à celui qui serait applicable aux marchandises importées à l'état fini[1031]. L'intérêt ou l'engouement que manifestent les opérateurs économiques pour ces régimes n'a d'égal que les irrégularités qui les caractérisent. La fraude commerciale vise à bénéficier abusivement des régimes d'admission en franchise. Ce type de fraude consiste en général à éluder le paiement des droits et taxes exigibles pour des marchandises importées ou exportées en utilisant les régimes économiques[1032].

S'agissant du perfectionnement actif, l'on peut distinguer quatre stades : avant déclaration, importation, fabrication/perfectionnement et exportation.

---

[1030] *Idem.*

[1031] Pour plus de précisions sur ces régimes lire *Guide de l'usager en Douane*, Direction générale des douanes camerounaises, novembre 2010.

[1032] Pour plus de précisions, voir OMD, *Manuel destiné aux enquêteurs sur la fraude commerciale, op. cit.*

La fraude peut se produire indistinctement à l'un de ces quatre stades. Pour ce qui est du perfectionnement passif, on distingue trois stades : approbation, exportation et réimportation. La fraude peut se produire indistinctement à l'un de ces trois stades[1033]. De nombreux dysfonctionnements et irrégularités caractérisent ces régimes. L'on évoque régulièrement le détournement des matières premières de leur destination réelle et leur reversement frauduleux sur le marché local sans acquittement des droits et taxes de douane[1034]. En somme, l'utilisation abusive du régime d'exonération dans le cadre des régimes économiques est bien ancrée dans le paysage fiscal. Ce mode opératoire se retrouve également dans le cadre des opérations totalement exonérées à l'avance. L'on est tout proche des fraudes à l'exonération.

## Paragraphe II : Les fraudes à l'exonération ou les fraudes spécifiques aux régimes dérogatoires

L'utilisation abusive des systèmes d'exonération est le trait qui caractérise le mieux le paysage fiscal des États de la sous-région CEMAC. En effet, les systèmes fiscaux des pays africains se caractérisent par l'importance des exonérations de toute nature[1035], lesquelles sont à l'origine de dépenses fiscales considérables. La dépense fiscale entraînée par les exonérations légales et de fait serait d'autant plus difficile à évaluer qu'elle se combine avec le coût de la fraude que facilitent les exonérations[1036]. La fraude est donc consubstantielle aux exonérations ou dans les régimes dérogatoires. Les exonérations douanières, un sujet parfait pour la fraude, on peut le dire.

Au Cameroun, l'importance que continuent d'avoir les taxes et les taux prohibitifs sur le commerce extérieur aggrave les risques de fraude douanière pour échapper à ces taxes[1037]. Ainsi, les opérateurs économiques, animés par l'appât du gain potentiel, soucieux de minimiser les impôts, mettent en place des stratégies d'évitement d'impôt, des stratégies qui vont dans le sens de l'évasion illégale des droits et taxes. Ils adoptent ainsi des comportements de fuite devant l'impôt douanier à travers une habile manipulation des mécanismes d'octroi des exonérations. Les exonérations douanières leur donnent l'opportunité de se soustraire à leur obligation à savoir le paiement des droits et taxes lors du franchissement du cordon douanier.

Dans cette mouvance, les exemptions et franchises conditionnelles, les codes d'investissement, les lois d'incitation à l'investissement, les codes

---

1033 OMD, *Manuel destiné aux enquêteurs sur la fraude commerciale*, *op. cit.*

1034 TANA Alexandre, *Dépense fiscale et fraude dans les régimes douaniers de production*, *op. cit.*, p. 40.

1035 CHAMBAS Gérard, *Fiscalité & développement en Afrique subsaharienne*, *op. cit.*, p. 61.

1036 *Idem.*

1037 KEEN Michael (dir.), *Moderniser la douane, défis et stratégies de réforme de l'administration douanière*, *op. cit.*

sectoriels, les conventions d'établissement, les zones franches et autres exonérations exceptionnelles vont servir de support à cette fraude. Il est donc intéressant pour nous de voir la typologie des fraudes liées aux exonérations (A) en insistant davantage sur le cas spécifique des fraudes dans les zones franches (B).

### A- La typologie des fraudes liées aux exonérations douanières

La chute des recettes douanières est due en grande partie à la fraude douanière[1038] surtout celle facilitée par la prolifération des dispositifs accordant des exonérations douanières. Cette fraude n'est ni de création récente, ni l'apanage des seuls pays en voie de développement[1039]. La fraude à l'exonération se déploie à travers des mécanismes à facettes multiples. Elle fait recours à des techniques variées qui peuvent se retrouver soit au stade de l'importation, lorsque les biens franchissent le territoire douanier, soit durant le séjour de ces mêmes biens dans le territoire douanier, soit encore au stade de l'exportation. Ainsi, à chacune des situations douanières dans lesquelles les marchandises peuvent évoluer, peut révéler une technique de fraude notamment : l'utilisation abusive des lettres d'exonération (1), les détournements de destination (2), et les cessions non autorisées (3).

#### 1. L'utilisation abusive des lettres accordant des exonérations douanières

Cette fraude se détecte surtout au stade de l'importation. En effet, la fraude douanière induite par l'utilisation abusive des mécanismes d'exonération des droits et taxes est un sujet de vive préoccupation au Cameroun. De nombreuses tentatives de fraudes s'opèrent à travers des lettres d'exonération inapplicables et falsifiées à la limite. On note à cet égard, un affinement des modes opératoires avec l'utilisation des techniques de plus en plus modernes et sophistiquées de fraude.

L'actualité récente a fait écho d'un réseau de fraudeurs démantelé qui se servait des franchises et facilités exceptionnelles accordées aux diplomates et membres consulaires à travers des fausses attestations d'exonération des droits et taxes pour perpétrer leur forfait. Les registres contentieux des différents bureaux de douane contiennent de nombreux cas de manœuvres tendant à bénéficier indûment des franchises. Les statistiques sont difficiles à fournir, puisqu'au moment de l'importation, on les associe à une fausse déclaration d'espèce et de valeur.

---

[1038] NDZANA Benoît, *La problématique de la fraude douanière, quelle approche dans le contexte actuel de conjoncture difficile*, *op. cit.*, p. 1.
[1039] *Idem.*

Les vérificateurs douaniers de première ligne ont dû stopper certaines manœuvres des opérateurs économiques qui tentaient de faire entrer du matériel non autorisé. C'est ainsi qu'on a vu des opérateurs économiques, parce que bénéficiant d'une lettre d'exonération pour les matières premières, être tentés de faire entrer les biens d'équipement.

Dans le même sillage, un opérateur économique titulaire d'un permis de recherche minière et gestionnaire de nombreuses stations d'essence a cru devoir utiliser sa lettre d'exonération pour faire entrer du matériel pour sa station d'essence. Ces fraudes sont aggravées par le phénomène des exonérations « contagieuses »[1040], notamment dans le secteur pétrolier où l'État a admis formellement ou implicitement l'extension des exonérations accordées à l'entreprise contractante à ses fournisseurs. De même, la tentation est grande pour un adjudicataire des marchés publics hors taxes et hors douane de faire passer sous exonération les importations autres que celles destinées effectivement à l'exécution des marchés.

Toutes ces manœuvres frauduleuses, tendant à obtenir indûment le bénéfice de la franchise, sont sanctionnées sur le plan contentieux comme des contraventions de quatrième classe. Il en est de même pour tout détournement de marchandises non prohibées de leur destination privilégiée[1041].

**2. La fraude liée au détournement de destination privilégiée**

L'environnement douanier camerounais est marqué par une forte tendance à la banalisation des exonérations douanières, une forte propension à l'esquive et à l'évitement de l'impôt douanier. Dans ce contexte, toutes les interdictions du code des douanes ne sont pas respectées, mais foulées aux pieds par les importateurs en quête d'économie d'impôts. D'ailleurs, « l'incivisme fiscal est la plus importante faiblesse des dispositions des dépenses fiscales, du moins l'une des plus déterminantes »[1042]. De nombreuses manœuvres ayant pour but ou pour effet d'obtenir une exonération attachée à l'importation ou à l'exportation, sont orchestrées au travers des détournements de destination privilégiée.

L'utilisation abusive des régimes d'utilisation finale intervient lorsque les marchandises ne sont pas utilisées aux fins initialement déclarées. La fraude consiste à détourner des marchandises importées de l'utilisation finale à laquelle elles sont expressément destinées en vue de bénéficier d'un taux de droits inférieur ou nul. Les dispositions relatives à l'utilisation finale concernent par exemple les domaines tels que : les régimes économiques

---

[1040] ESSAGA Victor Stéphane, *La clause de stabilité dans les contrats pétroliers au Cameroun*, *op. cit.*, p. 96.

[1041] Article 401 (5-6) du code des douanes CEMAC.

[1042] TANA Alexandre, *Dépenses fiscales et fraudes dans les régimes douaniers de production*, *op. cit.*, p. 38.

incitatifs, les franchises et exemptions exceptionnelles (diplomatique, médical, scientifique), les codes sectoriels (minier gazier, pétrolier) et bien d'autres.

Le détournement est bien visible après l'importation. Ainsi, les marchandises sont importées pour une utilisation finale déterminée, mais ensuite détournées en vue d'une utilisation finale non autorisée. Dans ce cas, l'intention était peut-être d'importer les marchandises aux fins de l'utilisation finale déclarée et il n'y a donc pas eu fausse déclaration au moment de l'importation. Toutefois, l'option finale a été de détourner les marchandises en vue d'une utilisation finale ne répondant pas aux conditions voulues de sorte qu'elles ne soient plus admises au bénéfice des dispositions relatives à l'utilisation finale. Dans cette optique, les vérifications *a postériori* et les opérations d'audit faites dans les comptabilités des entreprises bénéficiaires des exonérations attestent largement des manœuvres de détournement de destination. Ainsi, seules les enquêtes sont adaptées pour détecter la non-utilisation des marchandises aux fins initialement déclarées.

L'utilisation abusive des régimes d'utilisation finale en détournant à des fins non autorisées des marchandises exonérées de droits et de taxes est bien présente au Cameroun. Sont très souvent concernées par ces fraudes de détournement de destination les exonérations accordées aux ONG, celles portant sur les marchés publics ainsi que celles relatives aux accords de siège ou à la convention de Vienne. Pourtant, la législation douanière est formelle. Ainsi, « sauf autorisation spéciale de l'administration des douanes, il est interdit d'utiliser les objets en franchise à d'autres usages que ceux en vue desquels la franchise a été accordée »[1043].

Concernant les entreprises agréées, sous le couvert de la loi du 18 avril 2013, l'acte d'agrément est dénoncé et peut entraîner le retrait des incitations qui y sont prévues, lorsque celles-ci ont été utilisées à d'autres fins que celles qui doivent faire l'objet du programme d'investissement retenu dans l'acte. Dans ce cas, les administrations compétentes procèdent au recouvrement des droits éludés assortis de pénalités[1044]. Bien plus, les investisseurs bénéficiaires des incitations prévues par la présente loi encourent, lorsqu'ils ne respectent pas les objectifs relatifs aux critères d'éligibilité, des sanctions administratives, fiscales et financières qui peuvent aller d'une amende au retrait de l'agrément[1045].

L'utilisation abusive des régimes d'utilisation finale entraîne une perte considérable de recettes douanières. Récemment, dans une note, le directeur général des douanes attirait l'attention de ses collaborateurs sur les fraudes

---

[1043] Acte 2/92, article 43, *op. cit.*

[1044] Article 23 (2) de la loi n° 2013/004 du 18 avril 2013 fixant les incitations à l'investissement privé en République du Cameroun.

[1045] Article 27 (1), *op. cit.*

dans les franchises diplomatiques en ces termes : « *Il me revient de façon itérative que l'octroi et la mise en œuvre des privilèges, immunités diplomatiques et consulaires ne font pas l'objet d'une application conforme aux prescriptions légales en vigueur. C'est ainsi que des facilités d'enlèvement direct et d'admission en franchise des droits et taxes de douane sont accordées spontanément par le service à la demande de personnes physiques et morales, sans production des habilitations nationales y relatives* »[1046]. Le détournement de destination privilégiée va de pair avec les cessions. Ainsi, la cession des marchandises ayant bénéficié des exonérations douanières est également interdite.

### 3. Les cessions frauduleuses des marchandises exonérées

La fraude à l'exonération douanière est également véhiculée par les cessions frauduleuses. Aussi, outre l'interdiction de détournement de la destination privilégiée, la réglementation douanière interdit la cession des marchandises exonérées[1047]. La cession peut être entendue comme le fait de céder, de donner à un tiers un bien qui ne lui appartient pas. Dans le cas d'espèce, il s'agit des cas où l'importateur privilégié se charge de céder la marchandise ou le bien à quelqu'un d'autre sans avoir eu à liquider au préalable les droits et taxes en vigueur.

Le paysage fiscal regorge de nombreux cas de fraudes qui empruntent ce couloir. Tous les bénéficiaires de facilités fiscales peuvent tomber sous le coup de cette infraction. L'on peut citer les ONG, les ambassades, les organismes internationaux, les entreprises agréées ou conventionnées, les adjudicataires des marchés publics. L'attention du directeur général des douanes a été plusieurs fois attirée sur les ventes aux enchères des véhicules et matériels des organismes internationaux et des ambassades organisées de manière illégale, sans acquittement préalable des droits et taxes de douane[1048]. Il s'agit là des pratiques peu orthodoxes qui rétrécissent l'assiette taxable douanière et créent un manque à gagner considérable pour le budget de l'État camerounais.

Une autre pratique consiste à réexporter les marchandises préalablement exonérées sans acquittement des droits et taxes de douanes. La direction

---

[1046] Note du 2 novembre 2020 relative à l'application des privilèges et immunités diplomatiques et consulaires.

[1047] Acte n° 2/92-UDEAC-556-SEI du 30 avril 1992 portant révision de l'acte n°13/65-UDEAC-35 fixant les conditions d'application de l'article 241 du code des douanes de l'UDEAC et modifié par :

- L'acte n°8/93-UDEAC-556-CD-SEI
- L'acte n° 28/94-UDEAC-556-CD-56
- L'acte n°18/96-UDEAC-556-CD-57

[1048] L'on peut voir les multiples lettres de rappel à l'ordre du Directeur général des douanes camerounaises.

générale des douanes a réagi à cette manœuvre frauduleuse[1049]. Ainsi, les redevables qui souhaitent réexporter une marchandise précédemment importée en exonération partielle ou totale des droits et taxes de douane ou en suspension des droits et taxes de douane doivent procéder au préalable au paiement de la fraction ou de la totalité des droits et taxes de douane non liquidés lors de son importation.

À titre d'illustration, le riz supporte un tarif extérieur commun (TEC) dont le taux légal est de 20 % à l'importation. La loi de finances de 2016 a périodiquement déclassé ce produit et ramené sa taxation au taux réduit du droit de douane de 5 %. Ainsi, si une entreprise X souhaite réexpédier vers le Gabon une cargaison de riz sur laquelle elle a précédemment acquitté un droit de douane de 5 % lors de son entrée au Cameroun, elle doit préalablement saisir le service des douanes compétent afin que soit récupéré le complément de 15 % non liquidé lors de l'importation. Il en va de même pour les produits tels que le sucre ou même le savon de ménage qui est généralement fabriqué au Cameroun sur la base de l'huile de palme brute importée le plus souvent en exonération totale ou partielle, en fonction des politiques et programmes gouvernementaux[1050]. La récupération préalable des droits et taxes susvisés ne s'applique cependant pas à l'apurement des régimes douaniers suspensifs et économiques par la réexportation[1051].

Les enquêtes douanières sont mieux adaptées pour détecter ce genre de fraude. Aussi, les contrôles *a posteriori* comme prévus par le code des douanes revêtent dans ce contexte, une importance capitale. Le service des douanes doit pouvoir organiser les visites et contrôles *a posteriori* avec une certaine fréquence, en fonction de l'ampleur des indices de fraude. La cession frauduleuse est un facteur de risque qui pèse sur la mobilisation des recettes douanières. Cette pratique est encore plus grave et plus courante dans les zones franches.

## B- Les manœuvres frauduleuses au sein des zones franches

La zone franche constitue un domaine de prédilection pour les pratiques déviantes et frauduleuses. En effet, la zone franche instituée au Cameroun par l'ordonnance de 1990[1052] est une zone géographique située, d'un point de vue juridique, à l'extérieur du territoire douanier. Elle vise à encourager la fabrication des biens manufacturés pour l'exportation et la prestation des

---

[1049] Voir Note de service n° 005/MINFI/DGD du 11 janvier 2016 portant sécurisation des produits défiscalisés.

[1050] Voir circulaire n° 004/MINFI/DGD du 4 janvier 2018 précisant les modalités d'application de certaines dispositions de la loi n° 2017/021 du 20 décembre 2017 portant loi de finances de la République du Cameroun pour l'exercice 2018.

[1051] *Idem.*

[1052] L'ordonnance n° 90/001 du 29 janvier 1990 créant le régime de la zone franche au Cameroun, ratifiée par la loi n° 90/023 du 10 août 1990.

services aux entreprises étrangères. Elle a essentiellement pour objet de renforcer la compétitivité des exportateurs, diversifier l'économie, créer des emplois, attirer les investisseurs, transférer des technologies et assurer le développement et la croissance économiques.

En retour, les entreprises libérées des barrières commerciales et des formalités d'importation se voient accorder des exemptions douanières telles que : l'exonération totale des droits de douane sur les machines, les équipements et matériels destinés à la production ; l'exonération du droit d'entrée des matières à transformer dans toute usine opérant dans la zone franche. La zone franche est dès lors une aire géographique considérée grâce à une fiction juridique comme située à l'étranger et dérogeant aux régimes existants jusqu'ici dans la réglementation douanière[1053].

Le principe de création des zones franches a suscité un grand intérêt auprès des pouvoirs publics des États africains[1054]. Le recours aux zones franches a constitué une stratégie nationale de développement économique, une réponse aux difficultés d'émergence que connaissent certains États africains[1055]. Mais, la pratique des zones franches n'a pas manqué de provoquer des réactions diverses, les unes élogieuses, les autres mitigées et les dernières négatives[1056]. Malgré la diversité des opinions émises, une constante se dégage ; la pratique des zones franches et points francs a révélé de nombreux mécanismes de fraude mettant ainsi à mal les recettes douanières. Si la plupart des types de fraudes rencontrés ailleurs par la douane peuvent également se présenter dans les zones franches, certaines sont très spécifiques à l'environnement de la zone franche. De manière générale, deux types de fraudes ont été relevés sur le terrain notamment : un déversement frauduleux sur le marché local (1) et des exportations fictives (2).

### 1. Le déversement frauduleux des produits sur le marché local ou domestique

Le déversement frauduleux des marchandises sur le marché local est une donnée constante qui caractérise les zones franches dans de nombreux pays. Au Cameroun, ce phénomène prend des proportions assez inquiétantes surtout au regard des contrôles douaniers déficients. La zone franche est régie par le principe de l'extraterritorialité. Ainsi, écouler les intrants et certains produits

---

[1053] TANA Alexandre, *Dépense fiscale et fraude dans les régimes douaniers de production*, *op. cit.*, p. 14.

[1054] Lire KANGUEU EKEUH Robert, *Les aspects institutionnels, juridiques et pratiques des zones franches africaines : les cas du Cameroun, du Togo et de la Tunisie*, *op. cit.*

[1055] Les motivations idéologiques des zones franches laissaient entrevoir des objectifs multiples notamment : la création d'emploi, l'aménagement du territoire, la valorisation des ressources régionales, l'orientation des investissements et la délocalisation industrielle.

[1056] KANGUEU EKEUH Robert, *op. cit.*, p. 3.

sur le marché local est considéré comme une importation et requiert une déclaration en douane de mise à la consommation.

Dans le contexte camerounais, la pratique des zones franches et points industriels a révélé de nombreux mécanismes de fraude qui mettent à rude épreuve les recettes douanières. En effet, les services de surveillance ont souvent eu à constater les ventes illicites sur le marché intérieur. Cette mise en vente concerne aussi bien les intrants et matières premières que les produits manufacturés. Ces produits sont exemptés des droits de douane à l'entrée, par conséquent, toute mise sur le marché local doit être précédée du paiement des droits et taxes correspondant aux droits d'entrée. Ce déversement frauduleux est une infraction douanière qualifiée de détournement des marchandises sous un régime privilégié. Cette infraction est sanctionnée par le code des douanes CEMAC[1057].

Il est vrai que la législation camerounaise reconnaît aux entreprises bénéficiaires du régime de la zone franche, le droit d'écouler directement sur le marché national une partie de leur production. Il est entendu que l'ordonnance et l'arrêté ne les y autorisent que dans les conditions[1058] et proportions limitées. L'article 14 de l'ordonnance[1059], que confirment les articles 55 et 56 de cette même ordonnance, mentionne les conditions que doivent respecter ces ventes sur le territoire national[1060]. Ces dispositions ouvrent une brèche permettant aux entreprises franches de perpétuer leur forfaiture en toute impunité. D'ailleurs, comme le fait remarquer Gérard CHAMBAS, il est difficile de contrôler de manière efficace l'apurement de ces régimes, notamment, l'apurement des comptabilités en la matière et d'empêcher des détournements de marchandises vers le marché domestique. Cette tâche est d'autant plus difficile que la plupart des entreprises bénéficiant de ce régime produisent aussi pour le marché intérieur[1061]. Cette pratique déviante et abusive est souvent couverte par des exportations fictives.

---

1057 Article 401 (6) du Code des douanes CEMAC.

1058 La vente est en principe limitée dans l'année à 20 % de la production totale de l'entreprise. Elle peut cependant être élevée si quatre conditions sont remplies : cas de biens ou services non produits sur le territoire douanier national, cas de pénurie, cas de monopole enfin si l'entreprise transforme principalement les matières premières locales. Ces ventes exigent une autorisation du ministre du Développement industriel.

1059 L'ordonnance n° 90/001 du 29 janvier 1990 créant le régime de la zone franche au Cameroun, ratifiée par la loi n° 90/023 du 10 août 1990.

1060 Lire KANGUEU EKEUH Robert, *Les aspects institutionnels, juridiques et pratiques des zones franches africaines : le cas du Cameroun, du Togo et de la Tunisie*, *op. cit.*, p. 115.

1061 CHAMBAS Gérard, *Afrique au sud du Sahara : mobiliser les ressources fiscales pour le développement*, cité par ONANGA OPISSINA Vianney, *op. cit.*, p. 72.

### 2. Les exportations fictives comme autre fraude dans les zones franches

Les entreprises implantées en zones franches ou celles qui bénéficient du statut d'entreprises franches voire de points francs doivent produire en vue d'exporter. Aussi, les incitations douanières en zone franche visent à encourager les entreprises ayant une vocation exportatrice[1062]. L'on présente le régime de zone franche industrielle d'exportation comme un instrument nécessaire de croissance par la stimulation des exportations[1063].

Toutefois, il arrive que les bénéficiaires d'agrément se livrent à des pratiques abusives en simulant des exportations pour rester dans le cadre de leurs engagements. La réglementation rattache expressément l'interdiction des pratiques abusives à la prohibition des montages purement artificiels dépourvus de réalité économique, effectués à la seule fin d'obtention d'un avantage fiscal. Ainsi, la constatation de l'existence d'une pratique abusive exige la réunion de deux éléments : d'une part, un élément matériel (l'obtention d'un avantage fiscal dont l'octroi serait contraire à l'objectif poursuivi) ; d'autre part, qu'il résulte d'éléments objectifs que le but essentiel des opérations en cause est l'obtention d'un avantage fiscal[1064]. Dans le cadre des zones franches, les fraudeurs cherchent à récupérer les droits d'entrée comme avantage fiscal à travers des simulations d'exportations qui n'arrivent jamais à destination.

Dans le contexte camerounais, les exportations fictives de fer à béton et autres alimentent souvent les discussions contentieuses dans le cadre de la commission d'approbation des litiges douaniers. L'on décèle également les exportations faites dans les pays de la CEMAC, pourtant, ces pays font partie du même territoire douanier que le Cameroun. Dans le cas d'espèce, on ne saurait parler d'exportation. Bien plus, les plus malins font transiter leurs produits manufacturés par un pays hors CEMAC, la République démocratique du Congo par exemple pour ensuite les reverser sur le territoire de la CEMAC.

Le risque de perte de recettes douanières est très élevé dans les points francs d'autant que l'administration des douanes ne peut légitimement assurer un contrôle en raison de l'éparpillement de ces points francs. Pourtant, les recettes douanières constituent une source importante de financement du

---

1062 MOUBITANG Hervé-Rock, *Fiscalité de porte et développement au Cameroun*, Mémoire de Master II en fiscalité appliquée, Université de Douala, 2004, p. 38.

1063 LEPETIT Yves, *Les zones franches d'exportation et la dynamique du régime des investissements directs, op. cit.*, p. 75.

1064 CJUE, 22 mai 2008, Ampliscientifica et Amplifin, cet arrêt intervient dans le cadre de la fraude à la TVA. Ainsi, pour qu'un mécanisme puisse être qualifié de pratiques abusives selon la CJUE, il faut non seulement une économie d'impôt, que cette économie soit contraire à l'un des principes du système TVA et que le but essentiel de l'opération soit l'obtention de cette économie d'impôt.

budget de l'État[1065]. La fraude qui se déroule dans les zones franches doit être scrutée avec une plus grande attention. Dans le cadre de leur activité, les assujettis peuvent être mus par des objectifs fiscaux visant à éviter le paiement des droits de douane. L'exemption des matières premières et des biens d'équipements est sujette aux abus et d'une utilité douteuse ou critiquable. Il est d'une certaine manière plus justifié d'exempter de taxe à l'importation les matières premières et biens d'équipement utilisés pour produire les biens exportés. Le problème consiste évidemment à faire en sorte que les achats exemptés soient effectivement utilisés comme prévu[1066].

Sur un tout autre plan, la multiplication des exonérations douanières résulte principalement des décisions ponctuelles consistant à utiliser la législation nationale sur les investissements et d'autres mécanismes incitatifs comme des instruments de politique de développement. Mais ces dispositions sont source d'abus et de détournement de ressources, facilitées en cela par des comportements déviants. Il est évident que la fraude douanière ne peut prospérer qu'avec des complicités internes et externes.

## SECTION II : LES EXONÉRATIONS DOUANIÈRES COMME CATALYSEUR DES PRATIQUES DÉVIANTES

Le dispositif des exonérations douanières semble plus répondre à des stratégies de recherche de rentes qu'à l'intérêt général[1067]. Aussi, dans le cadre de la mise en évidence des déterminants des recettes publiques, l'accent est désormais mis sur le rôle des facteurs institutionnels jusqu'alors négligés à savoir les comportements de rente, de prédation et de corruption dans l'administration publique[1068]. Ces facteurs affectent fortement les finances publiques et tout particulièrement le niveau des recettes publiques. Allant dans le même sens, plusieurs analyses font désormais le lien entre les exonérations douanières et la corruption dans les administrations fiscales. James. T. WALSH[1069], étudiant les principaux facteurs qui peuvent compromettre l'intégrité des agents des douanes au stade de la perception des droits et taxes, a mis en évidence entre autres facteurs les exonérations douanières.

Pour le professeur ALAKA ALAKA, l'administration fiscale camerounaise peut être désignée comme le facteur majeur de la crise des

---

1065 La douane contribue à hauteur d'environ 30 % du budget de l'État d'après le *Guide de l'usager de la douane* publié en novembre 2010.

1066 Voir VITO TANZI, HOWELL ZEE, sur les encouragements fiscaux indirects dans « Une politique fiscale pour les pays en développement », FMI 2001.

1067 MBOUNOU- NGOPO Mathurin, *op. cit.*, p. 162.

1068 MAC Laren, 1996, HINDRIKS et alii, repris par GBEWOPO Attila, CHAMBAS Gérard, COMBES Jean Louis, « Corruption et mobilisation des recettes publiques : une analyse économétrique », *CERDES-CNRS,* Université d'Auvergne, décembre 2006.

1069 FMI, *Moderniser la douane, défis et stratégies de réforme de l'administration douanière, op. cit.*, p. 168.

finances de l'État, ceci entre autres à travers la corruption devenue évidente, systématique dans l'accroissement politique des exonérations douanières et fiscales, sans justification[1070]. Bien plus, dans une étude réalisée par le groupe GERDDES-Cameroon et publiée par la fondation FRIEDRICH-EBERT-STIFTUNG, sur la corruption au Cameroun, la manifestation de la corruption dans les douanes est illustrée par les « exonérations licencieuses »[1071]. Mises ainsi au banc des accusés, les exonérations douanières apparaissent comme un facteur aggravant de corruption au sein des administrations douanières (paragraphe I) et d'accentuation de recherche de gains fiscaux chez les contribuables (paragraphe II).

## Paragraphe I : Les exonérations douanières : facteur aggravant de la corruption au sein des administrations douanières

La corruption, phénomène généralisé et institutionnalisé, n'est pas de création récente. Il s'agit là d'un problème rémanent, et même ascendant que tous les États membres de la CEMAC tentent par tous les moyens d'anéantir[1072]. Aussi, la corruption du fisc dans les pays du tiers-monde est un phénomène maintes fois évoqué et stigmatisé[1073]. Au niveau des administrations douanières, les exonérations douanières portent le stigmate de la corruption (A), affaiblissant ainsi la mobilisation des recettes fiscales (B).

### A- Les exonérations douanières : le stigmate de la corruption dans les administrations

La corruption est l'un des phénomènes socioculturels observés dans les administrations publiques et privées des PED. Elle est une dimension essentielle de la gouvernance dont elle peut affecter chacune des composantes[1074]. Plusieurs facteurs peuvent justifier la corruption au sein des administrations douanières. L'on évoque régulièrement les lenteurs douanières illustrées par la complexité des procédures administratives, les taux d'imposition et taux tarifaire élevés, la faiblesse des systèmes de contrôle, l'absence de mesures disciplinaires, le manque de professionnalisme, les

---

1070 ALAKA ALAKA Pierre, *L'impôt au Cameroun, contribution à l'étude d'un dysfonctionnement administratif*, *op. cit.*, p. 15.

1071 TITI NWEL Pierre, (dir.), *De la corruption au Cameroun*, Yaoundé, SAAGRAPH, 1999.

1072 Lire HORS Irène, « Les difficultés de la lutte contre la corruption : l'expérience de quatre pays en développement », *Tiers-Monde*, tome 41, n° 161, 2000, *corruption, libéralisation, démocratisation*, pp. 143-163.

1073 SARASSORO Hyacinthe, *La corruption des fonctionnaires en Afrique*, Paris, Économica, 1980.

1074 MATHONNAT Jacky, « Disponibilité des ressources financières pour la santé dans les pays d'Afrique subsaharienne », *AFP*, n° 52, avril 2010, p. 98, repris par MBOUNOU-NGOPO Mathurin, *op. cit.*, p. 156.

mauvaises conditions de travail, mais surtout la présence massive des exonérations douanières. Ces dernières peuvent compromettre l'intégrité des agents des douanes au stade de la perception des droits et taxes. Ces pratiques prévaricatrices peuvent s'observer aussi bien en face des investisseurs étrangers (1) que des contribuables nationaux (2).

### 1. Les pratiques prévaricatrices face aux investisseurs étrangers

L'Afrique en général, au regard de ses nombreuses potentialités, est le théâtre du déploiement de nombreux investisseurs étrangers en quête de bénéfice. Le Cameroun n'est pas épargné par cette ruée vers les richesses du sol et du sous-sol. Aussi, pour attirer ces investisseurs, toute une myriade de facilités douanières est accordée afin de répondre à la concurrence féroce qui sévit dans ce domaine. Mais ces facilités, qui sont accordées de façon discrétionnaire, ne vont pas sans versement de « pots-de-vin ». Ainsi, pour bénéficier, en Afrique, des privilèges fiscaux les plus amples, les investisseurs étrangers agissent habituellement aussi bien sur le pouvoir exécutif que sur l'administration fiscale. Les moyens utilisés par ces acteurs sont cumulativement financiers et coercitifs[1075]. Dans cette lancée, la corruption est bien présente dans ce secteur. Est réputé, être corrompu et puni comme tel « tout fonctionnaire ou tout agent public qui, pour lui-même ou pour un tiers, sollicite, agrée ou reçoit des offres, promesses, dons ou présents pour faire, s'abstenir de faire ou d'ajourner un acte de sa profession, ou qui reçoit une rétribution quelconque en rémunération d'un acte déjà accompli ou une abstention passée »[1076]. Allant dans le même sens, les détenteurs de hautes charges de l'État ne sont pas insensibles à des remises d'actions ou de parts d'intérêts offerts par les investisseurs étrangers[1077].

Tous les intervenants dans la chaîne d'octroi des agréments fiscaux du code des investissements ou de la loi fixant les incitations à l'investissement privé, sont souvent à tort ou à raison indexés de pratique de corruption. Mais au-delà de la suspicion, une constance se dégage ; le pouvoir discrétionnaire et d'appréciation des organes étatiques compétents en la matière peut laisser libre cours à des comportements de rente, à des pratiques peu orthodoxes. D'ailleurs, Elvis DJOMENI KOLOKO, dans son étude, écrivait : « *des investisseurs interrogés, 87,6 % sont généralement confrontés aux pouvoirs discrétionnaires des services compétents dans l'examen et l'approbation des dossiers. Cette discrétion est à l'origine de la corruption qui règne souvent au*

[1075] FOTSING Jean-Baptiste, *Le pouvoir fiscal en Afrique : essai sur la légitimité fiscale dans les États d'Afrique noire francophone*, *op. cit.*, p. 275.
[1076] Article 134 du Code pénal camerounais.
[1077] FOTSING Jean-Baptiste, *op. cit.*, p. 275.

*sein de ces services. Cet avis est partagé par tous les investisseurs interrogés »*[1078].

La défiscalisation d'un pan entier de l'activité économique sert ainsi d'appât. L'on comprend d'ailleurs, pourquoi le recours aux « faveurs fiscales » comme incitation économique, est une technique d'aliénation du pouvoir fiscal national[1079], un foyer de corruption qui pourra facilement contaminer les contribuables nationaux.

### 2. Les pratiques prévaricatrices face aux contribuables nationaux

Au terme de l'acte 2/92,[1080] les franchises accordées à titre exceptionnel par les ministres de Finances ou les directeurs nationaux des douanes sont supprimés. Ainsi, ni les ministres de Finances ou tout organe gouvernemental ou ministériel, ni la direction générale des douanes, ni un agent local ne doivent être habilités à accorder les exonérations douanières sur la base discrétionnaire. Les dispositions de l'acte 2/92 visent à limiter la multiplication des exonérations douanières face aux contribuables nationaux. La réalité, pourtant, est tout autre au Cameroun. De nombreuses lettres d'exonérations douanières restent accordées à titre exceptionnel par le ministre des Finances et/ou par le directeur général des douanes. De nombreuses conventions et cahiers de charges sont régulièrement signés entre l'État camerounais et les entreprises signataires à qui l'on accorde de nombreux avantages fiscaux notamment les exonérations douanières en ce qui concerne leur importation. À en croire l'ancienne directrice générale des douanes, madame LIBOM LI LIKENG, ce contexte de forte prolifération aboutit à la démobilisation des agents de douane qui pourraient profiter de la brèche ainsi ouverte pour retomber dans les pratiques longtemps décriées en douane[1081].

---

[1078] DJOMENI KOLOKO Elvis, *La fiscalité des investissements et l'optimisation fiscale : cas du Cameroun*, Mémoire de Master II fiscalité appliquée, Université de Douala, 2008, p. 31.
[1079] *Idem.*
[1080] Article 43 de l'acte 2/92-556-CD-SEI portant révision de l'Acte n°13/65-UDEAC-35 fixant les conditions d'application de l'article 241 du code des douanes UDEAC et modifié par :

- L'acte n°8/93-UDEAC-556-CD-SEI
- L'acte n° 28/94-UDEAC-556-CD-56
- L'acte n°18/96-UDEAC-556-CD-57

[1081] LIBOM LI LIKENG Minette, « Les douanes camerounaises à l'ère du budget programme : quels instruments pour une administration performante en 2013 ? », Conférence annuelle des responsables des services centraux, déconcentrés et extérieurs du ministère des Finances, Yaoundé, palais des congrès du 16 au 18 janvier 2018 ; voir aussi, DGD, « le MINFI, accélérateur de l'émergence, vers une administration d'excellence », conférence annuelle du ministère des Finances, édition 2016.

James. T. WALSH[1082] pense que les exonérations douanières que les ministres et/ou le directeur général des douanes peuvent accorder de manière discrétionnaire ouvrent la voie à la corruption, au clientélisme et au favoritisme. Elles compromettent l'équité du système et peuvent créer dans l'esprit des importateurs qui acquittent les droits et taxes, un doute quant à l'intérêt de continuer à respecter la loi. Les agents locaux sont aussi indexés de se servir des exonérations douanières pour se livrer à des pratiques peu orthodoxes. Ils facilitent ainsi l'utilisation des lettres d'exonérations douanières non conformes, non autorisées, moyennant contrepartie. Les fausses déclarations d'espèces, de valeur, et d'origine sont ignorées et passent comme lettre à la poste. Les listes de biens et matériels bénéficiant des exonérations douanières ne sont pas apurées dans les règles de l'art. Les quantités non plus ne sont respectées. La complaisance fiscale à ce niveau est de mise. Les pertes de recettes douanières qui résultent de ces pratiques constituent un obstacle fondamental à la mise en œuvre des stratégies de lutte contre la pauvreté[1083].

Tout ceci démontre à suffisance que les exonérations douanières accordées surtout de manière discrétionnaire ont pour effet d'encourager la recherche d'avantages personnels et les pratiques vénales préjudiciables à la mobilisation, d'autant plus que les contribuables sont prêts à tout pour obtenir cette faveur du système douanier[1084]. Aussi, du fait, de la corruption, le recours aux exonérations entraîne des pertes de recettes qui peuvent être considérables dans la mesure où l'octroi des exonérations est rarement maîtrisé[1085].

### B- La corruption : facteur d'affaiblissement de la mobilisation fiscale

La littérature douanière est revenue plusieurs fois sur les multiples facteurs influençant la mobilisation des recettes douanières. Aussi, parmi ces déterminants, se trouve en bonne place la corruption du fisc[1086]. Ainsi, diverses analyses ont mis en évidence un impact négatif de la corruption sur la mobilisation des recettes publiques. En effet, la corruption douanière est une pratique qui consiste pour l'agent du fisc à se faire payer sous quelque forme que ce soit, pour ne pas recouvrer l'impôt dû, pour éviter de procéder à un

---

1082 KEEN Michael (dir), *Moderniser la douane, défis et stratégies de réforme de l'administration douanière, op. cit.,* p. 168.

1083 CHAMBAS Gérard (dir.), *Afrique au sud du Sahara : mobiliser des ressources fiscales pour le développement,* Paris, Économica, 2005, p. 115.

1084 *Idem*

1085 *Idem.*

1086 GBEWOPO ATTILA, *Corruption, fiscalité et croissance économique dans les pays en développement*, Thèse de doctorat en sciences économiques, Université d'Auvergne- Clermont-Ferrand, 2007.

contrôle fiscal ou pour accorder des exonérations fiscales[1087]. La corruption douanière qualifiée de « petite corruption » est très souvent dénoncée à juste raison, elle prend la forme de « faveurs » accordées aux entreprises en échange de pots-de-vin attribués aux fonctionnaires[1088]. Au regard de ces différentes définitions, c'est à juste titre qu'on peut dire que la corruption au travers des exonérations douanières est un facteur influençant négativement la mobilisation des recettes. Elle réduit l'assiette taxable (1) tout en faisant perdre aux trésors publics d'énormes sommes d'argent (2).

### 1. Le rétrécissement de l'assiette taxable au travers de la corruption douanière

Le fonctionnement des administrations financières révèle des pratiques contraires aux valeurs morales, d'éthique et de probité[1089]. Ces pratiques peu orthodoxes portent un coup fatal à la matière taxable. Aussi, à travers ces pratiques, un pan entier des opérations imposables échappe à la taxation douanière. La matière imposable s'effrite et s'affaisse sous l'action corrosive de la corruption[1090]. De toute évidence, la corruption constitue une véritable cause de rétrécissement de l'assiette fiscale. Dans le contexte camerounais, cette pratique est hautement répréhensible. Ainsi, le fait d'accorder une exonération douanière non prévue par un texte à un contribuable peut être considéré comme une concussion. La concussion au détriment de l'État est réprimée par l'article 137 de la loi n° 2016/007 du 12 juillet 2016 portant Code pénal en ces termes : *« est puni d'un emprisonnement de deux (2) à dix (10) ans et d'une amende de vingt mille (20 000) à deux millions (2 000 000) de francs, tout fonctionnaire ou agent public qui accorde des exonérations de droits, taxes, redevances, impôts ou contributions, délivre à un prix inférieur à celui qui est prescrit, les produits de l'État, d'une coopérative, d'une collectivité ou établissement publics ou soumis à la tutelle administrative de l'État ou dont l'État détient, directement ou indirectement, la majorité du capital* ».

L'effritement de la base taxable du fait de la corruption au travers des exonérations douanières crée un manque à gagner pour les caisses de l'État.

---

[1087] FOTSING Jean-Baptiste, *Le pouvoir fiscal en Afrique : essai sur la légitimité fiscale dans les États d'Afrique noire francophone*, *op. cit.*, p. 275.

[1088] LIONEL PASCAL, *République centrafricaine : douanes et corruption, causes de la déliquescence du pays ?* Paris, L'Harmattan, p. 87.

[1089] MBOUNOU-NGOPO Mathurin, *La fiscalité et l'impératif de développement de la Centrafrique*, *op. cit.*, p. 157.

[1090] *Idem.*

### 2. La corruption : vecteur de manque à gagner pour le budget de l'État

Les obstacles au renflouement des caisses des États membres de la CEMAC sont nombreux[1091]. Certains tiennent aux facteurs structurels (sous-développement, environnement économique), d'autres aux facteurs sociopolitiques (incertitude politique, insécurité). La corruption constitue une contrainte parmi tant d'autres. Phénomène répandu, révélateur de la gravité de la crise de l'État et de ses administrations fiscales, la corruption corrode l' « État fiscal » en Afrique subsaharienne[1092]. Toutefois, on ne dispose pas d'évaluation précise du manque à gagner pour l'État résultant de la pratique de corruption au travers des exonérations douanières. En réalité, nul ne connaît l'ampleur réelle du manque à gagner résultant de la pratique décriée qu'est la corruption.

Une constance se dégage tout de même. La corruption implique des comportements par lesquels les agents du secteur public s'enrichissent de manière inappropriée au détriment des caisses de l'État. On observe ainsi, un détournement des ressources publiques vers les poches des particuliers, ce qui accroît les inégalités. L'attention des agents du fisc est plus portée par la recherche des rentes financières. Pour les douaniers, ils profitent du pouvoir discrétionnaire que l'État leur a accordé pour en tirer un avantage financier au détriment des intérêts du trésor[1093]. D'ailleurs, Gérard CHAMBAS le fait savoir en ces termes, « les dysfonctionnements persistants des administrations fiscales et douanières et la corruption fréquente expliquent évidemment en partie la faible efficacité des systèmes fiscaux[1094]. Dans la même lancée, Jean-Marie MEKONGO renchérit que du fait de la suspension des émoluments et autres primes des agents, ces derniers sont plus portés vers la « collaboration immorale » avec les contribuables au détriment du fisc. Ces comportements déviants avaient ainsi intensifié les actes de corruption et de détournement de recettes[1095].

Au bout du compte, le diagnostic est évident, les actes de corruption conduisent à l'inefficience de la collecte des recettes fiscales[1096]. La corruption

---

[1091] Lire HARAKAT Mohamed, *Les finances publiques et les impératifs de la performance : le cas du Maroc*, Paris, L'Harmattan, 2011, 455 pages.

[1092] CHAMBAS Gérard, *Fiscalité & développement en Afrique subsaharienne, op. cit.*, p. 66.

[1093] LIONEL PASCAL, *République centrafricaine : douane et corruption, cause de la déliquescence du pays ? Op. cit.*, p. 87. Fin 2006, la douane centrafricaine a été dissoute par le gouvernement en raison de la corruption généralisée de son personnel.

[1094] CHAMBAS Gérard, *Fiscalité &développement en Afrique subsaharienne, op.cit.*

[1095] MEKONGO Jean-Marie, *Les retenues à la source dans le système fiscal camerounais*, Thèse de doctorat en droit, Université de Paris I-Panthéon-Sorbonne, 2005, p. 97.

[1096] Lire NGUEMA MBA Benjamin, « La Cour des comptes du Gabon et la lutte contre la corruption : enjeux et perspectives », in MEDE Nicaise (dir), *Les nouveaux chantiers de finances publiques en Afrique, Mélanges en l'honneur de Michel BOUVIER,* Paris, L'Harmattan, 2019, pp. 361-370.

est une source de moins-value fiscale[1097]. Dans ce sillage, ses conséquences néfastes peuvent mener à la dilapidation des ressources d'un État, exacerber les déficits budgétaires et provoquer les crises de confiance capables d'engendrer la fuite des capitaux. La corruption conduit inexorablement à l'incivisme civil et entraîne la diminution des recettes fiscales[1098]. Une occasion est ainsi donnée aux contribuables d'adopter en retour des comportements déviants.

## Paragraphe II : Les exonérations douanières ou l'accentuation de recherche de gains fiscaux chez les contribuables

Les mauvaises pratiques ont jusqu'ici dénaturé les exonérations douanières même les plus laborieusement élaborées. En effet, les exonérations douanières sont véritablement considérées comme la « plaie » des systèmes fiscaux. Au-delà de la fraude douanière qu'elles génèrent, elles sont au centre des comportements déviants affichés par les contribuables. Évitement fiscal, évasion fiscale, optimisation fiscale agressive, incivisme civil, tout y passe. Les comportements d'évitement fiscal sont protéiformes[1099]. Cette recherche effrénée du gain fiscal se traduit par un comportement d'évitement fiscal (A) aboutissant à des conséquences désastreuses (B).

### A- Les exonérations douanières et les comportements d'évitement fiscal

Le phénomène d'évitement fiscal est assez ancien et connaît de profondes mutations de nos jours[1100]. L'évitement fiscal est un phénomène rendu complexe par des définitions qui diffèrent d'un système juridique et fiscal à l'autre et qui comportent des zones d'ombres difficiles à identifier[1101]. Le CESE rappelle la définition de l'évitement fiscal qui comprend l'utilisation des mécanismes illégaux, explicitement interdits par la loi ou la jurisprudence, ainsi que l'utilisation excessive des mécanismes légaux, potentiellement dommageables et contraires à l'intérêt général. Ce dernier champ comporte ce qui est communément appelé l'optimisation fiscale agressive et l'utilisation détournée de mesures fiscales incitatives[1102]. Il trouve tout de même un terrain

---

[1097] *Idem.*

[1098] Voir MBOUNOU-NGOPO Mathurin, *La fiscalité et l'impératif de développement du Centrafrique*, *op. cit.*, p. 158.

[1099] MAYER Sarah, *Étude des obstacles à l'équité et à l'efficacité du système fiscal français,* Thèse pour le doctorat en droit, Université Panthéon-Assas, 2016, P. 211.

[1100] Lire BELTRAME Pierre, « Les résistances à l'impôt et le droit fiscal », *Revue française de Finances publiques* », n° 5, 1984, pp. 21-34.

[1101] DULIN Antoine, *les mécanismes d'évitement fiscal, leurs impacts sur le consentement à l'impôt et la cohésion sociale*, les avis du CESE, décembre 2016.

[1102] *Idem.*

fertile dans le système douanier. La mobilisation des recettes douanières est contrariée par les comportements indélicats, nuisibles de la part des usagers de la douane. Ainsi, par le biais des exonérations douanières, les anomalies du système fiscal deviennent admissibles pour les contribuables les plus influents. Les entreprises et les personnes physiques concentrent leurs efforts pour obtenir la mansuétude du fisc et par là bénéficier des exonérations douanières[1103]. Le phénomène d'évitement fiscal se traduit dans le contexte camerounais par une optimisation fiscale agressive (1) et une concurrence fiscale exacerbée (2).

### 1. Les exonérations douanières et les pratiques d'optimisation fiscale agressives

L'optimisation fiscale renvoie à l'attitude du contribuable face aux prélèvements obligatoires et la ruse qu'il déploie pour minimiser sa charge fiscale. Elle fait référence à une volonté de se soustraire au paiement de l'impôt sans forcément violer la loi fiscale[1104]. C'est donc une pratique d'apparence légale. Ainsi, à en croire MAYER Sarah, l'optimisation fiscale, aussi appelée *aggressive tax planning* ou planification fiscale, est la pratique qui consiste, pour un contribuable, à employer de manière astucieuse les possibilités offertes par la réglementation pour réduire le montant de ses prélèvements obligatoires[1105]. Elle désigne la recherche de la moindre imposition par des moyens légaux[1106].

Appliquées au domaine douanier, les pratiques d'optimisation sont le fait aussi bien des entreprises que des particuliers[1107]. Dans le contexte camerounais, la prolifération des exonérations douanières crée des possibilités d'optimisation. Le fait que l'impôt douanier soit utilisé comme un outil de politique économique, et plus précisément comme un outil d'incitation économique, contient en germe les possibilités de voir les incitations détournées de leur vocation initiale par des agents économiques au moyen des comportements d'optimisation. De ce fait, certains contribuables arrivent à payer moins d'impôt grâce au bénéfice des mesures fiscales incitatives appelées « dépenses fiscales »[1108].

---

1103 Lire par exemple, LAMBERT Thierry, « Le contribuable face à l'administration fiscale », *Psychologie et science administrative*, pp. 102-121.

1104 Lire avec intérêt PECLAT Mélanie, *Représentation de la déviance fiscale en France : du consentement sous contrôle à la concertation citoyenne*, Thèse de doctorat en science politique, Université de Versailles St -Quentin- en -Yvelines, mai 2015, 356 pages.

1105 MAYER Sarah, *Étude des obstacles à l'équité et à l'efficacité du système fiscal français*, *op. cit.*, p. 213.

1106 *Idem.*

1107 Voir KOUAM Emma Serges, *Le cadre légal de l'optimisation fiscale*, mémoire master II professionnel en administration fiscale, Université de Douala, 2009, 88 pages.

1108 DULIN Antoine, *les mécanismes d'évitement fiscal, leurs impacts sur le consentement à l'impôt et la cohésion sociale*, Les avis du CESE, 2006, p. 21.

Les montages sont ainsi mis sur pied dans le simple but de bénéficier des avantages fiscaux sans réelle motivation de participer au développement économique du pays. L'on peut également évoquer le cas des entreprises « fictives » qui figurent dans la liste des entreprises bénéficiaires des facilités douanières. Pourtant, elles n'existent que sur du papier. Ces entreprises « fantômes » sont exploitées uniquement à des fins illicites[1109]. Dans la même veine, des ONG sont créées juste le temps de bénéficier des exonérations douanières avant de se lancer dans des activités lucratives. Le statut d'ONG est utilisé pour contourner la législation douanière. De nombreux conseillers en défiscalisation font des prospections dans les entreprises pour proposer des montages afin de profiter des allègements fiscaux, sans adhérer à la philosophie qui justifie ces exonérations, sans pour autant adopter le comportement auquel le législateur souhaite inciter les contribuables[1110].

Des entreprises sont créées, juste le temps de bénéficier des exonérations douanières pour disparaître après. D'autres disparaissent pour renaître quelques jours après afin de solliciter des exonérations douanières. La législation camerounaise tente de contrarier ce genre de montage. Ainsi, « *ne peuvent bénéficier des avantages fiscaux et douaniers prévus dans le présent arrêté au titre d'entreprises nouvelles, les entreprises existantes ayant changé de forme juridique ou de dénomination, même lorsqu'elles justifient d'une nouvelle immatriculation auprès du registre de commerce et de crédit* ».[1111] L'optimisation est nocive, car elle repose sur le détournement de l'esprit des dispositifs incitatifs.

Des particuliers sont aussi bien insérés dans cette recherche effrénée du gain fiscal. En effet, les cargaisons toutes entières sont souvent attribuées faussement aux administrations de souveraineté, à savoir, la Présidence de la République, l'armée, la police, la gendarmerie et bien d'autres. Ces cargaisons, relevant faussement des administrations de souveraineté, bénéficient d'un traitement de faveur et occasionnent de ce fait de pertes de recettes douanières pour l'État. Dans la même lancée, les particuliers écument à longueur de journée les couloirs du ministère des Finances à la recherche des exonérations douanières discrétionnaires. Ainsi, l'exonération douanière pour certains devient la règle et le paiement des droits et taxes, l'exception.

---

1109 Lire RIZQY MARWAH, « L'évasion et l'évitement fiscal grâce aux paradis fiscaux », Mémoire pour la commission des finances publiques dans le cadre de son mandat d'initiative sur le phénomène du recours aux paradis fiscaux, 2016, pp. 1-17.

1110 Lire utilement OCDE, *En finir avec les montages financiers abusifs : réprimer les intermédiaires qui favorisent les délits fiscaux et la criminalité en col blanc*, OCDE, Paris, 2021.

1111 Article 6 Arrêté n° 00000366/MINFI/SG/DGI/DGD/ du 19 novembre 2013, précisant les modalités de mise en œuvre des avantages fiscaux et douaniers de la loi N° 2013/004 du 18 avril 2013 fixant les incitations à l'investissement privé en République du Cameroun.

## 2. Les exonérations douanières et la concurrence fiscale exacerbée

La concurrence fiscale [1112]exacerbée est une donnée constante qui caractérise la banalisation des exonérations douanières dans le système fiscal camerounais. La pratique des exonérations douanières favorise les comportements de concurrence entre les différentes entreprises aussi bien nationales qu'étrangères.

Au niveau national, l'on observe un phénomène de contagion entre les entreprises similaires ou d'un secteur à un autre, du fait des revendications des entreprises concurrentes. Ainsi s'installe la banalisation des mécanismes d'octroi des exonérations douanières, car chaque filière d'activités à son niveau veut obtenir le « précieux sésame ». Dans cette lancée, le fait d'accorder aux nouvelles entreprises des mesures préférentielles importantes porte encore plus atteinte à la concurrence. Il pousse certaines entreprises à vouloir profiter aussi des régimes fiscaux préférentiels, et d'autres à solliciter le bénéfice des avantages du code des investissements pour les entreprises nouvelles, alors qu'elles fêtent leurs quarante années d'activité au Cameroun[1113].

La législation camerounaise, consciente des enjeux liés à ce phénomène, entérine d'ailleurs cette course effrénée vers les allègements fiscaux. Aussi, « *toute entreprise bénéficiant d'un agrément conformément aux dispositions de la présente loi est en droit d'obtenir les mêmes incitations que celles octroyées ultérieurement à tout autre investisseur opérant dans le même secteur et réalisant le même type d'activité* »[1114]. Bien plus, « *l'agrément ne peut être refusé à un investisseur en situation de concurrence avec un ou plusieurs autres investisseurs bénéficiant des incitations prévues par la présente loi, dès lors que cet investisseur remplit les conditions requises* »[1115]. Ces dispositions visent à éviter une distorsion de la concurrence entre les entreprises relevant d'un même secteur d'activités.

Au niveau des IDE, la recherche des gains fiscaux oblige les États à se livrer à une concurrence fiscale dommageable[1116]. La concurrence fiscale repose donc sur la mobilité des bases imposables[1117]. Elle constitue une

---

[1112] Lire avec intérêt, DIETSCH Peter et CLAVEAU François, « concurrence fiscale et responsabilité étatique », *Revue internationale d'éthique sociétale et gouvernementale*, Vol. 10, n° 1/ 2008, pp. 1-14.

[1113] NDZANA BILOA Alain-Symphorien, *La fiscalité, levier pour l'émergence des pays africains de la zone franc : le cas du Cameroun, op. cit.*

[1114] Article 32 de la loi n° 2013/004 du 18 avril 2013 fixant les incitations à l'investissement privé en République du Cameroun.

[1115] Article 33, *op. cit.*

[1116] Lire ÉLOI GERVAL Charles, *L'apparition d'instruments limitant la concurrence fiscale dommageable*, Éditions universitaires européennes, Allemagne, 2016.

[1117] BEGNI BAGAGNA, *L'harmonisation des politiques fiscales en zone CEMAC : esquisse de théorie de droit fiscal communautaire, op. cit.*, p. 202.

véritable course au moins-disant fiscal[1118]. Les États dans leur volonté de répondre aux sollicitations des IDE, mettent tout en œuvre pour les attirer sur leur territoire. L'on assiste ainsi, à des mesures fiscales établissant un niveau d'imposition effective, nettement inférieur, y compris une imposition nulle, par rapport à celles qui s'appliquent dans d'autres pays. Les États se livrent à des surenchères agressives pour s'attaquer à la base imposable des autres pays. L'exonération douanière dans ce contexte de concurrence fiscale est utilisée à des fins d'attractivité économique dans une compétition de surenchère ruineuse. Les États accordent les exonérations aux entreprises dans l'espoir de les attirer sur leur territoire. Dans ce sens, Mathurin MBOUNOU-NGOPO affirme qu'il était devenu impossible d'investir en Centrafrique sans négocier une exonération, car les sociétés africaines demeurent aujourd'hui des sociétés de négociation et renégociation permanente[1119].

L'évitement fiscal des IDE suscite de nombreuses critiques[1120]. Cette séduction internationale est une véritable dérive. Le fait de multiplier les avantages fiscaux, les dérogations et autres niches fiscales créent un véritable paradis fiscal[1121], faisant ainsi supporter l'impôt par une petite franche de la population. L'on comprend pourquoi, le GICAM, cet organisme patronal camerounais, dans son rapport sur la fiscalité en 2018 avait plaidé pour la suppression des avantages fiscaux prévus dans la loi du 18 avril 2013 fixant les incitations à l'investissement privé en République du Cameroun. Les régimes fiscaux et autres niches offrent des avantages fiscaux significatifs aux IDE [1122]afin de faciliter l'attractivité du pays. Mais ces avantages créent de nombreuses distorsions économiques, tout en facilitant les comportements de rentes. BOUBAY-PAGES Michèle se demande si le recours aux incitations fiscales serait une fausse bonne idée, voire une très mauvaise idée[1123]. Aussi, l'évitement fiscal recherché par les IDE et autres entreprises nationales fragilise le système fiscal au travers de nombreuses conséquences négatives.

---

[1118] BOUBAY-PAGES Michèle parle d'une course vers le bas, dans laquelle tous les pays finissent par recouvrer moins de recettes fiscales, sans que cela ait d'effet perceptible sur l'allocation des investissements, voir BOUBAY-PAGES Michèle, « Des exonérations fiscales pour des investissements vertueux », *op. cit.*, p. 195.
[1119] MBOUNOU-NGOPO Mathurin, *La fiscalité et l'impératif de développement du Centrafrique*, *op. cit.*
[1120] OCDE, « concurrence fiscale dommageable : un problème mondial », Publication de l'OCDE, Paris, 1998.
[1121] OXFAM, « La bataille des paradis fiscaux, droit dans le mur : l'impasse de la concurrence fiscale », note d'information OXFAM, 12 décembre 2016.
[1122] AYANGMA AYANGMA Joseph, *La pratique du contrôle fiscal de prix de transfert dans l'espace CEMAC : le cas du Cameroun,* Paris, L'Harmattan, 2015, p. 202.
[1123] BOUBAY-PAGES Michèle, *op. cit.*, p. 196.

### B- Les conséquences de la recherche effrénée des gains fiscaux

La recherche effrénée une fois actée a de nombreuses conséquences fâcheuses. Ces conséquences concernent notamment la perte des recettes fiscales (1), le sentiment d'injustice (2) et l'incivisme fiscal généralisé (3).

#### 1. La perte de recettes fiscales du fait des pratiques déviantes

Il est difficile d'évaluer la perte subie du fait des pratiques fiscales dommageables, en raison de son caractère multiforme et parfois opaque. Seules des estimations peuvent peut-être permettre d'appréhender ou de glaner quelques bribes d'informations. Ces estimations font état des sommes qui ont été englouties du fait de ces pratiques d'évitement fiscal. Mais c'est une évidence que de dire que la recherche effrénée du gain fiscal conduit inévitablement à une perte de recettes. En effet, cette pratique vise à soustraire une bonne partie de l'activité économique au prélèvement fiscal obligatoire. La conséquence qui s'en suit est l'érosion de la base taxable qui peut bien justifier la déperdition fiscale. La prolifération des exonérations fiscales réduit mécaniquement les recettes fiscales. La perte de recettes du fait des comportements déviants existe dans tous les pays. Mais son ampleur, son intensité diffère d'un pays à l'autre. Les exigences des opérateurs économiques traduites par d'importantes concessions fiscales aboutissent à créer un manque à gagner important pour les caisses de l'État.

Relativement, aux pertes de recettes dues à l'évitement fiscal, les services fiscaux des États-Unis estiment qu'elles se sont élevées à environ 458 milliards de dollars entre 2008 et 2010, soit 16 % des impôts fédéraux et 2 % du PIB. En 2015, ce montant a été estimé à environ 100 milliards par an. Pour le Royaume-Uni, l'économiste Richard Murphy évalue à 97 milliards de livres par an la perte de recettes fiscales due à l'utilisation de ces mécanismes, soit 6 % du PIB[1124]. Au-delà de la perte des recettes, certains citoyens se sentent abusés du fait d'une trop grande pression fiscale exercée sur eux sans possibilité d'y échapper.

#### 2. Le sentiment d'injustice fiscale au sein de la société

Les niches fiscales, particulièrement les exonérations douanières, corrompent le consensus social au cœur de la fiscalité[1125]. En permettant aux uns d'orienter la dépense publique par leurs investissements privés et en plaçant les autres à l'écart de ce choix, elles ressuscitent un sentiment d'injustice favorisant l'évitement fiscal. En effet, l'évitement fiscal et le

---

[1124] Source : DULIN Antoine, *Les mécanismes d'évitement fiscal, leurs impacts sur le consentement à l'impôt et à la cohésion sociale*, Les AVIS DU CESE, les éditions des journaux officiels, 2016, p. 24.

[1125] WEIDENFELD Katia, *À l'ombre des niches fiscales*, *op. cit.*, p.138.

sentiment d'injustice face au système fiscal s'alimentent mutuellement. En effet, la banalisation de l'évitement fiscal au travers des exonérations douanières est ressentie comme une injustice flagrante. Ceux des citoyens qui s'acquittent normalement de leur obligation fiscale focalisent l'attention sur l'iniquité du système fiscal. Dans le contexte camerounais cohabitent au même moment le paradis fiscal, l'enfer fiscal et le purgatoire fiscal. Ainsi, ceux qui ne paient pas leurs impôts se retrouvent du côté du paradis fiscal et ceux qui paient normalement sont rangés du côté du purgatoire fiscal ou de l'enfer fiscal. L'avènement au Cameroun des lois d'incitation à l'investissement privé est considéré comme de simples cadeaux fiscaux offerts à certaines entreprises, créant ainsi de graves distorsions.

Toute la charge de l'impôt repose sur une petite frange de la population, car ce qui n'est pas payé par les uns devra l'être plus tard par d'autres. Ainsi, comme le rappelle Nicolas Delalande, « dans le contexte actuel, l'accumulation des affaires et le constat d'inégalités nourrissent l'idée qu'il y aurait, d'un côté, les victimes d'un système et de l'autre, ceux qui en profitent »[1126]. La pratique de l'évitement de l'impôt est aux antipodes du principe du consentement à l'impôt, fondement du pacte républicain. L'évitement fiscal a pour fondement la recherche du gain fiscal, d'où une augmentation des ressources personnelles au détriment de l'intérêt général. Le sentiment d'injustice peut simplement aboutir à l'incivisme fiscal[1127].

### 3. L'incivisme fiscal généralisé en réaction aux nombreuses exonérations fiscales

La prolifération des exonérations douanières et des pratiques déviantes laisse rejaillir toutes les vulnérabilités du système fiscal[1128]. Parmi ces faiblesses, figure en bonne place l'incivisme fiscal. Ce dernier, opposé au civisme fiscal, est l'ensemble des comportements qu'adopte un citoyen, un groupe de citoyens, une entreprise ou groupe d'entreprises à ne pas respecter les obligations déclaratives et de paiements d'impôts et taxes auxquels ils sont assujettis[1129]. Le civisme fiscal renvoie à la vertu qui pousse un bon citoyen à vouloir déclarer et payer spontanément les impôts dont il est passible. Les attitudes susceptibles de conduire à l'incivisme d'un contribuable sont multiples notamment : l'absence de localisation, le refus de déférer aux

---

1126 MERCKAERT Jean (dir), « Comment relégitimer l'impôt ? », *Revue Projet* N° 341, 2014.

1127 Lire TONI Errol, « Les révoltes fiscales diffuses en Afrique de l'Ouest francophone », *in* MEDE Nicaise (dir), *Les nouveaux chantiers de finances publiques en Afrique*, Paris, L'Harmattan, 2019, pp. 487-496.

1128 Lire, *PECLAT Mélanie*, *Représentation de la déviance fiscale en France : du consentement sous contrôle à la concertation citoyenne*, Thèse de doctorat, Université de Versailles St-Quentin-en Yvelines, 2015, 357 pages.

1129 M. MONEMOU OUO-OUO WAITA, *Contribution à l'amélioration de la performance en matière d'imposition sur le revenu en République de Guinée*, *op. cit.*, p. 170.

convocations, le refus de payer les taxes et droits dus pour des marchandises franchissant le cordon douanier ou qui ont déjà fait l'objet de l'enlèvement, l'organisation de son insolvabilité, etc.[1130]

Ainsi, face aux dérives du système fiscal, le comportement du contribuable devant l'impôt est une réaction de défense. Ils sont nombreux, ceux qui n'hésitent pas à se soustraire à leurs obligations fiscales et essaient de se dérober de l'honorable obligation de contribuer aux charges publiques[1131]. La problématique de l'incivisme fiscal se pose avec acuité au Cameroun. Aussi, la contrebande[1132], les importations sans déclaration, le travestissement des exonérations douanières accordées et toutes les autres formes de fraudes douanières ne sont que la traduction concrète de ce phénomène de plus en plus ancré dans le paysage fiscal camerounais. Ses répercussions sur la mobilisation des recettes sont assez évidentes. Le but du système fiscal étant de procurer des ressources budgétaires à l'État et aux collectivités publiques, un mauvais comportement du contribuable face aux obligations y relatives a un impact négatif sur la performance de l'impôt[1133].

L'administration des douanes sanctionne sévèrement tout comportement teinté d'incivisme fiscal[1134]. Ainsi, dès lors qu'il est établi qu'un redevable n'est pas dans les bonnes prédispositions de civisme fiscal, l'administration des douanes est habilitée après mise en demeure restée sans effet, à l'y contraindre à travers plusieurs moyens au rang desquels :

- la suspension de toute activité douanière du redevable ;
- l'instruction du blocage des comptes bancaires du redevable indélicat. Ce blocage est demandé par lettre du directeur général des douanes ou par le chef de secteur compétent à l'intermédiaire agrée ou à tout établissement de crédit dans lequel le redevable indélicat détient un compte bancaire ;
- l'apposition des scellés sur les moyens de transport et locaux permettant de masquer ou de commettre la fraude ;
- l'exercice de l'action de saisie à tiers détenteur[1135].

---

[1130] Circulaire n°004/MINFI/DGD du 4 janvier 2018 précisant les modalités d'application de certaines dispositions de la loi n° 2017/021 du 20 décembre 2017 portant loi de finances de la République du Cameroun pour l'exercice 2018.

[1131] MBOUNOU-NGOPO Mathurin, *La fiscalité et l'impératif de développement de la Centrafrique*, *op. cit.*, p. 149.

[1132] Sur la contrebande, lire NDZANA Benoît, *La problématique de la fraude douanière, quelle approche dans le contexte actuel de conjoncture difficile*, *op. cit.*

[1133] M. MONEMOU OUO-OUO WAITA, *op. cit.*

[1134] Lire utilement, TAZONG SONKING Stéphane, *La répression de l'incivisme fiscal au Cameroun*, Mémoire de master II, fiscalité appliquée, Université de Douala, 2014, 92 pages.

[1135] Voir circulaire n° 004/MINFI/DGD du 4 janvier 2018 précisant les modalités d'application de certaines dispositions de la loi n° 2017/021 du 20 décembre 2017 portant loi de finances de la République du Cameroun pour l'exercice 2018.

## CONCLUSION DU CHAPITRE II

Au bout du compte, les exonérations douanières violent les principes fondamentaux de l'équité fiscale, de l'efficience économique et de la simplification du système fiscal, d'où cette réaction des contribuables. Ces exonérations permettent de pérenniser voire d'aggraver les anomalies des systèmes fiscaux de droit commun[1136]. Car beaucoup de contribuables parviennent grâce aux exonérations à échapper au moins en partie aux dispositions fiscales[1137].

Les griefs invoqués à l'encontre des exonérations douanières ne se limitent pas à leur inefficacité. Leur caractère pernicieux se poursuit sur le terrain de la fraude et des comportements déviants.

L'utilisation abusive du régime d'exonération est bien ancrée dans le paysage fiscal camerounais. Ces fraudes s'opèrent à travers les éléments de taxation et d'autres sans lien avec ces éléments. Dans cette logique, l'on peut passer en revue, les fraudes sur la valeur, l'espèce tarifaire, le poids, l'origine et les fraudes au travers des régimes économiques. Bien plus, le circuit de fraude à l'exonération est bien visible dans le cas de détournement de destination privilégiée, des cessions irrégulières des marchandises, l'utilisation abusive des lettres d'exonération, ainsi que le cas plus spécifique des fraudes dans les zones franches à travers les exportations fictives et le déversement frauduleux des produits sur le marché local sans acquittement préalable des droits de douane. La fraude sape les fondements de tout système fiscal. Dans le contexte de sous-développement, elle constitue un handicap sérieux au décollage financier des États[1138].

Au-delà de la fraude qui caractérise les exonérations douanières, celles-ci opèrent également une redistribution de la pression fiscale préjudiciable à l'équité et à la justice fiscale. Ce sentiment d'injustice crée d'ailleurs des comportements déviants. Aussi, les exonérations douanières sont également le champ illustratif des comportements peu orthodoxes préjudiciables aux intérêts du trésor public. La corruption, l'incivisme fiscal, la recherche effrénée des gains fiscaux à travers les pratiques d'optimisation fiscale, l'évitement fiscal, tout y passe[1139].

En clair, le système camerounais des exonérations douanières est fondamentalement peu orienté vers l'efficacité technico-gestionnaire. L'évaluation des dépenses fiscales reste faible et souffre terriblement de

[1136] MBOUNOU-NGOPO Mathurin, *op. cit.*, p. 165.
[1137] *Ibid.* p. 166.
[1138] NIANE Abdoulaye, *Fiscalité et intégration économique, le cas du système fiscal sénégalais dans l'UEMOA, op. cit.*, p. 314.
[1139] Voir DRISS AL ANDALOUSSI, « Risques de corruption dans la gestion de l'impôt : plateforme d'analyse et de plaidoyer », Transparency Maroc, 2018, pp. 1-19.

manque d'exactitude ou de précision et est souvent entachée d'approximations erronées. Le chiffrage présenté comme au Maroc est toujours tronqué et manque d'exhaustivité[1140]. Bien plus, ce système joue surtout le jeu d'opacité, d'évitement des responsabilités et les manœuvres frauduleuses restent très présentes. Ces différents facteurs de vulnérabilité du système fiscal ont des effets dommageables dans le cadre de la mobilisation des recettes douanières.

[1140] Lire à ce sujet, HASSAN EL KTINI, *Les dépenses fiscales en droit marocain, op. cit.*, P. 350.

# CONCLUSION DU TITRE II

Dans ce titre, il s'est agi de rendre visible l'impact des exonérations douanières sur le rendement budgétaire de l'impôt douanier. Ainsi, l'orientation budgétaire de la douane est mise à mal par le maintien d'une politique active de défiscalisation. L'adoption d'une politique fiscale généreuse se traduit par des dépenses fiscales importantes facilitées par des fraudes massives. Les dépenses fiscales importantes sont la traduction de la subsistance d'une large hétérogénéité normative en matière de fiscalité incitative en zone CEMAC.

En effet, au-delà des chiffres édifiants, l'impact des exonérations douanières a été sans conteste négatif dans les réalisations de l'administration des douanes. Cette sous-performance de l'administration douanière est largement décriée d'autant plus que les recettes fiscales tirées sont loin d'être satisfaisantes. Le constat est plus qu'évident avec la diminution des recettes douanières notamment celles de la TVA, du TEC et des droits d'accises sur la période considérée de l'étude. L'exonération de TVA et des droits de douane sur les biens de première nécessité est assez importante. Le riz tel qu'il ressort de l'évaluation des dépenses fiscales au Cameroun[1141] est la mesure la plus coûteuse, suivie par le poisson. La farine, le lait et les préparations pour enfants, les poissons, les œufs, les poulets et le sucre viennent compléter la liste. Bien plus la santé, l'agriculture, le secteur extractif, le secteur métallurgique ne sont pas en reste.

Cependant, la contrepartie de cette perte de recettes est difficile à déterminer. Elle l'est davantage au regard du marasme socioéconomique qui caractérise l'environnement camerounais depuis de longues années en dépit d'une politique fiscale incitative volontariste. Cette politique est presque synonyme d'inefficacité, de portes ouvertes aux fraudes plurielles et aux comportements déviants, laissant ainsi transparaître une politique fiscale perturbatrice, irrationnelle, non compétitive et pas de nature à satisfaire une mobilisation optimale des recettes. Globalement, l'octroi excessif d'exonérations réduit les recettes tout en étant peu efficace pour promouvoir l'investissement ou pour soutenir la consommation des plus pauvres.

La justification du bien-fondé des exonérations douanières est loin de faire l'unanimité. Le maintien de ces mesures exonératoires reste cependant un choix politique et relève de la responsabilité des autorités politiques. Pourtant, les exigences de rendement budgétaire appellent à une reconsidération des exonérations douanières dans la stratégie de mobilisation optimale des recettes fiscales. Il serait par conséquent préférable pour le Cameroun d'investir dans les paramètres les plus importants en reconsidérant les dépenses fiscales

---

[1141] Voir rapport sur les dépenses fiscales de l'exercice 2017.

coûteuses. Le manque à gagner qu'elles engendrent pourrait être réinvesti pour l'amélioration d'une infrastructure embryonnaire et médiocre[1142]. L'on assiste ainsi, au niveau des exonérations douanières à une résurgence incompatible avec les objectifs de consolidation des recettes douanières, d'équilibre dans la répartition des charges fiscales et de neutralité à observer dans ce domaine[1143].

---

[1142] Lire BOUZAÏENE Amine, « Les avantages fiscaux, une perte de recettes pour un bénéfice incertain : lecture critique de la nouvelle loi sur les incitations fiscales », *Observatoire tunisien de l'Économie, policy brief*, 2017,

[1143] Lire BENSOUDA Noureddine, « la stratégie fiscale entre logique de la compétition et le choix de l'harmonisation », discours à la chambre française de commerce et d'industrie du Maroc, 5 février 2004.

# CONCLUSION DE LA PREMIÈRE PARTIE

Cette première partie a servi de prétexte pour faire le point ou le diagnostic de la politique fiscale exonératoire en zone CEMAC, particulièrement au Cameroun pour l'illustrer. En matière douanière, l'état des lieux laisse entrevoir une politique fiscale très généreuse et assez lacunaire dont celle du Cameroun est la révélatrice. Dans l'optique de combler les disparités socioéconomiques qui caractérisent le contexte camerounais, cette politique s'est traduite par une multiplication incontrôlée des exonérations douanières. Celles-ci, dans un ensemble incohérent et hétérogène, conduisent à l'érosion de la base taxable sans qu'on puisse à travers une véritable politique de gestion et de contrôle en limiter les effets dévastateurs sur la matière taxable.

Cette mise à contribution de la douane pour des objectifs extrabudgétaires n'est pas sans conséquence sur les performances de l'administration douanière camerounaise. L'accroissement de la dépense fiscale en raison de la poursuite du démantèlement tarifaire dans le cadre de la mise en œuvre de l'accord de partenariat économique (APE) avec l'Union européenne et l'augmentation du nombre de sociétés agréées au régime de l'incitation privé traduisent bien les intentions actuelles des autorités camerounaises chargées de l'élaboration de la politique fiscale.

Surenchères fiscales et facilités d'une part, réalisations socioéconomiques insuffisantes d'autre part, le dispositif incitatif camerounais n'a pas donné entière satisfaction. Les services d'observation de gestion et de contrôle, bien que lacunaires, n'ont pas permis de limiter la saignée au niveau des recettes fiscales. Il n'est pas exagéré de conclure que les États membres de l'espace CEMAC sont loin de gagner le pari d'une gestion appropriée des exonérations douanières. Aussi, l'arrimage aux standards internationaux en matière d'incitations fiscales semble désormais être la voie à suivre. D'ailleurs, le bilan financier en dit long sur les pertes de recettes considérables subies par les États membres du fait d'une politique fiscale généreuse. La baisse de rendement fiscal qui affecte les moyens financiers et budgétaires de l'État est préjudiciable à l'atteinte des objectifs de développement. L'on assiste ainsi à un foisonnement des exonérations douanières budgétivores sans réel impact en matière de croissance et d'amélioration des conditions de vie des populations. La performance des administrations douanières de l'espace CEMAC est restée en deçà de leur réel potentiel.

Il est tout aussi difficile dans ce contexte de répondre aux exigences communautaires de mobilisation optimale des recettes à travers un taux de pression fiscale qui correspond aux réalités socioéconomiques de la sous-région. Aussi, la sous-mobilisation fiscale qui empêche le Cameroun de financer les biens publics nécessaires à son développement provient bien du rendement budgétaire insuffisant des impôts douaniers majeurs, notamment la TVA et le TEC caractérisés par un effort fiscal insuffisant dû à un développement spectaculaire des exonérations douanières jugées inefficaces et coûteuses[1144].

Ainsi, les exonérations douanières comme instrument espéré de développement sont loin de remplir cette noble tâche. À l'observation, l'on a constaté une politique fiscale exonératoire peu lisible, inefficace, incohérente et insuffisamment adossée à la stratégie nationale de développement. Cet outil supposé stratégique doit être reconsidéré afin de faciliter la relance de l'économie. Au regard de la croissance anarchique des exonérations douanières, l'heure est venue de changer le cap. L'octroi excessif des exonérations douanières est incompatible avec une stratégie de mobilisation optimale des recettes douanières, d'où un plaidoyer pour un profond renouvellement dans la conduite des politiques fiscales exonératoires en zone CEMAC. Il est donc question de déterminer les nouveaux axes permettant une utilisation efficace et efficiente de la fiscalité dérogatoire en zone CEMAC. Il faut surtout militer pour une mise en œuvre optimale des mesures exonératoires au regard de l'efficacité, de l'incidence moindre sur les recettes et surtout l'effectivité de la mise en conformité des normes dérogatoires nationales aux standards internationaux tels qu'ils découlent des instruments communautaires pertinents opposables à l'État du Cameroun.

[1144] Lire, Groupe de la Banque mondiale, « Côte d'Ivoire : relever le défi de la mobilisation fiscale », rapport préparé dans le cadre d'une étude sur la politique fiscale en Afrique de l'Ouest, juin 2019.

# SECONDE PARTIE :

# DE L'OPTIMALISATION DES POLITIQUES FISCALES EXONÉRATOIRES : FACTEUR DE MOBILISATION EFFICACE DES RECETTES EN ZONE CEMAC

En raison de politiques fiscales exonératoires inappropriées, les instances nationales et communautaires devraient accorder une grande attention à l'utilisation efficace et efficiente des mesures fiscales exonératoires au regard des objectifs économiques et sociaux. Aussi, les exonérations à accorder doivent être strictement nécessaires et revêtir une certaine efficacité socioéconomique. L'optimalisation des politiques fiscales exonératoires favorables à l'amélioration du système des exonérations douanières n'est pas encore ancrée dans l'espace CEMAC. En effet, l'état des lieux en matière des exonérations douanières en zone CEMAC au regard de la pratique camerounaise suscite une inquiétude. Foisonnement et diversité de régimes, pertes ou moins-values des recettes, fraudes, corruption, imbrication des dispositifs et autres pratiques caractérisent ce champ de privilèges. Cet état des lieux a révélé un système camerounais d'octroi des exonérations douanières lacunaire, incapable de concilier les objectifs budgétaires et la promotion des investissements productifs. Ce système est d'ailleurs en outre caractérisé par l'insuffisant pilotage de la mise en œuvre des régimes douaniers dérogatoires, ajouté à l'incapacité de l'État à contrôler les dépenses fiscales de porte et à évaluer leur efficience[1145]. Le rythme soutenu d'apparition des exonérations douanières conduit à un empilement de mesures de faveur. Il est difficile de déduire de cette accumulation une cohérence d'ensemble[1146].

Dans la même veine, c'est un système moins regardant des contraintes et des exigences communautaires qui favorise une redistribution inéquitable de la pression fiscale avec pour conséquence la naissance des paradis fiscaux et une surenchère fiscale très dommageable. Aussi, l'utilisation optimale des politiques exonératoires dans ce sillage relève aujourd'hui de la prouesse tant la diversité des acteurs impliqués, le cumul des avantages et l'imbrication des réglementations nationales et communautaires réduisent la lisibilité et l'efficacité de ces politiques[1147].

---

1145 Lire BOOCK BOOCK Adolphe Raphaël, *Les obstacles à la répression de la fraude fiscale au Cameroun*, mémoire de DESS en administration fiscale, Université de Douala, 2004, 61 pages, voir aussi, PECLET Mélanie, *Représentation de la défiance fiscale : du consentement sous contrôle à la concertation citoyenne*, Thèse de doctorat en droit, Université de Versailles St-Quentin-en Yvelines, 2015, 357 pages.

1146 Cour des comptes en France, La gestion des dépenses fiscales en faveur du logement, mars 2019.

1147 Lire BAGNIS Hinano, *La promotion des investissements en Polynésie française : Approches nationales, communautaires, internationales*, Thèse de doctorat, Université de Nice, 2003.

Toutefois, la critique des dépenses fiscales n'a pu remettre en cause leur utilité. Si elles sont là, c'est parce qu'elles constituent un instrument de prédilection de toute politique interventionniste entreprise par les pouvoirs publics. Les incitations fiscales ne sont pas malvenues en elles-mêmes. Elles poursuivent un objectif noble qui est de favoriser le développement économique et de réduire les distorsions. En cela, elles paraissent consubstantielles au concept de « fiscalité de développement ». Aussi, malgré les récriminations, elles vont continuer d'exister, d'où la nécessité impérieuse d'imposer un cadre contraignant et un suivi rigoureux par l'application des règles de bonne gouvernance à l'image de celles réservées aux dépenses budgétaires[1148]. Relever le défi d'une fiscalité dérogatoire adaptée au développement constitue toutefois un exercice particulièrement difficile.

Il est donc temps de rechercher une nouvelle gouvernance des exonérations douanières dans la sous-région. Celle-ci s'inscrit dans la mouvance de la gouvernance des finances publiques en Afrique[1149]. Cette nouvelle gouvernance est un prélude à un plaidoyer pour un profond renouvellement de la conduite des politiques fiscales incitatives en zone CEMAC. Cette nouvelle conduite passe par la recherche d'un juste équilibre entre l'exigence de mobilisation accrue des recettes budgétaires et de la nécessaire promotion des investissements à travers les régimes fiscaux de faveur. Dès lors, un certain nombre de principes doivent désormais guider la conception et la gouvernance des exonérations douanières à la lumière des bonnes pratiques dans ces domaines. L'on observe aussi que la prolifération des exonérations douanières est la résultante d'une concurrence fiscale régionale qu'une coordination régionale peut contribuer à tempérer. Les avancées dans ce sens supposent une action concertée de nombreuses parties prenantes.

Cette coordination est d'autant plus nécessaire qu'une application de normes communes en matière des exonérations douanières peut constituer un facteur de consolidation des recettes fiscales. L'harmonisation des exonérations douanières dans la zone CEMAC est donc incontournable si les États membres veulent éviter la déperdition fiscale. Ces exonérations constituent un véritable « gaspillage qui a pour effet pervers d'élever de manière déraisonnable les taux d'imposition de droit commun et d'augmenter l'endettement public[1150].

Dans la perspective de rendre plus productifs les systèmes fiscaux de la sous-région, une réforme nationale et sous-régionale s'impose. Il apparaît

---

[1148] HASSAN EL KTINI, *Les dépenses fiscales en droit marocain*, *op. cit.*, p. 21.

[1149] Lire à ce sujet, HARAKAT Mohamed (dir), *La gouvernance des finances publiques en Afrique*, Paris, L'Harmatan, 2019, 350 pages, lire aussi, HARAKAT Mohamed (dir), *Économie politique de la fragilité et de la gouvernance en Afrique*, Paris, L'Harmattan, 240 pages.

[1150] MAYAUD Marie-Lyne, *La fiscalité de la location des immeubles à usage d'habitation*, Thèse de doctorat de droit, d'économie et des sciences d'Aix-Marseille, septembre 2003, p. 359.

aujourd'hui impérieux que la politique fiscale exonératoire soit bien redéfinie, plus harmonisée, mieux rationalisée et bien plus viable budgétairement. Bien utilisées, les politiques fiscales exonératoires peuvent encourager l'investissement dans des secteurs-clés et dynamiser l'activité économique[1151], surtout si elles sont adossées à une véritable stratégie de promotion des investissements privés dans l'espace CEMAC.

La nouvelle approche des exonérations douanières doit conduire à une meilleure adéquation des interventions gouvernementales, et donc à une meilleure utilisation de la politique fiscale interventionniste. Celle-ci doit nécessairement s'inscrire dans la mouvance de la théorie des finances publiques optimales telle que préconisée par DJELHI YAHOT[1152]. Les chemins de l'optimisation sont multiples. Cette nouvelle approche permettrait de garantir la soutenabilité des finances publiques à travers la préservation des ressources fiscales en vue de les mettre au service des projets de développement. Cette interpellation invite au plan national à une plus grande rationalisation des dépenses fiscales de porte (Titre I) et au plan communautaire à une harmonisation plus poussée des régimes douaniers dérogatoires (Titre II).

---

[1151] Lire MEDE Nicaise, TONI Errol (dir), *La fiscalité de développement en Afrique de l'ouest francophone*, Paris, L'Harmattan, 2018, p. 63.

[1152] Pour plus de détails, lire SANDAVOY ADAMOH DJELHI-YAHOT, *La théorie des finances publiques optimales, une approche gagnante pour l'Afrique*, Paris, L'Harmattan, 2020, p. 77.

# TITRE I :

# LA NÉCESSAIRE RATIONALISATION DES EXONÉRATIONS DOUANIÈRES EN ZONE CEMAC

Une redynamisation de la stratégie de collecte des recettes additionnelles se fera au travers d'une rationalisation plus active des mesures exonératoires. Pourtant, celle-ci n'est pas encore totalement entrée dans les mœurs au sein de l'espace CEMAC[1153]. En effet, l'examen détaillé des conditions de création des exonérations douanières met en lumière qu'elles n'ont été précédées ni d'une réflexion sérieuse au regard de la moins-value de recettes qui en résulte ni d'une recherche des mesures alternatives qui auraient permis d'atteindre les objectifs[1154]. Les exonérations douanières sont ainsi mal conçues et mal ciblées comme le faisait remarquer BOSVIEUX Jean en parlant des incitations fiscales à l'investissement locatif[1155]. Dans l'optique de répondre aux exigences communautaires de mobilisation optimale des ressources intérieures des États membres de la CEMAC à travers un élargissement de l'assiette taxable, une rationalisation des régimes douaniers dérogatoires s'impose. Ainsi, selon Xavier DARCOS, la rationalisation des régimes d'exonérations constitue un des axes forts de toute stratégie de réforme[1156]. Emboîtant le pas à ce dernier Charles YEHOUENOU pense que les besoins en ressources de nos pays sont bien réels et il est urgent que les gouvernants s'investissent réellement pour une rationalisation des dépenses fiscales[1157].

Le constat est assez révélateur de l'obstacle ou du handicap que constitue la dépense fiscale dans l'atteinte des objectifs budgétaires. Au moins 23 % en moyenne des recettes douanières sont affectées à la dépense fiscale chaque année. D'ailleurs, le Président de la République camerounaise à travers les différentes circulaires de préparation de budget ne cesse d'appeler régulièrement à une rationalisation des exonérations douanières[1158]. Il est question de vérifier la cohérence d'ensemble du dispositif d'incitations douanières à travers une meilleure coordination administrative.

Au regard de la difficulté de l'État à mieux piloter la mise en œuvre des exonérations douanières et d'assurer leur cohérence avec les dépenses

---

[1153] Pour plus de détails, lire MEDE Nicaise YENOUSSI Nicolas, *Bénin : les recettes publiques en débats*, Dakar, L'Harmattan, 2020, 490 pages.

[1154] Cour des comptes, *op. cit.*, p. 9.

[1155] BOSVIEUX Jean, « incitations fiscales à l'investissement locatif : succès quantitatif, ciblage imparfait », *Regards croisés sur l'économie*, n° 9/2011, pp.162-171.

[1156] DARCOS Xavier, Préface du livre de CHAMBAS Gérard (dir), *Afrique au sud Sahara : mobiliser des ressources fiscales pour le développement*, *op. cit.*

[1157] YEHOUENOU Charles, « Dépenses fiscales au Bénin : propos évaluatifs », *in* MEDE Nicaise, YENOUSSI Nicolas (dir), *Bénin : les recettes publiques en débats*, Dakar, L'Harmattan, 2020, pp 109-128.

[1158] D'après les experts du FERDI, la démarche de la rationalisation passe par l'évaluation du coût budgétaire des dépenses fiscales, l'analyse de la légitimité de chaque mesure donnant lieu à une dépense fiscale, l'élaboration d'un plan de rationalisation à soumettre aux décideurs politiques.

budgétaires, il s'agit dès lors de mettre en place de nouvelles pistes d'amélioration en matière d'élaboration, de présentation, de mise en œuvre et de contrôle de cette composante de la dépense publique. La gouvernance et la transparence dans les mécanismes ne seront pas en reste. Ces faiblesses préparent le terrain à un réexamen régulier des régimes douaniers dérogatoires. Pour le faire, chaque État de la sous-région Afrique centrale devrait revoir sa stratégie dans la conception et la mise en œuvre des exonérations douanières. Ce chapitre va donc mettre en lumière un certain nombre de principes destinés à guider la conception et la gouvernance des exonérations douanières, tout en fournissant des orientations sur les bonnes pratiques des États dans ces domaines[1159].

Afin d'inverser la tendance à savoir, élargir l'assiette fiscale tout en améliorant le rendement budgétaire des administrations douanières, il est conseillé généralement aux pays de procéder à une relecture des textes portant exonérations des droits et taxes afin d'encadrer les délais durant lesquels les régimes dérogatoires sont octroyés et à recentrer leur champ d'application sur les secteurs prioritaires. En gros, il est question d'abroger ces dispositifs de faveur ou d'en améliorer la conception, la transparence et la gestion. Aussi, la manière dont les exonérations douanières sont conçues et administrées est d'une importance capitale pour l'efficacité et l'efficience de ces instruments. Dans cette perspective, il est requis que chaque État membre de la CEMAC puisse disposer des outils stratégiques (chapitre I) et des outils opérationnels (chapitre II) pour démêler l'écheveau que constitue la dépense fiscale croissante de porte.

---

[1159] Pour plus d'éclairages, lire OCDE, *Principes pour améliorer la transparence et la gouvernance des incitations fiscales à l'investissement dans les pays en développement.*

# CHAPITRE I :

## LA NÉCESSITÉ D'UNE UTILISATION PRUDENTE DES EXONÉRATIONS DOUANIÈRES

« Régimes d'incitations et exonérations : une nécessaire rationalisation », telle est la préconisation de Gérard CHAMBAS et Bertrand LAPORTE[1160]. La rationalisation des dispositifs dérogatoires devrait être une priorité des instances nationales et communautaires. Le défi reste une meilleure appréhension de l'assiette fiscale douanière. Aussi, dans le cadre de l'option de rationalisation, il est suggéré une meilleure conception des régimes dérogatoires pour les rendre compatibles avec les politiques de mobilisation de recettes. Le défi majeur pour les décideurs publics est de trouver le juste équilibre entre l'instauration d'un régime fiscal attrayant pour les investissements domestiques et étrangers, notamment au moyen d'incitations fiscales, et la mobilisation des recettes suffisantes pour financer les dépenses publiques[1161]. La meilleure façon de dénouer ce dilemme au niveau de la politique fiscale de chaque État membre est de mettre un accent particulier sur l'utilisation stratégique et prudente des facilités et faveurs fiscales conformément aux prescriptions communautaires.

En effet, en l'absence d'un cadre stratégique suffisamment défini, la prolifération des exonérations douanières dans la zone CEMAC est une donnée constante dans le paysage fiscal des États membres. Afin de contrecarrer cette multiplication débridée des mesures préférentielles dérogatoires, la nouvelle stratégie vise à enrayer cette spirale négative en matière des exonérations et éviter les pertes de recettes. Un meilleur encadrement de la politique douanière dans ce domaine est nécessaire, voire urgent. Il s'agit de mettre en place des stratégies visant à éliminer toutes les exonérations douanières incohérentes, injustifiées et qui ne reposent sur aucun principe convaincant. Cette stratégie est importante dans l'optique d'une meilleure exploitation du potentiel fiscal existant. Un effort fiscal supplémentaire proviendrait d'un gel des exonérations douanières.

Toujours dans la perspective d'une nouvelle gouvernance des exonérations douanières en zone CEMAC, il conviendra de réexaminer l'utilisation généralisée des exonérations à la lumière des objectifs de politique commerciale et budgétaire à moyen terme, car elles nuisent aux efforts de

---

[1160] CHAMBAS Gérard (dir), *op. cit.*, p. 108.
[1161] Voir Rapport (FMI, OCDE, Nations unies et Banque mondiale), 2011.

développement et vont toujours à l'encontre des objectifs de recettes. L'option, comme le préconise GENDRON Pierre Pascal dans le contexte de l'UEMOA, est à une gestion budgétaire efficace des impôts douaniers, notamment le TEC et la TVA[1162]. La rationalisation préconisée, constitue un impératif de pérennité pour les finances publiques et une solution alternative au tarissement des recettes douanières qui croupissent sous le poids insoutenable de la dépense fiscale croissante[1163]. Dans cette optique, l'action stratégique commande une conception rationnelle des exonérations douanières (section I) et au-delà, le réexamen de celles existantes (section II).

## SECTION I : L'EXIGENCE D'UNE CONCEPTION RESTRICTIVE DES EXONÉRATIONS DOUANIÈRES

Pour être efficaces et efficientes, les exonérations douanières doivent être soigneusement conçues[1164]. Il est question ici de favoriser une instrumentalisation bénéfique de l'impôt douanier[1165]. Cette préconisation des institutions financières internationales et partenaires de développement est restée lettre morte en zone CEMAC. En effet, le foisonnement, l'ampleur des régimes dérogatoires est une caractéristique endogène des politiques fiscales des États membres de la CEMAC. Aussi, le rendement de l'imposition au Cameroun est largement affecté par des dispositifs d'incitation à l'investissement et autres basés sur les exonérations douanières. La conception restrictive des exonérations reste une condition *sine qua non* de l'amélioration de l'efficience de la politique incitative[1166]. Au vu des limites traduites par la difficulté à percevoir la finalité et l'impact des dépenses fiscales, une nouvelle stratégie dans la conception des exonérations doit être envisagée.

Vue sous cet angle, la conception des exonérations douanières interpelle à plus d'un titre les États membres dans la définition et la mise en œuvre de leur politique fiscale qui doit répondre à certains principes et exigences. Une option pour une utilisation efficace et efficiente des incitations fiscales doit être envisagée[1167]. Un équilibre entre la neutralité du système fiscal et le soutien aux ménages et aux entreprises doit être instauré, et ce, à travers la

---

[1162] Voir GENDRON Pierre Pascal, « Options pour renforcer le rôle de la TVA dans la mobilisation des recettes », séminaire sur la coordination fiscale en UEMOA, 2014, pp. 1-22.

[1163] Lire YOUAGAN Richard Vivien, *La sécurisation des recettes fiscales au Cameroun*, mémoire de master II, fiscalité appliquée, Université de Douala, 2014, 101 pages.

[1164] Rapport (FMI, OCDE, Nations unies, et Banque mondiale), 2015 sur le développement.

[1165] BOUBAY-PAGES Michel, « Des exonérations fiscales pour des investissements vertueux », *op. cit.*, p. 190.

[1166] Cour des comptes, *la gestion des dépenses fiscales en faveur du logement*, communication à la commission des finances, de l'économie générale et du contrôle budgétaire de l'Assemblée nationale, mars 2019.

[1167] Voir rapport du FMI, de l'OCDE, des Nations unies et de la Banque mondiale au groupe de travail du G20 sur le développement, septembre 2015.

rationalisation des exonérations douanières, avec en toile de fond une limitation de celles-ci. Il faut dès lors mettre en cohérence les exonérations douanières avec les objectifs de développement socioéconomique clairement établis (paragraphe 1) tout en encadrant juridiquement la possibilité d'y recourir (paragraphe II).

## Paragraphe I : Le souci d'une mise en cohérence des exonérations douanières avec les objectifs de développement socioéconomique clairement identifiés

En zone CEMAC, la dispersion d'objectifs rend difficile une stratégie cohérente de l'emploi des exonérations douanières. Pour enrayer la spirale négative en matière des exonérations et éviter les pertes de recettes, un meilleur encadrement de la politique douanière dans ce domaine est nécessaire, voire urgent. Cette politique rationnelle doit découler de la volonté politique et de la décision de la haute administration douanière d'inscrire les exonérations douanières dans une stratégie cohérente afin de préserver au mieux les recettes douanières. Désormais, chaque État membre de la CEMAC doit inscrire en priorité une définition claire et précise de sa politique incitative qui devrait s'inspirer des principes adoptés par le conseil des impôts français[1168], les experts du FMI[1169], l'OCDE; mais aussi[1170] des recommandations issues des rapports sur les dépenses fiscales dans différents pays africains[1171] (Maroc, Sénégal, Côte d'Ivoire) et par des pays européens et américains. Dans cette lancée, il s'agira de mieux cibler les objectifs porteurs de croissance (A) tout en recherchant une utilisation prudente des mesures préférentielles (B).

### A- Le besoin d'un meilleur ciblage des objectifs porteurs de développement en cohérence avec l'utilisation des exonérations douanières

Au regard de la littérature économique, les incitations fiscales doivent être soigneusement élaborées pour être efficaces. Elles doivent être bien ciblées et basées sur des critères d'éligibilité clairement définis. Le ciblage sert deux objectifs indissociables à savoir identifier les types d'investissements que l'État cherche à attirer et réduire le coût fiscal des incitations. Dans le contexte camerounais, l'opération de charme fiscal à travers les exonérations

---

[1168] Conseil des impôts, La fiscalité dérogatoire, pour un réexamen des dépenses fiscales, XXIe rapport au président de la République, septembre 2003.
[1169] FMI, *Moderniser la douane*, *op. cit.*
[1170] OCDE, *Les dépenses fiscales dans les pays de l'OCDE*, OCDE, 2010.
[1171] Voir par exemple, le projet de loi de finances portant budget de l'État pour l'année 2019 en Côte d'Ivoire, rapport sur la dépense fiscale 2018.

douanières à l'égard des investissements privés n'a pas constitué un multiplicateur d'investissements. Les dépenses fiscales ne peuvent constituer un véritable levier pour la promotion des investissements que si elles sont à la base bien pensées. [1172] À cet égard, la conception des régimes de faveur au niveau de la douane nécessite une définition claire des objectifs poursuivis en cohérence avec la politique de dépense fiscale (1) et un meilleur ciblage des bénéficiaires des exonérations douanières (2).

### 1. La meilleure définition des objectifs poursuivis en cohérence avec la politique de dépense fiscale

La multiplication des exonérations douanières est non seulement une source d'incohérence, mais elle entraîne également une diminution croissante des ressources budgétaires. D'où l'idée d'un « budget en creux » par opposition à un « budget en bosse »[1173]. D'ailleurs, l'état des lieux des exonérations douanières en zone CEMAC a révélé une fiscalité dérogatoire expansive, généreuse, propice à la déperdition des recettes. L'on note une insuffisance de ciblage des objectifs qui aurait pu correspondre à une stratégie véritablement sélective. Il est désormais question dans la sous-région de concevoir les exonérations de manière restrictive, limitative dans la perspective de canaliser davantage les recettes douanières tout en profitant au mieux des effets économiques et sociaux induits. Aussi, les États membres de la CEMAC doivent désormais s'inscrire dans une logique de rationalité en matière de dépense fiscale.

Cette logique rationnelle implique de mieux cibler les objectifs favorables à la croissance économique, au développement en général. L'on a vu dans la première partie que la croissance anarchique des exonérations douanières résultait d'une multiplicité d'objectifs assignés à ces dernières. Les exonérations douanières dans leur volet d'incitations fiscales peuvent servir différents objectifs. Leur principale raison d'être est habituellement de stimuler l'investissement et d'attirer les investissements directs étrangers (IDE). Elles présentent aussi une utilité sociale. Ainsi, les objectifs multiples favorisaient un empilement des dépenses fiscales, une incohérence créant un « maquis » indescriptible[1174]. Dans cette perspective, les États membres doivent mieux cibler les objectifs afin de pouvoir définir les régimes de faveur capables de les accompagner dans l'atteinte des objectifs de développement. Ainsi, une définition claire et précise des objectifs socioéconomiques à atteindre facilite une meilleure conception des exonérations douanières.

---

[1172] BAGUEKA ASSOBO Alfred, « La problématique de la dépense fiscale dans la diversification des sources de financement de l'économie », exposé du directeur général des impôts à la conférence annuelle des responsables des services centraux, déconcentrés et extérieurs du ministère des Finances, Yaoundé, les 27, 28 et 29 janvier 2011.
[1173] *Idem.*
[1174] PICHET Éric, *Théorie générale des dépenses sociofiscales*, *op.cit.*, p. 99.

En l'état actuel, les objectifs annoncés sont très vagues, généraux, multiples et peu lisibles. Aussi, comme au Maroc, le processus d'évaluation des mesures dérogatoires se heurte, souvent, à des objectifs flous et imprécis, formulés d'une manière superflue, et sans aucune visibilité[1175]. Ces objectifs tournent globalement autour de la promotion des investissements, les exportations, l'agriculture, l'utilisation des ressources naturelles nationales, la lutte contre la pollution, le développement des régions en crise, la création des emplois et bien d'autres. Cette description des buts est bien longue au Cameroun. À ces objectifs globaux, viennent s'ajouter les secteurs prioritaires inscrits dans la loi relative aux incitations à l'investissement privé en République du Cameroun[1176].

La dispersion d'objectifs rend difficile une stratégie cohérente de l'emploi des exonérations douanières. Le ciblage aléatoire des incitations par rapport aux objectifs multiples de développement est une caractéristique des États de la sous-région[1177]. En réalité, les objectifs ont gardé leur caractère général poussant ainsi les États à rechercher un ciblage rigoureux nécessaire des incitations fiscales. Toute dépense fiscale devrait concourir à la poursuite d'un objectif précis. Les objectifs qui justifient les régimes douaniers dérogatoires sont définis par le Traité instituant l'UDEAC. Les États membres se doivent de rester coller à cette réalité et dans la conception et la mise en œuvre de leur politique fiscale exonératoire, ils se doivent *« d'avoir une vision claire et de se doter d'un cadre global et cohérent qui prenne en considération l'impact économique et social des dépenses fiscales, leur évaluation, leur importance stratégique pour le développement, leur sensibilité, les distorsions économiques qu'elles peuvent créer entre les différents secteurs et activités économiques, tout en veillant à ce qu'elles ne présentent pas un double emploi avec d'autres formes d'aides »*[1178]. Il est donc important pour les États de la sous-région de mieux cibler aussi bien les objectifs que les bénéficiaires des exonérations douanières[1179].

---

1175 HASSAN EL KTINI, *Les dépenses fiscales en droit marocain, op. cit.*, p. 179.

1176 Article 14 de la loi n° 2013/004 du 18 avril 2013 fixant les incitations à l'investissement privé en République du Cameroun.

1177 AMINE Bouzaiene, « Les avantages fiscaux, une perte de recettes pour un bénéfice incertain, lecture critique de la nouvelle loi sur les incitations fiscales », *Observatoire tunisien de l'Économie*, n° 12, 2018.

1178 Maroc, DGI, "Synthèse des propositions issues des assises nationales sur la fiscalité », tenues le 29 et 30 avril 2013 à Skhirat, p. 2.

1179 Lire ALAKA ALAKA Pierre, « dépenses fiscales et développement économique en Afrique : des pistes exploitables », *Cahier africain de fiscalité et du droit des affaires*, n° 46 juin-juillet août, pp. 5-14.

### 2. Le plaidoyer pour un meilleur ciblage des bénéficiaires des exonérations douanières

La problématique de la conception restrictive des exonérations douanières repose sur de meilleurs choix fiscaux notamment le choix rationnel des bénéficiaires de ces exonérations[1180]. Dans le contexte camerounais, l'ensemble des contribuables, personnes physiques et personnes morales sont concernées par les faveurs fiscales. De même, les privilèges fiscaux ne se limitent pas à une catégorie exclusive d'activités. De la production industrielle au commerce général en passant par les activités du tertiaire, les contribuables peuvent prétendre à des mesures fiscales de faveur[1181]. La mise en œuvre d'une politique incitative cohérente repose également sur ce meilleur ciblage des bénéficiaires. En effet, la multiplication et la superposition des incitations fiscales ont porté un préjudice à la cohérence de la politique fiscale[1182]. Cette multiplication est la résultante d'un grand nombre de bénéficiaires.

Ainsi, l'examen détaillé des conditions de création des exonérations douanières met en lumière, une multitude de bénéficiaires. Le constat a été celui d'un foisonnement, d'une multiplication des potentiels bénéficiaires des mesures préférentielles à la recherche des gains fiscaux. La diversité des bénéficiaires est la résultante de la diversité des objectifs avoués ou inavoués assignés aux exonérations douanières. Ce constat d'une « démocratisation » des faveurs fiscales laisse croire à une absence de planification préalable d'une orientation de politique fiscale faisant perdre des recettes budgétaires à l'État sans contrepartie[1183].

Dans cette veine, le rapport sur la dépense fiscale au Cameroun a révélé que les exonérations de TVA sur les consommations courantes ou les biens de première nécessité profitaient plus aux titulaires de revenus élevés qu'aux ménages les plus pauvres et défavorisés. Ainsi, ce sont les particuliers situés dans les déciles supérieurs de revenus mus par un objectif de rentabilité ou obnubilés par la recherche du gain facile qui tirent le plus parti de ces mesures[1184]. Ainsi, l'analyse des bénéficiaires réellement constatés des dépenses fiscales ne correspond pas aux objectifs affichés de réduction de pauvreté des couches défavorisées. Aussi, les dépenses fiscales ne bénéficient

---

[1180] Lire KASSIM Lanre et MANSOUR Mario, « les rapports sur les dépenses fiscales des pays en développement : une évaluation », in *Revue d'économie du développement*, vol. 26, 2018, pp. 113-167, d'après ces auteurs, il est pertinent de recenser les différents bénéficiaires des dépenses fiscales dans les rapports des pays, car cet exercice est un facteur d'amélioration de la transparence de l'attribution des fonds publics et facilite par ailleurs un examen éclairé des implications en termes d'équité.

[1181] EVINA OBAM Richard, *op. cit.*, p. 200.

[1182] JOUYET Jean-Pierre, GILBERT Bruno et MOUTIE Philippe, « Les dépenses fiscales, tour d'horizon », RFFP, n° 18, 1987, pp. 21-28.

[1183] EVINA OBAM Richard, *op.cit.*, p. 200.

[1184] Cour des comptes en France, la gestion des dépenses fiscales en faveur du logement, mars 2019, p. 60.

pas toujours aux publics prioritaires[1185]. L'on a vu certains usagers bénéficier des exonérations douanières pour fondre par la suite dans la nature. Les incitations doivent être analysées et appréciées en fonction et au regard de l'éthique du bénéficiaire[1186].

Au regard des faiblesses au niveau du choix des bénéficiaires, un meilleur ciblage serait moins coûteux pour les finances publiques et permettrait probablement une meilleure atteinte des objectifs des politiques publiques de développement durable. Les recettes fiscales ou douanières sont ainsi nécessaires pour habiliter l'État à assurer pleinement ses fonctions régaliennes[1187]. Dans la même veine, un meilleur ciblage des dépenses fiscales plus focalisées sur la structure de consommation des ménages les plus pauvres s'avère nécessaire. En réalité, il est toujours important de savoir qu'un meilleur ciblage des bénéficiaires améliore considérablement le rendement de l'impôt douanier. En effet, au-delà de la mauvaise foi des usagers, les dépenses fiscales peuvent atteindre des objectifs fiables si à la base, elles ciblent des bénéficiaires ou des secteurs pertinents. L'heure est à la construction méthodique d'un nouvel interventionnisme basé sur la sélectivité des bénéficiaires ou des secteurs à fort potentiel et aux investissements lourds[1188]. Par exemple, il serait judicieux de recentrer le champ d'application des exonérations douanières sur les secteurs prioritaires tels l'agriculture, la santé, l'éducation et le tourisme, et réserver aux seuls titulaires des titres miniers ou pétroliers le bénéfice des avantages douaniers en excluant les sous-traitants[1189]. Ce renouveau de la politique fiscale incitative postule à une utilisation plus prudente des exonérations douanières.

### B- La recherche d'une politique prudente d'utilisation des exonérations douanières

Les spécialistes fiscaux s'accordent généralement à dire que les gouvernements en général et ceux des pays à faible revenu en particulier, cèdent trop de revenus en accordant des exonérations d'impôts excessives aux investisseurs, autant étrangers que nationaux[1190]. Il semble probable que les exonérations soient plus utilisées dans les pays à faible revenu[1191]. Le

---

1185 *Idem.*

1186 ACCLASSATO Denis, Éthique et évasion fiscale au Bénin, Éthique et économique/ Ethics and Economic, 12 (2), 2015.

1187 *Idem.*

1188 EVINA OBAM Richard, *La politique fiscale au Cameroun depuis les années 1980*, *op.cit.*, p. 197.

1189 Voir Cameroun, Mémorandum de politiques économiques et financières pour 2017-19, Fonds monétaire international.

1190 Voir MICK Moore et WILSON Prichard, « Comment les gouvernements de pays à faible revenu peuvent-ils augmenter leurs recettes fiscales ? », *Document de travail* 70 ICTD, novembre 2017.

1191 *Idem.*

Cameroun n'échappe pas à ce constat. L'étude sur l'impact budgétaire des exonérations douanières au Cameroun a été un révélateur significatif. L'octroi extensif et systématique est incompatible avec une mobilisation efficace des recettes douanières. L'importance des renonciations des recettes et leur forte tendance évolutive sont perceptibles en zone CEMAC et particulièrement au Cameroun, d'où la recherche d'une utilisation prudente de ces exonérations. L'urgence est à la reconsidération des dépenses fiscales par une utilisation modérée et prudente des exonérations douanières. Celle-ci passe par le rejet d'une politique incitative expansive (1) tout en profitant au mieux des vertus des régimes douaniers économiques (2).

**1. Le rejet de la politique incitative expansive dans les États membres**

Depuis la réforme fiscale et douanière intervenue en 1994, la politique fiscale incitative en zone CEMAC, laisse apparaître beaucoup de faiblesses. La cohérence de la politique fiscale, enserrée dans le carcan communautaire, se trouve altérée par les agissements des États membres qui utilisent l'impôt à des fins extrabudgétaires. L'idéal d'une utilisation modérée des régimes dérogatoires est altéré dans l'ordre juridique national par l'émergence d'un dispositif normatif hétéroclite accordant d'importantes exonérations douanières.

Dans l'optique de préserver le caractère hautement rentable de l'impôt douanier, une politique de maîtrise des exonérations est souhaitée avec pour finalité l'élargissement de l'assiette fiscale. Cette tendance est censée rompre avec l'ancien paradigme nécessaire à l'avènement d'un système fiscal dénué des pesanteurs liées à la mobilisation des recettes. Une véritable politique prudente de création des exonérations douanières doit se substituer à l'effervescence anarchique qui caractérise leur création au gré des événements[1192]. Ainsi, pour chaque dépense fiscale à créer ou à maintenir, la démarche sera la même. Elle est fondée sur six filtres, permettant à chaque fois de s'assurer successivement de leur légitimité, de leur utilité, de leur pertinence, de leur efficacité, de leur non-substituabilité par une dépense budgétaire, c'est-à-dire de leur efficience et enfin de leur acceptabilité sociale[1193].

Dans cette lancée, tout devrait commencer par une redéfinition des responsabilités en matière d'octroi des exonérations quand bien même celles-ci seraient déjà consacrées par le législateur[1194]. Dans les faits et depuis plusieurs décennies, les prérogatives de préparation à l'octroi des exonérations étaient partagées au sein du gouvernement entre le ministère des Finances

[1192] Voir PICHET Éric, *Théorie générale des dépenses sociofiscales*, *op.cit.*, p. 421.
[1193] *Idem.*
[1194] EVINA OBAM Richard, *La politique fiscale au Cameroun depuis les années 1980*, *op.cit.*, p. 202.

prompt à resserrer l'étau autour des niches fiscales et les ministères sectoriels techniques chargés du Commerce, de l'Industrie et des Mines davantage ouverts aux avantages fiscaux. Cette exigence de coordination gouvernementale permet de créer une convergence de vues sur le plan de la stratégie de politique économique axée sur les dépenses fiscales[1195].

Chaque tension sociale ne devrait pas toujours donner lieu à une mise en place des mécanismes de défiscalisation douanière. Bien plus, l'investissement doit être encouragé par une démarche prudente qui n'accorde de faveur fiscale qu'après une bonne évaluation exacte sur les activités. Dans ce sillage, les États doivent faire preuve de beaucoup de retenue. Ainsi, les exonérations doivent devenir une exception et l'exploitation des différents régimes douaniers économiques la règle. Il est donc question de s'assurer de la cohérence du système d'aide et de l'orientation vers les aides les plus incitatives[1196].

### 2. La meilleure utilisation des régimes douaniers économiques en lieu et place des exonérations douanières

Dans le cadre de la rationalisation, il est suggéré de mener une politique active de maîtrise des exonérations douanières pour les rendre compatibles avec les politiques de mobilisation des recettes. De nos jours, force est de constater que malgré des régimes d'incitation particulièrement généreux, les pays en voie de développement (et ceux de la CEMAC n'échappent pas à cette règle) n'arrivent toujours pas à trouver la solution idoine pour attirer convenablement les investisseurs directs étrangers[1197]. Il est temps de relever le défi de l'agression budgétaire induite par la croissance anarchique des exonérations douanières. Les dérogations fiscales constituent ainsi une préoccupation des économistes et surtout des spécialistes de la fiscalité.

Nonobstant le poids des recettes douanières dans le budget national, les États de la sous-région CEMAC font souvent abstraction des règles communautaires aux fins d'alléger les charges douanières de certaines catégories de contribuables. Cette instrumentalisation de l'impôt dans le cadre des enjeux relatifs à des particularismes économiques, sociaux, culturels et territoriaux [1198]est désastreuse pour les finances publiques. Pour se départir de

[1195] *Idem.*
[1196] Lire à ce sujet, ONDOUA BIWOLE Viviane, « Les aides publiques à l'entrepreneuriat au Cameroun », *in* ABOUEM A TCHOYI David, M'BAFOU Stéphane-Claude, *50 ans de réforme au Cameroun, stratégies, bilans et perspectives,* L'Harmattan Cameroun, 2013, pp. 95-111.
[1197] NIANE Abdoulaye, *Fiscalité et intégration économique*, *op. cit.*, p. 347.
[1198] LEROY Marc, « Découvrir la sociologie fiscale », in *Regards croisés sur l'économie*, 2007.

cette tendance négative, il est souvent recommandé aux administrations douanières de mettre au-devant les régimes douaniers économiques[1199].

Aussi, les régimes douaniers économiques ont été mis en œuvre pour accompagner les opérateurs économiques[1200]. Il s'agit entre autres des régimes suspensifs (admission temporaire, entrepôt, transit), des régimes économiques modernes notamment le perfectionnement actif, le perfectionnement passif, le drawback et l'exportation temporaire. Toutes les vertus de ces régimes suspensifs et économiques n'ont pas encore été exploitées à fond pour recourir aux exonérations douanières. Dans cette perspective, ces dernières doivent devenir une exception et le principe serait l'utilisation des régimes économiques prévus dans le Code des douanes communautaire. Les pays de la sous-région CEMAC auraient tout intérêt à rejeter les mesures d'encouragement fiscal mal ciblées comme véhicule principal de la promotion de l'investissement[1201].

En outre, en considérant simultanément l'ampleur réelle des coûts d'efficience et les comportements de fuite de l'impôt qui découlent des exonérations douanières, il est possible de construire une grille de lecture qui permet de prévoir dans la réglementation des régimes économiques faciles de contrôles (entrepôts industriels, drawback par exemple) et qui fait éviter la rémanence de l'impôt, participant ainsi à la création d'un environnement transparent et propice aux affaires. Ces régimes économiques utilisés en même temps qu'un tarif des douanes cohérent, simple et transparent procurent aux entreprises des avantages financiers importants et permettent d'améliorer la compétitivité de leurs produits[1202].

Bien plus, les régimes douaniers économiques constituent aujourd'hui de véritables mécanismes douaniers d'incitation économique visant à renforcer la capacité concurrentielle des entreprises sur les marchés internationaux, à protéger l'emploi dans le pays, et à favoriser la promotion de la petite et moyenne entreprise, par le maintien, voire le développement d'activités de transformation, d'utilisation ou de stockage dans le pays. Ils permettent ainsi de répondre à des impératifs techniques et à des contraintes commerciales[1203]. La vocation de ces régimes est d'accompagner et de soutenir les activités de transformation des entreprises. La Banque mondiale dans une de ses

---

[1199] Lire TABI MBANG Étienne, *Fonctionnement et dynamique des régimes douaniers dits « économiques »*, ITAF, 1990, AMOUGOU-ESSI Vincent, *Les régimes économiques et le développement économique en période de crise*, ENAM, 1989.

[1200] À cet effet, le Code des douanes CEMAC a prévu des régimes économiques dont la vocation est d'accompagner et de soutenir les activités de transformation des entreprises.

[1201] VITO Tanzi, HOWELL Zee, « Une politique fiscale pour les pays en développement », n° 27, FMI, Dossiers économiques, 2001.

[1202] Banque mondiale, « Compétitivité de l'économie guinéenne », Rapport de mission sur la douane guinéenne, décembre 2002.

[1203] AMOUGOU-ESSI Vincent, *Les régimes économiques et le développement du pays en période de crise, op.cit.*, p. 8.

recommandations, tout en réclamant la suppression à court terme des exonérations sectorielles, exceptionnelles et accidentelles, demande aux États de prévoir des régimes économiques faciles de contrôles. Ces régimes utilisés en même temps qu'un tarif des douanes cohérent, simple et transparent procurent aux entreprises des avantages financiers importants et permettent d'améliorer la compétitivité de leurs produits[1204].

Un levier sur lequel devraient agir les États membres de la CEMAC revient ainsi à mieux utiliser les régimes économiques dans la perspective d'un accompagnement fiscal des opérateurs économiques[1205]. À défaut, l'utilisation des exonérations douanières doit recevoir un meilleur encadrement juridique et éthique, prélude à la nouvelle gouvernance recherchée.

### Paragraphe II : L'urgence d'un meilleur encadrement de la possibilité de recourir aux exonérations douanières.

La meilleure façon de lutter contre les exonérations douanières est d'éviter d'en créer[1206]. Cette vision est assez irréaliste et difficile à mettre en pratique. Dans ce sillage, au vu du contexte sous-régional CEMAC fait de sous-développement et de diverses vulnérabilités sociales et économiques, il est difficile de mettre en place un système sans accompagnement fiscal des opérateurs économiques, sans exonérations fiscales tout simplement. Dans cette veine, le réalisme, le pragmatisme fiscal recommande plutôt un meilleur encadrement juridique au niveau de la possibilité de recourir aux exonérations douanières. Les observations actuelles laissent voir une disharmonie, une hétérogénéité normative en matière des sources des exonérations fiscales. Dans ce sens, en la matière, l'on peut constater un encadrement juridique épars, incohérent et éparpillé, une typologie plurielle des dépenses fiscales de porte, un cadre procédural protéiforme, toute chose de nature à remettre en cause la mobilisation optimale des recettes fiscales et partant, prologue à l'inefficacité de l'action publique. Le foisonnement d'acteurs et d'institutions de création des exonérations douanières nuit à la lisibilité de la politique fiscale exonératoire en zone CEMAC. Il est question d'assurer un meilleur encadrement juridique de la possibilité de recourir aux exonérations (A) tout en relevant le défi éthique dans l'octroi des exonérations douanières (B).

---

1204 Banque mondiale, Compétitivité de l'Économie guinéenne, Rapport de mission sur la douane guinéenne, décembre 2002.

1205 Lire PEMBOURA KENTOUMA Seïd, *Fiscalité et compétitivité des moyennes entreprises au Cameroun*, Mémoire de master II professionnel en fiscalité, Université de Douala, 2009, 106 p.

1206 FMI, *Moderniser la douane*, *op. cit.*

### A- Le nécessaire encadrement juridique de la possibilité de recourir aux exonérations douanières

Dans une optique d'amélioration du rendement fiscal et d'une meilleure gouvernance des exonérations douanières, il est suggéré de mieux encadrer leur octroi qui doit être fondé sur des règles plutôt que sur le pouvoir discrétionnaire. D'ailleurs, les organismes internationaux et régionaux et notamment l'OCDE stigmatisent l'incohérence, l'instabilité et la complexité du droit des incitations[1207]. La recherche d'une cohésion, d'une homogénéité de la politique incitative en zone CEMAC est souhaitable. Cette cohésion permet aux différents États membres de mieux canaliser les recettes douanières tout en assurant l'efficacité et l'efficience de cette politique. Par ailleurs, l'implication des différents organes et institutions dans l'octroi des exonérations douanières doit être circonscrite afin d'éviter le désordre ambiant qui caractérise ce secteur dans de nombreux États de la sous-région. Il est donc recommandé, dans l'impossibilité de ne pas consentir des mesures fiscales de faveur, de réserver l'exclusivité des exonérations douanières aux seules dispositions législatives (1) tout en les limitant dans le temps (2).

#### 1. L'exclusivité de création des exonérations douanières aux dispositions législatives

Les dispositifs de mesures fiscales de faveur au Cameroun sont un amas de mesures éparpillées dans un ordre juridique lui-même caractérisé par sa dispersion[1208]. Pourtant, la meilleure stratégie envisageable pour promouvoir un investissement durable consiste à créer un cadre juridique et réglementaire stable et transparent, et à mettre en place un système fiscal conforme aux normes internationales[1209]. Un système fiscal saturé des encouragements fiscaux constituera inévitablement un terreau fertile pour les activités de recherche de rente[1210]. D'ailleurs, les analyses des organismes internationaux confortent cette perception et vont jusqu'à soutenir que, paradoxalement, l'excès en matière d'exonérations fiscales ne constitue pas un attrait pour l'investisseur étranger. Fort de ces enseignements, et dans l'optique d'une utilisation optimale des régimes de faveur, il est conseillé de mettre fin à la dérive que constitue la multiplication des exonérations douanières à travers l'exclusivité accordée aux lois de finances lors de leur élaboration.

---

1207 Voir BENSOUDA Noureddine, « La stratégie fiscale entre la logique de la compétition et le choix de l'harmonisation », discours à la Chambre française de commerce et d'industrie du Maroc, février 2004.

1208 EVINA OBAM Richard, *La politique fiscale au Cameroun depuis les années 1980*, *op.cit.*, p. 200.

1209 VITO Tanzi, HOWELL Zee, « Une politique fiscale pour les pays en développement », n° 27, FMI, Dossier économique, 2001.

1210 *Idem.*

En effet, réserver l'exclusivité de la création des exonérations douanières aux seules dispositions législatives est un principe sacré à respecter dans la création des exonérations douanières. Cette exigence vise à limiter leur multiplication et les pertes potentielles de recettes qui en découlent. Dans ce sillage, toutes les exonérations douanières au Cameroun comme partout ailleurs dans la zone CEMAC doivent être prévues par la loi. Ce principe part du constat de la grande souplesse qui entoure leur création. Cette souplesse a pour résultat l'explosion des entreprises sous cahiers de charge ou sous conventions d'établissement et la diversification des exonérations exceptionnelles. Il est donc impératif de rompre avec la délégation aux décrets, notes de service, cause majeure de la complexité et l'instabilité du droit des exonérations douanières [1211]qui doivent être soumises au processus législatif et intégrées dans la loi fiscale.

Dans la même lancée, ni le ministère des Finances (ou tout autre organe gouvernemental ou ministériel, telle une commission d'investissement), ni la direction générale des douanes ni un agent local des douanes ne doivent être habilités à accorder des exonérations douanières sur une base discrétionnaire. Les exonérations douanières instituées par décret ou en vertu des décisions individuelles qui ne sont pas soumises à l'examen du législateur n'offrent pas une transparence suffisante sur leur fonctionnement ni sur les conditions dans lesquelles il est possible d'en bénéficier[1212]. L'examen par le Parlement ou toute procédure équivalente est indispensable à la transparence et à la reddition des comptes sur la gouvernance des incitations fiscales[1213]. Il offre en effet la garantie que les dispositifs d'incitation font l'objet d'une surveillance portant sur les finalités auxquelles ils obéissent et sur les coûts qu'ils induisent, de même que sur les avantages qu'ils peuvent procurer au pays[1214].

Il est donc intéressant de veiller à ce que les exonérations douanières soient approuvées par le législateur ou par le Parlement. Ce principe qui a pour effet de limiter les exonérations fantaisistes, exceptionnelles et qui n'ont aucune base légale, vise également à les soumettre à la rigueur des procédures propres aux lois des finances et aux lois tout simplement. Dans ce sillage, les exonérations douanières constituant une dépense fiscale, elles doivent faire partie des négociations budgétaires au même titre que les dépenses budgétaires. L'exigence du recours à la loi vise à rompre avec la complexité,

---

1211 BOUZAÏENE Amine, « Les avantages fiscaux, une perte de recettes pour un bénéfice incertain, lecture critique de la nouvelle loi sur les incitations fiscales », *in Observatoire tunisien de l'économie*, Policy brief, n° 12, 2018

1212 OCDE, Des politiques meilleures pour une vie meilleure, fiscalité et développement, principes pour améliorer la transparence et la gouvernance des incitations à l'investissement dans les pays en développement.

1213 *Idem.*

1214 *Idem.*

l'éparpillement caractéristique de la législation douanière sur les exonérations des États membres de la CEMAC. Le constat fait d'ailleurs référence à un droit à plusieurs étages notamment législatif, réglementaire, conventionnel et autres.

Bien plus, les exonérations douanières doivent être clairement inscrites dans la loi. Cela permet d'assurer que le fondement juridique de ces faveurs fiscales a été approuvé par le pouvoir législatif et que le Parlement et le public ont pu en prendre dûment connaissance. En revanche, les exonérations douanières qui sont négociées et accordées par voie de décret, d'accord ou de règlement, entre autres, échappent à tout examen et peuvent donner lieu à un trafic d'influence[1215]. Le mieux est donc qu'elles soient regroupées et inscrites dans la législation fiscale proprement dite. Cela réduira le risque que des dispositions divergent ou se chevauchent, ce qui pourrait entraîner des incertitudes et des distorsions imprévues, ainsi que les pertes de recettes[1216].

Par ailleurs, les critères d'éligibilité régissant l'octroi des exonérations douanières doivent être clairement définis et aisément vérifiables pour permettre une approche basée sur des règles. Dans ce sillage, la législation et les textes réglementaires connexes doivent préciser les conditions que le contribuable doit satisfaire pour être admis au bénéfice des exonérations douanières. Cette procédure laisse le moins de place possible à l'interprétation subjective et à la négociation. La marge de discrétion doit rester la plus étroite possible et être bien encadrée, sinon elle pourrait ouvrir la porte à des comportements de recherche de rente de la part des investisseurs et à des pratiques de corruption de la part des responsables publics[1217].

En l'état actuel, au vu de l'éparpillement et de la trop grande diversité des mesures exonératoires, notamment le régime incontrôlé des exonérations administratives, nous plaidons pour l'homogénéisation du droit des exonérations. Celle-ci se fera à travers la création d'une loi unique regroupant toutes les mesures d'exonérations douanières au Cameroun. Cette ambition législative vise la clarté, la simplicité et la stabilité de la norme juridique, gage de l'efficacité et de l'efficience. D'ailleurs aux dires des pouvoirs publics eux-mêmes et des recommandations des institutions financières, l'homogénéisation des régimes d'exonérations devrait être une quête permanente. Elle passe par une implication systématique et un avis conforme obligatoire du ministre du Budget et des Finances dans la création de toute nouvelle dépense fiscale. Mais au-delà de l'homogénéisation à travers la consécration législative, il est tout aussi nécessaire que les exonérations douanières soient limitées dans le temps.

---

1215 Rapport (FMI, OCDE, nations unies, banque mondiale) au groupe de travail du G20 sur le développement, septembre 2015.
1216 *Idem*.
1217 *Idem.*

## 2. La limitation de la durée des exonérations douanières : l'attrait des exonérations temporaires

Au travers de la survivance de la souveraineté fiscale des États membres dans la sous-région Afrique centrale[1218], l'on se résoudra à constater l'impossibilité de réduire à sa plus simple expression les exonérations douanières. En effet, les États s'appuient sur leur prétendue souveraineté en matière de fiscalité dérogatoire pour accorder le bénéfice des exonérations multiples et pérennes. Ces États mettent ainsi à nu l'effort déployé dans le cadre communautaire pour garantir un régime fiscal neutre et simple. Ainsi, la tendance à la défiscalisation s'est exacerbée sous le prétexte d'une politique d'attraction de l'investissement.

Le Cameroun n'échappe pas à cette tendance permissive des exonérations douanières. La tendance à leur pérennisation est une caractéristique propre au système fiscal camerounais. Les niches fiscales de ce système sont rarement limitées dans le temps. Ce caractère permanent ne favorise pas leur évaluation ainsi que leur mise à jour en fonction des objectifs et des résultats antérieurement obtenus[1219]. Il est ainsi peu probable que les exonérations d'impôts pour des investisseurs disparaissent, d'où l'importance de déterminer les délais stricts sur toutes les exonérations.

La nécessité d'une limitation des exonérations douanières dans le temps semble facile à défendre tant le poids au demeurant croissant de celles-ci a fait perdre à l'État des sommes substantielles avec des effets particulièrement nocifs sur les finances publiques. Il est d'ailleurs loisible de constater que les exonérations douanières à cause de leur fréquence sont devenues celles de droit commun. Une bonne politique fiscale de maîtrise des exonérations douanières passe par la limitation des régimes dérogatoires dans le temps. D'ailleurs au regard du Traité de l'union douanière et économique de l'Afrique centrale, les mesures dérogeant à la réglementation douanière communautaire doivent être autorisées à titre temporaire[1220]. Cette disposition vise à éviter la mise en place par les États des politiques fiscales permanentes, dispendieuses et nuisibles aux efforts d'harmonisation douanière.

Dans la même veine, la nécessité de limiter les exonérations douanières dans le temps part du constat de leur complexité et de leur superposition. En effet, certaines exonérations une fois créées restent en vigueur indéfiniment,

---

[1218] Lire à ce sujet, KAMENI Nick Lazare, *Droit OHADA et droit constitutionnel des États parties : contribution à l'analyse sous le prisme de la pratique camerounaise*, Thèse de doctorat ph. D. en droit public, Université de Yaoundé, 2015, 432 p, voir aussi, BEGNI BAGAGNA, *L'harmonisation des politiques fiscales en zone CEMAC : esquisse de théorie du droit fiscal communautaire*, *op.cit.* Les États restent très attachés à leur souveraineté fiscale, judiciaire, législative et budgétaire, maillon essentiel de leur souveraineté politique.

[1219] EVINA OBAM Richard, *op. cit.*, p. 201.

[1220] Article 37 du Traité de l'union douanière et économique de l'Afrique centrale, suivant modification de l'acte n° 2/91-UDEAC-556-CE-27 du 6 décembre 1991 à Libreville.

alors même qu'elles ont perdu leur utilité. Pour ce faire, au niveau national, les États doivent prévoir des dispositions idoines fixant expressément la durée de vie des exonérations douanières. Cette date doit être surveillée au niveau des instances étatiques pour que ces exonérations ne puissent devenir une menace à l'équilibre déjà fragile des finances publiques. Cette limitation doit servir à asseoir les bases d'un système fiscal solide, et partant d'un cadre assaini des finances publiques[1221].

Dans la pratique, la nécessité pour certains États de remédier au plus vite à l'érosion de leur base taxable a poussé certains à limiter tant bien que mal la durée des exonérations. Au Niger par exemple, la période de stabilisation fiscale a été réduite à quinze ans[1222]. Cette préoccupation est également plus ou moins prise en compte par le Cameroun. Aussi, la loi n° 2013/004 semble respecter ce principe en limitant les exonérations douanières accordées dans la phase d'installation à cinq (5) ans à compter de la date de délivrance de l'agrément. Dans le même sillage, pendant la phase d'exploitation, cette durée ne peut excéder dix (10) ans, ce qui est très loin des standards internationaux, dont la durée est de deux à trois ans. Elle est la preuve vivante d'une politique fiscale irrationnelle, irresponsable, laxiste et inefficace par-dessus tout.

Au regard de l'enjeu significatif que représentent les exonérations douanières du point de vue des recettes de l'État et dans la perspective de rationaliser les incitations fiscales, il est loisible d'insérer une clause prévoyant la suppression automatique du dispositif dans les différentes phases au bout de deux années, sauf reconduction expresse par une loi des finances. Il est également nécessaire de limiter la durée d'existence de ces dispositifs et de ne laisser perdurer que les dépenses fiscales qui après avoir été évaluées avec rigueur, ont fait preuve de leur efficience[1223]. Le recours à des incitations fiscales temporaires plutôt que permanentes peut présenter un certain intérêt. L'attrait d'une incitation fiscale temporaire réside surtout dans le fait que sa date d'expiration constitue un point naturel d'évaluation, qui peut s'inscrire dans un processus de réexamen périodique visant à déterminer si l'incitation doit être poursuivie, modifiée ou supprimée[1224].

De fait, une incitation dont il est prévu qu'elle sera éliminée à brève échéance a un effet généralement plus important sur l'investissement qu'une

[1221] NIANE Abdoulaye, *Fiscalité et intégration économique, le cas du système fiscal sénégalais dans l'UEMOA, op.cit.*, p. 159.

[1222] ESSAGA Victor Stéphane, *op.cit.*, p. 91.

[1223] Cour des comptes, La gestion des dépenses fiscales en faveur du logement, communication à la commission des finances, de l'économie générale et du contrôle budgétaire de l'Assemblée nationale, mars 2019.

[1224] Rapport du FMI, de l'OCDE, des Nations unies et de la Banque mondiale au groupe de travail du G20 sur le développement, « Options pour une utilisation efficace et efficiente des incitations à l'investissement dans les pays à faible revenu », septembre 2015.

incitation permanente[1225]. La limitation de la durée des exonérations douanières réduit les possibilités de recherche de rente et de corruption. À cet effet, cette limitation doit être associée à la dimension éthique dans l'octroi des exonérations douanières.

### B- Le renforcement de la dimension éthique dans l'octroi des exonérations douanières

L'évolution récente des systèmes de gestion des finances publiques met en évidence la montée en puissance des nouveaux principes de transparence et de performance[1226], mais davantage le respect des règles éthiques dans la nouvelle gouvernance financière des États[1227]. Le renforcement des règles éthiques est considéré comme le nouveau socle de la nouvelle gouvernance des exonérations douanières. La bonne gouvernance exige que le processus décisionnel des autorités, les politiques publiques et l'administration soient transparents et puissent faire l'objet d'un contrôle et d'une évaluation, de sorte que l'État puisse être tenu comptable de ses actes et que des mesures correctives puissent être prises au besoin[1228]. Cela permet de limiter les possibilités de corruption, de renforcer la confiance des investisseurs dans l'administration, et de rassurer le public quant à l'équité de la conception et de la mise en œuvre du système fiscal[1229].

Les exonérations douanières sont souvent citées pour illustrer la corruption dans l'administration douanière[1230]. En effet, le degré de corruption qui continue de prévaloir dans ce domaine entraîne des pertes de recettes, des inégalités dans le traitement des opérateurs et l'aggravation des facteurs d'inefficience économique. La mise en œuvre rationnelle de la politique douanière en matière d'exonérations exige le respect des règles éthiques et de gouvernance. MAMOUDOU Barry faisait d'ailleurs de la gouvernance des politiques fiscales et douanières attractives, une nécessité[1231]. Les conditions essentielles à une bonne gouvernance sont les suivantes :

---

[1225] *Idem.*

[1226] ABOUBAKAR SY, *La transparence dans le droit budgétaire de l'État en France*, LGDJ, Lextenso éditions, 2017, 415 p, voir aussi, BEGNI BAGAGNA, « Le principe de transparence dans les finances publiques des États membres de la CEMAC », *RAFIP*, pp. 186- 217.

[1227] AKHLAFFOU Mohammed, EL WAZANI Youssef, MALIKI Souaf, « L'importance de la dimension éthique dans la performance et la gouvernance des organisations publiques : l'apport de l'institutionnalisation des pratiques éthiques dans le secteur public marocain », European Scientific Journal, 2017.

[1228] Rapport du (FMI, OCDE, des Nations unies et de la Banque mondiale au groupe de travail du G20 sur le développement, septembre 2015.

[1229] *Idem.*

[1230] Voir FMI, *Moderniser la douane*, *op. cit.*, p. 167.

[1231] MAMOUDOU BARRY, *Politiques fiscales et douanières en matière d'investissements étrangers en Afrique francophone, le cas du secteur des ressources naturelles extractives, op.cit.*

- l'octroi et le suivi des incitations sont régis par l'État de droit, sur la base de critères d'éligibilité clairement définis ;
- le pouvoir d'accorder des exonérations douanières à l'échelon national relève exclusivement du ministère des Finances ;
- les mécanismes d'administration et d'évaluation efficaces et transparents sont en place[1232].

Aussi, le respect de ces conditions est requis aussi bien des autorités politiques et des agents publics de douane (1) que des usagers ou des contribuables (2) dans le cadre de la recherche d'une meilleure lisibilité des mesures fiscales de faveur.

### 1. La quête d'une adhésion durable des autorités politiques et douanières aux exigences éthiques dans l'octroi des exonérations douanières

La rationalité fiscale tant recherchée aujourd'hui exige des autorités politiques et douanières plus de respect des principes de transparence, de sincérité et de performance dans la conduite de la politique fiscale. Elle est surtout nécessaire d'autant que la CEMAC a bâti ses repères de convergence en tenant compte des performances fiscales des États. Le code de transparence et de bonne gouvernance dans la gestion des finances publiques est un signal solennel d'engagement de transparence des États membres de la CEMAC à l'égard de la population, des investisseurs et des partenaires au développement[1233]. Les États membres se doivent de respecter ces principes et obligations, dans leur législation comme dans leurs pratiques[1234]. L'opacité qui caractérise l'octroi des exonérations douanières est de nature à jeter un discrédit entier sur le système fiscal camerounais et à compromettre l'atteinte des objectifs de mobilisation optimale de recettes douanières. Cette opacité est parfois le résultat des stratégies des entreprises multinationales qui disposent de marges de manœuvre stratégiques à faire jouer contre les États d'accueil des investissements[1235].

Dans cette lancée, il est donc urgent de favoriser l'observance des règles d'éthique, de gouvernance [1236]et de transparence dans la création des

---

[1232] Rapport du (FMI, OCDE des Nations unies et de la Banque mondiale) au groupe de travail du G20 sur le développement, septembre 2015.

[1233] Directive n° 06/11-UEAC-190-CM-22 relative au Code de transparence et de bonne gouvernance dans la gestion des finances publiques.

[1234] *Idem.*

[1235] MAMOUDOU BARRY, *Politiques fiscales et douanières en matière d'investissements étrangers en Afrique francophone, le cas du secteur des ressources naturelles extractives, op. cit.*, p. 181.

[1236] BOVAIRD Tony, « La gouvernance publique : comment maintenir un juste équilibre entre le pouvoir des intervenants dans une société en réseau ? », *Revue internationale des sciences administratives*, Vol. 71, n° 2, 2005, p. 223-235.

exonérations douanières. Il est désormais recommandé de relever le défi éthique afin de pouvoir s'aligner sur les standards internationaux et de bonnes pratiques en la matière. La décision d'exonérer doit être basée sur des critères non subjectifs, clairs, transparents et préalablement établis. Il est d'ailleurs demandé au niveau de la douane plus d'éthique afin d'éviter l'évasion fiscale [1237]nuisible à la mobilisation optimale des recettes. Cette quête est d'autant plus urgente au regard de l'image écornée de l'administration douanière dans les pays africains où elle est perçue par les chefs d'entreprises comme l'un des pans les plus corrompus du secteur public[1238].

Les exonérations douanières sont considérées comme le terrain de prédilection de la manifestation du pouvoir discrétionnaire au sein de l'élite politico-administrative et de l'administration douanière. Les réseaux clientélistes informels dictent leur loi dans ce secteur. Ainsi, clientélisme et interventions politiques contribuent à perpétuer une éthique de redistribution appropriée qui alimente la corruption[1239]. La mobilisation optimale des recettes douanières dépendra fortement du respect des principes éthiques et de gouvernance dans la phase de création des exonérations douanières.

Aussi, la réussite de l'encadrement des exonérations douanières dépend fortement du respect de l'éthique. La lutte contre la corruption dans la phase de leur octroi devient un défi majeur pour les pays membres de la CEMAC, mais aussi, pour les agences de développement qui leur apporte une assistance technique. Accorder de manière discrétionnaire les mesures fiscales de faveur ouvre la voie à la corruption, au favoritisme et au clientélisme. Il importe donc en conséquence de réduire à sa plus simple expression le pouvoir discrétionnaire en matière d'octroi des exonérations douanières. Il faut désormais intégrer la sincérité comme une norme de référence et comme un concept éthique[1240].

Le rejet du pouvoir discrétionnaire passe par le respect des règles et procédures établies à la matière. Aussi, les autorités camerounaises doivent éviter les « exonérations impromptues des droits et taxes de douanes »[1241]. Le ministre des Finances, le Directeur général ou tout autre responsable douanier se doivent d'être irréprochables dans la phase d'octroi des exonérations

1237 ODD-HELGE FJELDSTAD, « Vers plus d'éthique dans les douanes en Afrique subsaharienne », R*evue Afrique-contemporaine* », n° 230, vol. 2, 2009, p. 33-54.

1238 ODD-HELGE FJELDSTAD, *op. cit.*

1239 *Idem.*

1240 Voir PANCRAZI Laurent, *Le principe de sincérité budgétaire*, Paris, L'Harmattan, 2012, 712 pages.

1241 Voir discours de madame le directeur général des douanes lors de la conférence annuelle de 2011, *op.cit.*

douanières. Ils doivent respecter les principes éthiques et de gouvernance tels qu'édictés par la déclaration d'Arusha révisée en juin 2003[1242].

Il est essentiel que les ministères et les organismes impliqués dans l'octroi des exonérations douanières coordonnent leurs activités. Plusieurs instances gouvernementales sont habituellement actives dans le processus d'investissement étranger, notamment l'agence de promotion des investissements, le ministère de l'Économie et les ministères de secteurs spécifiques, tels que l'agriculture, le tourisme ou les industries extractives[1243]. Les agences de promotion des investissements sont généralement favorables aux incitations fiscales, qu'elles considèrent comme moyen d'attirer les investisseurs, et ne se sentent pas directement concernées par leurs effets sur les recettes publiques. Le ministère des Finances, au contraire, insistera sur la nécessité de collecter des recettes pour pouvoir financer des biens publics. À défaut d'une concertation suffisante des différents ministères et d'une centralisation des responsabilités, le risque est que les incitations se chevauchent, qu'elles manquent de cohérence, voire qu'elles aillent à l'encontre des unes des autres[1244]. La gouvernance recommande de mettre en place cette coordination afin d'éviter les exonérations redondantes et préjudiciables à une mobilisation optimale des recettes.

Afin d'éviter que plusieurs organismes ne soient habilités à accorder les exonérations douanières, il est important, en dernière analyse, que le pouvoir d'instaurer les exonérations à l'échelon national soit du ressort exclusif du ministre des Finances encore que le code des douanes le lui interdise. Le ministre des Finances est en effet le mieux à même d'évaluer les différentes priorités tout en gardant à l'esprit le coût des exonérations douanières. Lorsque ce pouvoir est confié à d'autres, des intérêts spéciaux peuvent aisément prendre le pas sur l'intérêt général[1245]. Ce pouvoir d'octroi doit être interprété de manière restrictive. Les pays ayant réussi à attirer des investissements sont généralement ceux qui ont opté pour une approche holistique qui replace la politique fiscale dans le cadre plus large d'une stratégie nationale de développement.

La rationalisation des exonérations douanières est désormais dans l'ordre de l'évidence, mais l'examen de son implémentation en zone CEMAC montre que l'appropriation de cette politique est encore une dynamique d'avenir. L'on en veut pour preuve la grande influence du politique et des élites politico-administratives dans l'octroi des exonérations douanières. Ainsi, ces dernières

---

[1242] La déclaration d'Arusha définit les principes éthiques et de gouvernance à respecter par les administrations douanières.

[1243] Voir rapport (FMI, OCDE, Nations unies et la Banque mondiale), au groupe de travail du G20 sur le développement, septembre 2015.

[1244] Rapport (FMI, OCDE, Nations unies et la banque mondiale), *op. cit.*

[1245] Rapport (FMI, OCDE, nations unies et la banque mondiale) au groupe de travail du G20 sur le développement, septembre 2015.

se révèlent être un champ de privilèges, de gaspillage de ressources, de favoritisme, de népotisme et de corruption. Il est temps comme le dit Pascal SALIN dans l'arbitraire fiscal d'empêcher que l'État ne devienne un lieu d'affrontement des intérêts particuliers et un distributeur de privilèges[1246].

Aussi, il importe que « les allègements fiscaux soient le plus transparents possible, et que les décideurs en soient sensibilisés »[1247]. Ce constat démontre à suffisance que l'administration douanière en zone CEMAC a beaucoup de défis à relever, notamment le défi de la bonne gouvernance des exonérations douanières pour améliorer le rendement budgétaire de l'impôt douanier. Les autorités politico-administratives doivent désormais se plier aux principes fondamentaux de transparence et de bonne gouvernance dans la gestion des finances publiques conformes aux standards internationaux[1248]. Les opérateurs économiques et autres usagers de la douane sont également interpellés dans cette quête de transparence et de rejet de la corruption.

### 2. L'urgence d'une adhésion durable des partenaires de la douane au respect des principes éthiques et de gouvernance

Les bonnes pratiques et la gouvernance sont presque inexistantes dans le domaine des incitations fiscales en zone CEMAC et particulièrement au Cameroun. En effet, la « démocratisation » des faveurs fiscales au Cameroun est une occasion rêvée pour certains usagers indélicats de profiter des largesses de l'administration douanière. En outre, les exonérations douanières comme instrument fiscal de réalisation des grands chantiers et de redressement économique offrent des opportunités de fraude, d'évasion fiscale et des pratiques illicites. Pourtant, au regard des exigences éthiques, ne devrait bénéficier des facilités fiscales que celui qui a montré « patte blanche ».

En réalité, l'observance des principes éthiques, de gouvernance et de transparence dans la création des exonérations douanières est également requise des partenaires de la douane. Depuis les années 80, une attention particulière a été portée sur ces notions par les institutions financières internationales. Le FMI et la Banque mondiale, notamment, se sont distingués par des études spécifiques consacrées à la notion de bonne gouvernance[1249]. Dans leurs différents rapports et actions, ils ont systématiquement privilégié

---

[1246] SALIN Pascal, *L'arbitraire fiscal*, *op. cit.*

[1247] JEIZINER Bruno, « les allègements fiscaux de la confédération, inventaire et besoin d'optimisation », *Revue de politique économique*, 2011.

[1248] Voir directive n° 06/11-UEAC-190-CM-22 relative au code de transparence et de bonne gouvernance dans la gestion des finances publiques.

[1249] DIARRA Gaoussou et PLANE Patrick, « La Banque mondiale et la genèse de la notion de bonne gouvernance », *Revue internationale des sciences administratives*, Vol. 71, n° 2, 2005, p. 51-70.

l'esprit de bonne gouvernance dans le domaine fiscal et douanier tel que le préconisaient déjà ZENOVIA et DIAMANDESCU[1250].

Dans cet ordre d'idées, la conciliation entre la mobilisation des recettes douanières et l'octroi des exonérations douanières exige de la part des usagers de la douane, le respect des principes éthiques et de gouvernance. D'ailleurs, l'OCDE plaide pour qu'on en finisse avec les montages financiers abusifs émanant des intermédiaires[1251]. Cependant, l'environnement dans lequel se déroule l'activité douanière est empreint de fraude, d'évitement d'impôt. Il est donc recommandé dans le cadre de la mise en œuvre des mécanismes des exonérations douanières, un civisme fiscal des usagers (a) tout comme il est souhaitable de voir dans ce sillage l'avènement des sociétés citoyennes (b).

#### a) La promotion du civisme fiscal des usagers dans le cadre des exonérations douanières

Dans le but de rationaliser la politique incitative en zone CEMAC, et dans la perspective d'éviter le risque de fragilisation de l'administration douanière, le civisme fiscal est requis des usagers dans le cadre de l'octroi des exonérations douanières, souvent associées à des pratiques abusives et de corruption. Des pratiques qui sont des grands obstacles à une bonne gestion des finances publiques. Le recours aux réseaux clientélistes sape la transparence exigée dans le cas d'espèce. Il est donc possible de rompre la logique de clientélisme par application du civisme fiscal.

Le civisme fiscal requis des usagers de la douane implique de la part de ces derniers d'honorer leurs obligations fiscales sans chercher à se dérober, à se soustraire. L'usager de la douane ne devrait en aucun cas utiliser frauduleusement les mécanismes d'octroi des exonérations douanières pour échapper au paiement des droits et taxes. L'incivisme fiscal est donc l'ensemble des comportements qu'adopte un citoyen, un groupe de citoyens, une entreprise ou groupe d'entreprises à ne pas respecter les obligations déclaratives et de paiement d'impôts et taxes auxquels ils sont assujettis[1252]. L'incivisme fiscal est donc source de fraudes et d'évasions fiscales. D'après OLO SIB Palé, lorsque le civisme fiscal est bien ancré au sein des populations, les risques de fraude sont moins fréquents[1253].

---

[1250] Lire aussi, ZENOVIA GRIGORE M et DIAMANDESCU A, « La bonne gouvernance dans le domaine fiscal », *JO Annals of University of Oradea, Économic science*, V1-1, pp. 1-7, lire aussi, SANTISO Carlos, « Combattre la corruption et améliorer la gouvernance : les institutions financières internationales et le renforcement du contrôle budgétaire dans les pays en développement », *Revue française d'administration publique*, 2006/3, n°119, pp. 459-492.

[1251] OCDE, *En finir avec les montages financiers abusifs : réprimer les intermédiaires qui favorisent les délits fiscaux et la criminalité en col blanc*, OCDE, Paris.

[1252] M. MONEMOU OUO-OUO WAÏTA, *Contribution à l'amélioration de la performance en matière d'imposition sur le revenu en République de Guinée*, Thèse de doctorat, Université Paris-Dauphine, 2015, p. 170.

[1253] OLO SIB Palé, *op. Cit.*, p. 115.

Ainsi, le phénomène de fuite devant l'impôt a des conséquences très néfastes[1254]. En effet, d'un point de vue fiscal, ce phénomène fausse l'équilibre du système fiscal en permettant à certains contribuables d'éluder leurs charges fiscales, tandis que d'autres les supportent pleinement. En outre, ce phénomène compromet le rendement de l'impôt douanier et diminue les rentrées fiscales. Enfin, ce phénomène a des répercussions économiques, il entraîne des distorsions dans l'économie, fausse la politique fiscale en matière d'incitation aux investissements et le jeu de la concurrence entre les entreprises. L'incivisme fiscal ouvre grandement la porte au banditisme fiscal et impacte négativement la capacité contributive du pays en termes de flux de recettes, d'injustice fiscale et de frein au développement socioéconomique du pays[1255].

Face à ces différents constats évoqués, il est temps que l'usager de la douane s'inscrive dans une dynamique positive en rejetant toutes les méthodes de fraude à l'exonération. La promotion du civisme dans l'octroi des exonérations douanières constitue un facteur déterminant dans l'amélioration de la performance douanière. La promotion du civisme fiscal passe par la transparence. La transparence étant fondamentale pour que toutes les parties prenantes (pouvoir législatif, administration douanière, entreprise, société civile et grand public) soient informées des politiques d'incitation fiscale ,et donc en capacité de tenir l'État comptable de ses décisions[1256].

Au regard du rapport du FMI, de l'OCDE, des Nations unies et de la Banque mondiale au groupe de travail du G20 sur le développement, la transparence doit être assurée dans trois sphères :

- juridique : les incitations fiscales doivent avoir un fondement juridique dans la législation fiscale en vigueur ;
- économique : les raisons justifiant les incitations fiscales doivent être clairement expliquées pour permettre un débat public sur les priorités de l'action gouvernementale dans le pays ;
- administrative : les critères d'éligibilité doivent être définis en termes clairs, simples, concrets et objectifs, de manière à réduire le pouvoir discrétionnaire des responsables qui octroient les incitations. Le

[1254] Lire à ce sujet, DJOMENI KOLOKO Elvis, *La fiscalité des investissements et l'optimisation fiscale, cas du Cameroun*, mémoire de master professionnel en fiscalité appliquée, 2008, p. 75.

[1255] M. MONEMOU OUO-OUO WAÏTA, *op.cit.*, p. 171.

[1256] Rapport du FMI, de l'OCDE, des Nations unies et de la Banque mondiale au groupe de travail du G20 sur le développement, septembre 2015, dans le même sillage, d'après *Gérard CHAMBAS*, la promotion du civisme fiscal doit constituer un objectif crucial : transparence et accessibilité des règles et procédures fiscales, détection et sanctions crédibles des fraudeurs et défaillants, garantie d'un État de droit constituent les conditions de la promotion du civisme fiscal.

processus décisionnel doit être ouvert et la liste des incitations accordées doit être publiée[1257].

Lorsque viendra le moment de réformer le régime des exonérations douanières en zone CEMAC, les pouvoirs publics doivent promouvoir le civisme fiscal dans l'octroi des incitations fiscales. Pour parvenir à cette fin, l'État doit assurer le principe d'égalité de tous devant l'impôt, rendre transparentes les procédures d'octroi des exonérations douanières, favoriser la culture de l'acquittement de l'impôt douanier. En effet, l'absence d'une culture de l'acquittement de l'impôt constitue le principal obstacle à la création d'une assiette fiscale en Afrique en général et en zone CEMAC en particulier. L'État doit également mettre en œuvre une stratégie axée sur la promotion du civisme fiscal articulée autour d'une politique d'assistance et d'éducation des contribuables sur les fléaux majeurs qui gangrènent fortement le contexte contributif. Cependant, parler du civisme fiscal revient aussi à plaider pour l'avènement des entreprises citoyennes.

**b) L'avènement souhaitable des entreprises citoyennes comme autre exigence en matière d'exonérations douanières**

Les phénomènes d'évitement d'impôt entraînent un report injustifié de la charge fiscale au détriment des contribuables respectueux de leurs obligations fiscales[1258]. Dans cette veine, la plupart des cas de corruption intervenus dans l'environnement des douanes se caractérisent par la participation active ou passive du secteur privé[1259]. Aussi, la gestion par le secteur privé de l'administration des douanes constitue un moyen de perpétuation de la logique du clientélisme[1260]. L'on note ainsi une prolifération des exonérations douanières sous l'action des lobbies ou des politiques. Aussi, l'incivisme fiscal, la fraude fiscale, le clientélisme, la corruption, le favoritisme, la gabegie, la mauvaise gouvernance sont autant d'externalités négatives défavorables qui minent le régime des exonérations douanières au Cameroun. Elles sont à l'origine du faible rendement budgétaire de l'impôt douanier. Les grandes attentes de performance de l'administration douanière tant envisagées sont restées non concrétisées.

Les entreprises se complaisent dans des actes d'évitement d'impôts mis en œuvre par certains contribuables pour se soustraire, légalement ou illégalement au paiement des taxes et droits de douane. Parmi ces actes, l'on recense la fraude fiscale qui est définie comme une violation délibérée des lois et des règlements fiscaux dans le but d'échapper à l'impôt ou d'en réduire le

---

1257 *Idem.*

1258 MAYER Sarah, *Étude des obstacles à l'équité et à l'efficacité du système fiscal français*, *op.cit.*, p. 35.

1259 ODD-HELGE FJEDSTAD, « Vers plus d'éthique dans les douanes en Afrique subsaharienne », *op.cit.*, p. 42.

1260 *Idem.*

montant[1261]. En outre, l'on peut également énumérer l'évasion fiscale, définie comme la mise en œuvre d'un moyen ou d'un comportement non frauduleux pour éluder l'impôt[1262].

Dans ce sillage, les pratiques d'optimisation fiscales renaissent et dictent leur loi dans le champ du régime des exonérations douanières. La mobilité des entreprises peut les inciter à adopter des comportements opportunistes par rapport aux exonérations douanières de toutes sortes. Ces actes compromettent le rendement de l'impôt et diminuent les recettes fiscales. L'incivisme fiscal est donc un facteur d'entrave à la collecte de l'impôt et une source de perte de recettes.

Le mouvement en faveur du renforcement de la citoyenneté des entreprises est utile à plus d'un titre, car il favorise les rentrées fiscales tout en améliorant les performances des administrations. Il vise à renforcer la conscience fiscale des entreprises afin qu'elles puissent honorer convenablement leurs obligations[1263]. IL est d'ailleurs porté par les institutions financières internationales et tous les partenaires au développement. La capacité du secteur privé de s'acquitter spontanément de ses obligations fiscales est devenue une préoccupation constante de ces organismes. La lutte contre la corruption dans l'administration des douanes doit constituer désormais un défi pour les entreprises, partenaires de la douane[1264]. Le secteur privé doit donc participer activement à l'identification et à la mise en œuvre des solutions pratiques de lutte contre la corruption, d'où l'avènement des entreprises citoyennes comme autre exigence en matière d'exonérations douanières.

Dans le cadre de la rationalisation des exonérations douanières, l'administration douanière ne devrait accorder ces faveurs qu'à des sociétés citoyennes, c'est-à-dire des entreprises qui respectent leurs obligations fiscales et tiennent une comptabilité fiable, transparente et sincère qui obéit aux règles et aux principes édictés par l'OHADA. Il s'agit ainsi des entreprises qui ont un casier judiciaire vierge en matière de contentieux douanier.

Bien plus, ces entreprises n'organisent pas de dissimulations comptables ou matérielles, ne pratiquent pas de sous-évaluations encore moins l'évasion fiscale. Dans la même perspective, il s'agit des entreprises qui respectent leurs cahiers de charges et par-dessus tout, le contenu des lettres d'exonérations. Enfin, ce sont des entreprises créatrices de richesses, de plus-value, d'emplois

---

1261 MBOUNOU-NGOPO Mathurin, *La fiscalité et l'impératif de développement du Centrafrique*, *op. cit.*, P. 149.

1262 *Idem.*

1263 Lire TCHANDA SEGUE Romaric Christel, *Les obligations fiscales en droit camerounais*, mémoire de master II en fiscalité appliquée, Université de Douala, 2015, 82 pages, lire aussi MEAKAM Sidonie, *La responsabilité du contribuable en matière fiscale*, mémoire de DESS en fiscalité appliquée, Université de Douala, 2005, 80 p.

1264 Dans nombre de pays africains, l'administration douanière est perçue par les chefs d'entreprise comme l'un des pans les plus corrompus du secteur public.

et réalisant effectivement des investissements, des entreprises qui n'organisent pas de faillite pour bénéficier de nouvelles exonérations douanières. Dans ce sillage, la gouvernance vise à extirper des entreprises qui se délocalisent après avoir bénéficié d'aides importantes[1265].

Dans la même veine, la douane, aujourd'hui est en train d'expérimenter un concept nouveau d'opérateur économique agréé (OEA) qui répond aux caractéristiques d'une société citoyenne, afin d'accroître la performance de l'administration douanière. Ce statut est encadré par le nouveau code des douanes adopté par le règlement n° 05/19-UEAC-010A-CM-33 du 8 avril 2019[1266]. Ainsi, le statut d'opérateur économique agréé est accordé à tout opérateur économique :

- établi au Cameroun, personne physique ou morale, exerçant des activités d'importation ou d'exportation et intervenant dans les domaines de production de biens ou de services ;
- sans antécédents relevés, durant quelques années antérieures, à son encontre, à l'encontre de ses représentants légaux, de ses cadres dirigeants ou de ses principaux associés, avec les administrations douanières et fiscales ;
- qui n'est pas en état de faillite, de liquidation, de cessation d'activité ;
- ne faisant pas l'objet d'une procédure de déclaration de faillite, de liquidation, de cessation d'activité, de règlement judiciaire ;
- justifiant l'absence d'infractions graves ou répétées à la législation douanière et aux dispositions fiscales, y compris l'absence d'infractions pénales graves liées à l'activité économique du demandeur ;
- justifiant de la solvabilité financière au cours des trois dernières années[1267].

Les opérateurs économiques agréés bénéficient de facilitations au dédouanement notamment :

- la facilité d'accès aux procédures douanières simplifiées ;
- la réduction du nombre de contrôles physiques et documentaires ;
- le traitement prioritaire des marchandises en cas de contrôle ;
- l'orientation des marchandises, selon le cas, vers le circuit de dédouanement sans contrôle immédiat ou vers celui du contrôle documentaire ;

---

[1265] Voir BIYECK BALEBATA Jean Calvin, *La problématique de l'optimisation fiscale en entreprise*, mémoire de DESS en fiscalité appliquée, Université de Douala, 2007, 75 pages.
[1266] Voir les articles 76-78 du nouveau code des douanes CEMAC.
[1267] Voir le décret exécutif algérien n° 12-93 du 8 Rabie Ethani 1433 correspondant au 1er mars 2012 fixant les conditions et les modalités du bénéfice du statut d'opérateur économique agréé en douane.

- le dédouanement à distance et la visite sur le site[1268].

Pour bénéficier du statut d'opérateur économique agréé, le candidat doit formuler une demande auprès des services douaniers du ressort duquel dépend son activité principale, souscrire et satisfaire aux clauses du cahier des charges et répondre avec précision aux questionnaires. Dans ce sillage, les entreprises (y compris les multinationales détenues par des actionnaires étrangers) qui bénéficient des exonérations douanières ont désormais une responsabilité sociale notamment envers la population (locale), les États, les employés, les consommateurs et les autres parties prenantes. À ce titre, elles doivent se conformer non seulement à la lettre, mais aussi à l'esprit de la législation fiscale[1269]. À l'avenir, les entreprises pourraient élaborer et souscrire à un code de bonne conduite qui leur interdise d'accepter ou de demander les exonérations ne respectant pas certaines normes minimales de transparence[1270].

Les entreprises du secteur privé sont désormais des partenaires de la douane dans la recherche de la nouvelle gouvernance douanière en matière d'exonérations douanières. Le milieu des affaires doit être assaini et débarrassé des pratiques patrimoniales informelles et des interventions politiques[1271]. Cet assainissement est nécessaire pour restreindre le champ des exonérations douanières tout en contribuant à coup sûr à augmenter les recettes. Un secteur privé assaini renforce la capacité de l'État de s'acquitter de son mandat consistant à améliorer le niveau de vie de ses citoyens à travers la mise en place des infrastructures de base.

Cette quête du secteur privé à s'acquitter spontanément de l'honorable obligation fiscale est le but de la rationalisation des exonérations douanières. Son approfondissement est un chantier dont la réalisation nécessite l'implication de l'ensemble des acteurs (secteur privé, société civile, partenaires au développement, administration, etc.). En somme, pour permettre aux exonérations douanières de jouer pleinement leur rôle d'instrument de développement économique, les entreprises bénéficiaires doivent respecter leurs engagements, contrepartie des régimes de faveur qui leur sont accordés. Cette dernière phase dans la conception stratégique des exonérations douanières ouvre la voie à un réexamen du dispositif existant afin d'alléger le poids sans cesse croissant que constitue la dépense fiscale sur le budget de l'État.

---

[1268] *Idem.*

[1269] Rapport (FMI, OCDE, des Nations unies et de la Banque mondiale) au groupe de travail du G20 sur le développement, septembre 2015.

[1270] *Idem.*

[1271] Commission économique pour l'Afrique, Rapport sur la gouvernance en Afrique II, 2009.

## SECTION II : L'INDISPENSABLE RÉEXAMEN RÉGULIER DU CHAMP DES EXONÉRATIONS DOUANIÈRES EXISTANTES

De l'avis de nombreux observateurs, les exonérations douanières en zone CEMAC sont souvent inefficaces, inefficientes et associées à des pratiques abusives et de corruption. Les dépenses fiscales sont ainsi devenues le symbole de l'impuissance ou de la déraison fiscale. Il est donc généralement conseillé aux pays d'abroger ces dispositifs ou d'en améliorer la conception, la transparence et surtout de réexaminer le dispositif existant[1272]. Ces conseils sont rarement suivis d'effet. La tendance actuelle est à un accroissement continu du champ de la dépense fiscale. Cette tendance à les multiplier peut s'expliquer par l'existence de certains intérêts, l'inertie politique ou la concurrence fiscale avec les autres pays[1273].

La rationalisation des exonérations douanières en zone CEMAC et particulièrement au Cameroun exige également un réexamen régulier du dispositif existant. Cet audit des facilités douanières accordées dans le cadre des exonérations devrait permettre de simplifier la législation douanière et de rendre la fiscalité douanière plus efficace et plus équitable. Il est question de procéder périodiquement à un réexamen de l'ensemble des exonérations au moyen de trois grilles de lecture notamment : l'impact sur le volume des ressources fiscales[1274] ; les résultats en termes d'efficacité économique et les effets sur l'équité sociale. Bien plus, cette rationalisation est vraiment nécessaire au regard des inconvénients du système actuel où les avantages accordés à certains groupes de bénéficiaires ne sont pas toujours justifiés, et ne prennent pas en compte ni les considérations d'intérêt général ni les préoccupations de cohérence économique. Parlant des dépenses fiscales, l'on observe une tendance à la pérennisation, sans pour autant conserver leur justification initiale.

Le système camerounais d'exonérations douanières s'est construit sur des bases diplomatiques, économiques, sociales et bien d'autres depuis les années d'indépendance. Ce faisant, il n'a jamais été globalement repensé, mais à contrario, il a régulièrement fait l'objet de mesures nouvelles rendant la fiscalité douanière complexe, inadaptée et aujourd'hui très majoritairement jugée comme obsolète. Il est donc fortement recommandé d'engager un audit

---

[1272] D'après CHAMBAS Gérard, le dispositif d'exonérations comprend : -les dispositions incluses dans les régimes de droit commun ; -les codes particuliers, mines, pétrole, forêt… ; les exonérations relatives aux marchés financés par l'extérieur et aux ONG, les privilèges diplomatiques et les exonérations ad hoc., voir CHAMBAS Gérard (dir.), *Afrique au sud du Sahara : mobiliser des ressources fiscales pour le développement*, *op. Cit.*, p. 112.

[1273] Rapport (FMI, OCDE, des Nations unies et de la Banque mondiale) au groupe de travail du G20 sur le développement, septembre 2015.

[1274] Voir CHAMBAS Gérard (dir.), *Afrique au sud du Sahara : mobiliser des ressources fiscales pour le développement*, Paris, Économica, p. 108.

global et ambitieux des exonérations douanières en cohérence avec les besoins réels de la société camerounaise. Un cadre rénové, plus efficace, car prenant en compte les réalités socioéconomiques et les exigences budgétaires s'impose[1275]. Dans ce sillage, et dans le cadre d'une réflexion globale tenant lieu des états généraux de la fiscalité dérogatoire, il devient important de supprimer les exonérations douanières inefficaces, inopérantes, incohérentes et de faibles portées (paragraphe 1) tout en maintenant sous surveillance stricte celles restantes et incompressibles (paragraphe 2).

## Paragraphe I : La préconisation d'une suppression/réduction des exonérations douanières inefficaces

« La fiscalité dérogatoire, pour un réexamen des dépenses fiscales » est le titre d'un rapport[1276] devenu célèbre en France et désormais incontournable pour tous ceux qui se livrent à une quelconque recherche dans ce domaine. Il est également temps de réexaminer la fiscalité dérogatoire en zone CEMAC. Au plan douanier, l'on recense plusieurs régimes d'exonérations, une multiplicité d'exceptions et de régimes particuliers dérogeant à la réglementation douanière commune. Cette juxtaposition de régimes dérogatoires n'est pas sans rompre l'équilibre d'ensemble du système fiscal surtout dans un contexte de finances publiques particulièrement tendu. La maîtrise budgétaire de ces dispositifs devient une nécessité. La rationalisation des exonérations douanières va aboutir à un encadrement quantitatif destiné à s'assurer de leur nécessité et pouvant inciter les pouvoirs publics à éliminer les moins performantes[1277]. Aussi, le réexamen des exonérations douanières vise la simplification, voire la suppression de ces régimes dont le nombre est allé croissant. Dans cette optique, au regard de la typologie plurielle des exonérations douanières pratiquées au Cameroun, la nécessité d'une suppression concerne les exonérations liées à la promotion des investissements (A) et celles dites exceptionnelles (B).

### A- L'élimination progressive des exonérations liées à la promotion des investissements

Pour conforter la croissance en créant les conditions d'une relance des activités économiques, le Cameroun a progressivement mis en place des

---

1275 *Idem.*

1276 Conseils des impôts, *La fiscalité dérogatoire, pour un réexamen des dépenses fiscales,* vingt et unième rapport au président de la République, Conseil des impôts, Éditions journaux officiels, 2003.

1277 BARQUE François, « La rationalisation du coût des dépenses fiscales ou la difficile appréhension de l'interventionnisme fiscal par le droit budgétaire », *Revue de droit fiscal* n° 40, octobre2010, p. 2.

régimes fiscaux incitatifs. À cet effet, le système fiscal camerounais regorge de nombreuses dérogations sous forme d'exonérations fiscales et notamment des exonérations douanières. Ces incitations se sont accumulées avec le temps, se superposant parfois les unes aux autres. L'on dénombre ainsi un nombre très élevé d'exonérations liées à la promotion des investissements. Elles représentent un enjeu budgétaire important, mal maîtrisé et constituent des dispositifs coûteux faisant l'objet d'une attention insuffisante. Mais plus que leur coût, c'est le nombre qui peut paraître anormalement élevé et d'une efficacité incertaine. Dans une tentative de maîtrise budgétaire ou de recherche de la simplification et au regard de la superposition constatée (1), plusieurs raisons militent en faveur de leur suppression progressive (2).

### 1. La superposition non maîtrisée des régimes incitatifs au Cameroun, traduisant l'inconstance dans les choix et les orientations de la politique fiscale

La superposition fait suite à l'absence d'un code général des investissements intégrant tous les instruments d'incitation en vigueur. Aussi, le contexte incitatif camerounais est caractérisé par une accumulation de mesures qui nuisent à leur lisibilité. Les opérateurs économiques ne s'y retrouvent plus[1278]. La banalisation des incitations accordées est donc actée au Cameroun et le nombre de dispositifs recensés montre la variété des vecteurs fiscaux mobilisés. Divers codes et lois sont ainsi mis à contribution dans la perspective de dynamiser le tissu industriel et favoriser la création d'emplois. L'on peut ainsi recenser des dispositifs qui se chevauchent, bien que le législateur fiscal ait tôt fait de dire que ces régimes ne sont pas cumulables.[1279]Le recueil de l'ensemble des dispositions dérogatoires contenues dans les textes les consacrant est assez expressif. Ainsi, sont rangés

[1278] Ils se retrouvent détenteurs de plusieurs agréments, de plusieurs titres leur accordant les facilités douanières.

[1279] Art14 de l'arrêté n° 00000366/MINFI/SG/DGI/DGD du 19 novembre 2013 précisant les modalités de mise en œuvre des avantages fiscaux et douaniers de la loi n° 2013/004 du 18 avril 2013 fixant les incitations à l'investissement privé en République du Cameroun, ainsi, les avantages fiscaux et douaniers prévus par le présent arrêté ne sont pas cumulables avec ceux :

- des régimes conventionnels ;
- du régime du code minier ;
- du régime du code pétrolier ;
- du régime du code gazier ;
- du régime des contrats de partenariats public-privé ;
- du régime du réinvestissement du Code général des impôts ;
- des régimes économiques du Code des Douanes ;
- et de tout autre régime particulier accordant des avantages de nature fiscale et/ou douanière

dans ce recueil, de façon non exhaustive[1280] et au-delà des différents codes d'investissements qui se sont succédé[1281] :

- **La loi du 18 avril 2013 fixant les incitations à l'investissement**

Pour attirer les investissements, il est possible d'admettre en franchise de droits et taxes de douane les biens nécessaires à la réalisation des projets d'investissement. Ainsi, à la faveur de la loi du 18 avril 2013 dont certaines dispositions ont été modifiées à travers la loi du 12 juillet 2017, le Cameroun s'est résolu à encourager davantage l'investissement privé en conformité avec les options de politique économique et sociale retenues par le Document de stratégie pour la croissance et l'emploi (DSCE). Pour mémoire, l'ordonnance n° 90/007 du 8 novembre 1990 portant code des investissements du Cameroun dont la loi de 2013 tire sa source, indiquait déjà la voie à suivre à travers la promotion des investissements productifs orientés vers la valorisation des ressources naturelles nationales et l'accroissement des exportations des produits manufacturés[1282].

Ce régime fiscal accorde aux promoteurs des entreprises nouvelles et celles existantes des facilités qui leur permettent de créer ou d'étendre leurs investissements existants dans les sous-secteurs prioritaires fixés par la loi du 18 avril 2013[1283]. Aussi, cette loi accorde des incitations communes et spécifiques aux entreprises qui répondent aux critères qu'elle définit. La mise en place d'une loi fixant les incitations à l'investissement privé devrait être l'occasion de reprendre ou d'annoncer tous les autres textes y relatifs qu'elle intègre. L'objectif final étant de donner un contenu précis à un véritable code des investissements au Cameroun, regroupant tous les textes en vigueur y

---

[1280] Lire à ce sujet, Le Rapport sur la dépense fiscale de l'exercice 2017, pp. 20-22.

[1281] Pour plus d'éclairages, lire NDZANA BILOA Alain-Symphorien, *La fiscalité, levier pour l'émergence des pays africains de la zone franc, le cas du Cameroun, op.cit.*, ce dernier retrace l'historique des incitations fiscales au Cameroun, pp.77- 84.

[1282] Rapport sur les dépenses fiscales de l'exercice 2017.

[1283] Ces sous-secteurs comprennent entre autres :

- le secteur de l'agriculture, de la pêche ou de l'élevage ;
- le secteur de l'agro-industrie ;
- le secteur touristique, des loisirs et de l'artisanat ;
- le secteur de l'habitat et du logement social ;
- le secteur des industries manufacturières ;
- Le secteur de l'industrie lourde de fabrication de matériaux de constructions et de la sidérurgie ;
- le secteur de l'industrie pharmaceutique ;
- le secteur de l'eau et de l'énergie ;
- encouragement du développement des régions et de la décentralisation ;
- lutte contre la pollution et la protection de l'environnement ;
- promotion et transfert des technologies innovantes et de la recherche-développement ;
- promotion des exportations ;
- promotion de l'emploi et formation professionnelle.

relatifs. Vu sous cet angle, il y a comme un goût d'inachevé[1284]. D'où l'existence de multiples textes de référence non concordants, voire contradictoires, et se prêtant à diverses interprétations au moment de leur mise en œuvre à l'instar des cahiers de charges et des conventions.

- **Les conventions et cahiers de charges**

L'environnement douanier camerounais est caractérisé par l'explosion des entreprises sous cahiers des charges et autres protocoles d'accord. Ce sont des engagements pris par le gouvernement à travers des textes particuliers destinés aux secteurs qui nécessitent des expertises techniques et des moyens financiers importants. En Afrique francophone, les conventions d'établissement ont pour ancêtres les avantages douaniers et fiscaux, parfois assortis d'un régime fiscal de longue durée, garantie aux entreprises de production dont la création, l'équipement ou l'extension avaient une importance particulière pour la mise en œuvre du plan de modernisation des territoires[1285]. Ces entreprises bénéficient d'énormes exonérations douanières et autres avantages fiscaux. Les exonérations sont source d'iniquité fiscale, de fraude, de concurrence déloyale entre les opérateurs de la même filière. De nombreux cahiers et conventions ont été signés au Cameroun et il serait assez fastidieux de les énumérer. Ces avantages peuvent également se retrouver dans les codes sectoriels.

- **Les régimes des codes sectoriels**

La fiscalité dérogatoire est également contenue dans les codes sectoriels. Dans la perspective d'encourager, favoriser et promouvoir les investissements dans le secteur minier susceptibles de contribuer au développement économique et social, ces codes sectoriels contiennent de nombreuses dispositions dérogatoires. Sont rangés dans les régimes des codes sectoriels : le code pétrolier, le code gazier et le code minier. Les incitations liées à ces secteurs sont destinées à promouvoir la recherche, l'exploration ainsi que l'exploitation des ressources du sol et du sous-sol. Ces secteurs sont caractérisés par les études, travaux de recherche et l'importation des équipements et matériels lourds qui bénéficient des facilités[1286]. C'est d'ailleurs la loi n° 2002/004 du 19 avril 2002 portant Charte des investissements en République du Cameroun qui a introduit les codes sectoriels qu'elle définit à l'article 20 comme « *des outils d'incitation adaptés à un ou plusieurs secteurs d'activités économiques et/ou couvrant un ou plusieurs domaines techniques de l'économie* ». Cette loi, tout comme la loi

---

[1284] NDZANA BILOA Alain-Symphorien, *La fiscalité, levier pour l'émergence des pays africains de la zone franc, le cas du Cameroun, op.cit.*, p. 231.

[1285] MOUANGUE KOBILA James, *Le Cameroun face à l'évolution à l'évolution du droit international des* investissements, *op. cit.*, p. 394.

[1286] Lire à ce sujet le Rapport sur les dépenses fiscales de l'exercice 2017.

n° 2013/004 du 18 avril 2013 qui renvoie auxdits codes, ne donne cependant pas une indication sur les secteurs d'activités concernés[1287].

- **Le régime des zones économiques au Cameroun**

Le Cameroun, préoccupé de bâtir une économie compétitive et prospère par le développement des investissements, soucieux de l'intérêt qu'accordent les investisseurs à la fiscalité dans la mise en place de leurs projets, va entreprendre plusieurs réformes à travers des dispositifs fiscaux incitatifs aux investissements[1288]. Parmi ces dispositifs se trouve le régime des zones économiques. Ainsi, la loi n° 2013/011 du 16 décembre 2013 régissant les zones économiques en République du Cameroun, fixe le cadre général de création, d'aménagement et de gestion des zones économiques, et constitue un outil d'incitation et/ou de promotion de l'investissement, des exportations, de la compétitivité, de l'emploi, de la croissance économique et de l'aménagement du territoire.

L'article 2 de la loi n° 2013/011 du 16 décembre 2013 régissant les zones économiques au Cameroun, définit une zone économique comme « un espace constitué d'une ou plusieurs aires géographiques viabilisées, aménagées et dotées d'infrastructures, en vue de permettre aux entités qui y sont installées de produire des biens et des services dans les conditions optimales ». Elle vise à concentrer, sur une ou plusieurs aires données, des activités ou des acteurs engagés dans des projets de développement économique et social[1289]. Une zone économique peut notamment comprendre des entreprises industrielles, des entreprises agricoles, des entreprises de services, des pépinières ou incubateurs d'entreprises, des pôles scientifiques et technologiques, des technopoles et/ou agropoles[1290].

Au titre des facilités fiscales, l'article 26 de cette loi dispose : « *le gestionnaire et l'entreprise installée dans une zone économique bénéficient de l'ensemble des incitations à l'investissement privé en République du Cameroun ».* Ces mesures fiscales incitatives visent l'amélioration aussi bien quantitative que qualitative de l'attractivité du territoire camerounais. Pour autant, cette disposition est très vague et laisse libre cours à une interprétation large. L'éparpillement des incitations fiscales se poursuit avec la création récente des zones économiquement sinistrées.

- **Le régime des zones économiquement sinistrées**

La politique liée à l'aménagement des zones sinistrées s'est traduite par une superposition des mécanismes fiscaux dérogatoires d'application

---

[1287] NDZANA BILOA Alain-Symphorien, *op.cit.*, p. 230.

[1288] YAMEDJEU Joëlle, *Le régime des incitations fiscales à l'investissement au Cameroun : étude comparative des lois de 1990 et de 2013*, Mémoire de master fiscalité appliquée, Université de Douala, 2013, p. 4.

[1289] NDZANA BILOA Alain-Symphorien, *op.cit.*, p. 238.

[1290] *Idem.*

particulièrement récente avec le décret n° 2019/3179/PM du 2 septembre 2019 portant reconnaissance du statut de zone économiquement sinistrée aux régions de l'Extrême-Nord, du Nord-ouest et Sud-ouest. D'après l'article 1er de ce décret, les zones économiquement sinistrées renvoient à un espace territorial circonscrit dans lequel l'activité économique connaît des perturbations, notamment à cause de l'insécurité, ou des catastrophes naturelles comme l'inondation, la famine, la sécheresse, etc.

En déclarant ces zones sinistrées, l'État entend offrir des incitations diverses aux entreprises désireuses de s'y installer. Au plan douanier, l'État consent l'exonération au taux réduit des droits et taxes sur les importations et biens rentrant dans la production. Ainsi, au titre de la phase d'installation qui ne peut excéder trois ans, l'État accorde l'exonération des droits et taxes de douane sur les équipements et matériels destinés au programme d'investissement. En outre, au titre des sept premières années de la phase d'exploitation, l'État accorde un taux réduit du droit de douane à 5 % et l'exonération de TVA, à l'importation d'équipements, de pièces de rechange, consommables et matières premières non disponibles localement, à l'exception des prélèvements et autres charges ayant le caractère d'une rémunération de service[1291].

Pour bénéficier des avantages fiscaux énoncés plus haut, les investisseurs doivent remplir certains critères alternatifs notamment, induire la création d'au moins 10 emplois directs et utiliser la matière première produite dans ladite zone[1292]. Au regard de ce dispositif incitatif, il est aujourd'hui difficile d'entreprendre une activité sans pouvoir prétendre bénéficier des exonérations douanières. Ce régime n'est d'ailleurs que le prolongement du régime des zones franches et points francs.

- **Le régime des zones franches et points francs**

Ces dernières années, la préférence étant passée des industries de substitution des importations aux industries exportatrices, un grand nombre de pays en développement ont été tentés de créer des zones franches. À cet effet, le régime des zones franches et points francs est l'un des multiples régimes incitatifs qui caractérisent le paysage fiscal camerounais. L'ordonnance n° 90/001 du 29 janvier 1990 créé le régime de la zone franche au Cameroun, ratifiée par la loi n° 90/023 du 7 août 1990. Les zones franches sont des zones géographiques situées, d'un point de vue juridique, à l'extérieur du territoire douanier[1293]. Elles visent à encourager la fabrication des biens manufacturés pour l'exportation et la prestation de services aux entreprises étrangères. Elles ont essentiellement pour objet de stimuler les exportations de biens

---

1291 Article treizième, (1) de la loi de finances n° 2019/023 du 24 décembre 2019.

1292 Article 2 (1) du décret n° 2019/3179/PM du 2 septembre 2019.

1293 KEEN Michael, (dir), *Moderniser la douane, défis et stratégies de réforme de l'administration douanière, op. cit.*, p. 112.

manufacturés non traditionnels, renforcer la compétitivité des exportateurs, diversifier l'économie, créer des emplois, attirer les investisseurs, transférer des technologies et assurer le développement et la croissance économiques[1294].

Dans cette veine, le législateur fiscal accorde aux entreprises éligibles à la zone franche une exonération totale des droits de douane sur les machines, équipements et matériels destinés à la production. Le législateur accorde également l'exonération du droit d'entrée des matières premières à transformer dans toute usine opérant dans la zone franche. Aux dires des experts du FMI, nombre de ces zones franches se sont toutefois révélées comme des investissements peu judicieux du fait d'un emplacement médiocre, des frais d'établissement élevés, d'erreurs de gestion ou des insuffisances de l'administration douanière[1295].

Bien plus, « *les principales critiques de cette législation tournent autour de leurs bases : les faveurs accordées, coûteuses pour l'État sont très souvent inutiles parce qu'elles ne leur profitent pas pleinement. Mais le plus grand reproche demeure au niveau de leur incidence économique contraire au développement* »[1296]. En matière d'échanges commerciaux, la plupart des zones franches ne réussissent pas à dynamiser leurs échanges extérieurs[1297]. Les activités qu'on y mène relèvent pour l'essentiel de secteurs à faible valeur ajoutée et à fort coefficient de main-d'œuvre peu qualifiée[1298]. Ce constat pousse à conclure à l'échec des politiques fiscales incitatives des zones franches.

Au travers de tous ces régimes, la logique de superposition domine. Les dispositifs incitatifs se créent et se ressemblent. Cette logique de dispersion est préjudiciable à une mobilisation optimale des ressources publiques. Les divers mécanismes d'exonérations de droit et taxe de douane examinés visent tous à promouvoir le développement économique ; pour autant, ils engendrent des coûts en termes, d'une part de manque à gagner au titre de recettes non perçues, d'autre part de risque de fraudes et d'abus.

Dans le Rapport du GICAM sur la fiscalité, l'on peut ainsi lire : « *le nombre des régimes fiscaux incitatifs est difficilement maîtrisable en l'état actuel des choses. Les chevauchements qui ont parfois lieu entre eux rendent difficile l'évaluation de l'impact réel de chacun tant sur le plan de l'activité à*

---

1294 *Idem.*

1295 KEEN Michael, (dir), *Moderniser la douane, défis et stratégies de réforme de l'administration douanière, op. cit.*, p. 112.

1296 DONANT Françoise, *Évolution de la fiscalité dans 13 pays d'Afrique noire francophones. Incidence de la fiscalité sur le développement*, citée par ONANGA OPISSINA Vianney, *op. cit.*, p. 71.

1297 ONANGA OSSIPINA Vianney, *Problématique de l'application de la TVA dans l'espace OHADA*, *op.cit.*, p. 71.

1298 *Idem.*

*créer ou à développer qu'à celui de la dépense fiscale générée* »[1299]. Aussi, un système truffé des encouragements fiscaux constituera un terreau fertile à des pratiques d'optimisation. Bien plus, en plus de priver le Trésor public d'importantes ressources, ces actes créent entre les entreprises du même secteur un biais de concurrence qui est de nature à décourager les potentiels investisseurs[1300]. Plusieurs arguments militent ainsi en faveur d'une suppression progressive des mesures fiscales incitatives à l'investissement.

### 2. Les arguments en faveur d'une suppression progressive des exonérations liées à la promotion des investissements

Pendant de nombreuses années, les concessions fiscales ont été présentées comme une bouée de sauvetage pour accroître les investissements. On a fait valoir que l'afflux des capitaux même non taxés dans les pays en développement, devrait résulter de l'accumulation des connaissances et de l'innovation, la création d'emplois et le développement des régions défavorisées. Ces dépenses fiscales étaient censées constituer le signe de l'engagement des pays à promouvoir un climat d'affaires favorable et à faciliter l'activité économique en compensant les déficiences structurelles comme l'absence d'infrastructures, l'instabilité macroéconomique[1301]. Des exemples d'incitations fiscales réputées ayant contribué à l'accroissement des investissements sont encore mis en exergue aujourd'hui par les derniers défenseurs de l'incitation fiscale comme moyen d'attraction des investissements[1302].

Toutefois, de nombreuses études [1303]ont démontré les limites de ces politiques de stimulation de l'investissement. Aussi, faisant le constat d'un outil mal maîtrisé qui ne répond pas aux critères nécessaires à la conduite d'une politique publique de promotion des investissements efficients, il est recommandé dans ces conditions de supprimer ou de mettre en extinction les exonérations douanières dont l'efficience en faveur du développement ne serait pas prouvée[1304]. Plusieurs arguments sont ainsi avancés pour solliciter la suppression des exonérations douanières jugées inefficaces et inefficientes.

---

[1299] GICAM, Rapport du groupe de travail sur la fiscalité mis en place au sein du GICAM, p. 27.
[1300] *Idem.*
[1301] OSSA René, *Réformes et développement en Afrique subsaharienne*, Paris, Edilivre, 2012, p. 99.
[1302] L'exemple le plus connu est le « miracle de Maurice », où de généreux avantages fiscaux sont considérés comme ayant joué un rôle essentiel pour attirer les investissements. En outre, les incitations fiscales sont souvent signalées comme essentielles pour la mise en place d'une usine d'aluminium à Mozal au Mozambique, ou l'extraction du pétrole au Tchad.
[1303] France, *Conseil des impôts, La fiscalité dérogatoire, pour un réexamen des dépenses fiscales, XXI^e rapport au président de la République*, septembre 2003.
[1304] France, Conseil des impôts, *op.cit.*

- **D'abord, l'on peut évoquer les risques et pertes de recettes fiscales.**

Les politiques de stimulation de l'investissement privent inutilement les pays en développement de recettes. En effet, les dépenses fiscales générées par les exonérations douanières portent atteinte à la productivité du système douanier. Les finances publiques camerounaises se trouvent ravagées par les exonérations douanières au regard de leur coût très élevé et de leur courbe d'évolution ascendante au Cameroun. Ainsi, en 2013, elles se chiffrent à 190, 5 milliards, soit 32 % du ratio manque à gagner des recettes. En 2014, le manque à gagner se situe autour de 168,7 milliards soit 24 % des recettes. En 2015, il est de 178 milliards soit 26 % de recettes. Au cours des dernières années, le manque à gagner en matière de recettes a progressé de manière extrêmement importante tant en valeur absolue qu'en valeur relative par rapport aux recettes recouvrées par l'administration des douanes.

Ce phénomène n'est pas propre au Cameroun, dans la législation fiscale française à l'instar de la législation américaine, l'utilisation des exonérations fiscales constitue la première source des mesures préférentielles. Ces dépenses suivent également une courbe ascendante en France. Évalué à quelque 50 milliards d'euros en 2003 par le Conseil des impôts, le coût global des dépenses fiscales atteignait 73 milliards en 2008, soit près de 27 % de recettes fiscales après avoir augmenté entre 2007 et 2008 de 7.1 %[1305].

Les régimes fiscaux incitatifs, en contenant des dispositions qui exemptent de droits et taxes, en totalité ou en partie, les biens d'importation, sèment le doute sur la capacité des États à collecter des recettes fiscales suffisantes pour permettre une offre adéquate de biens publics nationaux nécessaire à l'amélioration de la productivité de l'ensemble des entreprises ainsi qu'un équilibre durable des finances publiques. Au vu des chiffres, il est donc très aisé et très facile de faire une corrélation entre le dispositif incitatif et la baisse des recettes douanières. Mais les récriminations ne s'arrêtent pas là, l'on fait également le constat de l'échec de ce dispositif.

- **Ensuite, l'échec constaté des différents régimes incitatifs mis en place**

La recherche d'une compétitivité accrue et partant d'une croissance forte pousse les États à se lancer dans diverses initiatives fiscales tendant à attirer de nouveaux investissements[1306]. Plus spécialement, le dispositif législatif et réglementaire mis en place pour promouvoir l'initiative privée s'est traduit au Cameroun, dès 1960 par l'adoption d'un premier code des investissements. Au moins quatre codes se sont succédé avant la mise en œuvre de la DSCE. Chacun des textes portant code ou charte des investissements a comme l'a

---

[1305] *Idem.*

[1306] NIANE Abdoulaye, *Fiscalité et intégration économique, le cas du système fiscal sénégalais dans l'UEMOA*, *op.cit.*, p. 193.

expliqué le professeur Adolphe MINKOA SHE *« eu pour intention de refléter l'environnement économique du moment, et pour objectif de mettre en œuvre le plan de développement économique du gouvernement »*[1307]. Ces derniers n'ont pas eu les effets escomptés. Le cadre incitatif s'est alors élargi avec l'avènement des zones franches et points francs, des codes sectoriels, et surtout de la loi n° 2013/004 du 18 avril 2013 fixant les incitations à l'investissement privé en République du Cameroun.

Dans la perspective dérogatoire, la pression fiscale sur le contribuable est fortement réduite, voire complètement annulée. Le cadeau fiscal offert à cette occasion est censé alléger les efforts de l'investisseur invité à se concentrer sur le développement de son affaire. Mais cette vision ultralibérale du droit fiscal des investissements est, dans un contexte de sous-développement, au mieux, naïve et, au pire, sert une volonté coupable de mal gouvernance[1308].

Mais, à l'analyse, l'expérience passée des régimes incitatifs a été peu concluante et les perspectives ne sont guère meilleures. Malgré toutes ces mesures d'incitation à l'investissement, le tissu industriel est resté fragile, embryonnaire et peu compétitif pour affronter la concurrence mondiale. Pourtant, au Cameroun, ce dispositif incitatif était censé donner un coup de fouet à la politique économique par le biais d'une attraction forte des investissements qui devraient créer un tissu productif de qualité.

L'on peut résumer cette débâcle à travers des formules telles que l'illusion des Codes d'investissement, l'expérience peu concluante des zones franches et le mirage de la loi du 18 avril 2013. L'examen de la réalité camerounaise nous amène à constater l'inefficacité des exonérations douanières comme instrument de promotion des investissements. À titre d'illustration, en dépit de la présence des zones franches, la balance commerciale est restée en permanence déficitaire. ZEE, STOTSKY and LEY en concluent que: « les données empiriques sont peu concluantes sur l'efficacité économique de ce type de mesures comme facteur de stimulation de l'économie »[1309]. Au total, il paraît probable que la variété des dispositifs incitatifs dérogatoires mise en place au Cameroun et ailleurs dans la zone CEMAC entraîne des coûts de gestion élevés, tant pour l'administration que pour les bénéficiaires potentiels. Bien plus leur efficacité mal connue est certainement inférieure à celle qui est affichée lors de l'adoption de ces politiques d'incitation.

---

[1307] MINKOA SHE Adolphe, Exposé lors des deuxièmes assises de l'Université du GICAM à Douala du 21 au 23 juin 2013 sur le thème : « la loi n° 2013/004 du 18 avril 2013 fixant les incitations à l'investissement privé en République du Cameroun : un pas supplémentaire vers plus de compétitivité et performance pour l'économie camerounaise ? ».

[1308] NIANE Abdoulaye, *op. cit.*, p. 193.

[1309] ZEE Howell, STOTSKY (JG), LEY (E), "Tax incentives for business investment: a primer for policy makers in developing countries" World development, 30, 9, 2002, Oxford, Pergamon press/Elsevier science, pp. 1497-1516 cité par OSSA René, *op. cit.*

Marie-Christine LEPETIT résume brillamment les trois inconvénients majeurs liés au choix des dépenses fiscales.

- D'abord, elles présentent un inconvénient budgétaire, car leur impact financier est mal connu, mal évalué et pas limité.
- Ensuite, la prolifération des dépenses fiscales entraîne une faible lisibilité de la politique fiscale, un risque d'instauration d'une fiscalité catégorielle, inéquitable et une mauvaise acceptation de l'impôt. L'absence d'outils de suivi et d'évaluation des dépenses fiscales pose naturellement la problématique de leur portée[1310]. L'on sait par ailleurs que l'utilisation des instruments incitatifs encourage la concurrence fiscale entre les pays qui se portent mutuellement préjudice en rivalisant d'incitations pour attirer l'investissement. Le facteur fiscal devient ainsi inapproprié.
- Enfin, le facteur fiscal reste inapproprié pour résoudre les déficiences structurelles.

La fiscalité incitative est très émoussée. Les avantages fiscaux demeurent un facteur secondaire dans l'attractivité des investissements[1311]. L'attractivité d'un territoire résulte de la conjonction de plusieurs éléments autres que des seules incitations fiscales[1312]. Selon une enquête reprise par Alain Symphorien NDZANA BILOA, et réalisée par l'ONUDI auprès de 7000 entreprises disséminées dans le monde et au Cameroun en 2011, le classement des 12 facteurs motivant le choix du lieu de l'investissement se présente comme suit : 1- la stabilité économique, 2- la stabilité politique, 3- le coût des matières premières, 4- le marché local, 5- la transparence de la réglementation en matière des affaires et le cadre juridique, 6- la disponibilité de la main-d'œuvre qualifiée, 7- le coût de la main-d'œuvre, 8- la qualité de la vie, 9- la disponibilité des fournisseurs locaux, 10- les accords bilatéraux et les traités de double imposition, 11- les incitations à l'investissement, 12- le marché de l'exportation[1313].

Sur le plan purement fiscal, la stabilité de la politique fiscale, la simplicité du système d'imposition et le taux d'imposition sont les éléments les plus déterminants de l'attractivité de l'économie[1314]. En effet, aucun investisseur

---

[1310] LEPETIT Marie-Christine, « Les dépenses fiscales », *Innovations, créations et transformations en finances publiques*, pp. 48-49.

[1311] Les études et enquêtes sur ce sujet sont abondantes et unanimes. Il en ressort clairement que les incitations fiscales constituent un facteur peu déterminant dans la décision d'investir sur tel ou tel site. Il serait donc erroné de réduire la compétitivité fiscale, c'est-à-dire l'attractivité du système fiscal d'un pays, aux seules exonérations et allègements fiscaux que la législation fiscale prévoit.

[1312] NDZANA BILOA Alain-Symphorien, *op.cit.*, p.76.

[1313] ONUDI (Organisation des Nations Unies pour le développement industriel), *Africa investor report 2011, Towards Evidence-based Investment Promotion Stratégies*, p. 55.

[1314] ONUDI, *op.cit.*

sérieux ne décide de s'installer à un endroit seulement pour la période pendant laquelle il bénéficiera des mesures fiscales préférentielles qui lui sont proposées. Quelles que soient les mesures préférentielles attrayantes proposées aux investisseurs, la décision d'investir ou non dans un pays est fortement influencée par la stabilité de la politique fiscale, le niveau de simplicité ou de complexité du système d'imposition, et le taux d'imposition de droit commun qui leur sera appliqué au terme de la période de grâce. La fiscalité n'est donc pas une panacée. Par ailleurs, on ne saurait justifier l'octroi d'avantages fiscaux alors qu'on dispose pour une fois d'un avantage comparatif favorable sur un marché donné.

Pour encourager les entreprises, le Cameroun doit faire valoir des leviers autres que fiscaux[1315]. Dans le rapport sur la compétitivité en Afrique, publié en prélude au Forum mondial sur l'Afrique qui s'est tenu en 2007 en Afrique du Sud, il est souligné que les entreprises africaines peuvent devenir compétitives et assurer le développement économique à condition que les gouvernements africains et leurs partenaires internationaux améliorent leur accès aux moyens de financement, construisent les infrastructures et renforcent les institutions[1316].

Les réformes recommandées par ce rapport pour enclencher la croissance économique ont été organisées autour de neuf piliers : 1- les institutions, c'est-à-dire la confiance accordée aux hommes politiques, l'indépendance de la justice, les dépenses gouvernementales, etc. ; 2- les infrastructures (la qualité des infrastructures routières, aéroportuaires, portuaires, la qualité de la fourniture de l'électricité, les télécommunications, etc.) ; 3- la santé et l'éducation primaire (l'impact du paludisme, de la tuberculose et du sida sur les affaires, la mortalité infantile, l'espérance de vie, etc..) 4- la macroéconomie (taux d'épargne nationale, inflation, dette gouvernementale, taux d'épargne réel, etc.) ; 5- l'éducation supérieure et la formation (la qualité du système éducatif, la qualité de la gestion des écoles, la durée de la formation des enseignants, etc. ) ; 6- l'efficacité du marché (efficacité du cadre légal, nombre des procédures et temps requis pour ouvrir une entreprise, etc.) ; 7- le développement technologique (niveau d'absorption technologique dans les entreprises, nombre d'utilisateurs de téléphones mobiles nombre d'internautes, etc.) ; 8- la sophistication des affaires ; et enfin, 9- l'innovation[1317]. La fiscalité n'est jamais, selon des études sérieuses, la première cause motivant l'investisseur, bien que les taux d'imposition influencent le choix du lieu d'investissement. La fiscalité n'est pas une cause

[1315] OSSA René, *op. cit.*, p. 98.

[1316] Voir CHAMBAS Gérard (dir.), *Afrique au sud du Sahara : mobiliser des ressources fiscales pour le développement*, *op. cit.*, p. 110.

[1317] Ces recommandations sont reprises par OSSA René, *op. cit.*, p. 101.

prépondérante encore moins unique dans la décision d'investir sur un territoire.

Dans le cadre des entreprises sous cahier des charges ou conventions d'établissement, une action rigoureuse est recommandée pour réduire à défaut de supprimer tous les cahiers et autres conventions dont la mise en œuvre entraîne pour l'État une perte de recettes et pour les contribuables un allègement injustifié des charges fiscales. En effet, les conventions fiscales spécifiques contractées entre l'État et les entreprises nouvelles sont devenues de plus en plus nombreuses. Ces disparités normatives introduisent de profonds dysfonctionnements dans la neutralité du système et faussent la concurrence entre les acteurs[1318]. Tout se passe comme si pour emporter la décision d'investissement des nouveaux venus, l'État était prêt à sacrifier la sécurité financière de ceux déjà établis[1319].

Dans la même perspective, il est donc en principe conseillé aux pays en développement de supprimer les exonérations destinées à encourager les investissements au profit d'autres instruments moins coûteux. D'ailleurs, avec les difficultés financières qui s'accentuent, en particulier le déficit budgétaire, la question de la réduction de la fiscalité dérogatoire s'impose plus que jamais. Le rapport de l'étude portant sur l'évaluation des dépenses fiscales au Sénégal en 2010 préconise la suppression de la plupart des régimes dérogatoires tels que le code des investissements et le code minier qui se sont avérés inefficaces et générateurs de complexité. Bien plus, les coûts de gestion sont importants aussi bien pour les entreprises que pour les administrations fiscales. Le Cameroun reste encore prudent au regard des recommandations des évaluateurs. Ceux-ci préconisent l'octroi progressif des avantages en fonction du niveau de l'évolution de l'investissement[1320].

En tout état de cause, lorsque les pouvoirs publics envisagent d'adopter des mesures pour accroître les recettes, notamment dans le cadre des réformes commerciales, ils doivent examiner l'ensemble des catégories d'exonérations dans l'idée de supprimer toutes celles qui ne sont pas absolument justifiées ou qui ne sont pas conformes aux accords internationaux[1321]. Aussi, toute initiative visant à accroître la perception des recettes à court terme nécessite d'éliminer toutes les exonérations incohérentes ou qui ne reposent sur aucun principe convaincant. Par ailleurs, il est recommandé que ces pays revoient la taxation de droit commun des biens communs et des intrants. Bien plus, d'autres instruments moins coûteux peuvent aider à encourager

---

[1318] NIANE Abdoulaye, *Fiscalité et intégration économique, le cas du système fiscal sénégalais dans l'UEMOA, op.cit.*, p. 165.

[1319] *Idem.*

[1320] Rapport sur les dépenses fiscales de l'exercice 2017, p. 52.

[1321] KEEN Michael, (dir.), *Moderniser la douane, défis et stratégies de réforme de l'administration douanière, op. cit.*, p. 115.

l'investissement notamment l'amortissement accéléré[1322]. L'essentiel est de définir une politique fiscale qui prenne en compte la rentabilité du sacrifice fiscal consenti[1323], qui laisse moins de place aux exonérations exceptionnelles ou discrétionnaires d'où le principe de leur suppression qui ferait des économies, probablement fort importantes.

### B- La suppression systématique des dérogations spéciales et exceptionnelles

L'état des lieux a révélé une cohorte d'exonérations exceptionnelles et discrétionnaires qui nuisent à la cohérence du système douanier en zone CEMAC. La législation des pays membres est encombrée des exonérations fiscales et douanières qui rendent le système complexe, voire illisible, se perdant dans le « maquis » des réductions d'impôt[1324]. Au Cameroun, les exonérations douanières exceptionnelles ont longtemps représenté une part relativement importante des dépenses fiscales. Dans le contexte de transition fiscale comme le disait Gérard CHAMBAS[1325], cette situation est particulièrement préjudiciable à tout effort de développement puisque celui-ci passe par la mobilisation de recettes suffisantes.

Dans la perspective d'assainir les finances publiques, il est fortement recommandé de supprimer les exonérations douanières exceptionnelles et discrétionnaires. Les dérogations spéciales procèdent d'exonérations diverses édictées par des lois de finances, ainsi que des mesures discrétionnaires concédées par le gouvernement ou toute autre autorité publique. Elles peuvent être totales ou partielles, temporaires ou permanentes[1326]. Les institutions financières internationales[1327], les partenaires au développement ne cessent de réclamer cette suppression qui concerne aussi bien les dérogations spéciales (1) que les exonérations exceptionnelles et discrétionnaires (2).

---

1322 Voir PFISTER Mike, « Une fiscalité orientée vers l'investissement et le développement : aperçu de quelques enjeux de politiques fiscales en Afrique », *OCDE, Centre de politique et d'administration fiscale*, 2009, pp. 1-22.

1323 Lire Éric PICHET, « Théorie de la dépense fiscale et propositions de réforme du système français de niches fiscales », *Revue de droit fiscal*, n° 14, 2012, pp. 25-36.

1324 VALENDUC Christian et HAULOTTE Samantha, « Réduire les dépenses fiscales : une voie de réforme », *Reflets et perspectives de la vie économique*, 2014/1 Tome LIII, pp. 31-47.

1325 CHAMBAS Gérard, *Afrique au sud du Sahara : mobiliser des ressources fiscales pour le développement* (synthèse), 2004, p. 9 et s.

1326 Rapport sur les dépenses fiscales de l'exercice 2017, p. 22.

1327 Banque mondiale, République du Togo, analyse de la mobilisation des recettes fiscales, rapport préparé dans le cadre d'une étude sur la politique fiscale en Afrique de l'Ouest, novembre 2018, Groupe de la Banque mondiale région Afrique, étude sur les écarts fiscaux en République démocratique du Congo, avril 2017, Banque mondiale, Compétitivité de l'économie guinéenne, rapport de la mission sur la douane Guinéenne, décembre 2002.

### 1. Le besoin de reconsidérer les exonérations douanières à caractère social

Les exonérations à caractère social érodent le rendement de l'impôt douanier, créent un manque à gagner important pour le budget. Elles rompent avec la transparence budgétaire et l'équité du système fiscal. De plus, elles n'ont que très rarement permis d'atteindre leurs objectifs initiaux. Parmi ces mesures, l'on peut citer celles de lutte contre la vie chère : exonération totale des droits et taxes de douane sur certains produits de première nécessité (poisson, riz et blé) ; ordonnance de 2008, loi de finances de 2009, taux réduits progressifs du droit de douane sur lesdits produits, l'application d'un taux réduit de 5 % du droit de douane sur le pétrole brut importé, l'exonération totale des droits et taxes de douane en faveur des médicaments importés, loi de finances 1994-1995.

Aux dires de Gérard CHAMBAS, les exonérations relatives aux produits alimentaires sont non seulement à l'origine des pertes de recettes de TVA importantes, mais aussi elles entraînent des effets néfastes pour les agriculteurs. Elles sont donc contraires aux stratégies de lutte contre la pauvreté. Une orientation cruciale pour la réussite de la transition fiscale serait donc d'assujettir l'ensemble des produits alimentaires et d'une manière plus générale de supprimer toute exonération de TVA ; une analyse préalable de l'incidence d'une telle mesure sur les producteurs et les consommateurs nets serait nécessaire[1328].

Tout porte à croire qu'il convient de les éliminer d'autant plus que leur mise en œuvre entraîne une perte importante de recettes et pour certains contribuables, un allègement injustifié des charges fiscales. Allant dans le sens de la maîtrise des dépenses fiscales, les évaluateurs au Cameroun de celle de 2017 ont suggéré la suppression des exonérations de TVA, DD sur la consommation des ménages[1329].

Ces exonérations sont évaluées à 304 milliards de FCFA, soit 67 % des dépenses fiscales évaluées. Dans cette perspective, l'État gagnerait à collecter ces recettes et à procéder à une redistribution équitable au profit des ménages pauvres, par exemple par le biais d'une subvention destinée à compenser les pertes subies, du fait de la mévente des produits de base (cacao, café, coton) sur le marché international. Une telle subvention serait plus significative, 64% de la population camerounaise vivant en milieu rural de l'autoconsommation et essentiellement des cultures de rente comme principale source de revenus[1330].

---

[1328]CHAMBAS Gérard, « Afrique au sud du Sahara, quelle stratégie de transition fiscale ? », *Revue Afrique contemporaine* n° 231, 2005.

[1329] Rapport sur les dépenses fiscales de l'exercice 2017, p 52.

[1330] Rapport sur les dépenses fiscales de l'exercice 2017.

Cette proposition, bien que fondée, est un peu naïve. Elle oublie les motivations politiques qui justifient ces exonérations d'ordre sociopolitique. Ces mesures ont été prises pour contrer les exaspérations sociales, les protestations violentes des populations urbaines qui sont descendues dans les rues pour exprimer leur « ras-le-bol » vers la fin du premier trimestre 2008[1331]. Au Cameroun, à la suite de cette grève contre la vie chère, les pouvoirs publics ont revu à la baisse la fiscalité et plus précisément l'imposition de la consommation[1332]. Les dirigeants de la zone CEMAC, détenteurs d'un pouvoir politique contesté et contestable ne peuvent se permettre de supprimer aussi facilement ces exonérations de lutte contre la vie chère. Elles tiennent ainsi, pour des raisons de politique intérieure.

La difficulté de maîtrise de ces exonérations douanières à caractère social invite les États à les reconsidérer ou tout au moins à les utiliser de façon ponctuelle et bien limitée dans le temps. La rationalisation des exonérations douanières reste un défi majeur y compris celles à caractère social qui ne suivent pas les bonnes pratiques internationales. À défaut d'une suppression, une évaluation sérieuse permettrait de circonscrire les effets dévastateurs sur les finances publiques des États membres. Mais davantage, la suppression concerne les exonérations administratives discrétionnaires.

### 2. La suppression souhaitable des exonérations administratives discrétionnaires

La réduction de la dépense fiscale est au centre des efforts de mobilisation de recettes additionnelles. Malheureusement, l'utilisation excessive des exonérations douanières accordées par l'administration selon des conditions peu objectives a fini par peser lourdement sur le système douanier[1333]. Les pertes de recettes découlant des dérogations exceptionnelles sont devenues trop importantes. L'urgence est à la recomposition du système fiscal douanier par une suppression de ces exonérations discrétionnaires. La rationalité d'une telle initiative en zone CEMAC et sa légitimité seront rehaussées. Deux séries d'idées peuvent être brandies à ce propos : d'abord, la nécessité pour les États de remédier au plus vite à la déliquescence de leur assiette fiscale, ensuite, l'impératif de respecter les normes communautaires[1334].

En effet, le système d'exonérations discrétionnaires renforce l'activisme des lobbies et des groupes de pression qui n'ont eu de cesse de réclamer les privilèges fiscaux[1335]. Les lobbies sont inséparables des niches fiscales ou des exonérations. Cette recherche effrénée du gain fiscal par l'exonération conduit

---

1331 IREH ASSIM Thomas, *La TVA en Afrique centrale, op.cit.*, p. 310.

1332 *Idem.*

1333 NIANE Abdoulaye, *Fiscalité et intégration économique : le cas du système fiscal sénégalais dans l'UEMOA*, *op.cit.*, p. 193.

1334 NIANE Abdoulaye, *op. cit.*, p. 159.

1335 PICHET Éric, *Théorie générale des dépenses sociofiscales*, *op.cit.*, p. 88.

à la mise en place des politiques fiscales avec des taux d'imposition élevés et une base très réduite. Cette pratique nuit à l'efficacité du système douanier des différents États membres. Les efforts déployés dans le cadre communautaire pour garantir un système fiscal neutre et simple sont ainsi mis à nu. Les États s'appuient sur leur souveraineté en matière de fiscalité dérogatoire pour accorder le bénéfice d'exonérations exceptionnelles multiples. Ce sont là autant de disharmonies qui conduisent au constat largement partagé d'une insuffisance du rendement fiscal.

Bien plus, dans les différents pays membres de la CEMAC, de lourdes agressions portées par les exonérations douanières exceptionnelles et discrétionnaires érodent l'assiette fiscale. Cette érosion est accentuée par une fraude et une évasion préoccupante. Or, les administrations douanières n'arrivent toujours pas à mettre en place des techniques de contrôle douanier aptes à s'attaquer efficacement à la subtilité des stratagèmes mis en place par les importateurs[1336]. Dans la même veine, elles sont soumises à des influences partisanes qui inhibent toute velléité de contrôle. Aussi, les procédures et les conditions d'octroi des exonérations douanières subissent également des influences partisanes.

La maîtrise de la dépense fiscale passe par la suppression des exonérations discrétionnaires. Ainsi, la suppression des décrets, des arrêtés, des notes de service, des décisions et autres instructions créant des exonérations douanières devient dans le contexte de rationalisation, un impératif. La fiscalité réglementaire doit céder la place à une fiscalité de création législative. D'ailleurs, le code de transparence et de bonne gouvernance dans la gestion des finances publiques oblige désormais l'administration à fixer de façon explicite les règles et critères qu'elle suit dans l'attribution des aides, subventions et transferts au bénéfice de toute personne privée. Des règles qui sont par ailleurs rendues publiques[1337].

Allant dans ce sens, et conformément à la légalité et la publicité des opérations financières publiques, ni le ministère des Finances ou tout autre organe gouvernemental ou ministériel, tel qu'une commission d'investissement, ni la direction des douanes ni un agent des douanes local ne doit désormais être habilité à accorder des exonérations sur une base discrétionnaire[1338]. Lorsque les pouvoirs publics envisagent d'adopter des mesures pour accroître les recettes, ils doivent examiner l'ensemble des catégories d'exonérations dans l'idée de supprimer toutes celles qui ne sont pas absolument justifiées ou qui ne sont pas conformes aux accords

---

1336 KEEN Michael, (dir), *Moderniser la douane : défis et stratégies de réforme de l'administration douanière*, *op.cit.*, p. 118.

1337 Directive n° 06/11-UEAC-190-CM-22 relative au code de transparence et de bonne gouvernance dans la gestion des finances publiques, section I (2).

1338 Directive n° 06/11-UEAC-190-CM-22, *op. cit.*

internationaux. Les exonérations discrétionnaires font partie de cette catégorie de mesures à supprimer, car de telles mesures sont source d'abus et de détournements de ressources.

Ainsi, le contexte de forte prolifération aboutit aussi, comme le disait LIBOM LI LIKENG à la démobilisation des agents de douane qui pourraient profiter de la brèche ainsi ouverte pour retomber dans les pratiques longtemps décriées à savoir: la corruption et autre recherche de rente[1339]. La nécessité d'améliorer toujours davantage la transparence dans la gestion des exonérations douanières commande de supprimer les exonérations discrétionnaires. Elles sont contraires aux standards internationaux et aux bonnes pratiques en matière de gestion des finances publiques. Gérard CHAMBAS constate d'ailleurs l'effritement des fondements de ce type d'exonérations[1340]. La nouvelle gouvernance met un accent sur la volonté de rompre avec la consécration réglementaire des exonérations douanières, cause majeure de la complexité et de l'instabilité du régime des exonérations douanières. Elle postule en outre, à un vaste mouvement de suppression, de réduction et de contrôle des exonérations douanières au regard du poids prépondérant des dispositifs administratifs étatiques. Mais cette suppression ne concerne pas les exonérations rendues incontournables en raison de leurs objectifs.

### Paragraphe II : Le raffermissement d'une surveillance stricte des exonérations douanières incontournables au regard de leurs objectifs

Il est désormais acquis qu'une amélioration de la performance des administrations douanières passe par un meilleur encadrement des exonérations douanières considérées comme incontournables. Dans un langage plus correct, l'on pourrait parler des aides automatiquement compatibles et des aides potentiellement compatibles au sens de la réglementation communautaire. Allant dans ce sens, il est désormais question de porter une attention suffisante à ces dispositifs dérogatoires. En effet, dans l'ensemble, les dépenses fiscales font l'objet d'une attention faible, n'étant pas examinées périodiquement et n'étant pas rapprochées des dépenses budgétaires qui peuvent participer des mêmes politiques publiques[1341]. Le réexamen qui s'inscrit dans le cadre plus large de la simplification peut contribuer de manière plus significative à rendre la fiscalité plus juste et plus

---

1339 LIBOM LI LIKENG Minette, *op.cit.*

1340 CHAMBAS Gérard (dir.), *Afrique au sud du Sahara : Mobiliser des ressources fiscales pour le développement*, Paris, Économica, p. 114.

1341 Conseil des impôts, La fiscalité dérogatoire : pour un réexamen des dépenses fiscales, *op. cit.*, p. 179.

efficace[1342]. Constatant l'essoufflement de la gouvernance de l'ensemble du dispositif camerounais, un nécessaire maintien sous surveillance stricte des exonérations d'« ordre structurel » est requis (A), l'absence de tout pilotage au plan national conduit à mettre sous contrôle poussé toutes les autres exonérations qui ne pourraient être supprimées, les exonérations incompressibles (B).

## A- Le maintien sous contrôle rigoureux des exonérations d'« ordre structurel »

Dans un contexte où de nombreux pays de la zone CEMAC sont confrontés à une baisse des ressources publiques assortie d'une hausse de leurs dépenses, le relèvement des recettes est la première fonction dévolue à l'impôt, principal instrument de financement des biens publics tels que le maintien de l'ordre public et de la construction des infrastructures publiques[1343]. Toute menace visant l'impôt et provenant des exonérations fiscales doit être circonscrite et au plus vite. Dans cet ordre d'idées, une politique active de maîtrise des exonérations par le réexamen de celles-ci avec pour finalité l'élargissement à terme de l'assiette fiscale doit être mise en place. Le réexamen des exonérations douanières doit aboutir à une mise sous surveillance stricte des exonérations d'ordre technique. Ceci au regard des risques et des coûts que comportent ces différents régimes

En effet, il est difficile de concevoir un système fiscal sans exonérations, tout comme il est difficile de concevoir un impôt sans exception. Certaines exonérations sont intimement liées à l'existence même de l'impôt. Il convient ainsi de distinguer au sein des exonérations douanières, les allègements structurels et les instruments de politique publique. Le Conseil des impôts en France appelle « allègement structurel », les dépenses fiscales instituées afin de répondre à un objectif de nature fiscale (meilleure répartition de la charge fiscale, éviter les doubles impositions, simplifier l'application de l'impôt….)[1344].

En fait, cette catégorie serait déterminée par des mesures qui ne seraient pas rattachables à une politique publique ciblée et qui ne pourraient donc être décrites comme instrument d'un programme budgétaire. Dans le cadre de la fiscalité interne, l'avoir fiscal serait un allègement structurel et le crédit d'impôt en faveur de la recherche un outil de politique publique ciblée. Au Cameroun, dans certains cas, le législateur a expressément voulu éviter un

[1342] *Idem.*

[1343] OCDE, *Relever les défis fiscaux posés par l'économie numérique*, 2014.

[1344] Conseil des impôts, *La fiscalité dérogatoire : pour un réexamen des dépenses fiscales, op.cit.*

cumul d'impositions pour certaines activités soumises à une taxation spécifique[1345].

Au niveau de la douane, de nombreuses exonérations se retrouvent dans cette catégorie d'allègement structurel. C'est le cas notamment des marchandises en retour dans le territoire douanier qui bénéficient d'un traitement de faveur pour éviter la double imposition. C'est également le cas des marchandises qui bénéficient des avantages des régimes suspensifs et économiques douaniers. Aussi, dans le cadre de l'admission temporaire pour transformation intérieure, les matériaux importés entrant dans la fabrication de biens à exporter, devant être transformés ou réparés, sont exemptés de droits et taxes à titre conditionnel[1346].

Dans le cadre des allègements structurels, si les contrôles douaniers sont défaillants, les pertes de recettes peuvent se produire si les matériaux exemptés sont utilisés dans la production de biens vendus sur le marché local et échappent ainsi aux droits et aux taxes exigibles. Dans la même veine, les exonérations d'ordre technique en général, peuvent faire courir aux recettes douanières, un risque de déperdition préjudiciable à l'équilibre des finances publiques. Au regard des enjeux en termes de perte de recettes douanières, la nouvelle stratégie vise à mettre sous surveillance stricte les exonérations d'ordre technique. Le niveau des risques est très élevé au vu de notre contexte où l'administration peut difficilement assurer le contrôle. Il faut réexaminer régulièrement l'utilisation des exonérations d'ordre technique à la lumière des nouvelles exigences de mobilisation optimale des recettes publiques.

### B- Le maintien sous un suivi adapté des autres exonérations douanières incompressibles

Le diagnostic en zone CEMAC et particulièrement au Cameroun a établi que les pays membres se distinguent par un nombre anormalement élevé de dérogations dont le coût est croissant avec une complexité excessive et des effets contestables. Aussi, face à ce constat alarmant, les États recherchent les mécanismes permettant d'infléchir cette tendance négative. L'objectif étant d'élargir l'assiette fiscale en supprimant ou en surveillant davantage ces mesures de faveur. Cependant, le nettoyage engagé dans le cadre de la rationalisation risque de ne pas toucher certaines exonérations. Celles-ci sont considérées comme incompressibles. Pour autant, elles méritent aussi une

---

[1345] Ministère des Finances, *Précis de fiscalité camerounaise, 2010*, p. 21.

[1346] KEEN Michael, (dir), *Moderniser la douane, défis et stratégies de réforme de l'administration douanière*, *op. cit.*, p. 105. Il s'agit des différents régimes douaniers (admission temporaire, régime de l'entrepôt, transit ordinaire, draw back) qui permettent selon diverses modalités d'exonérer de certaines charges fiscales (droit de douane) des marchandises destinées à l'exportation. Ces régimes facilitent des fraudes importantes, mais sont indispensables pour permettre des productions compétitives à l'exportation ; il est nécessaire de dégrever selon Gérard CHAMBAS les exportations de la charge créée par les droits de porte.

attention soutenue. Parmi ces mesures exonératoires dites incompressibles, l'on peut citer les exonérations de souveraineté notamment les exonérations douanières issues des conventions internationales[1347], des accords de sièges[1348], des dons offerts aux chefs de l'État, des dons humanitaires. Elles concernent également toutes les franchises contenues dans le code des douanes CEMAC à travers l'acte 2/92 et ses différents modificatifs.

Dans le cadre de la recherche de l'amélioration des performances de l'administration douanière au travers de l'élargissement de l'assiette fiscale, il est recommandé de revisiter les exonérations douanières dites incompressibles. Celles-ci, bien que fondées, peuvent regorger de nombreuses lacunes et faiblesses. Elles sont des niches de fraude, d'où l'intérêt de bien les surveiller. En effet, dans un contexte généralisé de fraude et d'optimisation fiscale agressive[1349], des stratégies bien pensées doivent être mises en place pour contrer des multiples pratiques déviantes. Ces dernières sont connues sous le nom de manœuvres frauduleuses tendant à bénéficier indûment des franchises. L'on cite également sous cette rubrique, les détournements de destination, des cessions inappropriées des biens importés, et bien d'autres.

Les États membres de la CEMAC doivent garder à l'esprit qu'une exonération douanière anodine, même élémentaire, peut engendrer d'énormes pertes de recettes pour le trésor public. Cette situation appelle à une vigilance accrue. D'ailleurs, les institutions financières internationales militent auprès des administrations fiscales, dans le but d'encourager la mise en place des mécanismes plus efficaces afin de surveiller plus sereinement ces facilités douanières. Ces dernières ont très souvent mis en lumière des pratiques fiscales déviantes très décriées, qui au-delà des avantages financiers qu'elles procurent aux fraudeurs, servent à déposséder l'État d'importantes recettes fiscales. On pourrait aussi envisager la mise en œuvre d'un dispositif de sanctions administratives et pénales sévères pour réprimer l'utilisation abusive des avantages fiscaux[1350]. De telles infractions entraînent l'essor d'une concurrence déloyale entre opérateurs économiques relevant parfois de la même sphère d'activité[1351].

D'ailleurs, la préservation des recettes douanières est devenue un des principaux axes de la politique budgétaire des gouvernements qui souhaitent mieux encadrer toutes les sources de moins-value fiscale et notamment les

---

[1347] L'exemple de la convention de Vienne sur les relations diplomatiques de 1961. En outre, les dispositions fiscales dérogatoires contenues dans les conventions et accords internationaux régulièrement ratifiés font partie du système fiscal de référence.

[1348] L'exemple de l'accord siège de la BEAC avec le Cameroun

[1349] CAUSSADE Thomas, *La stratégie fiscale de l'entreprise : entre optimisation et fraude*, Thèse de doctorat de l'Université de Toulouse, 2017, 771 p.

[1350] EVINA OBAM Richard, *La politique fiscale au Cameroun depuis les années 1980*, *op.cit.*, p. 203.

[1351] *Idem.*

comportements frauduleux et abusifs[1352]. Plusieurs pays sont animés par cette volonté de changement. Aux États-Unis par exemple, plusieurs propositions vont dans le sens d'un réexamen de l'utilité des aides de nature fiscale et la suppression de certaines d'entre elles.

D'après Gérard CHAMBAS, les exonérations relatives aux ONG sont aussi à l'origine de difficultés, notamment en raison des abus. Cependant, l'apport au développement des ONG respectant leur vocation première est important notamment pour les plus pauvres et la mise en place de taxes sur les opérations d'ONG constituerait un frein considérable à leur activité. Il convient donc de maintenir les exonérations pour les ONG, mais en les encadrant strictement. Un suivi notamment à travers l'évaluation de la dépense fiscale occasionnée est nécessaire[1353].

Aussi, la vigilance souhaitée et recherchée passe par une bonne administration, une gestion irréprochable des exonérations douanières, gage d'une mobilisation optimale des recettes douanières. Le défi est donc immense, il faudra le relever.

---

[1352] CAUSSADE Thomas, *La stratégie fiscale de l'entreprise : entre optimisation et fraude*, Thèse de doctorat de l'Université de Toulouse, 2017, p. 9.

[1353] CHAMBAS Gérard, « Afrique au sud du Sahara, quelle transition fiscale ? » *Revue Afrique contemporaine*, N° 213, 2005, pages 133-163.

## CONCLUSION DU CHAPITRE I

Dans la perspective de rompre avec une accoutumance excessive à une prolifération incontrôlée des exonérations douanières aux effets peu démontrés, un effort vigoureux de rationalisation est désormais lancé. Cet élan est porté par les institutions financières internationales et régionales, les partenaires au développement et la société civile. Ces différents partenaires mettent au-devant un certain nombre de principes destinés à guider la conception et la gouvernance des exonérations douanières et fournissent les orientations sur les bonnes pratiques dans ce domaine de fiscalité dérogatoire. En clair, il est question de renforcer la surveillance, la gouvernance et la maîtrise des risques budgétaires liés aux exonérations douanières.

Allant dans ce sens, la rationalisation de la politique fiscale incitative en zone CEMAC passe tout d'abord par une conception restrictive. En effet, le quitus est désormais donné pour une conception qui allie la cohérence des incitations fiscales avec les objectifs de politique socioéconomique préalablement établis. Aussi, au regard de leur poids financier, toute dépense fiscale devrait concourir à la poursuite d'un objectif précis, être précédée d'une étude d'impact ou d'une estimation chiffrée, être consacrée par une loi et avoir une durée limitée afin d'être régulièrement réexaminée. Ainsi, elle est fondée sur six filtres, permettant à chaque fois de s'assurer successivement de leur légitimité, de leur unité, de leur pertinence, de leur efficacité, de leur non-substituabilité par une dépense budgétaire, c'est-à-dire de leur efficience et enfin de leur acceptabilité.

Ensuite, la rationalisation renvoie à l'application des principes éthiques et de bonne gouvernance dans le cadre de l'octroi des exonérations douanières. Ces dernières induisent des comportements frauduleux, déviants et abusifs préjudiciables à la mobilisation optimale des recettes fiscales. Aussi, dans la recherche d'une meilleure lisibilité des politiques fiscales, il devient urgent de les contrecarrer par des principes de transparence[1354], de sincérité et le respect des critères d'éligibilité clairement définis. Lesquels principes sont favorables à la lutte contre l'opacité.

Par ailleurs, la rationalisation de la politique fiscale exonératoire repose sur le réexamen des exonérations douanières existantes. Dans ce sillage, il devient important de supprimer les exonérations douanières inefficaces, inopérantes, incohérentes et de faible portée, tout en maintenant sous surveillance stricte des allègements incompressibles et justifiés. Il s'agit ce faisant d'aider les pays de la zone CEMAC à revoir et modifier les exonérations douanières pour mieux les aligner sur leurs objectifs de développement.

---

1354 ABOUBAKAR SY, *La transparence dans le droit budgétaire de l'État en France*, Paris, LGDJ, 2017.

En définitive, les dépenses fiscales peuvent s'avérer un outil performant et seront d'autant plus efficaces qu'elles réuniront les cinq conditions suivantes ; leur durée doit être limitée dans le temps ; elles doivent être sélectives ; elles doivent être en nombre limité, leur coût doit être connu et leur incidence mesurée[1355]. L'enjeu majeur est l'optimisation des mécanismes exonératoires qui doivent se déployer dans le canevas prescrit par le législateur communautaire de la CEMAC. Mais, la rationalisation va au-delà de la conception restrictive, de l'application des principes de gouvernance et du réexamen des exonérations existantes pour s'intéresser davantage à l'amélioration de la gestion des exonérations douanières.

[1355] MEKONGO Jean-Marie, *Les retenues à la source dans le système fiscal du Cameroun*, *op.cit.* p. 361.

# CHAPITRE II :

# UNE GESTION NOVATRICE ET PERFORMANTE DES EXONÉRATIONS DOUANIÈRES EN ZONE CEMAC

Les systèmes fiscaux des pays africains se caractérisent par l'importance des exonérations de toute nature à l'origine des dépenses fiscales considérables qui pérennisent, voire aggravent les anomalies des systèmes fiscaux[1356]. Pourtant, la gestion des exonérations douanières dans l'espace CEMAC fait partie des aspects de la gestion budgétaire qui suscitent le plus de critiques pour le manque de rationalité. Ce domaine devrait ainsi subir en profondeur des évolutions dans la logique de performance et d'une mobilisation optimale des recettes fiscales. Mais l'atteinte de cet objectif reste conditionnée à la volonté et à la capacité des États à mettre en place un système de gestion capable de répondre aux attentes et adapté aux nouvelles exigences de la gouvernance fiscale. Les États membres de la CEMAC devraient mettre en place des méthodes nécessaires à la gestion et au contrôle des exonérations afin de prévenir les fraudes et abus éventuellement liés à l'application de ces exemptions.

Aussi, les enjeux des politiques fiscales dérogatoires ne se limitent pas à leur conception, à leur mise en place : en clair à l'arrivée massive des investisseurs[1357]. Les pertes de recettes fiscales et les dysfonctionnements constatés révèlent un dispositif de gestion peu performant[1358]. Dans ce sillage, un autre défi est aussi celui de la préservation des intérêts financiers de l'État à travers des mécanismes de gestion appropriés. À cet effet, la rationalisation des exonérations douanières en zone CEMAC et particulièrement au Cameroun exige également une amélioration de leur gestion à travers un contrôle et un suivi efficace. Cette rationalisation ne peut se passer d'un dispositif approprié de contrôle. Face à l'insuffisance avérée de la surveillance des exonérations douanières, on s'interroge sur le sens à accorder à la réorganisation des structures qui doit nécessairement être envisagée.

---

[1356] CHAMBAS Gérard, *Fiscalité & développement en Afrique subsaharienne*, *op.cit.*, p. 61.

[1357] MAMOUDOU BARRY, *Politiques fiscales et douanières en matière d'investissements étrangers en Afrique francophone : le cas du secteur des ressources naturelles extractives*, *op.cit.*, p. 181.

[1358] Lire WEIDENFELD Katia, « Les niches fiscales, un instrument ambigu », *Revue projet-chercheur*, pp. 1-8.

Les enjeux de l'administration des exonérations douanières sont énormes[1359]. La zone CEMAC est une véritable « passoire fiscale ». Alors que les recettes fiscales des pays riches représentent environ 35 % de leur produit intérieur brut (PIB), elles dépassent rarement 15 % du PIB dans les pays de la zone[1360]. Les fuites interviennent à tous les niveaux notamment par les exemptions fiscales consenties à de nombreux contribuables. Les pertes fiscales sont souvent aggravées par les déficiences des mécanismes de contrôle et de suivi qui laissent la porte ouverte aux abus du système douanier par les importateurs tant nationaux qu'étrangers.

La bonne gestion des exonérations douanières est un facteur déterminant de leur efficacité et de leur efficience[1361]. D'après de nombreux spécialistes, plusieurs raisons peuvent justifier les exigences d'amélioration du contrôle et de suivi des exonérations douanières. Elles tiennent notamment à l'ampleur du manque à gagner qu'occasionnent les exonérations, les risques de fraude et d'abus. Elles tiennent également à la complexité même du système d'exonérations douanières au Cameroun au regard de leur foisonnement. Dans cette veine, l'étude des exonérations douanières au Cameroun a révélé de nombreuses défaillances, déficiences et fraudes qu'il convient de corriger à travers le renforcement des services chargés des contrôles (section I) et une amélioration du suivi des exonérations douanières (section II).

## SECTION I : LA QUÊTE D'UN DISPOSITIF APPROPRIÉ DE CONTRÔLE DES EXONÉRATIONS DOUANIÈRES

Dans le cadre de la rationalisation des exonérations douanières dans une perspective de mobilisation optimale des recettes fiscales, le nouvel enjeu est de trouver des modes de contrôle à la fois efficace sans heurter l'attractivité du territoire, un système adapté au nouvel environnement de recherche performance. Dans cette lancée, le droit fiscal camerounais est toujours à la recherche de repères, dans la trajectoire de l'érection d'un dispositif approprié et efficace de contrôle des opérations exonérées. Aussi, l'organisation des services des contrôles des opérations exonérées est-elle adaptée aux enjeux ? Autrement dit, la stratégie de contrôle et de lutte contre les fraudes douanières émanant des exonérations douanières est-elle de nature à garantir une mobilisation efficace des recettes ? Ce dispositif douanier de contrôle est-il adapté aux nouvelles exigences de lutte contre la fraude ?

---

[1359] Voir LIBOM LI LIKENG Minette, « performance et discipline budgétaire : les leviers de la performance douanière », Revue des douanes camerounaises, n° 029, 2014, PP. 48-50.

[1360] CHIHA KHEMICI, « La fiscalité comme levier de développement économique dans les pays en développement : cas de l'Algérie, *Revue algérienne de la normalisation et des politiques économiques*, N° 03- 2012, p. 37.

[1361] Rapport du FMI, de l'OCDE, des Nations unies et de la Banque mondiale au groupe du travail du G20 sur le développement, « options pour une utilisation efficace et efficiente des incitations fiscales à l'investissement dans les pays à faible revenu », septembre 2015.

L'observation des pratiques de contrôle en matière de fiscalité dérogatoire dans les États de la zone CEMAC a révélé le caractère précaire des entités dédiées au contrôle, l'absence de leur organisation et le manque des interactions entre leurs différents stades[1362]. À cela, s'ajoute l'absence d'une véritable stratégie de contrôle des opérations exonérées au plan national. Cette absence s'est traduite par une organisation inadaptée et une réalité fonctionnelle difficile entravant l'efficacité d'un système de contrôle. Les déficiences des administrations douanières font observer le recours insuffisant à une approche des contrôles et des audits fondée sur les risques[1363].

Pourtant, le volume croissant des exonérations douanières, la diversité, la complexité et l'instabilité des régimes rendent nécessaire la révision de leur approche du contrôle[1364]. Aussi, les enjeux financiers qui y sont liés militent en faveur d'une politique de contrôle ambitieuse. Ainsi, l'approche traditionnelle fondée sur des contrôles aléatoires, parcellaires en première ligne et après dédouanement n'est plus considérée comme efficace. Tout comme dans le cadre de la lutte contre la criminalité transnationale organisée[1365], il est donc question de mettre en place une organisation de contrôle qui puisse mieux anticiper les évolutions de la fraude douanière au travers d'une modernisation des méthodes.

Depuis quelques décennies, les institutions financières internationales ne cessent de définir les lignes directrices spécifiques pour les contrôles et le suivi des exonérations douanières fondées sur des risques[1366]. Ces directives et recommandations constituent un cadre global utile sur lequel les pays devraient fonder leurs mesures de contrôle adaptées à la situation, aux défis et aux ressources qui leur sont propres. Allant dans ce sens, et sur la base du fait qu'il n'existe pas de solution unique et que chaque pays présente un ensemble spécifique de défis et de possibilités, le renforcement du dispositif exige une orientation efficace du contrôle des exonérations douanières au niveau national (paragraphe I) et au sein même de l'administration douanière (paragraphe II).

---

1362 ICHAM AZIZ, *Lutte contre la fraude commerciale douanière à l'importation, une démarche managériale en guise d'approche*, *op. cit.*

1363 FMI, *CEMAC, Questions générales*, 10 décembre 2018.

1364 *Idem.*

1365 Lire SOUMARE NDIAGNE, *Le droit douanier à l'épreuve de la criminalité transnationale organisée dans l'espace CEMAC, Paris, L'Harmattan,* 2019, 403 pages.

1366 KEEN Michael,(dir.), *Moderniser la douane, défis et stratégies de réforme de l'administration douanière,* FMI, *op. cit.*

### Paragraphe I : Une orientation efficace du contrôle des exonérations douanières : le renforcement du pilotage national

Le contrôle douanier des opérations exonérées est un outil essentiel en matière de sécurisation des recettes budgétaires. Le contexte actuel caractérisé par de graves tensions sur les finances publiques rend plus forte encore l'exigence d'un contrôle efficace dans ce domaine[1367]. Pourtant, au plan national, l'on a constaté un environnement peu propice au contrôle des opérations douanières exonérées. D'aucuns parlent de l'absence d'une culture de contrôle[1368]. Cet environnement se traduit par un contrôle des exonérations douanières inopérant au niveau national. Le développement d'une culture et des pratiques de contrôle est désormais nécessaire[1369]. Le risque de surenchère évoqué par Charles-Albert MICHALET devrait être appréhendé par les États d'accueil des investisseurs afin de mieux maîtriser les dispositifs fiscaux et douaniers dérogatoires destinés à attirer les sociétés multinationales[1370].

L'approche des contrôles des exonérations en général doit cesser d'être essentiellement réactive, fondée sur le contrôle documentaire, pour devenir préventive en tenant compte de l'ensemble des filières bénéficiant des facilités douanières[1371]. Elle doit désormais être holistique, c'est-à-dire globale en intégrant tous les paramètres pouvant aider à améliorer l'efficacité des contrôles des opérations exonérées. À cet effet, le développement des relations commerciales, le renforcement du dialogue entre les autorités compétentes chargées des contrôles des différents pays importateurs, l'utilisation des mécanismes de coopération sont également autant de pistes à explorer dans la perspective d'un rendement meilleur des contrôles.

La nouvelle gouvernance repose sur des dispositifs appropriés de contrôle. Une attention particulière doit être accordée aux mécanismes de contrôle

---

[1367] Voir décision n° 31/19-UEAC-010A-CM-34 du 18 décembre 2019 fixant la catégorisation des mesures d'exonération totale ou partielle des droits et taxes à l'importation et précisant les modalités de contrôle des déclarations de mise à la consommation en exonération totale ou partielle des droits et taxes.

[1368] YAKOUBOU OUEDRAGO, *L'influence de la démarche de performance sur le droit public financier des États membres de l'UEMOA*, LGDJ, p. 443.

[1369] Lire OMOTUNDE E. G. JOHNSON, « Renforcement des capacités pour la mobilisation des ressources intérieures en Afrique », Fondation pour le renforcement des capacités en Afrique, pp. 1-22. Bien plus, le contexte actuel caractérisé par de graves tensions sur les finances publiques et la nécessité de demander aux contribuables des efforts accrus rend plus forte encore l'exigence d'un contrôle douanier des exonérations douanières efficace.

[1370] MICHALET Charles-Albert, « Un nouvel impératif de la politique industrielle dans la globalisation ; l'attractivité », *in* BOUET Antoine et LE CACHEUX Jacques (dir.), *Globalisation et politiques économiques, les marges de manœuvre,* Paris, Économica, 1999, p. 383-400.

[1371] Pour plus d'éclairage, lire, FAO, *Manuel sur les contrôles des importations alimentaires fondés sur les risques*, Rome, 2017.

fondés sur les risques afin d'aider le pays à affecter les ressources disponibles de façon à cibler les risques prioritaires de la manière la plus appropriée[1372]. La structure institutionnelle, le cadre juridique, les services d'appui disponibles doivent être pris en considération. Aussi, la nouvelle stratégie recherchée pour être efficace et efficiente doit améliorer le cadre général de contrôle des opérations douanières exonérées (A), tout en réactivant ou en renforçant les structures de contrôle existantes sur le plan national (B).

## A- L'amélioration du cadre général de contrôle des opérations douanières exonérées

La définition d'un cadre général propice au contrôle des opérations douanières en zone CEMAC et particulièrement au Cameroun est nécessaire. Elle est d'autant plus nécessaire que la prolifération des exonérations des droits et taxes de douane constitue une des causes majeures du rétrécissement de l'assiette fiscale en Afrique[1373]. Aussi, la dépense fiscale de porte occupe en moyenne 23 à 25 % des recettes douanières et 1 à 2 % du PIB. Bien plus les exonérations sont les symptômes des dysfonctionnements et la cause des inadaptations de tout système fiscal[1374]. Pourtant la thématique des exonérations douanières en général et de leur contrôle en particulier, demeure peu évidente à appréhender et relève encore curieusement du mystère au Cameroun.

L'on peut aussi comprendre cette timidité par le fait que c'est l'État qui accorde les exonérations et par conséquent ne saurait se contrôler lui-même[1375]. C'est une vision naïve, car les opérations exonérées font l'objet de diverses manipulations frauduleuses. Celles-ci créent des déséquilibres au niveau des finances publiques. C'est donc en considération du besoin de préservation des intérêts financiers étatiques que l'amélioration du cadre général de contrôle des opérations exonérées se pose avec pertinence. Cette amélioration passe par la définition d'un cadre juridique cohérent (1) et la mise en place d'un cadre institutionnel adéquat (2).

### 1. La définition d'un cadre juridique cohérent de contrôle des opérations exonérées

Le contexte de forte prolifération des exonérations douanières nécessite de nouvelles règles pour renforcer le dispositif juridique existant pour mieux

---

1372 Lire FAO, Manuel sur le contrôle des importations alimentaires fondé sur les risques, *op. cit.*, p. X.

1373 CHAMBAS Gérard, *Fiscalité & développement en Afrique subsaharienne*, *op.cit.*, p. 57.

1374 *Idem.*

1375 La tolérance observée traduit, tantôt un aveu d'impuissance face aux géants que sont les multinationales, tantôt un besoin d'attractivité et de fidélisation des investisseurs internationaux.

contrôler ce phénomène ancré dans le paysage fiscal camerounais. Le cadre juridique est une construction évolutive qui prend en compte les réalités actualisées de l'environnement économique, social, politique. Il s'adapte en fonction des divers intérêts divergents notamment le souci de concilier les intérêts des multinationales avec le besoin de sécurisation des intérêts financiers de l'État.

Un constat s'impose malheureusement. La fiscalité camerounaise est confrontée à la montée croissante d'un phénomène préoccupant dont l'absence d'instruments juridiques de contrôle appropriés conduirait à l'appauvrissement de l'État au profit des entreprises multinationales ou des particuliers[1376]. C'est le phénomène de manipulations frauduleuses dans les opérations douanières exonérées[1377]. D'où l'intérêt pour le Cameroun de procéder à un renforcement de son environnement juridique dans le cadre du contrôle des opérations exonérées.

Le contexte de forte incitation à l'investissement s'y prête d'ailleurs. La quête de l'émergence à l'horizon 2035 oblige l'État camerounais à mettre en place des stratégies favorables à l'atteinte de cet objectif. La fiscalité est ciblée comme moteur de développement à court, moyen et long terme[1378]. Aussi, les stratégies fiscales déployées dans le cadre de l'attractivité du territoire [1379]imposent également ce réaménagement de l'environnement normatif. En effet, dans le prisme d'attractivité de l'espace économique camerounais, d'importants congés fiscaux sont accordés à des entreprises dans le cadre des opérations d'investissements relatives à la création, à l'extension, au renouvellement d'actif et/ou à la transformation d'activités, amplifiant ainsi le volume de la dépense fiscale étatique[1380].

Fort de ce constat, le Cameroun n'a pas d'autres choix que de mettre en place un cadre juridique adapté au contrôle des opérations douanières exonérées et suffisamment pensé pour répondre aux défis posés par les fraudes sous des facettes multiples. Face aux manipulations frauduleuses, le Cameroun devrait davantage faire valoir sa souveraineté normative à travers des mesures préventives et curatives efficaces et austères[1381]. L'émergence à l'horizon 2035 dépend de la maîtrise des opérations exonérées qui pour l'instant sont auréolées de l'étoffe de la tolérance fiscale[1382]. Désormais, une

---

[1376] AYANGMA AYANGMA Joseph, *La pratique du contrôle fiscal des prix de transfert dans l'espace CEMAC : le cas du Cameroun*, PARIS, L'Harmattan, p. 16.

[1377] Lire BACONNIER Robert, TALY Michel, « Fraude fiscale : caractérisation et enjeux », *La face cachée de la finance, le cas particulier de la fraude fiscale*, Rapport moral sur l'argent dans le monde 2005.

[1378] AYANGMA AYANGMA Joseph, *op. cit.*, p. 17.

[1379] LOPEZ Christian, « la fiscalité comme vecteur de l'attractivité du territoire », in Mondialisation et fiscalité, la globalisation fiscale, L'Harmattan, 2006, p. 247 et s.

[1380] Voir la loi d'avril 2013 relative à l'incitation aux investissements privés au Cameroun.

[1381] AYANGMA AYANGMA Joseph, *op.cit.*, p. 291.

[1382] *Idem.*

politique ambitieuse de contrôle s'impose dans la perspective d'une mobilisation optimale des recettes fiscales. Il revient ainsi au Cameroun de définir les lignes directrices globales pour le contrôle des opérations exonérées à la lumière des enjeux financiers et des exigences de développement. Les orientations générales seront également nécessaires dans le cadre de la rationalisation des exonérations douanières. Un cadre général qui définit les autorités compétentes en matière de conception, d'évaluation et de gestion des contrôles des opérations douanières exonérées conformes aux standards internationaux est nécessaire.

L'objectif ici est que le pays dispose d'outils lui permettant d'élaborer et de mettre en œuvre des contrôles d'opérations douanières bien conçus et cohérents, malgré les limitations auxquelles ils peuvent se heurter en matière de capacités et de ressources disponibles. Il vise à rendre les structures administratives et institutionnelles capables de maîtriser les rouages et les enjeux des dépenses fiscales.

Dans l'optique d'une mobilisation optimale des recettes douanières, un code de bonne conduite en matière d'exonérations douanières pourrait être mis en place. Il viserait à promouvoir les bonnes pratiques en matière de privilèges douaniers. Ce code de bonne conduite dans le cadre des opérations exonérées serait bien accueilli d'autant qu'il pourrait définir les mesures préventives et les sanctions en cas de manipulations frauduleuses. Ces sanctions pourraient d'ailleurs être largement diffusées pour contrecarrer toute velléité de fraude. D'ailleurs, quel serait l'intérêt de mettre en place un dispositif juridique innovant si l'on ne prévoyait pas dans le même temps, les moyens de permettre une sanction en cas de violation de celle-ci ? Bien plus ces sanctions pourraient entrevoir une catégorisation des risques et intégrer les méthodes d'évaluation des risques actualisées, provenant des organisations internationales, régionales et nationales.

Par ailleurs, le Cameroun devrait renforcer le cadre normatif à travers la transposition dans l'ordre interne des directives relatives aux bonnes pratiques en matière de dépenses fiscales[1383]. À cet effet, les règles conventionnelles, les règles communautaires et celles des organisations internationales touchant le domaine des aides publiques de nature fiscale doivent recevoir une application directe dans l'ordre interne camerounais[1384]. Ces dispositions constituent des moyens supranationaux pouvant aider à canaliser les manipulations

---

[1383] BEGNI BAGAGNA, *L'harmonisation des politiques fiscales en zone CEMAC : esquisse d'une théorie du droit fiscal communautaire*, *op.cit.*, p. 254. Cette transposition, à défaut d'être littérale, doit être fidèle. Aussi, un État membre ne peut invoquer son organisation administrative pour se soustraire à l'obligation de transposition.

[1384] Par exemple, le Règlement n° 06/19-UEAC-639-CM-33 relatif à la concurrence.

frauduleuses dans les opérations douanières exonérées[1385]. Ces institutions fournissent des orientations sur la conception et le fonctionnement des systèmes nationaux de contrôle des dépenses fiscales. L'évaluation des contrôles des exonérations douanières pourra d'ailleurs se faire au regard des normes et orientations internationales.

Le cadre juridique doit décrire les différentes modalités permettant d'établir des mécanismes de collaboration avec les institutions qui jouent un rôle important dans le cadre de la fiscalité dérogatoire ou des pratiques fiscales dommageables. Le renforcement normatif qualitatif de mesures en matière de conception, d'évaluation et de gestion des contrôles dans le cadre des opérations exonérées aura pour effet positif d'accroître les recettes fiscales étatiques en même temps qu'il y aura restauration progressive de la discipline fiscale.

Le cadre juridique devra également mettre en cohérence les autorités compétentes et autres institutions intervenant dans le contrôle des opérations exonérées. Ce cadre juridique doit enfin traduire la volonté des autorités politiques nationales d'en découdre avec les manœuvres frauduleuses émanant des exonérations douanières. L'influence de la démarche de performance doit être à la base du cadre juridique. Il est nécessaire que ce cadre crée les conditions de stimulation du contrôle, qu'il serve « d'effet détonateur ». Il est question d'une quête permanente d'actualisation et l'adaptation des textes constituant la base juridique de contrôle. Cette même recherche d'une meilleure efficacité du contrôle des exonérations douanières doit être à la base du nécessaire renforcement du cadre institutionnel.

### 2. La mise en place d'un cadre institutionnel adéquat de contrôle des opérations exonérées

Il faut toujours garder à l'esprit qu'un système national de contrôle des opérations douanières exonérées est un grand ensemble comprenant des sous-systèmes qu'il faudrait faire fonctionner comme une entité efficace et aussi interagir de manière cohérente. Dans cette lancée, plusieurs autorités compétentes et institutions interviennent dans le cadre de ce contrôle. Aussi, la mise en place des institutions complètes, efficaces et sans ambiguïté est essentielle pour le contrôle des opérations exonérées. Au plan national foisonnent un ensemble d'institutions dédiées au contrôle des dépenses fiscales. Elles connaissent toutes des fortunes diverses. Il est important de définir le rôle et les responsabilités des différentes institutions dans le cadre du contrôle des aides publiques de nature fiscale. Une coordination entre ces

1385 Pour plus d'éclairage, lire, AYANGMA AYANGMA Joseph, *op. cit.*, p. 117. L'auteur parle d'un timide concours des moyens supranationaux de contrôle fiscal des prix de transfert au Cameroun.

institutions est nécessaire et mérite une attention particulière des autorités nationales.

La nouvelle gouvernance des exonérations douanières commande de mettre en place des accords formels de coordination et de partage d'informations si nécessaire. Il faudra également tenir compte des autorités ou institutions supranationales, multinationales ou régionales[1386] et définir un cadre intégré susceptible de faciliter la collaboration et la coopération avec ces institutions. Le cadre institutionnel pourrait s'enrichir d'une structure appelée observatoire national de contrôle des opérations douanières exonérées. Il s'agira d'un organe mixte créé autour du ministre des Finances pour assurer un meilleur encadrement des exonérations douanières.

En tout état de cause, il revient au Cameroun de mettre en place des institutions capables de mener à bien la lutte contre les manœuvres frauduleuses tendant à bénéficier indûment des privilèges douaniers. Il s'agira ainsi des institutions fortes, garantes de la bonne gouvernance et de la transparence dans leur activité quotidienne. L'efficacité d'un système de contrôle doit être mesurée à l'aune de la capacité de ses structures à travailler en totale indépendance à l'égard des groupes de pression et du pouvoir politique. Dans cette perspective, il faut réactiver ou renforcer les institutions de contrôle existantes.

### B- La réactivation envisageable des structures dédiées au contrôle des opérations douanières exonérées

La recherche de la performance devrait entraîner la réadaptation des structures de contrôle de la dépense fiscale. En effet, l'insuffisance du contrôle des exonérations douanières ou de la dépense fiscale de porte a été largement constatée au Cameroun, mais aussi dans l'espace CEMAC. Resté ancré dans un environnement peu favorable, ce contrôle est encore embryonnaire, aux moyens inaboutis ou encore en chantier comme le faisait savoir AYANGMA AYANGMA parlant du contrôle du prix de transfert[1387]. Un contrôle sérieux et efficace de la dépense fiscale est une condition sine qua non de l'amélioration de l'efficience des politiques publiques en la matière[1388]. D'ailleurs, le code de transparence et de bonne gouvernance dans la gestion des finances publiques de la zone CEMAC soumet toutes les opérations relatives aux recettes, aux dépenses et au financement des budgets des

---

[1386] Voir le cas de la Commission et le Conseil des ministres de la CEMAC dans le cadre du contrôle des aides publiques de nature fiscale et le rôle de la Cour de justice communautaire dans le respect des règles de la concurrence.

[1387] AYANGMA AYANGMA Joseph, *La pratique du contrôle fiscal des prix de transfert dans l'espace CEMAC*, *op.cit.*

[1388] Cour des comptes, *La gestion des dépenses fiscales en faveur du logement*, mars 2019, p. 56.

administrations publiques à un contrôle politique ou démocratique, juridictionnel et administratif.

Dans ce sillage, le contexte camerounais ne manque pas d'institutions dédiées à ce contrôle des dépenses fiscales même si elles restent en état d'hibernation. Aussi, l'analyse théorique laisse ressortir les institutions politiques, les institutions administratives et juridictionnelles qui peuvent utilement s'essayer dans ce contrôle. Il est donc question de réveiller toutes ces institutions et les mettre au service de la bonne cause d'où une nécessaire réactivation du contrôle politique ou parlementaire (1), une réactivation du contrôle juridictionnelle (2) et enfin, la nécessaire réactivation du comité de contrôle créé dans le cadre de la loi de 2013 (3).

### 1. Le renforcement du contrôle parlementaire des dépenses fiscales

Le contrôle parlementaire auparavant négligé, doit désormais constituer le pivot de la rénovation du système national de contrôle des dépenses fiscales. À cet effet, le renforcement des pouvoirs de contrôle du parlement constitue l'un des aspects essentiels dans la quête de l'amélioration de la gestion des dépenses fiscales. Il traduit l'intérêt nouveau de citoyens de l'usage qui est fait des renonciations d'impôts consenties à une frange de la population. Le Parlement camerounais est resté longtemps en marge du contrôle de la dépense fiscale. Ce retrait est justifié par le contexte lié au déclin du parlement dans le système politique camerounais. Ainsi, l'exercice de la compétence fiscale consacrée constitutionnellement au profit de l'institution parlementaire se trouve largement attiédi par l'action concurrente des autres acteurs non investis d'une compétence fiscale de principe[1389].

Cet affaiblissement de l'institution parlementaire résulte non seulement du phénomène du mimétisme institutionnel, mais surtout du manque de hardiesse, de l'insuffisance des outils ainsi que de la passivité du personnel politique appelé à animer cette institution[1390]. Ce recul du Parlement est aussi observé ailleurs notamment en France où il est constaté que le « Parlement français a exagérément privilégié la fonction législative au détriment de la fonction de contrôle »[1391]. Le contrôle parlementaire sous la Ve République a été profondément enserré dans l'étau du parlementarisme rationalisé[1392].

---

1389 EVINA OBAM Richard, *La politique fiscale au Cameroun depuis les années 1980, op.cit.*, p. 51.

1390 *Idem.*

1391 G. CARCASSONNE, « La LOLF et le renouveau du contrôle », *RFFP*, n° 97, mars 2007, p. 77. Cité par CYRIL LAURENT, *L'encadrement normatif des politiques budgétaires sous la Vème République, op. cit.*, p. 115.

1392 CYRIL LAURENT, *L'encadrement normatif des politiques budgétaires sous la Vème République, op. cit.*, p. 304.

Dans le cadre de la nouvelle gouvernance financière[1393], le Parlement se doit de jouer un rôle de premier plan. Il doit contrôler les dépenses fiscales afin de les rendre compatibles avec les politiques de mobilisation de recettes. Aussi, la recherche de performance dans la gestion financière doit forcément annoncer un renouveau du contrôle parlementaire[1394]. Mais ce contrôle doit subir des évolutions dans leur nature, leur forme ou leur portée[1395]. Le code de transparence et de bonne gouvernance dans la gestion des finances publiques [1396]est là pour consacrer ce rôle essentiel du parlement dans la dynamisation des contrôles financiers. À cet effet, le législateur communautaire exige que la nature et le coût budgétaire des exonérations et autres dérogations fiscales fassent l'objet d'une présentation détaillée à l'occasion de l'adoption du budget.

Aussi, vu la nécessité d'améliorer la transparence dans la gestion des exonérations douanières, le Parlement dispose de nombreux moyens dans la conduite de sa mission de contrôle de la dépense fiscale. À cet effet, sans préjudice des pouvoirs généraux de contrôle du parlement, le contrôle parlementaire s'exerce à l'occasion de l'examen des projets des lois de finances et vise à s'assurer de la bonne exécution de ces dernières et partant des documents relatifs aux dépenses fiscales annexés à la loi des finances. La transmission du rapport annuel sur la dépense fiscale de l'année est l'occasion donnée aux parlementaires de faire des observations sur la gestion des dépenses fiscales et apporter des recommandations. Elle rentre également dans le cadre de la surveillance des coûts, de l'objet et du rendement des dépenses fiscales[1397]. Elle marque enfin une volonté de parvenir à une certaine discipline fiscale au sein de nos États. De manière générale, les dépenses fiscales doivent faire l'objet d'une présentation détaillée au Parlement.

Bien plus, les commissions parlementaires ont le pouvoir d'entreprendre toute investigation et toute enquête relative à l'exécution des lois des finances. Dans cette perspective, les exonérations et autres dépenses fiscales ne peuvent échapper au pouvoir d'enquête et d'investigation des parlementaires. Dans ce domaine de contrôle, le Parlement bénéficie ainsi des pouvoirs étendus surtout dans les contrôles *a posteriori* à travers la loi de règlement. Les commissions de finances jouent un rôle prépondérant au sein des assemblées. Leurs compétences recouvrent principalement le domaine budgétaire et financier.

---

1393 BOR Emmanuel, *Réforme budgétaire et gestion axée sur les résultats en Afrique subsaharienne : l'exemple de Maurice*, Paris, LGDJ, p. 7. Il fait allusion à l'introduction d'une démarche de performance.

1394 YACOUBA OUEDRAGO, *L'influence de la démarche de performance sur le droit public financier des États membres de l'UEMO*A, Paris, LGDJ, p. 375.

1395 *Idem.*

1396 Directive n° 06/11-UEAC-190-CM-22 relative au code de transparence et de bonne gouvernance dans la gestion des finances publiques.

1397 WEIDENFELD Katia, *À l'ombre des niches fiscales, op.cit.*, p. 30.

Elles sont d'une grande utilité dans la quête de la performance dans l'utilisation des dépenses fiscales. Aussi, la recherche de la performance dans l'utilisation des dépenses fiscales repose sur l'idée que les ressources renoncées doivent être utilisées de façon optimale pour atteindre des objectifs prédéfinis, mesurables au moyen d'instruments de suivi des résultats[1398]. Tout est donc dans la discipline fiscale.

Beaucoup d'espoirs restent fondés sur le contrôle parlementaire des dépenses fiscales. L'heure est venue pour les parlementaires de s'intéresser à cet aspect de la dépense publique[1399]. Ainsi, la rénovation du contrôle législatif passe par la mise à disposition des parlementaires des informations relatives au déploiement des dépenses fiscales. Il suffit aussi de surmonter les pesanteurs d'ordre politique qui réduisent leur marge de manœuvre et qui proviennent essentiellement de la nature des régimes politiques. Ces pesanteurs empêchent l'usage effectif des mécanismes de contrôle et des facteurs pratiques liés à des considérations psychologiques et sociologiques qui limitent l'intérêt des parlementaires pour l'activité de contrôle[1400]. Sur la scène camerounaise, le contrôle parlementaire tant souhaité est fortement compromis à l'avance et ne semble pas trouver d'alternatives crédibles si ce n'est le contrôle juridictionnel.

### 2. La redynamisation du contrôle juridictionnel des dépenses fiscales au niveau interne

Le contrôle juridictionnel [1401]représente l'une des clés de la régulation des systèmes financiers publics. Longtemps ineffectif, le renouveau institutionnel des juridictions des comptes devrait entraîner une amélioration du contrôle des dépenses fiscales. Les directives du cadre harmonisé de gestion des finances publiques de la CEMAC accordent désormais une place importante au contrôle juridictionnel des finances publiques. Ainsi, les finances publiques et les politiques qu'elles soutiennent sont soumises au contrôle externe de la Cour des comptes, dont la création est obligatoire dans chaque État membre[1402]. La portée et les modalités d'exercice de cette nouvelle mission doivent toutefois être précisées par les législations nationales.

---

1398 YACOUBA OUEDRAGO, *L'influence de la démarche de performance sur le droit public financier des États membres de l'UEMOA*, *op. cit.*, p. 3.

1399 Lire, NDJOM NACK Elie, « Améliorer l'efficacité de l'État par l'optimisation du contrôle des finances publiques », in ABOUEM A TCHOYI David, M'BAFOU Stéphane Claude (dir), *Améliorer l'efficacité de l'État au Cameroun : propositions pour l'action*, Paris, l'Harmattan, pp. 375-429.

1400 *Ibidem.*

1401 Lire OMBALA ATEBA Marc, *Le contrôle juridictionnel des comptes de la Communauté économique et monétaire de l'Afrique Centrale*, Yaoundé, Éditions SOPECAM, 2007.

1402 Directive n° 06/11-UEAC-190-CM-22 relative au code de transparence et de bonne gouvernance dans la gestion des finances publiques, section VI (3).

Au Cameroun, la Chambre des comptes de la Cour suprême joue le rôle de la Cour des comptes comme voulu par le législateur communautaire[1403]. Pour l'instant, l'on note une insuffisance du contrôle de la Chambre des comptes : il est embryonnaire, voire absent. Pour preuve, l'activité de la Chambre des comptes est inexistante comparée au déploiement tous azimuts de la Cour des comptes en France. Ce constat est assez éloquent sur la nécessité d'une restauration du contrôle juridictionnel des dépenses fiscales. Il est question de mettre en place une stratégie de contrôle rénové en rendant les données sur les dépenses fiscales disponibles aux magistrats assermentés de la Chambre des comptes.

Le contrôle juridictionnel de la Chambre des comptes participe également de l'amélioration de la gestion des dépenses fiscales[1404]. À cet effet, il est attendu que cette institution vérifie les informations détaillées sur la nature, la composition des dépenses fiscales, leur efficacité ou leur efficience, conformément aux principes, règles et pratiques internationalement reconnus en matière de contrôles financiers. Aussi, les programmes et les méthodes de travail de la chambre ainsi que ses décisions et analyses sont établis en toute indépendance des pouvoirs exécutif et législatif[1405]. Il est ainsi attendu d'elle qu'elle évalue l'économie, l'efficacité et l'efficience de l'emploi des fonds publics y compris les dépenses fiscales au regard des objectifs fixés, des moyens utilisés et des résultats obtenus ainsi que la pertinence et la fiabilité des méthodes, indicateurs et données permettant de mesurer la performance des politiques et administrations publiques[1406].

L'intervention de la Chambre des comptes supposée indépendante et autonome pourrait apporter un plus dans la recherche de la discipline fiscale. Cette dernière favorisera à coup sûr l'élargissement de l'assiette fiscale au regard de la limitation du désordre fiscal engendré par la grande défiscalisation en cours dans l'espace CEMAC. La publication de ses rapports[1407] sur la dépense fiscale aura un effet salvateur au niveau de

---

[1403] L'obligation de créer une Cour des comptes a été posée par le code de transparence et de bonne gouvernance dans la gestion des finances publiques des États de la CEMAC, mais le Cameroun tarde à transformer la Chambre des comptes en Cour des comptes.

[1404] Lire MVAEBEME Éric Stéphane, « Le renforcement du contrôle des finances publiques au Cameroun », *in* ABOUEM A TCHOYI David, M'BAFOU Claude Stéphane (dir), *Améliorer l'efficacité de l'État au Cameroun*, *op. cit.*, pp. 431-458.

[1405] Les directives du cadre harmonisé de gestion des finances publiques de la CEMAC, Annexe I, Code de transparence et de bonne gouvernance dans la gestion des finances publiques des États de la CEMAC, section V (3) relative au contrôle.

[1406] Directive n° 01/11-UEAC-190-CM-22 relative aux lois de finances, titre IV, chapitre IV, article 73 (5).

[1407] La Cour des comptes rend publics tous les rapports qu'elle transmet au Président de la République, au Parlement et au Gouvernement. Elle publie également ses décisions particulières dans au moins deux grands journaux nationaux de grande diffusion. Un suivi de ses recommandations est organisé et les résultats de ce suivi sont régulièrement portés à la connaissance du public. *Idem.*, section V (4).

l'amélioration de la transparence fiscale. Dans ce sillage, cette publication réduirait l'opacité et le caractère discrétionnaire de certaines dépenses fiscales. Les rapports publiés par la chambre peuvent également avoir un impact sur le gaspillage de ressources fiscales au regard de l'allocation optimale recherchée. En tout état de cause, le déploiement d'un contrôle de la chambre des comptes dans la sphère des dépenses fiscales pourra susciter une prise de conscience collective et améliorer de façon significative la gestion des dépenses fiscales dans l'espace CEMAC. Le contrôle juridictionnel à travers la Chambre des comptes constitue ainsi un aspect important de la rationalisation des dépenses fiscales et un rempart contre les pratiques déviantes.

Le nouvel enjeu ici est de trouver un contrôle efficace, adapté aux nouvelles exigences fiscales et au nouvel environnement de gestion des dépenses fiscales dans l'espace CEMAC. Pour l'instant, l'activité de la chambre est peu visible. L'étude du contrôle juridictionnel des comptes dans les États africains ne peut être détachée de la question de l'effectivité de la juridiction des comptes[1408]. La période en cours est celle du renouveau ou de la renaissance des juridictions des comptes à la faveur des nouvelles exigences contenues dans les directives du cadre harmonisé de gestion des finances publiques de la CEMAC[1409]. L'opérationnalisation contrastée et à géométrie variable de la réforme selon Daniel Yannick EFANGON invite à un changement de paradigme pour consacrer véritablement une optimisation des mécanismes de contrôle des finances publiques[1410].

Le contrôle juridictionnel à travers la Cour des comptes doit en effet évoluer pour répondre aux attentes que l'on sait pour l'instant nombreuses[1411]. Le défi majeur reste de bien accomplir sa mission d'assistance aux pouvoirs publics, parlement et pouvoir exécutif d'une part, et d'autre part, sa mission informative envers les citoyens. Le contrôle de la Chambre des comptes n'est pas dépourvu de faiblesses ou d'insuffisances. L'on décèle surtout l'absence d'une réelle volonté politique de les doter de l'indépendance et des moyens nécessaires à l'accomplissement de leurs missions[1412]. Dans ce sillage, on comprend pourquoi il est nécessaire de réactiver le comité de contrôle prévu par la loi du 18 avril 2013.

---

[1408] YAKOUBOU OUEDRAGO, *op. cit.*, p. 405.

[1409] Lire à ce sujet, EFANGON Daniel Yannick, *La réforme des juridictions des comptes dans l'espace CEMAC*, Paris, L'Harmattan, 2018, 252 pages.

[1410] *Idem.*

[1411] Lire HARAKAT Mohamed, *Les finances publiques et les impératifs de la performance : le cas du Maroc*, Paris, L'Harmattan, 2011, 455 pages.

[1412] NDJOM NACK Elie, *op. cit.*

### 3. Le recentrage effectif du comité de contrôle de la loi du 18 avril 2013 sur son rôle

À la recherche d'un équilibre entre attractivité, rendement et convergence, et en contrepartie de nombreux avantages douaniers consentis dans le cadre de la loi du 18 avril 2013, l'État camerounais a mis en place un comité de contrôle. Ce dernier crée par décret présidentiel, procède de concert avec les services des ministères des Finances, de l'Investissement privé et du Travail, au contrôle de l'effectivité des investissements et à l'instruction des recours des investisseurs[1413].

Ce comité est donc une instance de contrôle chargée entre autres de vérifier la conformité des équipements avec le programme annoncé, la vérification des pièces justificatives pour les importations et les achats locaux effectués dans les conditions prescrites dans l'acte d'agrément, en fonction du programme d'investissement présenté par l'entreprise et retenu dans l'acte[1414]. En outre, ce comité est chargé de contrôler les revenus de l'entreprise en vue de l'obtention des incitations retenues dans l'acte d'agrément, ainsi que le contrôle des emplois crée[1415].

En dépit de cette consécration législative, le constat a été celui d'une mise en veilleuse de ce comité chargé du contrôle des entreprises bénéficiaires des incitations fiscales. Ce constat est d'ailleurs le reflet d'un environnement peu propice au contrôle. Aussi, il est loisible de parler d'un système de contrôle lacunaire, manquant d'ambitions et inexistant à la limite. Au regard de l'enjeu financier que représente une éventuelle exonération, des voix se sont élevées pour réclamer la réactivation du comité de contrôle créé par la loi de 2013 fixant les incitations à l'investissement privé en République du Cameroun. C'est d'ailleurs l'une des recommandations des rédacteurs du rapport sur les dépenses fiscales de l'exercice 2017 au Cameroun[1416]. À la lecture de ce rapport, il est clairement demandé le lancement effectif du comité de suivi de l'effectivité des investissements prévus par la loi du 18 avril 2013[1417]. L'on peut d'ailleurs s'étonner de ce que sept ans après la loi du 18 avril 2013, ce comité tarde à être opérationnel. Pourtant, il faut un gendarme pour veiller au respect du cahier des charges.

La grande défiscalisation en cours dans l'espace CEMAC et particulièrement au Cameroun et les pratiques déviantes qui y ont cours peuvent justifier les réclamations du lancement effectif du comité de contrôle.

---

[1413] Article 22 (2) de la loi n° 2013/004 du 18 avril 2013 fixant les incitations à l'investissement privé en République du Cameroun.

[1414] *Ibidem*, article 22 (3).

[1415] *Idem*.

[1416] Rapport sur les dépenses fiscales de l'exercice 2017, p 52.

[1417] *Idem*.

En effet, la fraude et les pratiques d'évasion fiscale[1418] sont ancrées dans le paysage fiscal camerounais. La mise en œuvre de la loi du 13 avril 2013 a révélé de nombreuses insuffisances et dérives auxquelles nul ne peut rester insensible. Beaucoup d'opérateurs économiques sollicitent l'agrément aux facilités douanières sans véritablement vouloir réaliser des investissements de plus grande ampleur, sans vouloir créer des emplois et autres. Chacun veut tirer profit de la manne qui est tombée du ciel.

Dans ce sillage, dans le cadre de la construction des logements sociaux, l'on a vu des quincailliers bénéficier de l'exonération des matériaux de construction. On peut simplement déduire qu'une partie de cette exonération va servir à alimenter sa quincaillerie. En l'absence d'un réel contrôle, le risque de détournement des biens d'équipement est très élevé. Abondant dans le même sens, dans le cadre d'un projet de construction d'un hôtel, l'opérateur économique éligible aux facilités douanières a bien bénéficié de ces facilités, mais la curiosité est que l'hôtel n'a jamais vu le jour. Interrogé à cet effet, l'opérateur s'est contenté de dire qu'il est en train de constituer le stock en vue du lancement de chantier. Dans notre pratique quotidienne du métier, l'on a également vu des entreprises bien qu'étant déjà dans la phase d'exploitation, solliciter un agrément comme une entreprise en cours de création. Cette supercherie peut bien prospérer en l'absence d'un véritable contrôle.

Au vu des cas précités, le gouvernement camerounais doit cesser d'être frileux en face des investisseurs. Ainsi, l'on a souvent évoqué au regard de l'environnement concurrentiel, les risques de délocalisation pour justifier l'absence de contrôle. D'après les pourfendeurs de cette idée, certaines entreprises multinationales, surtout, ne supportent pas d'être contrôlées et préfèrent aller voir ailleurs dans un autre pays où il est plus facile de faire les affaires[1419]. Ces entreprises sont aidées en cela par la mobilité des facteurs de production notamment le capital. Ainsi que le faisait remarquer Guillaume SCHMITZ, à l'heure où le monde économique se numérise, les capitaux et les entreprises deviennent de plus en plus mobiles. Il est aisé de déplacer en quelques secondes des fonds importants d'une région à une autre, d'un État à un autre[1420].

---

[1418] Voir MASSON ROBBEZ Charles, *La notion d'évasion fiscale en droit interne français*, LGDJ, 503 pages.

[1419] MAMOUDOU BARRY, *Politiques fiscales et douanières en matière d'investissements étrangers en Afrique francophone, le cas du secteur des ressources naturelles extractives, op. cit.*, p. 181, reprenant MICHALET Charles-Albert, « *Un nouvel impératif de la politique industrielle dans la globalisation : l'attractivité* », *in* BOUËT Antoine et LE CACHEUX Jacques (dir.), *Globalisation et politiques économiques, les marges de manœuvre*, Paris, Économica, 1999, p. 383-400.

[1420] SCHMITZ Guillaume, *Aides et concurrence fiscale dommageable, quel équilibre entre le régime des aides d'État et le code de conduite dans le domaine de la fiscalité des entreprises* ? *Op. cit.*, p. 5.

L'idée de décourager les investisseurs avec des contrôles est un fallacieux prétexte qui ne tient pas. Le pays a besoin des entreprises citoyennes qui respectent leurs engagements et non des entreprises qui profitent des failles de la législation. Le risque de surenchère évoqué par Charles-Albert MICHALET ne devrait pas inhiber la volonté des États de mettre en place de véritables structures indépendantes de contrôle, capables de déceler les différentes situations de fraude. L'hémorragie fiscale due à de nombreuses exonérations douanières ne peut permettre des hésitations ou des errements lorsqu'il s'agit de contrôler les bénéficiaires des incitations fiscales. La survie financière de l'État est tributaire de la dynamique du contrôle. D'ailleurs au regard de la législation, en cas de non-respect du programme d'investissement validé, l'entreprise perd de plein droit le bénéfice des avantages douaniers concédés et est tenue de reverser les droits et taxes de douane initialement exemptés, sans préjudice des pénalités et intérêts de retard prévus à cet effet[1421].

Un renforcement du dispositif de lutte contre la fraude et l'évasion fiscale est souhaité. Ce dispositif entre d'ailleurs en droite ligne des mesures d'optimisation de la mobilisation des recettes douanières[1422]. Bien plus le renforcement des sanctions ou mieux leur mise en exécution nécessite des institutions de contrôle fortes. Le Cameroun devrait non seulement amplifier la lutte contre les manœuvres frauduleuses, mais explorer les pistes pour mieux encadrer les incitations fiscales à travers la mise en place d'une structure de contrôle. Ce contrôle revêt un enjeu stratégique indispensable pour la santé économique et financière du pays. En attendant le lancement effectif de cette structure, la mise en œuvre d'une politique ambitieuse de contrôle des exonérations douanières revient à l'administration des douanes.

### Paragraphe II : Une nouvelle approche du contrôle des exonérations douanières au sein de l'administration douanière

L'amélioration du recouvrement des recettes douanières et la recherche systématique de nouvelles sources des recettes conduisent à placer l'administration douanière au centre du dispositif juridique de contrôle des exonérations douanières[1423]. La sécurisation des intérêts financiers de l'État est au centre des préoccupations permanentes du contrôle douanier qui est une

---

1421 Lire chapitre III de la loi n° 2013/004 du 18 avril 2013 fixant les incitations à l'investissement privé en République du Cameroun relatif au règlement des différends et des pénalités.

1422 Circulaire n° 00008349/C/MINFI du 30 décembre 2019 portant instructions relatives à l'exécution des lois de finances, au suivi et au contrôle de l'exécution du budget de l'État et autres entités publiques pour l'exercice 2020, p. 5.

1423 Lire ASSOBO BAGUEKA Alfred, « La réforme de l'administration fiscale au Cameroun », Conférence sur la mobilisation des recettes fiscales dans les pays en développement, Washington, 17-19 avril 2011.

noble technique de rétablissement de l'équité fiscale. Il y a aussi les motifs économiques qui valorisent la fonction de contrôle, parce qu'il faut assurer les conditions d'exercice de la concurrence loyale entre tous les importateurs. Face aux exonérations douanières et dans la perspective d'une mobilisation optimale des ressources, une orientation efficace du contrôle s'impose. Les échecs constatés des autres structures de contrôle rendent encore plus déterminante la mise en œuvre efficace et rationnelle de ce contrôle. Bien plus, il faudrait mettre un accent particulier sur la gestion des codes additionnels et les contrôles administratifs quant au respect effectif des cahiers des charges.

Cependant, le contrôle douanier a également montré des limites. C'est un contrôle inadapté à l'évolution des nouveaux modes de fraude. Plusieurs facteurs le rendent impertinent ou insuffisant. La finalité juridique des contrôles traditionnels se révèle de moins en moins compatible avec les techniques de fraude qui deviennent de plus en plus affinées. Bien plus, les moyens juridiques, matériels, humains, et financiers font cruellement défaut au sein de l'administration des douanes pour mener à bien cette activité administrative de contrôle[1424]. Au regard de ces lacunes, la question de l'effectivité du contrôle douanier des opérations exonérées est souvent posée. Aussi, au regard des risques élevés de fraude en la matière, une amélioration qualitative des modalités de contrôle s'impose.

Une attention particulière devrait désormais être accordée au cadre opérationnel du contrôle, et tout cela dans une stratégie cohérente. Cette nouvelle stratégie de contrôle repose sur une évaluation du risque et des inspections sélectives ciblées sur les entreprises et les marchandises à haut risque notamment les entreprises bénéficiaires des exonérations douanières et des marchandises exonérées. Bien plus, au travers des contrôles douaniers, il faudrait améliorer le suivi particulier des entreprises admises au régime des incitations à l'investissement privé en procédant à l'audit général des facilités douanières octroyées tout en renforçant le régime de sanctions en matière de fraude afin de sécuriser les recettes fiscales et de contenir les régimes exonératoires. Cette nouvelle stratégie de contrôle doit avoir pour élément central un mécanisme efficace d'audit et de vérification après dédouanement[1425]. Allant dans ce sens, la réorientation passe par un renforcement des contrôles immédiats ou de premières lignes (A) et un perfectionnement des contrôles après enlèvement (B).

---

[1424] CHAMBAS Gérard, *Fiscalité & développement en Afrique subsaharienne*, *op.cit.*, p. 69.

[1425] KEEN Michael (dir.), *Moderniser la douane, défis et stratégies de réforme de l'administration douanière, op. cit.*, p. 59.

## A- Le renforcement des capacités dans la conduite des contrôles immédiats des opérations exonérées

Comme précédemment annoncée, l'institution des contrôles de première ligne vise à sécuriser les recettes douanières à travers les contrôles physiques aux deux stades de la prise en charge et de la visite des marchandises[1426]. C'est un contrôle basé sur le respect des formalités de dédouanement. Un contrôle opéré dans les bureaux locaux des douanes au cours des opérations de dédouanement lors de l'étape d'enregistrement, de dépôt de déclaration et liquidation des droits et taxes. Les procédures d'assiette et de vérification portent notamment sur le classement tarifaire des marchandises, la liquidation des droits et taxes, l'application des diverses dispositions légales et les contrôles documentaires ou physiques. Au demeurant, la pratique des contrôles des exonérations douanières en première ligne est assez lacunaire et empreinte de manque d'efficacité et d'efficience. Peu d'efforts et de ressources sont consacrés à la collecte des informations pertinentes nécessaires à la conduite de ces contrôles.

La démarche de performance exigée dans le cadre de la rationalisation des exonérations douanières nécessite une transformation des modalités d'exercice de ce contrôle. La tendance nouvelle conduit au développement des contrôles plus « responsabilisants »[1427]. Une rationalisation des vérifications durant les procédures de dédouanement. Ainsi, aux contrôles exhaustifs réglementaires se substituent des contrôles sélectifs et participatifs, modulés en fonction des « risques » et « enjeux » encourus[1428]. Ce contrôle doit subir des restructurations, c'est-à-dire des évolutions dans sa nature, sa forme ou sa portée. D'ailleurs, sur le continent africain, la fonction de contrôle joue un rôle important, eu égard aux nombreux maux dont souffre encore la gestion des finances publiques, parmi lesquels figurent notamment la corruption, les détournements de deniers publics et autres malversations financières[1429].

Tant au niveau de son organisation qu'à celui de ses méthodes et de ses procédures, l'administration des douanes doit renforcer son système de lutte contre la fraude[1430]. Aussi, le besoin d'une plus grande efficacité dans la mise en œuvre du contrôle des exonérations douanières en première ligne conduit à rechercher la performance à travers un renforcement des compétences du

---

1426 Voir Instruction n° 144/MINEFI/CT2 portant instruction générale pour les contrôles après dédouanement

1427 OUEDRAGO YAKOUBOU, *L'influence de la démarche de performance sur le droit public financier des États membres de l'UEMOA*, *op. cit.*, p. 380.

1428 OUEDRAGO YAKOUBOU, *op.cit.*

1429 PHILLIP Loïc, « Panorama du contrôle des finances publiques dans le monde », *RFFP*, n° 101, mars 2008, p. 101 et s.

1430 Banque mondiale, « Rapport de Mission sur la douane guinéenne », décembre 2002.

personnel en charge du contrôle (1), le renforcement des moyens nécessaires à la conduite de ce contrôle (2) et surtout veiller à l'intégrité des agents (3).

### 1. Le renforcement des compétences du personnel en charge du contrôle des exonérations douanières en première ligne

Au regard des insuffisances constatées en ce qui concerne le déploiement des contrôles des opérations exonérées, le développement d'une véritable culture dédiée au contrôle des exonérations douanières s'impose. Le renforcement des ressources opérationnelles est rendu nécessaire du fait de la complexification croissante du domaine. Celle-ci est liée à la sophistication des stratégies d'optimisation fiscale développées par les entreprises. Les administrations douanières dans l'espace CEMAC doivent faire des efforts pour renforcer le contrôle des exonérations douanières dans les bureaux de dédouanement. Les changements dans l'organisation et les méthodes de contrôle douanier doivent s'opérer dans l'optique d'une revalorisation du contrôle des opérations exonérées. En effet, du fait de l'absence d'une fonction véritable d'analyse de risque, la sélectivité des contrôles est demeurée rudimentaire[1431].

Préoccupation majeure de longue date portée par les institutions financières internationales, le renforcement des compétences du personnel de la douane est un sujet d'actualité. À grands traits, l'idée générale est de rendre ce personnel de première ligne plus professionnel, plus compétent, plus apte à détecter la fraude dans les opérations exonérées. Au niveau mondial et sous régional, l'on assiste à une véritable prise de conscience des enjeux que soulève l'insuffisance de l'encadrement du personnel dans la conduite des contrôles des opérations exonérées. Cette prise de conscience citoyenne et politique peut accompagner l'action publique dans le sens d'une restauration de la capacité des agents des douanes à bien mener leur contrôle. Aussi, la problématique du renforcement des compétences du personnel dans la conduite des contrôles des opérations exonérées est par conséquent devenue un véritable défi qui nécessite la mise en œuvre d'actions ambitieuses au niveau national, régional et multinational.

Des actions doivent être menées pour mieux connaître les opérations exonérées afin de mieux les encadrer. Depuis des années, il existe au sein de l'OMD, des instances dédiées au renforcement des capacités du personnel douanier. L'OMD offre ainsi le cadre multilatéral dans lequel les travaux sur

---

[1431] MONTAGNAT-RENTIER Gilles, PARENT Gilles, « Réforme et modernisation des douanes en Afrique subsaharienne francophone, 1995-2010, *Customs Administration Reform and Modernization in* francophone sub-saharan Africa, 1995-2010 », *IMF Working Paper*, 2012.

le renforcement des capacités sont menés et discutés afin de déterminer de la mise en œuvre des standards internationaux[1432]. Les pouvoirs publics au plan national se doivent d'agir dès à présent et au plus vite, car la maîtrise des exonérations douanières est un sujet technique qui nécessite des qualités exceptionnelles dans la détection de la fraude. Il s'agit d'une problématique qui renvoie à des considérations techniques de grande ampleur. D'ailleurs, l'émergence et le formidable développement de l'économie numérique obligent à renouveler rapidement les approches traditionnelles en la matière[1433].

Le Cameroun doit en raison du montant très élevé du manque à percevoir au titre des exonérations, rapidement prendre des dispositions pour renforcer les capacités de l'administration douanière pour détecter les fraudes dans les opérations exonérées. Cela faisait partie des recommandations de l'assistance technique du FMI visant à accroître le contrôle sur les exonérations fiscales[1434]. Une des carences des administrations douanières nationales demeure l'insuffisante formation du personnel. Le manque de spécialistes est général ou du moins la formation des spécialistes reste occasionnelle et ne répond que partiellement aux besoins réels[1435]. Les actions de formation des partenaires techniques et financiers doivent être renforcées afin de favoriser les formations spécialisées et adaptées au contexte.

L'administration des douanes au niveau du service de dédouanement doit prendre des dispositions pour rendre ce contrôle efficace. La performance de l'administration douanière est liée en grande partie à la maîtrise des exonérations douanières. L'administration douanière se doit de mettre à la disposition des agents des douanes des outils efficaces pour repérer la fraude. La bonne gestion des contrôles des opérations exonérées suppose la compétence avérée des agents préposés au contrôle. À cette étape, l'organisation des séminaires d'imprégnation sur les matériels exonérés (pétrolier, gazier, minier et autres) est nécessaire[1436]. En outre, les descentes sur les sites bénéficiant des exonérations douanières sont aussi importantes pour mieux apprécier la réalisation des projets qui en bénéficient. Les manuels sur les contrôles des opérations exonérées doivent être vulgarisés afin de

---

1432 OMD, Stratégie en matière de renforcement des capacités douanières, 2003, cette stratégie tente de répondre à la Déclaration ministérielle de Doha de l'OMC de novembre 2001, dans laquelle le rôle du renforcement des capacités est souligné dans les domaines intéressant la douane.

1433 Assemblée nationale française, Rapport d'information en conclusion des travaux d'une mission d'information sur l'optimisation fiscale des entreprises dans un contexte international, 10 juillet 2013.

1434 MONTAGNAT-RENTIER Gilles, PARENT Gilles, *op. cit.*, p.114.

1435 *Ibid.* p. 124.

1436 Il est souhaitable que le Centre d'instruction douanière prenne rapidement corps afin de faciliter rapidement ces séminaires.

mieux outiller les agents vérificateurs[1437]. Des efforts doivent être faits dans le cadre d'un recrutement approprié, de la formation professionnelle et de l'évaluation constante du personnel.

Bien plus, dans la conduite des contrôles immédiats, le professionnalisme est requis des agents des douanes. L'inspecteur vérificateur de première ligne doit maîtriser la législation sur la fiscalité dérogatoire. Il doit vérifier avant la libération des marchandises importées que l'exonération s'applique uniquement aux entités agréées et enregistrées. Il doit aussi vérifier que les quantités correspondent aux spécifications annoncées par l'organe ayant autorisé l'exonération. Il faudra également être en mesure de scruter minutieusement les dispositions légales et réglementaires qui fondent l'exonération[1438]. Aussi, le « renforcement des capacités » vise le développement ou l'acquisition d'aptitudes, de compétences, d'outils et de ressources nécessaires à l'amélioration des capacités de l'administration pour mieux remplir sa fonction de contrôle des opérations exonérées[1439].

La fiscalité dérogatoire est si complexe et nécessite des agents vérificateurs des qualités exceptionnelles. Un investissement en matière de renforcement des capacités bien élaboré et ciblé et qui vise essentiellement à améliorer l'efficacité et la rentabilité des contrôles des opérations exonérées peut facilement améliorer la performance des administrations douanières en ce qui concerne la mobilisation rentable des recettes douanières. Il est question de mettre en place une stratégie visant à améliorer le contrôle des opérations exonérées à travers non seulement le renforcement des capacités pratiques, la formation des spécialistes capables de détecter la fraude à l'exonération, mais aussi des moyens nécessaires à la conduite des contrôles.

### 2. L'amélioration des moyens nécessaires à la conduite des contrôles immédiats des opérations exonérées

L'adéquation des moyens aux charges de contrôle s'impose aux administrations douanières dans l'espace CEMAC. Le renforcement des capacités des administrations douanières va au-delà des compétences pour s'attarder aux ressources légales, matérielles et financières nécessaires à la conduite des missions de la douane. Aussi, le constat a été celui de l'absence de nombreux moyens dans le contexte camerounais de contrôle des opérations

---

[1437] Il est généralement reconnu au sein de la communauté des donateurs qu'il convient d'accorder davantage d'attention au renforcement des capacités des administrations des douanes des pays en développement dans le cadre du contrôle de la dépense fiscale.

[1438] KEEN Michael (dir.), *Moderniser la douane, défis et stratégies de réforme de l'administration douanière*, *op. cit.*, p. 117. Voir aussi, le tableau qui récapitule les conditions, contrôles et déclarations requis pour chaque type d'exonérations à la date d'importation.

[1439] OMD, *Stratégie en matière de renforcement des capacités douanières*, 2002-2003.

exonérées[1440]. Somme toute, la mission d'AFRITAC du centre, les différents partenaires techniques au développement ont tous déploré cet état de fait. La précarité et la vétusté des moyens matériels, techniques et financiers contribuent à la paralysie des contrôles douaniers. En clair, l'administration des douanes n'a jamais eu totalement les moyens de sa politique de contrôle. Il est donc temps qu'elle ait à sa disposition tous les moyens matériels et financiers nécessaires et suffisants pour mener à bien sa politique de contrôle en première ligne[1441].

Allant dans ce sens, il est temps de renforcer le dispositif juridique de contrôle immédiat des opérations exonérées. Les textes en la matière sont insuffisants et déficients d'un côté, dépassés et inadaptés de l'autre, et finalement peu propices à une gouvernance fiscale dynamique[1442]. Face à ce constat, le législateur doit mettre en place une législation claire, transparente et définissant les conditions exactes d'octroi de chaque type d'exonérations. Par exemple, dans le domaine pétrolier, l'on doit préciser l'emploi du terme « directement » lié à l'activité pétrolière[1443]. De nombreux efforts sont faits dans ce sens dans les différentes lois de finances, mais ils restent insuffisants. Il revient au législateur camerounais d'adapter les textes juridiques aux enjeux et défis réels à relever en matière de contrôle immédiat des opérations exonérées. La conception et la mise en œuvre de ces contrôles doivent être améliorées pour donner plus de consistance à celui de première ligne. Il faudra donc l'asseoir sur un socle juridique, c'est-à-dire revisiter et renforcer les textes applicables et préciser davantage les techniques et les mécanismes de contrôle applicables aux opérations exonérées. Le législateur doit veiller à doter progressivement la douane des instruments de droit lui permettant de mieux contrôler les opérations exonérées. Mais le recours aux instruments juridiques pour redorer le blason du contrôle ne suffit pas, il faudrait l'associer à une politique ambitieuse en dotation des moyens techniques et financiers.

Dans le cadre du contrôle de première ligne des opérations exonérées, les enjeux sont énormes, mais des capacités d'action insuffisantes[1444]. Les fraudes et trafics sont multiples et diversifiés et leur ampleur se développe sous l'effet notamment de la mondialisation des échanges commerciaux, des moyens de transport et de la sophistication des flux financiers[1445]. Ainsi, les défis croissants invitent à mettre à la disposition des contrôleurs de première ligne

---

[1440] Lire utilement MEVO MEVO Emmanuel, *La souveraineté fiscale de l'État camerounais et les défis de l'économie numérique*, Thèse de doctorat/ Ph. D. en droit public, 2019, pp.267-274.

[1441] MONEMOU OUO-OUO WAÏTA, *contribution à l'amélioration de la performance en matière d'imposition sur le revenu en République de Guinée*, *op. cit.*, p. 127.

[1442] *Idem.*

[1443] ESSAGA Victor Stéphane, *op. cit.*, p. 98.

[1444] TOGOLO Odile, *Administration fiscale et ressources humaines en Afrique subsaharienne, le cas du Cameroun,* Thèse de doctorat en droit, Université de Paris X-Nanterre, 1996.

[1445] Cour des comptes française, *L'action de la douane dans la lutte contre les fraudes et les trafics*, janvier 2015.

des moyens financiers, techniques et matériels suffisants pour mener à bien leur mission en réduisant les failles du circuit de fraude à l'exonération.

La lutte contre la fraude à l'exonération doit bénéficier d'un niveau élevé de priorité en accordant plus de moyens adéquats. Aussi, il demeure indispensable de conserver des capacités et des moyens suffisants aux points d'entrée portuaires et aéroportuaires, tout en améliorant l'organisation des contrôles sur ces plateformes. D'ailleurs, l'on ne peut apprécier l'efficacité des contrôles qu'à l'aune des moyens mis en œuvre. Il est aussi nécessaire de mettre en place des logiciels bien précis et adaptés aux exigences des contrôles des opérations exonérées. De même, l'amélioration des conditions de travail est tout aussi nécessaire. En effet, l'inconfort empêche les contrôleurs de travailler sereinement, en toute quiétude. Ces mauvaises conditions de travail peuvent conduire à la démotivation des contrôleurs et aboutir à leur mécontentement.

La motivation des agents contrôleurs ne doit pas être en reste. Ainsi, la valorisation des ressources humaines dans la perspective de l'amélioration du rendement est une nécessité[1446]. Facteur d'adaptation et d'anticipation, l'homme est une ressource clé du développement, un atout stratégique[1447]. Un facteur décisif dans le développement d'un pays. Aux dires d'Odile TOGOLO, pour que l'homme soit effectivement une ressource clé, il convient de :

- le connaître et de l'analyser en termes de compétences, d'effectifs requis et disponibles, de qualifications, de potentiels d'évolution ;
- le reconnaître comme acteur important dans l'élaboration et la réalisation des objectifs nationaux, dans l'adaptation de l'organisation sociale, dans l'utilisation des moyens disponibles et le partage des résultats ;
- l'entretenir, le développer et le préserver au même titre que le capital technique[1448].

Dans cette perspective, la motivation du personnel de la douane peut prendre plusieurs formes notamment la promotion administrative sur mérite et sur formation, la revalorisation des primes et autres émoluments en fonction du mérite. Le fisc peut fonctionner avec peu ou prou de moyens matériels, mais ses performances risquent de demeurer restreintes si le personnel n'est pas suffisamment qualifié et surtout s'il n'est pas motivé[1449]. Il est important

---

[1446] *Ibid,* p. 39. La raison en est l'impossibilité d'élargir l'assiette fiscale ou de hausser les taux d'imposition à l'infini. À défaut d'influer sur les paramètres fiscaux, il devient indispensable d'agir sur les ressources humaines pour atteindre l'objectif proposé.

[1447] Titre de l'ouvrage de JALBERT François, *Les ressources humaines, atout stratégique*, Paris, L'Harmattan 1989.

[1448] TOGOLO Odile, *op. cit.*, p. 38.

[1449] *Ibid.* p. 249.

de rechercher les facteurs pouvant agir sur la motivation des contrôleurs. La motivation tend à satisfaire trois objectifs : l'amélioration de l'efficacité du travail ; la réussite du changement amorcé par la réforme des structures ; et l'optimisation de la gestion sociale de l'organisation[1450]. Celle-ci passe par l'instauration d'un véritable plan de carrière et l'établissement des profils de carrière et de postes. Obtenir des moyens techniques, du matériel et d'autres moyens adéquats ainsi que des ressources humaines et financières ne saurait faire ombrage aux défis de l'éthique et de la gouvernance. Aussi, la contrepartie de tout ceci est l'intégrité requise des contrôleurs.

### 3. La recherche de l'intégrité dans la conduite des contrôles des opérations exonérées

Dans le contexte de réflexion en cours sur l'efficacité du contrôle des opérations exonérées en première ligne et dans la perspective d'une mobilisation rentable des ressources intérieures, il est constamment demandé de relever le défi de l'éthique et de la gouvernance dans la phase de contrôle. En réalité, la corruption est un autre phénomène à tête d'hydre qui entrave sérieusement le développement de l'Afrique[1451]. Elle constitue l'un des fléaux dévastateurs de l'économie des pays africains comme le sida et la fièvre hémorragique à virus Ebola qui sévit actuellement dans quelques pays de l'Afrique de l'Ouest[1452].

Au Cameroun, la corruption a pris des proportions inquiétantes à tel point que tous les secteurs de l'économie nationale sont profondément touchés (administration publique et privée ; service des impôts, du trésor, des douanes, corps militaire et paramilitaire, les banques, la santé, le foncier, etc.). D'ailleurs, l'organe mondial chargé d'examiner cette question dénommé Transparency international a classé le Cameroun parmi les pays les plus corrompus au monde. Le rapport de la CONAC 2019 atteste largement de l'ampleur grandissante du phénomène.

Au sein des services douaniers, la corruption reste une grande préoccupation, attestée par de nombreux travaux[1453]. Cette pratique est opérée malgré la déclaration révisée d'Arusha, adoptée sous l'égide de l'OMD et la présence des codes de conduite et de déontologie au sein de l'administration douanière du Cameroun. Aussi, il est largement admis que la corruption de

---

[1450] *Idem.*
[1451] M. MONEMOU OUO-OUO WAÏTA, *op. cit.*, p. 181.
[1452] *Idem.*
[1453] FJELDSTAD Odd-Helge, « Vers plus d'éthique dans les douanes en Afrique subsaharienne », *Afrique contemporaine*, *op. cit.*, p. 33-54.

l'administration douanière est un fléau dont le coût réduit de façon sensible les recettes potentielles[1454].

Face à ce constat, la nouvelle approche du contrôle en première ligne des opérations exonérées commande de lutter efficacement contre la corruption dans ce secteur en vue d'équilibrer la base taxable. Il revient ainsi, dans cette nouvelle mouvance, aux contrôleurs d'éviter de céder à la tentation de la corruption. Les intérêts financiers en jeu sont énormes pour pouvoir prétendre céder facilement à des pratiques vénales. Dans ce sillage, les agents des douanes dans la phase de contrôle des exonérations douanières doivent avoir le souci de s'acquitter convenablement de leur tâche. Ils doivent se départir des pratiques peu orthodoxes et nuisibles à la mobilisation rentable des recettes douanières. La fraude à l'exonération ne doit donc pas prospérer sous le fallacieux prétexte de versement de pot-de-vin.

Les exonérations douanières constituent une menace majeure pour les recettes douanières, une menace qui s'est encore renforcée dans un contexte d'optimisation et de fraude. La bonne vérification des opérations en première ligne exige des qualités surhumaines, faites de compétences et d'intégrité chez le personnel qui l'assure[1455]. Aussi, l'efficacité d'un système fiscal et douanier doit être mesurée à l'aune de la capacité des agents des administrations fiscales et douanières à travailler en totale autonomie à l'égard de l'administration centrale ou de l'exécutif[1456].

Bien plus, le face-à-face entre l'opérateur économique et l'administration ne doit pas aboutir au versement d'un pot-de-vin en échange d'une décision favorable. Il est question d'éviter les possibilités de collusion avec les opérateurs bénéficiant des exonérations douanières. L'observation stricte des principes éthiques et de gouvernance doit constamment guider l'action des contrôleurs. C'est à ce prix qu'ils pourront détecter les fraudes et autres abus qui minent les fondements des droits et taxes à l'importation. Il est temps de mettre en place une administration professionnelle non seulement pour accroître son efficacité, mais aussi pour lutter parallèlement contre la corruption dans les opérations exonérées. Une administration professionnelle se caractérise par des agents intègres, responsables, compétents, capables de déceler la fraude et autres mauvaises pratiques venant des usagers de la

---

[1454] DEQUIEDT, GEOURJON Anne-Marie, ROTA-GRAZIOSI Grégoire, « Les programmes de vérification des importations (PVI) à la lumière de la théorie de l'agence », *Revue Afrique contemporaine*, 2019, p. 151.
[1455] MAMOUDOU BARRY, *op. cit.*, p. 194.
[1456] *Idem.*

douane[1457]. Mais ce professionnalisme [1458]est davantage requis du personnel travaillant dans le cadre des contrôles après enlèvement.

### B- L'exigence d'efficacité et de perfectionnement dans le cadre des contrôles après enlèvement des opérations exonérées.

Les contrôles approfondis liés à l'évaluation, aux règles d'origine, aux régimes incitatifs et aux exonérations sont plus indiqués pour les vérifications documentaires *a posteriori* et, si besoin est, pour les audits et les enquêtes effectuées dans les locaux des importateurs bénéficiant des exonérations. Pourtant, le diagnostic a révélé de nombreuses limites à ces contrôles aussi bien en différé qu'*a posteriori*. Point n'est besoin de revenir sur ces faiblesses et lacunes. Dans l'espace CEMAC, la faiblesse des structures de contrôle douanier est considérée comme l'une des contraintes qui fragilisent la performance budgétaire pouvant impacter la croissance et le niveau de développement. Il est désormais question d'orienter efficacement ces différents contrôles. Les enjeux financiers commandent de reconsidérer les contrôles après enlèvements des opérations exonérées dans l'espace CEMAC. Au Cameroun, la loi n° 2020/018 du 17 décembre 2020 portant loi de finances pour l'exercice 2021 s'étend largement sur ces contrôles et revient sur les modalités de mise en œuvre des contrôles douaniers différés et *a posteriori*[1459] dans une perspective d'amélioration. Il est donc attendu un renouvellement des méthodes d'action aussi bien au niveau du contrôle différé (1) qu'au niveau du contrôle *a posteriori* (2).

#### 1. La mise en place d'un contrôle différé efficace en matière de contrôle des opérations exonérées

L'absence de stratégie managériale de lutte contre la fraude à l'exonération a été constatée au niveau des services chargés du contrôle différé. Les contrôles différés sont des mesures de contrôle grâce auxquelles l'administration des douanes s'assure après enlèvement de la marchandise de l'exactitude et de l'authenticité des déclarations en douane, par le biais des vérifications approfondies de la liasse documentaire relative à la déclaration en détail produite lors des contrôles immédiats[1460]. Ces contrôles différés

---

[1457] KEEN Michael, (dir.), *Moderniser la douane, défis et stratégies de réforme de l'administration douanière, op. cit.*

[1458] KAMTO Maurice, « Réaffirmation des valeurs et du professionnalisme de l'administration », *RISA,* n° 3, 1997, p. 347. Selon la charte africaine de la fonction publique, « le professionnalisme se manifeste par le comportement de l'agent au travail et par l'effort constant qu'il doit fournir pour se perfectionner, approfondir et actualiser ses connaissances, affiner les aptitudes nécessaires à l'accomplissement de ses tâches et améliorer son rendement et sa productivité. cf. art. 21 al. 2 de la charte de la fonction publique.

[1459] Article septième de la loi n°2020/018 du 17 décembre 2020 portant loi de finances.

[1460] Article septième 1(a) de la même loi.

s'exercent dans les services du contrôle différé de céans et viennent suppléer les contrôles immédiats trop limités par le temps imparti à ces contrôles.

Aussi, une attention soutenue doit désormais être accordée aux opérations exonérées au niveau de la brigade de contrôle différé. La fiscalité incitative qui est un précieux instrument à la disposition de l'État pour des interventions publiques nécessaires à l'amélioration des conditions de vie de la population reste confrontée à d'énormes facteurs fragilisant sa performance. Parmi ces derniers, l'on dénombre la fraude, l'évasion fiscale et autres pratiques déviantes. À ce niveau, seul un contrôle efficace peut aider à détecter ces fraudes à l'exonération. Aussi, les faiblesses du contrôle de première ligne peuvent être compensées par un contrôle différé performant.

Les services chargés des contrôles différés doivent suivre particulièrement la filière des opérations exonérées. La performance de l'administration douanière est tributaire de la maîtrise des exonérations douanières. Le rôle des brigades de contrôle différé est donc capital dans le cadre du contrôle des matériels et biens exonérés. Il est donc question de mettre en place des dispositions nécessaires à son efficacité. Ici, les impératifs de mobilisation des recettes douanières doivent également guider l'action des agents chargés du contrôle différé. L'administration des douanes avec un peu de recul doit vérifier que l'exonération s'applique aux entités agréées et enregistrées et que le type et la qualité des biens correspondent aux spécifications annoncées par l'organe ayant accordé l'autorisation. En d'autres termes, le contrôle différé devra s'assurer que les conditions d'exonération sont satisfaisantes et si possible procéder à des vérifications approfondies pour confirmer que les marchandises importées sont utilisées aux fins prévues. L'examen des documents est désormais une approche par étape cohérente permettant d'évaluer le caractère complet et la validité des documents officiels fournis par l'importateur et justifiant les exonérations douanières[1461].

Il est requis du contrôle différé un renouvellement des méthodes basées sur la qualité du contrôle et la sélectivité. S'agissant de la qualité, il importe de traiter, par un travail courant et continu, sans que la bonne foi des opérateurs soit a priori suspectée, un nombre important de déclarations afin d'en redresser les erreurs, les omissions ou les irrégularités ou non, surtout dans le cadre du contrôle des opérations exonérées. En ce qui concerne la sélectivité, il convient de rechercher dans la liasse de déclarations, pour les contrôler par priorité ou de façon plus approfondie, celles qui sont plus que d'autres, susceptibles de comporter des infractions. Le choix peut être effectué soit en partant des présomptions de fraude relatives à certaines opérations ou certains

---

[1461] Lire, FAO, *Manuel sur le contrôle des importations alimentaires fondé sur les risques*, *op. cit.*

opérateurs, soit en prenant appui sur une analyse du degré de sensibilité à la fraude de certaines catégories d'importations ou d'exportations[1462].

Allant dans ce sens, toutes les opérations donnant lieu à une exonération ou à une suspension des droits et taxes de douanes doivent faire l'objet d'une vérification de qualité et d'une sélectivité automatique comme secteur sensible à la fraude. À cet effet, une démarche pragmatique de contrôle et de maîtrise des risques liés à la fraude à l'exonération aux conséquences graves touchant les intérêts du trésor public doit rapidement prendre corps au sein de nos administrations douanières. Pour cela, un renforcement des capacités de l'administration douanière s'avère nécessaire. Des ressources juridiques, matérielles et financières doivent être mises à la disposition des contrôleurs.

Bien plus, l'efficacité des contrôles différés dans le cadre des exonérations douanières exige à l'administration de définir les conditions exactes de chaque exonération au moment de son octroi. Par ailleurs, l'administration douanière doit mettre à la disposition des agents de douane chargés des contrôles différés des outils efficaces pour repérer la fraude et d'éventuels abus. À cet effet, il est préconisé la mise en place d'une approche managériale de lutte contre la fraude à l'exonération à l'importation, par un management de gestion des savoirs par les technologies de l'information, en préconisant l'amélioration du logiciel de la sélectivité automatique, la réorganisation des structures de contrôle et la mise en place d'un système d'information interorganisationnel « S.I.I.O »[1463].

Dans le même sillage, les agents des douanes chargés des contrôles différés doivent avoir également le sens du service public, la probité, la rigueur, la disponibilité et le professionnalisme avéré comme qualités premières requises au regard de la complexité qui entoure la vérification des exonérations[1464]. À cet égard, ils sont tenus aux obligations de réserve et de respect du secret professionnel. Dans tous les cas, les membres des missions de contrôles douaniers sont tenus d'exercer leurs attributions dans le strict respect de la déontologie en matière de contrôle douanier et en conformité avec les obligations de leur serment[1465]. Les failles du système actuel de contrôle différé, le caractère insatisfaisant des vérifications dédiées à la mission de lutte contre la fraude à l'exonération, l'absence d'une démarche stratégique claire ainsi que les lacunes juridiques entourant ce contrôle nous amènent à interpeller davantage le contrôle *a posteriori* avec un espoir de contrecarrer le

---

[1462] Voir instruction générale pour les contrôles après dédouanement.

[1463] ICHAM AZIZ, *Lutte contre la fraude commerciale douanière à l'importation*, *op.cit.*, p. 10.

[1464] Lire TEKAM Georges Jean, *Déontologie et éthique professionnelle du fonctionnaire*, Yaoundé, SOPECAM, mai 2010.

[1465] Article septième (4) loi de finances n° 2020/018 du 17 décembre 2020 portant loi de finances de la République du Cameroun pour l'exercice 2021.

phénomène de fraude dans les opérations exonérées, une fraude qui utilise une panoplie d'outils affinés et de visages divers[1466].

### 2. Le perfectionnement requis au niveau des contrôles *a posteriori* des opérations exonérées

La question des exonérations douanières est centrale compte tenu de l'importance des sommes en jeu. L'existence de nombreux régimes de faveur (codes pétrolier, gazier, minier, les conventions, les zones franches, les zones économiques, les zones économiquement sinistrées, la loi relative aux investissements privés) et des mesures ad hoc (exonérations discrétionnaires) remettent au goût du jour la problématique des contrôles des exonérations douanières. En effet, la performance de l'administration douanière est désormais tributaire du contrôle exercé sur les entités bénéficiant des exonérations. Aussi, l'exigence d'efficacité des contrôles *a posteriori* dans le cadre des exonérations douanières devient plus qu'un impératif.

Les contrôles *a posteriori* sont des mesures de contrôle grâce auxquelles l'administration des douanes s'assure, après enlèvement de la marchandise ou de toute opération financière du commerce extérieur et des changes, de l'exactitude, de l'authenticité des déclarations et des opérations en douane ainsi que du respect de toute réglementation que l'administration des douanes est chargée d'appliquer par le biais des vérifications portant notamment sur les livres, registres, systèmes comptables, données commerciales et financières pertinentes, détenues par les personnes ou les entreprises directement ou indirectement concernées par la transaction internationale[1467].

Les contrôles a posteriori visent entre autres : la constatation des infractions aux lois et règlements que l'administration des douanes est chargée d'appliquer ; l'appréciation de la sincérité et de la fidélité des états financiers comptables et commerciaux au regard de la législation douanière ; la sanction des manquements constatés et la récupération des droits et taxes compromis ou éludés, le cas échéant ; la sensibilisation des opérateurs en vue d'améliorer leur conformité volontaire à la réglementation applicable[1468].

Au regard des vertus attachées au contrôle *a posteriori*, la mise en place des procédures spéciales d'encadrement est souhaitée. Un renouvellement des méthodes d'action appuyé par des pouvoirs spéciaux est nécessaire pour s'adapter à la nouvelle donne. En outre, le caractère complexe et technique de la législation douanière en matière d'exonération exige un niveau particulièrement élevé d'expertise de la part des contrôleurs pour pouvoir

[1466] NIANE Abdoulaye, *Fiscalité et intégration économique : le cas du système fiscal sénégalais dans l'UEMOA*, *op. cit.*, p. 147.
[1467] Article septième 1 (b) de la loi n° 2020/018 du 17 décembre 2020 portant loi de finances de la République du Cameroun pour l'exercice 2021.
[1468] Article septième (2) de la même loi.

déceler les pratiques abusives. Aussi, les leviers qui permettront d'améliorer l'efficacité et la qualité des contrôles sont nombreux. Il est désormais question de mettre le contrôle *a posteriori* au service de l'assainissement des dépenses fiscales et de la détection des fraudes. Dans cette perspective, les soubassements de la nouvelle stratégie managériale s'appuient sur des supports variables désormais déterminés par la loi de finances[1469] qui définit les modalités de mise en œuvre des contrôles douaniers *a posteriori*.

Le contrôle des exonérations douanières est désormais fondé sur une nécessaire planification, une exécution diligente et la clôture des contrôles dans les délais réglementaires. Aussi, des infractions graves se produisent au travers des mécanismes d'octroi des exonérations douanières. Dès lors, la législation douanière met à la disposition des contrôleurs des moyens d'enquête et d'investigation suffisants pour déceler la fraude. La vérification et l'audit des comptes sont un exercice particulièrement adapté à la détection des infractions qui ont une incidence directe sur le recouvrement des recettes douanières. Aussi, rentrent indubitablement dans cette catégorie les exonérations douanières abusives. La vérification et l'audit *a posteriori*[1470] constituent par conséquent un élément essentiel de la stratégie globale de suivi de l'application de la législation en matière d'exonérations douanières.

Bien plus, si les demandes d'exonération sont examinées parallèlement au traitement des déclarations, certaines exonérations doivent faire l'objet d'un suivi *a posteriori*. Les déclarations peuvent être sélectionnées si l'exonération a été accordée « sous condition ». Par exemple, il peut être nécessaire de vérifier si le critère d'« ouvraison » est respecté (notamment, si l'admission en franchise est accordée à des produits censés entrer dans la fabrication d'un autre produit, ce qui impose à l'administration douanière d'en vérifier l'utilisation effective à cette fin). L'utilisation finale doit être surveillée pour éviter les risques multiples de détournement de destination.

L'on comprend dès lors l'importance des contrôles *a posteriori*. L'administration douanière doit inscrire désormais la filière des exonérations douanières comme un secteur à haut risque de fraude. Le risque de fraude ou de violation de la réglementation est très élevé. C'est une cible prioritaire dont l'évaluation des risques doit être permanente. L'audit des comptes devra ainsi suivre également. Il est donc recommandé d'inscrire les entités bénéficiaires des exonérations douanières dans une programmation matérialisée par un plan périodique de contrôles. MAMOUDOU Barry parle d'ailleurs de la conformité des administrations fiscales et douanières face au contrôle des grandes opérations fiscales et douanières[1471]. Il faudrait que les

---

[1469] Loi n° 2020/018 du 17 décembre 2020 portant loi de finances de la République du Cameroun pour l'exercice 2021.

[1470] KEEN Michael (dir.), *op. cit.*, p. 82.

[1471] MAMOUDOU BARRY, *op. cit.*, p. 201.

administrations concernées soient en mesure de faire une sélection des cas pertinents à contrôler, évaluer les risques fiscaux et douaniers desdits cas, les soumettre à une opération minutieuse de contrôle[1472]. En clair, le contrôle douanier doit être en mesure de détecter les entreprises à fort potentiel de risques, surtout celles qui ont détourné de leur destination autorisée les biens importés en exonération des droits et taxes.

La quête d'une dynamisation de la brigade des enquêtes des autres régimes est nécessaire dans la traque de la fraude dans les opérations exonérées. En effet, aux termes du décret portant organisation du ministère des Finances, cette structure est chargée du contrôle *a posteriori* et de répression des fraudes des autres régimes douaniers[1473]. Cette structure de contrôle a des compétences très larges, mais elle doit accorder une attention particulière aux opérations exonérées. La volonté des pouvoirs publics de lutter contre la fraude s'est traduite par un effectif consistant de cette structure[1474]. Cette brigade doit être consciente des enjeux réels de ce contrôle *a posteriori*. Elle est garante du civisme fiscal et de l'égalité devant l'impôt[1475]. L'amélioration du management de cette structure est également sollicitée. Elle doit tout mettre en œuvre pour appréhender l'ensemble des manquements qu'ils soient ou non intentionnels dans les opérations exonérées.

L'administration douanière doit prendre des dispositions nécessaires pour rendre ce contrôle des exonérations douanières effectif et efficace, afin de réduire les risques de fraude et des abus. L'exigence d'un contrôle douanier de qualité est de mise. La douane doit se réinventer dans le cadre des contrôles *a posteriori* des exonérations douanières en mettant en place des stratégies, des méthodes dynamiques et efficaces pour détecter des manipulations frauduleuses. Sous cette dernière optique, l'on peut affirmer que la création des interactions dans la mise en œuvre du contrôle, la démarche qualité ponctuée par la lutte contre la fraude et la corruption, l'amélioration du logiciel de sélectivité automatique, le renforcement des capacités douanières[1476], l'informatisation des contrôles *a posteriori*, l'amélioration des conditions de travail et le respect de l'éthique [1477]seraient des facteurs générateurs de performances et des soubassements pour endiguer le caractère précaire des entités dédiées au contrôle *a posteriori*[1478].

---

1472 *Idem.*

1473 Article 107 (1) du décret n° 2013/066 du 28 février 2013.

1474 Cette structure comprend, outre le chef de brigade, quinze (15) inspecteurs vérificateurs et quinze (15) inspecteurs vérificateurs assistants.

1475 WIBER Sophie Lambert, *Le contrôle fiscal décodé*, *op. cit.*, p. 12.

1476 OMD, Stratégie en matière de renforcement des capacités douanières, septembre 2002 et mars 2003.

1477 FJELDSTAD Odd-Helge, « Vers plus d'éthique dans les douanes en Afrique subsaharienne », *op.cit.*, p.33-54.

1478 Voir à ce sujet, MAMADOU BARRY analysant les défis des contrôles douaniers en Afrique francophone, *op. cit.*, p. 218.

Toujours dans la quête de performance des contrôles *a posteriori*, il est recommandé de nouvelles méthodes d'analyse des risques liés à la fraude à l'exonération, basées sur de nouveaux critères selon qu'il s'agit d'un régime économique, particulier ou préférentiel. En clair, tout autre régime autre que de droit commun doit faire l'objet d'une suspicion à l'avance à travers des applications d'alerte. Bien plus, un nouveau modèle d'organisation inspiré des nouvelles théories du management doit être implémenté pour la restructuration des contrôles *a posteriori*. Tout ceci en suivant par exemple un benchmarking avec différents modèles de systèmes d'information et de contrôle des administrations douanières qui ont été exposés à la conférence et foires aux connaissances tenues à Johannesburg du 08 au 10/2003 sous l'égide de l'OMD[1479].

La mise en place du circuit du contrôle actuel n'a pas été accompagnée d'une informatisation des structures de contrôle *a posteriori*, ni d'une stratégie claire de lutte contre la fraude à l'exonération. Devant ces carences et déficits, la fraude se diffuse largement. Aussi, dans le cadre des opérations exonérées, il a été jugé opportun de renforcer les capacités des administrations douanières, de lutter contre la corruption et la mauvaise gouvernance, d'améliorer les conditions de travail et de renouveler les méthodes d'action des structures douanières de contrôle et de favoriser l'émergence d'une nouvelle culture de contrôle [1480]en liaison avec les organismes de contrôle de l'effectivité des investissements et du comité paritaire de suivi de la stabilité des incitations à l'investissement privé au Cameroun. Malheureusement, ces structures sont inexistantes d'où une nécessaire amélioration du suivi des exonérations douanières dans l'espace CEMAC, gage d'une mobilisation optimale des recettes douanières.

## SECTION II : L'AMÉLIORATION DU SUIVI DES EXONÉRATIONS DOUANIÈRES DANS L'ESPACE CEMAC

Dans l'espace CEMAC, l'amélioration de la mobilisation des recettes fiscales domestiques est une préoccupation récurrente. À cet effet, une piste exploitable est celle de la rationalisation des dépenses fiscales à travers une amélioration du suivi des exonérations douanières[1481]. D'ailleurs, selon le législateur communautaire, les marchandises exonérées totalement ou partiellement des droits et taxes pour une raison autre que l'origine préférentielle restent sous sujétion douanière après leur mainlevée, jusqu'à leur affectation définitive à la destination qui a justifié l'octroi de

[1479] ICHAM AZIZ, *Lutte contre la fraude commerciale douanière à l'importation, une démarche managériale en guise d'approche*, *op. cit.*, p. 103.
[1480] ICHAM AZIZ, *op. cit.*, p. 155.
[1481] MOORE Mick et PRICHARD Wilson, « Comment les gouvernements de pays à faible revenu peuvent-ils augmenter leurs recettes fiscales ? », *op. cit.*

l'exonération. Par conséquent, une surveillance douanière de ces marchandises est requise[1482], une surveillance qui entretient l'espoir d'un gain potentiel de recettes. Ainsi, le suivi des manques à gagner, dus par exemple aux privilèges diplomatiques, est indispensable pour éviter les abus, en particulier les détournements de destination. Aussi, un meilleur suivi permet de mieux orienter les contrôles de l'administration. Bien plus, d'après Luc GODBOUT, les dépenses fiscales doivent faire l'objet d'un suivi aussi soutenu que les programmes de dépenses budgétaires[1483].

Cependant, l'état des lieux est préoccupant en matière de suivi des exonérations douanières dans la zone CEMAC. Au Cameroun par exemple, le constat a été celui d'un suivi défaillant traduit par une absence de stratégie globale de pilotage des exonérations douanières. L'absence d'une gestion sérieuse des exonérations douanières est à l'origine d'importants manques à gagner de recettes douanières[1484]. En Centrafrique comme au Cameroun, le système fiscal accorde aux investissements des privilèges et des allègements fiscaux sans aucun suivi et aucune étude d'impact. Pourtant, dans un contexte de crises multiformes (économique, sanitaire, sécuritaire, humanitaire) et de fortes tensions de trésorerie, l'idéal est à une maîtrise accrue des dépenses fiscales et à une meilleure estimation des coûts et mesure de l'efficacité et de l'efficience des exonérations douanières. Cet idéal est d'ailleurs plus qu'un impératif au regard de nombreux enjeux en cause.

Aussi, la rationalisation des exonérations douanières exige de toutes les parties prenantes de mieux les maîtriser et les connaître afin de favoriser leur lisibilité. Conformément aux bonnes pratiques internationales, un suivi-évaluation d'une disposition fiscale devrait idéalement inclure des évaluations d'efficacité, d'efficience, d'impact distributionnel, de conformité et des coûts administratifs[1485]. Malheureusement, en dépit de leur importance budgétaire, les exonérations douanières constituent un ensemble mal maîtrisé parce qu'elles font l'objet d'une attention insuffisante de la part des pouvoirs publics camerounais[1486]. C'est donc dans ce contexte qu'intervient la nécessité de mettre en place une politique ambitieuse de suivi à travers une structure centrale de suivi des exonérations douanières (paragraphe 1) qui sera appuyée

---

[1482] Article 3 de la décision n° 31/19-UEAC-010A-CM-34 du 18 décembre 2019 fixant la catégorisation des mesures d'exonération totale ou partielle des droits et taxes à l'importation et précisant les modalités de contrôle des déclarations de mise à la consommation en exonération totale ou partielle des droits et taxes.

[1483] GODBOUT Luc, *L'intervention gouvernementale par la politique fiscale, le rôle des dépenses fiscales, étude comparée : Canada, États-Unis, France*, *op. cit.*, p. 151.

[1484] MBOUNOU-NGOPO Mathurin, *La fiscalité et l'impératif de développement du Centrafrique*, *op. cit.*, p. 165.

[1485] Groupe de la Banque mondiale région Afrique, « Étude sur les écarts fiscaux en République démocratique du Congo », avril 2017.

[1486] OSSA René, *Administrer l'impôt*, Édition Iroko, 2007, l'auteur parle d'une démission de l'État.

par une adaptation et un renforcement des structures au sein de l'administration des douanes (paragraphe 2).

### Paragraphe I : La création envisageable d'une structure centrale en charge du suivi des exonérations douanières

L'apparent consensus sur la nocivité des niches fiscales dissuade d'une attention approfondie la notion[1487]. En effet, l'ampleur du manque à gagner qu'occasionnent les nombreuses exonérations douanières, les risques de fraude et d'abus ainsi que la complexité même du système des exonérations douanières rend nécessaire la mise en place d'une structure centrale chargée d'un suivi permanent des exonérations fiscales en général. Aux pertes de recettes directes, se superposent des pertes de recettes entraînées par le détournement du dispositif. L'octroi et la mise en œuvre des exonérations douanières sont rarement maîtrisés. En effet, l'existence des exonérations favorise de la part des contribuables des comportements de contournement de la réglementation douanière. Aussi, la gestion budgétaire des dépenses fiscales nécessite des améliorations et un renforcement institutionnel[1488]. Actuellement au Cameroun, malgré la grande défiscalisation en cours, aucune autorité centrale n'a été mise en place pour assurer l'évaluation systématique des nouvelles dépenses fiscales[1489]. Les partenaires au développement à l'instar de la Banque mondiale et du FMI œuvrent pour la création d'une unité de politique fiscale chargée du suivi des exonérations fiscales. Cette structure se chargera de coordonner le pilotage de l'ensemble des exonérations fiscales à travers une adhésion aux bonnes pratiques internationales en matière de suivi (A) et dotée d'une bonne maîtrise des techniques d'évaluation (B).

#### A- La structure attachée aux bonnes pratiques internationales en matière de suivi des exonérations douanières

La création d'une structure centrale est rendue nécessaire pour juguler la navigation à vue observée dans le domaine de la gestion budgétaire des dépenses fiscales. Cette structure permettra de coordonner la conception et la mise en œuvre harmonieuse et rationnelle des exonérations douanières. Elle pourra d'ailleurs être le point de chute des comptes rendus annuels visés par

---

[1487] WEIDENFELD Katia, *À l'ombre des niches fiscales*, *op. cit.*, p. 137.

[1488] Groupe de la Banque mondiale, région Afrique, « Étude sur les écarts fiscaux en République démocratique du Congo », Groupe de la Banque mondiale, avril 2017.

[1489] Lire BODIN Jean Paul, « Modernisation de l'administration fiscale dans les pays en développement : impact de la TVA », *Revue d'économie du développement*, 2012/3 Vol. 20, pp. 83-103.

la réglementation communautaire[1490]. Cette structure pourra être autonome ou rattachée au ministère des Finances. D'ailleurs, les experts optent pour une structure à l'image d'une unité de politique fiscale (UPF) chargée de recentrer la prise de décision en matière de politique fiscale au niveau du ministre des Finances. Aussi, un véritable cadre institutionnel pour le suivi et l'analyse de la dépense fiscale passe par une structure autonome avec comme principaux objectifs : la coordination entre l'administration des impôts et celle des douanes ; l'élaboration des prévisions des recettes fiscales et douanières ; l'analyse des projets de réforme en matière de politique fiscale, et notamment de leur impact, et l'estimation annuelle des dépenses fiscales et leur impact économique et social[1491].

Dans le cadre de cette étude, il a été constaté qu'il existe une multitude de services dispersés qui gèrent les exonérations douanières. Cette situation est à l'origine de sérieux problèmes dans l'exercice d'évaluation des exonérations douanières. Ainsi, il est pratiquement impossible de recenser toutes les mesures aboutissant à des exonérations douanières et qui peuvent avoir des impacts budgétaires importants. Le défaut d'une structure centrale de pilotage ne favorise pas la transparence et accroît les risques budgétaires. La centralisation permettra à la structure chargée d'affiner le suivi de la collecte des statistiques à travers la gestion du fichier des entreprises et des sociétés bénéficiant des exonérations douanières. Il est donc important d'asseoir un pilotage transversal et harmonisé de la politique douanière fondée sur les exonérations.

Cette structure permettra également de réaliser toute étude afférente aux exonérations douanières ainsi que l'établissement et l'application de la réglementation relative aux opérations exonérées. Elle réalisera sous l'autorité du ministre des Finances, toutes les études techniques nécessaires aux choix à opérer en matière de politique fiscale, et au suivi de l'impact des mesures fiscales en cours. Elle produira les notes de synthèse et les documents préparatoires ou devant accompagner les projets de loi de finances, en particulier le rapport sur l'évaluation des dépenses fiscales (DF).

Étant donné l'importance des montants engagés dans le cadre des exonérations douanières, il serait important que cette structure soit dotée des moyens légaux, matériels et humains, avec en prime son informatisation. Bien plus, dans la recherche d'un meilleur suivi, d'une meilleure lisibilité des dépenses fiscales, elle s'attachera à mettre en œuvre les bonnes pratiques internationales en matière des dépenses fiscales, notamment la nécessité de

---

[1490] Article 4 de la Décision n° 31/19-UEAC-010A-CM-34 du 18 décembre 2019 fixant la catégorisation des mesures d'exonération totale ou partielle des droits et taxes à l'importation et précisant les modalités de contrôle des déclarations de mise à la consommation en exonération totale ou partielle des droits et taxes.

[1491] GEOURJON Anne-Marie (dir.), « L'évaluation des dépenses fiscales : des principes à la pratique, guide méthodologique », FERDI, 2018.

rendre transparente l'information sur les exonérations douanières (1) et celle de rendre obligatoire l'estimation des coûts (2).

### 1. La structure centrale et la diffusion permanente de l'information sur les exonérations douanières

La mise en place d'une structure centrale va faciliter la transparence exigée des dépenses fiscales. Cette structure devra donc s'atteler à rendre plus lisible la politique étatique des dépenses fiscales. Elle va se charger de la mise en place d'un système de pilotage et d'analyse stratégique. L'exigence de transparence est une réclamation faite depuis de longues années par les organismes internationaux et les institutions financières internationales[1492]. En effet, les exonérations douanières occupent une place importante dans la catégorie des dépenses fiscales. Aussi, d'un point de vue de l'accès à l'information, la première règle fondamentale consiste d'abord à rendre publique l'information sur les dépenses fiscales. Connaître leur coût devient nécessaire pour une meilleure transparence financière du budget général de l'État et pour une grande rationalisation en matière d'allocation des ressources. C'est d'ailleurs toute la problématique de l'évaluation des dépenses fiscales qui est mise en exergue. Le concept de dépenses fiscales est né aux États-Unis à une époque où Stanley SURREY [1493]constatait qu'aucun document gouvernemental et qu'aucune recherche théorique ne répertoriait, ni n'estimait l'aide gouvernementale octroyée par les systèmes fiscaux[1494].

Ainsi, c'est dans un contexte de fortes tensions budgétaires que SURREY a forgé l'expression de « tax expediture » pour appeler l'attention des pouvoirs publics sur l'insuffisance du contrôle exercé sur les allègements ciblés d'impôts. C'est pourquoi il espérait qu'une requalification de la réalité des « incitations fiscales » en « dépenses fiscales » créerait une prise de conscience du législateur. En effet, il était convaincu et persuadé que la simple transparence et une évaluation rigoureuse du coût budgétaire des niches fiscales susciteraient un mouvement de réforme et de restructuration stricte des niches fiscales et qu'une analyse sérieuse des dépenses fiscales aboutirait à un meilleur contrôle et permettrait la mise en œuvre d'une véritable réforme. Il a d'ailleurs lancé une réforme des dépenses fiscales dès l'année suivante,

---

[1492] Au cours des dernières années, les FMI et l'OCDE ont développé des principes permettant d'améliorer le degré de transparence dans le processus budgétaire des gouvernements. À ce sujet, voir les textes suivants : FMI, Département des finances publiques, code révisé de bonnes pratiques en matière de transparence des finances publiques, 2001a, 5p., OCDE, Transparence budgétaire- les meilleures pratiques de l'OCDE, Comité de la gestion publique, PUMA/SBO (2000)6/FINAL, 2001[e], 9p.

[1493] SURREY Stanley, *Pathways to tax reform, the concept of tax expenditure*s, Harvard, University Press, 1973a, 417P.

[1494] Voir WEIDENFELD Katia, sur l'importation de la notion de « dépenses fiscales », *A l'ombre des niches fiscales*, *op. cit.*, p. 14.

puisqu'il estimait qu'elles violaient les principes fondamentaux de l'équité fiscale, de l'efficience économique et de la simplicité du système fiscal.

La publication d'information sur les dépenses fiscales fait partie des pratiques optimales de transparence des finances publiques[1495]. Lorsque les administrations publiques cherchent à réaliser les objectifs de la politique des finances publiques par le recours à des dépenses fiscales, la bonne gestion des finances publiques exige que l'objet de ces interventions soit clairement énoncé et que leurs conséquences financières soient explicitées[1496]. Selon le FMI, l'identification de ces interventions fiscales et la transparence budgétaire qui en résulte devraient réduire l'incitation des gouvernements à y avoir largement recours et devraient conduire ceux-ci, dans certains cas, à les remplacer par des pratiques plus traditionnelles de gestion des finances publiques[1497].

Il est donc impérieux de mettre en place la structure centrale qui se chargera de mettre en pratique les règles fondamentales en matière de transparence dans la conduite des exonérations douanières. Une information large, régulière et approfondie sur la dépense fiscale de porte et ses évolutions doit être faite au bénéfice de l'ensemble des citoyens et des partenaires au développement. Cette transparence pourra susciter une prise de conscience collective sur l'importance des exonérations douanières et les risques de dérive qu'elles comportent. Tout aussi importante est la connaissance régulièrement des coûts des exonérations douanières.

### 2. La structure centrale et l'estimation régulière des coûts des exonérations douanières

Pour assurer le suivi des dépenses fiscales, il est recommandé de procéder à leur recensement de manière régulière. Aussi, l'estimation des coûts des dépenses fiscales fait partie de bonnes pratiques internationales en matière de suivi des exonérations douanières. La structure centrale en création sera ainsi là pour répondre aux attentes en matière d'estimation des coûts, surtout dans un contexte où il est difficile de rendre compte du poids et de la répartition des dérogations à un moment donné. Aussi, il devient impérieux de procéder à l'évaluation des coûts budgétaires des exonérations douanières dans une optique d'optimisation de rendement fiscal, d'amélioration de la performance et de la transparence dans la gestion des finances publiques. Dans la même perspective, afin de faciliter le suivi, le dépistage des abus, il convient d'évaluer le volume des importations pour chaque catégorie d'exonération, ainsi que le montant du manque à gagner correspondant au titre de recettes

---

1495 GODBOUT Luc, *L'intervention gouvernementale par la politique fiscale, le rôle des dépenses fiscales, étude comparée : Canada, États-Unis, France*, *op.cit.*, p. 154.
1496 *Ibid.*, p. 153.
1497 GODBOUT Luc, *op. cit.*, p. 153.

non perçues. L'estimation des coûts révèle l'attention portée à leur impact budgétaire.

À l'ouverture d'une étude menée au Cameroun, l'on peut lire « *la présente étude a pour objectif principal de procéder à une évaluation de la dépense fiscale dans une optique d'amélioration du rendement fiscal et d'une meilleure gouvernance des régimes fiscaux et douaniers aussi bien de droit commun (Code général des impôts et Code des douanes) que dérogatoires (régime des projets structurants, les incitations à l'investissement privé, les zones franches, zones économiques,* etc.) »[1498]. Preuve qu'une évaluation est toujours nécessaire surtout dans un contexte de fortes incitations à l'investissement. Une politique globale de gestion efficiente des dépenses fiscales doit s'appuyer sur une structure centrale qui pilote et élabore une véritable stratégie d'évaluation des exonérations douanières. Ainsi, à travers cette structure centrale, les évaluations et les études d'impact doivent être sérieusement rehaussées.

L'examen des pratiques étrangères montre que certains pays [1499]sont parvenus à préciser et à compléter le champ des dépenses fiscales à travers des évaluations périodiques. En Afrique, le Sénégal et le Maroc font figure d'exemples en la matière où un rapport sur les dépenses fiscales est joint au projet de loi des finances pour l'année budgétaire. Le Cameroun doit s'inspirer de ces exemples pour mettre sur pied non un comité ad hoc d'évaluation des dépenses fiscales, mais une véritable structure centrale pérenne en charge d'évaluer périodiquement les exonérations douanières. Cette période pourra être mensuelle, semestrielle ou annuelle. Cette structure pourra également produire des rapports de qualité sur les exonérations douanières à joindre à chaque projet de loi des finances. Il est également important qu'elle procède à des évaluations ex ante ou évaluations initiales et à des études d'impact à chaque proposition de nouvelle dépense fiscale.

Dans cette perspective, la structure centrale en création se chargera d'évaluer l'impact économique, social et budgétaire des régimes douaniers dérogatoires sur une périodicité régulière afin de déterminer l'efficacité et l'efficience de ces régimes. Aussi, le rapport sur les dépenses fiscales permet de s'interroger sur la pertinence et l'efficacité des choix opérés par le gouvernement. Pour réussir cette tâche, cette structure devra véritablement maîtriser les modalités d'évaluation des dépenses fiscales.

---

[1498] Rapport sur les dépenses fiscales de l'exercice 2017 au Cameroun.
[1499] Des pays comme l'Allemagne, le Royaume-Uni, Canada, France, USA.

### B- La structure centrale et l'appropriation de la démarche d'évaluation des dépenses fiscales de porte

Les enjeux liés à l'évaluation des dépenses fiscales notamment la recherche de la transparence dans la gestion des finances publiques et l'appréciation de l'efficacité de la politique fiscale nécessitent la maîtrise des modalités d'évaluation[1500]. Pourtant, en l'absence d'une structure centrale de coordination, l'évaluation au Cameroun reste partielle et peu diffusée. Dans ce sillage, le système camerounais d'évaluation reste lacunaire ancré dans un environnement qui manque de culture poussée dans ce domaine. Aussi, à l'actif d'une structure permanente, l'on pourra évoquer le souci constant de maîtriser les techniques d'évaluation, l'affinement des statistiques et une meilleure collecte des données. Une structure centrale de coordination sera là pour corriger les lacunes, les insuffisances et les approximations constatées dans la rédaction du rapport d'évaluation commis par un comité ad hoc. L'exercice d'évaluation des dépenses fiscales doit être pérennisé, ce qui implique l'appropriation de la démarche d'évaluation. Cette démarche mise en place par la Fondation pour les études et recherches sur le développement international (FERDI) à travers son ouvrage [1501]passe par une identification des dépenses fiscales (1), l'évaluation des impacts budgétaires et socioéconomiques (2) et la rédaction du rapport (3).

#### 1. La phase d'identification des dépenses fiscales de porte

Au regard du guide méthodologique du CREDAF de 2015 sur l'évaluation des dépenses fiscales (DF), les DF sont des mesures incitatives qui impactent significativement le budget de l'État, dans la mesure où ce dernier renonce volontairement à une partie de ses recettes fiscales pour soutenir le secteur productif ou social[1502]. Aussi, suivant le guide méthodologique mis sur pied par la Fondation pour les études et recherches sur le développement international (FERDI) de 2018, la phase d'identification des dépenses fiscales renvoie à la définition du système douanier de référence (a), ensuite à l'identification du dispositif dérogatoire (b).

---

[1500] L'évaluation des dépenses fiscales et sa publication en annexe de la loi de finances participent à une plus grande transparence budgétaire (FMI 2007) et à la rationalisation du système fiscal permettant une amélioration de la mobilisation des recettes intérieures. L'évaluation des dépenses fiscales impose une approche en trois étapes : la définition d'un système fiscal de référence (SFR), la revue de toutes les mesures dérogatoires à ce SFR qui ont cours dans le pays et l'estimation du coût de ces mesures.

[1501] GEOURJON Anne-Marie (dir.), *L'évaluation des dépenses fiscales : des principes à la pratique. Guide méthodologique,* FERDI, 2018.

[1502] CREDAF, *Guide méthodologique, évaluation des dépenses fiscales*, 2015, 65 p.

### a) L'identification du système douanier de référence et des textes faisant partie

La notion de système fiscal de référence est très présente dans la littérature fiscale, mais elle manque de précision. Malgré cette imprécision, son identification est au cœur de préoccupations portant sur la qualification d'une mesure fiscale en tant que dépense fiscale. Aux termes des dispositions communautaires, le système de référence est le régime fiscal le plus neutre possible s'appliquant à tous les contribuables ou à toutes les opérations économiques avec le moins de discrimination possible. Il indique pour chaque impôt, droit ou taxe, l'assiette et le taux[1503]. La détermination du système de référence permet d'apprécier les écarts par rapport à la norme.

Ainsi, toute mesure dérogatoire au système de référence est considérée comme dépense fiscale et entre dans le périmètre de l'évaluation[1504]. En matière de législation douanière, le système douanier de référence est la réglementation communautaire relative au TEC, au droit d'accises, et à la TVA[1505]. Bien plus, les dispositions fiscales dérogatoires contenues dans les conventions et accords internationaux régulièrement ratifiés font partie du système fiscal de référence. Allant dans ce sens, en ce qui concerne les droits de douane (TEC), le DA et la TVA, le SFR retenu prend en compte le caractère communautaire du Code des douanes qui encadre la mise en œuvre pour la collecte des droits de porte, les directives CEMAC, les conventions, les accords, les règlements, les actes et autres engagements internationaux du code des douanes qui y sont intégrés ,et dont le Cameroun est membre signataire ou adhérent.

Au sens de ce SFR, tous les régimes dérogatoires ne constituent pas des dépenses fiscales puisqu'ils sont déjà intégrés dans le droit commun. En effet, le régime d'admission de marchandises en franchise des droits de douane n'est pas considéré comme source de dépenses fiscales. Il s'agit dans ce cas en particulier du régime de franchise applicable aux immunités diplomatiques, aux envois humanitaires de l'acte 2/92 modifié, aux matériels et aux documents pédagogiques dans le cadre de la convention de Florence et la convention de Chicago, etc.

Aussi, pour faire simple, l'identification du système douanier de référence renvoie aux textes fondateurs de la réforme fiscale et douanière de 1994 et ses différentes modifications. Ces textes comprennent entre autres :

- le Code général des impôts ;
- le Code général des douanes ;

---

1503 Article 5, Décision n°08/2015/CM/UEMOA instituant les modalités d'évaluation des dépenses fiscales dans les États membres de l'UEMOA.

1504 *Idem.*

1505 *Idem.*

- le tarif douanier ;
- les directives communautaires sur la TVA et le droit d'accises ;
- le règlement n°06/19-UEAC-639-CM-33 relatif à la concurrence ;
- le règlement n°17/99/CEMAC-020-CM-03 relatif à la charte des investissements de la CEMAC ;
- la convention de Kyoto révisée[1506] ;
- la convention de Vienne sur les relations diplomatiques et consulaires[1507] ;
- la convention de Chicago[1508] ;
- L'Accord de Florence[1509] et son protocole de Nairobi[1510].

Définir au préalable le système fiscal de référence est une tâche qui incombe à la structure centrale de coordination au regard de la complexité de la tâche. Aussi, le système douanier de référence comprend le régime général, les accords bilatéraux, les accords régionaux, les accords internationaux. L'exercice de recensement des mesures dérogatoires implique nécessairement une part de normativité puisqu'il s'agit de lister toutes les dispositions qui s'écartent de la norme représentée par le régime général. Ainsi, une fois le SDR identifié, on peut facilement procéder au recensement des mesures dérogatoires.

**b) Le recensement des dispositifs dérogatoires**

Cette étape consiste à recenser toutes les dispositions qui dérogent au régime général de chaque impôt et taxe, tel que défini précédemment. Il s'agit

---

[1506] La convention internationale sur la simplification et l'harmonisation des régimes douaniers (1973, révisée en 1999), appelée Convention de Kyoto, a été initiée par l'OMD. Elle recommande l'admission en franchise de droits et taxes à l'importation dans de nombreux domaines tels les substances thérapeutiques, les échantillons sans valeur commerciale, les biens mobiliers, les cadeaux personnels, les objets religieux, les documents et bien d'autres.

[1507] La convention sur les relations diplomatiques (1961) et la Convention sur les relations consulaires (1963), appelées Conventions de Vienne, ont été initiées par l'ONU afin notamment de « favoriser les relations d'amitié entre les pays ».

[1508] La Convention relative à l'aviation civile internationale (1944), appelée Convention de Chicago, est le texte fondateur de l'Organisation de l'aviation civile internationale (OACI) dont l'un des objectifs est de « promouvoir la planification et le développement du transport aérien international », ainsi, sont admis en franchises les aéronefs à destination ou en provenance des États membres, les pièces de rechange et du matériel importés pour être installés ou utilisés sur un aéronef.

[1509] L'Accord pour l'importation d'objets à caractère éducatif, scientifique ou culturel (1950), appelé Accord de Florence, a été initié par l'UNESCO afin de « faciliter la libre circulation des idées, par le mot de l'image », les États s'engagent à ne pas appliquer des DD à l'importation des livres, publications et documents, aux objets d'art et de collection à caractère éducatif.

[1510] Le protocole à l'accord pour l'importation d'objets à caractère éducatif, scientifique et culturel (1976), appelé Protocole de Nairobi, a également été initié par l'UNESCO, il vise à approfondir l'Accord de Florence.

par exemple des abattements qui érodent l'assiette fiscale, des taux réduits, des exonérations, des exemptions et des régimes spéciaux. Dans ce sillage, une exonération douanière est une aide fiscale que le bénéficiaire n'aurait pas obtenue en application du système fiscal normal. Il y a ainsi rupture de l'égalité devant l'impôt. Ioanna PAPADAMAKI parle de rupture de l'égalité dans la concurrence[1511]. Bien plus, la problématique majeure réside dans le critère de sélectivité.

Cet élément implique de déterminer si un régime fiscal favorise certains importateurs au détriment des autres[1512]. Or, cet impératif fondamental en fiscalité suscite plusieurs difficultés d'application. D'une part, il n'impose pas seulement de prendre en compte les mesures fiscales sélectives de *jure* c'est-à-dire celles dont la sélectivité ressort de la lettre même du dispositif, mais il implique aussi un examen des mesures sélectives de *facto,* à savoir des mesures qui semblent être générales, mais dont l'application faite en pratique favorise certaines entreprises ou productions. Or, la frontière qu'a tracée le droit des aides publiques entre les mesures sélectives de *facto* et celles générales peut être parfois floue[1513].

Ainsi tout comme il est difficile de déterminer le système fiscal de référence, il est aussi délicat de déterminer la dérogation à cette normalité fiscale. Le critère de sélectivité nécessite d'examiner dans quelle mesure un dispositif fiscal constitue une dérogation par rapport au système général d'application. Les critères de sélectivité et de perte de recettes sont ainsi d'une importance décisive pour la désignation d'une mesure fiscale dérogatoire. Bien plus, trois éléments fondamentaux caractérisent les dépenses fiscales à savoir :

- le caractère dérogatoire des mesures ;
- la poursuite des objectifs spécifiques ;
- la minoration délibérée des recettes.

Toutefois, une constance se dégage. Ces dérogations peuvent être législatives, réglementaires, conventionnelles ou de fait. Il est donc question de revisiter le paysage fiscal camerounais et ressortir les différents textes qui vont à l'encontre de la normalité fiscale. Pour cela, l'on dénombre plusieurs régimes dérogatoires :

- la loi du 18 avril 2013 fixant les incitations à l'investissement privé ;
- la loi sur les zones économiquement sinistrées[1514] ;

1511 PAPADAMAKI Ioanna, *op. cit.*, p. 67.

1512 MICHEAU Claire, *Droit des aides d'État et des subventions en fiscalité, droit de l'Union européenne et de l'OMC, op. cit.*, p. 201.

1513 *Idem.*

1514 Décret n°2019/3179/PM du 2 septembre 2019 portant reconnaissance du statut de zone économiquement sinistrée aux régions de l'Extrême-nord, du Nord-ouest et du Sud-ouest.

- loi n°2013/011 du 16 décembre 2013 régissant les zones économiques en République du Cameroun ;
- les zones franches[1515] ;
- les régimes des codes sectoriels (code minier, pétrolier et gazier) ;
- les conventions d'établissement et cahiers des charges ;
- les dérogations spéciales[1516] (lois des finances, mesures exceptionnelles).

Tous ces régimes fiscaux dérogatoires accordent aux importateurs des facilités douanières sous forme d'exonérations totales ou partielles, des abattements, des réductions de taux, pour l'atteinte des objectifs bien précis. Aussi, la phase d'évaluation des coûts va vérifier si ces objectifs sont atteints.

### 2. La maîtrise des évaluations des impacts budgétaires et socioéconomiques des dépenses fiscales de porte

D'après Mohamed HARAKAT, l'institutionnalisation des études d'impact au Maroc devrait traduire l'émergence d'un outil tangible de bonne pratique de gouvernance des politiques publiques[1517]. Au Cameroun comme au Maroc, il semble que l'étude d'impact ne soit pas encore suffisamment institutionnalisée[1518]. Aussi, la mise sur pied d'une structure centrale de coordination des dépenses fiscales aura pour effet bénéfique de maîtriser les techniques d'évaluation des impacts budgétaires et socioéconomiques. En effet, l'exercice d'évaluation des dépenses fiscales ne consiste pas à estimer un manque à gagner global. Pour guider les choix de politique fiscale, il est, en effet, nécessaire de mesurer le coût budgétaire associé à chaque mesure dérogatoire particulière[1519]. Seule l'estimation du coût précis d'une mesure associée à l'analyse de l'impact de celle-ci peut contribuer à la rationalisation éclairée des dépenses fiscales[1520]. L'analyse des dépenses fiscales peut permettre de rationaliser le système d'incitations fiscales afin d'accroître la mobilisation des recettes intérieures. Pour cela, il convient de maîtriser le périmètre de l'évaluation (a), les méthodes d'évaluation (b) et une analyse de la pertinence par rapport aux différents objectifs (c).

---

[1515] L'ordonnance n° 90/001 du 29 janvier 1990 instituant les zones franches et les points francs.

[1516] Les dérogations spéciales procèdent d'exonérations diverses de porte édictées par des lois de finances, ainsi que des mesures discrétionnaires concédées par le gouvernement. Elles peuvent être totales ou partielles, temporaires ou permanentes.

[1517] HARAKAT Mohamed (dir), *Études d'impact et politiques publiques au Maroc*, Paris, L'Harmattan, 2020, p. 7.

[1518] *Idem.*

[1519] GEOURJON Anne-Marie (dir), *L'évaluation des dépenses fiscales : des principes à la pratique*, Guide méthodologique, *op. cit.*, p. 10.

[1520] *Idem.*

### a) La maîtrise du périmètre de l'évaluation

Les textes communautaires font obligation à chaque État de procéder de manière annuelle, à l'évaluation des dépenses fiscales. Cette évaluation fait l'objet d'un rapport qui est annexé au projet de loi des finances pour le budget de l'État, conformément aux dispositions de la directive portant code de transparence et de bonne gouvernance dans la gestion des finances publiques des États membres de la CEMAC[1521]. À cet effet, l'évaluation concerne les mesures dérogatoires en rapport avec la législation douanière. Dans une première phase, seules sont prises en compte les dépenses fiscales qui entraînent un manque à gagner pour le budget de l'État. Il faudra ainsi déterminer les impôts concernés. Aussi, en matière de législation douanière, l'évaluation concerne le droit de douane (DD), la TVA et le droit d'accises (DA). Ces impôts sont choisis en fonction de leur impact significatif sur le plan budgétaire, économique et social.

Les données à collecter concernent ces différents impôts. Le système de codification des exonérations douanières est souvent un préalable à l'évaluation des dépenses fiscales. Ainsi, les codes utilisés permettent de suivre de manière assez rigoureuse les exonérations. La structure de coordination doit veiller à mieux formuler ces codifications. Cette structure doit également mettre en place un dispositif organisationnel pour la collecte des données fiables relatives aux dépenses fiscales en vue de leur évaluation.

### b) La structure centrale et l'affinement des méthodes d'évaluation

La structure centrale de coordination des dépenses fiscales doit s'atteler à mieux maîtriser les méthodes d'évaluation. La fiabilité des résultats en dépend largement. En effet, il existe trois méthodes pour l'évaluation de la DF [1522]:

- La première méthode est celle de la « perte de recettes » ou du « manque à gagner ». Elle consiste à estimer *ex post* le montant des pertes de recettes dues au DF, toutes choses égales par ailleurs, c'est-à-dire en supposant inchangé le comportement des agents qui en bénéficient.

Ainsi, au regard de cette méthode, on évalue la dépense fiscale en faisant la différence entre l'impôt théorique et l'impôt effectivement payé.

- La deuxième méthode est celle du « gain final de recettes ». Dans ce sillage, l'on mesure le gain de recettes fiscales qu'entraînerait la

---

[1521] Directive n° 06/11-UEAC-190-CM-22 relative au Code de transparence et de bonne gouvernance dans la gestion des finances publiques.

[1522] CREDAF, Guide méthodologique, évaluation des dépenses fiscales, 2015, voir aussi, GEOURJON Anne-Marie (dir), *L'évaluation des dépenses fiscales : des principes à la pratique,* Guide méthodologique, Fondation pour les études et recherches sur le développement international (FERDI), 2018.

suppression d'une dépense fiscale en tenant compte du changement de comportement des contribuables ;

- La troisième méthode est celle de « l'équivalent en dépense ». Il s'agit d'estimer le montant de la dépense directe qui serait nécessaire pour accorder un avantage financier équivalent aux bénéficiaires de la DF.

Aux termes des dispositions communautaires, la méthode de la « perte de recettes » est consacrée. Ainsi, en vue de l'évaluation des dépenses fiscales, les États membres utilisent la méthode « perte de recettes » qui correspond au montant de l'impôt qui aurait été perçu si le système fiscal de référence avait été appliqué[1523]. À cet effet, la perte de recettes ou dépense fiscale est égale au coût induit par la dérogation à la loi créée par la mesure dérogatoire en considérant que le comportement des contribuables reste inchangé[1524]. Dans ce sillage, les dépenses fiscales sont évaluées par mesure dérogatoire au système fiscal de référence et pour chaque impôt et taxe[1525].

La méthode de la « perte de recettes » est donc la plus couramment utilisée, en raison de sa simplicité. En effet, elle nécessite aux dires des rédacteurs du guide méthodologique sur l'évaluation des dépenses fiscales, une moindre quantité de données puisque l'évaluation est faite *toutes choses égales par ailleurs*. La structure centrale de coordination doit davantage peaufiner cette méthode afin de pouvoir mesurer efficacement les impacts ou la pertinence des mesures dérogatoires.

**c) La structure centrale et l'analyse de l'impact budgétaire et socioéconomique des dépenses fiscales de porte**

La mise en place d'une structure centrale est vivement souhaitée justement pour mieux apprécier la pertinence et l'effectivité des réalisations et des acquis à la suite de l'octroi des exonérations douanières. En effet, l'État renonce aux recettes douanières pour soutenir un objectif de politique économique et sociale. Il est donc de la responsabilité de la structure centrale d'estimer le coût budgétaire des mesures fiscales dérogeant à la norme et d'apprécier leur pertinence quant aux objectifs qui leur ont été initialement attribués.

À cet effet, les exonérations douanières, globalement, visent à encourager l'investissement, à créer des emplois, à apporter un soutien au pouvoir d'achat, à promouvoir l'agriculture, à alléger le coût de la santé, à faciliter l'accès au logement en recherchant une réduction du prix de certains biens et services consommés ainsi que les équipements pour les investissements. Bien plus, au regard de la loi du 18 avril 2013, peut prétendre au bénéfice des avantages prévus par les dispositions de la présente loi, tout investisseur dont l'activité

---

[1523] Article 7 de la décision n° 08/2015/CM/UEMOA instituant les modalités d'évaluation des dépenses fiscales dans les États membres de l'UEMOA.

[1524] *Idem.*

[1525] *Idem.*

est conforme aux dispositions législatives et réglementaires en vigueur, qui satisfait l'un des critères ci-après, notamment :

- création des emplois pour les Camerounais ;
- activité annuelle d'exportation à concurrence de 10 à 25 % du chiffre d'affaires hors taxes ;
- utilisation des ressources naturelles à concurrence de 10 à 25 % de la valeur des intrants ;
- contribution à la valeur ajoutée à concurrence de 10 à 30 % du chiffre d'affaires hors taxes[1526].

L'atteinte des objectifs prioritaires est également une condition pour l'octroi des exonérations douanières[1527]. Ces objectifs comprennent entre autres, le développement de l'agriculture, de la pêche, de l'élevage, des activités d'emballage et le stockage des produits d'origine animale ou halieutique, le développement de l'offre touristique et des loisirs, le développement de l'habitat et du logement social, la promotion de l'agro-industrie, des industries manufacturières, de l'industrie lourde, des matériaux de construction de la sidérurgie, de la construction métallique et des activités maritimes et de navigation[1528].

En outre, les exonérations visent le développement de l'offre de l'énergie et de l'eau, l'encouragement du développement des régions et de la décentralisation, la lutte contre la pollution et la protection de l'environnement, la promotion et le transfert des technologies innovantes et de la recherche-développement, la promotion des exportations, la promotion de l'emploi et formation professionnelle[1529]. La fiscalité dérogatoire représente un manque à gagner chaque année plus important pour le budget de l'État. La question, qui se pose désormais avec insistance, est celle de savoir si ces dérogations ont atteint totalement ou partiellement les objectifs pour lesquels elles ont été instituées. L'analyse est d'autant plus nécessaire que le poids des dépenses fiscales s'alourdit chaque année. Elles représentent aujourd'hui 33,8 % des recettes non pétrolières[1530].

Ce travail revient désormais à la structure centrale qui devra analyser la pertinence des exonérations douanières dans une optique de rationalisation de ces dernières. Il est vrai, l'analyse de la pertinence est délicate du fait de l'absence, le plus souvent de l'objectif affiché et d'un pilotage insuffisant. En conséquence, les données indispensables à une analyse de l'efficacité ou de

[1526] Article 4 de la loi n° 2013/004 du 18 avril 2013 fixant les incitations à l'investissement privé en République du Cameroun.

[1527] Il est question d'encadrer l'avantage fiscal en clarifiant les contreparties exigées du contribuable.

[1528] Article 14 de la loi précitée.

[1529] *Idem.*

[1530] Rapport sur les dépenses fiscales de l'exercice 2017, p. 38.

l'efficience font défaut. À cet effet, la structure chargée de conduire les travaux doit être dotée de moyens matériels, humains et des ressources financières suffisantes pour mener à bien sa mission. Le renforcement des capacités est donc nécessaire à ce niveau[1531]. La collecte des données doit être améliorée. Ainsi, la maîtrise des modalités d'évaluation va se poursuivre sur le terrain de la rédaction du rapport.

### 3. La structure centrale et la conduite des travaux de rédaction du rapport d'évaluation

Au regard de l'importance attachée à l'évaluation des dépenses fiscales, le rapport final doit suivre un canevas bien tracé afin d'éviter toute approximation. Aux termes des dispositions communautaires, le rapport des dépenses fiscales doit comporter :

- une définition du système fiscal de référence pour chaque impôt, droit ou taxe, en vigueur au cours de l'année de l'exercice d'évaluation ;
- un inventaire des mesures dérogatoires par impôt, droit ou taxe, précisant la base légale de la mesure, les bénéficiaires, les avantages accordés et l'objectif ;
- un rappel de la méthode d'évaluation utilisée ;
- les montants chiffrés des manques à gagner classés par nature d'impôt, par catégorie de bénéficiaires, par fonction budgétaire, et par secteur d'activités économiques. Ces données pourront être complétées par des ratios comme les dépenses fiscales en pourcentage du PIB et des recettes fiscales totales ;
- une partie consacrée à l'analyse des résultats de l'évaluation[1532].

Une telle structure centrale n'existe pas encore. Cette démonstration a juste servi de prétexte pour parcourir le guide méthodologique en matière d'évaluation des dépenses fiscales. Les autorités camerounaises et celles des autres pays de l'espace CEMAC doivent ainsi comprendre la nécessité de mettre en place une structure centrale permanente qui pilote les politiques fiscales et ses divers démembrements notamment la politique fiscale incitative. Le suivi efficace des dépenses fiscales en dépend largement.

Mais pour l'instant, il n'existe qu'une structure ad hoc qui disparaît une fois le rapport annuel produit. Le personnel y est affecté de manière temporaire, ce qui peut nuire à la fiabilité des résultats produits. Les moyens techniques et humains employés dans la démarche d'évaluation doivent être

---

[1531] OMD, *Stratégies en matière de renforcement des capacités douanières*, 2002-2003.

[1532] Article 9 de la décision n°08/2015/CM/UEMOA instituant les modalités d'évaluation des dépenses fiscales dans les États membres de l'UEMOA.

stables dans la mesure où il s'agit d'une observation étalée dans le temps[1533]. Une meilleure évaluation supposerait par ailleurs une véritable mobilisation des acteurs qui disposent de compétences et de l'expertise pour réaliser de telles études[1534]. Aussi, en l'absence d'une structure permanente, il revient à la direction générale des douanes d'adapter ses structures et de renforcer aussi celles existantes pour améliorer le suivi des exonérations douanières.

### Paragraphe II : L'amélioration des capacités administratives de suivi des exonérations douanières au sein de l'administration douanière.

La transparence budgétaire exigée par la société civile, les institutions financières internationales et les partenaires au développement requiert des gouvernements d'améliorer le cadre de suivi des dépenses fiscales au même titre que les dépenses directes. L'objectif prioritaire est celui d'une appréhension optimale des ressources douanières afin de renforcer les marges de manœuvre budgétaire et d'assurer, dès lors la soutenabilité des finances publiques[1535]. Cependant, malgré ces recommandations, il a été constaté une gestion défaillante, défectueuse des exonérations douanières au niveau de la direction générale des douanes. Les causes de ces défaillances sont bien connues. L'empilement des mesures préférentielles va révéler l'inadaptation des structures de la direction générale des douanes à suivre cette prolifération.

De ce point de vue, le Cameroun est resté en retrait par rapport à ce qui s'observe dans d'autres administrations, surtout européennes. Aussi, poser la problématique du suivi des exonérations douanières revient donc à s'interroger sur les capacités de l'administration douanière à faire face aux difficultés inhérentes au suivi de celles-ci dans un contexte de forte incitation à l'investissement. Un mouvement d'ensemble doit s'amorcer pour relever le défi de suivi des exonérations douanières au sein des administrations douanières.

Ainsi, compte tenu du poids croissant de la dépense fiscale de porte, il revient à l'administration des douanes de redynamiser le processus de suivi des exonérations douanières à travers une nouvelle politique de suivi plus ambitieuse et plus réaliste. Une nouvelle stratégie de suivi des exonérations douanières au sein de l'administration douanière doit être mise en place dans une perspective d'amélioration de la mobilisation des recettes douanières. Il reste à savoir comment la direction générale va s'organiser pour assurer un suivi adéquat des exonérations douanières. Quels moyens peut-elle utiliser

---

1533 LEVET Jean-Louis (dir), *Les aides publiques aux entreprises : une gouvernance, une stratégie*, *op.cit.*, p. 163.

1534 Cour des comptes, L'évaluation de l'efficience des dépenses fiscales relatives au développement durable, novembre 2018, p. 100.

1535 Voir HASSAN EL KTINI, *Les dépenses fiscales en droit marocain, op. cit.*

pour optimiser ce suivi ? Est-elle suffisamment outillée pour relever le défi ? La réponse à ces questions suppose une réadaptation des structures à la nouvelle politique de défiscalisation en cours (A) à défaut de créer, favoriser un renforcement des structures existantes (B).

## A- Le réajustement des structures douanières à la nouvelle politique de défiscalisation en cours

Les analyses menées dans le cadre de cette étude permettent de constater que les exonérations douanières font l'objet d'un suivi très insuffisant de la part de l'administration douanière, alors qu'elles représentent un enjeu budgétaire important. Aussi, le suivi des exonérations douanières est parcellaire, leur pilotage globalement inexistant. Pire encore, les structures de suivi sont inadaptées à la nouvelle politique de défiscalisation en cours, rendant l'encadrement des exonérations douanières, largement inefficace.

En effet, la promulgation de la loi n°2013/004 fixant les incitations à l'investissement privé en République du Cameroun et d'autres textes [1536]de même nature milite en faveur d'un réaménagement des structures douanières. Ces différentes lois comportent de nombreuses exonérations douanières qu'il faudra encadrer afin d'éviter une catastrophe au niveau des recettes douanières. Ainsi, ce réajustement va concerner aussi bien les structures au niveau central (1) que local (2).

### 1. L'adaptation souhaitable de l'organigramme au niveau central au regard de la politique de défiscalisation en cours

L'édiction du nouvel organigramme au niveau de la direction générale des douanes est rendue nécessaire afin d'améliorer le suivi des exonérations douanières. Ce nouvel organigramme vise à adapter le réaménagement structurel au contexte de forte incitation à l'investissement. En effet, au Cameroun, l'on est presque revenu à la période d'avant la réforme fiscale et douanière de 1994[1537]. Cette période était caractérisée par une prolifération des exonérations douanières traduites par la mise en œuvre du Code des investissements et différentes conventions d'établissement.

À cette période, l'organigramme de la direction des douanes prenait en compte les réalités de cette politique de défiscalisation de grande ampleur. À cet effet, il avait été créé autour des années 90, un service des investissements et des régimes spéciaux logé à la sous-direction de la législation et du

---

[1536] La loi n° 2013/011 du 16 décembre 2013 régissant les zones économiques en République du Cameroun, le décret n° 2019/3179 du 2 septembre 2019 portant reconnaissance du statut de zone économiquement sinistrée aux régions de l'Extrême-nord, du Nord-ouest et du Sud-ouest.

[1537] Voir ABANDA AYISSI Gabriel, *La réforme fiscalo-douanière en UDEAC et ses conséquences : le cas du Cameroun, op. cit.*, GAIDRO Salomon, *Réforme fiscalo-douanière en UDEAC et problématique de l'intégration sous-régionale*, *op. cit.*

contentieux. Ce service s'occupait de tous les problèmes de réglementation douanière dérogeant au droit commun notamment : la gestion du fichier des entreprises et sociétés agréées aux différents régimes fiscaux privilégiés ; l'établissement et l'application de la réglementation relative aux régimes suspensifs de douane ; l'étude de toutes les questions afférentes au Code des investissements, à la taxe intérieure, à la production, à la taxe unique ainsi qu'aux autres régimes privilégiés.

Aujourd'hui, la loi n° 2013/004 n'est qu'une autre version d'application du Code des investissements. En conséquence, une modification de l'organigramme de la Direction générale des douanes est nécessaire afin d'être en adéquation avec la grande défiscalisation en cours dans le pays qui induit des manœuvres frauduleuses tendant à bénéficier indûment des franchises. Il est donc louable au niveau de la direction générale des douanes de mettre en place une structure chargée spécialement de surveiller les entreprises bénéficiaires des privilèges fiscaux. L'administration douanière doit s'efforcer de reconstruire son fonctionnement en tenant compte du contexte de forte incitation à l'investissement. Le dernier décret [1538]portant l'organisation du ministère des Finances ne prend pas suffisamment en compte ce recours excessif aux incitations fiscales constaté aujourd'hui.

Un axe prioritaire des réformes à mener porte sur le réajustement des structures au niveau central de la direction générale des douanes. En l'absence d'une véritable structure de suivi, les informations restent parcellaires, le montant global des exonérations douanières difficiles à déterminer, un suivi lacunaire, des objectifs peu lisibles et une perte significative des recettes. Les défaillances actuellement constatées doivent être prises en compte dans l'élaboration d'un nouvel organigramme de la direction générale des douanes afin de renforcer le suivi des exonérations douanières.

À titre d'exemple, en plus de la cellule des régimes douaniers, il faudrait créer spécialement une autre cellule chargée du suivi des entreprises bénéficiaires des régimes privilégiés et autres facilités douanières. En outre, cette cellule devra être dotée de moyens humains, matériels, techniques et financiers suffisants pour mener à bien sa mission de suivi adéquat des exonérations douanières. Concernant les moyens humains, il faudrait que les agents publics affectés à cette cellule soient vertueux, talentueux, consciencieux, intègres, compétents, dévoués, productifs et aient un sens élevé de l'intérêt général, du respect de la chose publique[1539]. Cet aspect doit également être pris en compte au plan local.

---

[1538] Décret n° 2013/066 du 28 février 2013 portant organisation du ministère des Finances dont le chapitre III est consacré à la direction générale des douanes et à ses services déconcentrés.

[1539] TEKAM Georges Jean, *Déontologie et éthique professionnelle du fonctionnaire*, SOPECAM, mai 2010, 157p.

### 2. La création attendue de structures nouvelles de suivi des exonérations douanières au niveau local

Au vu de la multiplication incontrôlée des exonérations douanières en cours dans l'espace CEMAC et particulièrement au Cameroun, l'une des préconisations au niveau local serait la création de structures spécialisées dédiées au suivi des opérations exonérées. En effet, au Cameroun, le recours aux exonérations douanières a connu un exceptionnel développement depuis la réforme fiscale et douanière de 1994 sans que s'en suive une mise en place des structures adaptées à l'encadrement. Les dépenses fiscales progressent rapidement. La création de nouveaux dispositifs de défiscalisation met à mal la capacité de l'administration douanière à piloter une véritable stratégie de suivi des exonérations douanières.

De nos jours, l'on a plutôt observé une dispersion de structures, un certain attentisme propice à la déperdition des recettes douanières. Le diagnostic laisse voir une faiblesse institutionnelle de suivi des exonérations douanières au plan local. Plusieurs structures interviennent dans la gestion et dans ce suivi au niveau régional ou local. Cette implication de plusieurs structures nuit à la cohérence et à la lisibilité d'une véritable politique de suivi. Aucune stratégie spécifique de suivi n'est mise en place. Pourtant, l'administration correcte des exonérations douanières est une autre étape cruciale dans la rationalisation des dépenses fiscales.

La Cour des comptes en France constate d'ailleurs que « *les échanges avec la direction générale des finances publiques confirment que le législateur continue de créer ou de perpétuer des dépenses fiscales prévoyant des engagements ou des contreparties des bénéficiaires alors que l'administration ne peut en aucun cas contrôler la mise en œuvre* »[1540]. En effet, la persistance de cette faiblesse au niveau du suivi des exonérations douanières est de plus en plus incompatible avec les enjeux financiers liés à ces politiques. Les exonérations douanières constituent plutôt une facilité insuffisamment encadrée et suivie[1541]. Des améliorations substantielles s'imposent visant à instaurer un cadre rénové de gestion et de suivi des exonérations douanières.

Outre renforcer le suivi à l'échelon local, la promulgation de la loi fixant les incitations à l'investissement en République du Cameroun [1542]devrait également aller concomitamment avec une réorganisation des structures locales de suivi des opérations exonérées. À une certaine époque, en pleine application du code des investissements, une structure spécialisée dénommée « Port III » avait été mise en place. Cette unité technique de collecte de

---

[1540] Cour des comptes française, *La gestion de dépenses fiscales en faveur du logement*, mars 2019, p. 66.
[1541] *Idem.*
[1542] Loi n° 2013/004 du 18 avril 2013 fixant les incitations à l'investissement privé en République du Cameroun.

recettes douanières s'occupait des opérations relatives aux entreprises agrées aux différents régimes douaniers privilégiés. Toutes les opérations de dédouanement des marchandises exonérées étaient centralisées dans cette structure avec l'avantage de favoriser une certaine lisibilité.

Le cadre rénové de suivi des exonérations douanières au plan local doit aboutir à une spécialisation des structures. Il est temps que l'organigramme de la direction générale des douanes prenne en compte cette grande défiscalisation en cours au niveau local. Il y va de l'intérêt de l'État, car la sauvegarde des intérêts financiers est largement tributaire. Les multiples fraudes douanières et abus observés dans ce secteur militent en faveur d'une nouvelle dynamisation des structures spécialisées, la volonté d'améliorer passe par là. Mais en attendant la mise en place de ces structures, il devient impératif de renforcer les structures existantes dans le cadre du suivi des exonérations douanières.

### B- Le nécessaire renforcement des capacités des structures existantes de suivi des exonérations douanières

L'ensemble de la gouvernance du système d'exonérations douanières dans l'espace CEMAC et particulièrement au Cameroun présente de nombreuses lacunes dont découle une très grande difficulté à recueillir et à faire une synthèse des informations concernant ce système[1543]. Qu'il s'agisse du recensement effectif des facilités douanières ou de leur évaluation, il apparaît encore difficile aujourd'hui d'élaborer une observation fiable de la réalité du fonctionnement du système[1544]. Les problèmes d'administration de ces aides sont nombreux et d'actualité.

En effet, l'orientation budgétaire de la douane est mise à mal par le maintien d'une politique active de défiscalisation. Aussi, l'adoption d'une politique fiscale généreuse se traduit par des dépenses fiscales importantes facilitées par des fraudes massives et des abus. Aussi, les exigences de rendement budgétaire appellent à reconsidérer les stratégies de suivi de ces exonérations douanières. Il est question de mettre en place une administration adaptée à ce contexte et à des défis de suivi des exonérations douanières[1545]. Dans ce sillage, cette nouvelle refondation induit un renforcement des capacités de la cellule des régimes douaniers (1) et aussi un renforcement des structures de suivi des exonérations douanières au niveau local (2).

---

1543 LEVET Jean-Louis (dir), *Les aides publiques aux entreprises : une gouvernance, une stratégie*, *op.cit.*, p. 109. Ce constat fait en France se retrouve également au Cameroun.
1544 *Idem.*
1545 CHAMBAS Gérard (dir), *Afrique au sud du Sahara : mobiliser des ressources fiscales pour le développement*, Paris, Économica, p. 160.

### 1. Le renforcement des capacités de la cellule des régimes douaniers au sein de la direction générale des douanes

Les constats faits au cours de cette étude ne sont guère positifs. Les exonérations douanières érodent de manière significative la base taxable douanière et impactent de manière négative le rendement budgétaire de la douanière. Cette situation est facilitée par un suivi poreux des exonérations douanières. Celles-ci bénéficient de peu d'attention accordée par les pouvoirs publics. Ainsi, le désordre présent dans ce champ de privilèges est le reflet d'une politique manquant de cohérence savamment entretenue. L'absence d'une véritable stratégie fiable de suivi des exonérations atteste largement de cette inertie aux conséquences fâcheuses. Les capacités structurelles de la DGD ne sont pas en parfaite cohérence avec l'ensemble des missions liées au suivi approprié des dépenses fiscales de porte. Aussi, la question d'un suivi adéquat des exonérations douanières est donc particulièrement pertinente à plus d'un titre. Des réformes possibles sont envisagées au niveau des structures de suivi existantes dans l'espace CEMAC et particulièrement au Cameroun.

C'est dans ce contexte qu'intervient la nécessité d'un renforcement des capacités de la cellule des régimes douaniers chargée du suivi de l'application de la réglementation relative aux régimes économiques, notamment les exonérations douanières et les régimes suspensifs[1546]. En effet, en l'état actuel de son fonctionnement, cette cellule est loin de répondre aux attentes. Sa seule composition laisse méditer sur la volonté réelle des pouvoirs publics de s'attaquer véritablement à la problématique de suivi des exonérations douanières. L'effectif très réduit de cette cellule traduit réellement le manque de volonté du gouvernement de mettre en place un système de suivi efficace des privilèges fiscaux.

Partant de ces faiblesses constatées, l'un des axes stratégiques indispensables à l'élargissement de l'assiette fiscale serait le renforcement des capacités des agents travaillant au sein de la cellule des autres régimes de la direction générale des douanes. Ce renforcement est synonyme de maîtrise de la dépense fiscale de porte. En effet, la gestion rationnelle des exonérations douanières ne saurait être possible sans un renforcement des capacités administratives des agents chargés du suivi. Il est vivement recommandé de procéder assez régulièrement au renforcement des capacités en matière de suivi des dépenses fiscales étant donné les grandes pertes de recettes occasionnées. Des mesures doivent être prises dans ce sens, d'autant plus que le renforcement des capacités renvoie à plusieurs réalités.

---

[1546] Article 100 (1), du décret n°2013/066 du 28 avril 2013 portant organisation du ministère des Finances.

Dans le contexte douanier, l'expression « renforcement des capacités » vise le développement ou l'acquisition d'aptitudes, de compétences, d'outils et de ressources nécessaires à l'amélioration des capacités d'une administration pour remplir ses fonctions et atteindre ses objectifs[1547]. Ainsi, un investissement en matière de renforcement des capacités bien élaboré et ciblé vise à améliorer la rentabilité et l'efficacité des administrations douanières. À cet effet, il est recommandé des ressources appropriées à la cellule des autres régimes, parmi lesquelles figurent en bonne place les ressources humaines.

La nécessité d'un renforcement en ressources humaines est évidente au vu de l'effectif très réduit de la cellule[1548], preuve d'une gestion défectueuse des moyens humains [1549]et de l'inefficacité du capital humain[1550]. Il faudrait ainsi pourvoir la cellule des régimes douaniers de ressources en qualité et en quantité. La gestion rationnelle des exonérations exige de mettre en place un système de suivi et d'évaluation périodique des privilèges fiscaux et de leur impact sur la croissance[1551]. Des mesures doivent donc être prises dans le sens de la formation des agents aux techniques de suivi et d'évaluation desdites exonérations. Une formation spécialisée et approfondie serait la bienvenue dans la perspective d'une maîtrise de la dépense fiscale. D'ailleurs, la formation adéquate des agents du fisc apparaît comme l'une des conditions fondamentales d'un usage efficace de l'outil fiscal et d'une bonne gestion des différents impôts[1552].

Aussi, la valorisation passe par la formation qui est de nature à changer le comportement ; et par la mobilisation qui vise à impliquer les agents dans la vie de leur organisation[1553]. D'ailleurs, selon certains auteurs, la culture fiscale apparaît comme le socle de tout système fiscal[1554]. La valorisation des ressources humaines se présente dès lors comme un préalable à l'efficacité du

---

[1547] OMD, Stratégie en matière de renforcement des capacités douanières, 2002-2003.

[1548] Cette cellule comprend outre le chef de cellule et trois (3) chargés d'études assistants.

[1549] TOGOLO Odile, *Administration fiscale et ressources humaines en Afrique subsaharienne, le cas du Cameroun, op.cit.*, p. 138.

[1550] MBOUNOU-NGOPO Mathurin, *La fiscalité et l'impératif de développement du Centrafrique*, *op.cit.*, p. 144.

[1551] EYEBIYI Christine, « La gestion rationnelle des exonérations fiscales et douanières en République centrafricaine », Rapport, Expertise France, août 2016, p. 36, cité par MBOUNOU-NGOPO Mathurin, *op. cit.*, p. 325.

[1552] BANGO Ange, *L'élaboration et la mise en œuvre de la fiscalité dans les pays de la communauté économique et monétaire de l'Afrique centrale (CEMAC)*, *op.cit.*

[1553] TOGOLO Odile, *op. cit.*, p. 247.

[1554] LOGMO MBELEK Aaron, « La réforme des politiques fiscales axées sur l'innovation et la modernisation des institutions en charge de la collecte et de la gestion du patrimoine public », Centre africain de formation et de recherche administrative pour le développement, Tanger-Maroc, 29 novembre-1er décembre 2010, repris par MBOUNOU-NGOPO Mathurin, *op. cit.*, p. 145.

fisc et donc à l'amélioration des recettes[1555]. Dans ce sillage, il faudrait un meilleur encadrement du personnel au sein de la cellule et une bonne organisation du travail afin de veiller à la bonne application de la législation relative aux exonérations douanières. Ce renforcement des capacités contribue à la réalisation des études sur la nouvelle gouvernance des exonérations douanières et aussi sur toute mesure visant l'amélioration de la gestion et du suivi des opérations douanières exonérées.

Cette cellule doit impérativement être dotée de moyens techniques, matériels et financiers conséquents. En effet, le constat fait observer une insuffisance des moyens financiers, matériels et humains dans la conduite des missions assignées à la cellule. Bien plus l'on observe une informatisation embryonnaire, une mauvaise communication interne et externe, une insuffisance du système d'information et de pilotage des exonérations douanières (statistiques, indicateurs) conduisant à une inefficacité dans la gestion des exonérations douanières.

Face à ce déficit logistique et infrastructurel, une amélioration substantielle des moyens matériels, techniques et financiers est attendue des décideurs. Une informatisation de la cellule et une utilisation des logiciels adaptés sont nécessaires pour accorder une fiabilité et une pertinence aux indicateurs et statistiques relatifs aux exonérations douanières[1556]. En gros, il s'agit de renouveler le management stratégique de cette structure. Cela passe par un diagnostic sans complaisance des forces et faiblesses de la cellule dans la perspective d'un meilleur suivi des exonérations douanières. Aussi, la considération des forces négatives et l'énumération d'actions en vue de la diminution de l'influence de ces forces vont permettre à la cellule de remplir pleinement ses missions[1557]. Il est question de mettre en place au niveau de la cellule des mécanismes permettant un suivi efficace à travers la maîtrise des fondamentaux[1558]. Les structures déconcentrées sont aussi interpellées.

### 2. Le renforcement des capacités des structures de suivi au plan local

Le déficit structurel observé au niveau local dans le suivi des exonérations douanières n'a que trop duré. La grande dispersion des structures douanières locales n'a pas facilité une meilleure lisibilité dans le suivi des opérations

[1555] TOGOLO Odile, *op. cit.*, p. 247.

[1556] CANTENS Thomas, « La réforme de la douane camerounaise à l'aide d'un logiciel des Nations unies ou l'appropriation d'un outil de finances publiques », *Afrique contemporaine*, n° 223, 2007/3-4, pp. 289-307.

[1557] SOUARABIE BAPERMA, *Le management et l'accroissement des recettes au Burkina Faso : cas de la direction générale des impôts*, Mémoire pour l'obtention du Master II spécialisé en management des entreprises et organisations, option : management stratégique et opérationnel, Institut international d'ingénierie de l'eau et de l'environnement, octobre 2016.

[1558] CHAMBAS Gérard (dir.), *Afrique au sud du Sahara : mobiliser des ressources fiscales pour le développement*, Paris, Économica, p. 164.

douanières exonérées. Afin de mettre un terme à ces errements propices à la déperdition des recettes douanières, il est temps de remettre au goût du jour la traçabilité et le suivi optimal des opérations exonérées. Aussi, ce regain d'intérêt réclamé passe par une mise en œuvre de nouvelles stratégies appropriées.

À cet effet, à défaut de la création d'une structure au niveau de chaque région qui s'occupe spécialement et uniquement du dédouanement et du suivi des opérations exonérées, il est nécessaire de renforcer les structures existantes dans le sens d'un meilleur suivi des opérations exonérées. Cette tendance participe et contribue à l'élaboration, à la mise en œuvre des mécanismes appropriés pour l'encadrement des opérations douanières exonérées. D'ailleurs, les structures locales ont montré de nombreuses lacunes et d'importants dysfonctionnements préjudiciables au rendement budgétaire optimal de l'administration douanière.

Aussi, le diagnostic au plan local et régional a d'ailleurs révélé de nombreuses faiblesses notamment le manque de personnel qualifié pour le suivi des opérations exonérées, le peu d'intérêt accordé à ces opérations, le manque de lisibilité, le manque de moyens matériels, financiers nécessaires à l'accomplissement des tâches, la vétusté des locaux rendant exécrables les conditions de travail, l'absence de logiciels pour un suivi adéquat des opérations exonérées. Bien plus, l'on a noté pour le décrier, l'absence des registres manuels ou des sommiers qui reprennent intégralement les opérations exonérées traitées. L'inexistence des tableaux de bord et des statistiques renseignant sur la situation réelle des opérations exonérées, l'absence de communication interne et externe[1559].

Au regard des faiblesses structurelles et des enjeux budgétaires que constitue la dépense fiscale de porte, il apparaît opportun de mettre en avant quelques pistes exploitables au sein des structures douanières locales, dont la conjonction pourra favoriser un suivi optimal des opérations exonérées. Il est urgent d'appliquer aux dépenses fiscales des règles d'évaluation et de suivi spécifiques. Les institutions financières internationales et les partenaires au développement en ont d'ailleurs fait largement écho[1560]. Ces réformes concernent davantage le renforcement des capacités de l'administration douanière et surtout de ses structures locales en tant que gestionnaires des exonérations douanières. Cette gestion doit être assurée avec efficacité et dextérité.

À cet effet, la nécessité d'un suivi amélioré des opérations exonérées passe par une redéfinition et une mise en œuvre des procédures nouvelles applicables aux opérations exonérées. Ainsi, dans l'optique d'un suivi adéquat

---

1559 SOUARBIE BAPERMA, *op.cit.*

1560 KEEN Michael (dir), *Moderniser la douane : défis et stratégies de réforme de l'administration douanière*, *op.cit.*

des exonérations douanières, des guides appropriés de suivi des opérations exonérées doivent être élaborés afin de faciliter la tâche aux inspecteurs-vérificateurs et aux différents services gestionnaires. Aussi, de nouvelles applications doivent être mises à jour afin de faciliter le suivi des opérations exonérées.

C'est dire que l'importance de l'outil informatique n'est pas des moindres dans le suivi des opérations exonérées. Il permet un meilleur encadrement des exonérations douanières tout en allégeant les tâches. Le suivi adéquat des opérations exonérées nécessite la mise en œuvre des applications informatiques. La nouvelle application informatique douanière nommée CAMCIS semble avoir pris en considération ces exigences techniques. Il revient à l'administration douanière de mieux former le personnel à son utilisation. La dématérialisation constitue ainsi un levier d'allègement de la charge de travail. Aussi, en ces temps de grande prolifération des exonérations douanières[1561], une utilisation plus active de l'outil informatique serait de grande utilité pour la performance et l'efficacité des services gestionnaires[1562]. Globalement, l'appropriation de nouvelles technologies de l'information et de la communication est d'une nécessité absolue.

Au demeurant, il est nécessaire de renforcer les capacités des ressources humaines utilisées dans les services gestionnaires des opérations exonérées. Ce renforcement vise l'acquisition d'aptitudes, de compétences, d'outils nécessaires à un suivi optimal des exonérations douanières. Une ressource humaine de qualité constitue le socle d'une performance soutenue de l'administration des douanes et le moteur essentiel de son développement. Aussi, la traçabilité des opérations est largement tributaire des capacités acquises par les agents. L'assistance technique est également attendue dans ce vaste chantier de renforcement des capacités notamment en matière de formation et de suivi des opérations exonérées. L'amélioration des qualifications professionnelles est donc attendue de la conception et de la mise en œuvre d'un plan de développement des ressources humaines. Dans le même sillage, les programmes de formation interne de la DGD doivent intégrer des actions de perfectionnement et de mise à niveau des connaissances informatiques et professionnelles des agents chargés du suivi des opérations exonérées.

Le renforcement des capacités administratives selon Serge ABESSOLO, suppose de réaliser deux conditions :

---

[1561] Assemblée nationale française, *Maîtriser la dépense fiscale pour un impôt plus juste et efficace, synthèse des propositions de la mission d'information sur les niches fiscales*, Paris, 5juin 2008, la mission fait le constat d'un développement spectaculaire des dépenses fiscales de plus en plus nombreuses et coûteuses.
[1562] OPISSINA ONANGA Vianney, *La problématique de l'application de la TVA dans l'espace OHADA*, *op.cit.*, p. 279.

- un recrutement plus important dans les administrations fiscales, à tous les niveaux, accompagné d'un programme de formation permanente. Le pôle régional des régies financières d'Afrique centrale pourrait assurer une telle formation ;
- un meilleur déploiement des effectifs de l'administration fiscale, y compris à l'intérieur du pays, pour opérer des contrôles plus systématiques auprès des acteurs économiques[1563].

Par ailleurs, la nouvelle gouvernance douanière exige des agents des douanes préposés au suivi des exonérations douanières, une conscience professionnelle éprouvée, un dévouement absolu, le respect de la chose publique, le sens élevé de l'intérêt général, une adhésion sans failles aux règles et principes éthiques et déontologiques[1564]. En d'autres termes, au niveau local de suivi des exonérations douanières, les agents des douanes doivent relever le défi de l'éthique et de la gouvernance dans la phase de suivi surtout en ces temps de rigueur budgétaire[1565]. Il est donc question de maîtriser la dépense fiscale par l'application des règles de gouvernance spécifiques[1566].

D'ailleurs, de nombreux rapports préconisent de promouvoir de manière plus active que par le passé et avec un fort engagement de plus hautes autorités, la lutte contre la fraude et la corruption au sein des administrations douanières[1567]. Aussi, un système de suivi adéquat des exonérations douanières ne vaut que par la qualité des hommes qui le mettent en œuvre. À cet égard, le culte de la compétence et de l'intégrité doit être au centre d'une administration douanière moderne[1568].

---

1563 ABESSOLO Serge, « Réflexions et propositions pour une fiscalité du développement en Afrique centrale », Conférence consultative régionale en Afrique, Accra-Ghana, 5-7 novembre 2007.

1564 TEKAM Georges Jean, *Déontologie et éthique professionnelle du fonctionnaire, op.cit.*

1565 PECH Thierry, « Les vrais comptes des niches fiscales », *Alternatives économiques*, n° 305, septembre 2011.

1566 MIGAUD Didier, CARREZ Gilles (dir), *Maîtriser la dépense fiscale pour un impôt plus juste et plus efficace, synthèse des propositions de la mission d'information sur les niches sociales*, Assemblée nationale française, Paris, 5 juin 2008.

1567 Voir DJEUWO Marcellin, « La corruption dans le management des ressources humaines de l'administration douanière », *Afrique contemporaine*, n° 230, pages 55 à 67, 2009.

1568 BANGO Ange, *L'élaboration et la mise en œuvre de la fiscalité dans les pays de la communauté économique et monétaire de l'Afrique centrale (CEMAC), op.cit.*

## CONCLUSION DU CHAPITRE II

Ce chapitre nous a permis de revisiter les méthodes appropriées de gestion des exonérations douanières. En effet, la gestion hasardeuse et tatillonne constatée des exonérations douanières illustrée par les déficiences et les défaillances au niveau du contrôle et du suivi était en contradiction avec les exigences de rationalité fiscale et de mobilisation optimale des recettes fiscales. Aussi, afin de préserver les intérêts financiers de l'État dans un environnement incitatif à outrance, il a été question de rompre avec les approximations et l'amateurisme et de mettre en place un système de gestion capable de répondre aux attentes et adapté aux nouvelles exigences de la gouvernance fiscale et de la mondialisation[1569].

Allant dans ce sens, il a été question de redynamiser le dispositif de contrôle à travers une nouvelle stratégie plus ambitieuse de contrôle des opérations exonérées dans l'espace CEMAC. Cette nouvelle stratégie a laissé voir la nécessité d'une amélioration du cadre général des contrôles à travers le renforcement normatif et institutionnel. Bien plus, cette nouvelle stratégie est fondée sur la réactivation des contrôles administratif, juridictionnel et parlementaire de la dépense fiscale de porte[1570]. Face à l'inexistence avérée de ces différents contrôles, il revient à l'administration douanière de renouveler ses méthodes de contrôles immédiats et après enlèvement avec une spécialisation plus poussée vers des opérations exonérées. Une spécialisation qui rime avec un renforcement des moyens humains, techniques, informatiques, matériels et surtout avec le culte de la compétence et de l'intégrité.

Par ailleurs, face au suivi défaillant traduit par une absence de stratégie globale de pilotage des exonérations douanières, il s'est agi de susciter une grande attention des pouvoirs publics à travers la création d'une structure centrale chargée du suivi des exonérations douanières. Cette structure veillera à mettre en œuvre les bonnes pratiques reconnues en la matière notamment la transparence, la bonne évaluation des coûts et la rédaction du rapport annuel.

Bien plus, l'administration douanière ne saurait rester en retrait. Elle est partie prenante dans ce suivi des exonérations douanières. Ainsi, elle est interpellée à jouer pleinement son rôle à travers un renforcement en moyens matériels, techniques, humains, informatiques de la cellule des régimes douaniers de la direction générale des douanes et surtout une réadaptation et un renforcement intelligent des structures locales de suivi des exonérations douanières. Un renforcement qui va avec le professionnalisme et le respect

---

[1569] Voir BAH ALIOU Mamadou, *La fiscalité des pays de la Communauté économique des États de l'Afrique de l'Ouest (CEDEAO) face à la mondialisation*, Paris, L'Harmattan, 2021, 430 pages.

[1570] Lire GUINDO Moumouni, *Le contrôle des finances publiques au Mali, d'indispensables réformes*, Paris, L'Harmattan, 2021, 516 pages

des principes et règles éthiques et déontologiques. La Commission CEMAC doit également travailler dans le sens de la mise sur pied d'une directive sur l'évaluation des dépenses fiscales, tout en l'accompagnant pour une application harmonisée des techniques d'évaluation. Elle devra soumettre des propositions visant à mutualiser au niveau communautaire les expériences acquises en matière de gestion et de contrôle des franchises par certains États membres, et dont l'efficacité est reconnue en matière de prévention des fraudes, des évasions fiscales et des abus éventuellement liés à l'application des exonérations.

# CONCLUSION DU TITRE I

La sous-mobilisation fiscale occasionnée par un développement spectaculaire des exonérations douanières plaide pour un renouvellement des méthodes d'action de la politique fiscale exonératoire en zone CEMAC. Aussi, la nécessité d'une nouvelle gouvernance des politiques fiscales exonératoires s'impose, et le premier pilier de ce renouveau souhaité dans la conduite des politiques fiscales a consisté en la rationalisation des exonérations douanières. Aussi, cette partie est une plaidoirie pour un nouveau modèle de développement basé sur une utilisation intelligente et rationnelle des incitations fiscales. En effet, face à l'ampleur du désastre budgétaire et la fraude généralisée, les autorités nationales sont interpellées en ce qui concerne la rationalisation des exonérations douanières. Celle-ci comporte au moins deux volets notamment la conception et l'administration des exonérations douanières qui en expliquent mieux les enjeux et les soubassements.

En droite ligne de la nouvelle gouvernance des exonérations douanières et dans la perspective d'un meilleur encadrement de la politique douanière, la conception se veut désormais rationnelle et restrictive. Au regard de l'enjeu et des risques financiers non négligeables que représente aujourd'hui la dépense fiscale de porte dans la gestion budgétaire, toute exonération douanière devrait concourir à la poursuite d'un objectif précis et en cohérence avec la stratégie nationale de développement du pays, être précédée d'une évaluation de l'impact ou d'une estimation chiffrée, être consacrée par une loi et avoir une durée limitée afin d'être régulièrement examinée par une structure compétente.

Dans une perspective de consolidation budgétaire, il s'agit de préconiser une philosophie d'emploi des exonérations douanières cohérente, fondée sur un ensemble de filtres successifs, sélectionnant les exonérations douanières légitimes, utiles et pertinentes, puis celles qui sont efficaces, efficientes et surtout acceptables socialement et économiquement. En clair, toute exonération douanière devrait répondre aux exigences communautaires en matière de régimes douaniers dérogatoires. Au-delà de la conception, il faudra non seulement intégrer la dimension éthique, mais réexaminer le champ des exonérations douanières existantes pour une réduction ou une suppression de celles inopérantes.

Le deuxième volet de la rationalisation porte sur l'administration ou mieux la gestion appropriée des exonérations douanières. Face à une gestion défaillante, il a été question de revoir leur dispositif de suivi et de contrôle. Ce dispositif est appelé à s'intégrer dans une stratégie globale plus ambitieuse offrant des moyens suffisants (humains, matériels, financiers, informatiques, structurels, juridiques et autres) pour améliorer le suivi et le contrôle adéquats des exonérations douanières conformes à la nouvelle gouvernance fiscale. En clair, il serait intéressant de mettre à la disposition des administrations douanières, un logiciel de gestion des exonérations douanières tout en constituant une capacité de contrôle spécialisée aux opérations exonérées. La performance de l'administration douanière est largement tributaire de cette gestion améliorée malgré l'insuffisante attention observée des autorités nationales.

En tout état de cause, la réticence des États de la CEMAC à s'engager véritablement dans cette voie devrait ouvrir la perspective d'un renforcement de l'encadrement communautaire des exonérations douanières, gage d'une mobilisation accrue de recettes douanières.

# TITRE II :

# L'APPROFONDISSEMENT DE L'HARMONISATION DOUANIÈRE EN ZONE CEMAC

D'après de nombreux experts[1571], la création de la CEMAC en 1994 a constitué une étape décisive dans la quête de l'intégration et de l'harmonisation douanière dans la zone, laquelle s'est traduite par la libéralisation des échanges et la mise en place d'un TEC entre les États membres. Mais pour autant, un constat se dégage au niveau des régimes dérogatoires. L'on observe d'une part, une application imparfaite du TEC[1572] et d'autre part une application discriminatoire et non généralisée de la TVA induisant l'existence de nombreuses exonérations douanières dans la zone CEMAC[1573]. L'harmonisation douanière demeure un chantier inabouti[1574] et assez malmené du fait de la persistance des logiques de disparités dans les systèmes fiscaux nationaux[1575]. Ces disparités sont traduites par une large hétérogénéité normative en fiscalité indirecte et des pratiques fiscales interdites notamment les aides publiques à caractère fiscal[1576].

Allant dans le même sens, malgré la réforme fiscale et douanière de 1994 et l'adoption de la charte d'investissement qui consacraient l'harmonisation douanière, l'on constate pour le décrier un foisonnement désordonné des exonérations douanières et autres dysfonctionnements au niveau des États membres de l'espace CEMAC[1577]. Aussi, tous les États membres de la

---

1571 CADOT Olivier, CALIPEL Samuel, CHAMBAS Gérard, GEOURJON Anne-Marie, QUATREBARDE Céline, LAPORTE Bertrand, « Intégration commerciale et harmonisation fiscale », *in* GEOURJEON Anne-Marie (dir), *Intégration régionale pour le développement en zone franc*, *op.cit.*, p. 63.

1572 MEYONG ABATH Roger-Athanase, *L'harmonisation fiscale et douanière en zone CEMAC*, *op. cit.*, p. 269.

1573 DLATA et N'GAKOSSO Antoine, « L'intégration et la nécessité d'une transition fiscale : cas de la TVA dans les pays de l'Union africaine », *Revue africaine de l'intégration*, volume 1, N° 1, janvier 2007, p. 83.

1574 NIANE Abdoulaye, *Fiscalité et intégration économique, le cas du système sénégalais dans l'UEMOA*, *op.cit.*

1575 Au niveau des distorsions en matière de politique douanière, MEYONG ABATH fait constater qu'en plus d'une application non uniforme du TEC par les pays membres, l'on observe également, une mauvaise application des règles d'origine et l'application non uniforme de la règle d'évaluation en douane.

1576 NIANE Abdoulaye, *op. cit.*, p. 103.

1577 Les gouvernements adhèrent à l'idée d'harmonisation, ce sont les mêmes ensuite qui sèment les obstacles au moment d'appliquer les textes communautaires librement adoptés. En effet, des pratiques relevées çà et là par le Conseil des ministres de l'Union économique dans un rapport intitulé « la non-application des textes communautaires » viennent altérer les quelques progrès que l'on peut observer. L'on a pu relever quelques exemples tirés de ce rapport : au plan tarifaire, on note :

- la persistance de la double taxation des produits importés des pays tiers ;
- l'existence des franchises conditionnelles et exceptionnelles ou des exonérations discrétionnaires, sources de distorsions de la compétitivité entre les entreprises de l'espace CEMAC.

CEMAC, tout comme la plupart des pays d'Afrique au sud du Sahara appliquent des codes spécifiques nationaux (codes d'investissement, de télécommunication, minier, forestier, pétrolier et bien d'autres) dont les objectifs sont multiples et les instruments d'incitation souvent nombreux et variés[1578]. C'est dire que chaque pays dispose de son propre cadre d'incitation[1579]. Ainsi, au niveau du Cameroun[1580], l'on peut souligner la loi n° 2013/004 du 13 avril 2013 fixant les incitations à l'investissement privé qui accorde de nombreuses exonérations douanières aussi bien dans la phase d'installation que dans la phase d'exploitation. Le Gabon pour sa part continue de signer de nombreuses conventions d'établissement propres à chaque entreprise avec de nombreux avantages fiscaux[1581].

Les régimes dérogatoires sont largement utilisés par les États pour attirer les investisseurs au détriment des recettes douanières. La faiblesse du rendement budgétaire provient largement de cette course effrénée vers les exonérations douanières par les États. Ces États, qui ont consenti un abandon de leur souveraineté douanière pour créer une zone intégrée, restent pourtant très frileux à l'idée de se dessaisir totalement de leur souveraineté fiscale[1582].

---

- l'octroi de nouvelles conventions d'établissement comportant des clauses exonératoires dans les domaines minier, pétrolier et forestier ;
- l'augmentation de la pression fiscale sur les opérations de commerce extérieur par la multiplication des taxes ;
- la mauvaise application des règles d'origine des produits fabriqués dans l'espace CEMAC.

Sur le plan de la TVA harmonisée, on note :

- l'augmentation unilatérale du taux de TVA (25 %) par rapport à la fourchette de taux fixée par la directive communautaire (12 à 18 %) ;
- le non-respect des privilèges ou avantages accordés aux institutions et organes internationaux par certaines conventions internationales ou sous régionales et accords de siège ;
- la limitation unilatérale de la liste communautaire des produits exonérés ;
- le non-remboursement ou la non-déductibilité des crédits de TVA.

[1578] GEOURJON Anne-Marie, (dir), *Intégration régionale pour le développement en zone franc*, *op. cit.*, p. 97.

[1579] Voir CHAMBAS Gérard (dir.), *Afrique au sud du Sahara : mobiliser des ressources fiscales pour le développement, op. cit.*, p. 110. D'après cet auteur, dans les pays de la zone CEMAC, les codes des investissements sont apparus alors comme un instrument de compétition entre pays pour attirer les investissements, malheureusement, ces mesures sont difficiles à administrer et à contrôler.

[1580] En plus de cette loi, d'autres textes comportant des incitations existent affectant davantage le processus d'harmonisation douanière en zone CEMAC.

[1581] *Idem.*

[1582] HERVOUËT François, « Les relations entre ordre juridique communautaire et ordres juridiques nationaux », *in Le droit administratif : permanences et convergences*, Mélanges en l'honneur de Jean- François LACHAUME, Dalloz, 2007, pp. 649-665, cité par EVINA OBAM Richard, *La politique fiscale au Cameroun depuis les années 1980*, *op. cit.*, p. 235. Aussi, l'acceptation des transferts de souveraineté à l'échelon communautaire est faite à pas mesurés

Aussi, les exonérations douanières constituent un frein à l'harmonisation douanière qu'il faudra vite enrayer dans la perspective d'une mobilisation optimale des recettes.

Ces pratiques discriminatoires nuisent à la cohérence de la politique douanière communautaire et encouragent une concurrence fiscale dommageable et dangereuse entre les États membres[1583]. Il faut dire aussi que ce foisonnement désordonné des exonérations douanières au niveau de la CEMAC est facilité par l'absence ou l'insuffisance des mécanismes ou des institutions de surveillance au niveau régional capables de sanctionner les États coupables de manquement à la réglementation communautaire. Cette inertie par rapport aux distorsions constatées est très décriée[1584]. Tous ces éléments cumulés nous amènent à nous interroger sur la pertinence de recourir ou non à des règles juridiques pour résoudre la crise de l'harmonisation douanière qui s'inscrit dans la durée et qui n'a de cesse de s'amplifier.

Le renforcement de l'harmonisation douanière constitue un pan important des actions à mener pour pallier les dérives et les abus constatés. D'ailleurs, l'intégration des politiques fiscales conduisant à une neutralité fiscale est vivement sollicitée par Mamadou ALIOU BAH[1585]. Afin de retrouver une cohérence communautaire favorable à la mobilisation optimale des recettes et à une consolidation budgétaire, une orientation prioritaire devrait consister à renforcer l'encadrement communautaire des exonérations douanières considérées comme un élément prépondérant d'érosion de l'assiette fiscale douanière (chapitre I) tout en créant un cadre incitatif propice aux affaires en zone CEMAC dans un contexte de sous-développement et pour le moins créateur d'inégalités criantes (chapitre II).

---

en raison de la réticence et la prudence des États à se dessaisir d'un pouvoir régalien depuis longtemps resté un monopole des instances nationales.

1583 GEOURJEON Anne-Marie, (dir), *Intégration régionale pour le développement en zone franc, op.cit.*

1584 OUEDRAOGO Sylvain, *Les compétences nationales en matière fiscale et la communautarisation des règles dans l'espace ouest-africain,* Thèse de doctorat en droit, Université de Bordeaux, 2015, voir aussi, NIANE Abdoulaye, *Fiscalité et intégration économique, le cas du système fiscal sénégalais dans l'UEMOA, op.cit.*, p.121.

1585 BAH ALIOU Mamadou, *La fiscalité des pays de la Communauté économique des États de l'Afrique de l'Ouest (CEDEAO), face à la mondialisation,* Paris, L'Harmattan, 2021, p. 327.

# CHAPITRE I :

# LE RENFORCEMENT DE L'ENCADREMENT COMMUNAUTAIRE DES EXONÉRATIONS DOUANIÈRES

L'harmonisation douanière demeure limitée et entravée par des faiblesses juridiques, politiques et institutionnelles. Aussi, la supervision de la Commission de la CEMAC relative à la coordination de la fiscalité dérogatoire apparaît moins effective que celle de la commission de l'UEMOA ou de l'UE. Dans la zone CEMAC, l'on observe un relâchement dans la construction de l'intégration des États d'Afrique centrale au niveau de l'harmonisation douanière. Cette dernière est mise à mal par une concurrence fiscale exacerbée traduite par une prolifération des exonérations douanières. Aussi, la concurrence fiscale [1586]est une composante essentielle du paysage fiscal de l'espace CEMAC. En raison des politiques fiscales inappropriées, les États de l'espace CEMAC ont subi une baisse de leurs recettes budgétaires qui a accentué un déficit déjà important des finances publiques[1587].

Les États membres continuent à penser que la fiscalité est un instrument directement accessible aux gouvernements pour renforcer l'attractivité de leur territoire national et de ce fait, ceux-ci se sont montrés peu enclins à faire de la fiscalité une compétence de la CEMAC. Ce choix politique pour la concurrence fiscale a cependant un revers pour les États membres puisqu'il les contraint à adapter leurs systèmes douaniers afin de rendre leurs territoires plus attractifs pour les investisseurs[1588]. Cette concurrence a laissé des traces au regard de nombreux dysfonctionnements qui entourent l'utilisation du TEC et le non-respect des directives communautaires en matière d'application de la TVA[1589].

Ces pratiques discriminatoires étatiques sont des limites à la pénétration du droit communautaire dans les États membres de la CEMAC[1590]. L'on parle d'ailleurs d'une harmonisation douanière de « *jure* » plus que « *de facto* »[1591].

---

[1586] Pour mieux appréhender la notion de concurrence fiscale, lire BEGNI BAGAGNA, *L'harmonisation des politiques fiscales en zone CEMAC : esquisse de théorie du droit fiscal communautaire*, Thèse précitée.

[1587] BAH ALIOU Mamadou, *op. cit.*, p. 389.

[1588] AMSON Ariane, « Concurrence fiscale et réforme des systèmes fiscaux européens », Institut-Entreprise, 2017.

[1589] OPISSINA ONANGA Vianney, *Problématique de l'application de la TVA dans l'espace OHADA*, *op. cit.*, p. 197.

[1590] *Ibid.*, p. 207.

[1591] *Idem.*

Aussi, des exemples de cas de violation du droit douanier communautaire qui ont été relevés en matière de TEC et de TVA sont la preuve de l'avènement de régimes dérogatoires accentués. Les entorses à l'application des codes et règlements fiscalo-douaniers, les entraves tarifaires et non tarifaires au commerce intrarégional, l'observation insuffisante des règles d'origine et des dispositions communautaires sur la concurrence constituent des dérives dangereuses qui peuvent entraîner l'effondrement de tout l'édifice en construction[1592].

Face à ces multiples dérives préjudiciables à une mobilisation optimale des ressources douanières, une seule issue s'impose. Il s'agit de mieux encadrer l'utilisation des exonérations douanières à l'échelon communautaire. Le cadre régional s'avère dans ce domaine, être le plus efficace pour élaborer une stratégie propice à un approfondissement de l'harmonisation douanière. Aussi, l'harmonisation douanière sera tributaire du fonctionnement des institutions de la communauté, des acteurs chargés de les animer, et de la manière dont les normes adoptées par les instances communautaires sont mises en œuvre. D'après TCHOUYEP Dienedort, les insuffisances de l'harmonisation fiscale dans l'espace CEMAC sont dues à des obstacles juridiques et institutionnels[1593], voire l'infertilité des instruments d'intégration et les carences institutionnelles[1594]. Dans ce sillage, l'encadrement judicieux passe par des instruments juridiques de mise en œuvre efficace (section I) et des institutions de contrôle de compatibilité des aides de nature fiscale fortes (section II).

## SECTION I : LA CONSOLIDATION ET LA RÉNOVATION DU CADRE NORMATIF

Dans l'espace CEMAC, à en croire ENGONE Kénaelle Cyndie, les principales interrogations concernent l'effectivité d'un ordre juridique propre, constitué des règles précises et assorti de sanctions effectives[1595]. En effet, le déploiement de l'activité de la CEMAC se fait au travers d'un cadre juridique dont l'application n'est pas satisfaisante, car chaque pays qui en est membre a des particularités et préoccupations différentes en matière de développement. D'ailleurs, selon NIANE Abdoulaye, le système fiscal communautaire est en chantier, c'est un processus en construction[1596]. C'est pourquoi il présente certaines limites ponctuelles liées à des choix de

---

[1592] NOUMA MENYENGUE, *La communautarisation du droit fiscal en zone CEMAC : enjeux et perspectives*, Thèse, *op. cit.*, p. 295.

[1593] TCHOUYEP Dienedort, *L'harmonisation fiscale en zone CEMAC*, mémoire de master II en fiscalité appliquée, Université de Douala, 2010, p. 50.

[1594] *Idem.*

[1595] ENGONE Kénaelle Cyndie, *Les mécanismes d'incitations fiscales à l'investissement des entreprises étrangères en France et au Gabon*, thèse de doctorat précitée, p.123.

[1596] NIANE Abdoulaye, *op. cit.*, p. 91.

politiques fiscales étatiques en totale contradiction avec les aspirations communautaires[1597]. L'harmonisation douanière en zone CEMAC est de l'ordre de l'évidence, mais l'état des lieux a montré que la réalisation effective est encore une dynamique d'avenir. C'est une fiscalité de porte encore à la recherche de sa convergence[1598]. L'effectivité de la primauté du droit communautaire apparaît comme une réalité ignorée dans le paysage fiscal des États membres. L'on comprend pourquoi TCHOUYEP Dienedort parle de la relativité de l'harmonisation dans l'espace CEMAC[1599]. Les conditions d'application, d'opposabilité et d'irrévocabilité en droit interne des règles de droit communautaire sont non seulement floues, mais il existe des incompatibilités entre les dispositions des deux ordres juridiques[1600].

Pourtant, il est désormais affirmé que la CEMAC ne peut atteindre les objectifs à elle assignés que si son déploiement est fortement encadré par des instruments juridiques efficaces. En effet aux dires de certains auteurs, l'échec du régionalisme en Afrique a été souvent expliqué par l'absence d'un cadre juridique propice à porter son épanouissement[1601]. Face à l'ampleur des insuffisances dénotées dans les systèmes douaniers nationaux, notamment le développement spectaculaire des exonérations douanières, des efforts additionnels sont tout de même nécessaires pour assurer une mise en application réussie de l'harmonisation douanière au bénéfice d'une mobilisation efficace des recettes. Une réforme s'impose dans le sens de réaffirmer davantage la primauté ou la prééminence du droit douanier communautaire (paragraphe I) avec ses conséquences directes à savoir l'incompatibilité des aides publiques de nature fiscale (paragraphe II).

### Paragraphe I : La réaffirmation constante de la primauté du droit douanier communautaire sur le droit interne des États

La fiscalité douanière est depuis longtemps inspirée des dispositions communautaires de la période de l'UDEAC à celle de la CEMAC. Sa particularité est l'application d'un code de douane unique pour les membres de cette zone d'intégration et surtout l'adoption d'un tarif extérieur

[1597] *Idem.*

[1598] EVINA OBAM Richard, *La politique fiscale au Cameroun depuis les années 1980*, *op.cit.*, p. 235.

[1599] TCHOUYEP Dienedort, *op. cit.*, p. 48, dans la suite, l'auteur relève de nombreuses pesanteurs institutionnelles, conjoncturelles et socioanthropologiques qui entravent l'effectivité de l'harmonisation fiscale en zone CEMAC ;

[1600] ENGONE Kénaelle Cyndie, *Les mécanismes d'incitations fiscales à l'investissement des entreprises étrangères en France et au Gabon*, thèse précitée, p.123.

[1601] NGNIMPIEBA TONNANG Édouard, *L'ordre juridique communautaire de la CEMAC*, *op. cit.*, p. 35.

commun[1602]. Cette volonté de mettre ensemble des dispositifs douaniers participe à l'érosion par le haut du libre exercice de la compétence fiscale de l'État[1603]. En effet, en vertu du principe de la primauté du droit communautaire sur le droit interne[1604], ces dispositions douanières communes matérialisent l'engagement des États à renoncer au libre exercice de leur compétence fiscale et douanière. Aussi, les contraintes juridiques doivent être suffisamment pesantes pour obliger à une véritable novation du pilotage des politiques fiscales en zone CEMAC. La politique fiscale ne saurait se déployer en dehors du cadre tracé par les engagements communautaires. L'ancrage communautaire permet un transfert des compétences du niveau national au niveau communautaire afin d'adopter et de mettre en œuvre des textes ayant force juridique contraignante.

Mais le constat a été celui de la survivance des souverainetés fiscales des États membres[1605]. Les disparités entre les législations fiscales et douanières sont criantes. Le renforcement normatif ici revient à circonscrire la prolifération des exonérations douanières en cours en zone CEMAC. Une nouvelle dynamique doit être enclenchée afin de raffermir l'élan communautaire. L'approche fiscale et douanière au niveau régional doit être rénovée afin d'éviter tout potentiel conflit entre les organes de l'Union et les différents États. La législation communautaire mérite d'être adaptée à ce contexte de fortes incitations à l'investissement afin de répondre aux attentes des pères fondateurs du mouvement intégrateur dans l'espace CEMAC. Mais il faut dire que l'essentiel tourne autour du caractère contraignant de la législation communautaire. L'élimination de toutes les entraves va permettre la mise en œuvre du droit communautaire qui se veut d'application homogène et uniforme. Aussi, le caractère contraignant doit être réaffirmé avec insistance auprès des États membres (A) induisant une application immédiate, directe et homogène des textes douaniers communautaires (B).

### A- La consolidation du caractère contraignant du droit douanier communautaire dans l'espace CEMAC

La mise en œuvre du droit fiscal communautaire se heurte à diverses entraves qui menacent son affermissement. Ces obstacles sont d'abord liés à

---

1602 EVINA OBAM Richard, *La politique fiscale au Cameroun depuis les années 1980*, *op. cit.*, p. 235.

1603 *Idem.*

1604 Lire MBOGNE CHEDJOU Gabriel Cédric, *La transposition dans l'ordre juridique national des directives CEMAC : une analyse sous le prisme de la pratique européenne*, mémoire de master en relations internationales, option intégration régionale et management des institutions communautaires, 2012, 108 pages

1605 À ce sujet, lire LOGMO MBELEK Aaron, « La souveraineté fiscale des États africains au sud du Sahara (face aux enjeux du développement), l'exemple du Cameroun, *Cahiers africains d'administration publique*, *op. cit.*

l'existence des États eux-mêmes qui développent des théories protectionnistes, et manifestent peu d'engagements à exécuter leurs obligations communautaires[1606]. L'inexécution des obligations communautaires traduit un repli des États sur eux-mêmes[1607]. Ce constat s'est vérifié sur le terrain du droit douanier communautaire où les États se donnent assez de liberté dans la conduite des politiques fiscales nationales. Pour preuve, le Cameroun s'est empressé de signer les accords d'étape ACP-UE en dehors du cadre communautaire. En outre, la coordination tarifaire est limitée et demeure inachevée, compromise par des initiatives nationales qui octroient de multiples avantages douaniers[1608]. La différence de définition du champ des exonérations de TVA d'un État à l'autre de la région persiste et contribue à réduire l'efficacité du dispositif communautaire[1609].

Aussi, la mise en œuvre du droit fiscal communautaire pose un problème aux États membres de la CEMAC qui éprouvent des difficultés à abandonner leurs prérogatives fiscales au profit d'un ordre fiscal supranational. Cette mise en œuvre est confrontée à des contraintes de divers ordres notamment : les contraintes politiques au niveau des États, financières, institutionnelles et celles en matière de communication[1610]. Dans la perspective d'une harmonisation douanière viable, le choix normatif au contenu solide doit viser à réaffirmer la prégnance du droit communautaire dans son fondement (1) et dans sa portée (2).

### 1. Le raffermissement de la prégnance du droit douanier communautaire sur le droit interne

Dans l'espace CEMAC, pour contrecarrer les velléités souverainistes des États membres symbolisées par la persistance de disharmonies, il est désormais important de réaffirmer avec force la prégnance du droit communautaire sur le droit interne des États membres[1611]. D'ailleurs, les faits nous donnent raison. La prometteuse primauté aura une existence duale en Afrique centrale, écartelée qu'elle est, entre une vie pleine et sans équivoque à sa rencontre avec le droit ordinaire national et une autre beaucoup plus

---

1606 NOUMA MENYENGUE, *Communautarisation du droit fiscal en zone CEMAC : enjeux et perspective, op. cit.*, p. 548.
1607 *Idem.*
1608 Lire MANSOUR Mario, ROTA-GRAZIOSI Grégoire, « Coordination fiscale dans l'Union Économique et Monétaire Ouest Africaine (UEMOA), », *Revue d'économie du développement*, 2012/3 (Vol. 20), pages 9 à34.
1609 *Idem.*
1610 NOUMA MENYENGUE, *op. cit.*, p. 548.
1611 Pour plus de détails, lire NGAH Achille Magloire, « L'épineuse question de la place du droit communautaire au sein de la hiérarchie des normes internes : un droit hors hiérarchie ? Réflexion à la lumière des systèmes constitutionnels des États d'Afrique Francophone », *European Scientific Journal* Vol. 15 N° 11, avril 2019.

controversée, dans ses relations avec les constitutions nationales[1612]. Aussi, d'après Lazare KAMENI, la question de la suprématie de la norme communautaire permet de révéler que lorsqu'un État accepte de devenir membre d'une organisation communautaire, c'est qu'il accepte par ce fait même que les dispositions d'ordre communautaire soient supérieures à celles de sa législation interne[1613]. Aussi, le droit communautaire postule le *monisme* et en impose le respect par les États membres[1614]. Si ces États sont libres de conserver leur conception dualiste au regard du droit international, celle-ci est écartée des relations communautaires entre les États membres[1615].

Le principe de la primauté du droit communautaire d'après NOUMA MENYENGUE a connu des fortunes diverses dans la plupart des législations européennes. Bien qu'il ait été consacré par la Cour de justice européenne, il a eu du mal à s'imposer en droit interne et à constituer un principe général indiscuté, applicable par les juges nationaux[1616]. En Europe, les dispositions du droit communautaire sont nettement plus précises et contraignantes[1617]. Elles fixent le cadre à l'intérieur duquel doivent se définir les politiques fiscales des États membres de l'Union européenne[1618]. Aussi, selon Louis CARTOU, le système communautaire est doté d'une efficacité particulière, comparable à celle du droit interne d'un État[1619]. Cette efficacité repose d'abord sur le principe, développé par la jurisprudence, de la primauté du droit communautaire[1620]. Elle est d'ailleurs une condition existentielle du droit communautaire[1621]. C'est grâce à ce principe de primauté que la normativité du droit communautaire prend tout son sens. Étant entendu que la primauté reflète la spécificité de l'ordre juridique communautaire ainsi que la nécessité de garantir son autonomie, son autorité et son efficacité par rapport au droit interne des États membres[1622].

---

1612 GNIMPIEBA TONNANG Édouard, *L'ordre juridique communautaire de la CEMAC*, *op.cit.*, p. 103.

1613 KAMENI N. Lazare, *Droit OHADA et droit constitutionnel des États-parties : contribution à l'analyse sous le prisme de la pratique camerounaise*, Thèse précitée, *op. cit.*, p. 30.

1614 ISAAC Guy, *Droit communautaire général*, 7e édition, p. 167.

1615 FIPA NGUEPJO Jacques, *Le rôle des juridictions supranationales de la CEMAC et de l'OHADA dans l'intégration des droits communautaires par les États membres*, thèse de doctorat en droit, Université Panthéon-Assas, 2011, p. 38.

1616 NOUMA MENYENGUE, *op. cit.*, p. 321.

1617 CASTAGNEDE Bernard, *La politique fiscale*, *op. cit.*, p. 42.

1618 *Idem.*

1619 CARTOU Louis, *L'Union européenne, Traité de Paris-Rome-Maastricht*, 2e édition Paris, DALLOZ, p. 141.

1620 *Idem.*

1621 PESCATORE Pierre cité par NGAH Achille-Magloire, *op. cit.*, p. 196. Voir aussi, Pr. SOMA Abdoulaye, « Les caractères généraux du droit communautaire », *Revue CAMES/SJP*, n°001/2017, p. 1-10.

1622 NGAH Achille-Magloire, *op. cit.*, p. 196.

Le législateur CEMAC n'est pas resté en retrait des grandes avancées qui ont marqué la construction du droit communautaire européen. En inscrivant le principe de primauté du droit fiscal dans l'article 44 du Traité CEMAC du 30 janvier 2009, il a résolument opté pour sa suprématie sur les lois internes et pour son caractère supranational[1623]. Aussi, le principe de primauté du droit communautaire trouve son fondement dans l'article 44 du Traité révisé de la CEMAC qui dispose que « sous réserve de l'article 43, les actes adoptés par les instances, organes et institutions spécialisées de la communauté pour la réalisation du présent Traité sont appliqués dans chaque État membre nonobstant toute législation nationale, contraire ou postérieure »[1624].

Ce principe à l'origine est d'essence jurisprudentielle. En effet, il a été consacré par l'arrêt COSTA ENEL en 1964. La réaffirmation et la portée ont été étendues par plusieurs arrêts dont l'arrêt ACCLAIRE SAN Michel [1625]en 1967, VARIOL[1626] en 1973 et l'arrêt SIMENTHAL[1627] en 1978. L'apport de la jurisprudence de la Cour de justice est primordial dans la construction du droit fiscal communautaire. Il en ressort que la primauté du droit fiscal communautaire s'impose sur toutes les normes nationales et devient ainsi une « condition essentielle » du droit communautaire qui ne peut exister en tant que droit qu'à la condition de ne pas pouvoir être mis en échec par le droit des États membres.

Au vu de ce qui précède, la primauté signifie que le droit communautaire jouit d'une prévalence absolue sur le droit interne des États de la communauté. Elle couvre toutes les normes du droit communautaire et implique que celles-ci soient supérieures à toutes les normes de droit interne. En conséquence, les effets du droit communautaire s'imposent à toutes les autorités des États membres, y compris celles juridictionnelles[1628]. Preuve que ce principe a une portée générale.

### 2. La réaffirmation de la portée générale de la primauté du droit communautaire

L'approche rénovée de l'harmonisation douanière en zone CEMAC doit également consister à réaffirmer le caractère général de la primauté du droit communautaire. Aucun État membre ne saurait se soustraire pour une

---

1623 NOUMA MENYENGUE, *op. cit.*, p. 322.

1624 Article 44 du Traité révisé CEMAC.

1625 Le principe de primauté constitue au regard de l'ordonnance rendue en 1967, un élément de l'ordre public communautaire.

1626 La CJCE a parachevé sa construction dans cet arrêt en affirmant « le principe fondamental de l'ordre juridique communautaire ».

1627 Selon l'arrêt SIMENTHAL le droit communautaire « fait partie intégrante, avec rang de priorité, de l'ordre juridique applicable sur le territoire de chacun des États membres ».

1628 NOUMA MENYENGUE, *La communautarisation du droit fiscal en zone CEMAC, enjeux et perspectives, op. cit.*, p. 325.

quelconque raison. En effet, la primauté du droit fiscal est absolue. Aussi, tous les actes communautaires ayant une force obligatoire en bénéficient, qu'ils soient du droit primaire ou du droit dérivé[1629]. La primauté du droit fiscal communautaire sur le droit national est ainsi générale et absolue. C'est dire que l'ensemble des sources du droit communautaire [1630]bénéficie de cette qualité, qu'il s'agisse du droit originaire ou dérivé, mais aussi des engagements internationaux liant la communauté ou encore les principes généraux de droit[1631]. Cela signifie également que la primauté du droit communautaire vaut aussi bien pour les normes d'effet direct que pour celles qui en sont dépourvues[1632].

La primauté du droit communautaire est ensuite absolue parce qu'elle vaut à l'égard de l'ensemble du droit national. Peu importe qu'un acte national soit imputable au gouvernement, à une collectivité locale, au législateur ou au constituant communautaire. Le principe de primauté suppose que le droit communautaire ne saurait se voir opposé un texte interne quel qu'il soit sans perdre son caractère communautaire et sans que soit mise en cause la base juridique de la communauté elle-même. Il est supérieur aux lois nationales, et son application, qui a été bien encadrée par le législateur CEMAC, ne saurait être soumise ni au bon savoir des États ni à leur volonté[1633]. Cette prééminence est inconditionnelle dans la mesure où le droit communautaire ne tire pas sa suprématie d'une quelconque concession de la part des États, mais se fonde sur sa nature propre[1634].

La primauté assure donc à la norme communautaire une force de pénétration irrésistible et une efficacité complète une fois insérée dans les ordres internes. Cette pénétration à l'absolu de la norme communautaire par irradiation dans l'ordre étatique est la preuve singulière de ce que le droit issu des sources communautaires n'est pas un droit externe, encore moins un droit étranger, mais surtout et davantage le droit propre de chacun des États membres applicable à l'intérieur de son territoire au même titre que son droit national, mais avec cette qualité supplémentaire qu'elle couronne la hiérarchie des textes normatifs de chacun d'eux, à l'exception peut-être de la norme constitutionnelle[1635].

---

[1629] COMMUNIER Jean-Michel, *Droit fiscal communautaire, op. cit.*

[1630] Parlant des sources du droit communautaire, lire GNIMPIEBA TONNANG Édouard, *L'ordre juridique communautaire de la CEMAC, op.cit*, ISAAC Guy, *Droit communautaire général*, 7e édition, *op. cit*, CARTOU Louis, *L'Union européenne, Traité de Paris-Rome-Maastricht*, 2e édition, *op. cit.*

[1631] NOUMA MENYENGUE, op. cit., p. 326.

[1632] *Idem.*

[1633] *Ibid.* p. 327.

[1634] FIPA NGUEPJO Jacques, *op.cit.*, p. 39.

[1635] GNIMPIEBA TONNANG Édouard, *L'ordre juridique communautaire de la CEMAC, op.cit.*, p. 103.

La primauté de l'ordre juridique communautaire sur les ordres juridiques nationaux emporte une conséquence juridique considérable en ce sens qu' « *en cas de conflit de lois, la disposition nationale contraire à la disposition communautaire cesse d'être applicable et qu'aucune autre disposition nationale ne peut être introduite si elle n'est pas conforme à la législation communautaire* »[1636]. La primauté apparaît comme une norme d'habilitation à l'adresse des juges et des législateurs nationaux et induit en ce sens deux obligations essentielles à l'égard des États membres à savoir l'obligation de mise en conformité des lois nationales au droit communautaire et l'obligation d'invalidation des lois nationales contraires[1637]. Ainsi, en aucun cas et en aucune circonstance, la loi nationale ordinaire ne saurait contrarier la norme communautaire qui lui est supérieure. C'est dans ce sens que le contrôle de conventionnalité des lois révèle toute son importance puisqu'il vise à empêcher l'entrée en vigueur de toutes les lois contraires au droit communautaire, les lois qui courent le risque d'être génétiquement victimes d'invalidité[1638].

L'approfondissement de l'harmonisation douanière en zone CEMAC passe par un renforcement de la contrainte juridique pesant sur les États membres dans la conduite des politiques fiscales. Ces États doivent reconnaître la primauté du droit communautaire sur le droit interne des États et par conséquent éviter ainsi de se mettre en porte-à-faux avec les textes communautaires. D'ailleurs, au regard des agissements des États, certains auteurs ont parlé d'une primauté tumultueuse[1639]. En effet, malgré la consécration communautaire de ce principe et renforcée par la jurisprudence, la législation communautaire fait face à des assauts répétés des États violant impunément ce principe[1640]. Aussi, une communautarisation des règles douanières perfectible passe par la reconnaissance de la primauté des règles communautaires au niveau de chaque État membre. Cette reconnaissance facilitera ainsi une application uniforme, homogène de la législation douanière communautaire, gage de la réussite du mouvement intégrateur et d'une mobilisation optimale des ressources douanières.

---

1636 BORCHARDT Klaus-Dieter, repris par GNIMPIEBA TONNANG Édouard, *op. cit.*, p. 109.

1637 GNIMPIEBA TONNANG Édouard, *op. cit.*

1638 FRISSON-ROCHE Marie-Anne et DRAGO Roland, *Mystères et mirages des dualités des ordres de juridictions*, *Archives philosophiques du droit*, RTDE, Tome 41, 1997, p. 135.

1639 NGNIMPIEBA TONNANG Édouard, *op. cit.*, p. 113.

1640 Lire NGUEPDJOP TOUKAM Vincent, *L'application du droit douanier en zone CEMAC*, Thèse de doctorat ph. D en droit public, Université de Douala, 2020.

### B- Le plaidoyer pour une application homogène et uniforme des règles douanières communautaires surtout en matière des droits et taxes d'entrée

L'état des lieux en matière d'application des textes douaniers communautaires a révélé de nombreuses dissonances qui constituent un frein à la logique d'harmonisation[1641]. En effet, des divergences persistent en raison des intérêts nationaux qui tardent à s'effacer au profit d'une politique fiscale, définitivement communautaire[1642]. Une application rigoureuse de la réglementation douanière communautaire reste un idéal à atteindre dans l'espace CEMAC. L'on peut ainsi constater la subsistance des pratiques contraires aux normes communautaires en matière de TVA[1643], une application non uniforme du TEC et des règles d'évaluation [1644]et un usage pléthorique des régimes dérogatoires. L'objectif d'une exacte application des droits et taxes à l'entrée est loin d'être atteint. Le TEC par exemple n'est pas transcrit à la lettre dans les systèmes informatiques douaniers des différents pays membres[1645].

De nombreuses distorsions créées par les exonérations douanières facilitent des applications différenciées des droits et taxes à l'entrée. Une législation douanière disparate a cours dans les différents États membres de la zone CEMAC. NGUEPDJOP TOUKAM fait d'ailleurs remarquer qu'au Cameroun, depuis plus de quinze ans, les différentes lois de finances adoptées ne cessent de s'enrichir des dispositions de plus en plus nombreuses en matière douanière aussi bien en ce qui concerne les règles processuelles que substantielles[1646]. Pareil constat est dressé en ce qui concerne l'application des règles relatives à la TVA. L'absence d'uniformité dans l'application des règles communautaires est criante en raison de la prise en compte des réalités du contexte et des pratiques des différentes administrations[1647]. Le législateur communautaire est constamment concurrencé par le législateur national aboutissant ainsi à une mise en œuvre dévoyée des règles communautaires. Cette pratique est de nature à mettre en péril la dynamique d'harmonisation douanière en cours dans l'espace CEMAC d'où la nécessité d'une impulsion nouvelle et décisive à la dynamique communautaire.

---

1641 EVINA OBAM Richard, *La politique fiscale au Cameroun depuis les années 1980*, *op.cit.*, p. 237.

1642 *Idem.*

1643 MEYONG ABATH Roger Athanase, *L'harmonisation fiscale et douanière en zone CEMAC*, *op. cit.*

1644 *Idem.*

1645 ONANGA OPISSINA Vianney, *Problématique d'application de la TVA dans l'espace OHADA*, *op.cit.*, p. 196.

1646 NGUEPDJOP TOUKAM Vincent, *L'application du droit douanier en zone CEMAC : cas du Cameroun*, *op.cit.*, p. 110.

1647 *Ibid.* p. 267.

En effet, la réussite du processus d'harmonisation dépend essentiellement de la réception des règles communes dans les ordres juridiques internes[1648]. D'après Louis CARTOU, l'efficacité du droit communautaire résulte non seulement de sa primauté, mais d'autre part des conditions générales de son application[1649]. Dans ce sillage, le droit fiscal communautaire, droit autonome, s'intègre dans l'ordre juridique interne des États membres de la CEMAC. Cette intégration a pour conséquence son applicabilité immédiate et directe et sa primauté sur le droit national[1650]. Ces principes, qui permettent l'application uniforme du droit fiscal communautaire dans tous les États membres participent du même mouvement jurisprudentiel construit par la Cour de justice de l'Union européenne, et constituent les fondements de la communautarisation du droit fiscal[1651].

Une harmonisation douanière postule une application homogène et uniforme de la réglementation douanière communautaire. La primauté serait, en effet, dépourvue d'effectivité s'il n'était pas reconnu une garantie selon laquelle le droit fiscal communautaire serait d'application immédiate et directe. Ainsi, aux termes des dispositions de la CEMAC, les États membres apportent leurs concours à la réalisation des objectifs de la communauté en adoptant toutes mesures générales ou particulières, propres à assurer l'exécution des obligations découlant du présent traité. À cet effet, ils s'abstiennent de prendre toute mesure susceptible de faire obstacle à l'application du présent traité et des actes pris pour son application[1652].

Bien plus, aux termes des dispositions du traité révisé instituant l'UDEAC, les États membres adoptent, appliquent et maintiennent une législation et une réglementation douanières communes en ce qui concerne les droits et les taxes à l'importation[1653]. Cette législation et cette réglementation communes sont essentiellement constituées par le Code des douanes et ses textes d'application, le tarif, la nomenclature douanière et statistique, les autres textes et règlements douaniers rendus nécessaires pour une exacte application des droits et taxes d'entrée[1654]. Ces différents textes doivent recevoir une application homogène et identique par les États membres dans l'espace CEMAC. Une attitude contraire des États membres aurait des conséquences

---

[1648] TCHUINTE Joël, *L'application effective du droit communautaire en Afrique Centrale*, Thèse de doctorat en droit public, Cergy-Pontoise, Val d'Oise, 2011.
[1649] CARTOU Louis, *op. cit.*, p. 143.
[1650] NOUMA MENYENGUE, *op. cit.*, p. 299.
[1651] *Idem.*
[1652] Article 4 du Traité révisé de la Communauté économique et monétaire de l'Afrique centrale (CEMAC), Traité du 16 mars 1994, révisé le 25 juin 2008.
[1653] Article 29 du traité révisé UDEAC suivant modification de l'Acte n°2/91-UDEAC-556-CE-27 du 6 décembre 1991 à Libreville.
[1654] Article 29 traité révisé UDEAC suivant modifications de l'Acte n° 2/91-UDEAC-556-CE-27 du 6 décembre 1991 à Libreville.

désastreuses sur le pilotage du processus d'harmonisation douanière et partant une désintégration de la sous-région.

La nouvelle approche de l'harmonisation douanière recherchée invite à aller au-delà de la simple proclamation des textes pour véritablement s'ancrer dans une philosophie d'application homogène et uniforme des droits et taxes d'entrée. L'application exacte et immédiate des droits et taxes d'entrée dans les différents ordres de juridiction est une condition nécessaire à la réussite de l'harmonisation douanière. Aussi, l'application n'est pas seulement uniforme et homogène, elle doit aussi être immédiate et directe, entendue comme le fait pour le droit de créer directement des droits et des obligations au profit ou à la charge des justiciables qui peuvent l'invoquer à l'appui d'un recours devant le juge national[1655]. Cette application concerne l'ensemble des actes [1656]concourant à la mise en œuvre du droit douanier communautaire. En clair, l'application directe et immédiate concerne aussi bien le droit primaire que le droit dérivé, mais à des degrés divers[1657].

Aussi, l'applicabilité immédiate du droit dérivé [1658]trouve son fondement dans les articles 41 et 43 du Traité révisé CEMAC du 30 janvier 2009. Il ressort de l'analyse combinée de ces articles que :

- les actes additionnels sont adoptés en tant que de besoin par la conférence des Chefs d'État et de gouvernement. Annexés au traité, ils complètent celui-ci sans le modifier. Leur respect s'impose aux organes et aux institutions spécialisées de la Communauté ainsi qu'aux autorités des États membres ;
- les règlements sont obligatoires dans tous leurs éléments et directement applicables dans tout État membre. Les règlements-cadres ne sont directement applicables que pour certains de leurs éléments ;
- les directives lient tout État membre destinataire quant au résultat à atteindre tout en laissant aux instances nationales leur compétence en ce qui concerne la forme et les moyens ;
- les décisions sont obligatoires dans tous leurs éléments pour les destinataires qu'elles désignent.

---

1655 NOUMA MENYENGUE, *La communautarisation du droit fiscal en zone CEMAC : enjeux et perspectives*, *op. cit.*, p. 302.

1656 Pour plus d'éclairages, lire KENFACK Jean, *Les actes juridiques des communautés et organisations internationales d'intégration en Afrique centrale et orientale*, Thèse, 2003.

1657 Lire aussi, BEGNI BAGAGNA, *L'harmonisation des politiques fiscales en zone CEMAC : esquisse de théorie du droit fiscal communautaire*, *op.cit.*, p. 278 et suivants.

1658 D'après FIPO NGUEPJO Jacques, les règlements, les règlements-cadres, les décisions, les directives, les accords externes bénéficient, comme l'ensemble du droit communautaire de l'applicabilité immédiate dans les États membres par le seul effet de leur publication au journal officiel de la communauté. Le droit dérivé n'échappe pas au principe d'application immédiate, celui-ci se déduisant de la réception globale du traité et de ses additifs.

De ce qui précède, la législation douanière communautaire est constituée en grande partie des actes additionnels et des règlements[1659]. Cette architecture juridique induit une application directe, obligatoire et homogène, gage d'une consolidation de l'union douanière. Cette application uniforme des règles de taxation douanière est un combat permanent, avec ses avancées et ses déceptions, qui méritent d'être vaincues. Ce combat doit se traduire par une saine transcription du tarif dans les systèmes informatiques douaniers des États membres et une généralisation dans l'application de la TVA. Les disparités fiscales et douanières en cours dans l'espace CEMAC prouvent à suffisance que les États membres ont étroitement surveillé leurs intérêts au détriment de l'harmonisation fiscale et douanière. Le contexte de sous-développement aidant à la subsistance d'une large hétérogénéité normative. Ainsi, la prolifération des exonérations douanières et le rétrécissement de l'assiette fiscale qui s'en est suivi ont engendré des pertes considérables de recettes fiscales et douanières.

L'ambition est de mettre en place une fiscalité douanière optimale. Celle-ci passe par une application exacte, homogène et uniforme des règles communes relatives aux droits et taxes d'entrée. Au-delà des dispositions de droit primaire et du droit communautaire dérivé qui laissent transparaître une conception déclaratoire, textuelle, légaliste, formaliste[1660], il s'agit désormais pour les États membres de s'impliquer davantage dans un raffermissement de l'élan communautaire. Il faut ainsi passer de la phase réceptive des dispositions communautaires à une phase active d'application directe, homogène et conforme. Une transposition fidèle des dispositions communautaires dans l'ordre juridique national est également à l'ordre du jour.

Les retombées positives attendues de cette application conforme et homogène sont nombreuses. L'on pourra citer entre autres, une mobilisation optimale des ressources fiscales. Cette mobilisation optimale permettra aux différents États membres de satisfaire les critères de convergence de politique macroéconomique[1661]. Bien plus, la cohérence des politiques fiscales aura un

---

[1659] Pour plus de détails, lire ISAAC Guy, *Droit communautaire général*, 7e édition, Paris, ARMAND COLIN, 1999, CARTOU Louis, *L'Union européenne, Traités de Paris-ROME-Maastricht*, 2e édition, DALLOZ, 1996.

[1660] NIANE Abdoulaye, *op. cit.*

[1661] La convergence des politiques macroéconomiques s'appuie sur un dispositif de surveillance multilatérale comprenant les critères de premier rang et de second rang. Le premier critère du premier rang exige que le ratio (par rapport au PIB) du solde budgétaire de base, défini comme la différence entre les recettes totales (hors dons) et les dépenses courantes ainsi que les dépenses d'investissements publics financés sur ressources internes, soit positif ou nul. Le deuxième concerne le taux d'endettement qui ne doit pas excéder 70 % du PIB et le troisième vise la non-accumulation d'arriérés de paiement, intérieurs et extérieurs. La quatrième concerne le taux d'inflation qui ne doit pas dépasser 3 % par an. Les critères de seconds rangs sont également au nombre de quatre, à savoir: des salaires et traitements de la fonction publique

effet bénéfique dans la mise en œuvre des stratégies nationales de développement en parfait accord avec les instances communautaires. En outre, l'application uniforme vise à satisfaire un objectif communautaire à savoir renforcer l'efficacité et la compétitivité des activités économiques et financières des États membres de la CEMAC dans le cadre d'un marché ouvert et concurrentiel. En tout état de cause, à travers l'application homogène et uniforme, le droit communautaire pourra se targuer d'être un ordre fiscal autonome, un ordre juridique propre, intégré au système juridique des États membres[1662]. Les initiatives communautaires (règlements et directives en matière de fiscalité douanière) doivent donc être soutenues et appliquées par les autorités nationales[1663]. Le combat pour l'application uniforme doit devenir une réalité surtout sur le terrain des aides publiques de nature fiscale. D'ailleurs, comme le réaffirme Éric Romuald LIPOP, une fiscalité communautaire effective est une exigence pour un développement économique global[1664]. D'où l'idée d'interdire ou supprimer les aides non compatibles dans les législations nationales.

### Paragraphe II : La réaffirmation itérative de l'interdiction des aides publiques de nature fiscale : pour une approche plus mesurée des politiques de dépenses fiscales

Il ne fait aucun doute que l'encadrement normatif des politiques fiscales des États membres dans l'espace CEMAC connaît un certain nombre de lacunes. L'on a pu observer pour le déplorer la persistance des pratiques fiscales interdites dans l'espace CEMAC. Ces pratiques concernent notamment les aides publiques de nature fiscale qui sont très présentes dans la mise en œuvre des politiques fiscales nationales. En effet, à en croire Abdoulaye NIANE, l'harmonisation nécessite une volonté ferme d'enlever tout dysfonctionnement à l'intégration causé par des règles fiscales disparates[1665]. Les réticences à imposer des règles harmonisées sont dues pour une large part à une tradition d'interventionnisme économique [1666]qui entraîne

inférieurs ou égaux à 35% des recettes fiscales, des dépenses en capital sur financement interne supérieures ou égales à 20 % des mêmes recettes, des recettes fiscales exprimées en pourcentage du PIB nominal supérieur ou égal à 17 % et enfin un solde de la balance courante de paiements (hors dons) en pourcentage du même PIB supérieur ou égal à – 5 %.

1662 ISAAC Guy et BLANQUET Marc, *Droit communautaire général,* Paris, Armand Colin, p. 183.

1663 MEDE Nicaise, TONI Errol (dir), *op. cit.*, p. 72.

1664 LIPOP Éric-Romuald, *Vers un droit fiscal de développement de l'Afrique : analyse sous le prisme de la fiscalité camerounaise à partir de l'espace OHADA*, *op. cit.*, p. 179.

1665 NIANE Abdoulaye, *Fiscalité et intégration économique*, *op. cit.*, p. 119.

1666 Pour plus d'éclairages, lire NJEHI Amel, *L'interventionnisme économique public, étude de droit comparé franco-tunisien*, thèse de doctorat, Lyon 2, 2018.

des distorsions prononcées[1667]. Aussi, en principe, les dispositions du droit communautaire relatives aux aides fiscales d'État font ainsi obstacle à la conduite des politiques fiscales nationales au moyen des dépenses fiscales, c'est-à-dire de dérogations à la norme fiscale commune assurant un avantage financier aux opérateurs économiques[1668].

Au-delà des objectifs de développement socioéconomique derrière les aides d'État de nature fiscale, celles-ci semblent avoir servi de prétexte aux États membres pour violer impunément la réglementation sur la concurrence. Ainsi, l'important règlement communautaire consacré aux pratiques étatiques restrictives de concurrence[1669] est souvent ignoré par les États dans le cadre de leurs politiques publiques respectives. Une amélioration semble, en effet, impérative dans ce domaine au regard des failles et des faiblesses précédemment analysées. L'approche rénovée de l'harmonisation douanière en zone CEMAC milite pour une approche plus modérée des dépenses fiscales et invite à réaffirmer davantage le principe de l'interdiction des aides publiques de nature fiscale (A) tout en admettant des exceptions bien encadrées (B).

### A- La réaffirmation du principe de l'interdiction des aides publiques de nature fiscale

Les règles douanières se sont développées dans le cadre de la construction communautaire en Afrique centrale. En effet, le développement d'une union douanière en Afrique centrale va conduire les États membres à s'inscrire progressivement dans une discipline douanière communautaire destinée à garantir la cohérence et la solidité de l'union[1670]. Aussi, une pratique douanière discriminatoire d'un État membre peut entraîner de nombreuses conséquences négatives au niveau régional[1671]. Ainsi, il est temps de réaffirmer davantage les sujétions douanières communautaires ayant pour but de contraindre les gouvernements dans la mise en œuvre de leur politique douanière. Parmi ces sujétions, figure en bonne place l'interdiction des aides publiques de nature fiscale. C'est d'ailleurs dans ce sillage que faisait remarquer Bernard CASTAGNÈDE, le principal obstacle dressé par le droit communautaire à la libre utilisation de l'instrument fiscal à des fins de politique économique est cependant constitué par l'interdiction des aides d'État de nature fiscale,

[1667] *Idem.*
[1668] CASTAGNEDE Bernard, *La politique fiscale*, *op. cit.*, p. 47.
[1669] Règlement n° 06/19-UEAC-639-CM-33 relatif à la concurrence.
[1670] Lire CYRIL LAURENT, *L'encadrement normatif des politiques budgétaires sous la Vème République*, thèse de doctorat droit public, *op.cit.*, surtout dans son volet communautaire.
[1671] La politique communautaire de la concurrence est animée par une volonté commune des États membres d'établir des normes propices à un environnement économique et juridique dans lequel une concurrence saine et équitable peut s'instaurer.

[1672]dont les exonérations douanières prévues dans le règlement relatif à la concurrence. Il est donc intéressant de s'attarder sur la notion d'aide publique de nature fiscale (1) et surtout sur la signification de son incompatibilité avec le marché commun (2).

### 1. La clarification de la notion d'aide publique de nature fiscale

L'octroi d'aides publiques sous la forme de dispositifs fiscaux peut induire des enjeux considérables[1673]. Aussi, la notion d'aide publique de nature fiscale doit être clairement définie afin d'éviter toute confusion dans le paysage fiscal des États membres. En effet, c'est une notion confuse et complexe qui repose sur une pluralité de critères. Elle doit être appréhendée au contact d'une littérature internationale abondante et maîtrisée. Elle le sera également grâce au droit communautaire CEMAC, de l'Union européenne (UE) et de la jurisprudence des différentes Cours de justice des communautés.

En droit communautaire européen, les aides d'État trouvent leur fondement dans les articles 87 à 89 du Traité de Rome. Aux termes des dispositions de l'article 87 en effet, sont réputés « *incompatibles avec le marché commun, dans la mesure où elles affectent les échanges entre États membres, les aides accordées par les États ou au moyen de ressources d'État sous quelque forme que ce soit qui faussent ou qui menacent de fausser la concurrence en favorisant certaines entreprises ou certaines productions* ». Une partie de la doctrine s'accorde pour reconnaître que la définition des aides d'États ci-dessus reste extrêmement imprécise. Elle se rapporte davantage aux conséquences de la mesure étatique qu'à ses techniques ou ses formes[1674]. Certes, Jean Yves Cherot [1675]estime qu' « il serait vain tant l'imagination des États est grande en cette matière de prétendre donner une liste exhaustive des différentes formes entrant dans le champ d'application de l'article 87 ».

En droit communautaire CEMAC, la notion d'aide d'État n'a pas reçu de définition précise. La convention UEAC qui en est le fondement institue de façon laconique : « L'interdiction des aides publiques susceptibles de fausser la concurrence en favorisant certaines entreprises ou certaines productions »[1676]. Le règlement relatif à la concurrence intègre les aides publiques accordées aux entreprises par les États membres dans les pratiques

---

[1672] CASTAGNEDE Bernard, *La politique fiscale*, *op. cit.*, p. 46.
[1673] Il est essentiel de définir avec précision la notion d'aide d'État sous forme fiscale et de circonscrire très exactement le champ de la prohibition des aides d'État sous forme fiscale qui n'ont pas fait l'objet d'une autorisation préalable.
[1674] MAITROT DE LA MOTTE Alexandre, *op. cit*, p. 86. Repris par BEGNI BAGAGNA, *op. cit*, p. 235.
[1675] BEGNI BAGAGNA, *op. cit*, p. 234 reprenant MAITROT DE LA MOTTE Alexandre, *op. cit.*, p.87.
[1676] Art. 23 al. 1 (c) dudit traité.

étatiques restrictives de concurrence[1677]. Le règlement ci-dessus évoqué contrairement à la réalité européenne indique les formes que peuvent prendre les aides publiques. Aussi, « *les aides publiques peuvent notamment prendre la forme de subventions, d'exonérations d'impôts et de taxes, d'exonérations de taxes parafiscales, de bonifications d'intérêts, de garanties de prêt, à des conditions particulièrement favorables, de fourniture de biens à des conditions préférentielles, de couverture de perte d'exploitation* »[1678].

Les législateurs communautaires sont aidés par les différentes Cours de justice et surtout la Cour de justice des communautés européennes dans l'élaboration des critères de reconnaissance des aides publiques de nature fiscale. Dans cette perspective, la notion d'aide publique de nature fiscale telle qu'elle est aujourd'hui appliquée par le prétoire européen[1679] correspond à la réunion de trois critères cumulatifs : l'octroi d'un avantage sans contrepartie, l'origine étatique de cet avantage, et les atteintes à la concurrence qui en résultent ou peuvent en résulter[1680]. Mais à ces trois critères, il faut en ajouter un quatrième notamment la sélectivité[1681]. Il est vrai, le critère de l'avantage peut se confondre avec celui de sélectivité. Ainsi, pour qu'une mesure étatique puisse véritablement être considérée comme un avantage, il faut qu'elle présente une certaine spécificité. Malgré ces nuances dans leur présentation, les indices pour l'identification d'une aide d'État restent substantiellement les mêmes[1682].

Bien que l'article 78 du règlement relatif à la concurrence donne les différentes formes d'aides publiques, il est important de revenir sur les critères de détermination de l'aide d'État de nature fiscale. Dans ce sillage, l'on peut évoquer la condition d'origine étatique de l'aide. Ainsi, au regard du droit primaire européen, l'article 107 du TFUE énonce comme condition qu'une aide doit être octroyée « par les États ou au moyen de ressources d'État ». Cette condition d'origine étatique est interprétée de manière large par la jurisprudence de la Cour de Luxembourg[1683].

---

1677 Titre V dudit Règlement n° 06/19-UEAC-639-CM-33 relatif à la concurrence.

1678 Art. 78 du règlement n° 06/19-UEAC-639-CM-33 relatif à la concurrence.

1679 CJCE, 14 novembre 1984, Aff. :323182, SA Intermills/Commission des Communautés européennes, CJCE, 11 juillet 1996, Aff. : 39/94, Syndicat de l'express international (SFEI) et autres, 29 avril 1999, Aff. C-342/96, ROYAUME d'Espagne/ Commission des Communautés européennes, voir BEGNI BAGAGNA, *op. cit.*, p. 235.

1680 Voir BEGNI BAGAGNA, Thèse précitée, p. 235.

1681 Voir PAPADAMAKI Ioanna, *Les aides d'État de nature fiscale en droit de l'Union européenne*, *op. cit.*, p. 28.

1682 Pour une analyse détaillée, PAPADAMAKI Ioanna, *Les aides d'État de nature fiscale en droit de l'Union européenne*, *op.cit.*, RENARD Geoffroy, *Les règles communautaires d'aides d'État et la fiscalité*, *op.cit.*, MICHEAU Claire, *Droit des aides d'État et des subventions en fiscalité, droit de l'Union européenne et de l'OMC*, *op. cit.*

1683 CJCE, Arrêt du 14 octobre 1987, République fédérale d'Allemagne contre Commission des Communautés européennes, Affaire 248/84, § 17.

Ainsi, la mesure peut être directement octroyée par l'État, ce qui inclut l'ensemble des autorités centrales, déconcentrées et des entités décentralisées. En tout état de cause, la mesure doit être imputable à l'État ou à ses démembrements. Dans le cadre du contrôle de la Commission, il importe de déterminer un tel lien et de confirmer l'imputabilité à l'État au cas par cas en utilisant divers indices afin d'apprécier le degré d'implication des pouvoirs publics dans la mesure contestée[1684]. Dans cette perspective, l'aide englobe aussi bien les « aides accordées par les États ou au moyen des ressources d'État, directement par l'État ou par des organismes publics ou privés qu'il institue ou désigne pour gérer[1685] y compris les collectivités territoriales décentralisées[1686].

S'agissant de la condition d'avantage fiscal octroyé au bénéficiaire, le droit communautaire CEMAC fait allusion aux aides pouvant favoriser certaines entreprises ou certaines productions. Les dispositions supranationales relatives aux aides d'État, à l'instar des normes internationales régissant les subventions, énoncent que la mesure doit constituer un avantage pour son bénéficiaire[1687].

En droit européen, la Commission relève que l'avantage fiscal peut prendre diverses formes, dont les modalités sont indifférentes[1688]. Ainsi, l'avantage fiscal peut intervenir dans les différentes phases de la collecte de l'impôt, de son imposition à son recouvrement[1689]. La Commission rappelle à ce sujet que l'avantage peut être constitué par une réduction de l'assiette imposable, une réduction du montant de l'impôt, un ajournement ou une annulation de la dette fiscale[1690]. Elle dispose à cet égard que l'avantage est réputé exister pour les opérateurs économiques dès lors que la mesure « allège les charges fiscales qui normalement grèvent leur budget »[1691].

À cette fin, la Cour de Luxembourg énonce que, « pour identifier ce que constitue un avantage, au sens de la jurisprudence relative à la notion d'aide d'État, il est impératif de déterminer le point de référence, dans le cadre d'un régime juridique donné, à l'aune duquel cet avantage sera comparé »[1692]. D'après Claire MICHEAU, une telle interprétation induit qu'une distinction

---

1684 CJCE, 16 mai 2002, République française c. Commission (affaire Stardust Marine), aff.C-482/99, Rec. 2002, p. I-4397, pts 55à 57.

1685 CJCE, Arrêt du 2 juillet 1974, République italienne c. Commission des Communautés européennes, 173/73, § 2.

1686 MAITROT DE LA MOTTE Alexandre repris par BEGNI BAGAGNA, Thèse précitée, P. 237.

1687 MICHEAU Claire, *op. cit.*, p. 75.

1688 *Idem.*

1689 MICHEAU Claire, *op.cit.*

1690 Commission Européenne, communication sur l'application des règles relatives aux aides d'État relevant de la fiscalité directe des entreprises, Journal officiel C 384, 10/12/1998, §9.

1691 *Idem.*

1692 TPI, Arrêt du 1er juillet 2004, Salzgitter AG, T-308/00, § 81.

doit être opérée entre la charge que représente la mesure et une charge fiscale « normale », qui constituerait le régime de référence. C'est à la lumière de cet examen comparatif que l'avantage fiscal doit être apprécié[1693].

S'agissant de l'affectation des échanges, de l'altération de la concurrence et des effets défavorables, une aide publique, afin d'entrer dans le champ d'application du droit communautaire CEMAC, doit répondre au critère de l'affectation du marché. Aussi, l'article 78 parle des « aides publiques susceptibles de fausser la concurrence »[1694]. L'article 107 du TFUE va un peu plus loin en disposant que sont susceptibles d'entrer dans son champ d'application les aides qui « affectent les échanges entre États membres » et « qui faussent ou qui menacent de fausser la concurrence ». Le juge européen fait valoir que ces deux conditions « relatives à l'incidence sur les échanges entre les États membres et à la distorsion de la concurrence sont, en règle générale, indissociablement liées. En particulier, lorsqu'une aide financière accordée par l'État renforce la position d'une entreprise par rapport à d'autres entreprises concurrentes dans les échanges intracommunautaires, ces derniers doivent être considérés comme influencés par l'aide »[1695].

En outre, il est de jurisprudence constante que, dans le cadre de son appréciation des conditions d'application de l'article 107, paragraphe 1, TFUE, la Commission est tenue non pas d'établir une incidence réelle des aides sur les échanges entre les États membres et une distorsion effective de la concurrence, mais seulement d'examiner si ces aides sont susceptibles d'affecter ces échanges et de fausser la concurrence[1696]. En définitive, le critère de l'affectation de la concurrence et des échanges est peu discriminant pour distinguer les mesures fiscales qui sont constitutives d'une aide d'État de celles qui ne le sont pas[1697].

S'agissant enfin de la sélectivité, l'origine étatique des avantages et l'affectation de la concurrence et des échanges sont deux critères inopérants pour identifier les aides d'État sous forme fiscale. Seuls le critère de l'avantage sans contrepartie et celui de la sélectivité sont ainsi déterminants, ce qui peut conduire à affirmer que sont constitutifs d'aides d'État sous forme fiscale les avantages fiscaux qui sont réservés à certaines entreprises ou certaines productions, c'est-à-dire les avantages fiscaux sélectifs[1698]. La

---

1693 MICHEAU Claire, *op. cit.*, p. 76.

1694 Art. 78 du règlement relatif à la concurrence.

1695 TPI, Arrêt du 14 avril 2001, Regione Friuli Venezia Guilia c. Commission des Communautés européennes, § 41, voir aussi, TPI, Arrêt du 15 juin 2000, Alzetta Mauro et autres c. Commission des Communautés européennes, Affaires jointes T-298/97, T-312/97, T-315/97, T-600/97 à T-607/97.

1696 Arrêts du 29 avril 2004, Italie commission, C-372/97, Rec., EU : C : 2004 :234, point 44, et du 15 décembre 2005, *UniCredito Italiano,* C-148/04, Rec., EU :C :2005 :774, point 54

1697 MAITROT DE LA MOTTE Alexandre, *Droit fiscal de l'Union européenne*, *op.cit.*, p. 293.

1698 *Ibid.,* P. 295.

condition de sélectivité implique de déterminer si un régime fiscal s'applique de manière sélective aux bénéficiaires et, en conséquence, si elle instaure un régime plus avantageux pour les bénéficiaires par rapport au traitement qu'ils auraient reçu selon le système fiscal qui devait normalement être appliqué[1699]. Le critère de sélectivité se trouve être une véritable pierre angulaire de l'analyse des aides en fiscalité[1700].

Dans cette lancée, est constitutive d'une aide toute mesure qui confère un avantage indu à son bénéficiaire, soit en lui procurant une ressource, soit en allégeant les charges qui lui incombent normalement. Pour leur part, les mesures économiques générales qui s'appliquent à tous les agents économiques et qui ont une vocation universelle ne sont soumises à aucun contrôle puisqu'elles n'induisent aucune distorsion de concurrence. Les mesures particulières qui ne profitent qu'à quelques-uns et qui sont les seules à nécessiter une vérification de leur compatibilité avec le marché intérieur[1701]. La doctrine a recensé sous ce volet de sélectivité quatre grandes catégories à savoir les aides géographiques, les aides sectorielles, les pratiques discriminatoires, et les régimes préférentiels[1702].

Au terme de cette définition laborieuse, l'on comprend bien que les exonérations douanières constituent bien une aide d'État de nature fiscale[1703]. Elles procurent un avantage indu à son bénéficiaire, soit en lui procurant une ressource, soit en allégeant les charges qui lui incombent normalement. Elles remplissent le critère de l'avantage sans contrepartie et sélectif par ailleurs. Dans la même logique, certains régimes préférentiels destinés à attirer des entreprises ou des capitaux peuvent également être considérés comme des « aides sélectives ». Comme le précise la Commission européenne, « certains avantages fiscaux sont parfois limités à certaines formes d'entreprises, à certaines de leurs fonctions ou à certains types de productions. Dès lors qu'ils favorisent certaines entreprises ou certaines productions, ils sont susceptibles de constituer des aides d'État visées par l'article (107), paragraphe I[1704].

Le caractère fiscal d'une mesure suppose *a priori* son origine étatique, le droit fiscal étant fondé sur le principe de la légalité fiscale ainsi que l'implication des ressources étatiques. Elles ne comportent pas un transfert

---

[1699] MICHEAU Claire, *op. cit.*, p. 91.

[1700] *Ibid.* p. 90.

[1701] MAITROT DE LA MOTTE Alexandre, *droit fiscal de l'Union européenne, op. cit.*, p. 321.

[1702] Pour plus de détails, lire MAITROT DE LA MOTTE Alexandre, *Droit fiscal de l'Union européenne, op. cit.*, pp. 319-344, MICHEAU Claire, *Droit des aides d'État et des subventions en fiscalité, op. cit.*, pp. 91-128, RENARD Geoffroy, *Les règles communautaires en matière d'aides d'État et la fiscalité, op. cit.*, pp. 63-68.

[1703] Pour une réaffirmation récente du principe, CJUE, 8 septembre 2011, Aff. C-78/08 à C-80/08, *Paint Graphos Soc. Coop. Arl et a.*, ECLI : EU : C : 2011 : 550.

[1704] Commission des Communautés européennes, « communication sur l'application des règles relatives aux aides d'État aux mesures relevant de la fiscalité directe des entreprises », JOCE, C 384 du 10 décembre 1988, pp. 3-9, point 20.

proprement dit, mais imposent une perte budgétaire pour l'État qui renonce à percevoir les recettes douanières. D'ailleurs, le législateur CEMAC avait déjà tranché en intégrant les exonérations d'impôts et de taxes dans la catégorie des aides publiques susceptibles de fausser la concurrence en favorisant certaines entreprises ou certaines productions[1705]. En cela, le législateur CEMAC a profité de la longue pratique de la Commission et de la Cour de Justice des Communautés européennes (CJCE) en matière d'aide d'État pour spécifier l'incompatibilité des exonérations fiscales par rapport au marché commun.

### 2. La réactualisation et la reconsidération du principe de l'incompatibilité des exonérations douanières avec le marché commun dans l'espace CEMAC

Le droit communautaire CEMAC pose que les aides publiques susceptibles de fausser la concurrence en favorisant certaines entreprises ou certaines productions sont interdites[1706]. Ce droit a ainsi posé le principe d'incompatibilité des aides d'État de nature fiscale avec le marché commun en estimant que ces dernières sont susceptibles de fausser la concurrence intracommunautaire[1707]. Ces aides vont à l'encontre d'une concurrence qui se veut équitable entre les opérateurs économiques et les échanges interétatiques[1708].

Dans la même lancée, la directive portant harmonisation de la TVA dispose : « En dehors des biens et services visés ci-dessous, les États membres n'accordent pas d'autres exonérations ou d'exemptions de taxe sur la valeur ajoutée. En particulier, aucune exonération ou exemption n'est accordée par les États membres dans le cadre des mesures d'incitation à la création d'entreprise et à l'investissement, dans le cadre de mesures ou dispositions visant des secteurs particuliers, ou dans le cadre de conventions particulières »[1709].

Pourtant, malgré l'harmonisation douanière, l'on constate la subsistance des aides d'État notamment les exonérations douanières. Plus grave, l'on note une indifférence généralisée à l'égard de ces pratiques discriminatoires procurant un avantage sélectif et sans contrepartie aux bénéficiaires. Elles sont

---

1705 Art. 78 du Règlement n° 06/19-UEAC-639-CM-33 relatif à la concurrence.

1706 Art. 23 C convention régissant l'Union économique de l'Afrique centrale.

1707 GNIMPIEBA TONNANG Édouard, *Droit matériel et intégration sous régionale en Afrique centrale : contribution à l'étude du droit communautaire de la communauté économique et monétaire de l'Afrique centrale (CEMAC)*, *op. cit.*, p. 331.

1708 PAPADAMAKI Ioanna, *Les aides d'État de nature fiscale en droit de l'Union européenne*, *op. cit.*, p. 34.

1709 Art.7 directive n° 07/11-UEAC-028-CM-22 portant révision de la directive n°1/99-CEMAC-028-CM-03 portant harmonisation des législations des États membres en matière de taxes sur la valeur ajoutée (TVA) et du droit d'accises (DA).

sources potentielles de distorsions de concurrence et à la libre circulation des marchandises. Cette question n'est d'ailleurs pas souvent revenue à l'ordre du jour pour être débattue comme entrave douanière à la mise en œuvre d'une concurrence saine dans l'espace CEMAC. Aucune volonté n'est ainsi notée de la part des autorités communautaires de recourir à la réglementation relative aux aides d'État pour contrôler plus avant les législations fiscales des États membres[1710]. Une confrontation des politiques fiscales nationales à la politique des aides en zone CEMAC est rendue de ce fait nécessaire.

Il est ainsi temps de réaffirmer la soumission des droits fiscaux nationaux au droit communautaire CEMAC à travers la prohibition des aides d'État non autorisées par la Commission. L'intérêt de cette prohibition de l'aide d'État réside dans le fait que chaque mesure accordée d'une manière sélective par l'État et par les ressources étatiques est susceptible de porter atteinte à la concurrence, car elle aboutit à un changement de la position concurrentielle de son bénéficiaire[1711]. Le dogme de la croissance économique dans l'espace CEMAC encouragé par la libre concurrence en est largement tributaire. Le maintien de la libre concurrence serait alors nécessaire pour garantir que ce processus ne soit pas altéré par des comportements anticoncurrentiels de l'État. En effet, le droit des aides en zone CEMAC à travers la prohibition des exonérations douanières a pour objet de garantir l'intégrité du marché intérieur en évitant que les États n'accordent des avantages artificiels aux entreprises établies sur leur territoire[1712].

Par ailleurs, les aides sous la forme incitative sont souvent des instruments de concurrence fiscale entre pays, qui comportent le risque que tous soient perdants au bout du compte. En attirant des investissements qui, sans elles, auraient été réalisés ailleurs, ces aides fiscales peuvent avoir des retombées au-delà des frontières nationales et affecter négativement le bien-être d'autres pays[1713]. En outre, les incitations fiscales dans un pays peuvent susciter des réactions stratégiques qui amènent d'autres pays à offrir des mesures similaires[1714]. Ce processus de concurrence fiscale peut entraîner une course vers le bas, dans laquelle tous les pays finissent par recouvrer moins de

---

[1710] Cette question semble n'être d'actualité dans le cadre de l'Union européenne que depuis la fin des années 1990, MAITROT DE LA MOTTE Alexandre, *Droit fiscal de l'Union européenne*, *op. cit.*, p. 282.
[1711] PAPADAMAKI Ioanna, *Les aides d'État de nature fiscale en droit de l'Union européenne*, *op. cit.*, p. 33.
[1712] PEIFFERT Olivier, *L'application du droit européen des aides d'État aux mesures de protection de l'environnement*, Thèse, *op. cit.*, p. 21.
[1713] Rapport du FMI, de l'OCDE, des Nations unies et de la Banque mondiale au groupe de travail du G20 sur le développement, « options pour une utilisation efficace et efficiente des incitations fiscales à l'investissement dans les pays à faible revenu », p. 35.
[1714] *Idem.*

recettes fiscales, sans que cela ait d'effet perceptible sur l'allocation des investissements[1715].

Au regard de toutes ces considérations, il est temps de remettre au goût du jour la problématique de la prohibition des exonérations douanières comme aide d'État dans l'espace CEMAC. La survie des recettes douanières en dépend largement. Il faudra dans l'espace CEMAC suivre l'exemple de l'Union européenne. En effet, l'Europe a pris à bras-le-corps cette problématique d'aide d'État à la fin des années 90, même si la Cour de justice avait reconnu l'incompatibilité d'une mesure fiscale avec le droit des aides dès 1970[1716]. À en croire MAITROT DE LA MOTTE Alexandre, ce n'est qu'à la fin des années 90 que les autorités communautaires ont décidé de contraindre les États membres à démanteler leurs aides fiscales incompatibles avec le droit de l'Union[1717].

À cette époque, outre l'harmonisation des législations et de la lutte contre les entraves fiscales, il a ainsi été souhaité que soient démantelées certaines législations fiscales nationales s'opposant à l'achèvement du marché intérieur[1718]. Cette évolution était la résultante de la publication de deux *memoranda* « Monti » proposant aux États membres d'adopter un « paquet fiscal » et d'un « code de conduite » destiné à lutter contre la « concurrence fiscale dommageable ». Cette lutte va se faire à travers une mise en œuvre rigoureuse des règles relatives aux aides publiques. En Europe, aujourd'hui encore, le droit des aides d'État a donné lieu à un plan d'action dans le domaine des aides d'État et au projet de « modernisation de la politique de l'UE en matière d'aide d'État »[1719], qui vise à réformer la politique européenne dans ce domaine[1720].

Une autre initiative a été lancée en mai 2012, intitulée « Modernisation de la politique de l'UE en matière d'aides d'État » (State Aid Modernisation). Ce projet de réforme s'articule autour de trois grands objectifs. Tout d'abord, il aspire à définir des principes communs applicables dans le cadre de l'analyse de la compatibilité des dispositifs de soutien des États membres avec le marché intérieur. Au travers d'un second axe de travail, ce projet de modernisation a vocation à assurer un contrôle accru des aides ayant une forte incidence sur le marché intérieur, par le biais d'un examen détaillé de ces aides

---

1715 *Idem.*
17161716 CJCE, 25 juin 1970, Aff. 47/69, *France c/ Commission, Rec.*, p. 427. Puis CJCE, 7 mai 1985, Aff. 18/84, *Commission c/ France*, Rec., p. 1339.
1717 MAITROT DE LA MOTTE Alexandre, *Droit fiscal de l'Union européenne*, *op. cit.*, p. 282.
1718 *Idem.*
1719 Communication de la Commission au Parlement Européen, au Conseil, au Comité économique et social européen et au Comité des Régions, Modernisation de la politique de l'UE en matière d'aides d'État, COM/2012/0209 final, 08/05/2012.
1720 Commission européenne, Plan d'action dans le domaine des aides d'État. Des aides d'État moins et mieux ciblées : une feuille de route pour la réforme des aides d'État 2005-2009 (Document de consultation), COM/2005/0107.

aux montants élevés marqué par une amélioration de la qualité des informations fournies par les États membres. Enfin, dans un troisième volet, l'initiative de modernisation vise à introduire un cadre procédural simplifié afin d'accélérer l'adoption des décisions[1721].

La zone CEMAC devrait s'inspirer de cet exemple européen pour mettre en place un « groupe de code de conduite » chargé d'identifier les mesures fiscales susceptibles d'instituer une concurrence fiscale « dommageable » dans l'espace CEMAC. L'on sait que les exonérations et autres régimes dérogatoires y sont toujours à la discrétion des gouvernements nationaux. Une priorité devrait consister à réduire les exonérations douanières incompatibles. Ce groupe devra mettre en place des lignes directrices pour l'application des règles relatives aux aides d'État en matière de fiscalité douanière. Ces lignes directrices vont sûrement aboutir à un renouvellement des méthodes d'action dans la conduite des politiques fiscales nationales.

Dans ce sillage, la Commission de l'UEMOA tente depuis de nombreuses années d'harmoniser les régimes fiscaux dérogatoires au sein de l'Union[1722]. Elle a adopté une feuille de route pour la suppression des exonérations fiscales[1723]. Dans l'espace CEMAC, l'adoption de la charte n'a pas eu les effets escomptés. Il apparaît aujourd'hui nécessaire de relancer une réflexion en profondeur sur la prohibition des aides publiques de nature fiscale, sur la politique tarifaire et sur l'avenir de leur système de TVA. L'absence d'un cadre de réflexion constitue une faille importante de nature à jeter un discrédit sur l'ensemble du processus d'intégration dans cette zone.

L'inaction dans le domaine de l'interdiction des exonérations douanières comme aide d'État est criante. Il est donc temps de faire un état de lieux dans le domaine des aides publiques, de reconsidérer le principe d'incompatibilité afin d'aboutir à un changement de paradigme. Ce changement de paradigme a pour ambition affichée de se concentrer sur les aides d'État qui faussent le plus la concurrence dans le marché intérieur et de promouvoir une approche où l'accent est mis sur la responsabilité des différents acteurs.

Heureusement que l'interdiction n'est ni absolue, ni inconditionnelle, le droit primaire lui-même prévoit des exceptions, certaines d'office et d'autres conditionnelles. Aussi, il est temps de reconsidérer la politique d'aide publique en s'alignant sur les principes et règles posés par la réglementation communautaire[1724]. Il revient donc dans la perspective d'un

---

[1721] Pour plus de détails, lire MICHEAU Claire, *Droit des aides d'État et des subventions en fiscalité*, *op. cit.* Pp. 182-196.

[1722] GEOURJON Anne-Marie, GUERINEAU Samuel, GUILLAUMONT Patrick, GUILLAUMONT Sylvianne-Jeanneney, (dir*), op. cit.*, p. 97.

[1723] *Idem.*

[1724] Sur le régime des aides d'État, lire DUBOIS Louis, BLUMANN Claude, Droit matériel de l'Union européenne, 7e LGDJ, pp. 675-712.

approfondissement de l'harmonisation douanière dans l'espace CEMAC, de mieux encadrer ces exceptions aux aides incompatibles.

## B- Le renouvellement de l'encadrement des exonérations douanières autorisées dans l'espace CEMAC

L'application du droit d'aide aux mesures fiscales étatiques est à la recherche d'un équilibre entre la protection des intérêts du marché intérieur et ceux des États membres. Ces derniers restent convaincus de leur souveraineté fiscale. Dans ce contexte, de nombreux auteurs [1725]se sont interrogés sur la possibilité de parvenir à une conciliation entre les intérêts étatiques et la garantie de la libre concurrence. Il est question de l'interaction entre deux préoccupations d'intérêt général, potentiellement contradictoires qui appelle par voie de conséquence, un arbitrage subtil et permanent[1726]. Le législateur communautaire a tenu compte de cette divergence d'intérêts en admettant des aides compatibles ou des possibilités d'existence des régimes dérogatoires. Il ne faudrait pas que les États membres profitent de cette brèche pour violer impunément le droit des aides d'État.

La nouvelle approche plus modérée des aides d'État recommande un renouvellement de l'encadrement des exonérations douanières autorisées dans l'espace CEMAC. Les États membres doivent exercer leur compétence fiscale dans le respect des règles communautaires et sous le regard bienveillant de la commission. Un accent doit désormais être mis sur l'encadrement juridique des aides compatibles. Cet encadrement souhaité va notamment concerner la mise en œuvre de la clause de sauvegarde (1) et les aides compatibles à la libre concurrence (2).

### 1. La mise en œuvre contrôlée de la clause de sauvegarde

Dans l'espace CEMAC, les États membres adoptent, appliquent et maintiennent une législation et une réglementation douanière communes en ce qui concerne les droits et taxes à l'importation. Cette législation et cette réglementation communes sont essentiellement constituées par le code des douanes et ses textes d'application, le tarif, la nomenclature douanière et statistique, les autres textes et règlements douaniers rendus nécessaires pour

[1725] MICHEAU Claire, *Droit des aides d'État et des subventions en fiscalité*, *op.cit.*, PEIFFERT Olivier, *L'application du droit européen des aides d'État aux mesures de protection de l'environnement*, *op. cit*, SCHMITZ Guillaume, *Aides fiscales et concurrence fiscale dommageable, quel équilibre entre le régime des aides d'État et le code de conduite dans le domaine de la fiscalité des entreprises ? op. cit.*

[1726] Voir notamment, les débats à l'occasion de l'atelier de la concurrence du 06 juillet 2005 organisé par la Direction générale de la concurrence, de la consommation et de la répression des fraudes, en particulier L. IDOT, « présentation », LPA, 2006, N° 119 p. 4, repris par PEIFFERT Olivier, *op. cit.*, p. 13.

une exacte application des droits et taxes d'entrée[1727]. Cette application stricte et uniforme vise à promouvoir l'établissement graduel et progressif d'un marché commun de l'Afrique centrale. Bien plus, elle va contribuer à l'élimination des entraves au commerce inter-États et contribuera à l'extension des marchés nationaux tout en améliorant le niveau de vie des populations.

Cependant, les mêmes dispositions admettent tout de même des exemptions, des pratiques discriminatoires dans le cadre de la mise en œuvre de la clause de sauvegarde. Ainsi, dans le cas où, pour faire face aux nécessités de son développement ou aux besoins de son industrialisation, un État membre envisage de recourir à des mesures dérogeant aux dispositions du présent titre, cet État membre en informe immédiatement le comité de direction qui peut l'y autoriser à titre temporaire[1728]. Bien plus, si des perturbations se produisent dans un secteur de l'activité économique d'un ou de plusieurs États membres, ou si des difficultés surgissent pouvant se traduire par l'altération grave d'une situation économique régionale, les États membres intéressés peuvent prendre immédiatement les mesures nécessaires au rétablissement d'une situation saine. Ils en informent le comité de direction en lui fournissant les éléments d'appréciation[1729].

Par ailleurs, la charte des investissements de la CEMAC [1730]admet la suspension des droits de douane sous forme d'admission temporaire ou d'entrée en franchise pour les activités de recherche en matière de ressources naturelles, dans le cadre des réglementations spécifiques. Dans le même sillage, cette charte admet également la suspension des droits sous forme d'admission temporaire ou d'entrée en franchise et de mécanisme de perfectionnement actif pour les activités tournées vers l'exportation[1731]. En outre, dans le cadre de la directive portant harmonisation de la TVA, les États membres peuvent tenir compte des réalités socioéconomiques de leurs pays et accorder des exonérations visant à juguler des crises ponctuelles, notamment dans le domaine de lutte contre la vie chère ou en cas d'épidémie grave menaçant la vie des populations démunies[1732].

Toutes ces exceptions doivent être strictement encadrées pour donner tout son sens à l'harmonisation douanière dans l'espace CEMAC. La Commission

---

[1727] Art. 29 du traité de l'Union douanière et économique de l'Afrique Centrale suivant modifications de l'Acte n°2/91-UDEAC-556-CE-27 du 6 décembre 1991 à Libreville.
[1728] Art. 37du même traité.
[1729] *Idem.*
[1730] Art. 19du règlement n°17/99/CEMAC-020-CM-03 relatif à la charte des investissements de la CEMAC.
[1731] *Idem.*
[1732] Art. 7 de la directive n°07/11-UEAC-028-CM-22 portant révision de la directive n° 1/99-CEMAC-028-CM-03 portant harmonisation des législations des États membres en matière de TVA et du Droit d'Accises (DA).

assure la gestion des clauses de sauvegarde, c'est-à-dire des dispositions qui autorisent des mesures dérogatoires aux règles communes[1733]. Cet encadrement souhaité se fera sous la base d'une modernisation ou d'une mise en place véritable d'un contrôle des aides publiques surtout dans le cadre des aides publiques compatibles avec la libre concurrence.

### 2. La mise en place contrôlée des exonérations douanières compatibles avec la libre concurrence

Un autre chantier à engager est celui de la mise sous surveillance stricte des aides publiques compatibles entre autres composées des exonérations douanières. Cette catégorie d'aides acceptées fait désormais partie du paysage fiscal communautaire. Dans le cadre de l'Union européenne, depuis l'arrêt « Costa contre E.N.E.L. » de 1964[1734], l'on sait que les dispositions du traité sont d'application directe dans les États et, qu'en conséquence, les États membres ne peuvent ni maintenir ni adopter une réglementation contraire[1735].

Cependant, le traité lui-même contient des dispositions qui semblent autoriser l'application des règles nationales qui entrent en contradiction avec le principe de libre concurrence[1736]. Le législateur CEMAC n'a pas échappé à cette règle. Des préoccupations sociales, économiques et autres ont permis de mettre en place des régimes dérogatoires en admettant des pratiques étatiques restrictives de concurrence. L'objectif ici est de concilier la construction communautaire avec la prise en compte des intérêts légitimes des États membres. À cet effet, l'article 81 détermine les aides compatibles avec le marché commun à savoir : les aides catégorielles à caractère social, à condition qu'elles soient accordées sans discrimination liée à l'origine des produits[1737] ; les aides destinées à remédier aux dommages causés par les calamités naturelles ou par d'autres événements imprévisibles et insurmontables par l'entreprise[1738].

Bien plus, certaines aides ou exonérations peuvent être considérées comme compatibles avec le marché commun notamment : les aides aux entreprises, et en particulier aux petites et moyennes entreprises, destinées à favoriser le développement économique des régions défavorisées ou qui souffrent d'un retard notoire dans leur développement économique[1739] ou celles destinées à faciliter le développement de certaines activités quand elles n'altèrent pas les

---

[1733] Voir BLIN Olivier, *Droit institutionnel, matériel et contentieux de l'Union européenne*, *op. cit.*, p. 54.
[1734] CJCE, 15 juillet 1964 Costa contre E.N.E.L. Rec. 114.
[1735] BLUEMANN Yves, *Les régimes douaniers et fiscaux dérogatoires*, Thèse, 2014.
[1736] *Idem.*
[1737] Art. 81 (a) du règlement n° 06/19-UEAC-639-CM-33 relatif à la concurrence.
[1738] Art. 81 (b) du même règlement.
[1739] Art. 82 (a) du règlement n° 06/19-UEAC-639-CM-33 relatif à la concurrence.

conditions des échanges dans une mesure contraire à l'intérêt commun [1740]; les aides destinées à promouvoir la réalisation d'un projet important d'intérêt sous régional commun, ou à remédier à une perturbation grave de l'économie d'un État membre [1741]; et enfin, les aides destinées à promouvoir la culture, la conservation du patrimoine et la protection de l'environnement quand elles n'altèrent pas les conditions des échanges et de la concurrence dans la communauté dans une mesure contraire à l'intérêt commun[1742].

Au regard de ces articles, les États membres ont la faculté de recourir à des exonérations douanières ou à des aides publiques pour tâcher de favoriser la réalisation des objectifs économiques et sociaux ponctuels : ce sont des régimes provisoires. Il leur est en revanche interdit d'utiliser ces mesures dérogatoires comme instruments de politique socioéconomique dans la durée. En d'autres termes, les mesures dérogatoires ne doivent pas être utilisées comme un instrument d'action. Aussi, il faut davantage préciser les justifications sur lesquelles reposent de telles dérogations, d'autant plus qu'elles sont attentatoires au principe de libre concurrence.

Le maintien des aides publiques ne doit pas aboutir à vider de son sens le principe communautaire de libre concurrence[1743]. Dans cette perspective, la communauté doit démontrer une volonté très affirmée de réduire l'utilisation de tels régimes. Les dispositions communautaires européennes, relatives aux possibles restrictions à la libre concurrence, ont fait l'objet d'un recours en interprétation, auprès de la Cour[1744]. Bien plus, les justifications aux régimes sont d'interprétation stricte. Cette dernière, au fil du temps, s'est clairement déterminée en faveur d'un encadrement sévère des compétences étatiques. Cette volonté de maîtrise des actions étatiques est rendue encore plus nécessaire au regard du contexte de difficulté économique dans l'espace CEMAC. Ainsi, la cohérence et l'approfondissement de la construction communautaire sont tributaires d'un contrôle strict des régimes dérogatoires compatibles.

Dans le contexte européen, pour éviter l'engorgement, la Commission, organe compétent pour vérifier a priori la compatibilité des aides avec le droit communautaire, a élaboré des lignes directrices encadrant l'octroi des aides dans divers domaines[1745]. Elle joue ainsi un rôle très actif dans le contrôle des aides d'État[1746]. La Commission européenne est donc très présente et ses

---

1740 Art. 82 (c) du même règlement.
1741 Art. 82 (b) du même règlement.
1742 Art. 82 (d) du même règlement.
1743 Voir BLUEMANN Yves, *op. cit.*, p. 552.
1744 *Idem.*
1745 *Idem.*
1746 La Commission publie chaque année un rapport sur l'application du droit communautaire établissant la liste des manquements à leurs obligations imputables aux États membres. Ce rapport est présenté au Parlement européen.

interventions ont largement permis de canaliser les aides d'État dans le contexte européen. Elle a eu à se prononcer sur de nombreuses demandes des États membres. Dans l'espace CEMAC, les dispositifs indispensables pour vérifier la mise en œuvre de la réglementation communautaire en matière d'aides d'État au niveau des États membres sont insuffisants et à la limite inexistants[1747]. Pourtant, sans mécanisme de surveillance, sans un dispositif efficace de suivi accompagné de sanctions, l'application des dispositifs communautaires ne peut qu'être imparfaite et constitue un frein à l'intégration [1748]et à une mobilisation optimale des recettes douanières. L'urgence est donc de renforcer utilement ces institutions de contrôle des aides d'État.

## SECTION II : LA REDYNAMISATION DU CADRE INSTITUTIONNEL DE CONTRÔLE

Le constat fait dans l'espace CEMAC a été celui d'une prolifération incontrôlée des aides incompatibles, non autorisées par la Commission CEMAC ou toute autre instance jouant ce rôle. Il est désormais question que les autorités communautaires et les États membres manifestent une réelle volonté d'éradiquer ce phénomène pernicieux qui nuit à une véritable mobilisation des recettes douanières tout autant qu'il est dommageable pour une saine concurrence. Dans ce sillage, l'axe prioritaire de réforme consiste à renforcer davantage les institutions chargées du contrôle des aides publiques de nature fiscale. Aussi, MEYONG ABATH Roger Athanase parle d'un nécessaire réaménagement institutionnel renforçant la cohésion et le poids de l'harmonisation fiscale[1749]. Le renforcement du cadre institutionnel est un facteur déterminant pour l'efficacité et la réussite de tout processus d'harmonisation et au-delà de tout processus d'intégration[1750]. En effet, le déficit structurel de suivi des exonérations douanières au niveau national s'est retrouvé également au plan communautaire. À ce stade également l'attentisme est criant. L'on observe une inaction décriée des instances communautaires. Cette inaction serait due à des réticences des États préoccupés à perdre un élément clé de la conduite de leur politique fiscale d'attraction du territoire.

---

[1747] Lire FALL Moustapha, *Les cours de justice africaines et l'intégration*, Paris, L'Harmattan, 2021, p. 31. D'après cet auteur, pendant longtemps, l'ineffectivité de la mise en place d'instances juridictionnelles constituait la marque de fabrique des organisations d'intégration en Afrique.

[1748] GEOURJON Anne-Marie, GUERINEAU Samuel, GUILLAUMONT Patrick, GUILLAUMONT Jeanneney Sylviane (dir), *Intégration régionale pour le développement en zone franc*, *op. cit.*, p. 106.

[1749] MEYONG ABATH Roger Athanase, *L'harmonisation fiscale et douanière en zone CEMAC*, *op. cit.*, p. 489.

[1750] ONANGA OSSIPINA Vianney, *Problématique de l'application de la TVA dans l'espace OHADA*, *op.cit.*, p. 252.

Ainsi, une mise en œuvre du contrôle des aides publiques entraînerait une perte d'autonomie dans leurs choix de politique économique.

Malgré ces réticences, le contrôle des aides publiques est important à plus d'un titre. Aussi, l'une des caractéristiques majeures, de la protection de la concurrence dans le cadre communautaire, réside dans le contrôle des aides fiscales, plus connues sous le vocable d'aides d'État[1751]. Ce contrôle semble se justifier, par les risques de distorsion que peuvent engendrer les aides d'État sur le marché commun ; en particulier, lorsqu'un État accorde des régimes de faveur ou des ressources à certaines entreprises (nationales), au détriment des autres[1752]. Au-delà de ces arguments, il faut dire que la CEMAC est un ordre juridique intégré[1753], autonome et cohérent qui suppose un corps d'institutions ou organes, un corps de règles édictées par ces institutions, un mécanisme de sanctions en cas de violation des règles découlant du droit primaire et dérivé.

Au-delà de toutes ces considérations, l'adoption du règlement relatif à la concurrence laissait penser à un tournant majeur dans le cadre du contrôle des aides publiques à travers un cadre institutionnel bien établi. Malheureusement, cette consécration institutionnelle conventionnelle ne sera pas suivie d'effet. Pourtant, l'engagement des États doit être surveillé et discipliné à travers des mécanismes de surveillance ou de contrôle. Au regard du dispositif de contrôle des aides publiques peu opérationnel, il y a lieu de se réapproprier la procédure de mise en œuvre de ce contrôle à travers la valorisation de l'action de la Commission de la CEMAC (paragraphe I) et de la Cour de Justice de la CEMAC (paragraphe II).

### Paragraphe I : La revalorisation de l'action de la Commission CEMAC dans le cadre du contrôle des aides publiques de nature fiscale

Les politiques fiscales incitatives sont à l'origine de la sous-mobilisation fiscale dans l'espace CEMAC. À travers les aides incitatives, elles ont causé un préjudice inestimable au processus d'intégration régionale et surtout à la libre concurrence en cours. Aussi, la volonté de mettre sous surveillance ces politiques fiscales des États membres surtout dans le cadre des aides publiques de nature fiscale a nécessité la mise sur pied des institutions chargées de cette surveillance. Il ne pouvait en être autrement, car « faire de beaux textes ne

---

[1751] FRAIMOUT Jean-Jacques, « Le principe de sécurité juridique à l'épreuve de la procédure communautaire de récupération des aides fiscales », *in* LEROY Marc (dir), *Mondialisation et fiscalité, la globalisation fiscal*e, *op.cit*., p. 162, repris par BEGNI BAGAGNA, Thèse précitée, *op. cit*., p. 231.

[1752] BEGNI BAGAGNA, Thèse précitée, *op. cit*., p. 231.

[1753] Pour plus de détails sur l'ordre juridique communautaire, lire GNIMPIEBA TONNANG Édouard, *L'ordre juridique communautaire de la CEMAC, op. cit,* CARTOU Louis, *L'Union européenne, Traités de Paris-Rome-Maastricht, op. cit.*

suffit pas, encore faut-il qu'ils soient appliqués, qu'ils satisfassent les besoins qui les ont fait naître et qu'ils répondent aux objectifs initialement fixés »[1754].

La CEMAC auparavant a été critiquée surtout de se focaliser sur les moyens juridiques pour construire une fiscalité douanière commune sans trop se fixer sur l'architecture administrative chargée de la mettre en œuvre. Désormais, c'est chose faite. Parmi les structures de surveillance des obligations communautaires en matière d'aides d'État, figure en bonne place la Commission CEMAC. Celle-ci est garante de l'exécution des obligations conventionnelles des États membres. Elle est gardienne du droit communautaire de la CEMAC[1755]. Le législateur communautaire fait de la Commission l'organe central de la mise en œuvre des règles communautaires. En effet, au regard du système institutionnel CEMAC, la Commission fait partie des organes d'exécution de la communauté [1756]qui en dispose afin de réaliser ses objectifs[1757].

Le rôle véritable de la Commission a été consacré par le règlement relatif à la concurrence qui érige la Commission au rang des institutions communautaires de la concurrence. À cet effet, celle-ci met en œuvre la politique de la concurrence de l'Union et veille à l'application des règles communautaires de la concurrence, définies dans la Convention UEAC susvisée et le présent règlement, avec le concours du Conseil communautaire de la concurrence[1758].

Mais, cette commission à l'instar de son homologue européen, doit sortir de sa léthargie pour publier chaque année un rapport sur l'application du droit communautaire établissant la liste des manquements à leurs obligations, imputables aux États membres. La commission, a-t-elle les moyens de sa politique ? En d'autres termes, est-ce que la Commission CEMAC a les capacités, les ressources matérielles et humaines pour mener à bien sa mission de contrôle ? Pourtant, malgré ces lacunes observées, il est nécessaire, voire urgent, de préconiser une action préventive de la commission concernant les aides nouvelles (A) tout en réclamant une action vigoureuse *a posteriori* dans le cadre des aides anciennes ou existantes (B).

---

1754 TATY Georges, « Le recours en manquement d'État de l'article 4 du traité révisé de la CEMAC : analyse critique », Troisième rencontre interjuridictionnelle des Cours communautaires de « UEMOA, la CEMAC, la CEDEAO et de l'OHADA », Dakar 4, 5, 6 mai 2010.

1755 Voir BLIN Olivier, *Droit institutionnel, matériel et contentieux de l'Union européenne*, 3e édition, Bruylant, p. 53.

1756 Art. 10 du traité révisé de la Communauté économique et monétaire de l'Afrique centrale (CEMAC), Traité du 16 mars 1994, révisé le 25 juin 2008.

1757 Art. 25 du même traité.

1758 Art. 6 du règlement relatif à la concurrence.

## A- L'urgence d'une action préventive de la Commission CEMAC concernant les aides nouvelles

L'un des facteurs explicatifs de la faiblesse du prélèvement douanier en zone CEMAC est lié à l'érosion de l'assiette fiscale causée par une prolifération des aides d'État de nature fiscale. L'ampleur de l'utilisation des aides publiques est si grave dans l'espace CEMAC qu'il est urgent que la commission se déploie au plus vite. Elle doit mettre en valeur ses prérogatives, ses pouvoirs octroyés par le règlement relatif à la concurrence. Le mal est si profond qu'il risque de détruire l'édifice communautaire. La problématique des aides fiscales n'est pas encore maîtrisée dans l'espace CEMAC comme elle l'est dans l'espace européen[1759].

Il est temps de contrecarrer la saignée au niveau des droits et taxes à recouvrer tout en garantissant la libre concurrence, pilier du processus d'intégration dans l'espace CEMAC. Le contrôle des aides s'aligne parfaitement sur la politique de prohibition des entraves fiscales susceptibles de restreindre les libertés fondamentales [1760]et contribue à la lutte contre la concurrence dommageable. Pour ce faire, et compte tenu du contexte d'intégration négative en cours, il est temps de mettre en place les mécanismes de contrôle à travers l'opérationnalité de l'obligation de notification des aides nouvelles (1) et si possible procéder à la récupération des aides illégales (2).

### 1. Le souci de l'opérationnalisation de l'obligation de notification des aides nouvelles dans l'espace CEMAC

L'inaction des instances communautaires a été plusieurs fois décriée par de nombreux observateurs du processus d'intégration dans l'espace CEMAC[1761]. Parmi les griefs souvent évoqués, figurent en bonne place l'absence d'un véritable contrôle des engagements des États et surtout l'absence de sanctions aux multiples violations des dispositions du droit primaire et dérivé de la CEMAC. De tels manquements fragilisent davantage l'autorité du droit communautaire. Pourtant, la contribution à l'accomplissement d'une concurrence libre entre entreprises, mais aussi loyale et saine entre États membres semble être l'une des finalités principales du contrôle des aides publiques[1762]. Dans le cadre de ce travail, nous mettons beaucoup plus un accent sur la préservation des ressources étatiques. Aussi, au regard d'énormes enjeux en cause, un renouveau dans la conduite des contrôles est exigé. Il est désormais urgent de faire jouer la clause de

---

1759 MADJID SIAMMOUR, *Parafiscalité et droit communautaire,* Thèse de doctorat, Université Panthéon-Assas (Paris II), année 2000, p. 292.

1760 PAPADAMAKI Ioanna, *op. cit.*, p. 280.

1761 OUEDRAOGO Sylvain, *Les compétences nationales en matière fiscale et la communautarisation des règles dans l'espace ouest-africain*, Thèse précitée *op. cit.*

1762 OUEDRAGO Sylvain, Thèse précitée.

notification préalable des aides publiques de nature fiscale. En effet, aux termes des dispositions de la réglementation communautaire relative à la concurrence, la commission est informée en temps utile des projets tendant à instituer ou à modifier des aides et des régimes d'aide par une notification des États membres[1763]. Aussi, en vertu de cet article, la commission bénéficie d'un pouvoir exclusif d'appréciation de la compatibilité d'une aide fiscale. Afin de donner effet utile à ce pouvoir, ces dispositions enjoignent les États membres à informer la commission de tout projet relatif à l'instauration d'une aide nouvelle[1764]. Le contenu et le champ d'application de l'exigence de notification ont été interprétés à cette fin d'une manière extensive au niveau européen[1765].

Une fois saisie, lorsque la commission doute de la compatibilité d'un projet avec le marché commun, elle ouvre sans délai une procédure. La commission autorise ou interdit les aides notifiées par les États membres. Elle leur transmet sa décision sur tout projet d'institution ou de modification d'un régime d'aide, dans un délai de trois (3) mois à compter de la réception de la notification. Aussi, l'État membre concerné ne peut mettre les mesures projetées à exécution avant l'aboutissement de la procédure à une décision définitive[1766]. Aussi, l'obligation de notification est assortie d'un devoir d'abstention. À travers ces éléments, l'on constate que la commission est au cœur du contrôle des aides et par conséquent, elle doit jouer pleinement son rôle.

D'ailleurs, les États membres d'après la Commission européenne ne peuvent pas se dispenser de l'obligation d'information que fait peser l'article 93, même s'ils estiment que la mesure qui est envisagée ne présente pas toutes les caractéristiques de l'article 92 ou qu'elle est compatible avec le marché commun au sens de l'article 92, paragraphe 2 [1767] La même interprétation a été préconisée par l'avocat général Carl Otto Lenz selon qui l'exigence de notification « concerne non seulement les aides dont il suffit de contrôler la compatibilité avec le traité, mais aussi les mesures dont même le caractère d'aide peut apparaître douteux »[1768].

L'action de la commission est déterminante dans la conduite du contrôle des aides publiques de nature fiscale. Au vu des éléments portés à sa connaissance, la commission peut prendre l'une des décisions suivantes visant à constater : la compatibilité du régime d'aide, la demande de modification de certaines modalités du régime d'aide pour le rendre compatible, la suppression

---

1763 Art. 84 du Règlement n° 06/19-UEAC-639-CM-33 relatif à la concurrence.

1764 PAPADAMAKI Ioanna, *Les aides d'État de nature fiscale en droit de l'Union européenne*, *op. cit.*, p. 285.

1765 *Idem.*

1766 Art. 84 du règlement relatif à la concurrence.

1767 Communication de la Commission, JO, C 318 du 24 novembre 1983, p. 3.

1768 Conclusions de l'avocat général C. O. Lenz présentées le 16 avril 1986 sous CJCE, 10 juillet 1986, *Royaume de Belgique c. Commission,* Aff. 40/85, *Rec., 1986,* p. 2321 et spéc. P. 2332.

du régime d'aide, déclaré incompatible[1769]. La commission détient tout de même le pouvoir de faire récupérer l'aide illégale d'où la nécessité de mettre en branle cette arme répressive.

### 2. Le besoin de récupération urgente des aides illégales dans l'espace CEMAC

Le pouvoir de récupération consacré par le règlement relatif à la concurrence est jusqu'ici resté lettre morte. En effet, aux termes des dispositions de la réglementation communautaire, la procédure d'examen est clôturée par une décision de la commission, laquelle, soit :

- constate que la mesure notifiée, le cas échéant, après modification de l'État membre, ne constitue pas une aide[1770] ;
- constate que la mesure notifiée, le cas échéant, après modification de l'État membre, s'avère compatible avec le marché commun de la CEMAC [1771];
- subordonne la décision favorable de compatibilité à des conditions et des obligations lui permettant de contrôler le respect des conditions [1772];
- constate que l'aide notifiée est incompatible avec le marché commun de la CEMAC et déclare l'impossibilité de la mettre en œuvre1773.

Au regard de cette décision, lorsqu'une aide a été mise en exécution sans autorisation préalable de la commission après avoir donné à l'État membre concerné la possibilité de présenter ses observations, elle peut prendre une décision enjoignant à l'État membre de suspendre le versement de l'aide illégale jusqu'à ce qu'elle statue sur la compatibilité de l'aide avec le marché commun de la CEMAC. Ainsi, elle peut prendre une décision enjoignant à l'État membre de récupérer provisoirement l'aide versée illégalement, conformément aux modalités prévues[1774].

Bien plus, lorsqu'une aide notifiée est déclarée incompatible avec le marché commun et néanmoins mise en œuvre, la commission prend une décision enjoignant à l'État membre de suspendre l'aide illégale et de récupérer sans délai tout ou une partie de fonds versés, le cas échéant[1775]. La volonté du législateur dans le cadre de cette exigence de récupération est de rétablir la situation de concurrence initiale offrant les chances égales à tous les opérateurs économiques. Conséquence logique de la constatation de l'illégalité procédurale, l'exigence de la restitution d'une aide d'État devrait

[1769] Art. 99 du règlement relatif à la concurrence.
[1770] Art. 92 (b) du règlement relatif à la concurrence.
[1771] Art. 92 (c) du règlement relatif à la concurrence.
[1772] Art. 92 (d) du règlement relatif à la concurrence.
[1773] Art. 92 (e) du règlement relatif à la concurrence.
[1774] Art. 96 du règlement relatif à la concurrence.
[1775] Art. 97 du règlement relatif à la concurrence.

s'entendre d'une manière absolue pour toutes les aides versées illégalement, peu importe leur caractère compatible ou non avec le marché intérieur[1776].

Dans l'espace CEMAC, il est urgent de mettre en branle cette prérogative de la commission à court terme. En le faisant, c'est la sécurité juridique des opérateurs économiques qui se trouve ainsi sauvegardée. La restitution des aides octroyées illégalement est la conséquence logique du contrôle des aides d'État[1777]. Cette sanction protège l'effet utile des articles 96 et 97 du règlement relatif à la concurrence. La CEMAC doit mettre au plus vite les procédures liées à la récupération des aides fiscales, lesquelles participent de la volonté affirmée de limiter les conséquences dommageables de certaines pratiques fiscales[1778]. La consécration textuelle ne suffit pas, il faut davantage faire prévaloir ce texte en mettant en place des mécanismes propices à la récupération des aides nouvelles tout comme des aides existantes.

### B- L'urgence d'une intervention *a posteriori* de la commission en matière d'aides existantes

Le législateur communautaire est déterminé à enrayer le contexte d'intégration négative en cours dans l'espace CEMAC afin de rejoindre celui de l'intégration positive. Aussi, la Commission de la CEMAC, organe à caractère « supranational »[1779], représentant l'intérêt communautaire[1780] est dotée d'un pouvoir de contrôle *a posteriori* des aides d'État de nature fiscale. Le législateur communautaire est décidé à procéder à un nettoyage pour ne pas laisser prospérer des situations confuses et problématiques. Ainsi, aux termes des dispositions de la réglementation communautaire, la commission procède avec les États membres à l'examen permanent des régimes d'aide existants dans ces États[1781]. Cette situation renvoie aux aides existant avant la mise en place de la commission. Dans cette perspective, celle-ci peut, à tout moment, exiger l'abrogation d'une mesure qui n'avait soulevé aucune objection lors de sa création[1782].

Le souci d'assainissement du paysage fiscal des États membres est à l'origine de cette préoccupation des autorités communautaires. Les aides « existantes » qui ne sont pas réexaminées par la commission sont légales et sont présumées être compatibles avec le marché commun, si bien qu'elles ne

1776 PAPADAMAKI Ionna, *Les aides d'État de nature fiscale en droit de l'Union européenne*, *op.cit.*, p. 302.
1777 RENARD Geoffrey, *Les règles communautaires en matière d'aides d'État et la fiscalité*, *op.cit.*, p. 137.
1778 *Ibid.* p. 157.
1779 CARTOU Louis, *l'Union européenne- Traité de Paris-Rome-Maastricht*, *op.cit.*, p. 98.
1780 *Idem.*
1781 Art. 83 du règlement relatif à la concurrence.
1782 MAITROT DE LA MOTTE Alexandre, *Droit fiscal de l'Union européenne*, *op.cit.*, p. 360.

posent aucune difficulté procédurale particulière[1783]. Elles peuvent notamment continuer à être mises en œuvre tant que la commission ne les réexamine pas. Pour leur part, les avantages fiscaux qui ont été examinés par la commission ne peuvent plus être octroyés que dans les conditions prévues par la commission après leur réexamen et dans la seule mesure où ils restent compatibles. Ils sont illégaux pour le surplus, ce qui implique une obligation de restitution dans l'hypothèse où ils sont néanmoins maintenus[1784].

La commission examine la compatibilité des aides existantes sur la base des critères définis par la réglementation communautaire. Aussi, sont compatibles avec le marché commun : les aides catégorielles à caractère social, à condition qu'elles soient accordées sans discrimination liée à l'origine des produits [1785]; les aides destinées à remédier aux dommages causés par les calamités naturelles ou par d'autres événements imprévisibles et insurmontables par l'entreprise[1786].

Dans le même sillage, peuvent être considérées comme compatibles avec le marché commun les aides aux entreprises, et en particulier aux petites et moyennes entreprises, destinées à favoriser le développement économique des régions défavorisées ou souffrant d'un retard notoire dans leur développement économique [1787]; les aides destinées à promouvoir la réalisation d'un projet important d'intérêt sous régional commun, ou à remédier à une perturbation grave de l'économie d'un État membre [1788]; les aides aux entreprises, et en particulier aux petites et moyennes entreprises, destinées à faciliter le développement de certaines activités quand elles n'altèrent pas les conditions des échanges dans une mesure contraire à l'intérêt commun [1789]; et enfin les aides destinées à promouvoir la culture, la conservation du patrimoine et la protection de l'environnement quand elles n'altèrent pas les conditions des échanges et de la concurrence dans la communauté dans une mesure contraire à l'intérêt commun[1790].

Sur ce terrain des aides existantes, un travail en profondeur attend la commission. Elle est appelée à le faire de façon méthodique et progressive. La mise en œuvre dans le cas d'espèce est à son initiative. Dans le cadre de réexamen des aides « existantes », la Commission de la CEMAC peut rendre deux types de décisions. Elle peut soit reconnaître la compatibilité d'une aide et autoriser son maintien, soit rendre une décision d'incompatibilité totale ou partielle. En clair, elle peut prendre l'une des décisions suivantes visant à :

---

[1783] *Idem.*
[1784] *Idem.*
[1785] Art. 81 (a) du règlement relatif à la concurrence.
[1786] Art. 81 (b) du règlement relatif à la concurrence.
[1787] Art. 82 (a) du règlement relatif à la concurrence.
[1788] Art. 82 (b) du règlement relatif à la concurrence.
[1789] Art. 82 (c) du règlement relatif à la concurrence.
[1790] Art. 82 (d) du règlement relatif à la concurrence.

constater la compatibilité du régime d'aide, demander la modification de certaines modalités du régime des aides pour le rendre compatible, supprimer le régime d'aide déclaré incompatible[1791]. Dans ce dernier cas, il n'est pas demandé la récupération de l'aide. Des modalités transitoires peuvent être convenues avec l'État membre concerné[1792].

Le schéma normatif décrit mérite d'être mis en œuvre pour sauvegarder une mobilisation optimale des ressources douanières tout en affermissant le processus d'harmonisation fiscale en cours. L'analyse des dispositions pertinentes du nouveau dispositif législatif CEMAC permet ainsi de réaliser que l'encadrement communautaire des règles gouvernant la concurrence n'en est qu'à ses balbutiements[1793]. On peut seulement espérer que le législateur comprenne l'urgence des difficultés précédemment soulevées et essaiera d'y apporter d'efficaces solutions[1794].

Le pari est loin d'être gagné pour les autorités communautaires qui devraient normalement, en collaboration avec les autorités nationales et notamment le juge national, parvenir à agir efficacement dans le cadre d'une intégration négative à la suppression des comportements susceptibles de remettre en cause la concurrence libre et non faussée au sein du marché commun. À cette étape, l'intervention des instances juridictionnelles pourtant largement nécessaire et justifiée fait cruellement défaut.

### Paragraphe II : L'indispensable contrôle juridictionnel des aides d'État de nature fiscale dans l'espace CEMAC

Le contrôle des aides d'État de nature fiscale dans l'espace CEMAC est resté au stade de sa consécration normative des intentions, mieux au stade « proclamatoire », incapable de garantir l'interdiction efficace d'une aide portant obstacle fiscal à l'intégration du marché intérieur[1795]. À cet effet, l'on a pu constater l'inaction de la Commission de la CEMAC comparativement à celle de la zone UEMOA[1796]. Cette inaction compromet gravement le bon

[1791] Art. 100 du règlement relatif à la concurrence.

[1792] *Idem.*

[1793] GNIMPIEBA TONNANG Édouard, *Droit matériel et intégration sous régionale en Afrique centrale : contribution à l'étude du droit communautaire économique et monétaire de l'Afrique centrale (CEMAC)*, *op. cit.*, p. 327.

[1794] *Idem.*

[1795] ONANGA OPISSINA Vianney note l'absence d'un véritable recours en manquement en matière de droit fiscal communautaire et l'une des causes de cette non-effectivité réside dans le caractère hautement régalien du pouvoir fiscal, voir ONANGA OPISSINA Vianney, *Problématique de l'application de la TVA dans l'espace OHADA*, *op. cit.*, p. 256.

[1796] La Commission de l'UEMOA a eu à connaître une pratique anticoncurrentielle qui intéresse le Sénégal : l'affaire RUFSAC. En application de la réglementation sur les aides d'État, le Département du marché régional, du commerce, de la concurrence et de la coopération de la

fonctionnement du marché commun au regard de multiples pratiques étatiques restrictives de concurrence.

Pourtant, le contrôle des aides d'État de nature fiscale apparaît comme une impérieuse nécessité. Eu égard aux importantes lacunes constatées au niveau de l'organe administratif de contrôle, les espoirs sont désormais portés par les organes juridictionnels de contrôle des aides d'État de nature fiscale. En effet, quel serait l'intérêt des règles douanières communes dont le respect ne serait aucunement contrôlé et garanti par un dispositif de sanction adéquat ? Allant dans ce sens, de nombreux rapports, études et recommandations, émanant des autorités communautaires ou d'organismes privés ont été rédigés au cours des dernières années pour réclamer une meilleure protection du cadre normatif de la concurrence[1797]. Celle-ci passe par la nécessité d'un véritable contrôle juridictionnel renforcé pour garantir l'effectivité de ces règles[1798]. Il est ainsi réclamé un renouveau dans les contrôles exercés par la Cour de justice communautaire (A) et une interpellation plus poussée des juridictions nationales (B).

### A- Le raffermissement du contrôle des aides d'État de nature fiscale par la Cour de justice communautaire

Pour enrayer durablement les exonérations douanières et partant, les pratiques étatiques restrictives de concurrence, il est impératif de mettre en place un contrôle juridictionnel efficace, capable d'assurer le libre jeu de la concurrence. Ce souhait est basé sur l'indépendance, l'intégrité et la liberté d'esprit qui caractérisent les juges pour mener à bien leur mission. La Cour de justice se présente comme la pierre angulaire de l'édifice d'intégration[1799]. Pour cela, une approche plus systématique quant au suivi des aides fiscales doit caractériser l'action des juges communautaires en Afrique centrale[1800].

---

commission, dans le rapport d'étape du 14 avril 2008 sur l'affaire RUFSAC, demande à l'État sénégalais de mettre un terme aux exonérations qu'il a accordées aux deux cimenteries importatrices d'emballages en papier que sont la SOCOCIM et les Ciments du Sahel, cité par MOHAMED Camara, « L'encadrement communautaire de la concurrence en zone de l'Union économique monétaire ouest-africaine (UEMOA) », *op. cit.*, p. 14.

1797 MOR BAKHOUM, « L'articulation du droit communautaire et des droits nationaux de la concurrence dans l'Union Économique et monétaire ouest-africaine (UEMOA) », *Revue internationale de droit économique*, 2011, pp. 8-9.

1798 Lire FALL Moustapha, *Les cours de justice africaines et l'intégration*, Paris, L'Harmattan, 2021, 505 pages.

1799 KAMTOH Pierre, « La cour de justice de la CEMAC », *Cours judiciaires suprêmes francophones, AHJUCAF*.

1800 Lire MBOGNE CHEDJOU Gabriel Cédric, *La transposition dans l'ordre juridique national des directives CEMAC : une analyse sous le prisme de la pratique européenne*, mémoire de master en relations internationales, option intégration régionale et management des institutions communautaires, 2012, l'auteur parle de la faible juridictionnalisation du droit communautaire.

Aussi, l'architecture institutionnelle de la CEMAC accorde une place de choix à la Cour de justice des communautés dans la mise en œuvre de la politique régionale de la concurrence. Ainsi, la Cour de justice des communautés est un organe de régulation de la concurrence[1801]. Elle joue un rôle primordial dans la mise en œuvre des règles de la concurrence en suivant un certain nombre de procédures. Son objectif principal est de rétablir la neutralité fiscale pour faire prévaloir la concurrence. En effet, le régime des aides d'État n'est pas homogène. Certaines aides sont considérées comme compatibles avec le marché intérieur, alors que d'autres ne bénéficient pas d'une telle présomption[1802]. Il revient ainsi au juge communautaire de décider en dernier ressort. Autant les décisions et communications de la Commission CEMAC sont rares, autant les arrêts de la Cour de justice le sont également[1803]. La léthargie dans laquelle est profondément engluée la Cour de justice depuis sa création a fini par décourager tous ceux des acteurs économiques de la sous-région qui avaient placé beaucoup d'espoirs en elle[1804]. L'on observe une somnolence caractérisée qui mérite d'être combattue afin qu'elle puisse rendre effectif le dispositif communautaire de contrôle et de renforcer la sécurité juridique et judiciaire recherchée[1805]. Le renouveau souhaité en appelle à une meilleure exploitation des recours faisant du juge communautaire un garant de la discipline fiscale communautaire (1) et un protecteur de la concurrence intracommunautaire (2).

#### 1. Le juge communautaire garant de la discipline fiscale communautaire

L'approche rénovée du contrôle juridictionnel vise à faire du juge communautaire le garant de la discipline fiscale communautaire. Cette posture recherche une intégration positive d'autant plus que l'aide fiscale constitue une dérogation à la normalité fiscale et une rupture d'égalité dans la concurrence. À cet effet, le droit communautaire s'intéresse de la manière dont les États membres utilisent la fiscalité, et cela, afin que cette dernière ne constitue pas un obstacle à l'achèvement du marché intérieur[1806]. Aussi, la condamnation

---

[1801] MOHAMED Camara, « L'encadrement communautaire de la concurrence en zone de l'Union Économique Monétaire ouest-africaine (UEMOA) », *op. cit.*

[1802] Pour plus de détails, lire BLUEMANN Yves, Thèse précitée, *op. cit*, lire aussi, MAITROT DE LA MOTTE Alexandre, *Droit fiscal de l'Union européenne, op. cit.*

[1803] BAKAM TITGOUM Nadine-Josiane, *Normalisation et libre circulation des marchandises dans les marchés communs CEMAC et UEMOA*, *op. cit.*, p. 260. L'auteur parle de la difficile pratique des moyens de contrôle juridictionnel au sein de la CEMAC.

[1804] GNIMPIEBA TONNANG Édouard, *Droit matériel et intégration sous régionale : contribution à l'étude du droit communautaire économique et monétaire de l'Afrique centrale (CEMAC)*, *op. cit.*, p. 328.

[1805] *Idem.*

[1806] PAPADAMAKI Ioanna, *Les aides d'État de nature fiscale en droit de l'Union européenne*, *op. cit.*, p. 45.

des discriminations fiscales doit être du ressort du juge communautaire dans le cadre du contrôle des aides fiscales.

L'état des lieux a fait observer un désordre dans le paysage fiscal communautaire du fait des États membres qui violent impunément les engagements fiscaux pris dans le cadre de la construction communautaire. Ce désordre se traduit notamment par une inapplication des textes communautaires ou des politiques fiscales mises en œuvre en marge de la réglementation communautaire. L'exemple atypique est le foisonnement, la prolifération incontrôlée des exonérations douanières aussi bien conventionnelles que discrétionnaires, la subsistance des pratiques contraires aux normes communautaires en matière de TVA, des détournements tarifaires et bien d'autres[1807]. Aussi, le système des exonérations reste encore « emblématique des difficultés d'harmonisation des politiques nationales »[1808]. De ce constat négatif largement exprimé, il se dégage une impérieuse nécessité de mettre en œuvre les moyens juridiques de sanction prévus par la réglementation communautaire. Ces moyens permettront d'assurer une application uniforme du droit fiscal sur tout le territoire de la CEMAC. Ainsi, le renforcement du poids politique de la Cour de justice est susceptible de jouer un rôle déterminant dans l'avancée de l'harmonisation fiscale en CEMAC[1809].

À cet effet, l'article 4 du traité révisé de la CEMAC dispose qu' « en cas de manquement par un État aux obligations qui lui incombent en vertu du droit communautaire, la Cour de justice peut être saisie en vue de prononcer les sanctions dont le régime sera défini par des textes spécifiques ». Le recours en manquement est une des innovations majeures du traité révisé de la CEMAC signé le 25 juin 2008. Ainsi, le recours en manquement vise à réprimer, à l'instigation de la Commission ou d'un autre État membre, la violation des règles communautaires par les États eux-mêmes, dans leurs activités matérielles comme dans celles normatives[1810]. Ce recours en manquement avec pouvoir d'astreinte permet à la juridiction communautaire de sanctionner la non-conformité d'un acte juridique contraire au droit communautaire.

C'est donc au juge communautaire que revient le soin de garantir les deux caractéristiques essentielles du droit communautaire lesquelles tirent leur origine des articles 41 et 44 du traité à savoir : d'une part l'application directe et obligatoire des normes communautaires, et d'autre part leur primauté sur

[1807] CEMAC, *Fiche sur l'application des textes communautaires,* document de travail du Conseil des ministres, Malabo, 2005, p. 14, voir aussi, CEMAC, *rapport d'activités de la première étape du processus d'intégration économique*, 1999-2004, p. 25.

[1808] *Ibid.*, p. 15.

[1809] MEYONG ABATH Roger Athanase, *L'harmonisation fiscale et douanière en zone CEMAC*, *op. cit.*, p. 494.

[1810] TATY Georges, « Le recours en manquement d'État de l'article 4 du Traité révisé de la CEMAC : analyse critique », op. *cit.*, p. 2.

les dispositions internes antérieures ou postérieures[1811]. Désormais, tout État membre de la CEMAC peut voir ses actes soumis par la voie de la procédure en manquement, au contrôle du juge communautaire dont la mission est de délimiter les obligations incombant aux États membres et en même temps de fixer les interprétations authentiques des règles communautaires[1812].

Au demeurant, l'on a vu un peu plus haut en matière d'aides fiscales que les États membres sont soumis à deux obligations, celle de notification et celle de restitution. Mais dans la pratique, ces obligations sont rarement respectées. Raison pour laquelle la présence d'un juge serait salvatrice dans la garantie d'un ordre fiscal communautaire cohérent. Dans cette perspective, l'interdiction des aides d'État de nature fiscale serait respectée à la lettre si le juge communautaire procédait véritablement au contrôle des interdits au sein de la communauté. Dans la même lancée, le juge permettra ainsi au droit communautaire CEMAC de ne plus être privé de son effet utile et de procéder à une interdiction efficace des aides fiscales lorsque celles-ci constituent des obstacles à l'achèvement du marché intérieur[1813].

Par ailleurs, le juge communautaire devrait jouer un rôle essentiel dans la mise en œuvre des règlements et des directives en matière de fiscalité communautaire[1814]. Cette contribution de la Cour consiste grâce à ses arrêts, en l'établissement d'une communauté dominée par le respect du droit, condition sine qua non de toute construction fiscale communautaire[1815]. En outre, son rôle tient, entre autres, à faire appliquer le droit fiscal de la CEMAC, mais aussi à enrichir celui-ci par une jurisprudence constructive[1816]. Pour ce faire, il faudrait doter la Cour de justice de la CEMAC d'un pouvoir de contrainte, car l'inapplication du droit fiscal communautaire serait due à l'absence de ce pouvoir[1817].

Ce pouvoir de contrainte permettra de limiter l'instauration des règles dérogatoires comme les niches fiscales douanières. La présence du juge devrait logiquement conduire les États membres à soumettre leurs ordres juridiques à un certain nombre de contraintes aboutissant à une neutralité fiscale. Le contrôle des aides fiscales par le juge visera à apporter des limitations à l'exercice des compétences fiscales étatiques en procédant à l'élimination des obstacles fiscaux issus des droits nationaux. Bien plus,

---

1811 *Idem*

1812 *Idem.*

1813 PAPADAMAKI Ioanna, *Les aides d'État de nature fiscale en droit de l'Union européenne*, *op.cit.*, p. 378.

1814 Lire MBOGNE CHEDJOU Gabriel Cédric, *La transposition dans l'ordre juridique national des directives CEMAC : une analyse sous le prisme de la pratique européenne*, *op. cit.*

1815 MEYONG ABATH Roger Athanase, *op. cit.*, p. 495.

1816 *Idem.*

1817 MBOGNE CHEDJOU Gabriel Cédric, *La transposition dans l'ordre juridique national des directives CEMAC : une analyse sous le prisme de la pratique européenne*, *op. cit.*

l'objectif du contrôle des aides fiscales par le juge communautaire est de contribuer à l'élimination des mesures fiscales susceptibles de provoquer des distorsions de la concurrence. En cela, le juge communautaire doit s'ériger en protecteur de la concurrence intracommunautaire.

### 2. Le juge communautaire protecteur de la libre concurrence intracommunautaire

Le libre jeu de la concurrence constitue le maillon essentiel sinon la pierre angulaire de toute construction communautaire, et dont la mise en place et le maintien font partie des objectifs prioritaires du droit communautaire[1818]. Il est la fondation de tout édifice communautaire. En effet, le libre jeu de la concurrence est essentiel pour un développement économique juste, équilibré et durable sur l'ensemble de l'union en vue du bien-être des consommateurs[1819]. Bien plus, le libre jeu de la concurrence est de nature à augmenter la compétitivité de l'économie de la sous-région, à améliorer les conditions de croissance et à relever le niveau de vie des populations dans la communauté[1820]. La quête du libre jeu de la concurrence est désormais une préoccupation essentielle au sein de la zone CEMAC.

L'intérêt désormais accordé à la libre concurrence a vu désormais encadrer les pratiques étatiques restrictives de la concurrence. Aussi, le droit communautaire rend incompatibles les pratiques étatiques, en particulier les aides publiques de nature fiscale susceptibles de fausser la concurrence en favorisant certaines entreprises ou productions[1821]. L'on sait en règle générale que les interventions étatiques par le biais de la fiscalité sont perçues de manière négative en raison notamment des externalités qu'elles peuvent provoquer, sachant que les décisions d'un gouvernement sont susceptibles d'avoir des conséquences potentiellement néfastes sur d'autres États membres[1822]. Plus précisément les aides financières, y compris fiscales, peuvent fausser les conditions de la concurrence pour l'entreprise bénéficiaire, de leur côté, les entreprises concurrentes subissent un préjudice du fait de la nature discriminatoire de l'aide[1823]. Ces externalités sont ainsi responsables de la mise en échec de la concurrence au niveau communautaire. Les aides

---

[1818] Le principe de la libre concurrence est un des principes cardinaux qui sous-tendent l'instauration d'un marché commun basé sur la libre circulation des personnes, des biens, des services et le droit d'établissement.

[1819] Voir 1er considérant du règlement n° 06/19-UEAC-639-CM-33 relatif à la concurrence.

[1820] Voir 3e considérant du règlement n° 06/19-UEAC-639-CM-33 relatif à la concurrence.

[1821] Article 78 du règlement relatif à la concurrence.

[1822] BLASSELLE Richard, *Traité de droit européen de la concurrence, T. II B, les restrictions de concurrence imputables aux États membres*, Paris, Publisud, 2005, p. 17, repris par PAPADAMAKI Ioanna, *op. cit.*, p. 25.

[1823] *Idem.*

fiscales risquent de menacer le bon fonctionnement du système de concurrence libre et non faussée d'où son interdiction.

Malgré cette interdiction, les États membres n'ont cessé de multiplier les pratiques fiscales portant atteinte au sacro-saint principe communautaire de libre concurrence. Aussi, au-delà des objectifs de développement socioéconomique derrière les aides d'État de nature fiscale, celles-ci semblent avoir servi de prétexte aux États membres pour violer impunément cette réglementation sur la concurrence. La volonté de se conformer aux principes d'une économie de marché ouverte, concurrentielle, et favorisant l'allocation optimale des ressources est loin d'être un acquis dans l'espace communautaire de la CEMAC. L'encadrement communautaire des aides fiscales en général et des exonérations douanières en particulier n'a pas résisté à la pression des États membres soucieux de donner une priorité aux difficultés socioéconomiques internes.

Face à ce constat implacable et désolant, il est urgent de protéger la libre concurrence au sein du marché communautaire. Cela requiert l'élimination des discriminations et des entraves fiscales, ainsi que la réglementation de la concurrence fiscale entre les États membres[1824]. La survie de l'espace communautaire et la mobilisation optimale des ressources étatiques en dépendent largement. Pour ce faire, le législateur communautaire a mis en place un contrôle strict des aides d'État de nature fiscale en faisant intervenir la Cour de justice communautaire. L'objectif de cette dernière est de favoriser l'émergence d'une véritable intégration économique dans l'espace communautaire CEMAC[1825].

Dans cette perspective, malgré les pesanteurs d'ordre juridictionnel, structurel ou fonctionnel qui empêchent la Cour de justice communautaire de prendre son envol ou d'atteindre la vitesse de croisière[1826], il est du ressort du juge communautaire de s'ériger en censeur, en surveillant de l'ordre communautaire concurrentiel. D'ailleurs, le règlement relatif à la concurrence le fait intervenir en dernière instance pour trancher les litiges portant sur le respect de l'ordre communautaire concurrentiel. Ainsi, lorsqu'une aide notifiée est déclarée incompatible avec le marché commun et est néanmoins mise en œuvre, la commission prend une décision enjoignant l'État membre de suspendre l'aide illégale et de récupérer sans délai tout ou partie de fonds versés, le cas échéant[1827]. Bien plus, en cas de non-respect d'une injonction et

[1824] BEGNI BAGAGNA, Thèse précitée, p. 246.

[1825] Voir FIPA NGUEPJO Jacques, *Le rôle des juridictions supranationales de la CEMAC et de l'OHADA dans l'intégration des droits communautaires par les États membres,* Thèse de doctorat en droit, Université Panthéon-Assas, 2011, 487 pages.

[1826] FIPA NGUEPJO Jacques, *op.cit.*, p. VI.

[1827] Article 97 du règlement relatif à la concurrence.

toute autre décision de la commission, la Cour de Justice communautaire peut être saisie[1828].

Toujours dans son rôle de protection de la libre concurrence, le juge communautaire peut être saisi en première instance. Il peut l'être en cas de violation flagrante de la réglementation communautaire. Aussi, l'article 4 dispose, « dans son rôle juridictionnel, la Cour de Justice rend, en dernier ressort, des arrêts sur les cas de violation des traités de la CEMAC et des conventions subséquentes dont elle est saisie conformément à ses règles de procédure »[1829]. Et au regard de l'article 5, les décisions rendues par la Cour de Justice en application de l'article 4 ci-dessus ont l'autorité de la chose jugée et force exécutoire[1830]. Bien plus, les membres de la Cour de Justice exercent leurs fonctions en toute indépendance, dans l'intérêt général de la Communauté[1831].

Allant dans ce sens, l'obligation de renoncer à certaines mesures d'aides fiscales qui peuvent fausser la concurrence en favorisant certaines entreprises ou certaines productions doit être surveillée par le juge communautaire et sanctionnée en cas de violation. Le juge une fois saisi doit vérifier si l'État incriminé a violé ou non ses obligations communautaires. Si c'est le cas, elle prononce un arrêt en constatation de manquement. Dans le cas contraire, elle rejette le recours[1832]. Aussi, le recours en manquement permet au juge communautaire de délimiter les obligations communautaires incombant aux États membres[1833]. La surveillance de l'exécution des obligations communautaires doit permettre au juge communautaire de jouer pleinement son rôle. Aussi, le garant de l'exécution des obligations conventionnelles des États membres en rapport avec la concurrence est bien le juge.

Au regard du maintien déguisé du nationalisme économique[1834], il revient ainsi au juge de rétablir la concurrence faussée par les interventions étatiques restrictives de concurrence. L'approche rénovée du contrôle juridictionnel recommande au juge d'être proactif, de jouer pleinement sa partition dans l'intérêt de la construction communautaire. L'immersion continue de la CEMAC dans l'interétatisme en matière fiscale doit être enrayée par le juge

---

1828 Article 98 du règlement relatif à la concurrence.

1829 Article 4 de la convention régissant la Cour de Justice de la CEMAC.

1830 Article 5 de la même convention.

1831 Article 7 de la convention régissant la Cour de Justice de la CEMAC.

1832 Voir TATY Georges, Le recours en manquement d'État de l'article 4 du traité révisé de la CEMAC : analyse critique, Troisième rencontre interjuridictionnelle des cours communautaires de « l'UEMOA, la CEMAC, la CEDEAO et de l'OHADA », Dakar 4, 5, 6 mai 2010,

1833 *Idem.*

1834 D'après BEGNI BAGAGNA, Le domaine de la fiscalité demeure l'une des « forteresses nationales ». Cela peut s'expliquer que les États veulent y conserver la plus intacte possible leur souveraineté. Étroitement liée à l'économie, les États veulent garder la haute main sur le domaine sensible dans lequel et par lequel ils peuvent agir sur l'économie et, par conséquent, démontrer leur possibilité d'action publique. Lire BEGNI BAGAGNA, Thèse précitée.

communautaire afin que le droit fiscal communautaire de la CEMAC cesse d'être considéré comme un « droit proclamatoire »[1835]. En raison de la présence du juge communautaire, les États membres ont l'obligation de respecter l'ordre communautaire concurrentiel. Ils doivent s'abstenir d'adopter des mesures fiscales nationales susceptibles de mettre en péril le libre jeu de la concurrence sous le regard bienveillant du juge.

La fiscalité à l'échelon communautaire a un impact sur le comportement des entreprises et sur les risques de distorsion de concurrence ou de localisation pouvant résulter de la coexistence de politiques fiscales différentes dans un marché unique[1836]. Il est évident que l'existence d'un mécanisme juridictionnel destiné à contrôler le comportement des États et à réprimer les éventuelles transgressions contribue à l'efficacité du système juridique communautaire, car si un État pouvait échapper à ses obligations par l'adoption des règles internes contraires au droit communautaire, c'en serait fini de l'application uniforme du droit communautaire, et il serait illusoire de croire que l'on puisse faire progresser l'intégration et le libre jeu de la concurrence[1837]. Dès lors, la conséquence directe de ce qui précède, c'est désormais de faire confiance au juge communautaire. Il est appelé à garantir non seulement la discipline fiscale communautaire, mais aussi l'ordre communautaire concurrentiel. D'où l'appel à un rôle déterminant de la Cour de justice communautaire [1838]qui pourra être aidée en cela par le juge national.

### B- La collaboration souhaitée du juge national dans la lutte contre les aides fiscales incompatibles

Malgré la prégnance de la souveraineté fiscale des États membres dans l'espace communautaire CEMAC, traduite par les interventions étatiques susceptibles de fausser la concurrence, les autorités communautaires restent déterminées à favoriser le développement économique des États membres grâce à l'harmonisation de leurs législations, à l'unification de leurs marchés intérieurs et à la mise en œuvre des politiques communes dans les secteurs essentiels de leur économie[1839]. Aussi, dans la perspective d'établir en commun les conditions d'un développement économique et social harmonieux dans le cadre d'un marché ouvert et d'un environnement juridique approprié[1840], le législateur communautaire a mis à contribution le juge national dans la lutte contre les pratiques étatiques restrictives de concurrence

---

1835 BANGO Ange, *op. cit.*, p. 160.

1836 LAMBERT Thierry et al., *Les chantiers fiscaux à engager*, Paris, l'Harmattan, 2002, p. 227, cité par BEGNI BAGAGNA, *op. cit.*, p. 202.

1837 TATY Georges, « Le recours en manquement de l'État de l'article 4 du Traité révisé », *op. cit.*

1838 Lire FALL Moustapha, *Les cours de justice africaines et l'intégration*, *op. cit.*

1839 Préambule convention régissant l'Union économique de l'Afrique centrale (UEAC).

1840 Article 1 de la convention régissant l'Union économique de l'Afrique centrale (UEAC).

par le biais de la fiscalité notamment[1841]. Les juridictions nationales se sont ainsi vues intégrées dans l'ordre judiciaire CEMAC, comme elles le sont dans l'ordre judiciaire OHADA[1842]. Dans la recherche de la neutralité fiscale, le juge national se voit attribuer une double compétence notamment l'action en contestation de la compatibilité d'une aide fiscale (1) et plus encore l'action en réparation du préjudice subi par une aide déclarée incompatible (2).

### 1. La mise en œuvre systématique de l'action en contestation de la compatibilité d'une aide fiscale auprès du juge national

Bien que le contrôle des aides fiscales soit prioritairement réservé à la Commission CEMAC et à la Cour de justice communautaire, il n'en demeure pas moins que le juge national a son mot à dire en cas de violation flagrante des dispositions communautaires en la matière. L'architecture juridictionnelle [1843]des États membres de la CEMAC plaide pour une plus grande implication du juge national dans la lutte contre les discriminations fiscales de nature à porter un sérieux coup au principe de libre concurrence au sein de l'espace communautaire de la CEMAC. La sauvegarde de l'ordre fiscal communautaire échoit ainsi au juge national, qu'il appartienne aux juridictions d'instance ou d'appel ou encore de cassation[1844]. Son intervention vise à garantir la suprématie des règles fiscales communautaires tout en contribuant à une mobilisation optimale des recettes fiscales.

Aussi, la prérogative de mise en œuvre de l'action en contestation de la compatibilité d'une aide fiscale avec le marché commun revient aux personnes publiques ou privées, en particulier des concurrents des entreprises bénéficiaires d'une aide[1845]. Le législateur communautaire à travers ces dispositions invite le juge national désormais à se pencher sur les questions fiscales d'ordre communautaire. À l'observation, cette action du juge national en matière de contestation de la compatibilité des aides fiscales est encore timide. Plusieurs facteurs peuvent expliquer cette timidité notamment la non-vulgarisation du droit communautaire et les difficultés fonctionnelles. Le juge national doit sortir de sa torpeur pour privilégier l'application de la norme communautaire en laissant inappliquées les dispositions fiscales contraires du

---

[1841] Lire utilement JOUVE Denis, *Le juge national et le droit des aides d'État : étude de droit comparé franco-espagnol*, Thèse de doctorat en droit public, Université de Grenoble, juillet 2013.

[1842] KAMENI Lazare, *op. cit.*, p. 146.

[1843] Lire FIPA NGUEPJO Jacques, *Le rôle des juridictions supranationales de la CEMAC et de l'OHADA dans l'intégration des droits communautaires par les États membres*, *op. cit.*, p. 110.

[1844] KAMENI Lazare, *Droit OHADA et droit constitutionnel des États-parties : contribution à l'analyse sous le prisme de la pratique camerounaise*, *op. cit.*, p. 146.

[1845] Article 90 du règlement relatif à la concurrence.

droit national[1846]. Il devient ainsi un maillon essentiel dans le processus de l'enracinement du droit communautaire[1847].

Le juge national devrait s'approprier la « notion extensive » d'aide d'État de nature fiscale pour contrecarrer les projets étatiques accordant de nombreuses facilités douanières et fiscales à certaines entreprises ou à certaines productions. Son contrôle repose sur les notions de compatibilité ou de non-compatibilité des aides fiscales avec le marché commun[1848]. Dans ce sillage, le juge national devra empêcher les interventions des pouvoirs publics susceptibles d'affecter le jeu de la concurrence et la libéralisation du commerce d'une part, et d'autre part, il devrait reconnaître à l'État une large faculté d'action en les autorisant à adopter des mesures de soutien économique estimées nécessaires pour atteindre des objectifs compatibles avec l'intérêt communautaire[1849].

En tout état de cause, les personnes publiques ou privées, les entreprises et autres entités ont désormais un rempart qu'est le juge national pour contester la compatibilité d'une aide publique de nature fiscale avec le marché commun. Ce pouvoir est encore largement méconnu du grand public. Il est tout simplement souhaitable de voir régulièrement mettre en œuvre ce dispositif protégeant aussi bien les intérêts des particuliers que les ressources financières étatiques d'une dilapidation outrancière. En effet, ce dispositif de contrôle est de nature à freiner les ardeurs des États dans l'utilisation abusive des facilités douanières. Partant de là, l'action salutaire et souhaitée du juge national contribue à une mobilisation optimale des recettes douanières dans les États membres. C'est d'ailleurs notre vœu en sollicitant une mise en œuvre régulière de l'action en contestation de la compatibilité d'une aide d'État de nature fiscale dans l'espace communautaire de la CEMAC.

Mais au-delà de la préservation des intérêts financiers de l'État, compte tenu des manquements avérés des États, on peut noter de nouvelles avancées concernant la protection juridictionnelle des particuliers. L'État de droit à en croire BEGNI BAGAGNA n'en sort que renforcé[1850]. Il est évident que l'existence d'un mécanisme destiné à contrôler le comportement des États et à réprimer les éventuelles transgressions contribue à l'efficacité du système juridique communautaire, car si un État pouvait échapper à ses obligations par l'adoption des règles internes contraires au droit communautaire, l'application uniforme du droit communautaire serait compromise[1851]. Par son action, le

---

[1846] FIPA NGUEPJO Jacques, *op. cit.*, p. 113.
[1847] *Idem.*
[1848] Voir MAITROT DE LA MOTTE Alexandre, cité par BEGNI BAGAGNA, *op. cit.*, p. 238.
[1849] SUBRA DE BIEUSSES Pierre, « Les contrôles communautaires des aides », *in* : NEMERY Jean-Claude, *Le renouveau de l'aménagement du territoire en France et en Europe*, Économica, Paris, 1994, p. 445. Repris par BEGNI BAGAGNA, *op. cit.*, p. 245.
[1850] BEGNI BAGAGNA, Thèse précitée, *op. cit.*, p. 275.
[1851] *Idem.*

juge national veille au respect de la normalité fiscale et concurrentielle au travers du postulat de l'égalité devant l'impôt et dans la concurrence[1852]. Dans la même veine, une avancée plus significative se situe sur le terrain de la mise en jeu de la responsabilité étatique auprès du juge national à la suite d'une violation du droit communautaire.

### 2. La mise en œuvre régulière de l'action en réparation du préjudice subi par une aide fiscale déclarée incompatible

Déclarer une aide incompatible est certes une bonne chose, mais encore faut-il sanctionner l'État coupable et réparer le préjudice subi par les différents intervenants au marché commun. Le législateur communautaire a très vite pris en compte cette préoccupation. Ainsi, la mise en jeu de la responsabilité étatique en matière d'aide fiscale incompatible trouve son fondement dans le règlement relatif à la concurrence : « *Les juridictions nationales peuvent être saisies par des personnes publiques ou privées, en particulier des concurrents des entreprises bénéficiaires d'une aide, pour contester la compatibilité avec le marché commun de cette aide ou faire valoir le préjudice subi de la mise en œuvre d'une aide déclarée incompatible par la commission* »[1853].

Il revient donc au juge national de sanctionner l'État coupable du non-respect de la décision de la Commission de la CEMAC rendant une aide fiscale incompatible. En le faisant, le juge national prend ainsi le soin de garantir les deux caractéristiques essentielles du droit communautaire, à savoir, l'application directe et obligatoire des normes communautaires et leur primauté sur les dispositions internes antérieures ou postérieures. La Commission de la CEMAC est d'ailleurs le garant de la primauté du droit fiscal communautaire et est épaulée en cela par la Cour de justice communautaire. Ces décisions doivent être respectées intégralement par les États membres sous peine de voir ainsi leur responsabilité engagée.

Ce dispositif de contrainte mis entre les mains des intervenants au marché commun n'est pas suffisamment exploité. Pourtant, ce dispositif est de nature à décourager les États membres dans leur tentative de violer impunément la réglementation fiscale communautaire. Il est temps de vulgariser ce droit à la solde des particuliers et des entreprises. Tout citoyen ou toute autre entité se sentant lésé par le non-respect de la décision de la Commission de la CEMAC rendant une aide fiscale incompatible peut saisir le juge national pour se faire réparer le préjudice subi. Ceux-ci doivent amplifier leurs efforts dans l'invocabilité de la mise en jeu de la responsabilité étatique. Il résulte dès lors de la législation communautaire actuelle, un positionnement stratégique du juge national devant le conduire à assumer des responsabilités essentielles

---

1852 PAPADAMAKI Ioanna, *Les aides fiscales de nature fiscale en droit de l'Union européenne*, *op. cit.*

1853 Article 10 du règlement n° 06/19-UEAC-639-CM-33 relatif à la concurrence.

dans la réalisation de l'ordre juridique communautaire au domaine suffisamment élargi[1854]. Aussi, Joël RIDEAU dit du juge national, relativement au droit communautaire européen, « qu'il est dans l'ensemble communautaire, l'autorité la mieux en mesure d'assurer la pleine efficacité de cette modalité fondamentale de l'impact du droit européen dans les ordres juridiques nationaux »[1855].

Au demeurant, une meilleure connaissance du droit communautaire, son invocation plus fréquente par les justiciables et un juge national plus actif sont des ingrédients de nature à faciliter la mise en œuvre de la responsabilité étatique en cas d'une violation flagrante des dispositions communautaires en matière des aides d'État de nature fiscale. Quoi qu'il en soit, Nadine Josiane BAKAM TITGOUM dans sa thèse, appelle à une plus grande activité des juges communautaires CEMAC en vue de la construction du marché commun[1856]. Aussi, à l'image de l'apport du juge européen à la construction de son espace communautaire, elle émet le vœu d'une plus grande vitalité de la Cour de justice de la CEMAC afin de contribuer à l'avancée du processus d'intégration régionale engagée depuis plusieurs décennies[1857].

---

1854 FIPA NGUEPJO Jacques, *Le rôle des juridictions supranationales et de l'OHADA dans l'intégration des droits communautaires par les États membres*, *op. cit.*, p.115.
1855 RIDEAU Joël, « Le rôle des États membres dans l'application du droit communautaire » AFDI, 1972, p. 883, cité par FIPA NGUEPJO Jacques, *op. cit.*, p. 113.
1856 BAKAM TITGOUM Nadine Josiane, *Normalisation et libre circulation des marchandises dans les marchés communs CEMAC et UEMOA* : étude comparative, *op. cit.*, p. 277.
1857 *Ibid.* p. 289.

## CONCLUSION DU CHAPITRE I

Pour contrecarrer la prolifération incontrôlée des exonérations douanières dans l'espace communautaire de la CEMAC, il serait nécessaire d'approfondir l'harmonisation douanière. Cette dernière postule pour une mise en œuvre homogène du tarif extérieur commun (TEC), la lutte contre la fraude et la limitation des régimes douaniers dérogatoires sources de distorsions et d'inefficacité[1858]. En outre, elle favorise l'application généralisée de la TVA, assurant une fiscalité indirecte simplifiée et neutre pour l'entreprise[1859]. Dans ce sillage, la doctrine fiscale a d'ailleurs fait observer une corrélation positive entre l'harmonisation douanière et l'accroissement des recettes douanières[1860]. Pourtant, en dépit des effets positifs attendus de l'harmonisation douanière, l'observation des pratiques fiscales des États membres permet de constater de nombreuses distorsions et disparités préjudiciables à la philosophie commune et à une mobilisation optimale des recettes douanières[1861].

L'approfondissement de l'harmonisation douanière passe par un renforcement de l'encadrement normatif des politiques fiscales incitatives nationales, à travers une mise en œuvre contrôlée des exonérations douanières. En effet, l'on a noté au niveau des États membres, une méconnaissance notoire des principes clé du droit communautaire à savoir la primauté et l'effet direct des règles harmonisées sur les dispositions de droit national. Il est ainsi temps de réaffirmer la prééminence et surtout le caractère contraignant du droit communautaire qui postule une application homogène et uniforme. Dans cette perspective, il faudrait renforcer l'accompagnement des États dans l'appropriation du cadre légal communautaire. En ce sens, les exonérations douanières comme aides d'État de nature fiscale doivent se soumettre aux contraintes posées par le droit communautaire sous réserve d'une sanction prononcée par les instances communautaires prévues à cet effet.

Parlant de sanctions et de surveillance des pratiques fiscales discriminatoires des États membres, un renforcement institutionnel est également souhaité, notamment à travers la valorisation du contrôle administratif de la Commission de la CEMAC. Celle-ci doit intensifier son action préventive à travers la mise en œuvre effective de l'obligation de notification, tout en veillant à mieux encadrer ses interventions *a postériori*. Bien plus, la garantie de la discipline fiscale communautaire passe par la

---

[1858] Article 17 de la charte des investissements de la CEMAC, Règlement n° 17/99/CEMAC-020-CM-03

[1859] *Ibid.* Article 19.

[1860] D'après MEYONG ABATH Roger Athanase, parlant des administrations fiscales, l'harmonisation permet de renforcer leurs capacités, notamment de mobilisation des ressources fiscales pour le développement des pays de la sous-région, Lire MEYONG ABATH Roger Athanase, *op. cit.*, p. 19.

[1861] CEMAC, *diagnostic institutionnel, fonctionnel et organisationnel de la CEMAC, op. cit.*

nécessaire dynamisation du contrôle juridictionnel de la Cour de justice des communautés, aidée en cela par le juge national qui intervient pour faire contester la compatibilité d'une aide ou pour faire valoir le préjudice subi de la mise en œuvre d'une aide déclarée incompatible par la Commission de la CEMAC.

En tout état de cause, le renforcement de l'harmonisation des politiques fiscales régionales doit se faire sur la base des principes fondamentaux notamment : une gestion efficace du TEC et de la TVA aboutissant à l'efficacité budgétaire des impôts douaniers ; la neutralité économique de ces impôts et la promotion du civisme fiscal. Mais, en attendant l'effectivité de toutes ces préconisations, il est souhaitable, au regard de notre contexte de sous-développement, de mettre en place un cadre général commun propice au développement et de nature à limiter le recours aux incitations fiscales.

# CHAPITRE II :

# L'ESQUISSE D'UNE ALTERNATIVE EFFICIENTE À UNE POLITIQUE FISCALE EXONÉRATOIRE INAPPROPRIÉE

Le renforcement de l'encadrement normatif des politiques fiscales des États membres et la dynamisation de l'action des instances communautaires chargées du contrôle des aides d'État de nature fiscale ne pourront durablement limiter la prolifération des exonérations douanières dans l'espace CEMAC. Il serait illusoire de penser à la suppression des frontières fiscales et douanières dans cet espace. La survivance de la souveraineté fiscale est encore très forte et prégnante[1862]. Aussi, la neutralité fiscale tant recherchée et très bénéfique pour la compétitivité des entreprises est loin d'être un objectif atteint.

Il faut donc passer à une autre étape, aller au-delà de l'approfondissement de l'harmonisation douanière pour encadrer la logique de la permanence des frontières fiscales[1863], l'acceptation de la dure réalité des frontières douanières à travers la définition d'un cadre général propice à une croissance durable et de nature à limiter la propension à recourir aux incitations fiscales. D'ailleurs, les exonérations fiscales n'ont pas démontré leur efficacité en matière de création d'entreprises et d'emplois[1864]. Elles constituent ainsi un levier d'action « par défaut » faute d'une alternative efficiente. Il est question de mettre en place un cadre général commun regroupant l'ensemble des dispositions destinées à améliorer l'environnement institutionnel, fiscal et financier des entreprises dans le but de favoriser la croissance et la diversification des économies des pays membres[1865]. Ce cadre pourra ainsi remplacer une politique incitative généreuse et jusque-là restée peu concluante[1866].

La définition de ce cadre reste un chantier longtemps discuté, mais jamais abouti. Elle pourra se faire à travers la définition d'un cadre incitatif commun

---

1862 ONANGA OSSIPINA Vianney, *op. cit.*, l'auteur fait allusion à la survivance de la souveraineté fiscale comme contrainte à l'achèvement de l'harmonisation de la TVA dans les États membres de l'OHADA.

1863 Lire ALLOUARD Ophélie, *Les frontières fiscales dans l'Union européenne appliquées à la fiscalité des entreprises*, *op. cit.*

1864 Voir BOUBAY-PAGES Michèle, « Des exonérations fiscales pour des investissements vertueux », *op. cit.*

1865 Voir Préambule de la Charte des investissements de la CEMAC, Règlement n° 17/99/CEMAC-020-CM-03.

1866 NIANE Abdoulaye, *Fiscalité et intégration économique*, *op. cit.*, p. 193.

propice au développement, qui prend en compte non seulement les préoccupations d'ordre budgétaire, mais qui tient également compte des réalités socioéconomiques de la zone Afrique centrale, une zone en devenir et en pleine expansion. Par ailleurs, compte tenu de l'importance du secteur privé dans la stratégie de développement, il est tout à fait normal de créer un environnement favorable au déploiement des entreprises. En clair, la zone CEMAC a besoin d'une réforme à la fois ambitieuse, pragmatique, basée sur des projets nationaux et communautaires bien identifiés et des modes de gestion modernes, efficients des administrations fiscales et douanières tout en limitant le recours à l'outil fiscal. Aussi, pour enrayer le foisonnement des exonérations douanières et par là accroître la mobilisation des recettes douanières, la réforme doit prioritairement s'orienter vers la mise en place d'un cadre incitatif commun (section I), tout en prenant en compte l'amélioration de l'environnement sous régional des affaires (section II).

## SECTION I : LA RECHERCHE D'UN CADRE INCITATIF COMMUN ADAPTÉ AUX INVESTISSEMENTS

La réforme fiscale et douanière de 1994 qui ambitionnait en son temps de mettre fin aux régimes dérogatoires a montré ses limites. Elle n'a pas su s'adapter à son contexte de pauvreté et de sous-développement. En témoignent, le foisonnement des exonérations douanières et la multiplication des conventions et autres instruments accordant de nombreuses facilités douanières au fil des années. Tout le contraire de ce que préconisait cette réforme. Bien plus, l'adoption de la charte communautaire des investissements [1867]au fil du temps, a également été l'occasion manquée de mettre en place un cadre idéal propice au développement de la sous-région Afrique centrale. Dans ce sillage, les zones franches sont toujours d'actualité, les zones économiques et les lois d'incitation à l'investissement privé pullulent de manière désordonnée au sein de la CEMAC.

Preuve qu'il faut à nouveau rechercher des mécanismes propres à fédérer les énergies communes dans la quête de la croissance et du bien-être des populations tout en limitant au maximum l'utilisation de l'outil fiscal à des fins extrabudgétaires. Aussi, des années de réformes fiscales et douanières n'ont pu enrayer la spirale négative des régimes dérogatoires (paragraphe I), d'où la nécessité d'une mise en place d'un cadre incitatif commun capable d'assurer une croissance durable (paragraphe II).

[1867] Règlement n° 17/99/CEMAC-020-CM-03 relatif à la charte des investissements de la CEMAC.

## Paragraphe I : Le souhait d'une nouvelle réforme douanière adaptée et efficace

Il n'est point question pour nous de remettre en cause le bien-fondé des réformes engagées par les États membres de la CEMAC sous l'égide de la BM et FMI dans cette analyse. Mais plutôt de formuler des critiques, de relever des faiblesses en l'encontre de ces réformes en lien avec la résurgence des politiques incitatives fort généreuses. Aussi, dans une circulaire relative aux modalités d'application de la taxe sur le chiffre d'affaires et du droit d'accises et à l'attention de messieurs les directeurs généraux des impôts et des douanes, le secrétaire général de l'UDEAC de l'époque écrivait : « *En somme, les entreprises bénéficiaires d'un régime du code des investissements ou bénéficiaires d'une convention d'établissement sont soumises à la TCA, et le cas échéant, au droit d'accises selon le droit commun* »[1868]. Cette phrase à bien regarder traduit bien l'esprit qui a animé des années de réformes fiscales et douanières au sein de la CEMAC. Il avait été question à l'époque de mettre sous l'éteignoir les codes nationaux d'investissement, les exonérations, les réductions de droit et autres avantages accordés aux investisseurs. Des années après, l'on observe pour le décrier le maintien à l'état de tous ces instruments. Ce maintien est de nature à vider la réforme de son contenu et fausser à coup sûr ses objectifs budgétaires et économiques. Il consacre le statu quo par rapport au régime fiscal antérieur à la réforme. À ce niveau, l'on peut donc constater l'échec de la réforme fiscale et douanière à contrecarrer les politiques incitatives généreuses (A) et également l'échec de la charte communautaire des investissements à promouvoir un cadre propice aux affaires tout en limitant les avantages fiscaux (B).

### A- Les faiblesses constatées de la réforme fiscale et douanière face à la résurgence des politiques fiscales incitatives généreuses

L'échelon régional apparaît certainement le plus indiqué pour favoriser une dynamique de modernisation et d'harmonisation des systèmes fiscaux nationaux[1869]. C'est ce qu'a bien voulu faire la CEMAC à travers la réforme fiscale et douanière de 1994, impulsée par les institutions financières internationales[1870]. Cependant, l'on a constaté l'échec de cette réforme dans

---

[1868] Circulaire relative aux modalités d'application de la taxe sur le chiffre d'affaires et du droit d'accises, septembre 1993.

[1869] GEOURJON Anne-Marie, GUERINEAU Samuel, GUILLAUMONT Patrick, GUILLAUMONT Sylvianne Jeanneney, (dir), *Intégration régionale pour le développement en zone franc*, *op. cit.*, p. 96.

[1870] La réforme vise à éliminer les faiblesses et à moderniser le système à travers la suppression des codes d'investissement et des exonérations exceptionnelles diverses et une meilleure répartition du fardeau fiscal.

sa tentative de réduire de manière radicale le champ d'application de toute forme d'exonérations douanières. La résurgence des exonérations douanières (2) est la preuve de l'inadaptation de la réforme à son contexte de sous-développement (1).

### 1. La conduite de la réforme fiscalo-douanière jugée inadaptée au contexte de sous-développement

La réforme fiscalo-douanière est née à la suite des programmes d'ajustement structurel orchestrés dans les États africains par les institutions financières internationales, notamment la Banque mondiale et le Fonds monétaire international. En effet, du point de vue historique, c'est en 1979 que le G 7 invite la Banque mondiale et le Fonds monétaire international à mettre en œuvre des plans d'ajustement structurel (PAS)[1871]. Depuis lors, plusieurs pays y ont été soumis, à la suite de la crise de la dette qui a débuté en 1982[1872]. Ainsi, avec les institutions financières internationales, et depuis le début des années 90, les politiques fiscales incitatives expansives devraient normalement céder leur place à des politiques plus libérales, plus neutres dans l'optique de rétablir les différents équilibres financiers.

La réforme a d'abord eu une préoccupation budgétaire[1873]. Elle vise à assainir les finances publiques à travers un recouvrement systématique des recettes fiscales et douanières, la limitation des régimes dérogatoires et bien d'autres afin d'équilibrer les recettes et les dépenses publiques. Dans la même veine, les États membres s'engagent à renoncer aux pratiques discriminatoires qui font obstacle au libre jeu de la concurrence. Dans cette perspective, le poids des taxes et droits de douane dans les recettes totales est relativement élevé. La fiscalité indirecte (TVA et droit d'accises) représente aussi une proportion importante des budgets. Tout est mis en œuvre pour tirer le maximum de la fiscalité indirecte au détriment du développement et de la croissance. La pression fiscale est devenue plus forte qu'avant. Certainement pour ceux qui, sous les différents régimes dérogatoires, ne supportaient qu'une faible part du fardeau fiscal.

---

[1871] MAMOUDOU Barry, *Politiques fiscales et douanières en matière d'investissements étrangers en Afrique francophone : le cas du secteur des ressources naturelles extractives*, *op.cit.*, p. 117.

[1872] *Idem.*

[1873] KAMGNIA DIA Bernadette, « La réforme fiscale et douanière en zone CEMAC est- elle optimale ? », *op. cit.* l'auteur pense que la réforme fiscale et douanière a visé tout d'abord l'amélioration de la capacité de collecte des recettes des structures tarifaires et fiscales des États membres, grâce à l'élargissement de la base fiscale, ensuite, l'amélioration de l'efficacité et de la compétitivité du secteur manufacturier dans chacun des pays, la définition d'instruments de fiscalité indirecte flexible, et enfin la simplification de la structure fiscale, aux fins de faciliter son administration et d'en assurer la transparence.

La réforme fiscale est donc le reflet de cette préoccupation budgétaire : rétablir coûte que coûte l'équilibre des finances publiques. La réforme est neutre et seuls les besoins du Trésor public expliquent l'accroissement de la pression fiscale, écrivait à une époque le secrétaire général de l'UDEAC[1874]. Aussi, d'après IREH ASSIM Thomas, les réformes initiées au cours de la dernière décennie du XX$^{e}$ siècle font suite à une profonde crise économique et financière caractérisée par des déficits budgétaires et un endettement sans cesse croissant[1875]. La principale raison du recours à la réforme économique est avant tout financière étant donné que « *le moteur de la réforme fiscale en Afrique subsaharienne semble avoir été tout autant la nécessité de trouver rapidement de l'argent que d'autres considérations, comme la volonté d'assurer un niveau donné de recettes tout en minimisant les pertes d'efficacité* »[1876]. Ainsi, l'amélioration des mécanismes de mobilisation des recettes publiques est à la base de la réforme fiscale et douanière. La réforme fiscalo-douanière dans la zone CEMAC procède de la recherche de l'optimalité fiscale au détriment des investissements[1877].

Cette approche budgétaire de la réforme s'est heurtée très vite à des critiques, qui portaient à l'insuffisante attention accordée au renforcement de la compétitivité commerciale et à l'amélioration du climat d'investissement au sein des États de la zone CEMAC. Malgré la convergence de vues sur la nécessité d'une consolidation budgétaire au sein de la zone, la conduite de la réforme basée sur la généralisation de la TVA et la réduction drastique du champ des exonérations douanières a fait l'objet à ses débuts d'une forte contestation. Cette contestation est toujours d'actualité au sein de la zone CEMAC. La conduite de la réforme fiscale et douanière est jugée inadaptée au contexte de sous-développement en Afrique centrale. Allant dans ce sillage, la pauvreté rampante au sein de la zone, confrontée à l'approche budgétaire de la réforme fiscale et douanière ne pouvait conduire qu'à conclure à un risque élevé de l'échec de cette réforme dans sa mise en œuvre[1878].

---

1874 UDEAC, *Réforme fiscalo-douanière, nouveau régime fiscal et douanier*, Édité par le secrétariat de l'UDEAC, avril 1997.

1875 GUISLAIN Pierre, *Les privatisations : un défi stratégique juridictionnel et institutionnel*, Paris, Nouveaux Horizons, 1995, p. 37.

1876 Banque mondiale, *Rapport sur les politiques de développement*, « *L'ajustement en Afrique, Réformes, résultats et chemins à parcouri*r », cité par IREH ASSIM Thomas, *op. cit.*, p. 20.

1877 Les ajustements structurels inscrits au premier rang des agendas des programmes économiques et politiques des experts internationaux, pour inverser le recul économique (…) et stimuler la croissance, faisaient de l'adoption de la réforme fiscalo-douanière une conditionnalité substantielle pour les États de la région. Cette position de l'expertise financière internationale est constante puisque pour le FMI et la BM, la principale cause du déséquilibre des finances publiques est la faiblesse des recettes fiscales.

1878 Lire ABESSOLO Serge, « Réflexions et propositions pour une fiscalité de développement en Afrique centrale », Conférence consultative régionale en Afrique, 5 au 7 novembre 2007, Accra-Ghana, d'après cet expert, il semble cependant que la réforme n'a pas atteint tous les

En effet, sur le plan économique et social, les pays de la CEMAC connaissent la même situation de pauvreté[1879]. Ils appartiennent à la catégorie des pays les moins avancés (PMA) et figurent pour la plupart dans la dernière partie du tableau de classement selon l'indice du développement humain (IHD). Leurs économies sont extraverties et dépendent fortement de l'extérieur. La structure de l'activité économique repose principalement sur les secteurs primaires et tertiaires : l'agriculture, l'élevage, le commerce et l'exportation des produits des industries extractives. Le secteur secondaire regroupant les industries manufacturières de transformation est encore embryonnaire. L'agriculture est restée presque archaïque et emploie une bonne partie de la main-d'œuvre.

Sur le plan social, les pays de la CEMAC sont confrontés à de nombreux défis : insuffisances des équipements et infrastructures de base dans les domaines de la santé, de l'éducation, de l'aménagement, de l'assainissement, de l'accès à l'eau potable et du bien-être en général. Face à une croissance démographique, les taux d'analphabétisme et de chômage demeurent très élevés[1880]. Le contraste qui attire l'attention dans ces pays est sans doute le faible niveau de vie des citoyens et la quasi-absence des infrastructures nécessaires au développement à tous les niveaux. En clair, le déficit social est criant en Afrique centrale.

Au vu du contexte du sous-développement, malgré l'amélioration des performances des systèmes fiscaux des États membres, le lien faible entre la réforme fiscale et douanière et les stratégies nationales de développement a été souvent mis en exergue pour justifier le recours aux exonérations fiscales. La conduite de cette réforme est donc jugée inadaptée. Une réforme très peu orientée sur le développement et contre-productive sur le plan des investissements. Des options alternatives sont donc proposées par les États membres à travers la résurgence des exonérations fiscales et douanières.

### 2. La résurgence des exonérations douanières : une expression de la résistance des États membres

Les faiblesses reprochées au processus de conduite de la réforme fiscale et douanière ont amené les États membres à rechercher les solutions alternatives aux principales critiques dressées contre la réforme. Parmi ces solutions

---

objectifs qui lui étaient fixés, notamment la pression fiscale apparaît plus forte qu'avant, et les opérateurs économiques désirent une protection forte pour leurs productions et un TEC faible pour leurs intrants. Par ailleurs, la mise en place de la réforme ne s'est pas nécessairement accompagnée d'une remise à niveau des régies financières au plan technique et éthique.

[1879] Lire FOKAM Paul, *Misère galopante du sud, complicité du nord, jeux, enjeux et solutions*, Paris, Maisonneuve & Larose, 2005, HUGON Philippe, *Afriques, entre puissance et vulnérabilité*, Armand Colin, 2016.

[1880] YAKOUBA Ouédraogo, décrivant la même situation dans les huit États membres de l'UEMOA, *op. cit.*, p. 9.

alternatives, l'on a noté un foisonnement des exonérations fiscales malgré la recherche d'un système de mobilisation des ressources intérieures attrayant et efficace. Ainsi, la rationalité fiscale préconisée par la réforme fiscale et douanière, une fois confrontée aux exigences économiques est parfois reléguée au second rang en Afrique centrale à cause des impératifs de développement qui inspirent souvent une politique fiscale incitative fort généreuse. Aussi, l'approche de la réforme fortement contestée à ses débuts a trouvé un palliatif au travers des exonérations douanières.

Ainsi, l'on note une volonté manifeste des gouvernements en zone CEMAC de revitaliser leur économie et d'attirer des investisseurs par la mise en place des politiques fiscales attractives. Ces politiques sont autant de signes forts adressés par ces États à la communauté internationale pour matérialiser les politiques générales de restructuration économique engagée afin d'éradiquer la pauvreté et le retard de croissance jusqu'ici accumulé[1881]. Au-delà de la consolidation budgétaire qui passe par l'amélioration de la performance du système fiscal, les États membres veulent également renforcer la compétitivité commerciale et améliorer le climat d'investissement au travers des régimes dérogatoires. L'adhésion durable des autorités politiques n'a pas été au rendez-vous.

Aussi, les gouvernements sortent peu à peu du carcan de la réforme fiscale et douanière et adoptent désormais une politique d'attractivité économique des investisseurs étrangers par la mise en œuvre d'une politique de compétitivité internationale et d'une compétition d'incitation aux investissements[1882]. Dans ce sillage, le non-respect de la réforme fiscale et douanière devient le maillon faible de l'intégration régionale. La réforme fiscalo-douanière qui devait constituer le socle, le régulateur et le catalyseur de l'intégration économique et monétaire des États membres de la CEMAC n'est pas appliquée dans toute la zone de la même manière[1883].

En somme, au niveau de la CEMAC, les régimes dérogatoires sont largement utilisés par les États pour attirer les investissements étrangers. Au niveau de la TVA par exemple, toutes les opérations ne sont pas admises dans le champ d'application de la taxe, la législation nationale exonérant très souvent les transactions touchant aux couches défavorisées de la population ou des projets d'investissement jugés structurant pour l'économie[1884]. Tout le contraire de l'élargissement de l'assiette fiscale recherché par la réforme. Ces pratiques nuisent à la cohérence de la politique fiscale communautaire et

---

[1881] MEMPHIL NDI Patience Evelyne, *Attractivité économique des investissements directs étrangers en zone CEMAC : harmonisation des instruments juridiques aux règles internationales*, *op. cit.*, p. 33.

[1882] *ibid.*, p. 14.

[1883] NOUMA MENYENGUE, *La communautarisation du droit fiscal en zone CEMAC : enjeux et perspectives*, *op. cit.*, p. 356.

[1884] OSSA René, *Réformes fiscales et développement en Afrique subsaharienne*, *op.cit.*

encouragent une concurrence fiscale dommageable et dangereuse entre les États membres. Ces multiples régimes dérogatoires traduisent l'échec de la réforme fiscale et douanière, mais davantage celui de la charte communautaire des investissements à mettre en place un cadre incitatif commun.

### B- L'échec de la charte des investissements de la CEMAC à promouvoir un cadre incitatif commun : une autre preuve de la résistance affichée des États membres

La charte des investissements de la CEMAC ratifiée par tous les États membres est le dispositif par excellence d'incitation à l'investissement. Elle est complétée par les codes et règlements internes des États membres et est le cadre réglementaire par excellence d'encadrement juridique des IDE dans la sous-région CEMAC. C'est le règlement n° 17/99/CEMAC-20-CM-03 du 17 décembre 1999 qui institue la Charte CEMAC sur les investissements. Acte normatif communautaire, le règlement est de portée générale et obligatoire dans toutes ses dispositions et directement applicable dans tous les États membres. Il s'impose à tous les sujets de droit que sont les particuliers, l'État ainsi que ses institutions. Il s'applique dans l'ordre juridique national des États membres comme une norme. De ce fait, il dispose de la primauté et se situe au sommet de l'ordonnancement juridique de la sous-région en matière d'investissement et exclut toute norme étatique qui pourrait l'affaiblir. Ainsi, le principe de l'effet direct de ce règlement exige qu'on ne le soumette pas à des mesures de transposition[1885].

Malgré la réforme fiscale et douanière de 1994 complétée par la charte des investissements de la CEMAC, qui entendent mettre en place un nouveau cadre d'investissement harmonisé, il semble que peu de choses ont en réalité évolué sur le terrain des incitations fiscales. En effet, contrairement à la volonté des autorités communautaires, les États membres vont s'opposer majoritairement à ces propositions d'harmonisation des incitations fiscales qui portent atteinte à leur souveraineté. Ces États vont dans le cadre des diverses lois des finances montrer leur résistance en prenant des décisions ponctuelles, mais non anecdotiques qui s'opposent de façon ostensible aux préconisations de la charte. Les réticences à suivre les préconisations de la charte sont dues pour une large part à une tradition d'interventionnisme économique [1886]qui entraîne des distorsions prononcées[1887].

---

[1885] MEMPHIL NDI Patience Evelyne, Thèse précitée, *op. cit.*

[1886] Après l'application de mesures contraignantes et strictes d'assainissement des finances publiques et afin d'instaurer une relative stabilité économique, il est opportun pour les gouvernements de mettre en place un dispositif favorable à la relance économique et au regain de croissance. Le moyen le plus certain de faire rentrer les capitaux et créer l'emploi est l'ouverture aux investissements, nationaux comme étrangers en offrant des avantages fiscaux.

[1887] NIANE Abdoulaye, *Fiscalité et intégration économique*, *op. cit.*, p. 119.

Leur opposition à cette volonté commune de la CEMAC ne s'arrête d'ailleurs pas à une prise de décisions ponctuelles. Il leur arrive de ramer à contre-courant de la charte. Aussi, les pays membres de la CEMAC appliquent des codes spécifiques nationaux (code des investissements, code des télécommunications, codes minier, forestier et pétrolier) dont les objectifs sont multiples et les instruments d'incitation souvent nombreux et variés. Chaque pays dispose ainsi de son propre cadre d'incitation. À titre d'illustration, l'on peut évoquer le cas du Cameroun à travers la loi n° 2013/004 du 13 avril 2013 fixant les incitations à l'investissement privé en République du Cameroun. Cette loi accorde de nombreuses exonérations douanières aussi bien dans la phase d'installation que dans la phase d'exploitation. Elle est la consécration de la politique incitative de l'État du Cameroun. Cette politique d'incitation par la fiscalité et les finances a pour but principal de créer les opportunités d'emplois qui sont source de relance économique, d'attirer les capitaux extérieurs et de renforcer l'industrie des pays hôtes[1888]. Le Gabon pour sa part continue de signer de nombreuses conventions d'établissements propres à chaque entreprise avec de nombreux avantages fiscaux. Toutes ces exonérations douanières sont en totale contradiction avec la charte des investissements de la CEMAC.

De cette façon, les États membres vont définitivement mettre fin à l'espoir de la CEMAC de voir naître un jour un marché intérieur débarrassé de toute discrimination fiscale. Il faudra ajouter à cela la jalouse préservation de leur souveraineté par les États membres. L'effet subséquent étant l'enlisement apparent de la CEMAC dans l'interétatisme et la course effrénée vers le moins-disant fiscal. L'on comprend d'ailleurs pourquoi, depuis bien des années, les institutions internationales, telles que l'OCDE ou l'ONU, plaident pour un rapprochement législatif en matière de fiscalité, pour la mise en place d'une approche commune en matière de lutte contre les comportements fiscaux abusifs, mais également contre l'érosion des bases d'imposition[1889].

Le constat est frappant. Les pays de la zone CEMAC sont assez souvent amenés à prendre des mesures fiscales et douanières spécifiques dérogeant à leur droit commun, afin d'attirer les investissements directs étrangers, pour favoriser l'essor de leur économie[1890]. Ces dispositions sont commandées par des impératifs économiques, politiques et sociaux de ces États, soucieux de développer leur emploi, la valorisation des ressources locales et la promotion de leurs exploitations[1891]. Ces États mettent ainsi à contribution les conventions d'établissement et les codes des investissements qui semblent vider la charte des investissements de la CEMAC de son contenu. L'on

1888 MEMPHIL NDI Patience Evelyne, Thèse précitée, p. 120.

1889 OCDE, *Action plan on base erosion and profit shifting*, OCDE Publishing, Paris, 2013.

1890 BEGNI BAGAGNA, Thèse précitée, p. 375.

1891 *Idem.*

observe ainsi, un écart important entre l'ordre juridique existant porté par la charte et l'état d'application des décisions communautaires par les États.

Ainsi, la charte des investissements de la CEMAC qui ambitionnait de renforcer l'attractivité fiscale et globale de la zone d'une part et d'éviter une concurrence fiscale malsaine entre États membres d'autre part n'a pas atteint ses objectifs. Cette Charte souffre d'un défaut d'effectivité et d'efficacité. Le caractère contraignant du texte n'a pas été respecté par les États membres. Leur résistance affichée a eu raison de la Charte. Les divergences et les disparités fiscales en matière d'incitation sont ainsi nombreuses, contribuant à renforcer les distorsions à la charte. Dans la pratique de la communauté CEMAC, l'on note une transposition dévoyée des dispositions de la charte CEMAC sur les investissements. Le processus de mise en conformité est bafoué[1892]. Bien évidemment, le préambule de ladite charte donne aux États membres la possibilité de compléter ces dispositions sans toutefois contredire la charte[1893]. Mais le constat en général est celui de la volonté des gouvernements membres de la CEMAC d'affirmer une politique nationale d'encadrement des IDE par l'adoption des normes précisément indépendantes de la charte communautaire, même si elles en partagent l'esprit par l'ouverture aux accords communautaires de coopération[1894]. Il est donc souhaité de mettre en place un nouveau cadre incitatif commun propice au développement. Un cadre qui prend en compte non seulement les préoccupations budgétaires, mais aussi qui tient compte des réalités socioéconomiques des États membres. Il est temps d'insuffler une nouvelle dynamique qui sollicite moins l'outil fiscal.

## Paragraphe II : L'urgence de repenser un nouveau cadre incitatif en zone CEMAC

La nécessité de mettre en place un nouveau cadre incitatif découle de l'inertie constatée face à la persistance des pratiques fiscales interdites, face aux multiples distorsions portées à la charte des investissements de la CEMAC. L'absence de convergence des dispositifs d'incitation à l'IDE en zone CEMAC est notoire et très préjudiciable. Les résultats obtenus en matière d'incitation commune restent en deçà des attentes. Chaque pays de la zone a mis en place son propre cadre incitatif indépendamment de la politique

1892 MEMPHIL NDI Patience Evelyne, *Attractivité économique des investissements directs étrangers en zone CEMAC*, *op.cit.*, p. 138.

1893 Dispositions du préambule de la charte communautaire des investissements qui énoncent que : « les États membres ont la possibilité, par des réglementations nationales, de préciser et compléter les dispositions de la charte sans la contredire ».

1894 MEMPHIL NDI Patience Evelyne, *Attractivité économique des investissements directs étrangers en zone CEMAC : harmonisation des instruments juridiques aux règles internationales*, *op. cit.*, p. 140.

communautaire définie par la CEMAC en matière douanière et d'incitations à l'investissement[1895].

Pourtant, une mobilisation fiscale optimale ne pourra être au rendez-vous dans la zone CEMAC que lorsqu'on aura réussi à mettre en place un cadre incitatif de nature à contrecarrer toutes les distorsions constatées et les pratiques fiscales disparates des États membres. Il faut donc approfondir une approche communautaire de la politique fiscale pour attirer les investissements dans les différents États membres de la CEMAC. Cette approche nouvelle consiste à trouver un cadre incitatif commun dont l'objectif est d'assurer la régulation de l'économie de marché, améliorer le climat des affaires, impulser les investissements et les emplois afin de pérenniser le développement économique[1896]. Il ne s'agit pas de proscrire les incitations à l'investissement, mais de s'engager dans une véritable politique commune d'incitation à l'investissement respectant certains principes comme l'interdiction de recours à la signature de conventions particulières[1897].

Aujourd'hui d'ailleurs, le déploiement des politiques fiscales incitatives se fait au travers de la norme fiscale, c'est-à-dire reposant sur des mesures générales, applicables à l'ensemble des contribuables ou des entreprises, n'offrant ni l'aspect de la sélectivité ni celui de la dérogation[1898]. La zone CEMAC devrait s'en inspirer pour mettre en place une politique incitative ambitieuse. Par ailleurs, la zone CEMAC devrait rechercher un compromis autour de l'harmonisation des régimes dérogatoires. Aussi, dans la perspective de la nouvelle approche incitative, à défaut d'un déploiement de la politique fiscale « par la norme » au niveau communautaire (A), les États membres devraient trouver un consensus bien réaliste et pragmatique autour de l'harmonisation des régimes douaniers dérogatoires d'incitation à l'investissement (B).

### A- Le déploiement d'une politique fiscale incitative par « la norme » en zone CEMAC ou la recherche d'un droit commun incitatif

Face à la croissance anarchique des exonérations douanières, il est souvent proposé un abaissement tarifaire général pour faire échec aux politiques

---

[1895] *Idem.*

[1896] Pour plus de détails, lire LIPOP Éric-Romuald, *Vers un droit fiscal de développement de l'Afrique, analyse sous le prisme de la fiscalité camerounaise à partir de l'espace OHADA*, Paris, L'Harmattan 2019, 274 pages.

[1897] CADOT Olivier, CALIPEL Samuel, CHAMBAS Gérard, GEOURJON Anne-Marie, QUATREBARBES Céline et LAPORTE Bertrand, (dir), « Intégration commerciale et harmonisation fiscale », *in* GEOURJON Anne-Marie, GUERINEAU Samuel, GUILLAUMONT Patrick, GUILLAUMONT Sylviane-Jeanneney (dir), *Intégration régionale pour le développement en zone franc*, *op. cit.*, p. 105.

[1898] CASTAGNEDE Bernard, *La politique fiscale*, *op. cit.*, p. 67.

incitatives expansives des États membres. Aussi, l'argument fréquemment avancé à l'appui de la baisse tarifaire, particulièrement dans le contexte de l'ouverture des marchés est celui de la compétitivité de l'économie nationale. C'est pourquoi dans la zone CEMAC, un abaissement tarifaire qui profiterait à tous les contribuables est le reflet d'une politique fiscale par « la norme ». Aussi, augmenter les recettes douanières passe par la promotion de la neutralité économique de la fiscalité douanière qui requiert de donner la priorité à des impôts reposant sur de larges assiettes et des taux modérés.

Il est donc question d'élaborer une politique tarifaire communautaire qui réponde aux préoccupations des investisseurs sans sacrifier son rendement budgétaire. Une politique tarifaire efficace, équitable et économiquement attractive. Cette politique tarifaire communautaire prudente et modérée constituera le droit commun incitatif [1899]parce qu'applicable à tous et sans exception et favorable au décollage économique de la sous-région. En l'état actuel, le constat est celui des taux prohibitifs et élevés favorisant la recherche des exonérations douanières (1) d'où une proposition pour un abaissement tarifaire et autres aménagements pour une fiscalité douanière communautaire attractive (2).

### 1. Les taux prohibitifs et élevés encourageant les demandes des exonérations douanières

La CEMAC constitue aujourd'hui officiellement une union douanière qui implique la libéralisation des échanges entre les États membres et l'application d'un TEC aux importations originaires du reste du monde[1900]. Le principe ayant servi de base à l'élaboration du TEC de la CEMAC est celui consistant à fixer les taux de droit de douane qui augmentent en fonction du degré d'ouvraison des produits. Le taux le plus élevé s'applique aux produits finis, les biens intermédiaires sont taxés à des taux moyens et les matières premières sont les plus faiblement taxées[1901]. En dehors de ce principe, les produits à vocation sociale dits essentiels sont soit exonérés, soit taxés à un taux faible. Chaque TEC est défini par des catégories de produits, et des taux qui s'appliquent à chacune de ces catégories[1902].

---

[1899] Le droit commun incitatif peut être défini comme l'ensemble des règles fiscales applicables à tous les contribuables, souvent codifié dans un document unique, et qui soient économiquement attractives et socialement acceptables. Trois piliers le sous-tendent : la simplicité ; l'attractivité et l'efficacité.

[1900] CADOT Olivier, CALIPEL Samuel, CHAMBAS Gérard, GEOURJON Anne-Marie, QUATREBARBES Céline et LAPORTE Bertrand, « Intégration commerciale et harmonisation fiscale », *in* GEOURJON Anne-Marie, GUERINEAU Samuel, GUILLAUMONT Patrick, GUILLAUMONT Sylviane-Jeanneney, (dir*), Intégration régionale pour le développement en zone franc*, *op. cit.*, p. 63.

[1901] *Idem.*

[1902] *Idem.*

Le TEC de la CEMAC comprend quatre catégories de produits : les biens de première nécessité taxés à 5 % (catégorie I) ; les matières premières et les biens d'équipement taxés à 10 % (catégorie II) ; les biens intermédiaires avec un taux de 20 % (catégorie III) ; et les biens de consommation finale taxés à 30 % (catégorie IV). Le TEC dans la zone CEMAC est le régime de droit appliqué aux importations de marchandises d'origine hors union destinées au marché intérieur[1903].

Au-delà de cette présentation sommaire, de nombreux constats se dégagent. Le niveau de prélèvement douanier est très souvent jugé excessif en zone CEMAC. À en croire Gérard CHAMBAS, les systèmes de taxation des échanges adoptés en Afrique se sont révélés particulièrement défavorables au développement économique en raison de taux de prélèvement excessifs et d'une structure des taux inadaptée[1904]. Le TEC de la zone CEMAC repose sur une structure de taux complexe et sur des taux tarifaires élevés sans réel fondement économique. Aussi, comparativement à la zone UEMOA, les biens essentiels relevant d'une liste limitative bien précise (médicaments, livres scolaires) exonérés de droit de douane (catégorie 0) ; les matières premières de base et les biens d'équipements sont taxés au taux de 5 % (catégorie I) ; les biens intermédiaires pour lesquels un droit de douane de 10 % s'applique (catégorie 2) ; et les biens de consommation finale taxés à 20 % (catégorie 3). Au regard de cette classification, les grandes catégories de produits qui sont les mêmes dans les deux TEC ont, sauf en ce qui concerne certains biens essentiels, chacune un de taux de droit de douane plus élevé dans la CEMAC que dans l'UEMOA. La comparaison entre les deux TEC met en évidence une taxation plus élevée dans la CEMAC, quelle que soit la catégorie des produits[1905]. Le taux moyen de taxation du TEC de la CEMAC est de 18,2 %, celui de l'UEMOA de 12,1 %[1906]. En ce qui concerne le TEC de la CEMAC,

---

[1903] *Ibid.* p. 64.

[1904] CHAMBAS Gérard, *op. cit.*, p. 45. En effet, la fiscalité tarifaire a longtemps servi en priorité l'objectif de mobilisation fiscale.

[1905] Le tarif douanier commun de la CEMAC est parmi les plus élevés d'Afrique (moyenne de 19, 1 %). Ce taux est issu du rapport « Trade reform in the CEMAC : Development and opportunities » du FMI. Il est comparable au taux de 12. 1 % prévalent au sein de la CEDEAO. D'ailleurs, une enquête auprès du secteur privé montre que les tarifs douaniers sur les importations sont considérés par 62 % des entreprises comme de lourdes entraves à leurs activités. Ces tarifs restreignent les débouchés commerciaux et renchérissent le coût des intrants. En effet, des produits essentiels à l'activité des entreprises, comme les matériaux de construction, les équipements de transport et les équipements électriques, font l'objet d'une taxe de plus de 15 %, ce qui nuit fortement à leur compétitivité et à leur rentabilité. (Voir rapport sur l'évaluation de l'environnement des affaires au Cameroun, 2013, p. 36. Bureau international du Travail.

[1906] CADOT Olivier, CALIPEL Stéphane, CHAMBAS Gérard, GEOURJON Anne-Marie, QUATREBARBES Céline et LAPORTE Bertrand, « Intégration commerciale et harmonisation fiscale », *in* GEOURJON Anne-Marie, GUERINEAU Samuel, GUILLAUMONT Patrick, GUILLAUMONT Sylviane-Jeanneney, *Intégration régionale pour le développement en zone franc*, *op. cit.*, p. 68.

plusieurs remarques peuvent être faites. Tout d'abord, plus de 80 % des lignes tarifaires ont un taux de droit de douane de 10 % ou de 30 %. Il s'avère que l'essentiel des biens de consommation intermédiaire a été placé dans la catégorie II, taxée au taux de 10 %, correspondant aux matières premières et aux biens d'équipement (plus de la moitié)[1907].

Par ailleurs, il est intéressant de comparer dans une perspective de long terme, les taux de TEC de la CEMAC, de l'UEMOA et ceux envisagés dans le projet de TEC de la CEDEAO (version août 2012) avec ceux du TEC du marché commun de l'Afrique orientale et australe (COMESA) et de la Communauté de l'Afrique de l'Est (CAE). Dans le tableau ci-dessous, figurent également les catégories envisagées dans le projet de TEC de la CEDEAO (version août 2012). Actuellement, le taux maximum pratiqué est de 30 % (catégorie IV du TEC de la CEMAC). Le taux maximum le plus faible (20 %) est celui du TEC de l'UEMOA. Paradoxalement, avec l'application d'une 5e bande à 35 % dans le futur TEC de la CEDEAO, les pays de l'UEMOA verraient leur taux maximum augmenter de 15 points[1908].

Bien plus, le traitement des biens d'équipement est très élevé suivant le TEC en zone CEMAC à savoir 10 % comparativement au taux de 0 % dans le COMESA et la CAE, 5 % dans l'UEMOA. Dans ce sillage, plusieurs observateurs économiques pointent le tarif élevé pour justifier le difficile décollage du secteur industriel dans l'espace CEMAC. Ce taux élevé est préjudiciable à la compétitivité économique et gêne la constitution d'un véritable tissu économique dans l'espace CEMAC. Ainsi, le tarif des douanes appliqué aux frontières est l'une des raisons de la non-compétitivité des entreprises[1909].

---

1907 *Idem.*

1908 *Idem.*

1909 Lire PADONOU MAHUGNON Honoré, « Le tarif extérieur commun (TEC) de la Communauté économique des États de l'Afrique de l'Ouest (CEDEAO) : avancées et contraintes, in MEDE Nicaise, YENOUSSI Nicolas (dir), *Bénin : les recettes publiques en débats*, Paris, L'Harmattan, 2020, pp. 367-390.

**Tableau 10 : Comparaison des taux appliqués par catégories dans différents TEC d'unions douanières en Afrique**

| Types de produits | TEC CEMAC | TEC UEMOA | TEC CAE/ COMESA | TEC CEDEAO (Version août 2012) |
|---|---|---|---|---|
| Biens sociaux | 0% | 0% | 0% | 0% |
| Biens de première nécessité | 5% | 5% | ND | 5% |
| Biens d'équipements/matières premières | 10% | 5% | 0% | 5% |
| Biens intermédiaires | 20% | 10% | 10% | 10% |
| Biens de consommation finale | 30% | 20% | 25% | 20% |
| Biens pressentis pour la 5e bande | | | | 35% |

*Source : GEOURJON (A-M) et al, Intégration régionale pour le développement en zone CEMAC, p. 69.*

Les catégories correspondent aux libellés figurant dans les textes officiels (en-dehors de la dernière catégorie représentant le projet de 5e bande tarifaire du TEC CEDEAO) de chaque TEC. En conséquence, les produits appartenant à chacune peuvent varier d'un TEC à l'autre.

Cette disparité crée une incitation à investir dans les pays où les biens d'équipements ne sont pas taxés et encourage la demande d'exonérations dans les autres pays comme ceux de la CEMAC. Ainsi, des taux tarifaires élevés ont pour effet de créer des incitations à la fraude douanière (par le biais de la sous-évaluation, de fausses déclarations tarifaires ou de la contrebande) et de susciter la recherche des exonérations douanières. Les taux élevés conduisent à une application imparfaite du TEC au niveau national à travers une modification unilatérale des catégorisations de certains produits dans leur tarif national. Bien plus, la variété des exonérations douanières accordées dans les différents pays nuit à la bonne application du TEC. En outre, l'on peut également noter les difficultés de mise en application par les administrations douanières[1910].

La multiplicité des taux augmente également les possibilités de fraude douanière en multipliant les incitations et les occasions de classer les produits importés dans les catégories à taux faible. Le diagnostic établi dans plusieurs études montre que la zone CEMAC se rapproche à bien des égards de la première catégorie avec un nombre anormalement élevé de taux tarifaires. Les logiques budgétaire, financière et protectionniste ont été à l'origine de ces taux élevés. La zone CEMAC doit relever le défi de la baisse des taux d'imposition,

[1910] *Idem.*

car leurs coûts incitent au développement du phénomène de fraude de la part des contribuables. La fraude fiscale étant définie comme la diminution par un agent économique de la valeur réelle des transactions économiques légales dans le but d'éviter la charge fiscale. Cette baisse est également de nature à limiter le foisonnement désordonné des exonérations douanières en cours dans la zone CEMAC.

### 2. La préconisation d'un abaissement tarifaire au travers d'un droit incitatif commun en zone CEMAC : vers une évolution souhaitable de la politique tarifaire

Les développements ci-dessus nous ont permis de constater que la politique tarifaire de la CEMAC conçue autour des années 1990 est désormais désuète et inadaptée. BAH ALIOU Mamadou parle d'ailleurs d'une structure tarifaire inadaptée[1911]. La logique budgétaire et protectionniste est toujours d'actualité, mais elle doit être complétée par une logique incitative et de développement. C'était une politique tarifaire mise en place par les institutions financières internationales pour faciliter la mobilisation des recettes fiscales afin de parvenir à un équilibre des finances publiques. D'ailleurs, David René affirmait que la réglementation et la législation fiscales « sont souvent faites sous la pression des circonstances avec une hâte compréhensible (…), des lacunes laissent leur place aux abus, les obscurités et les contradictions rendent plus difficile la tâche (…)[1912].

Des années après, malgré la sortie de crise, la structure du TEC n'a pratiquement pas évolué depuis son adoption. Les États sont réticents à faire les démarches nécessaires pour demander des aménagements et préfèrent l'adapter de manière unilatérale. Cette politique tarifaire a besoin d'être retouchée pour répondre aux aspirations de croissance économique et de développement des États membres de la zone CEMAC. D'ailleurs, les autres zones ont très vite compris les enjeux incitatifs communs en fixant les taux des biens d'équipements et des matières premières à 0 % et à 5 %[1913]. Aussi, le démantèlement tarifaire comme discuté aujourd'hui dans le cadre des APE-Afrique centrale met au-devant la priorité accordée aux intrants, aux matières premières et aux biens d'équipements. Ces éléments sont de nature à favoriser le développement de la sous-région. Il est désormais question d'envisager un droit douanier au service du développement et de promotion des investissements[1914].

---

1911 BAH ALIOU Mamadou, *La fiscalité des pays de la CEDEAO face à la mondialisation*, *op. cit.*, p. 123.

1912 BANGO Ange, Thèse, *op. cit.*, p. 156.

1913 COMESA et CAE, TEC des biens d'équipements à 0 %, UEMOA, TEC sur les biens d'équipements à 5 %.

1914 LIPOP Éric Romuald, *Vers un droit fiscal de développement de l'Afrique*, *op. cit.*, p. 13.

L'intérêt d'un abaissement tarifaire vise à rendre ce tarif plus neutre, simple et plus stable. En outre, cette réforme de la politique tarifaire cherche à élargir l'application du régime de droit commun en limitant de manière radicale les exonérations douanières. Le Cameroun dans une perspective d'incitation a fait un effort unilatéral d'abaissement des taux à travers sa législation nationale en fixant les droits de douane à 5 % sur les biens d'équipements importés et destinés à l'investissement[1915]. Cette loi de finances est aujourd'hui désuète avec l'avènement de la loi sur les incitations à l'investissement privé au Cameroun qui consacre de nombreuses exonérations douanières aussi bien dans la phase d'installation que d'exploitation[1916]. Cette posture unilatérale est à décrier. Il faut davantage aller vers un droit incitatif commun au travers d'un consensus négocié entre les différents pays membres au niveau régional.

C'est le lieu de signaler que la mise en place d'un droit incitatif commun figure à l'heure actuelle, parmi les meilleures pratiques du monde en matière de politique fiscale. À titre d'exemple, le Maroc s'est déjà engagé dans cette voie, à la suite de son étude sur les dépenses fiscales. Cette politique de baisse tarifaire et d'imposition lui a permis d'améliorer de façon considérable la mobilisation des recettes fiscales tout en abaissant la pression fiscale sur les entreprises et les ménages[1917]. C'est une orientation prioritaire qui devrait consister en la définition d'un régime douanier communautaire d'application générale, aussi favorable que possible à l'intégration régionale et à la croissance[1918].

Dans la pratique, l'adoption d'un droit commun incitatif consistera à réduire voire à supprimer la pléthore de régimes dérogatoires, en vue d'un glissement vers un système de droit commun, plus simple, plus incitatif et plus efficace. Toutefois, il faudrait que le nouveau dispositif soit suffisamment incitatif et applicable à tous, afin que les entreprises de tous les secteurs puissent en bénéficier équitablement. Par exemple, le classement systématique des biens d'équipements et d'investissement dans la catégorie du taux minimum ou zéro devrait rendre caduque l'existence d'exonérations douanières dans les codes des investissements et autres lois d'incitations à l'investissement. D'ailleurs, selon Dieudonné TONGA, la meilleure façon d'atteindre les objectifs de manière efficace, transparente et neutre, et avec un

---

[1915] Loi n° 2006/013 du 29 décembre 2006 fixant loi de finances de la République du Cameroun pour l'exercice 2007.

[1916] Loi n° 2013/004 du 18 avril 2013 fixant les incitations à l'investissement privé au Cameroun.

[1917] Voir les différents rapports sur l'évaluation des dépenses fiscales au Maroc.

[1918] CADOT Olivier, CALIPEL Stéphane, CHAMBAS Gérard, GEOURJON Anne-Marie, QUATREBARBES Céline et LAPORTE Bertrand, « Intégration commerciale et harmonisation fiscale », *in* GEOURJON Anne-Marie, GUERINEAU Samuel, GUILLAUMONT Patrick, GUILLAUMONT Sylviane-Jeanneney (dir), *Intégration régionale pour le développement en zone franc*, *op. cit.*, p. 96.

suivi administratif aisé, est alors d'adopter dans le droit commun des taux d'imposition raisonnables et de cibler directement la réduction du coût du capital[1919].

Dans cette perspective, un tarif raisonnable sur les matières premières et biens d'équipement rend tout aussi inutiles les exonérations de droits de douane sur ces mêmes produits. La limitation des exonérations douanières est ainsi favorable à une mobilisation optimale des recettes douanières. D'ailleurs, le développement spectaculaire des dépenses fiscales au cours de la période récente est à l'origine des critiques diverses, touchant non seulement à leur coût ou à leur incidence sur la cohérence du régime fiscal, mais également à leur efficacité au regard des objectifs poursuivis[1920]. Bien plus, un système de TVA conçue selon les bonnes pratiques (taux unique, remboursement rapide des crédits de TVA), associé à une administration efficace, assure la neutralité de la TVA pour l'entreprise et rend inutile toute exonération de TVA. D'ailleurs comme le fait remarquer NIANE Abdoulaye, au plan normatif interne, à la place de la politique trop interventionniste des dépenses fiscales, la rationalité du système commande l'intégration des régimes dérogatoires dans le droit commun qui, pour l'occasion, doit être rendu plus incitatif[1921].

La baisse tarifaire sollicitée doit être encadrée afin qu'elle puisse effectivement bénéficier aux entreprises citoyennes qui sont enregistrées et reconnues comme telles et pouvant facilement produire des attestations de non-redevance fiscale et douanière. Cette baisse tarifaire pourrait plutôt être captée par les acteurs de l'informel et agir de manière contre-productive au niveau de la mobilisation des recettes douanières. D'où une vigilance accrue des administrations douanières et fiscales dans le cadre de suivi de cette baisse. La gestion rationnelle de cette baisse envisagée nécessite des améliorations et un renforcement des capacités administratives au niveau de la sous-région Afrique centrale. La survie budgétaire des États membres en dépend largement. Les effets positifs de cette baisse tarifaire vont se répercuter au niveau de la convergence du TEC dans la zone CEMAC.

Partant du constat des pratiques étatiques, il est aujourd'hui impossible d'investir dans la sous-région sans négocier une exonération, car les sociétés africaines demeurent aujourd'hui des sociétés de négociation et de renégociation[1922]. Il apparaît clairement que les exonérations douanières

---

[1919] TONGA Dieudonné, *Les politiques française et camerounaise face au défi de la mondialisation : une analyse comparée de la période 2007-2010*, ENA-Paris-Dauphine, Master en affaires publiques, 2011.

[1920] CASTAGNEDE Bernard, *La politique fiscale*, *op.cit.*

[1921] NIANE Abdoulaye, *Fiscalité et intégration économique, le cas du système sénégalais dans l'UEMOA*, *op. cit.*, p. 335.

[1922] NDIAYE Mariétou, *Financement du développement dans les PPTE dans le contexte de globalisation- l'accès aux capitaux privés : le cas du Sénégal*, Mémoire de master en

accordées dans le but d'encourager les investissements privés sont *ad vitam oeternam.* Aussi, l'abaissement tarifaire préconisé n'est qu'une prise en compte d'une situation qui prévaut dans la législation des États membres. Aussi, en plus de bénéficier d'une volonté affichée par les États membres, l'idée d'aller vers un droit commun incitatif est également de plus en plus présente au sein de la zone CEMAC. Par conséquent, il s'agit là d'un avantage stratégique sans précédent qu'il faudra valoriser de façon efficiente. En tout cas, il s'agit d'une opportunité pour supprimer un bon nombre d'exonérations douanières à défaut, mieux reconsidérer l'harmonisation des régimes d'exception ou des politiques d'incitations aux investissements pour accompagner les projets de développement en cours dans la zone.

### B- L'harmonisation des politiques fiscales d'incitations à l'investissement en zone CEMAC à reconsidérer

La région Afrique centrale doit résister à la tentation de faire proliférer les réglementations étatiques en matière d'incitations à l'investissement. En effet, le constat fait a été celui d'une grande variété des instruments d'incitations aux investissements au sein des États membres. En dépit des prescriptions de la charte des investissements de la CEMAC [1923]et de la directive CEMAC relative à la TVA[1924], les États membres continuent d'accorder plus d'importance à leur propre système d'incitations. Aussi, d'importantes lacunes dans l'harmonisation des législations d'incitations à l'investissement demeurent. Cette situation est de nature à créer un immense préjudice au niveau d'une mobilisation optimale des ressources fiscales. Par ailleurs, ces lacunes sont susceptibles d'affaiblir, voire de compromettre l'intégration économique dans la zone CEMAC.

Face à la persistance des distorsions à la réglementation communautaire, une démarche plus stratégique doit être adoptée dans le champ des incitations fiscales. Celle-ci aurait pour principal objectif le renforcement de la mobilisation des recettes fiscales, le renforcement de l'intégration et donc la convergence de la fiscalité incitative communautaire, ainsi que l'amélioration de sa mise en application par les États membres. Dans la perspective d'une mise en cohérence de la politique fiscale sur l'investissement, il est donc temps de trouver un consensus autour des régimes dérogatoires (1) avec une nécessaire application des sanctions en cas de manquements (2).

---

administration publique, ENA, 2005, p.93, cité par MBOUNOU-NGOPO Mathurin, *op. cit.*, p. 165.

[1923] Règlement n° 17/99/CEMAC-020-CM-03 relatif à la charte des investissements de la CEMAC.

[1924] Directive n°07/11-UEAC-028-CM-22 portant révision de la directive n° 1/99-CEMAC-028-CM-03 portant harmonisation des législations des États membres en matière de TVA et du DA.

### 1. L'indispensable recherche d'un consensus autour des régimes dérogatoires en zone CEMAC

Une fiscalité dérogatoire ne peut pas se faire de façon efficace sans un encadrement strict au risque d'engendrer des distorsions entre acteurs économiques ou entités nationales, si les facteurs explicatifs de la discrimination fiscale ne sont pas objectivement étayés[1925]. L'on sait désormais dans la zone CEMAC que la fiscalité en tant que vecteur de développement occupe une place de choix dans la mise en œuvre des projets de développement des États membres. À ce titre, l'on observe un foisonnement désordonné des exonérations douanières au niveau des États membres. Ces pratiques nuisent à la cohérence de la politique fiscale communautaire et encouragent une concurrence fiscale dommageable et dangereuse entre les États membres. Une orientation prioritaire devrait consister en la recherche d'un consensus en matière de régimes dérogatoires.

La recherche d'une dynamique consensuelle en matière de fiscalité incitative est jugée impérative en zone CEMAC au regard de la grande hétérogénéité normative existant dans le domaine. L'objectif est de limiter les distorsions susceptibles de modifier les localisations d'activités entre pays ou de handicaper le développement d'activités au sein de la zone CEMAC. Devant la multiplication des mesures préférentielles incitatives, il importe, aujourd'hui plus que jamais, d'instaurer une discipline rigoureuse, afin de ne laisser prospérer que les dispositions dérogatoires qui sont réellement nécessaires et pour lesquelles le recours à un dispositif fiscal, plutôt qu'à une dépense budgétaire, a fait preuve de la plus grande efficacité[1926]. Il est question de mettre en place dans les secteurs miniers et autres, une fiscalité et un système de redevance qui permette d'optimiser le bénéfice social et la contribution budgétaire de ces secteurs[1927].

Le non-respect des prescriptions communautaires en matière de fiscalité communautaire incitative est assez révélateur du grand malaise qui prévaut au sein de la zone. Ainsi, les régimes fiscaux dérogatoires varient fortement d'un pays à l'autre, que ce soit pour les conditions d'obtention ou pour les avantages fiscaux octroyés. Les États membres sont appelés à coordonner leurs efforts en matière d'incitations fiscales pour éviter des surenchères inutiles et parfois suicidaires[1928]. Une charte de bonne conduite permettrait

---

[1925] NIANE Abdoulaye, *Fiscalité et intégration économique*, *op. cit.*, p. 344.

[1926] HASSAN EL KTINI, *Les dépenses fiscales en droit marocain, op. cit.*, p. 329.

[1927] CHAMBAS Gérard (dir.), *Afrique au sud du Sahara : mobilisation des ressources fiscales pour le développement*, Paris, Economica, p. 112.

[1928] HOURMAT ALLAH Hind, ELMORCHID Brahim, "Les congés fiscaux: un outil inefficace pour relancer l'investissement privé en Afrique », *CODESRIA, Conférence Guy Mhone*, thème « La renaissance et la relance des économies africaines, Dar es-Salaam, Tanzanie.

certainement de mieux guider les politiques d'incitation à l'investissement en Afrique[1929].

Il faut convoquer les états généraux des régimes dérogatoires liés aux investissements afin d'en dégager un compromis qui favorisera la mise en place d'un code des investissements communautaire, véritablement consensuel. Il ne s'agira pas de proscrire les incitations à l'investissement, mais de s'engager dans une véritable politique commune d'incitation à l'investissement respectant certains principes comme l'interdiction du recours à la signature des conventions particulières[1930]. Le système d'incitation à l'investissement devrait être ciblé sur la réduction du coût du capital, non discriminatoire, transparent et stable pour les investisseurs, limiter les opportunités d'optimisation fiscale, et conforter l'harmonisation fiscale et la mobilisation optimale des recettes fiscales[1931]. La valeur de l'engagement communautaire doit reprendre le dessus à ce niveau pour que les États membres de la CEMAC décident de manière concertée et synchronisée de converger leur effort dans l'application effective et conforme des dispositions issues de ce consensus.

L'un des domaines clés de la recherche du consensus se trouve être la fiscalité incitative pétrolière et de création de nouvelles entreprises. Il est temps de s'attaquer aux avatars de cette fiscalité pétrolière et de création de nouvelles entreprises dans la zone CEMAC. Aux importantes dépenses fiscales générées par les activités pétrolières[1932], viennent s'ajouter les dépenses fiscales occasionnées par la création des entreprises nouvelles[1933]. Ces importantes dépenses fiscales sèment un doute sur la capacité des États à collecter, dans le temps, des recettes fiscales suffisantes pour permettre une offre adéquate des biens publics nationaux et régionaux nécessaires à l'amélioration de la productivité de l'ensemble des entreprises ainsi qu'un équilibre durable des finances publiques des États[1934].

---

1929 *Idem.*

1930 CADOT Olivier, CALIPEL Stéphane, CHAMBAS Gérard, GEOURJON Anne-Marie, QUATREBARBES Céline et LAPORTE Bertrand, « Intégration commerciale et harmonisation fiscale », *in* GEOURJON Anne-Marie, GUERINEAU Samuel, GUILLAUMONT Patrick, GUILLAUMONT Sylviane-Jeanneney, *Intégration régionale pour* le *développement en zone franc*, *op. cit.*, p. 105.

1931 *Ibid.* p. 106.

1932 DIKOUME Albert Léonard, *La fiscalité pétrolière des États membres de la CEMAC, Cameroun, Congo, Gabon, Guinée Équatoriale, Tchad, Centrafrique*, *op. cit.*, p. 270.

1933 L'évaluation des dépenses fiscales par secteur d'activité permet de mesurer l'importance du dispositif incitatif. Ainsi, le secteur électricité, gaz, pétrole et mine tient le premier rang avec 34,9 % des dépenses fiscales au Cameroun. Voir rapport sur les dépenses fiscales de l'exercice 2017, p. 29.

1934 CADOT Olivier, CALIPEL Stéphane, CHAMBAS Gérard, GEOURJON Anne-Marie, QUATREBARBES Céline et LAPORTE Bertrand, « Intégration commerciale et harmonisation fiscale », *op. cit.*, p. 104.

En 2009 et 2010, le manque à gagner fiscal au titre de la charte des investissements et des codes miniers et pétroliers pour la seule fiscalité intérieure représentait respectivement 5,6 et 7,1 % des recettes fiscales du Gabon[1935]. La situation est semblable dans les autres pays, sinon pire. Dans l'ensemble des pays CEMAC, la décomposition des dépenses fiscales met en exergue la prépondérance du secteur industriel, en particulier, les sous-secteurs des mines et du pétrole. De même, les régimes des conventions particulières avec l'État, du code des investissements et les privilèges issus des codes sectoriels génèrent des coûts considérables pour le budget de l'État.

Le non-respect des règlements et directives communautaires en la matière devrait pousser les autorités communautaires à rechercher une issue favorable dans l'intérêt d'une mobilisation accrue des recettes fiscales et partant, d'une plus grande orientation vers l'intégration économique. En effet, la charte prescrit la suspension des droits sous forme d'admission temporaire ou d'entrée en franchise pour les activités de recherche en matière de ressources naturelles[1936].

Bien plus, la directive CEMAC relative à la TVA exclut les exonérations ou exemptions accordées par les États membres dans le cadre de mesures d'incitation à la création d'entreprise et à l'investissement, dans le cadre de mesures ou dispositions visant des secteurs particuliers, ou dans le cadre de conventions particulières[1937]. Mais, au niveau des impôts et taxes, les manques à gagner sont enregistrés majoritairement au niveau de la TVA. Au regard du grand décalage entre les textes et la réalité, il apparaît nécessaire de relancer une réflexion en profondeur sur les orientations à donner à la nouvelle politique fiscale incitative communautaire. Elle devrait inclure les adaptations nécessaires de la politique tarifaire et le système TVA de la zone aux réalités socioéconomiques.

En l'état actuel, l'absence de consensus conduit à l'inapplication des textes communautaires. À en croire Nadine Josiane BAKAM TITGOUM, une norme ayant fait l'objet d'un large consensus a plus de chance d'être appliquée qu'une norme qui n'en a pas assez reçu[1938]. On en conclut qu'un minimum de consensus [1939]autour des exonérations douanières au niveau régional devra

---

[1935] *Idem.*

[1936] Article 19 règlement n° 17/99/CEMAC-020-CM-03 relatif à la charte des investissements de la CEMAC

[1937] Article 7 de la directive n° 07/11-UEAC-028-CM-22 portant révision de la directive n°1/99-CEMAC-028-CM-03 portant harmonisation des législations des États membres en matière de TVA et de DA.

[1938] BAKAM TITGOUM Nadine-Josiane, *Normalisation et libre circulation des marchandises dans les marchés communs CEMAC et UEMOA : étude comparative*, *op. cit.*, p. 224.

[1939] Il y a consensus lorsque l'élaboration d'une norme aboutit à « un accord général caractérisé par l'absence d'opposition substantielle émanant d'une partie prenante importante et par un processus de recherche de prise en considération des vues de toutes les parties concernées et le rapprochement des positions divergentes éventuelles ».

être entrepris. Ce consensus permettra aux États membres d'éviter d'importantes pertes de recettes douanières. L'absence d'un consensus autour des régimes dérogatoires constitue une faille importante qu'il faudra rapidement combler afin de faire évoluer la position des États membres de la CEMAC vis-à-vis de leur politique d'incitation à l'investissement. Cette exigence est primordiale au regard des externalités négatives occasionnées par les exonérations douanières et autres incitations fiscales notamment, le défaut de neutralité vis-à-vis de la localisation des activités, la réduction de la compétitivité des productions locales vis-à-vis des productions importées exonérées, et un défaut de neutralité vis-à-vis des flux commerciaux au sein d'une même zone[1940].

Le cadre régional pourrait d'ailleurs s'avérer dans ce domaine le plus efficace pour diffuser au niveau des États membres les meilleures pratiques internationales. Dans la même perspective, les institutions de la CEMAC pourront contribuer à apporter des solutions concrètes relatives à l'harmonisation des exonérations douanières à travers la définition des stratégies de taxation globale en matière d'incitation à l'investissement. Il est donc urgent que les institutions régionales de la CEMAC mettent en place un cadre de législation harmonisée, consensuelle en matière d'exonérations douanières et des régimes d'incitation à l'investissement afin de limiter les distorsions et le manque à gagner important occasionné par la course au moins-disant fiscal accordé aux investisseurs. Aussi, le code des douanes ne devrait prévoir aucune exemption particulière à l'exception des régimes économiques et des pratiques internationalement reconnues[1941].

Cette démarche ne sera pleinement crédible que si chaque pays applique effectivement les principes et directives issus du consensus et inscrits dans une charte[1942] qui affirmerait l'engagement de l'État à assurer un environnement stable et cohérent. Mais un consensus sans la menace de sanctions ou d'un rappel à l'ordre serait peu probable. Il est donc recommandé de mettre en place un code de conduite en matière d'incitations à l'investissement assorti de sanctions en cas de violations des prescriptions de ce code.

### 2. La systématisation de sanctions applicables en cas d'atteinte au consensus trouvé en matière d'incitation à l'investissement.

L'impunité des États membres convaincus de violation de la règle fiscale communautaire a souvent été identifiée comme l'une des causes de la prolifération des pratiques fiscales discriminatoires au sein de la zone CEMAC. Le sentiment des gouvernements que la fiscalité demeure l'un, voire

---

[1940] Lire CHAMBAS Gérard (dir.), *Afrique au sud du Sahara : mobiliser des ressources fiscales pour le développement*, Paris, Économica, p. 116.
[1941] *Idem.*
[1942] *Idem.*

le principal facteur pour attirer les IDE dans leur pays, a très largement limité la coordination des États en matière d'incitation à l'investissement et de régimes dérogatoires[1943]. Cette observation rend difficile la tâche des institutions de surveillance en matière de respect de la législation communautaire dans le domaine d'incitation à l'investissement. Pourtant, il faut renforcer l'effectivité de la surveillance des politiques fiscales incitatives des États membres.

Face à ce dilemme, l'application des normes prises dans le cadre du consensus doit être surveillée pour s'assurer de leur effectivité. Aussi, la réussite d'une politique de coordination consensuelle implique l'application effective des sanctions en cas de distorsion constatée de la part d'un État membre. En réalité, pour éviter une fuite en avant vers des politiques de dépenses fiscales incontrôlées, l'édiction des sanctions est devenue une exigence éthique supplémentaire. L'efficacité de l'harmonisation douanière dans l'espace CEMAC comme moyen de renforcer la mobilisation optimale passe par la mise en place au niveau des instances de l'organisation sous-régionale, d'un processus de surveillance et de coercition pour le respect de la réglementation communautaire à l'image de l'Union européenne.

La légitimité des sanctions dépend du bien-fondé du consensus trouvé, d'où l'importance de trouver ce cadre incitatif communautaire. L'expérience européenne illustre parfois la difficulté que rencontrent les autorités régionales à faire respecter les normes communautaires en matière d'incitation à l'investissement[1944]. Quoi qu'il en soit, c'est par un travail de sensibilisation, de dissuasion et, semble-t-il, d'analyse objective des conséquences fâcheuses d'une politique d'incitation unilatérale qu'on pourra peu à peu parvenir à obtenir l'adhésion de tous les États membres à l'idéal communautaire à savoir la réalisation d'une fiscalité optimale en zone CEMAC.

Mais en attendant l'aboutissement de ce projet ambitieux, il faudra s'appuyer sur d'autres leviers qui pourraient favoriser l'attractivité du territoire régional de la CEMAC sans de grandes incidences sur la fiscalité. Le code consensuel des investissements de la CEMAC adossé aux sanctions n'est qu'un élément d'un ensemble plus vaste dont le pilier majeur doit être l'amélioration du climat des affaires. À cet effet, il revient aux instances communautaires de mettre un accent particulier sur l'amélioration du climat des affaires dans la zone CEMAC.

---

[1943] CADOT Olivier, CALIPEL Stéphane, CHAMBAS Gérard, GEOURJON Anne-Marie, QUATREBARBES Céline et LAPORTE Bertrand, « Intégration commerciale et harmonisation fiscale », *op. cit.*, p. 105.
[1944] *Ibid.* p. 130.

## SECTION II : L'AMÉLIORATION DE L'ENVIRONNEMENT DES AFFAIRES ET DES INVESTISSEMENTS EN ZONE CEMAC

De nos jours, il serait naïf de croire que les exonérations douanières en particulier et les incitations fiscales en général constitueraient une baguette magique pour attirer systématiquement les IDE dans les pays de la sous-région Afrique centrale. D'après Charles YEHOUENOU, l'amélioration du climat des affaires ne doit pas être axée sur l'octroi des mesures d'exonération, mais plutôt sur l'investissement dans les infrastructures de soutien à la production pour permettre aux investisseurs de minimiser les coûts de production[1945]. D'ailleurs, une étude devenue célèbre a conclu à une inefficacité des incitations fiscales comme facteur d'attractivité du territoire[1946]. Aussi, pour corroborer cette étude, malgré une longue pratique des politiques fiscales attractives, le flux des IDE à destination de l'Afrique en général reste bien inférieur à celui à destination des autres régions[1947]. De surcroît, ces IDE restent concentrés dans un nombre restreint de pays pétroliers et de ceux dotés de ressources naturelles[1948].

Face à ce constat décevant, dans le cadre de l'attractivité du territoire, il faudrait plutôt privilégier une approche holistique qui intègre tous les éléments dans la stratégie de développement des États membres. Les enjeux d'attractivité de la zone CEMAC sont aujourd'hui une priorité pour promouvoir les intérêts économiques de la zone, attirer les investissements étrangers, ceux des nationaux, et soutenir les entreprises de la sous-région. Dans ce sillage, les pays de la CEMAC devraient au contraire s'évertuer à améliorer leur environnement économique global afin de rejoindre les meilleures pratiques internationales. À en croire Nicaise MEDE, un État qui offre un bon climat général d'investissement peut, à la limite, réduire au maximum ses incitations fiscales sans pour autant craindre une baisse des investissements ou un ralentissement de l'activité économique[1949]. Il est ici question de lever quelques blocages structurels au développement de l'investissement et des affaires dans la zone CEMAC.

Parlant de l'environnement, ce n'est un secret pour personne que l'environnement des affaires en zone CEMAC accuse de sérieux retards. De nombreuses contraintes continuent de nuire au développement des

---

1945 YEHOUENOU Charles, « Dépenses fiscales au Bénin : propos évaluatifs », *in* MEDE Nicaise, YENOUSSI Nicolas (dir), *Bénin : les recettes publiques en débats*, Paris, L'Harmattan, 2020, pp. 109-128.

1946 VITO TANZI et HOWELL ZEE, Une politique fiscale pour les pays en développement, FMI, 2001.

1947 Commission économique pour l'Afrique (CEA), Rapport sur la gouvernance en Afrique II, 2009, p. 9.

1948 *Idem.*

1949 MEDE Nicaise, TONI Errol, *op. cit.*, p. 63.

investissements et à celui durable des entreprises dans la zone. Il revient aux instances communautaires d'entreprendre un exercice exhaustif d'identification des obstacles pesant sur l'environnement sous-régional des affaires. D'ailleurs, le Programme économique régional (PER) vise à « faire de la CEMAC un espace économique intégré émergent où règnent la sécurité, la solidarité et la bonne gouvernance, au service du développement humain »[1950], avec pour objectif de valoriser les principales ressources de la sous-région et bâtir une économie compétitive, diversifiée et à forte valeur ajoutée[1951]. Pour le président Paul BIYA, la CEMAC doit devenir un marché attractif pour les investisseurs[1952]. Il est donc urgent d'opérer des améliorations nécessaires à travers l'adoption des réformes judicieuses (paragraphe 1) tout en encourageant la lutte contre toute forme de concurrence dommageable (paragraphe 2).

### Paragraphe I : L'implémentation des réformes nécessaires pour une amélioration de l'environnement sous-régional des investissements et des affaires

Le contexte mondial est caractérisé par l'ouverture des gouvernements aux flux de mouvements de capitaux, la montée en puissance des multinationales et la compétitivité de nouveaux pays émergents. Les différentes régions ou zones d'intégration se discutent les potentiels investisseurs. Cette situation crée un climat de concurrence entre les zones souhaitant accueillir les investisseurs et ces derniers qui recherchent les espaces les plus propices à leur installation et leur profit[1953]. Dans cette bataille pour attirer une quantité importante et constante d'activités de production et de capitaux extérieurs, la zone CEMAC semble être à la traîne. Elle n'est pas prête à ouvrir un cadre légal, politique et économique satisfaisant pour l'établissement des projets.

Il existe un nombre important de contraintes qui limitent la dynamique de l'investissement privé et le développement des entreprises en zone CEMAC. Parmi ces contraintes clés, l'on peut identifier : un cadre macroéconomique peu propice au développement des entreprises, l'instabilité politique, de nombreuses tracasseries administratives avec en ligne de mire les tracasseries douanières, l'absence d'infrastructures et l'absence de gouvernance. Pourtant, l'attractivité d'une zone dépend de sa stabilité, de sa fiscalité, du dynamisme

---

[1950] CEMAC, *Programme économique régional, plan opérationnel 2011-2015*, juin 2012.

[1951] *Idem.*

[1952] Discours du président en exercice de la CEMAC à l'occasion de la 13e édition de la journée CEMAC avec pour thème, « renforcer les échanges commerciaux entre les pays de la CEMAC, pour une relance économique post-COVID, forte, durable, inclusive et créatrice d'emplois à l'orée d'une vision d'industrialisation de la sous-région ».

[1953] Voir MEMPHIL NDI Evelyne Patience, *Attractivité économique des investissements directs étrangers en zone CEMAC : harmonisation des instruments juridiques aux règles internationales*, *op.cit.*, p. 29.

de sa demande, des caractéristiques de la main-d'œuvre disponible, de la qualité des infrastructures et bien d'autres[1954].

Les exonérations douanières à elles seules ne sauraient occulter ces facteurs défavorables. Elles ne peuvent aider la zone CEMAC à se situer au sommet de l'attractivité internationale du territoire. Il n'est d'ailleurs pas surprenant de voir le groupement interpatronal camerounais (GICAM) réclamer plutôt les améliorations de l'environnement des affaires en lieu et place des exonérations douanières. Ces dernières ne font que déplacer le fardeau fiscal vers des entités nationales plus vulnérables et incapables de supporter une concurrence fiscale venant des investisseurs étrangers[1955]. Ainsi, dans la perspective de rechercher de nouveaux capitaux étrangers pour la zone CEMAC afin d'accompagner le secteur privé en tant que vivier d'emplois, des domaines d'interventions prioritaires ont été identifiés. Les autorités communautaires gagneraient non seulement à assainir l'environnement douanier (A), mais également à renforcer les facteurs structurels d'attractivité du territoire de la CEMAC (B).

### A- La consolidation de la gouvernance douanière au service de la compétitivité des entreprises et de l'attractivité du territoire de la CEMAC

Il serait assez prétentieux de réduire la compétitivité fiscale, c'est-à-dire l'attractivité du système fiscal d'un pays aux seules exonérations et allègements fiscaux que la législation fiscale prévoit. La stabilité et la simplicité de la norme fiscale, la transparence du système fiscal, les garanties du contribuable devant l'administration, la fluidité et l'efficacité du contentieux fiscal, les modes de paiement, les règles d'assiette et bien d'autres sont autant d'éléments qui sont pris en compte dans la compétitivité fiscale.

Au regard de ces standards, les administrations douanières et fiscales de la zone CEMAC accusent un sérieux retard[1956]. Un accent particulier est mis sur les administrations douanières au sein de la CEMAC qui sont intrinsèquement une entrave aux échanges commerciaux[1957]. Le but de leur assainissement est d'atténuer les charges que le respect des procédures douanières fait peser sur

---

1954 MEMPHIL NDI Evelyne Patience, *op.cit.*, p. 29.

1955 Voir rapport du groupe de travail sur la fiscalité mis en place au sein du GICAM. Dans ce rapport du GICAM les experts commis à la tâche ont proposé le retrait de la loi n° 2013/004 du 13 avril 2013 fixant les incitations à l'investissement privé en République du Cameroun. Aussi, d'après les experts, cette loi profite plus aux investisseurs internationaux, détenteurs d'importants capitaux.

1956 Lire l'exposé de la DGD sur la thématique de l'édition 2016 de la Conférence annuelle du ministère des Finances, intitulé « Le MINFI, accélérateur de l'émergence, vers une administration d'excellence ».

1957 KEEN Michael, « L'avenir des frontières fiscales et la modernisation de l'administration douanière », *in* : KEEN Michael.et al, *Moderniser la douane*, FMI éd. 2003, p. 15.

les opérateurs économiques, tout en rétablissant un climat de transparence et de confiance entre la douane et les entreprises[1958]. Il est donc question comme le fait remarquer LEROY Marc de moderniser la bureaucratie fiscale[1959].

Le degré de modernisation des administrations douanières constitue un élément essentiel dans l'appréciation de l'attractivité des investissements et dans l'amélioration du climat des affaires dans une zone. Dans cette optique, les douanes de la sous-région sont au centre du dispositif d'attractivité du territoire de la CEMAC. Dès lors, elles doivent jouer un rôle déterminant dans l'amélioration du climat des affaires en se dotant d'un cadre réglementaire conforme à la convention de Kyoto révisée et d'autres normes internationales pertinentes, ainsi que des procédures simples et prévisibles qui permettent une réduction du délai de passage des marchandises, la réduction des coûts liés aux opérations, l'augmentation de la compétitivité de la production sous-régionale et une plus grande mobilisation des recettes douanières[1960]. Il est ainsi question de promouvoir un environnement fiscal favorable au développement des affaires grâce à des mesures ambitieuses de simplification des procédures et d'allègement des coûts.

Cependant, depuis longtemps, les administrations douanières au regard de leur organisation et fonctionnement nourrissent des pratiques répréhensibles qui désorganisent les usagers, tout en suscitant leur ire[1961]. Importateurs et exportateurs, grands et moins grands, professionnels et occasionnels, égrènent à leur égard un chapelet de récriminations. Selon eux, précieux outil de développement, les douanes de la sous-région obstruent les chemins y conduisant : opacité des mécanismes, procédures longues et tracassières, absence de gouvernance, coûts prohibitifs des opérations de dédouanement, facturation à la « tête du client », non-respect des règles établies[1962]. Elles souffrent d'une désaffection psychologique[1963]. La douane est devenue ainsi une institution antipathique dont la seule appellation suscite immédiatement des évocations fort désagréables à la conscience des contribuables. OLO SIB Palé parle d'une administration méconnue, objet de tous les fantasmes[1964] et perçue par les usagers comme une administration publique importune.

---

1958 *Idem.*

1959 LEROY Marc, « La modernisation de la bureaucratie fiscale », *Gestion et Management public*, 2016, pp. 5-24.

1960 CASTELNAU Pauline et MARTEAU Jean-François, « Quel accompagnement des douanes par la Banque mondiale en Afrique subsaharienne ? », *Afrique contemporaine*, pp. 115-134.

1961 ONDOA Magloire, préface du livre de NGUEDA NDIEFOUO Gustave, *La douane camerounaise à l'ère de la facilitation des échanges commerciaux*, Cameroun, l'Harmattan, 2011.

1962 *Idem.*

1963 *Idem.*

1964 OLO SIB Palé, *Au cœur d'une administration douanière africaine : douane en action*, Paris, L'harmattan, 2020, p. 15.

Dans ce contexte de scepticisme populaire et de défiance générale s'impose le besoin de réconcilier les douanes de la sous-région avec ses usagers et son environnement, tant les maux décriés, bien que combattus, tardent à disparaître ou résistent au changement. Dans ce sillage et au vu des nombreuses lacunes et faiblesses constatées, de nombreux organismes se sont penchés sur les défis et stratégies de réformes des administrations douanières à même d'accompagner la croissance[1965]. Aussi, de nombreux acteurs internationaux partenaires au développement, organisations internationales, centres de recherches, ONG se sont intéressés de près à la question de la modernisation des administrations douanières[1966]. Cette modernisation vise, tout en favorisant la circulation des biens à l'échelle internationale et en remédiant aux différents problèmes de gouvernance, à contribuer à la pleine réalisation du potentiel d'échanges commerciaux dont recèlent les pays[1967]. Bien plus, une modernisation dont la perspective reste et demeure l'assainissement du climat des affaires, l'attractivité des investissements étrangers, la compétitivité des entreprises.

Le Cameroun pour sa part, grâce à l'assistance technique en matière d'administration douanière, a procédé à une mise en œuvre maîtrisée d'une réforme soutenue par une nouvelle culture professionnelle[1968]. Ainsi, au niveau des douanes camerounaises, plusieurs leviers sont actionnés pour favoriser non seulement la mobilisation des recettes douanières, mais aussi l'amélioration du climat d'investissement et des affaires. Ces actions pourront d'ailleurs être transposées au niveau régional sous la supervision des instances communautaires. Elles visent à adopter une approche moderne de la gestion des opérations douanières et à faire de la douane, comme le dit Andy HYEANS, un facilitateur au cœur de la stratégie internationale des entreprises[1969].

Aussi, au niveau communautaire et sur le plan douanier, de nombreux domaines d'interventions sont identifiés pour lesquels des actions spécifiques doivent être entreprises en vue d'améliorer l'environnement sous régional des investissements et des affaires et la compétitivité des entreprises de la zone.

---

[1965] KEEN Michael (sous la direction), *Moderniser la douane, défis et stratégies de réforme de l'administration douaniè*re, Washington, FMI, 2003.

[1966] C'est ainsi qu'une série d'organisations internationales sont apparues pour jouer un rôle clé dans la formalisation des obligations et de l'action des administrations douanières. Aussi, le FMI n'est pas le seul prestataire d'actions d'assistance technique en matière de modernisation de l'administration douanière. La Banque mondiale y attache une grande importance. L'OMD organise des actions de formation et d'assistance technique. Une assistance technique non négligeable est aussi fournie par des organisations régionales et dans un cadre bilatéral.

[1967] *Idem.*

[1968] Lire l'intervention du directeur général des douanes, madame LIBOM LI LIKENG Minette, à l'occasion de la troisième édition du club management de l'ISMP.

[1969] HYEANS Andy, *La douane au cœur de la stratégie internationale des entreprises : du contrôle au partenariat*, Paris, L'Harmattan, 2012.

Dans ce registre, on retrouve notamment[1970] : le renforcement du contrôle de l'exécution du service et de la mesure de la performance (1), une démarche partenariale constante et permanente (2), la promotion de l'éthique et de la bonne gouvernance (3), la dématérialisation des procédures (4).

### 1. Le renforcement du contrôle de l'exécution du service et de la mesure de la performance au sein des administrations douanières de la CEMAC

L'assainissement de l'environnement douanier de la zone CEMAC passe par la bonne administration de l'impôt douanier, voire la bonne exécution du service. L'enjeu à ce stade est de faire en sorte que l'administration douanière remplisse sa fonction première de perception des recettes publiques, sans nuire aux flux d'échanges commerciaux ni à l'allocation des ressources[1971]. Ainsi, une bonne exécution du service de douane est gage de compétitivité des entreprises et un véritable déterminant dans l'amélioration du climat des investissements et des affaires. Aussi, les instances communautaires devraient s'atteler à procéder à l'harmonisation des procédures et des méthodes de travail conformément aux bonnes pratiques internationales. Ce d'autant plus que les défaillances et les dysfonctionnements sont à l'origine des coûts supplémentaires importants à la charge des entreprises. Ces coûts annexes affectent la compétitivité économique des activités implantées dans les différents pays membres de la CEMAC relativement à des activités hors zone.

Le Cameroun a d'ailleurs très vite compris l'importance d'une bonne exécution en l'identifiant comme un axe prioritaire de réforme, gage de la promotion d'administrations de service favorables à une réduction des coûts de collecte. Dans cette optique, avec l'avènement de SYDONIA en janvier 2007 et remplacé par CAMCIS en 2020, les douanes camerounaises se sont engagées dans une dynamique de recherche de la performance objectivement mesurable et quantifiable à travers des indicateurs fournis par l'outil informatique de la douane[1972]. Il s'agit en réalité du contrôle de l'exécution du

---

[1970] Suivant l'exposé de la DGD sur la thématique de l'édition 2016 de la conférence annuelle du ministère des Finances, intitulé « Le MINFI, accélérateur de l'émergence, vers une administration d'excellence », les défis inhérents à un service douanier de qualité sont relatifs à la réduction des coûts et délais de passage des marchandises, à la sauvegarde de la concurrence loyale entre les acteurs économiques, à la consolidation de la démarche partenariale, à la transparence et la prévisibilité des procédures, à l'éthique professionnelle et la lutte contre les mauvaises pratiques, au développement des applications numériques, à la gestion des ressources humaines ainsi qu'à la sécurité.

[1971] KEEN Michael, « L'avenir des frontières fiscales et la modernisation de l'administration douanière », *in* : KEEN Michael (sous la direction), *Moderniser la douane, défis et stratégies de réforme de l'administration douanière, op. cit.*, p.1.

[1972] CANTENS Thomas, RABALLAND Gaël, BILANGNA Samson, « Réformer les douanes en mesurant la performance, réflexions à partir de l'exemple camerounais », *Customs & business challenge*, N° 010, octobre 2011, p. 28.

service et de la mesure de la performance qui se décline à travers le contrat de performance et le contrat d'objectif[1973]. Ces contrats ont pour objectif de favoriser la transparence, le professionnalisme et l'efficacité au sein de l'administration douanière[1974].

Les contrats de performance sont l'engagement librement pris par les inspecteurs des douanes avec leur direction générale pour s'imposer la contrainte d'un certain nombre d'indicateurs arrêtés de commun accord avec la direction générale des douanes. L'objectif étant celui de simplifier les procédures douanières et mieux circonscrire l'intervention de la lutte contre la fraude. Les contrats de performance ont pour objectifs globaux de : faciliter et sécuriser les opérations de dédouanement ; lutter contre la fraude et les mauvaises pratiques ; positiver les relations douane-entreprises et améliorer le rendement global de l'administration des douanes. Quant aux objectifs spécifiques, les contrats de performance visent entre autres à: réduire les délais de passage de marchandises ; encourager et soutenir l'investissement privé au Cameroun ; renforcer le partenariat douane-entreprises ; développer l'activité contentieuse et promouvoir la qualité du service en récompensant les inspecteurs de visite ayant réalisé les meilleures performances ; accroître la transparence et la responsabilité des acteurs de la chaîne de dédouanement[1975].

Les résultats de ces contrats à en croire les auteurs de « se regarder dans le miroir » sont assez probants notamment à travers la réduction significative des délais de passage portuaire et surtout l'accroissement des recettes douanières par la consolidation des comportements citoyens. La politique de contrôle de l'exécution du service veille à ce que les réformes décidées soient appliquées sur le terrain. Elle a abouti, d'après madame LIBOM LI LIKENG Minette ex-directeur général des douanes, à une sorte d'autocontrôle et fait ainsi reculer certaines mauvaises pratiques et la corruption. Le contrôle de l'exécution du service en douane se présente ainsi comme un véritable déterminant de la mobilisation des recettes tout en permettant un fonctionnement pertinent et adapté aux exigences du nouvel environnement commercial [1976]et favorisant la compétitivité des entreprises au sein d'une même zone.

Une priorité devrait consister à encourager cette politique de contrôle de l'exécution du service dans les douanes des États membres de la CEMAC.

---

1973 LIBOM LI LIKENG Minette, CANTENS Thomas, et BILANGNA Samson, « *Se regarder dans le miroir* » *: le contrôle de l'exécution du service dans les douanes camerounaises*, SSATP, Banque mondiale, janvier 2009.

1974 Pour plus d'éclairage, lire KAMENI N. Lazare, « La douane camerounaise à l'ère des contrats : outils d'appropriation de la gouvernance intelligente en matière d'innovation managériale », *revue des douanes camerounaises*, n° 028, 2013, pp. 55-57.

1975 Lire avec intérêt, BILAGNA Samson, « Reformer les douanes en mesurant la performance », communication à la 11e session du sous-comité de l'OMD sur l'éthique, *Revue des douanes camerounaises*, n° 025, 2012, pp. 34-36.

1976 KUNIO MIKURIYA, Avant-propos du livre « *Se regarder dans le miroir* », *le contrôle de l'exécution du service dans les douanes camerounaises, op. cit.*

Mobiliser des administrations douanières, plus performantes, plus modernes aurait un effet bénéfique sur la réduction des coûts des transactions douanières. L'impulsion dans ce sens venant de la CEMAC va davantage renforcer la dynamique en faveur de la modernisation et d'une homogénéisation des politiques de contrôle de l'exécution des services de douane comme clé de voûte de toute réforme[1977], associée à une démarche partenariale.

### 2. La promotion d'une démarche partenariale constante et permanente au niveau de la sous-région CEMAC

Au-delà de la nécessité d'un contrôle de l'exécution du service requis dans les administrations douanières de la zone CEMAC, la promotion d'une démarche partenariale est également souhaitée pour booster une dynamique d'amélioration du climat des investissements et des affaires au sein de la zone. Aussi, les administrations douanières doivent favoriser des relations franches, transparentes et fructueuses avec le secteur privé[1978]. Cette démarche partenariale avec le secteur privé et tous les acteurs de la chaîne de dédouanement rentre également dans les stratégies qui allient la mobilisation des recettes douanières et la recherche de la compétitivité des économies de la sous-région Afrique centrale.

En effet, les milieux commerciaux et d'affaires expriment des attentes croissantes en termes de prévisibilité, de transparence et d'efficacité des formalités du commerce extérieur, la célérité des opérations de dédouanement et la facilitation des échanges. Bien plus, l'amélioration de l'attractivité du territoire économique à l'égard des IDE est également une exigence des milieux d'affaires. Dans la perspective de trouver une solution aux multiples attentes, un cadre de concertation est nécessaire, car le développement du secteur privé est lié à celui d'un environnement favorable au dialogue entre les administrations douanières et les opérateurs économiques. Il est donc question de poursuivre la dynamisation de la démarche partenariale, à travers la multiplication des cadres d'échanges et de concertation avec la chaîne logistique et la communauté des affaires.

Dans le contexte de la CEMAC, l'on observe une absence de cadre institutionnel régional dédié à cette cause. Au niveau des États membres, le dialogue secteur public (administration douanière) /secteur privé s'exerce difficilement. Les acquis sont ainsi faibles. Pourtant, le dialogue contribue à accroître la confiance et la transparence dans les rapports de travail, et est à

---

1977 *Idem.*

1978 Point 10 de la Déclaration d'Arusha, Tanzanie, concernant la bonne gouvernance et l'éthique en matière douanière, le 7 juillet 1993.

même de conduire à une gestion plus participative de l'économie[1979]. Aussi, les instances communautaires de la CEMAC devraient accorder une attention particulière à ce volet de la réforme tant souhaitée. Une réelle volonté politique d'organiser un cadre de concertation est nécessaire, et cela si possible à travers la mise en œuvre d'un plan d'action communautaire. L'attractivité économique de la zone et la compétitivité des entreprises en dépendent largement.

Allant dans ce sens, le Cameroun peut être cité comme un État réformateur et innovateur dans ce domaine. Au sein de l'administration des douanes camerounaises, l'on a assisté depuis plusieurs années à l'émergence d'un système partenarial très poussé se voulant « gagnant-gagnant ». L'idée de base est de permettre à l'administration douanière d'atteindre les objectifs qu'elle s'est fixés à travers cette approche partenariale. Aussi, cette dernière, consciente de l'importance que revêt la collaboration avec les structures de production, principales pourvoyeuses de richesses, a mis au-devant le renforcement du partenariat avec le secteur privé dans l'optique d'une mobilisation tous azimuts des recettes douanières tout en favorisant la compétitivité des entreprises. Au Cameroun, la démarche partenariale est rendue opérationnelle à travers le forum douane-entreprises, la soirée des partenaires et la fenêtre web du « forum douane-entreprises ».

Parlant justement du « forum douane-entreprises », il a été institué depuis le 10 mars 2010. Il s'agit d'un cadre d'échange et de dialogue au sein duquel les entreprises et l'administration des douanes débattent des questions d'intérêts communs. La politique douanière de dialogue avec le secteur privé d'après madame Minette LIBOM LI LIKENG, ancien directeur général des douanes camerounaises, s'articule autour de trois piliers notamment : partager une même réalité à partir des données objectives que donne la plateforme informatique douanière ; décider ensemble des mesures à prendre qui, tout en mobilisant plus de recettes, n'entravent pas la facilitation et enfin faire surveiller l'application effective de ces mesures sur le terrain par tous[1980].

Au Cameroun, trois thèmes ont été retenus dans le cadre du premier cycle de discussion initié par le « forum douane-entreprises » à savoir : l'optimisation des mesures de facilitation ; la rationalisation des contrôles douaniers et la contractualisation des relations douane-entreprises à travers des contrats opérateurs conçus sur la base de la citoyenneté, l'anticipation, la proactivité et la responsabilité. En gros, la démarche partenariale procède ainsi de deux défis majeurs à savoir offrir aux acteurs économiques et du commerce international des procédures douanières optimales, gage de compétitivité pour les entreprises tout en mobilisant davantage de recettes douanières.

---

[1979] Bureau international du travail, *Évaluation de l'environnement des affaires au Cameroun*, 2013, *op. cit.*, p. 100.

[1980] Customs & business challenge, n° 006, mars 2010, pp. 16-17.

Les instances communautaires devraient s'inspirer des réformes entreprises par le Cameroun pour irradier toute la zone CEMAC. Toute cette stratégie n'a qu'un seul but : mettre en place des facilités permettant le décollage d'une économie sous régionale compétitive de marché. L'amorce d'un dialogue raisonnable avec les opérateurs commerciaux sur la question est un volet essentiel d'un bon système douanier. Il est tout simplement souhaitable d'améliorer le système partenarial initié par le Cameroun, l'enrichir de contributions diverses et multiformes et l'étendre à tous les pays de la zone CEMAC, tout comme est attendue la promotion de l'éthique et de la bonne gouvernance au sein des administrations douanières.

### 3. L'urgence d'une promotion de l'éthique et de la bonne gouvernance au sein des administrations douanières de la zone CEMAC

L'environnement des investissements et des affaires est plombé en zone CEMAC par des administrations douanières en manque d'éthique et de gouvernance[1981]. Les officiers des douanes n'ont généralement pas bonne presse[1982]. Au mieux, ils sont perçus comme des personnages inquisiteurs, fonctionnaires procéduriers à la tâche dans des bureaux austères ou des entrepôts insalubres ; au pire, on les considère comme un obstacle onéreux et corrompu aux transactions commerciales[1983]. Lionel PASCAL parle d'ailleurs d'une corruption endémique pour qualifier le mal[1984]. Aussi, le degré élevé de corruption qui continue de prévaloir dans des administrations douanières de la CEMAC entraîne des pertes de recettes, les inégalités dans le traitement des opérateurs et l'aggravation des facteurs d'inefficience économique. Bien plus, elle provoque de graves distorsions dans l'utilisation des ressources collectives et fait fuir les investisseurs étrangers[1985].

L'image des douaniers à en croire les experts du FMI a cependant beaucoup évolué ces dernières années à la faveur des progrès des technologies de l'information et l'importance accrue que revêt le contrôle de l'action des

---

1981 Lire PASCAL Lionel, *République centrafricaine : douanes et corruption, causes de la déliquescence du pays ?* Paris, L'Harmattan, 2015, 484p.

1982 KEEN Michael (sous la direction), *Moderniser la douane : défis et stratégies de réforme de l'administration douanière, op.cit.*, p. 12.

1983 *Idem.*

1984 PASCAL Lionel, *op. cit.*, p. 85.

1985 D'après l'OMD, les effets négatifs de la corruption peuvent notamment être les suivants : diminution de la sécurité nationale et de la protection de la communauté ; fraude fiscale et déperdition des recettes ; déclin des investissements étrangers ; surcroît de dépenses dont le coût est à la charge de la communauté ; persistance d'obstacles aux échanges internationaux et à la croissance économique ; moindre croissance envers les institutions publiques ; diminution du niveau de confiance et de coopération entre les administrations des douanes et les autres organismes publics ; amoindrissement du niveau de respect volontaire des lois et règlements douaniers ; et affaiblissement de l'esprit de corps et du moral du personnel.

pouvoirs publics. Cependant, malgré la floraison des codes d'éthique et de déontologie dans les administrations douanières, le malaise demeure puisque le mal persiste. La corruption douanière prend la forme de « faveurs » accordées aux entreprises en échange de pots-de-vin attribués aux agents des douanes[1986]. Fin 2006, la douane centrafricaine a été dissoute par le gouvernement en raison notamment de la corruption généralisée de son personnel[1987].

Plusieurs facteurs peuvent justifier la persistance de la corruption notamment : l'intervention généralisée de l'État dans l'économie ; les pratiques et normes culturelles influant sur le comportement des douaniers ; le pouvoir discrétionnaire exorbitant en matière d'octroi des exonérations douanières ; le manque de supervision et de directives ; l'insuffisance de l'obligation de rendre compte et les mécanismes de contrôle inadéquats[1988]. À ces facteurs, l'on peut également ajouter les taux d'imposition et les taux tarifaires élevés, la complexité des procédures administratives, le manque de professionnalisme, l'absence de mesures disciplinaires efficaces[1989].

Compte tenu des exigences du secteur privé en matière d'intégrité des agents investis d'une mission de puissance publique, l'administration des douanes camerounaises accorde un intérêt tout particulier au respect des principes éthiques et de gouvernance. Aussi, à en croire l'ex-directeur général des douanes camerounaises, les piliers qui sous-tendent son action en ce domaine se résument en trois points, à savoir : la transparence, le contrôle et la responsabilité[1990]. Dans la même veine, l'éthique reste et demeure un défi qu'il faut relever avec une détermination et une mobilisation croissante afin que puissent triompher la compétitivité des entreprises et une mobilisation optimale des recettes. Allant dans ce sens, la promotion de l'éthique et de la gouvernance au Cameroun se décline au travers de la mise en place d'un comité d'éthique et de gouvernance, la mise à la disposition des usagers d'un numéro vert (8044) pour toute dénonciation et la déclaration de Mbankomo sur l'éthique et la gouvernance en douane qui reprend en gros la déclaration d'Arusha, consacrée à l'éthique au sein de la douane[1991].

Au niveau communautaire, le cadre régional ne doit pas seulement servir à l'harmonisation des législations nationales en matière douanière, il doit également servir de cadre à la diffusion des bonnes pratiques en matière d'administration des impôts douaniers. En effet, les faiblesses constatées en

---

1986 PASCAL Lionel, *op. cit.*, p. 87.

1987 *Ibid.* p. 88.

1988 Pour plus de détails, lire KEEN Michael (dir), *op. cit.*, p. 167.

1989 *Ibid.* pp. 168-169.

1990 Customs & Business challenge N° 010, octobre 2011, p. 3.

1991 Lire LIBOM LI LIKEND Minette, « Les douanes camerounaises à l'épreuve de la gouvernance : éléments d'une mutation endogène », *Les actes du club management*, 3e édition, Institut supérieur de management public, 2011, pp. 8-17.

matière de gouvernance occasionnent des coûts supplémentaires qui alourdissent les transactions commerciales et desservent la sous-région en matière de compétitivité entre les différentes zones. Il est par conséquent demandé au plan régional d'introduire des méthodes d'action novatrices avec plus de transparence, plus d'objectivité dans les opérations de dédouanement. L'impulsion donnée par les douanes camerounaises en matière d'éthique et gouvernance doit être relayée et appuyée par les instances communautaires pour imprimer durablement et de façon irréversible les principes éthiques et de gouvernance dans le quotidien des administrations douanières.

Une stratégie de coordination régionale d'actions dans ce domaine de gouvernance douanière doit être mise en place afin de renforcer la dynamique en faveur des principes éthiques et de gouvernance. L'échelon régional apparaît certainement indiqué pour favoriser cette impulsion en faveur de la gouvernance difficile à mettre en œuvre au niveau national. Il est d'ailleurs de la responsabilité des instances communautaires de veiller à l'application effective de la déclaration d'Arusha concernant la bonne gouvernance et l'éthique en matière douanière. Cette déclaration atteste de la volonté de l'OMD d'encourager ses membres à respecter les règles éthiques et à mener à bien leurs activités de manière pleinement efficace. Elle constitue l'élément central du dispositif mis en place par l'OMD afin de lutter contre la corruption et de développer l'éthique[1992].

Cette déclaration invite les administrations douanières à élaborer et publier un code de conduite exhaustif qui décrit en termes très pratiques et sans aucune ambiguïté le comportement que la douane attend de tout personnel. Ce code doit prévoir, en cas de non-respect, des pénalités proportionnelles à la gravité de l'infraction, appuyées par des dispositions administratives et législatives appropriées. Cette déclaration fait également référence au cadre réglementaire, à la transparence, à la conduite des responsables, à la gestion des ressources humaines, à l'esprit de corps et à la gestion des ressources humaines[1993]. Tous ces aspects doivent être conformes aux bonnes pratiques internationales. D'ailleurs, WALSH suggère la création d'un cadre destiné à réformer les structures incitatives et la mise en place des procédures juridiques et administratives requises pour détecter, sanctionner et décourager les comportements déviants[1994].

L'attrait des investissements internes ou étrangers n'est possible que dans un environnement douanier empreint de gouvernance. À cet effet, une stratégie d'actions faite de séminaires de sensibilisation et de renforcement

---

1992 PASCAL Lionel, *op. cit.*, p. 88.

1993 Pour plus de détails, lire la Déclaration d'Arusha (révisée) concernant la bonne gouvernance et l'éthique en matière douanière, Tanzanie, le 17 juillet 1993.

1994 WALSH James, « dispositions pratiques visant à promouvoir l'éthique au sein des administrations douanières », *in* KEEN Michael et al. *op. cit.*, p. 167.

des capacités en matière de gouvernance serait la bienvenue au niveau régional. L'amélioration continue de la gouvernance douanière et la lutte contre les mauvaises pratiques sont des actions prioritaires. Aussi, la mise en œuvre d'une politique douanière communautaire cohérente à l'échelon régional s'appuiera sur une logique basée sur l'intégrité et la transparence des différents intervenants de la chaîne de dédouanement. Un programme régional d'appui à la bonne gouvernance permettra enfin de rendre les procédures harmonisées, transparentes, simplifiées ancrées véritablement dans la dématérialisation.

### 4. La dématérialisation effective, un atout supplémentaire à l'assainissement de l'environnement douanier

L'on pourrait difficilement imaginer un environnement douanier attractif et favorable aux affaires sans une grande prégnance de l'outil informatique [1995]dans les opérations de dédouanement. À cet effet, la dématérialisation des procédures est aujourd'hui au centre des préoccupations, une exigence absolue pour toute administration qui se veut moderne et résolument ancrée dans une culture de performance. Les procédures douanières manuelles sont restées longtemps décriées, anachroniques et synonymes de lourdeurs, de tracasseries, de corruption et inadaptées à l'environnement actuel des affaires.

Aujourd'hui, la dématérialisation s'impose comme une nécessité implacable ou incontournable dans un environnement dominé par un flux important de marchandises et l'avènement des technologies de l'information et de la communication (TIC). Celles-ci viennent ainsi bousculer l'organisation fiscale et douanière en restructurant les modes opératoires sur une trame distincte de celle du droit[1996]. D'ailleurs, la charte des investissements de la CEMAC impose aux administrations douanières et fiscales de s'arrimer à la modernité en informatisant certaines tâches[1997]. La déclaration d'Arusha concernant l'éthique et la gouvernance en matière douanière fait également l'éloge de l'automatisation des procédures douanières[1998]. Dans le paysage douanier de la sous-région CEMAC, l'ancrage

---

[1995] D'après CORFMAT François et CASTRO Patricio, l'outil informatique est devenu indispensable à la gestion des opérations de contrôle de la douane. Il permet de traiter rapidement l'information, de faire en sorte que la législation douanière soit interprétée et appliquée correctement, de contenir les coûts du travail manuel, d'inciter les déclarants à respecter les règles et d'améliorer la qualité et la pertinence des données sur le commerce extérieur. CORFMAT François et CASTRO Patricio, « L'informatisation des procédures douanières » *in* KEEN Michael et al. *Moderniser la douane, défis et stratégies de réforme de l'administration douanière*, FMI éd, 2003, p. 130.

[1996] MANI MBELLE Éric-Marcel, *Enjeux de la télé déclaration des impôts et taxes au Cameroun*, Mémoire de master professionnel, option fiscalité appliquée, 2014, p. VII.

[1997] Article 18 du règlement n° 17/99/ CEMAC-020-CM-03 relatif à la charte des investissements de la CEMAC.

[1998] Point 4 de la Déclaration d'Arusha, Tanzanie, le 7 juillet 1993 et révisé en juin 2003.

à la dématérialisation est certes amorcé, mais il mérite un nécessaire approfondissement au regard de nombreuses imperfections, insuffisances et difficultés rencontrées dans son déploiement.

L'approfondissement de la dématérialisation est nécessaire en zone CEMAC au vu de nombreux enjeux en ligne de mire. Outil moderne de gestion, la dématérialisation favorise une mobilisation optimale des recettes douanières à travers leur sécurisation plus poussée. À en croire Gustave NGUEDA NDIEFOUO, la modernisation des outils techniques de gestion des douanes camerounaises est une étape cruciale dans la recherche de la performance optimale[1999]. L'atteinte des objectifs de recettes reste un défi permanent pour les administrations douanières. La poursuite de cette mission vitale pour la survie de nos États ne peut être envisageable sans un usage adapté et maîtrisé de l'outil informatique. La dématérialisation favorise une meilleure maîtrise de l'assiette fiscale. Dans ce sillage, l'usage généralisé de l'outil informatique induit la célérité, la traçabilité et l'efficacité et constitue le gage d'une meilleure gestion des services publics de la douane[2000]. D'autre part, l'utilisation de l'outil informatique renforce l'efficacité ainsi que l'efficience des contrôles douaniers, améliorant ainsi le taux de recouvrement des recettes douanières.

Par ailleurs, les retombées sont aussi diverses et tout aussi importantes dans l'amélioration des relations avec les usagers[2001]. La disponibilité de l'administration va considérablement s'améliorer avec le développement des procédures simples, transparentes et prévisibles. Aussi, la dématérialisation, gage de la célérité, favorise la réduction du délai de passage des marchandises, tout en ayant un effet positif sur la compétitivité des entreprises. Ainsi, au sujet de la télédéclaration des impôts au Cameroun, l'on pouvait entendre le directeur général des impôts déclarer : « C'est une étape à marquer d'une pierre blanche dans le cap de l'innovation et de l'amélioration de la qualité de service offerte à nos prestataires »[2002].

Dans ce sillage, la dématérialisation recherche tout d'abord la facilité de traitement des dossiers. À cet effet, ces derniers, ainsi que les pièces jointes, seront transmis aux services compétents par voie électronique, avec la possibilité d'une aide en ligne. Ensuite, elle favorise la transparence : cette évolution permettra de suivre le traitement des dossiers à partir d'un poste de travail, les dépenses liées aux achats de formulaires de papiers et timbres

---

1999 NGUEDA NDIEFFOUO Gustave, *La douane camerounaise à l'ère de la facilitation des échanges commerciaux, op.cit.*, p. 137.

2000 *Idem.*

2001 ROUX-TRESCASES, « Le MINEFI en ligne : les technologies de l'information et de la communication à l'appui de la modernisation du ministère de l'Économie, des Finances et de l'Industrie », p.203. Cité par NIANE Abdoulaye, *Fiscalité et intégration économique, op. cit.*, p. 313.

2002 MANI MBELLE Éric-Marcel, *op.cit.*, p. 5.

seront substantiellement réduites. Elle permettra de réduire les tentatives de corruption qui sont facilitées par le contact entre les acteurs et la complexité des procédures[2003]. Enfin, l'échange électronique des informations et des documents raccourcit les délais de traitement et de transmission des dossiers tout en simplifiant ainsi les procédures douanières. En gros, l'usager se trouve au centre de la dématérialisation au travers de la réduction des coûts et des délais des transactions commerciales. Aussi, ABOUDOU Malèhossou Raouf fait savoir que la mise en œuvre de la dématérialisation a des avantages tels que la lutte contre la corruption, la sécurisation des recettes de l'État, l'accélération de la procédure de dédouanement, la traçabilité des opérations, la diminution des risques de fraude par l'utilisation de faux documents et la professionnalisation du métier des commissionnaires agréés en douane[2004].

Fort de ce qui précède, l'administration douanière du Cameroun accorde un intérêt tout particulier à la dématérialisation. Dans une démarche d'avant-garde, elle utilise les procédures automatisées de dédouanement depuis l'année 1984[2005]. La dématérialisation à cette époque s'inscrivait dans un programme gouvernemental de modernisation des services publics[2006]. Aujourd'hui, cette dématérialisation a atteint sa vitesse de croisière avec l'avènement en 2020 du système CAMCIS[2007] qui est encore dans sa phase de déploiement. Ce système succède au système SYDONIA[2008] datant de 2007, venu remplacer lui aussi le système PAGODE [2009]datant de 1984. La dématérialisation rime avec une adaptation à l'évolution technologique. Ainsi, l'avènement de chaque système constitue un tournant majeur dans la modernisation de la gestion des opérations de dédouanement des marchandises.

Par ailleurs, cette dématérialisation dans sa mise en œuvre présente des facettes multiples. L'on peut évoquer l'introduction du scanner dans la procédure de dédouanement. C'est désormais une technique de visite non intrusive des marchandises. Cet outil permet l'identification rapide et précise de l'espèce exacte des marchandises déclarées ou débarquées. L'usage du

---

2003 Voir MEDE Nicaise, TONI Errol (dir), *La fiscalité de développement en Afrique de l'Ouest francophone*, Paris, L'Harmattan, 2018, p 48. Ces auteurs évoquent d'ailleurs un déficit d'informatisation dans ces États.

2004 ABOUDOU MALEHOSSOU Raouf, « La dématérialisation des procédures douanières au Bénin », *in* MEDE Nicaise, YENOUSSI Nicolas (dir), *Bénin : les recettes publiques en débats,* Paris, L'Harmattan, 2020, pp. 391-412.

2005 NGUEDA NDIEFOUO Gustave, *La douane camerounaise à l'ère de la facilitation des échanges commerciaux*, *op.cit.*, p. 137.

2006 *Idem.*

2007 CAMCIS/ CAMEROON CUSTOMS INFORMATION SYSTEM est un système moderne de gestion des opérations de dédouanement et du commerce extérieur d'origine coréenne.

2008 SYDONIA / Système douanier automatisé.

2009 Le sigle PAGODE se décompose comme procédure automatisée de gestion des opérations de la douane et du commerce extérieur.

scanner est venu ainsi limiter les visites physiques des marchandises au port de Douala. Le scanner est par essence un outil de facilitation, d'inspection et d'identification non intrusif des marchandises. Son usage permet de réaliser des gains de temps et d'accroître la célérité dans la procédure de dédouanement des marchandises. Les atouts attachés au scanner justifient amplement son utilisation généralisée par l'ensemble des douanes des différents pays à travers le monde[2010].

Bien plus, la transformation digitale se poursuit dans les douanes camerounaises à travers le suivi par géolocalisation des cargaisons en transit à destination du Tchad et de la République centrafricaine. Cette prouesse est réalisée à travers une application dénommée NEXUS Cameroon dont l'avènement date de 2009. C'est une application technique qui permet la géolocalisation des conteneurs de marchandises en transit le long des corridors et check-points conventionnels depuis le port de Douala jusqu'au pays de destination finale[2011]. Ce système a pour vocation essentielle de faciliter et de sécuriser le régime douanier de transit des marchandises[2012]. À cet effet, NEXUS est une réponse technique adéquate et bien structurée aux versements frauduleux et récurrents à la consommation des marchandises en transit. Il vise à endiguer la fraude sur le transit qui, au fil du temps et de l'accroissement du volume des marchandises en transit, a pris une certaine ampleur[2013]. En gros, NEXUS participe de la politique du gouvernement camerounais d'alléger, simplifier et sécuriser le transit des marchandises.

La vitesse du déploiement de la dématérialisation comme outil de facilitation laisse subsister tout de même de nombreux problèmes. Le Cameroun est relativement à la traîne du fait des insuffisances et des imperfections liées à la dématérialisation. Le recours à l'outil informatique impose de multiples contraintes. Les plus saillantes sont celles liées au changement permanent des supports techniques et logiciels. Dans ce contexte de mutation technologique permanente[2014], l'adaptation digitale des outils de gestion utilisés par les services opérationnels des douanes camerounaises est rendue difficile, surtout au regard de la contrainte liée à la gestion d'un flux plus important de marchandises. À côté de cette adaptation difficile, l'on peut également relever entre autres : la sécurité limitée des systèmes informatiques très vulnérables aux attaques de la cybercriminalité ; les problèmes techniques de conception qui n'intègrent pas tous les éléments de procédure et sont

---

[2010] NGUEDA NDIEFOUO Gustave, *op. cit.*, p. 162.

[2011] *Ibid.*, p. 174.

[2012] Idem.

[2013] *Ibid.*, p. 162.

[2014] Pour CHAMBAS Gérard et compagnie, l'informatisation constitue le fondement de la modernisation des douanes, elle constitue d'ailleurs une étape essentielle.

incapables de prendre en compte les besoins évolutifs de tous les utilisateurs ; l'entretien et la maintenance des outils de plus en plus difficiles aussi[2015].

Bien plus, l'utilisation des technologies de l'information et de la communication, facteur affirmé de célérité dans le passage des marchandises et de réduction des coûts y relatifs, s'est retrouvée être un facteur de blocage du fait des coupures intempestives d'électricité, de perte de réseau internet et des problèmes de disponibilités des consommables. À ces problèmes conjoncturels, viennent se greffer davantage les difficultés d'appropriation des outils modernes de gestion. Ces difficultés sont liées notamment à l'absence d'un programme de formation continue à l'utilisation des TIC ; une faible adhésion à ces dernières due à un manque de sensibilisation et de dialogue avec les utilisateurs ; l'absence aussi de manuels de procédures formelles liées à la dématérialisation et à bien d'autres difficultés attachées à la psychologie des usagers[2016].

Tous ces problèmes liés à la dématérialisation ne sont pas propres au Cameroun. On les retrouve dans les autres pays de la zone CEMAC. L'état des lieux au Cameroun nous a permis d'analyser et d'évaluer le degré de pénétration du numérique dans la zone CEMAC. Cette vue synoptique de la dématérialisation au Cameroun démontre à suffisance qu'on est loin de l'atteinte de la cible à savoir sa généralisation dans toutes les sphères des administrations douanières. La zone présente encore un indice de développement des TIC faible, et reste mal positionnée sur le classement du WEF basé sur le degré d'intégration des TIC dans les politiques publiques de développement[2017]. Cet état des lieux est préoccupant. Dans cette perspective, la modernisation des administrations douanières en cours à travers la dématérialisation mérite d'être renforcée, car elle devrait favoriser le recouvrement des recettes douanières tout en facilitant les procédures douanières gage de la compétitivité économique de la zone CEMAC.

Au regard des difficultés qui plombent l'envolée de la dématérialisation dans les procédures douanières, les instances communautaires de la sous-région CEMAC devraient mettre un point d'honneur à faciliter son ancrage définitif dans la zone. Les opérateurs économiques ont besoin des administrations douanières assumant pleinement leur rôle de facilitateur, des administrations transparentes et prévisibles. La dématérialisation y contribue énormément. Il est désormais acquis qu'un environnement attractif a besoin d'un ancrage très prononcé à la dématérialisation. L'émergence économique de la zone CEMAC est étroitement liée à sa capacité à déployer un plan

---

2015 NGUEDA NDIEFOUO Gustave, *La douane camerounaise à l'ère de la facilitation des échanges commerciaux*, *op. cit.*, pp. 144-146.

2016 MANI MBELLE Éric-Marcel, *Enjeux de la télédéclaration des impôts et taxes au Cameroun*, *op.cit.*, p. 81.

2017 Lire livre blanc de l'économie camerounaise, l'impératif industriel du Cameroun, GICAM, février 2020, p. 134.

régional partagé de digitalisation des administrations douanières. L'ambition de ce plan devra être de promouvoir un usage optimal des TIC disponibles et leur intégration dans tous les services de conception et opérationnels des administrations douanières de la sous-région CEMAC.

Dans cet ordre d'idées et pour favoriser une dynamique sous-régionale sur le plan de l'informatique et des nouvelles technologies, un schéma directeur de l'informatique devra être élaboré, vulgarisé et mis en œuvre, dans le but d'arrimer toute la zone à l'informatisation progressive de tous les domaines d'activités et de fonctionnement des administrations douanières. Bien plus, un plan d'acquisition, de maintenance et sécurisation des équipements et des outils informatiques devra être élaboré et mis en œuvre. Par ailleurs, une dynamique sous-régionale devra être engagée, dans l'élaboration et la mise en œuvre d'un plan d'acquisition et de maintenance des équipements d'inspection non intrusive dans les plateformes portuaires et aéroportuaires pour faciliter davantage les opérations de dédouanement[2018].

Cette politique dans le domaine de la dématérialisation aura pour objectif principal de faire bénéficier aux administrations douanières et à ses partenaires de nombreuses opportunités qu'offre la digitalisation des procédures. L'impulsion des instances de la CEMAC demeure à cet effet, un facteur décisif. Des réformes remarquables ont déjà été amorcées dans les pays membres avec des degrés d'avancement variables selon les pays, il reste tout simplement de poursuivre cette mise en œuvre sous la supervision de l'institution régionale. Il est ainsi difficile d'engager des réformes novatrices de manière isolée. Fort de ce qui précède, les administrations douanières de la sous-région devraient accentuer leur arrimage à la nouvelle donne technologique. Une restructuration de fond comme une digitalisation accroîtrait considérablement les performances des administrations douanières en quête de modernisation, mais encore tracassières et peu efficaces.

En somme, il est question d'intensifier la mise en œuvre des mesures douanières de renforcement de la compétitivité économique des entreprises, d'industrialisation et de lutte contre le commerce illicite[2019]. Au final, à en croire madame LIBOM, toutes les démarches internes doivent concourir à la consolidation des instruments managériaux en vue de renforcer la gouvernance douanière[2020]. L'amélioration de l'environnement sectoriel de la douane pour être bénéfique et salutaire au plan de la réduction des coûts des transactions commerciales et de la facilitation devra être accompagnée par le

---

[2018] Voir plan stratégique 2015-2015 de l'administration des douanes du Cameroun.

[2019] Lire à ce sujet, la circulaire n° 001 du 30 août 2021 relative à la préparation du budget de l'État pour l'exercice 2022.

[2020] Lire LIBOM LI LIKENG Minette, « Les douanes camerounaises à l'ère du budget programme : quels instruments pour une administration performante en 2013 ? », *op. cit.*, p. 3.

renforcement des facteurs structurels d'attractivité des investissements et de compétitivité économique de la sous-région CEMAC.

### B- Le renforcement des facteurs structurels d'attractivité et de compétitivité du territoire CEMAC

La zone CEMAC est confrontée à de nombreux défis en matière d'attractivité et de compétitivité de son territoire. Elle apparaît encore globalement peu attractive pour les investisseurs et paraît même progressivement en décalage par rapport aux autres zones d'intégration. Aussi, la qualité du climat d'affaires et des investissements se présente comme un handicap majeur. Dans ce contexte plombé et détérioré, tous les observateurs avertis s'accordent à souligner la nécessité d'une amélioration du climat des affaires pour apporter des réponses appropriées à ces multiples défis[2021]. Dans cette optique, la conférence internationale de travail (CIT) de l'Organisation internationale de travail (OIT), réunie en 2007, a permis à travers ses conclusions[2022], d'établir qu'un environnement propice au développement des entreprises durables est conditionné par un grand nombre de facteurs[2023], dont l'importance relative varie suivant les divers stades de développement et en fonction des contextes culturel et socioéconomique. L'analyse de ces critères est devenue un cadre de référence pour examiner les facteurs affectant l'environnement des affaires. Dans ce sillage, la promotion d'un environnement viable, attractif et compétitif ne se limite pas aux seules incitations fiscales[2024]. Il faut d'ailleurs un peu plus, en identifiant les contraintes clés au développement des entreprises. Les doléances du monde des affaires s'appesantissent sur de nombreux facteurs qui limitent la capacité de la zone CEMAC à impulser une croissance véritable. Ainsi, au regard de la

---

2021 Voir ENGONE Kénaelle Cyndie, *Les mécanismes d'incitations fiscales à l'investissement des entreprises étrangères en France et au Gabon*, Thèse précitée, pp. 498-532.

2022 Rapport sur l'évaluation de l'environnement des affaires au Cameroun, BIT, 2013.

2023 Les facteurs les plus défavorables à l'environnement des affaires au Cameroun et par extension dans les autres États membres de la CEMAC sont : le contexte et politiques macroéconomiques ; le cadre réglementaire ; l'accès aux services financiers ; le commerce et intégration économique, l'État de droit et protection des droits de propriété, la concurrence déloyale ; les technologies de l'information et de la communication ; les infrastructures ; la culture entrepreneuriale ; l'éducation et la formation ; la justice et l'inclusion sociale ; la protection sociale ; la paix et la stabilité politique ; la bonne gouvernance ; le dialogue social ; le respect des droits de l'homme et des normes internationales du travail et la gestion de l'environnement.

2024 L'utilisation des incitants fiscaux pour attirer les IDE ne suffira pas pour hisser les États membres au sommet de l'attractivité internationale. Selon Camille WECXSTEEN, le choix de l'implantation d'une activité industrielle dépend en premier lieu des caractéristiques de l'investissement en l'occurrence la nature de l'investissement envisagé, certains facteurs à l'instar du coût, de la qualité de la main-d'œuvre, de l'offre infrastructurelle, de l'environnement social et politique, de la rentabilité des opérations vont peser dans la décision d'investissement.

vulnérabilité structurelle qui continue de la caractériser, une orientation prioritaire devrait être accordée à l'amélioration du cadre juridique et réglementaire des affaires (1), à une réappropriation de la gouvernance publique (2) et une diversification de l'offre en infrastructures de base (3).

### 1. L'implémentation d'une dynamique régionale d'amélioration du cadre juridique et réglementaire des affaires

Il ne fait aucun doute que le cadre juridique et réglementaire des affaires en zone CEMAC connaît de nombreuses lacunes et obstacles réglementaires qui limitent la dynamique de l'investissement privé et le développement des entreprises. La Charte des investissements de la CEMAC censée y apporter une certaine clarté n'a pas produit les effets escomptés du fait de son inapplication par les États membres. Dans chaque État membre, de nombreuses contraintes déterminantes sont liées au cadre réglementaire. L'on peut énumérer dans ce registre : une exubérance législative et réglementaire particulièrement marquée en matière de dépenses fiscales et contraires aux préconisations de la charte, l'insécurité juridique, les lenteurs et lourdeurs administratives, les procédures fiscales longues et des coûts administratifs élevés de création des entreprises, une réglementation non prévisible et discriminatoire. De manière singulière, le cadre juridique et institutionnel encadrant les activités économiques au Cameroun reste globalement de qualité médiocre et les faiblesses réglementaires et sectorielles (fiscalité, financement, justice…) pesantes[2025].

Pourtant, un cadre réglementaire clair et adapté est une condition nécessaire pour le développement des entreprises et des investissements[2026]. Il favorise l'émergence des entreprises formelles et augmente la compétitivité de l'ensemble du secteur privé. Bien plus, l'amélioration du cadre des activités économiques va faciliter la promotion d'un secteur privé dynamique et attirer des capitaux privés nationaux et internationaux. À cet effet, il est exigé un cadre juridique qui favorise la transparence, la prévisibilité et une saine concurrence entre les différents intervenants.

Dans ce sillage, et face aux lacunes observées, il est recommandé d'engager une dynamique communautaire et régionale d'amélioration du cadre juridique et réglementaire des affaires. Il faut renforcer l'engagement communautaire dans l'application concertée, synchronisée et uniforme de la Charte des investissements de la CEMAC. L'énoncé du paragraphe 3 du préambule de la charte dispose que : « *La Charte des investissements constitue le cadre général commun regroupant l'ensemble des dispositions destinées à améliorer* l'environnement *institutionnel, fiscal et financier des entreprises*

[2025] Livre blanc du GICAM sur l'économie camerounaise, 2013, p. 73.

[2026] Lire EPEE Charles, « Incitants et cadre normatif des investissements directs étrangers au Cameroun », *lexlau*, 2019.

*dans le but de favoriser la croissance et la diversification des économies des pays membres, sur la base d'une meilleure définition du rôle de l'État, et d'un développement harmonieux du secteur privé, à travers des investissements d'origine nationale ou étrangère ».* Au regard des enjeux en cause, les dispositions de la Charte des investissements doivent recevoir une application directe dans l'ordre interne des États membres. En tant que de droit dérivé du traité instituant la CEMAC, la Charte CEMAC des investissements jouit des mêmes prérogatives de primauté dans son application que le traité constitutif de la CEMAC.

Cette préoccupation doit être d'un intérêt commun en vue de favoriser le développement économique des États membres. Aussi, une action en faveur de la convergence du cadre juridique des affaires en zone CEMAC est rendue nécessaire. Les instances communautaires doivent se déployer à cet effet. Un dispositif régional doit être mis en place pour pouvoir encadrer cette convergence et contrer les velléités de divergence. L'objectif dans le rapprochement des cadres juridiques est d'assurer la régulation de l'économie de marché, améliorer le climat des affaires, impulser les investissements et les emplois afin de pérenniser le développement économique de la zone CEMAC[2027].

Par ailleurs, ce cadre juridique doit être harmonisé et conforme aux conventions internationales ratifiées par les États membres de la CEMAC ainsi que les règles du droit international garantissant la sécurité des investissements. Les États membres devraient renforcer le cadre normatif à travers la transposition dans l'ordre interne des dispositions et directives relatives aux bonnes pratiques en matière d'investissements et de compétitivité des entreprises. Dans ce sillage, au-delà de la Charte des investissements de la CEMAC, il existe aussi des dispositifs législatifs extracommunautaires ou internationaux qui concourent à une harmonisation et à un rapprochement de politique économique en matière d'investissement dans la sous-région.

C'est le cas du Traité OHADA[2028], les conventions internationales comme les accords de l'OCDE (Organisation de coopération et de développement économique), les accords de l'OMC (Organisation mondiale du commerce), CIRDI (Agence internationale pour le règlement des différends relatifs aux investissements), de l'AMGI (Agence multilatérale de garantie des investissements). À cela s'ajoutent certains AMI (accords multilatéraux

---

2027 MEMPHIL NDI Evelyne Patience, Thèse précitée, p. 57.

2028 Tous les États membres de la CEMAC ont ratifié le traité OHADA qui a pour principal but de garantir la sécurité juridique des affaires en Afrique. Une sécurité indispensable pour drainer des flux importants d'investissements. Cet objectif est clairement énoncé en ces termes : « L'Organisation pour l'harmonisation du droit des affaires (OHADA) a pour principal objectif de remédier à l'insécurité juridique et judiciaire existant dans les États-parties ».

d'investissements) et TBI (traités bilatéraux d'investissements)[2029]. La promotion des investissements en zone CEMAC nécessite bien évidemment l'adhésion aux principaux instruments internationaux de garantie sur les investissements afin de s'ouvrir aux capitaux internationaux[2030].

En tout état de cause, le cadre juridique est une construction évolutive qui prend en compte les réalités actualisées de l'environnement économique, social et politique. Il s'adapte en fonction des divers intérêts notamment le souci de concilier les intérêts des multinationales avec le besoin de sécurisation des intérêts financiers des États. Aussi, les États membres de la CEMAC se doivent de mettre en œuvre de manière permanente des réformes structurelles pour améliorer le cadre des activités économiques et soutenir une croissance durable. Plusieurs recettes expérimentées permettront d'atteindre cet objectif pour lequel plusieurs États restent souvent réticents en raison de leurs contingences internes et de leur attachement à la souveraineté[2031].

Le cadre réglementaire d'incitation à l'IDE se doit d'être amélioré en zone CEMAC au travers d'un processus concerté. Les États membres doivent pour ce faire adhérer aux principaux dispositifs internationaux de garantie des investissements. Il s'agit notamment de leur traduction dans le corpus juridique national et surtout leur application par les différents acteurs. Mais au-delà du renforcement du cadre juridique, les États membres doivent surtout, mettre l'accent sur l'amélioration de la gouvernance au regard de son piètre état à l'heure actuelle dans la zone.

### 2. Les perspectives d'une dynamique régionale de renforcement du système de gouvernance dans la zone CEMAC

Parmi les stratégies d'attractivité des capitaux étrangers, figure en bonne place la bonne gouvernance. Aucune analyse de la politique fiscale fondée sur les incitations fiscales n'est complète si l'on ne parle de l'importance fondamentale que les investisseurs attachent à la bonne gouvernance[2032]. On s'accorde de plus en plus à croire en Afrique qu'une meilleure gouvernance est essentielle pour promouvoir la croissance et le développement et pour ce qui est de permettre aux pays africains de réaliser les objectifs du millénaire pour le développement[2033]. La zone CEMAC doit donc s'inscrire dans une mouvance de gouvernance améliorée afin de mieux mobiliser les ressources

---

[2029] Pour plus de détails, lire MEMPHIL NDI Evelyne Patience, *op. cit.*, pp.78-80.
[2030] *Ibid.* p. 79.
[2031] MBANDJI MBENA Etienne, *Les droits fondamentaux de l'enfant en droit camerounais,* Thèse précitée, *op. cit.*, p. 420.
[2032] BOHEK Edwige-Lucie, *La fiscalité pétrolière des États membres de la CEMAC*, *op. cit.*, p. 19.
[2033] Commission économique pour l'Afrique, *Rapport sur la gouvernance en Afrique II*, avant-propos, p. IX, 2009.

aux fins d'investissement à l'échelle nationale et régionale[2034]. Aussi, faire de la bonne gouvernance une réalité au Cameroun et en Afrique centrale revêt une importance capitale et constitue une des conditions primordiales pour faire éclore une économie florissante[2035].

Plusieurs définitions du concept de gouvernance ont cours dans la littérature ; mais celles-ci, à en croire le professeur TOUNA MAMA, renvoient toutes au processus d'exercice du pouvoir dans un cadre social donné, aux mécanismes et aux institutions par le truchement desquels les personnes physiques ou morales articulent leurs intérêts, exercent leurs droits, remplissent leurs obligations et règlent leurs différends[2036]. Dans ce sillage, l'on peut distinguer trois principales catégories de gouvernance : la gouvernance politique qui se réfère au système politique pratiqué, et concerne la manière dont les autorités et les institutions politiques sont choisies et remplacées ; la gouvernance administrative, quant à elle, concerne le système de gestion et le fonctionnement de l'administration publique. L'absence d'une bonne gouvernance administrative se traduit par la montée de la corruption. Enfin, la gouvernance économique et des entreprises fait référence à l'ensemble des systèmes, procédures et organisations impliquées dans la régulation de l'économie, la production et la redistribution des richesses, ainsi que dans la gestion des ressources de l'économie pour un développement soutenable à long terme[2037].

La bonne gouvernance est considérée comme une « exigence qualitative pour la gestion des affaires publiques »[2038]. La Commission de l'UE définit la bonne gouvernance comme l'ensemble « des règles, processus et comportements touchant à la qualité de l'exercice du pouvoir (…), en particulier la responsabilité, la lisibilité, la transparence, la cohérence, l'efficience et l'effectivité »[2039]. Ainsi, une bonne gouvernance implique certaines caractéristiques notamment : la participation ; l'autorité de la loi ou le respect de la légalité ; la transparence ; la réactivité ; la recherche du consensus ; l'équité et l'absence d'exclusion ; l'efficacité ; la responsabilité et une vision stratégique[2040]. La bonne gouvernance renvoie en définitive au

---

[2034] Voir Rapport du FMI n° 19/2, CEMAC, Questions générales, FMI, mars 2019. Dans ce rapport, une place importante est accordée à une approche régionale de l'amélioration de la gouvernance et de réduction des possibilités de corruption.

[2035] TOUNA MAMA, *L'économie camerounaise, pour un nouveau départ*, *op. cit.*, p. 404.

[2036] *Idem.*

[2037] *Ibid.*, p. 405.

[2038] Blanquet Marc, « Le système communautaire à l'épreuve de la gouvernance européenne pour une nouvelle gouvernance raisonnée » *in Mélanges en hommage à Isaac*, Toulouse, Presses de l'Université des Sciences sociales, p. 240, cité par MEYONG ABATH Roger Athanase, *op. cit.*, p. 503.

[2039] *Idem.*

[2040] Pour plus de détails, lire TOUNA MAMA, *L'économie camerounaise, pour un nouveau départ*, *op. cit.*, pp.405-406.

respect de la démocratie, à celui des droits de l'homme, à la promotion de la paix et de la sécurité, au renforcement des institutions et des contrepoids et au respect du droit de propriété.

Au regard des standards susévoqués, il est tout à fait regrettable de constater que la zone CEMAC souffre d'un « déficit de bonne gouvernance ». Elle accuse ainsi un sérieux retard dans ce domaine. La corruption rampante demeure un défi redoutable. Les différentes zones de guerre, les instabilités politiques, les contestations nées de l'organisation des élections, les différentes instabilités sociales, les lourdeurs et tracasseries administratives sont là pour témoigner de ce que la zone a encore du chemin à faire pour parvenir à la bonne gouvernance. Ces constatations démontrent que la zone enregistre une avancée marginale en matière de gouvernance. L'indice global de tous les indicateurs de bonne gouvernance fait ressortir une progression minime pour ne pas dire stagnante[2041]. Dans cette perspective, selon certains experts, un des problèmes clés à la croissance économique de la zone CEMAC est son faible niveau de gouvernance.

Ce faible niveau de gouvernance a un impact négatif sur les entreprises à trois niveaux différents : il rend inefficaces les projets d'investissements ; augmente les coûts de transaction pour le secteur privé ; réduit les ressources disponibles pour les investissements publics ainsi que la qualité des prestations offertes aux usagers[2042]. Aussi, une corrélation entre la mauvaise gouvernance, la stagnation économique et le sous-développement est très vite établie. À titre d'illustration, une mauvaise gouvernance politique conduit inéluctablement à l'instabilité politique traduite par les tensions, les conflits et les crises politiques. Bien plus, une mauvaise gouvernance administrative favorise la corruption, les tracasseries administratives et une gestion chaotique manquant de transparence, de responsabilité, d'équité et discriminatoire. Par ailleurs, une mauvaise gouvernance économique conduit à l'échec des politiques publiques de développement occasionnant par ce fait un environnement peu propice au développement des entreprises et à la promotion des investissements.

Au Cameroun, selon un rapport de 2010 de la Banque mondiale[2043], un des problèmes clés à la croissance économique est son faible niveau de gouvernance. Au niveau des entreprises, le faible niveau de gouvernance a un impact négatif à trois niveaux différents : il rend inefficaces les projets d'investissements ; il augmente les coûts de transaction pour le secteur privé et il réduit les ressources disponibles pour les investissements publics

---

2041 Voir Rapport sur la gouvernance en Afrique II, CEA, 2009. Les indicateurs de gouvernance de la Banque mondiale sont clairement négatifs aussi.

2042 BIT, Évaluation de l'environnement des affaires au Cameroun, 2013, p. 95.

2043 Cameroon Country Assistance Strategy- Banque mondiale 2010.

ainsi que la qualité des prestations offertes aux usagers[2044]. Des études du FMI montrent qu'une gouvernance déficiente et une corruption systémique s'accompagnent de moins de croissance et d'investissements et de plus d'inégalités (FMI, 2018).

Fort de ce constat accablant de déficits de bonne gouvernance dans la zone CEMAC, les instances communautaires devraient inverser la tendance. D'ailleurs, la qualité de la gouvernance est de plus en plus reconnue aux plans politique et scientifique, tant au niveau national que sur le plan international, comme une condition sine qua non du développement[2045]. La zone CEMAC a donc tout intérêt à faire de la bonne gouvernance une réalité[2046]. La pratique de la bonne gouvernance est ainsi requise au niveau de chaque État membre. Il est de plus en plus reconnu que les pays qui accordent une grande importance à la démocratie, à la transparence, à l'État de droit et à l'éthique affichent une meilleure performance socioéconomique[2047]. Ainsi, la manière dont les institutions étatiques et les services publics sont organisés, coordonnés et administrés engendre un important impact sur la performance sociale, économique et politique d'un pays[2048]. Au niveau régional, la bonne gouvernance est non seulement, le fondement de la rénovation des politiques fiscales communautaires en CEMAC[2049], mais aussi, le facteur de progrès et de légitimité démocratique de la CEMAC[2050].

Fort de ces enseignements, le renforcement de la gouvernance en zone CEMAC est rendu indispensable et il devrait accompagner la zone dans sa stratégie de développement indispensable pour la compétitivité des entreprises. À cet effet, les instances communautaires devraient mettre en place une stratégie régionale d'amélioration de la gouvernance et particulièrement de lutte contre la corruption. La CEMAC doit inciter les États membres à prendre des mesures appropriées pour éliminer les pratiques contraires à la bonne gouvernance. À cet effet, selon Justin NJOMATCHOUA, la gouvernance devrait se renforcer et s'adapter sans cesse aux contextes et autres mutations si rapides de notre époque devenue

---

2044 BIT, Évaluation de l'environnement des affaires au Cameroun 2013.

2045 TOUNA MAMA, *L'économie camerounaise, pour un nouveau départ*, *op.cit.*, p. 407.

2046 Lire LANDO Sabrina, ROSA Samuele et SUC Gwenaëlle, « Une approche régionale de l'amélioration de la gouvernance et de la réduction des possibilités de corruption », CEMAC et FMI, décembre 2018.

2047 BOHEK Edwige-Lucie, *La fiscalité pétrolière des États membres de la CEMAC : les mesures incitatives*, *op.cit.*, p. 20.

2048 *Idem.*

2049 MEYONG ABATH Roger Athanase, *L'harmonisation fiscale et douanière en zone CEMAC*, *op. cit.*, p. 503.

2050 *Ibid.*, p. 504.

prisonnière des technologies et portée par un besoin accru de transparence, de responsabilité, d'efficacité et d'équité[2051].

Plusieurs actions prioritaires devraient sûrement être engagées afin de favoriser le rayonnement de la zone en matière d'attractivité et de compétitivité des entreprises. Pour combler le déficit de gouvernance, la stratégie régionale de gouvernance doit viser entre autres : la consolidation de la fonction dépositaire de l'intérêt général de l'État, le renforcement de l'État dans son rôle de facilitateur et de régulateur de l'activité économique et sociale ; l'amélioration de l'environnement des affaires, la consolidation du partenariat entre le secteur public et le secteur privé ainsi que la gouvernance d'entreprise ; l'amélioration de la participation des citoyens et de la société civile à la gestion des affaires publiques[2052].

Un programme régional de gouvernance devra toucher aussi bien la gouvernance politique que celle administrative ou économique. Cette dernière tend à créer un environnement macroéconomique et un cadre institutionnel et juridique propice à l'investissement du secteur privé, à la création d'emplois, à la croissance économique et à une gestion efficace et efficiente des ressources et des fonds publics[2053]. Des améliorations sont ainsi attendues dans les domaines politiques, administratifs et économiques. Aujourd'hui, il est temps de franchir une nouvelle étape dans la quête de la bonne gouvernance en zone CEMAC. L'échelon régional semble d'ailleurs indiqué pour rallier une synergie d'ensemble en la matière. Tellement le défi est grand dans cette bataille collective contre la mauvaise gouvernance. Quoiqu'il en soit, une impulsion régionale reste décisive dans la promotion de la gouvernance dans la zone CEMAC au regard de nombreux domaines jugés critiques. Il y a lieu d'intensifier les efforts pour améliorer la bonne gouvernance au sein de la zone qui reste le leitmotiv de portée universelle.

Par ailleurs, dans l'optique d'inscrire la sous-région parmi les meilleurs élèves pratiquant la bonne gouvernance, il y a lieu d'intensifier la lutte contre la corruption au niveau de la zone CEMAC. Tous les États membres connaissent ce phénomène à des degrés divers. Aussi, pour y faire de la bonne gouvernance une réalité, une action prioritaire devrait être orientée en direction de la mise en place d'une politique de contrôle et de lutte contre la corruption. Cette lutte doit rester une préoccupation constante des instances communautaires de la zone CEMAC. En effet, la corruption reste un grand problème pour la gouvernance et le développement. Elle mine la capacité de

---

2051 NJOMATCHOUA Justin, « La promesse de financement des besoins croissants de l'État », *in Direction générale des Impôts Cameroun Rapport décennal, 2010-2020, pleins feux sur les mutations*, DGI, 2021, p. 33.

2052 Voir la vision stratégique prospective 2035 du Cameroun.

2053 CEA, *Rapport sur la gouvernance en Afrique II*, p. 63, 2009.

fournir des services de façon efficace, d'assurer la sécurité et de maintenir la paix, l'ordre et la stabilité sociale[2054].

Bien plus, elle augmente aussi le coût des transactions et représente un obstacle à l'investissement étranger direct[2055]. Il est donc nécessaire d'engager une dynamique régionale pour éradiquer ce fléau dans la zone CEMAC. À ce stade, la CEMAC est en retrait par rapport aux autres communautés notamment la Communauté économique des États de l'Afrique de l'Ouest et la Communauté de développement de l'Afrique australe qui ont pris l'initiative très tôt de promouvoir la démocratie et la bonne gouvernance dans leurs États membres respectifs. La CEMAC se doit désormais d'être active dans ce domaine afin d'aider les pays membres à élaborer et promouvoir des droits, des politiques et des pratiques propres à renforcer la stabilité politique, la croissance économique et le développement durable. Il est nécessaire de faire converger les aspirations des peuples à la lutte contre la corruption. Cette dynamique nouvelle à imprimer dans le domaine de la gouvernance doit être accompagnée d'une offre suffisante en matière d'infrastructures de base.

### 3. La consolidation d'une dynamique communautaire en offre infrastructurelle de base et autres facilités logistiques

La réalisation des infrastructures de base demeure le défi le plus important qui se pose sur la voie de l'élimination de la pauvreté, de la création d'un environnement prévisible et favorable à l'investissement ainsi que du développement socioéconomique général de la sous-région CEMAC. En effet, la zone CEMAC souffre d'un déficit criard d'infrastructures qui constitue un élément perturbateur de l'environnement économique de la sous-région. Aussi, la qualité des infrastructures constitue un déterminant majeur de l'attractivité et de la compétitivité des investissements privés[2056]. Aussi, presque tous les pays de la CEMAC disposent d'infrastructures déficientes qui freinent leur croissance et amoindrissent leurs capacités à participer aux échanges commerciaux au sein de l'économie mondiale[2057].

L'état des lieux des différentes catégories d'infrastructures en zone CEMAC est assez révélateur de l'insuffisante capacité infrastructurelle et logistique, laissant ainsi entrevoir de nombreuses lacunes. Aussi, dans tous les États membres de la zone, les infrastructures routières se trouvent dans un état dégradé tant dans les grandes villes que sur le réseau interurbain. Dans la même veine, les infrastructures ferroviaires sont peu opérationnelles et dans un état déplorable pour impulser un véritable développement économique. En

---

[2054] CEA *Rapport sur la gouvernance en Afrique,* p.241.
[2055] CEA, *Ibid.,* p. 241.
[2056] Lire Livre blanc du GICAM sur l'économie camerounaise, février 2020, p. 66.
[2057] BOHEK Edwige-Lucie, *La fiscalité pétrolière des États membres de la CEMAC : les mesures incitatives, op. cit.*, p. 24.

clair, l'évaluation des leviers de compétitivité industrielle dans ce domaine n'est guère confortable pour enclencher une émergence économique.

Bien plus, les transports maritimes et aériens demeurent des préoccupations importantes au regard de la problématique des procédures et des délais de passage ainsi que la fluidité des maillons logistiques. Par ailleurs, l'accès à l'eau et à l'électricité reste problématique dans la zone CEMAC. Tous les États souffrent d'un véritable manque d'investissement dans ces domaines de l'eau et de l'électricité aggravant ainsi la persistance du déficit. Au Cameroun par exemple, les coupures d'électricité sont la contrainte la plus fréquemment citée par les entreprises qui les identifient comme un obstacle de premier ordre au développement de leurs affaires.

De leur côté, les télécommunications se développent progressivement, mais ne couvrent pas encore la totalité de la zone. L'accès à l'internet reste limité auprès des entreprises et des ménages du fait, entre autres, des prix élevés[2058]. Le secteur de l'immobilier demeure un domaine porteur, mais le déficit en logement est présent. Dans l'espace urbain, l'habitat anarchique caractérise les grandes villes de la sous-région Afrique centrale.

Dans l'ensemble, l'on note des infrastructures de base encore insuffisantes, coûteuses et pas suffisamment valorisées. La zone CEMAC est relativement en décrochage par rapport aux zones qui peuvent aujourd'hui être prises comme référence notamment l'Afrique de l'Ouest et l'Afrique de l'Est. De nombreux défis restent à relever. Actuellement, les entreprises font face à des infrastructures lacunaires et inadaptées aux réalités économiques : cela augmente leurs coûts d'opération, limite l'échelle de leurs productions et de leurs investissements et obstrue leur développement ainsi que leur compétitivité[2059]. En gros, la CEMAC se singularise sur le continent africain par le plus faible réseau d'infrastructures, notamment de transport et d'énergie, avec un impact négatif sur les conditions sociales et de bien-être des populations[2060]. Dans sa marche vers le développement, cette zone pâtit d'un déficit considérable en infrastructures, aussi bien en quantité qu'en qualité, notamment dans les secteurs vitaux.

Pourtant, la question des infrastructures est au cœur de son pari de l'émergence. Aussi, les infrastructures ont toujours joué un rôle moteur dans le développement des activités économiques[2061]. C'est pourquoi l'Union africaine (UA) s'attèle depuis quelques années à en faire la promotion[2062]. Les enjeux liés au développement des infrastructures sont énormes. Les

---

2058 *Ibid.* p. 69.

2059 Voir rapport sur l'évaluation de l'environnement des affaires au Cameroun 2013, p. 59.

2060 Voir CEMAC, Programme régional économique, plan opérationnel 2011-2015, juin 2012.

2061 ETCHEGYA NOM Serge-Marius, *Fiscalité et attractivité du secteur minier camerounais*, *op.cit.*, p. 62.

2062 Union Parlementaire africaine (UPA), « Le développement des infrastructures en Afrique.

infrastructures routières par exemple constituent un facteur d'attractivité important pour tout investisseur, quel que soit son secteur d'activité. Écouler ses produits, recevoir les intrants ou aller chez ses clients nécessite des infrastructures routières et des lignes de chemin de fer qui permettent de gagner sur le temps et de réduire le coût des transports[2063]. Dans le secteur minier par exemple, l'enclavement d'une zone peut lourdement affecter la viabilité financière d'un projet notamment en ce qui concerne l'accès à la ressource ou encore l'écoulement du minerai dans les principaux marchés des matières minérales[2064].

La construction des infrastructures routières, portuaires, ferroviaires et autres est d'une importance capitale dans l'attractivité économique de la zone CEMAC. La faible part des investissements étrangers y est imputable à une faible capacité de production énergétique, au manque d'infrastructures adéquates. Par ailleurs, les difficultés d'approvisionnement en services de base, tels que l'électricité et l'eau, pèsent sur l'activité du secteur privé et la compétitivité des entreprises. Aussi, la compétitivité et le développement des entreprises en zone CEMAC nécessitent des infrastructures de qualité et en offre suffisante. Ce besoin constitue aujourd'hui un élément impératif et urgent afin de mettre en place une stratégie de promotion des entreprises.

Face à ces enjeux et à la lumière des développements qui suivent, les instances communautaires ont intérêt à densifier l'offre infrastructurelle et logistique de la zone CEMAC. L'accélération du développement des infrastructures et le renforcement des capacités logistiques sont rendus nécessaires si l'on veut accroître les investissements en général et les investissements étrangers en particulier. Dans la sous-région Afrique centrale, de nombreux efforts restent à accomplir pour la mise à niveau et le développement des infrastructures. Il est donc attendu une impulsion décisive venant des instances communautaires à travers la mise en œuvre progressive des infrastructures de base qui sont des leviers de compétitivité. Cette impulsion passe par l'élaboration de politiques communes précises et pointues dans les secteurs supports avec des études techniques requises (électricité, transport, télécommunications, services financiers).

Sur une note plus encourageante, il existe des efforts remarquables pour s'attaquer aux problèmes d'infrastructures. Le programme économique régional (PER) de la CEMAC fournit des critères et des paramètres permettant aux pays membres de s'y attaquer. Ainsi, il s'agit de formuler, pour chaque pays membre, un document spécifique mettant en exergue les actions qui y sont attendues dans le cadre de la mise en œuvre du PER, favorisant ainsi une meilleure cohérence entre le PER et les plans de développement nationaux.

---

2063 ETCHEGYA NOM Serge-Marius, *op. cit.*, p. 62.
2064 *Ibid.* p. 63.

Aussi, à travers les déclinaisons nationales du PER, chaque État pourrait-il tirer le maximum de la nouvelle stratégie régionale.

Dans le cadre du PER et notamment au sujet des infrastructures et de l'aménagement du territoire, l'axe 3 qui devra permettre la mise en place au sein de l'espace CEMAC des infrastructures critiques pour la compétitivité se décline en deux objectifs stratégiques, six programmes et trente-trois (33) projets. Ces programmes couvrent les infrastructures de base que représentent l'électricité, les transports, et les télécommunications, sans lesquelles aucun décollage économique n'est envisageable. Mais ils intègrent également les leviers critiques de compétitivité des économies modernes que représentent les infrastructures spécialisées[2065].

Dans cette optique, l'élaboration de la politique communautaire et du schéma régional d'aménagement du territoire doit être réactivée. Cette politique vise à assurer un aménagement durable, équilibré et solidaire de l'espace CEMAC. Il est question de mettre en œuvre véritablement les projets identifiés[2066] ; surtout les infrastructures de connexion régionale[2067]. Il est temps d'accélérer le développement régional des interconnexions électriques. En ligne de mire, le renforcement du programme régional de développement des infrastructures de transport. Par ailleurs, la CEMAC doit consolider le programme de développement des infrastructures numériques, tout en développant aussi l'infrastructure économique de soutien à la compétitivité.

Le renforcement des infrastructures de connexion régionale permettra la réduction des coûts d'opération et l'élargissement de la taille du marché régional[2068]. Il y aura donc un plus grand développement d'opportunités dans le domaine des affaires pour les entreprises[2069]. Le renforcement des capacités des institutions régionales est essentiel, en particulier pour coordonner la gestion de ces infrastructures. Un effort particulier est à effectuer dans ce domaine. Pour combler les besoins actuels, la CEMAC doit élaborer une stratégie régionale proactive, dynamique en partenariat avec les institutions telle la Banque africaine de développement et d'autres bailleurs de fonds qui développent actuellement d'importantes initiatives régionales comportant l'amélioration et la création des différentes infrastructures.

En somme, il est temps de mettre en branle la dynamique communautaire en matière de renforcement des infrastructures de base et de logistique. Le déficit constaté dans ce domaine freine le développement du commerce sous-régional ainsi que l'intégration sous-régionale des entreprises et des acteurs

---

[2065] Voir CEMAC Programme économique régional, plan opérationnel, juin 2012.

[2066] Pour plus de détails sur ces projets, lire le PER CEMAC, axe 3 infrastructures économiques et aménagement du territoire.

[2067] *Idem.*

[2068] BIT, *Évaluation de l'environnement des affaires au Cameroun 2013*, p. 63.

[2069] *Idem.*

économiques en général. Afin de surmonter ce défi de taille et de mettre en place des infrastructures adéquates et pérennes, la CEMAC doit assurer un pilotage efficace du PER dans le domaine des infrastructures et faciliter son appropriation au niveau de chaque État membre. L'engagement des États dans l'intégration sous-régionale ne se limite pas à l'application des textes communautaires. Le déploiement sur le territoire communautaire des chemins de fer, routes et autres moyens de communication génère des externalités dont la portée dépasse le cadre national. Une dimension clé de l'engagement des États réside donc dans leur participation au développement d'infrastructures régionales[2070]. En fluidifiant la circulation des personnes, des marchandises, des services, et de l'information, et en facilitant l'accès aux services de base comme l'électricité ou l'eau potable, ces infrastructures affectent tous les secteurs de l'économie dans tous les États membres[2071].

### Paragraphe II : Le plaidoyer pour un environnement des affaires débarrassé de toute concurrence déloyale en zone CEMAC

Dans une suite logique d'identification des éléments perturbateurs, de nombreux handicaps continuent de plomber l'environnement des affaires en zone CEMAC. Parmi ces contraintes, figure en bonne place l'absence d'un climat de concurrence saine et loyale[2072]. En dépit de l'encadrement communautaire de la concurrence, les entreprises en zone CEMAC sont confrontées à différents obstacles qui faussent le jeu de la concurrence. Cette absence de concurrence altère le climat des affaires qui reste peu attractif pour les investissements privés si cruciaux pour accélérer la croissance[2073].

La concurrence est une modalité particulière de régulation ou d'interaction entre l'offre et la demande[2074]. Les propriétés de ce mode de régulation ont été établies de longue date par les économistes. Du point de vue de l'offre, la concurrence favorise « l'efficacité productive ». Cela signifie qu'elle incite les entreprises à innover en permanence, à travers la recherche de la meilleure allocation possible de leurs ressources productives, la recherche de nouveaux procédés de fabrication, l'expérimentation de nouvelles formes d'organisation[2075].

---

2070 CARIOLLE Joël, GEOURJON Anne-Marie, UBEDA Audrey-Anne, « Un indice d'engagement des États dans l'intégration régionale pour la renforcer : application à l'UEMOA », *FERDI, Note brève*, n° 183, décembre 2018.

2071 *Idem.*

2072 Bureau international du travail, Évaluation de l'environnement des affaires au Cameroun 2013, p. 47.

2073 *Idem.*

2074 CNUCED, *La concurrence dans l'économie du Cameroun*, Nations unies New York et Genève, 2014, p. 1.

2075 *Idem.*

Du point de vue de la demande, la concurrence garantit que « l'efficacité productive » ainsi obtenue bénéficie, au moins en partie, aux consommateurs sous la forme d'une baisse des prix ou d'un meilleur rapport qualité/ prix, et donc d'une augmentation de leur pouvoir d'achat, ou tout au moins de sa préservation, toutes choses égales par ailleurs : on parle « d'efficacité allocative »[2076]. Dans ce sillage, comme le souligne la loi-type sur la concurrence de la CNUCED, cette politique vise à régler les comportements non concurrentiels des entreprises afin de réduire à un minimum les pertes d'efficience qu'ils entraînent dans l'intérêt économique du consommateur.

Au plan régional, la libre concurrence a été considérée comme une des armatures essentielles de la construction de tout marché commun[2077] . Elle constitue un maillon important du progrès économique, du moins dans des systèmes d'inspiration libérale[2078]. Mais au-delà des vertus reconnues à la concurrence, plusieurs pratiques déloyales continuent d'être recensées en zone CEMAC. L'on peut mettre dans ce registre sans être exhaustif, la concurrence importante du secteur informel, la contrebande, la contrefaçon, la fraude douanière, l'octroi discriminatoire et discrétionnaire d'agréments et d'incitations fiscales et douanières à certaines entreprises, le non-respect des normes et procédures de passation des marchés publics.

Bien plus, l'on observe une politique d'homologation préalable des prix de certains produits et services et une mauvaise coordination des législations nationales et régionales[2079]. Ces pratiques jugées déloyales ont un effet néfaste sur l'activité économique et constituent des obstacles pour les investissements privés dans la zone CEMAC. Aussi, toute forme de disparité ou de distorsion compromet la compétitivité de la zone. Il devient donc urgent de mettre en place un cadre économique et de régulation favorable à une concurrence saine et loyale à travers la lutte contre toute concurrence fiscale dommageable (A) et surtout contre toute autre pratique déloyale susceptible de nuire à la concurrence (B).

## A- La densification de la lutte contre la concurrence fiscale dommageable en zone CEMAC

Une contrainte clé à la concurrence loyale en zone CEMAC est constituée par les interventions étatiques dans l'octroi discriminatoire et discrétionnaire d'incitations fiscales et douanières à certaines entreprises. Pourtant, la communauté a édicté une charte communautaire des investissements à

---

2076 *Idem.*

2077 SOUTY François, *Le droit de la concurrence de l'Union européenne*, Montchrestien, 2e Ed, COL. Clés politique, Paris, mars 1999. P. 13.

2078 TONNANG GNIMPIEBA Édouard, *Droit matériel et intégration sous régionale en Afrique centrale*, *op.cit.*, p. 223.

2079 Pour plus de détails, voir BIT, *Évaluation de l'environnement des affaires au Cameroun 2013.*

laquelle les chartes nationales doivent être conformes. Un regret subsiste cependant sur ce dernier point à savoir le non-respect de cette charte par les États membres surtout dans son volet fiscal et douanier. Les chartes nationales sont devenues des véhicules de cette concurrence fiscale dommageable au regard de nombreux avantages fiscaux et douaniers concédés. Ces avantages sont décriés, car ils ont un effet perturbateur sur d'autres entreprises dans la sous-région et surtout poussent les autres États membres à réagir.

Dans ce sillage et face à cette fiscalité sélective et attractive, l'on se retrouve dans une spirale négative aboutissant à la réduction de la base d'imposition tout en sapant le libre jeu de la concurrence. Aussi, l'amélioration du climat des affaires passe par la lutte contre cette concurrence fiscale dommageable[2080]. Il faut mettre au point des mesures pour limiter les distorsions introduites par la compétition fiscale dommageable dans les décisions d'investissement[2081]. Ainsi, il revient de mieux saisir la notion de la concurrence fiscale dommageable (1) avant de mettre en œuvre les moyens de prévention de cette pratique fiscale déloyale (2).

### 1. Les différentes vues sur la notion de concurrence fiscale dommageable

La concurrence fiscale dommageable est une réalité de plus en plus difficile à appréhender au vu de l'apparition récente du concept. Il faut d'emblée dire que la saine concurrence fiscale est à encourager surtout lorsqu'elle est compatible avec les exigences communautaires ou lorsqu'elle est compatible avec le marché commun. Elle pousse les « *pays à évaluer en permanence leurs régimes fiscaux et leurs dépenses publiques en vue de procéder le cas échéant à des ajustements et à améliorer le climat fiscal de l'investissement* »[2082]. Mais cette concurrence poussée à l'excès, elle devient dangereuse, voire dommageable lorsqu'elle crée des distorsions et des entraves fiscales[2083]. C'est d'ailleurs dans ce sens que l'OCDE intitulera son rapport « Concurrence fiscale dommageable : un problème mondial »[2084].

C'est dans le contexte européen [2085]et surtout dans le cadre communautaire que s'est forgée progressivement la notion de concurrence fiscale

---

[2080] Lire PEIFFERT Olivier, « à la recherche d'une exigence de concurrence fiscale 'loyale' en droit de l'Union européenne », *Civitas Europa*, 2012, pp. 103-135, ou encore, FOURNIER Alice, « La lutte contre la concurrence fiscale dommageable après le Brexit », *Convention réguler la mondialisation*, 2017.

[2081] Dans ce sens, lire OWENS Jeffrey, « Combattre les pratiques fiscales dommageables », *L'Observateur de l'OCDE*, n°215, janvier 1999.

[2082] OCDE, *Concurrence fiscale dommageable* : *un problème mondial*, OCDE, 1998.

[2083] Pour de détails, lire DRAPIER Sylvie, *Les palliatifs du défaut d'harmonisation fiscale communautaire*, Diffusion ANRT, 2005.

[2084] OCDE, *Concurrence fiscale dommageable : un problème mondial*, OCDE, 1998.

[2085] À en croire GERVAL Charles-Eloi, c'est en 1996 qu'a émergé une prise de conscience des distorsions que la concurrence fiscale dommageable pouvait entraîner. La Commission

dommageable. Celle-ci connaît des notions voisines. Il peut être fait état, dans les divers documents officiels ou dans la doctrine, de pratique fiscale dommageable, de compétition fiscale dommageable ou encore de mesures fiscales dommageables[2086]. Aussi, une distinction s'impose aujourd'hui et fait opposer une concurrence saine, loyale ou positive à la concurrence fiscale déloyale, nocive, dommageable ou négative[2087].

En effet, elle renvoie à l'interaction des différents systèmes fiscaux nationaux face à l'accélération de la mondialisation des échanges et des investissements. Aussi, les États mettent en place des stratégies fiscales visant principalement à détourner des capitaux, financiers notamment, géographiquement mobiles. C'est une « course au moins-disant » relative à la base imposable mobile. À ce niveau, les régimes fiscaux attractifs et dérogatoires sont désignés par l'OCDE dans son rapport comme des pratiques fiscales dommageables. On y note d'ailleurs une prolifération des pratiques et des régimes dommageables. Ils renvoient à des risques de surenchères fiscales peu respectueuses des règles de concurrence loyale, aboutissant à des pertes de recettes et une pénalisation de certaines entreprises.

Dans le cadre communautaire, l'incapacité de la CEMAC à harmoniser et faire respecter la réglementation douanière a ouvert la porte à un développement de la concurrence fiscale dommageable. Cette concurrence fiscale dommageable va à l'encontre de la cohérence de la politique fiscale communautaire. Elle fait fi de l'harmonisation douanière en cours. La politique tarifaire commune, socle de l'intégration régionale, n'est alors que de façade. Bien plus, ces pratiques dommageables méconnaissent les exigences de libre circulation des marchandises et de neutralité fiscale. Aussi, les régimes fiscaux dérogatoires rendent caducs les efforts faits de coordination et d'harmonisation fiscales.

Dans ce sillage, l'on comprend pourquoi l'OCDE a identifié principalement les régimes fiscaux préférentiels comme une pratique fiscale dommageable à côté des paradis fiscaux. Ces régimes affectent la localisation des activités économiques et des autres prestations de services. Du point de vue de l'OCDE, une définition est donnée au regard des effets et des buts. En matière de concurrence fiscale dommageable, *l'effet consiste ici, pour un pays, à détourner*

---

européenne publie la première communication le 20 mars 1996 intitulé « La fiscalité dans l'Union européenne ». Appelée aussi « premier mémorandum Monti », cette communication pose trois objectifs pour l'Union européenne en matière de fiscalité : la lutte contre la concurrence fiscale dommageable, le bon fonctionnement du marché unique et la création d'emploi. Aussi, le recours à la formule de « concurrence fiscale dommageable » était foncièrement innovant.

2086 GERVAL Charles-Eloi, *L'apparition d'instruments limitant la concurrence fiscale dommageable*, *op. cit.*, p. 13.

2087 Voir Antonio Carlos dos Santos, *l'Union européenne et la régulation de la concurrence fiscale*, BRUYLANT, Bruxelles, 2009.

*d'autres juridictions les flux de capitaux et les flux financiers, ainsi que les recettes correspondantes, en pratiquant une surenchère agressive pour s'attaquer à la base d'imposition d'autres pays »*[2088].

D'après l'Union européenne, l'identification des mesures dommageables, telles qu'elles sont conçues par le code de conduite[2089], fait effectivement appel à une appréciation en deux temps des mesures envisagées. Le code veille à préciser son champ d'application, avant de dresser une liste des critères utilisés pour qualifier ces mesures. D'abord, le point A du code de conduite indique qu'il vise « les mesures ayant, ou pouvant avoir, une incidence sensible sur la localisation des activités économiques ». Puis, le point B précise que seront considérées comme potentiellement dommageables « *les mesures fiscales établissant un niveau d'imposition effectivement inférieur, y compris une imposition nulle, par rapport à ceux qui s'appliquent normalement dans l'État membre concerné »*[2090].

Pour RUBENS, est dommageable « *toute concurrence visant uniquement à attirer des investisseurs étrangers sur le territoire national au détriment des États et des services publics d'intérêt général et permettant aux multinationales de mettre en place des structures fiscales facilitant des malversations et toute autre forme de fraude*[2091]. *Ce dernier renchérit en défendant qu'il y a concurrence fiscale « lorsque les gouvernements nationaux s'efforcent d'attirer les capitaux étrangers mobiles au détriment d'autres États, en prenant des mesures d'incitation fiscale et en abaissant leur taux d'imposition, soit lorsqu'ils tentent de promouvoir leur économie nationale en diminuant les charges fiscales afin d'améliorer la compétitivité des entreprises domestiques »*[2092]. En d'autres termes, une course à une fiscalité toujours plus faible pour attirer une base fiscale plus large ou simplement des activités[2093]. Elle est considérée normalement comme un élément de l'attractivité du territoire.

Dans cette optique, les exonérations douanières non prévues par la réglementation douanière communautaire en zone CEMAC sont accordées dans le but d'attirer les investisseurs, les capitaux mobiles et la localisation d'activités. C'est donc un « braconnage fiscal », une pratique déloyale d'autant plus qu'elle vise à déplacer les activités des autres États vers cet État qui accorde des facilités douanières. C'est une course au moins-disant fiscal qui

---

[2088] OCDE, *op. cit.*, paragraphe 29.

[2089] Conseil de l'Union européenne, conclusions du Conseil Ecofin du 1er décembre 1977 en matière de politique fiscale, JOUE du 6 janvier 1998 C2/I.

[2090] GERVAL Charles-Eloi, *L'apparition d'instruments limitant la concurrence fiscale dommageable*, *op. cit.*, p. 17.

[2091] RUBENS Emmanuel, *La fiscalité des entreprises, aspects financiers de la concurrence fiscale dommageable au sein de l'Union européenne*, 2002, p. 11.

[2092] RUBENS Emmanuel, *op. cit.*, p. 11.

[2093] BENASSY-QUERE et al, *La compétitivité fiscale*, 2003, p. 204.

doit être vigoureusement combattue. En effet, l'on a constaté dans le cadre de l'Afrique centrale que la concurrence fiscale entraîne une offre de service public minimale, elle distord les choix de localisation des entreprises et aboutit enfin à un transfert des charges vers les bases fiscales les moins mobiles. Elle y a donc fait preuve de son inefficacité[2094].

Elle est non seulement dommageable pour certaines entreprises qui ne bénéficient pas de cette facilité, mais aussi dommageable pour les autres États membres qui doivent réagir à défaut de périr ou de stagner. L'expression "concurrence dommageable" dénote un préjudice. Les intérêts budgétaires des États membres sont lésés[2095]. Le développement de cette concurrence dommageable traduit l'incapacité de la CEMAC d'approfondir l'harmonisation douanière. La multiplication des exonérations douanières en zone CEMAC a mis en évidence l'ampleur du phénomène et suggéré les initiatives en faveur d'une lutte contre cette pratique douanière déloyale révélatrice d'une rupture de solidarité entre les États membres de la CEMAC. Ils sont beaucoup plus attachés à leur souveraineté fiscale qui leur permet de disposer d'avantages compétitifs et d'une attractivité fiscale pour les investissements étrangers[2096].

Pourtant, la perspective communautaire se trouve fondée sur le respect de grands principes que sont la libre circulation et la libre concurrence. Cette dernière en matière fiscale et en particulier en fiscalité communautaire revêt une signification particulière, à savoir la compétition fiscale[2097]. Cependant, la fiscalité à l'échelon communautaire a un impact sur le comportement des entreprises et sur les risques de distorsion de concurrence ou de localisation pouvant résulter de la coexistence de politiques fiscales différentes dans un marché unique[2098]. Mais très vite, cette concurrence peut déraper et devenir dommageable d'où de nécessaires palliatifs à cette pratique déloyale.

### 2. Le raffermissement de la prévention de la concurrence fiscale dommageable au sein de la CEMAC

La concurrence fiscale dommageable actionnée en Afrique centrale à travers les exonérations douanières mérite une attention soutenue. Les méfaits de cette pratique fiscale déloyale sont bien connus à savoir la surenchère fiscale aboutissant à une perte inestimable des recettes fiscales et

---

2094 MEYONG ABATH Roger Athanase repris par BEGNI BAGAGNA, thèse précitée, p. 203.
2095 ALTINDAG Selçuk, *La concurrence fiscale dommageable*, *op. cit.*, p. 28.
2096 RIVOLI Edgard, « Concurrence fiscale dommageable, une frugalité déloyale à combattre », *Europe sociale* et *solidaire*, *Policy Paper* N° 255 septembre 2020.
2097 BEGNI BAGAGNA, *L'harmonisation des politiques fiscales en zone CEMAC : esquisse de théorie du droit fiscal communautaire*, *op.cit.*, p. 202.
2098 LAMBERT Thierry, et al, *Les chantiers fiscaux à engager*, l'Harmattan, Paris, 2002, p. 227, cité par BEGNI BAGAGNA, thèse précitée, p. 202.

douanières[2099]. Bien plus, cette concurrence entraîne non seulement une distorsion dans les échanges et l'investissement, mais elle occasionne aussi l'évasion fiscale et l'érosion des bases fiscales. Allant dans ce sens et constatant la prolifération de multiples codes des investissements avec des avantages fiscaux et douaniers importants, certains experts internationaux ont pu dire : « *C'est bien plus un comportement moutonnier qu'une véritable concurrence fiscale qui contribue au maintien des régimes dérogatoires nationaux* »[2100].

Au-delà de ces codes, tous les États membres ont des régimes fiscaux particuliers qui sont plus ou moins encadrés par des codes particuliers qui contiennent des dispositions fiscales et douanières, telles que les codes miniers et pétroliers, les textes régissant les zones franches. Outre ces codes et textes, il existe également de multiples conventions d'établissement particulières qui octroient aux entreprises bénéficiaires des avantages fiscaux ou douaniers[2101]. Bien plus, de telles initiatives fiscales peuvent emporter des distorsions dans les schémas d'échange et d'investissement [2102]et occasionner à cet effet, un désordre ambiant au sein de la zone CEMAC.

L'amélioration du climat des affaires et des investissements y est largement tributaire de la lutte contre la concurrence fiscale dommageable. La réglementation communautaire a prévu des mécanismes pour lutter contre ce « braconnage »[2103]. Malheureusement, ce mécanisme est assez inefficace, preuve qu'il faut passer à une autre phase dans la sauvegarde de la concurrence saine en zone CEMAC. Aussi, l'importance relative accordée à la réglementation des pratiques étatiques restrictives de concurrence (a) donne lieu à recourir à la coordination et à la coopération fiscale entre États membres de la zone CEMAC (b).

---

2099 L'on parle d'ailleurs de dévaluations fiscales compétitives qui renvoient à une fiscalité réduite à son maximum ou du phénomène de « moins disant fiscal ».

2100 CADOT Olivier, CALIPEL Stéphane, CHAMBAS Gérard, GEOURJON Anne-Marie, Céline de QUATREBARBES et LAPORTE Bertrand, « Intégration commerciale et harmonisation fiscale », *in* : GEOURJON Anne-Marie, GUERINEAU Samuel, GUILLAUMONT Patrick, GUILLAUMET Sylviane Jeanneney, (sous la direction), *Intégration régionale pour le développement en zone franc*, *op. cit.*, p. 98.

2101 MANSOUR Mario, ROTA-GRAZIOSI Grégoire, « Coordination fiscale dans l'Union économique et monétaire ouest-africaine » DE Boeck Supérieur.

2102 DUMONTET (A-F), *La concurrence fiscale dommageable*, Mémoire de DEA droit des affaires, Université Robert Schuman, Strasbourg, 2002-2003, p. 10.

2103 Mot utilisé pour la première fois par l'OCDE dans son rapport de 1998 pour qualifier les pratiques fiscales dommageables.

### a) L'importance relative accordée à la réglementation communautaire des pratiques étatiques restrictives de concurrence

Les régimes dérogatoires ou préférentiels ont été érigés en concurrence fiscale dommageable d'après l'OCDE et l'UE. Aussi, la persistance de ces régimes en zone CEMAC traduit l'inefficacité des mécanismes prévus par la réglementation communautaire. La prévention par l'harmonisation douanière a lamentablement échoué dans cette zone. En effet, le règlement relatif à la concurrence [2104]interdit les aides d'État de nature fiscale [2105]qui peuvent prendre la forme d'exonérations d'impôts et de taxes, d'exonérations de taxes parafiscales et bien d'autres[2106]. Elles sont incompatibles avec le marché commun sous réserve des exceptions admises, d'autant plus qu'elles constituent des pratiques restrictives aux échanges entre États membres[2107].

Au cœur de ce dispositif communautaire de prévention des distorsions à la concurrence se trouvent renforcés les rôles de la Commission CEMAC [2108]et de la Cour de justice communautaire[2109]. Le contrôle des aides fiscales échoit donc à ces deux institutions. Elles constituent des garde-fous de l'harmonisation douanière en zone CEMAC. Elles permettent de prévenir la concurrence fiscale dommageable. Aussi, les États ne sont plus en mesure de pratiquer des politiques d'attractivité fiscale au regard des contraintes imposées par la politique tarifaire commune. L'obligation de notification des aides fiscales à la commission s'impose aux États membres sous le regard bienveillant de la Cour de justice communautaire de la CEMAC. Dans ce sillage, la lutte contre la « concurrence fiscale dommageable » constitue l'objectif majeur des autorités communautaires en matière de fiscalité douanière.

Cependant, la prévention engagée à travers le règlement relatif à la concurrence semble vouée à l'échec. La Commission CEMAC et la Cour de justice ne disposent d'aucun instrument coercitif ou contraignant à l'encontre des États membres. Bien plus, les autres États membres ne peuvent prendre aucune contre-mesure. Le démantèlement des mesures dommageables dépend ainsi de la seule volonté des États qui les ont instaurées, les autorités communautaires et les États qui subissent ces mesures dommageables restant pour leur part juridiquement démunis[2110]. Pourtant, tout devrait pousser les

---

[2104] Règlement n° 06/19-UEAC-639-CM-33relatif à la concurrence.

[2105] Article 78 du règlement relatif à la concurrence.

[2106] *Idem.*

[2107] Article 23 (C), Convention régissant l'Union économique de l'Afrique centrale (U.E.A.C).

[2108] Articles 83-88 du règlement relatif à la concurrence.

[2109] Article 108-110 du règlement relatif à la concurrence.

[2110] MAITROT DE LA MOTTE Alexandre, préface du livre de ALTINDAG Selçuk, *La concurrence fiscale dommageable, la coopération des États membres et des autorités communautaires*, *op. cit.*, p. 15.

États à coopérer davantage entre eux et à établir des règles communes. Si ces critiques montrent l'incapacité des autorités communautaires à engager une véritable offensive à l'encontre de la concurrence dommageable, elles témoignent aussi de la nécessité d'approfondir la coordination et la coopération fiscale au sein des États membres au regard de nombreux obstacles à l'action communautaire, notamment la forte présence des disparités et des distorsions fiscales.

### b) La coordination et la coopération fiscales au service de la lutte contre la concurrence fiscale dommageable en zone CEMAC

Face à l'échec constaté des mécanismes institutionnels communautaires de prévention de la concurrence fiscale dommageable, il est apparu nécessaire d'engager un renouveau dans la croisade contre ce phénomène pernicieux qui mine les bases d'imposition des États membres en facilitant l'alignement fiscal par le bas. Ainsi, MEYONG ABATH affirmait non sans raison que « *le bilan mitigé du rapprochement fiscal en Afrique centrale conduit à un alignement sur le moins-disant fiscal aboutissant à des pertes de recettes fiscales qui aggravent le déficit budgétaire et appauvrissent le secteur public* »[2111]. Ce renouveau dans la prévention de la concurrence fiscale dommageable a vu naître de nouveaux instruments de limitation de cette concurrence surtout en occident[2112]. Au rang de ces instruments aussi nombreux que divers, figure en bonne place la coordination douanière entre les États membres. Il est donc apparu nécessaire de plaider pour un renforcement de cette coordination douanière au sein de la zone CEMAC[2113].

La notion de coordination est récente et non orthodoxe en matière fiscale. Son usage résulte des limites des modes « classiques » notamment des limites de l'harmonisation douanière et de la nécessité d'aller de l'avant[2114]. Elle recherche tout comme l'harmonisation, le bon fonctionnement du marché unique et l'existence d'une concurrence saine dans la communauté. Il s'agit au travers de cette coordination douanière de garantir la neutralité fiscale des échanges, de faire en sorte que la fiscalité douanière en zone CEMAC soit plus homogène, en faisant disparaître les obstacles à la réalisation des objectifs

---

[2111] MEYONG ABATH Roger Athanase, *L'harmonisation fiscale et douanière en zone CEMAC*, *op. cit.*, p. 515.

[2112] Lire GERVAL Charles Eloi, *L'apparition d'instruments limitant la concurrence fiscale dommageable*, Éditions universitaires européennes, Allemagne, 2016, ALTINDAG Selçuk, *La concurrence fiscale dommageable : la coopération des États membres et des autorités communautaires*, Paris, L'Harmattan, 2009, Antonio Carlos dos Santos, *L'Union européenne et la régulation de la concurrence fiscale*, Bruxelles, BRUYLANT LGDJ, 2009.

[2113] Lire FMI-Département Afrique, « Coordination des politiques fiscales dans les pays de la zone franc : résultats, difficultés, enjeux et perspectives », Réunion des experts de la zone franc, Paris, le 1er octobre 2015

[2114] DRAPIER Sylvie, *Les palliatifs du défaut d'harmonisation fiscale communautaire*, *op. cit.*, p. 164.

communautaires liés aux disparités des législations douanières nationales. Conscients de la jeunesse des économies de l'Afrique centrale et des difficultés propres à certaines d'entre elles, les États membres ont intérêt à s'offrir un cadre de dialogue et de concertation politiques pour mieux assurer la coordination des politiques fiscales nationales.

La coordination se présente comme une source de relance de l'action communautaire en matière de fiscalité douanière d'autant qu'elle fait appel prioritairement à des instruments souples, parfois différents de ceux utilisés jusqu'alors[2115]. Il est question d'agir hors du cadre des instruments juridiques que confère le traité et de placer les questions fiscales sur un plan politique[2116]. Cela donne naissance à une logique d'intégration fiscale communautaire assez hybride dans la mesure où la possibilité de recourir à l'harmonisation n'est pas totalement écartée[2117]. Le professeur DIBOUT a affirmé en ce sens que désormais « la coordination représente un instrument de cohérence des politiques fiscales nationales »[2118].

Aussi, face à une généralisation des dévaluations fiscales compétitives, les autorités communautaires de la zone CEMAC devraient engager des concertations dans le but de favoriser une convergence globale. À cet effet, la coordination vise la suppression des divergences et disparités entre les législations des États membres. En cela, elle combat la concurrence fiscale dommageable. En pratique, les États membres s'entendent alors entre eux pour que leurs politiques fiscales aillent de concert, l'intégration n'est en conséquence que politique et la souveraineté fiscale n'est pas affectée bien au contraire. En clair, la coordination n'est pas contraignante, mais en plus, elle est un bon compromis entre la nécessité d'intégrer la fiscalité des États membres au plan communautaire et la volonté des États membres de préserver leur souveraineté fiscale.

En zone CEMAC, le besoin accru de coordination s'impose avec acuité[2119]. Il est question dans le domaine douanier de mettre en place un « Code de conduite » qui puisse identifier les pratiques fiscales dommageables et favoriser leur démantèlement par les États membres. La méthode de coordination se positionne dans une option de souplesse et de compromis; elle a de ce fait été mise en œuvre afin de lutter contre la concurrence fiscale non maîtrisée et s'inscrit dans le cadre d'une approche pragmatique et réaliste

---

2115 DRAPPIER Sylvie, *Les palliatifs du défaut d'harmonisation fiscale communautaire*, *op.cit.*, p. 372.

2116 *Idem.*

2117 *Idem.*

2118 DIBOUT Patrick, « L'Europe et la fiscalité directe », Les petites affiches, 23 décembre 1998, n° 153, p. 11.

2119 Lire FOZEU NOUDJOM Joachim Léopold, *L'imposition des revenus d'activités au Cameroun* : *la question de l'assiette fiscale*, Thèse de doctorat /Ph. D. en droit public, 2022, pp. 332-351.

visant à donner aux États membres des moyens plus efficaces pour se protéger contre la perte de souveraineté nationale contre les marchés[2120]. Ainsi, la méthode de coordination est plus souple, elle consiste seulement à garantir une cohérence minimum au regard d'un objectif. Elle intervient en principe dans des secteurs où les velléités oppositionnelles des États membres doivent être conciliées et vise des standards minimaux, mais précis[2121]. Elle fait appel à la coopération politique des États membres. Face à la prolifération des exonérations douanières en zone CEMAC comme véhicule d'une concurrence fiscale débridée, l'amorce de la démarche de coordination des politiques fiscales nationales doit émerger comme une nouvelle approche au côté de la coopération fiscale internationale.

Tout comme la coordination des politiques fiscales nationales, une dynamique régionale doit être impulsée dans le domaine de la coopération fiscale internationale pour venir à bout de la concurrence fiscale dommageable. La zone CEMAC doit coopérer avec les autres zones pour apporter une réponse adéquate à ce phénomène pernicieux. D'ailleurs, à en croire GERVAL Charles-Eloi, à la veille du XXI$^{e}$ siècle, il est question de coopération entre les États afin d'encadrer la concurrence fiscale qu'ils se mènent entre eux : c'est par la coopération dans le domaine fiscal et par l'encadrement subséquent de la concurrence fiscale que l'ensemble des États pourra efficacement lutter contre les pratiques fiscales dommageables de certains États[2122].

D'après le rapport de l'OCDE de 1998, « *les pouvoirs publics doivent prendre des mesures, notamment intensifier leur coopération internationale, pour protéger leur base d'imposition et éviter la réduction de la prospérité à l'échelle mondiale que provoquent des distorsions d'origine fiscale des mouvements de capitaux et des flux financiers* »[2123]. Ce même rapport indiquait qu'il reconnaissait « *les limites des réponses unilatérales ou bilatérales apportées à un problème qui est, par essence, multilatéral* »[2124]. Dans la même perspective, en l'absence d'une véritable coopération fiscale entre les États membres, on observe une intensification de la fraude et de la contrebande qui compromettent l'édifice communautaire et le niveau des ressources fiscales[2125]. Quoiqu'il en soit, il faut lever les obstacles à la libre

---

2120 Cabinets FONTANEAU, « La stratégie de la commission en matière de fiscalité des entreprises », *Revue fiscalité européenne et droit international des affaires*, 2002, n° 128, p. 57.
2121 DRAPIER Sylvie, *Les palliatifs du défaut d'harmonisation fiscale communautaire*, *op.cit.*, p. 380.
2122 GERVAL Charles-Eloi, *L'apparition d'instruments limitant la concurrence fiscale dommageable*, *op. cit.*, p. 20.
2123 OCDE, *Concurrence fiscale dommageable : un problème mondial*, OCDE, 1998.
2124 GERVAL Charles-Eloi, *op.cit.*, p. 20.
2125 MEYONG ABATH Roger Athanase, *L'harmonisation fiscale et douanière en zone CEMAC*, *op. cit.*, p. 515.

circulation des biens et des capitaux et d'atténuer de manière significative les disparités et les distorsions existantes au travers de la coopération entre États.

Au regard des enjeux en cause, les instances communautaires devraient prendre des mesures pour renforcer et améliorer la coopération internationale aussi bien politique qu'administrative. La coopération politique s'inscrit dans une démarche diplomatique, entre autorités étatiques[2126]. Les États s'engagent au niveau politique, à respecter les principes d'une concurrence saine et loyale et à s'abstenir de toute mesure fiscale dommageable. Il s'agit aussi de militer pour une réduction de la concurrence entre États dans le domaine de la fiscalité, le gel et le démantèlement des mesures fiscales « dommageables » qui ont, ou peuvent avoir une incidence sensible sur la localisation des activités économiques mobiles[2127]. La coopération politique dans sa mise en œuvre peut aboutir à une coopération administrative plus poussée dans le domaine fiscal.

La coopération administrative est tout aussi nécessaire pour combattre la concurrence fiscale dommageable. Les pouvoirs publics se sont engagés dans une lutte collective contre ce phénomène de concurrence fiscale dommageable en grande partie responsable de la fuite devant les impôts. Aussi, la lutte contre la concurrence déloyale et dommageable s'accompagne incontestablement des mécanismes d'assistance administrative, mutuellement bénéfiques. Dans ce sens, les États sur un plan communautaire ou international doivent entreprendre des actions communes visant à garantir leur base d'imposition et partant à garantir la localisation d'activités économiques sur leur territoire[2128]. Dans ce sillage, l'assistance administrative en matière fiscale garde toute son importance. Elle est d'ailleurs reconnue comme un des piliers de l'effort d'adaptation du contrôle fiscal[2129].

L'assistance administrative s'entend de la coopération des différentes administrations fiscales [2130]et apparaît comme une nécessité dans le cadre de la lutte contre la fraude et l'évasion fiscale[2131]. Au plan communautaire, les autorités ont très vite compris la nécessité de mettre en place des instruments devant accompagner cette assistance administrative. Aussi, sur un plan douanier, l'assistance administrative douanière comporte un ensemble

---

[2126] GERVAL Charles-Eloi, *L'apparition d'instruments limitant la concurrence fiscale dommageable*, *op. cit.*, p. 22.

[2127] MAITROT DE LA MOTTE Alexandre, préface du livre d'ALTINDAG Selçuk, *La concurrence fiscale dommageable, la coopération des États membres et des autorités communautaires*, *op. cit.*, p. 9.

[2128] BEGNI BAGAGNA, thèse précitée, p. 398.

[2129] NIRMAL Jérôme-Thomas, *Le contrôle fiscal des opérations internationales*, Paris, L'Harmattan, p. 305.

[2130] LOPEZ Christian, « Fraude fiscale : quelle coopération internationale ? », i*n* : LAMBERT Thierry et al., *Les chantiers fiscaux à engager*, *op. cit.*, p. 115, repris par BEGNI BAGAGNA, *op. cit.*, p. 399.

[2131] BEGNI BAGAGNA, *op. cit.*, p. 399.

d'instruments devant permettre à la lutte contre la fraude douanière et toute autre forme de distorsion de s'organiser efficacement[2132]. Il s'agit particulièrement de :

L'Acte n°4/83-UDEAC-108 du 19 décembre 1983 portant approbation de la convention tendant à établir les règles d'assistance mutuelle administrative en matière fiscale ;

L'Acte n°5/83-UDEAC-108 du 19 décembre 1983 approuvant la liste des renseignements à communiquer d'office dans le cadre de l'assistance mutuelle administrative en matière fiscale entre les États membres de l'UDEAC ;

L'Acte n°9/94-UDEAC-600-CE-30 du 22 décembre 1994 du Conseil des Chefs d'État approuvant le protocole d'assistance administrative mutuelle en vue de prévenir, rechercher et réprimer les infractions douanières entre États membres de l'UDEAC/CEMAC. Ce texte définit non seulement le champ d'application de l'assistance qui est le territoire douanier de l'UDEAC/CEMAC, mais également son domaine d'application et les modalités d'échange des renseignements qui peuvent être spontanés ou à la demande ;[2133]

La convention de Nairobi adoptée le 9 mai 1997, à travers laquelle l'OMD exhorte les États à passer entre eux, et sur un modèle standard, des accords bilatéraux ou sous-régionaux d'échanges d'informations et de renseignements en vue de la prévention, la recherche et la répression des infractions douanières[2134].

L'assistance administrative traduit une certaine politique cohérente des États membres en matière fiscale. En effet, dans une tendance mondiale à l'intégration économique marquée par de grands ensembles régionaux et sous-régionaux, les systèmes fiscaux doivent être transparents afin de garantir la perception de la bonne taxe, au bon moment, au bon endroit et de minimiser les possibilités de fraude ou d'évasion fiscale[2135]. Un consensus semble dès lors se dégager progressivement à l'échelle internationale, notamment au sein de l'Union européenne et de l'OCDE, sur le fait que le seul moyen d'y parvenir réside dans la coopération transfrontalière, et en particulier dans l'échange d'informations entre les États[2136].

La coopération douanière selon MEYONG ABATH nécessite d'être intensifiée en zone CEMAC. Cet échange réciproque de renseignements aurait des effets bénéfiques sur les trésors publics nationaux, les économies de la sous-région, mais également la sécurité de la zone en ces temps de poussée du

2132 MEYONG ABATH Roger Athanase, *L'harmonisation fiscale et douanière en zone CEMAC*, *op. cit.*, p. 363.
2133 *Idem.*
2134 Pour plus de détails, lire aussi BEGNI BAGAGNA, *op. cit.*, PP. 398-442.
2135 LOPEZ Christian, repris par BEGNI BAGAGNA, *op. cit.*, p. 400.
2136 *Idem.*

terrorisme[2137]. Mais de nombreuses contraintes continuent de rendre cette coopération inopérante. Aussi, dans les administrations douanières de la zone CEMAC, les structures de suivi prévues dans le protocole et devant faciliter la collecte et la transmission des informations sollicitées par les États restent virtuelles[2138]. De même , les évolutions dans ce domaine sont attendues et rendues nécessaires.

Par rapport à ce qui précède et afin d'apporter une solution aux insuffisances qui continuent de plomber l'efficacité des moyens de lutte contre la fraude et l'évasion fiscale, BEGNI BAGAGNA dans sa thèse propose une réécriture de la convention d'assistance administrative mutuelle en matière fiscale héritée de l'UDEAC à travers un cadre juridique novateur et le renforcement des structures de mise en œuvre devenues inopérationnelles ou virtuelles. Il préconise ainsi, la création des agences fiscales, des attachés fiscaux, ainsi qu'un bureau de liaison.

Bien plus, afin d'enclencher une dynamique salutaire, il préconise également l'élargissement de l'assistance administrative à l'échelle extracommunautaire, notamment, à travers la signature des accords sous-régionaux (CEMAC, UEMOA, CEEAC et autres), et l'application des accords internationaux d'assistance administrative en matière fiscale (ONU, OMC, OMD, OCDE et autres)[2139]. La lutte contre la concurrence fiscale dommageable passe ainsi par l'appropriation des évolutions intervenues aux plans régional et multilatéral par la signature de nombreux accords. Dans cette optique, les États sont incités à adopter des pratiques exemplaires en matière d'assistance administrative et bien au-delà, en matière de politique fiscale.

Dans la même lancée, ce renouveau du système d'assistance communautaire est de nature à stopper certaines formes de concurrence déloyale qui continuent de caractériser l'environnement des affaires et des investissements en zone CEMAC et qu'il est important d'extirper définitivement.

### B- Le besoin d'une élimination progressive des autres pratiques déloyales nuisibles à la saine concurrence en zone CEMAC

En-dehors de la concurrence fiscale dommageable, d'autres pratiques déloyales continuent de plomber l'environnement des affaires et des investissements en zone CEMAC, parmi lesquelles l'on peut énumérer pêle-mêle, les pratiques anticoncurrentielles imputables aux entreprises, les

---

2137 MEYONG ABATH Roger Athanase, *L'harmonisation fiscale et douanière en zone CEMAC*, *op. cit.*, p. 363.

2138 *Idem.*

2139 BEGNI BAGAGNA, *L'harmonisation des politiques fiscales en zone CEMAC : esquisse d'une théorie du droit fiscal communautaire,* Thèse de doctorat /Ph. D. en droit public, Université de Douala, 2012/2013, *op.cit.*

pratiques commerciales déloyales illustrées par la fraude sous toutes ses formes, la contrebande, la contrefaçon et un secteur informel envahissant et enraciné dans la fraude [2140]et d'autres pratiques étatiques peu orthodoxes.

Ces manœuvres déloyales nuisent au développement durable des entreprises en zone CEMAC. Ces pratiques anticoncurrentielles entravent le développement de l'appareil de production des États membres [2141]et plombent ainsi la compétitivité économique de la zone. Enrayer ces pratiques devrait être au centre des préoccupations des instances communautaires dans leurs stratégies de promotion et d'attractivité économiques de la zone Afrique centrale et à l'effet d'impulser une dynamique de croissance vigoureuse, durable et inclusive. Aussi, l'attractivité de la zone CEMAC passe par l'élimination des pratiques anticoncurrentielles imputables aux entreprises évoluant dans la zone (1), la lutte contre les pratiques commerciales déloyales sous toutes ses formes (2) et le recadrage des interventions étatiques dans un sens jugé favorable à la saine concurrence (3).

### 1. L'élimination souhaitée des pratiques anticoncurrentielles imputables aux entreprises évoluant dans la zone CEMAC

La zone CEMAC doit relever le défi de la lutte contre les pratiques anticoncurrentielles imputables aux entreprises. Il s'agit notamment de favoriser la transparence des marchés, garantir la libre concurrence, éviter des monopoles néfastes et promouvoir la mise en œuvre des pratiques saines qui permettent de garantir la crédibilité de la zone vis-à-vis des potentiels investisseurs[2142]. La perspective communautaire se trouve fondée sur le respect des grands principes, la libre circulation et la libre concurrence. Aussi, un environnement commercial plus ouvert et plus concurrentiel est profitable aux ménages comme aux entreprises en abaissant le coût du capital et en élargissant les possibilités des choix des consommateurs[2143]. C'est dans ce sillage que se situe la nécessité de lutter contre ces pratiques déloyales des entreprises.

En effet, en dépit du règlement relatif à la concurrence [2144]qui rejette les pratiques anticoncurrentielles imputables aux entreprises, notamment l'interdiction des ententes anticoncurrentielles [2145]et les abus des positions dominantes[2146], l'évaluation générale des conditions de concurrence effectuée

---

[2140] MEKONGO Jean-Marie, *Les retenues à la source dans le système fiscal du Cameroun, op. cit.*, p. 98.

[2141] Voir Livre blanc du GICAM sur l'économie camerounaise, *op. cit.*, p. 52.

[2142] Livre blanc du GICAM sur l'économie camerounaise, *op. cit.*, p. 54.

[2143] Projet de l'OCDE sur les pratiques fiscales dommageables : mise à jour 2006 sur le progrès dans les pays membres, OCDE.

[2144] Règlement n° 06/19-UEAC-639-CM-33 relatif à la concurrence

[2145] Article 30 du règlement n° 06/19-UEAC-639-CM-33 relatif à la concurrence

[2146] Article 33 du règlement n° 06/19-UEAC-639-CM-33 relatif à la concurrence

en zone CEMAC à partir des indicateurs WEF[2147]montre un niveau de performance relativement faible[2148]. Dans cette perspective, l'amélioration du climat de concurrence loyale en zone CEMAC fait face aux nombreux défis suivants : la grande proportion d'acteurs informels qui évoluent hors du cadre légal et fiscal ; la présence des entreprises dominantes dans certains secteurs des économies ; la prévalence de la corruption dans la gestion des marchés publics et la présence des difficultés importantes dans l'encadrement des acteurs économiques étrangers[2149].

D'ailleurs, le marché n'est jamais naturellement concurrentiel, les opérateurs économiques pouvant compromettre cet objectif en concluant par exemple des ententes, ou encore des accords susceptibles de fausser la concurrence[2150]. Par ailleurs, la place prépondérante des entreprises sur le marché est de nature à créer de leur part des abus[2151]. Face à ces obstacles et entraves qui empêchent la zone CEMAC de faire jouer pleinement les mécanismes concurrentiels des marchés, il est donc nécessaire de rechercher des moyens susceptibles d'aboutir à l'abandon progressif des pratiques commerciales restrictives.

Pour cela, il serait bienvenu de renforcer le cadre institutionnel de contrôle des pratiques anticoncurrentielles des entreprises dans l'espace économique de l'Afrique centrale. La Commission, au regard du règlement relatif à la concurrence, doit jouer un rôle proactif pour soutenir la sous-région dans la surveillance des pratiques commerciales[2152]. Il est vrai, l'encadrement communautaire des règles gouvernant la concurrence entre entreprises n'est qu'à ses balbutiements[2153]. On peut espérer que la Cour de justice communautaire s'associera en tant qu'organe suprême en matière de contrôle juridictionnel des règles communautaires de la concurrence sous réserve de la compétence subsidiaire des juridictions nationales.

Dans le même ordre d'idées, malgré une mauvaise coordination des législations nationales et régionales à travers un manque d'harmonisation des textes, une synergie d'action est attendue des États membres. Ainsi, des initiatives locales ou étatiques doivent compléter l'action des instances communautaires dans la quête de l'amélioration des conditions concurrentielles. D'ailleurs, chaque pays dispose d'un cadre légal de la

---

2147 Les indicateurs du WEF renvoient à l'indice d'intensité de la compétition locale, l'efficacité des politiques antimonopoles et l'étendue de la domination du marché

2148 Source: The global competitiveness, WEF, 2012

2149 Voir le rapport du BIT sur l'évaluation de l'environnement des affaires au Cameroun 2013

2150 GNIMPIEBA TONNANG Édouard, *Droit matériel et intégration sous régionale : contribution à l'étude du droit de la CEMAC*, *op.cit.*, p. 223.

2151 *Idem.*

2152 Voir les articles 34-35 du règlement du Règlement N° 06/19-UEAC-639-CM-33 relatif à la concurrence.

2153 GNIMPIEBA TONNANG Édouard, *op.cit.*, p. 327.

concurrence et une Commission nationale de la concurrence (CNC) qui réglementent les pratiques anticoncurrentielles des entreprises publiques et privées[2154]. De plus, il existe également plusieurs agences de régulation chargées de faire appliquer la loi relative à la concurrence dans leurs secteurs de compétence respectifs[2155]. Cette synergie doit prospérer à travers un dialogue permanent entre l'autorité régionale et les États membres. Cette synergie d'action pourra avoir un effet salutaire également dans la lutte contre les pratiques commerciales illicites en zone CEMAC.

### 2. L'intensification de la lutte contre les pratiques commerciales illicites en zone CEMAC

Dans la perspective d'assainir l'environnement concurrentiel des affaires et des investissements en zone CEMAC, les autorités communautaires ont tout intérêt à lutter efficacement contre les pratiques commerciales illicites en cours dans les différents États membres. Cette pratique déloyale, qui est susceptible de nuire à la concurrence constitue une véritable gangrène pour les opérateurs économiques formels, citoyens et bien établis dans la zone. Ce commerce illicite est entretenu par un secteur informel envahissant [2156]et une fraude douanière matérialisée par la contrebande et la contrefaçon. Aussi, le commerce illicite (fraude, contrebande, contrefaçon) devrait constituer une préoccupation particulière sur laquelle une réflexion s'impose.

En effet, l'état des lieux laisse entrevoir tout d'abord un secteur informel important, en progression dans la zone CEMAC et à maîtriser d'urgence. Aussi, sur le territoire camerounais par exemple, selon un rapport de l'Institut national de la statistique (INS), l'on dénombre plus de 2,5 millions d'unités de production informelles (UPI), dont près de la moitié (49,5 %) en milieu rural et 33 % dans les villes de Yaoundé et de Douala[2157]. Économiquement, le secteur informel représente pour l'État un manque à gagner en impôts et en taxes. De nombreux pans de l'économie se retrouvent défiscalisés, réduisant l'assiette fiscale et obligeant l'État à opérer des ponctions de plus en plus importantes sur les secteurs structurés et visibles[2158].

L'injustice fiscale découlant de la faible fiscalisation du secteur informel décourage les investisseurs formels déjà en place et les pousse à la dissimulation et parfois à l'évasion fiscale[2159]. Le secteur informel fait ainsi sa

---

[2154] Au Cameroun, l'on peut citer la loi n° 98/01 de 1998.

[2155] Au Cameroun, on peut citer ARSEL (électricité), AER (électrification rurale), ART (télécommunication), AACC (aéronautique civile).

[2156] YETNA Patrick Backiny, « Secteur informel, fiscalité et équité, l'exemple du Cameroun », *op.cit.*

[2157] Livre blanc du GICAM sur l'économie camerounaise et reprenant l'enquête sur l'emploi et le secteur informel 2e édition.

[2158] GICAM, *Livre blanc sur l'économie camerounaise, op.cit.*

[2159] *Idem.*

marge bénéficiaire sur le dos de l'État et livre une concurrence déloyale aux entreprises du secteur formel. Il ne s'agit ni plus, ni moins que de la grande délinquance économique. L'informel fait ainsi le lit de la contrebande, de la contrefaçon et de la fraude, tous des phénomènes à bannir dans l'intérêt du libre jeu de la concurrence.

Aussi, l'on observe en zone CEMAC une prolifération de manœuvres douanières frauduleuses, surtout la contrebande et la contrefaçon. Ainsi, la fraude douanière entendue comme l'inobservation des lois et règlements douaniers[2160], diminue les ressources disponibles pour le financement des services publics indispensables à la collectivité nationale, elle crée des distorsions de concurrence et des inégalités au détriment des contribuables honnêtes et génère de leur part des frustrations et un mécontentement justifié[2161]. Les fraudes douanières et les divers procédés de contrefaçon persistent par exemple dans les différentes zones portuaires de la zone CEMAC. Au Cameroun par exemple, 69 % des entreprises déclarent que la contrebande, la fraude et la contrefaçon pèsent lourdement sur le développement de leurs affaires (EESE 2012)[2162].

Les principaux produits touchés par le commerce illicite (fraude, contrebande, contrefaçon) sont : les logiciels et les œuvres de l'esprit, les produits pharmaceutiques et cosmétiques, les produits de grande consommation (savon de toilette, parfums, pâtes alimentaires, bougies, etc.), les tissus et les produits textiles, les produits pétroliers, les boissons, les cigarettes, les confiseries et autres produits de l'agro-industrie, les pièces détachées automobiles, les produits phytosanitaires, etc.[2163].

Le commerce illicite affecte aussi bien les entreprises que les ménages et le gouvernement. Pour les entreprises, les produits contrefaits ou issus de la contrebande occasionnent la réduction des ventes ; les pertes de chiffres d'affaires et des parts de marché affectent les investissements. Les conséquences sur les ménages sont principalement liées aux pertes d'emplois, aux dommages sur la santé et à la sécurité. Certains produits contrefaits de qualité douteuse peuvent être à l'origine de graves maladies chez leurs consommateurs sans compter les risques d'accident[2164]. L'État perd énormément de recettes fiscales du fait de la vente illégale de produits contrefaits ; de même que des recettes douanières du fait de contournement des frontières légales. L'État supporte aussi une partie des dépenses de santé

[2160] Il s'agit d'un comportement délictuel délibéré, une attitude qui consiste à ne pas être en règle par rapport à ses obligations douanières. Aussi, la fraude douanière renvoie au non-respect par un usager, de ses obligations douanières.

[2161] Conseil des prélèvements obligatoires, *La fraude aux prélèvements obligatoires et son contrôle*, 2007, p. 1.

[2162] BIT, Rapport sur l'évaluation de l'environnement des affaires au Cameroun 2013, p. 49.

[2163] Voir le livre blanc du GICAM sur l'économie camerounaise, février 2020, p. 53.

[2164] *Idem.*

des victimes des produits douteux et engage des fonds dans l'application et la protection de la propriété intellectuelle[2165].

Le commerce illicite à travers les contrefaçons et les autres pratiques du secteur informel apparaît typiquement comme des éléments faussant la concurrence. D'ailleurs, plusieurs chefs d'entreprises de la sous-région au regard de ce qui ressort du livre blanc sur l'économie camerounaise dénoncent régulièrement cette concurrence occasionnée par les pratiques du commerce illicite qui constitue une préoccupation particulière sur laquelle une réflexion s'impose sur le plan régional. Le phénomène est si profond, si ancré en Afrique centrale qu'il faut un mouvement régional de grande ampleur pour venir à bout de ce fléau.

Allant dans ce sens, une stratégie sous-régionale doit être enclenchée, coordonnée et mise en œuvre pour stopper cette gangrène. L'impulsion régionale est d'autant nécessaire qu'il s'agit d'un phénomène transfrontalier faisant intervenir plusieurs États. Dans cette perspective, un plan d'action doit être établi avec les différentes cibles à atteindre dans un délai bien limité. Une contribution des États membres est attendue. L'on pourra d'ailleurs se servir de l'exemple camerounais qui a vu mettre sur pieds plusieurs actions et mesures pour endiguer le phénomène. L'on peut citer de manière non exhaustive la création d'un comité de coordination des opérations de lutte contre le commerce illicite, l'instauration des vignettes sur les alcools et les tabacs, l'opération HALCOMI[2166], et bien d'autres. Mais à l'observation, ces mesures et actions n'ont produit que des résultats limités.

Au vu de ces échecs au plan national ou étatique, une gestion transversale et régionale est donc souhaitée. La lutte contre les pratiques commerciales illicites doit être inscrite comme un domaine sensible et prioritaire par les instances communautaires. En l'absence d'une stratégie régionale efficace et crédible, cette gangrène qu'est le commerce illicite a encore de beaux jours devant lui. La CEMAC devrait accorder une importance particulière à la coordination des politiques nationales de lutte contre le commerce illicite. Bien plus, pour également endiguer ce phénomène qui constitue une menace pour l'économie de la zone CEMAC, il est fortement recommandé de

---

[2165] *Ibid.*, p. 53.

[2166] Halte au commerce illicite pilotée par la direction générale des douanes. D'après la note de service n°185/MINFI/DGD du 9 août 2016, il s'agit d'une mission spéciale de contrôles douaniers chargée de concert avec les entreprises, de renforcer les opérations de lutte contre la fraude et la contrebande. Placée sous la supervision du DGD qu'assiste un superviseur délégué, cette mission est chargée, dans le cadre de ses activités, de :

- renforcer les dispositifs locaux de lutte contre la fraude douanière ;
- densifier et systématiser l'application des mesures de lutte contre la contrebande et la contrefaçon ;
- faciliter le flux des opérations et sécuriser la chaîne logistique ;
- opérer un quadrillage systématique et permanent des zones circonscrites (terrestre, aérienne, maritime).

renforcer la gouvernance économique dans l'ensemble de la sous-région, tout comme il est désormais acquis de reconsidérer les interventions étatiques de nature à troubler le libre jeu de la concurrence et affecter la compétitivité des économies de la zone.

### 3. Le réajustement des interventions étatiques de nature à troubler le libre jeu économique

L'examen des interventions étatiques laisse entrevoir un débat latent depuis des années et plusieurs fois relancé. Pourtant, « *chacun sait qu'une situation de pur laisser-faire dans laquelle l'État serait un simple spectateur à distance respectueuse de l'activité économique n'a jamais existé et qu'un tel projet n'a d'ailleurs jamais été formulé même par les économistes les plus radicaux* »[2167]. Cela signifie que l'État intervient de manière constante dans l'économie[2168]. Il est le garant d'un ordre économique et social déterminé[2169]. En fonction du contexte, l'État a vu son rôle évoluer, passant de l'État « spectateur », « libéral » à l'État interventionniste.

Cette seconde conception permet d'observer le dirigisme étatique par ses interventions économiques, par la création des services publics, des monopoles publics et le recours à la réglementation étatique et à la centralisation du pouvoir public. Ces interventions étatiques sont de plus en plus scrutées, critiquées et contestées par les laudateurs d'un ordre néo-libéral. Elles sont de nature à perturber le régime concurrentiel et la zone CEMAC n'échappe pas à cette réflexion.

Aussi, l'examen de l'environnement des affaires de la zone CEMAC permet de constater que les interventions étatiques constituent une contrainte importante au regard de la gestion des opérations quotidiennes des entreprises, mais aussi de leur plan d'investissement et d'expansion économique[2170]. Ainsi, les interventions étatiques restent problématiques et engendrent de nombreux obstacles et préoccupations au niveau de la création et du fonctionnement des entreprises. De nombreuses enquêtes mettent en évidence les difficultés liées aux interventions étatiques multiples et confirment le fait qu'elles constituent un frein pour les activités et le développement des entreprises, de même qu'un obstacle important de nature à perturber le libre jeu de la concurrence.

---

[2167] ROSANVALLON Pierre, *L'État en France, de 1789 à nos jours*, Paris, Seuil, 1990, p. 199, repris par NJEHI Amel, *L'interventionnisme économique public : étude de droit comparé franco-tunisien, op. cit.*, p. 9.

[2168] *Idem.*

[2169] NJEHI Amel, *L'interventionnisme économique public : étude de droit comparé franco-tunisien, op. cit.*, p. 9.

[2170] Concernant le Cameroun, lire le rapport sur l'évaluation de l'environnement des affaires, 2013, p. 125.

À cet effet, les éléments préoccupants demeurent nombreux. L'on peut ainsi constater qu'au Cameroun par exemple, l'État influence les conditions de concurrence en intervenant sur la détermination de certains prix. Il existe une liste de produits dont le prix est soumis à une homologation préalable[2171]. Les produits et les services concernés sont divers et concernent entre autres les services publics, le transport, le gaz, les médicaments, les matériaux de construction, les aliments et bien d'autres. Cette politique d'homologation préalable des prix de certains produits et service permet de déceler des incohérences de nature à perturber le libre jeu de la concurrence dans la zone CEMAC. Ces pratiques expliquent en partie le retard de la zone CEMAC sur le plan de la compétitivité.

Bien plus, au rang des interventions étatiques problématiques, l'on évoque régulièrement l'octroi discriminatoire et discrétionnaire d'agréments et d'incitations fiscales et douanières à certaines entreprises, les aides publiques sous la forme de subventions, de bonifications d'intérêt, de garantie de prêts à des conditions particulièrement favorables, de fourniture de biens à des conditions préférentielles, et de couverture de perte d'exploitation. Ces interventions publiques sont susceptibles de fausser la concurrence en favorisant certaines entreprises ou productions[2172]. Cette tendance est d'ailleurs observée dans tous les États membres de la CEMAC.

Face aux pratiques étatiques restrictives, afin de répondre aux besoins des entreprises et de leur permettre de dynamiser leurs activités et d'être plus performantes, une reconsidération des interventions étatiques est nécessaire. Ces dernières doivent s'inscrire dans le modèle de libre concurrence et respecter la libre concurrence et les principes libéraux. L'attractivité de la zone CEMAC et la compétitivité des entreprises restent tributaires d'une intervention étatique mieux ciblée, porteuse de croissance et mieux adaptée aux exigences communautaires et budgétaires. Il est temps de dynamiser l'économie par la diffusion de l'efficience dans les structures productives. Aussi, l'État doit orienter ses interventions dans ce sens. C'est dans ce sillage que le GICAM dans sa publication lance un appel pour un « État stratège », facilitateur de l'initiative privée et de l'entrepreneuriat, et garant du progrès et de la paix sociale[2173].

L'on plaide pour que l'action de l'État converge de manière résolue vers un rôle de définition d'une vision de long terme, d'accompagnement et d'incitation économique[2174]. À cet effet, il est attendu que l'État modernise son administration à travers la digitalisation des procédures, promeut la

---

[2171] Arrêté n°11/CAB/MINCOMMERCE, 2008.
[2172] Article 23 de la convention régissant l'Union Économique de l'Afrique centrale (UEAC).
[2173] GICAM, *Le livre blanc de l'économie camerounaise, l'impératif industriel du Cameroun*, février 2020, p. 147.
[2174] *Idem.*

sécurité juridique des affaires, renforce la gouvernance économique et publique et lutte contre toutes déviances économiques dans la sphère publique. Aussi, le professeur TOUNA MAMA plaide pour une nécessaire redéfinition du rôle de l'État dans les économies en Afrique[2175]. L'État doit désormais favoriser l'investissement privé qui est au cœur de la croissance, en renouvelant l'engagement d'être davantage aux côtés des acteurs du secteur privé, pour faciliter leurs démarches et les accompagner dans la réalisation effective de leur projet. Bien plus, il devra prendre des mesures prioritaires pour la mise en place à un niveau approprié d'un conseil pour le suivi du financement et la réalisation des projets identifiés et faciliter l'obtention des visas pour les hommes d'affaires avec une dématérialisation des démarches[2176].

En somme, les États membres de la CEMAC doivent s'atteler à lever toutes les contraintes qui se répercutent sur l'environnement global des affaires et des investissements et sur les cadres sectoriels encadrant l'activité des entreprises dans la sous-région. Pour forcer le passage d'une économie administrée à une économie concurrentielle[2177], la refondation du rôle de l'État s'impose[2178]. Dans cette optique, la surenchère fiscale, la course au « moins-disant fiscal » n'est pas toujours la bienvenue.

---

2175 TOUNA MAMA, « Pour la mort de l'État en Afrique : de quel État faut-il souhaiter la mort ? » *in Mondialisation, exclusion et développement africain : stratégies des acteurs publics et privés*, *op. cit.*, p. 458.

2176 Pour plus d'éclairages, lire Le Messager n° 5841 du 06/09/2021.

2177 NJEHI Amel, *L'interventionnisme économique public, étude de droit comparé franco-tunisien*, *op. cit.*, p. 38.

2178 CONTAMIN Bernard et FAURE Yves-André, « Des économies et des États en Afrique francophone : pour comprendre l'interventionnisme », *Cah. Sci. Hum* 28 (2) 1992 : 305-326.

## CONCLUSION DU CHAPITRE II

Ce chapitre nous a permis de trouver une alternative à la politique fiscale incitative généreuse, aux nombreuses exonérations douanières devenues inadaptées aux contraintes budgétaires et communautaires, au contexte mondialisé et concurrentiel. Ce contexte concurrentiel laisse peu de place à la surenchère fiscale et à la course au « moins-disant fiscal ». À l'heure actuelle, il est surtout question de rechercher un cadre général propice au développement de la zone CEMAC.

Aussi, ce plaidoyer passe tout d'abord par la quête d'un nouvel ordre fiscalo-douanier au regard de l'échec constaté de la reforme fiscalo-douanière de 1994 et surtout de la charte des investissements de la CEMAC à mettre en place une politique fiscale adaptée au contexte de sous-développement. Il est surtout question à ce niveau de repenser un nouveau cadre incitatif pouvant concilier une mobilisation optimale des ressources budgétaires et l'accélération de la croissance en zone CEMAC. Ainsi, au plan douanier, une politique incitative de droit commun est préconisée au regard des taux prohibitifs et élevés des droits de douane. Cette nouvelle politique douanière sera basée sur un abaissement substantiel des droits de douane sur les matières premières et autres intrants et les biens d'équipement pour les unités de production. Dans le même sillage, un consensus autour de la fiscalité communautaire en matière d'attraction des investissements serait le bienvenu.

Au-delà de l'avènement d'un nouvel ordre fiscalo-douanier, il est aussi surtout question d'améliorer l'environnement des affaires et des investissements afin de le rendre plus attractif et plus compétitif pour les entreprises. Cette amélioration passe tout d'abord, par la modernisation des administrations publiques et surtout, l'assainissement de l'environnement douanier à travers la culture de performance et le contrôle de l'exécution du service, le renforcement de la gouvernance douanière, la simplification des procédures à travers la dématérialisation et l'approfondissement de l'approche partenariale[2179].

Bien plus, il est surtout recommandé le nécessaire renforcement des facteurs structurels d'attractivité et de compétitivité du territoire CEMAC, à travers une dynamique régionale d'amélioration du cadre juridique et réglementaire des affaires, de renforcement du système de gouvernance et d'amélioration de l'offre infrastructurelle. Dans le même sillage, il est souhaité une réduction progressive des distorsions concurrentielles induites par les interventions étatiques. Cette réduction se fera au travers d'un renforcement des capacités des institutions de la CEMAC pour davantage redynamiser l'harmonisation et la coordination des politiques fiscales et appuyer leur mise en œuvre dans les États.

---

2179 Voir Rapport N° : 110907-CM, Cameroun, Mémorandum économique des marchés, administration publique et croissance, La Banque mondiale, décembre 2016.

# CONCLUSION DU TITRE II

À ce stade de la réflexion, il s'est agi de saisir la dimension communautaire attachée aux exonérations douanières. En effet, pour être acceptables, les exonérations douanières doivent répondre aux exigences communautaires. Elles doivent satisfaire à l'obligation de notification et être couvertes par l'accord préalable de la Commission CEMAC. En gros, elles doivent désormais se soumettre à l'épreuve de la transparence à l'heure des grands défis communautaires de la gouvernance globale.

Au regard de l'inobservation actuelle de ces obligations par les États membres de la CEMAC, traduite par des politiques fiscales disparates au regard de multiples régimes dérogatoires contraires aux objectifs d'intégration économique régionale[2180], il est apparu tout à fait nécessaire d'approfondir l'harmonisation douanière en zone CEMAC, gage d'une mobilisation optimale des ressources budgétaires. Celle-ci passe par un meilleur encadrement communautaire des politiques fiscales des États membres à travers la réaffirmation de la primauté du droit communautaire et son application directe et immédiate. Il s'agit à ce niveau de postuler pour une application uniforme et homogène de la réglementation douanière communautaire. L'approfondissement de l'harmonisation passe aussi par une reconsidération des politiques d'aides fiscales à travers une dynamisation des actions des instances chargées du contrôle d'aides d'État, notamment la Commission CEMAC et la Cour de justice communautaire, qui veillent au respect du principe d'interdiction des aides d'État.

Au-delà de l'harmonisation douanière qui tarde à se réaliser pleinement, il faut mettre en place un cadre qui favorise une mobilisation optimale des recettes suffisantes, tout en offrant des conditions favorables à l'investissement. Aussi, cette quête passe par l'éclosion d'un nouvel ordre fiscalo-douanier qui prend en compte une baisse substantielle des droits de douane sur les matières premières, les biens d'équipement et surtout un consensus autour d'une fiscalité communautaire attractive et de développement. Bien plus, une alternative à la surenchère fiscale serait l'amélioration du climat d'investissement et des affaires en zone CEMAC. Cette amélioration plaide pour une modernisation des administrations publiques en général (douanières en particulier), le renforcement des facteurs structurels jugés nécessaires au climat des affaires et surtout le rétablissement des conditions d'une pleine concurrence dont l'attrait pourrait s'avérer plus important que les concessions fiscales et douanières actuelles.

---

[2180] FERDI, « Renforcement de l'intégration économique régionale en zone franc : les politiques fiscales », Réunion des ministres des Finances de la zone franc, 5 octobre 2017.

# CONCLUSION DE LA SECONDE PARTIE

L'état préoccupant des exonérations douanières et leurs effets néfastes sur une mobilisation optimale des ressources budgétaires ne pouvaient laisser indifférent tout chercheur soucieux de briser ce cycle. Une fois le diagnostic posé, il revient alors au chercheur de proposer une thérapeutique susceptible de corriger les lacunes, les insuffisances, les manquements ou les contradictions observés. Cette partie a donc servi de cadre de réflexion pour l'avènement d'une nouvelle gouvernance des exonérations douanières en zone CEMAC, prélude à un plaidoyer pour un profond renouvellement dans la conduite des politiques fiscales incitatives dans la sous-région. Il apparaît aujourd'hui impérieux que la politique fiscale exonératoire soit bien redéfinie, mieux rationalisée, plus harmonisée et bien plus viable budgétairement. D'ailleurs, la réaction brouillonne et ambiguë des États membres qui tentent de réduire les régimes dérogatoires tout en créant de nouvelles niches fiscales milite en faveur de ce renouveau. Aussi, cette nouvelle conduite passe principalement par une rationalisation plus poussée des exonérations douanières et un approfondissement de l'harmonisation douanière en zone CEMAC.

Aussi, la rationalisation va mettre en lumière un certain nombre de principes destinés à guider la conception et la gouvernance des exonérations douanières, tout en fournissant des orientations sur les bonnes pratiques des États dans ce domaine. Il est ainsi question de mettre en place de nouvelles pistes d'amélioration en matière d'élaboration, de présentation, de mise en œuvre et de contrôle de la dépense fiscale de porte. La rationalisation des exonérations douanières postule à leur utilisation stratégique et un meilleur ciblage. Bien plus, à l'insuffisant pilotage de la mise en œuvre des exonérations douanières s'ajoute l'incapacité de l'État à contrôler les dépenses fiscales de porte ; la rationalisation vise à relever le défi de la gestion à travers un meilleur suivi et surtout, un renforcement du dispositif de contrôle. Il faut mettre en place une véritable politique rationnelle de création de nouvelles exonérations douanières et surtout, engager une politique effective de contrôle global des dépenses fiscales de porte.

Par ailleurs, la nouvelle conduite de la politique fiscale exonératoire va au-delà de la conception restrictive, de l'application des principes de gouvernance, de l'amélioration de la gestion des exonérations douanières pour s'intéresser davantage à la dimension communautaire de cette politique. En effet, toute politique exonératoire devrait être conforme aux exigences communautaires, gage d'une mobilisation optimale des ressources fiscales et d'une consolidation budgétaire. Il est désormais question de reconsidérer les politiques d'aides fiscales à travers le respect réaffirmé du principe de l'interdiction des aides d'État de nature fiscale. Ces aides sont associées aux pratiques d'érosion de la base d'imposition et de transfert des bénéfices (BEPS). Aussi, le plus important serait d'accorder une place importante à l'amélioration du climat des investissements et des affaires, car les « pays en développement n'ont guère de chance d'attirer l'investissement direct étranger si les facteurs non fiscaux sont défavorables »[2181].

Cette partie propose ainsi une réflexion prospective sur le devenir des exonérations douanières et invite les États membres de la CEMAC à dépoussiérer leur système d'exonération d'impuretés pour le rendre plus performant. La gestion cohérente et rationnelle des finances publiques érige l'optimalisation des politiques fiscales exonératoires en condition préalable de la bonne gouvernance et de la coordination des politiques fiscales en zone CEMAC.

---

[2181] VAN Parys. S. et J. Sebastian, Why tax incentives may be an ineffective tool to encouraging investment? The role of investment climate, SSRN, New York, 2009.

# CONCLUSION GÉNÉRALE

Au terme de notre étude, un constat se dégage : la cible communautaire en matière de mobilisation de recettes fiscales située au-delà de 20 % du PIB est loin d'être atteinte en zone CEMAC[2182]. Un coupable parmi tant d'autres est tout trouvé à savoir l'ampleur des exonérations douanières ou l'importance des dépenses fiscales de porte. La faute est revenue à une conception extensive, large, irrationnelle et une mise en œuvre dévoyée ou lacunaire des politiques nationales en matière d'octroi des exonérations douanières. Plusieurs voix s'élèvent pour réprouver leur prolifération incontrôlée. Le réquisitoire est impressionnant et la condamnation est presque assurée et sans aucun bénéfice accordé au doute. Pourtant, il avait été convenu qu' « *en vue de l'assainissement des finances publiques, les États membres veillent à une application rigoureuse de la réforme fiscale et douanière de 1994, notamment en ce qui concerne la limitation des régimes dérogatoires et attachent du prix au recouvrement systématique des recettes fiscales, afin d'équilibrer les recettes et les dépenses publiques* »[2183].

La tendance à la défiscalisation s'est, au contraire, exacerbée sous le prétexte d'une politique d'attraction de l'investissement. Au cours de cette période, il est loisible de constater que les régimes exonératoires sont devenus, à cause de leur fréquence, presque ceux de droit commun. Tout semble indiquer que l'on est retombé dans les avatars, les travers de la période d'avant la réforme fiscale et douanière de 1994[2184]. Cette période était caractérisée par une prolifération décriée des exonérations fiscales en général et douanières en particulier laissant entrevoir une politique des dépenses fiscales assez expansive.

Les exonérations douanières multiples, facilitées par une concurrence prédatrice, étaient source de moins-value fiscale. Elles créaient de multiples distorsions à la libre concurrence et à la libre circulation des biens et services. Ces exonérations douanières ont rendu le système douanier des États membres

---

2182 Respect des critères du pacte de convergence CEMAC à travers l'atteinte d'un niveau approprié de collecte des recettes publiques pour financer de manière durable le développement. Aussi, en vue d'élargir l'assiette fiscale et assurer un accroissement des recettes fiscales, les instances communautaires recommandent la suppression des régimes fiscaux dérogatoires et la mise en place d'un dispositif fiscal incitatif de droit commun. Les critères fixés par la CEMAC dans le cadre du pacte de convergence sont généralement adossés à une bonne tenue fiscale des États. La politique communautaire en matière fiscale a d'ailleurs prescrit la suppression des exonérations douanières et autres aides fiscales, génératrices de distorsions et de concurrence dommageable dans le marché commun.

2183 Article 2 du règlement n° 17/99/CEMAC-020-CM-03 relatif à la charte des investissements de la CEMAC.

2184 UDEAC, *Réforme fiscalo-douanière, nouveau régime fiscal et douanier*, édité par le Secrétariat général de l'UDEAC, RCA, avril 1997.

assez lourd, assez complexe en matière de pilotage dans un contexte de pénurie fiscale[2185]. On ne peut ignorer le coût budgétaire, la faible efficacité de certains dispositifs et la complexité croissante de la fiscalité. L'on assiste impuissant aux gouvernements qui reproduisent les erreurs passées. Aussi, l'octroi démagogique d'aides fiscales massives aux entreprises et autres, lesquelles ne sauvent aucun emploi à long terme, ne fait qu'augmenter l'endettement collectif et implique consécutivement un accroissement des prélèvements obligatoires[2186].

Dans ce sillage, les analyses et les données confortent et confirment notre hypothèse de départ, à savoir les exonérations douanières pratiquées et déployées en zone CEMAC sont largement incompatibles avec les exigences communautaires de mobilisation optimale des recettes fiscales. La conception et la mise en œuvre de ces exonérations sont en inadéquation flagrante avec les prescriptions communautaires. La pratique camerounaise en matière d'octroi des exonérations douanières a été le révélateur de cette incompatibilité. Elle a ainsi dévoilé une politique fiscale généreuse, facteur de sous-mobilisation fiscale, attestée par une multiplication incontrôlée des exonérations douanières. Celles-ci rétrécissent l'assiette fiscale, tout en affaiblissant le rendement budgétaire aggravé par les fraudes et les pratiques déviantes. Au point de relever du consensus, on ne trouve quasiment aucune voix plaidant pour leur maintien systématique dans un système fiscal censé optimiser la collecte de l'impôt et non l'évaporation de son produit. La nocivité des régimes douaniers dérogatoires n'est plus à démontrer[2187].

Aussi, les exonérations douanières constituent une contrainte, une menace pour la mobilisation des recettes douanières. Elles sont associées aux pratiques d'érosion de la base d'imposition et de transfert des bénéfices (BEPS) selon l'OCDE[2188] et amputent gravement les recettes de l'État[2189]. Les chiffres au Cameroun sont là pour témoigner de l'ampleur de cette menace. Dans cette perspective, les exonérations douanières représentent 23 à 25 % des prévisions et des réalisations de l'administration douanière au Cameroun pour chaque année. Ces exonérations douanières se diffusent de manière inégale et touchent davantage la TVA, le TEC et dans une moindre mesure les droits

---

[2185] ABANDA AYISSI Gabriel, *La réforme fiscalo-douanière en UDEAC et ses conséquences : le cas du Cameroun*, Mémoire de maîtrise en droit public, Université de Ngaoundéré, 1997-1998.

[2186] Mémorandum Monti, Commission des communautés européennes, « La fiscalité dans l'Union européenne », 20 mars 1996, SEC (96).

[2187] Lire à ce sujet, HASSAN EL KTINI, *Les dépenses fiscales en droit marocain, op. cit.*, p. 13.

[2188] OCDE, Projet de l'OCDE sur les pratiques fiscales dommageables : mise à jour 2006 sur le progrès dans les pays membres, CPAF.

[2189] OCDE, *Fiscalité et développement, principes pour améliorer la transparence et la gouvernance des incitations fiscales à l'investissement dans les pays en développement*, OCDE,

d'accises. Dans le cadre sectoriel, le domaine pétrolier et minier se retrouve au peloton, conjointement avec le secteur de l'agro-industrie et les biens de première nécessité ainsi que le secteur de la création des entreprises nouvelles[2190]. En gros, dans tous les secteurs d'activité, les usagers de la douane réclament leur part de « gâteau fiscal ».

Les divers mécanismes d'exonérations douanières des droits et taxes, tout en s'inscrivant dans le cadre de la politique incitative, visent à promouvoir le développement économique et social du pays. Pour autant, ils engendrent des coûts en termes d'une part de manque à gagner au titre de recettes non perçues, d'autre part, de risque de fraudes et d'abus[2191]. Allant dans ce sens, les exonérations douanières au Cameroun et partout ailleurs dans la zone CEMAC se sont révélées être un champ de privilèges, de gaspillages de ressources, de favoritisme et de corruption. Pourtant, le bénéfice attendu de ces exonérations douanières est resté insignifiant. Ainsi, malgré une politique fiscale généreuse, le taux de chômage est resté très élevé dans la zone CEMAC, les IDE demeurent faibles[2192], l'industrialisation reste embryonnaire, bref le développement n'a pas suivi. L'outil stratégique et espéré de développement n'a pas produit les effets escomptés, d'où une relative efficacité de la diversité de régimes exonératoires[2193].

En outre, le système est caractérisé par l'insuffisant pilotage de la mise en œuvre des régimes dérogatoires, ajouté à l'incapacité des États membres à contrôler les dépenses fiscales de porte et à évaluer leur efficience. Bien plus, l'on observe une prolifération incontrôlée des régimes de faveur qui favorisent une redistribution inéquitable de la pression fiscale, avec pour conséquence la naissance des paradis fiscaux et une surenchère fiscale très dommageable. En gros, le système d'octroi des exonérations douanières en zone CEMAC est incapable de concilier à la fois l'atteinte des objectifs budgétaires et la promotion des investissements productifs. Aussi, foisonnement et diversité de régimes, pertes ou moins-values de recettes, fraudes, incivisme fiscal, pratiques déviantes et autres dérives sont là pour militer en faveur d'un profond renouvellement dans la conduite des politiques fiscales exonératoires en zone CEMAC.

---

2190 Voir les différents rapports du ministère des Finances (DGI, DGD) sur les dépenses fiscales des exercices, 2016, 2017, 2018, au Cameroun.

2191 CORFMAT François et GOORMAN Adrien, « Régimes douaniers suspensifs et exonérations », *in* KEEN Michael (sous la direction), *Moderniser la douane, défis et stratégies de réforme de l'administration douanière*, FMI, 2003, *op. cit.*, p. 118.

2192 OCDE, *L'investissement direct étranger au service du développement : optimiser les avantages et minimiser les coûts*, OCDE, 2002.

2193 Les travaux les concernant étudient essentiellement leur efficacité en termes de création d'emploi, de promotion des investissements (attractivité des pays) ou des exportations (zones franches) et de croissance plus généralement

Dans ce sillage, il a été question dans ce travail de projeter un nouvel éclairage sur les exonérations douanières en zone CEMAC et contribuer à leur amélioration en fournissant des conseils pratiques et techniques faisant appel à des instruments simples de nature à favoriser le progrès dans le cadre d'une mobilisation optimale des recettes de l'État. Aussi, la menace sur les recettes douanières interpelle les pouvoirs publics et les autorités communautaires pour agir dans le sens d'une possible et nécessaire conciliation entre les contraintes socioéconomiques et les objectifs budgétaires, apparemment contradictoires, mais qui se tiennent et doivent cohabiter. Aussi, le renouvellement dans la conduite des politiques fiscales incitatives passe par une rationalisation profonde des exonérations douanières [2194]et un approfondissement de l'harmonisation douanière en zone CEMAC à l'image de l'union douanière européenne[2195].

Dans cette perspective, s'attaquer aux problèmes des exonérations douanières exige de relever de nombreux défis. Tout d'abord, celui d'une gestion rationnelle de la politique douanière en matière d'exonérations. Pour cela, il convient de faire preuve d'une utilisation stratégique et prudente des exonérations douanières. Cette prudence passe par un plaidoyer pour une conception rationnelle et restrictive des exonérations douanières qui doit être en cohérence avec les objectifs clairement définis et doit être mise en œuvre exclusivement par la loi tout en respectant les prescriptions communautaires de durée limitée, de dégressivité et de proportionnalité. Il est question de faire preuve de rigueur dans la conception et la mise en œuvre des procédures liées aux exonérations douanières, afin de réduire les risques de déperdition des recettes fiscales[2196]. La mise en place d'un régime fiscal avantageux doit être soigneusement réfléchie pour répondre à des réalités spécifiques et non simplement reproduire les programmes d'incitation visant l'ensemble de l'économie[2197].

Ensuite, le second défi reste celui du respect de l'éthique et de la gouvernance dans le cadre des exonérations douanières[2198]. En effet, ces

---

2194 Voir TSOUCK IBOUNDE Rick Emery, « L'assistance de la Banque mondiale à la rationalisation des dépenses fiscales en zone CEMAC : les cas du Cameroun et du Gabon », World Bank group, Douala, le 6 novembre 2019. Cette étude met en exergue le besoin de rationaliser les exonérations douanières.

2195 Lire à ce sujet RADU Ghénadie, « L'Union douanière européenne : bilan et perspectives d'avenir », *Revue internationale de Droit économique*, 2014, pp. 409-429.

2196 À ce sujet, lire YONABA Salif, « Le recouvrement des recettes publiques dans les États africains : un état des lieux préoccupant » *Revue Française d'Administration publique*, n° 144, 2012, pages 1043-1051.

2197 Pour plus de détails, Sénégal, « Incitations fiscales à l'investissement : coût et efficacité, Dakar, le 10 avril 2014.

2198 Pour plus de détails, lire le Rapport de la Commission des communautés européennes, « encourager la bonne gouvernance dans le domaine fiscal », communication de la Commission au Conseil, au Parlement européen et au Comité économique et social européen, Bruxelles, le 28. 4. 2009.

dernières constituent des facteurs aggravants de fraude et de corruption[2199]. Aussi, le degré de corruption qui continue de prévaloir dans ce domaine entraîne des pertes de recettes, des inégalités dans le traitement des opérateurs économiques et l'aggravation des facteurs d'inefficience économique. Il est donc exigé de la transparence à toutes les étapes de la procédure d'octroi des exonérations douanières. Aussi, assurer plus de transparence devrait contribuer à un meilleur usage des exonérations douanières. L'on pourrait par exemple, annexer la liste des conventions d'établissement à la loi de finances annuelle, ou encore, publier sur un site internet un minimum d'informations (à déterminer) sur les conventions d'établissement, de manière à favoriser le contrôle social.

Cette transparence est exigée aussi bien des fonctionnaires de l'administration, des agences de promotion des investissements parfois très attachées aux prébendes, que des partenaires de la douane très souvent obnubilés par l'appât du gain fiscal au bout d'une procédure d'exonération. Obtenir une adhésion franche à l'esprit de la bonne gouvernance est un élément d'une évolution souhaitable[2200]. Il faudra ainsi limiter la manifestation du pouvoir discrétionnaire, d'autant plus qu'accorder de manière discrétionnaire des exonérations ouvre la voie à la corruption, au favoritisme et au clientélisme[2201]. Dans cette perspective, investir dans la qualité de la gouvernance et la réduction de la corruption dans ce domaine est une réforme de nature à dynamiser une mobilisation efficace des recettes. Ainsi, la bonne gouvernance doit irriguer la conception et la mise en œuvre des exonérations douanières en zone CEMAC.

L'exemption irréfléchie des droits et taxes à l'importation, bien qu'elle affecte négativement le budget de l'État, peut conduire à l'injustice fiscale dérégulatrice de la concurrence entre opérateurs économiques par la coexistence de l'« enfer fiscal », du « purgatoire fiscal » et du « paradis fiscal » à l'intérieur d'un même État. Dans ce contexte de développement exceptionnel des exonérations douanières, un autre défi s'impose. C'est celui d'une gestion efficace des exonérations douanières. Aussi, leur suivi et leur maîtrise revêtent une importance primordiale dans l'optique d'une meilleure exploitation du potentiel fiscal existant. Cette importance est réaffirmée au regard de l'incapacité des États membres à mettre en place des mécanismes

---

2199 WALSH James, « Dispositions pratiques visant à promouvoir l'éthique au sein des administrations douanières », in KEEN Michael (sous la direction), *Moderniser la douane, défis et stratégies de réforme de l'administration douanière*, FMI, 2003, pp. 167-180.

2200 YANABA Salif, « Le recouvrement des recettes publiques dans les États africains : un état des lieux préoccupant », *op.cit.* p. 1050.

2201 Lire à ce sujet, SANTISO Carlos, « Combattre la corruption et améliorer la gouvernance financière : les institutions financières internationales et le renforcement du contrôle budgétaire dans les pays en développement », *Revue française d'administration publique*, 2006/3 n°119, p. 459-492.

de gestion efficace et efficiente[2202]. Pourtant, il est nécessaire de faire cesser les opérations de distribution annuelle des cadeaux fiscaux, préjudiciables au rendement budgétaire supérieur.

À cette étape d'une nécessaire maîtrise des exonérations douanières, les administrations douanières doivent s'investir dans la culture de performance et du professionnalisme. Bien plus, la douane doit se déployer dans le développement de l'expertise et rechercher des possibilités de renforcement des capacités. Une attention particulière doit être accordée à la rénovation des méthodes dans la conduite des contrôles des opérations exonérées et au renforcement des structures de suivi tant au plan national que sectoriel. Au Cameroun par exemple, l'actualité plus ou moins récente avec la promulgation de la loi du 18 avril 2013 sur l'investissement privé remet au goût du jour la problématique du contrôle des exonérations douanières. Aussi, la gestion budgétaire des dépenses fiscales nécessite des améliorations et un renforcement institutionnel. La performance des administrations douanières est largement tributaire du contrôle exercé sur les entreprises bénéficiant des exonérations douanières. La maîtrise de la dépense fiscale est une piste majeure de mobilisation de recettes[2203].

Les exonérations douanières ne sauraient devenir des refuges, des niches fiscales où les opérateurs économiques viennent s'engouffrer pour essayer d'échapper au paiement de l'impôt douanier. Elles mettent à rude épreuve les sacro-saints principes de neutralité et d'égalité en matière fiscale. Il est temps, comme le dit Pascal SALIN dans « l'arbitraire fiscal », d'empêcher que l'État ne devienne qu'un lieu d'affrontement des intérêts particuliers et un distributeur de privilèges[2204]. Bien plus, les exonérations ne doivent pas servir de stratégie de domestication de l'impôt par les classes dominantes[2205]. Pour ce faire, il est question d'organiser un audit périodique des facilités douanières offertes dans l'optique d'apprécier leur pertinence[2206]. Cet examen périodique permettra de supprimer les exonérations douanières devenues caduques, de reconsidérer celles à caractère social. Il permettra enfin aux gouvernements des différents États membres de prendre des décisions éclairées et fondées en matière d'allègement des droits et taxes à l'importation.

---

2202 Pour plus d'éclairages, lire, OMOTUNDE E.G. Johnson, « Renforcement des capacités pour la mobilisation des ressources intérieures en Afrique », *Fondation pour le renforcement des capacités en Afrique*, document de réflexion.

2203 JACQUEMOT Pierre et RAFFINOT Marc, « La mobilisation fiscale en Afrique », *Revue d'économie financière*, n° 131, 2018, pp. 243-263.

2204 SALIN Pascal, *L'arbitraire fiscal*, Éditions Robert Laffont, S.A., Paris, 1985, p. 12.

2205 SPIRE Alexis « La domestication de l'impôt par les classes dominantes », *Le seuil « Actes de la recherche en sciences sociales* », n° 190, 2011, pages 58 à71.

2206 Lire AVOM Désiré, ONGO NKOA Bruno Emmanuel (dir), *Pertinence des politiques publiques de développement en Afrique subsaharienne*, Paris, L'Harmattan, décembre 2021, 254 pages.

Bien plus, compte tenu du fait que les administrations douanières seront constamment amenées à mobiliser de manière de plus en plus soutenue et croissante les recettes douanières au regard des besoins financiers des États sans cesse en augmentation, l'accent devra désormais être mis sur l'évaluation des impacts budgétaires et socioéconomiques des facilités ainsi accordées[2207], d'où notre vœu le plus cher de voir aboutir la mise en place d'une structure permanente en charge de l'évaluation des dépenses fiscales de porte. Cette structure pourra apprécier la pertinence des exonérations douanières, l'effectivité des investissements et la réalisation des objectifs assignés à savoir la création d'emplois, la création des entreprises, la création d'une plus-value et bien d'autres. Plus que sur la question de l'opportunité de l'interventionnisme fiscal considéré en lui-même, le débat doit porter sur l'utilité de cette intervention, sur son efficacité, son efficience, c'est-à-dire l'adéquation du moyen utilisé et de la fin poursuivie. À cet effet, un appui aux actions de renforcement des capacités des États membres en matière d'évaluation des dépenses fiscales doit être engagé afin de garantir une harmonisation des pratiques nationales.

Mais au-delà de tous ces défis, aucune procédure ne permet d'éliminer tous les risques. En matière d'exonérations, il ne faut jamais perdre de vue que la meilleure garantie contre les pertes de recettes et la meilleure politique économique consiste en général à ne pas accorder d'exonérations[2208]. Aussi, pour contrecarrer la prolifération incontrôlée des exonérations douanières, il faut davantage approfondir l'harmonisation douanière. Elle est gage d'une mobilisation optimale des ressources au regard de la convergence dans la structure des recettes douanières qui en découle. Une harmonisation des exonérations douanières au niveau régional devra être entreprise au plus vite. Elle permettra d'éviter les pratiques qui nuisent à la cohérence de la politique fiscale communautaire et devra mettre fin à la surenchère fiscale, à la concurrence fiscale dommageable et dangereuse pour les États membres[2209].

Fort de ce qui précède, la persistance des logiques des disparités dans les systèmes fiscaux nationaux et la très grande hétérogénéité normative en fiscalité indirecte rendent encore plus urgent l'approfondissement de l'harmonisation douanière en zone CEMAC[2210]. Aussi, une attention toute

---

[2207] Lire HARAKAT Mohamed (dir), *Études d'impact et politiques publiques au Maroc*, Paris, L'Harmattan, août 2020, 214 pages.

[2208] CORFMAT François et GOORMAN Adrien, « Régimes douaniers suspensifs et exonérations », *in* KEEN Michael (sous la direction), *Moderniser la douane, défis et stratégies de réforme de l'administration douanière*, FMI, 2003, p. 118.

[2209] Lire TRAORE Habasso, « Le cadre institutionnel de la coordination fiscale dans l'UEMOA : forces, faiblesses et réformes possibles », Séminaire sur la coordination fiscale dans les États membres de l'UEMOA, Dakar, 30 avril-2 mai 2014.

[2210] KAM YOGO Emmanuel, « Le droit douanier de la Communauté économique et monétaire de l'Afrique centrale à l'épreuve des règles de l'organisation mondiale du commerce », *Revue québécoise de droit international*, 2009, l'auteur fait remarquer que l'application des règles

particulière doit être accordée à l'encadrement communautaire des politiques fiscales des États membres. Dans ce sillage, pour que la discipline fiscale règne absolument dans la zone CEMAC, il faut davantage réaffirmer la primauté du droit communautaire sur le droit interne des États membres avec pour conséquence directe l'interdiction des aides publiques de nature fiscale. Cette prééminence du droit communautaire postule son application directe, homogène et uniforme. Par ailleurs, des dispositifs indispensables pour vérifier la mise en œuvre de la réglementation douanière communautaire au niveau des États doivent être réactivés, pour donner plein effet à cette réglementation.

À ce stade, sans mécanisme de surveillance accompagné de sanctions, l'application des dispositions fiscales communautaires ne peut être qu'imparfaite et constitue un frein à l'harmonisation. Aussi, l'harmonisation douanière devrait s'appuyer sur un dispositif de surveillance ambitieux doté de moyens suffisants. Pour donner la pleine lisibilité à cette surveillance, il est important de réactiver les instances communautaires chargées du contrôle des aides publiques de nature fiscale, notamment la Commission CEMAC et la Cour de justice des communautés. Ces deux institutions sont des garants de la discipline fiscale et de la libre concurrence en zone CEMAC. Le temps est donc venu de renforcer l'effectivité de la surveillance des politiques fiscales des États membres. L'expérience européenne est assez édifiante à ce sujet[2211]. Il en va également de la création d'un comité chargé de la gestion du tarif extérieur commun et du suivi de son application. À cet effet, un rapport annuel doit être régulièrement soumis au Conseil des ministres sur l'état de mise en application du TEC par les États membres.

Cependant, au regard des bonnes pratiques internationales et des recommandations des partenaires au développement, les autorités communautaires et les États membres doivent comprendre que les exonérations douanières ne constituent pas une panacée. L'on peut d'ailleurs s'inquiéter avec Maurice LAURE de voir que certaines exonérations douanières, certaines incitations ont pour objet d'encourager des détaxations d'activités pourtant connues pour leur grande rentabilité[2212]. Comment comprendre qu'on puisse accorder des exonérations douanières à une entreprise de téléphonie mobile alors que l'appel d'offres a été hautement discuté ? Preuve que sans exonérations, ces sociétés sont à même de pouvoir

---

douanières de la CEMAC n'est pas uniforme au niveau des différentes administrations douanières des États membres et que, ce manque d'uniformité dans l'application des règles communautaires ne répond pas aux exigences du GATT de 1994.

[2211] Lire à ce sujet, KAZADI MPIANE Joseph, « La problématique de l'existence du droit communautaire africain : l'option entre mimétisme et spécificité », *Revue libre de Droit*, 2014, p. 38-78, lire aussi, LOPEZ Sandra et MOROZ Marine, « Les aides d'État sous forme fiscale : une répression en marche au sein de la Commission européenne », *Revue OFIS*, août 2018.

[2212] LAURE Maurice, *Traité de politique fiscale*, *op. cit.*, p. 322.

s'installer au Cameroun. Certes, dans tous les pays, la majorité des investisseurs déclare que les mesures d'incitations fiscales sont une bonne chose pour stimuler l'investissement, mais de nombreuses études confirment l'importance des facteurs structurels comme entrave à l'activité économique et à l'investissement.

Aussi, au-delà des exonérations douanières comme choix ou élément de politique fiscale isolée, les instances communautaires et les États membres doivent travailler dans le sens de l'amélioration du climat des investissements et des affaires. Les pays ayant réussi à attirer des investissements sont généralement ceux qui ont opté pour une approche holistique qui replace la politique fiscale dans le cadre plus large d'une politique nationale de développement. À ce titre, la CEMAC doit travailler à l'avènement d'un cadre général propice à la sortie de la sous-région du sous-développement, en améliorant le cadre des activités économiques tout en soutenant une croissance durable.

La définition de ce cadre reste un chantier longtemps discuté, mais jamais abouti. Elle pourrait se faire à travers la définition d'un cadre fiscal incitatif commun propice au développement, qui prendrait en compte non seulement les préoccupations d'ordre budgétaire, mais qui tiendrait également compte des réalités socioéconomiques de la zone Afrique centrale. Face à la croissance anarchique des exonérations douanières, il est souvent proposé un abaissement tarifaire général pour faire échec aux politiques incitatives généreuses des États membres. Dans cette perspective, un tarif raisonnable sur les matières premières et les biens d'équipement rend tout aussi inutiles les demandes des exonérations des droits et taxes sur ces mêmes produits. À ce niveau, notre plaidoyer s'oriente vers l'avènement d'un nouvel ordre fiscalo-douanier adapté au contexte de sous-développement et appuyé sur les principes de simplicité, d'équité et de modération dans la pression fiscale[2213].

Au-delà de l'avènement souhaité d'un nouvel ordre fiscalo-douanier, l'amélioration du climat des investissements et des affaires doit rester une préoccupation constante des autorités communautaires et des États membres. Elle s'impose d'ailleurs comme une alternative à la politique fiscale incitative expansive. D'une manière générale, le cadre institutionnel encadrant les activités économiques dans la sous-région reste de qualité médiocre ,et les faiblesses réglementaires et sectorielles (fiscalité, douane, justice) pesantes[2214]. Aussi, de nombreuses contraintes continuent de nuire au développement durable des entreprises et des investissements dans la zone. Il

---

[2213] CHIHA Khémici, « La fiscalité comme levier de développement économique dans les pays en développement : cas de l'Algérie », *Revue algérienne de la mondialisation et des politiques économiques*, n° 03-2012, p. 31-45.

[2214] GICAM, Le livre blanc de l'économie camerounaise, l'impératif industriel du Cameroun, GICAM, février 2020, lire aussi, BIT, Évaluation de l'environnement des affaires au Cameroun 2013.

est donc question de trouver un ensemble de dispositions destinées à améliorer l'environnement institutionnel, fiscal et financier des entreprises dans le but de favoriser la croissance et la diversification des économies des pays membres.

À cet effet, au regard de la place importante accordée au secteur privé pour impulser le développement et la croissance, il est urgent d'accélérer la modernisation des administrations publiques afin de réduire les lenteurs et les lourdeurs administratives. Concernant particulièrement les administrations douanières, elles doivent opérer de profondes mutations dans le sens d'un allègement des coûts des transactions douanières et commerciales. Dans cette optique, celles de la sous-région doivent agir dans le sens de l'amélioration du climat des affaires à travers notamment : - la lutte contre la corruption ; la promotion de l'éthique et de la bonne gouvernance ; la modernisation et la rationalisation des contrôles douaniers ; l'accélération des procédures douanières à travers la dématérialisation des procédures[2215] ; le renforcement du contrôle de l'exécution du service et de la mesure de la performance ; la mise en place d'une démarche partenariale constante et permanente. En bref, il est question de prôner la bonne gouvernance en douane qui se décline en facilitation, partenariat et contrôle de l'exécution du service. Elle est vectrice de compétitivité et de croissance du tissu productif dans la zone CEMAC.

Au-delà de la modernisation souhaitée des administrations douanières, il revient aux instances communautaires d'entreprendre un exercice exhaustif d'identification des obstacles pesant sur l'environnement sous-régional des affaires. Aussi, il n'y a pas d'effet de « compensation » à attendre d'une incitation fiscale si le climat n'est pas favorable à l'investissement. Dans ce sillage, les États membres conjointement avec les autorités communautaires, doivent travailler pour réduire les effets négatifs des facteurs structurels qui affectent l'investissement en zone CEMAC notamment ; le coût élevé des facteurs et leur disponibilité limitée ; des infrastructures publiques défaillantes (routes barrages, ponts et bien d'autres) ; l'incertitude et l'insécurité juridiques ; la formation insuffisante de la main-d'œuvre ; l'absence de protection des droits de propriété ; la mauvaise gouvernance publique et l'instabilité sociopolitique[2216]. Il est question à ce stade, au regard de la grande vulnérabilité, de lever les différents blocages structurels au développement de l'investissement dans la zone et une réduction progressive des distorsions

[2215] GEOURJON Anne-Marie, CALDEIRA Émilie, « Le numérique au service de l'élargissement de l'assiette fiscale », *FERDI* 34e conférence annuelle du CREDAF, Yaoundé (Cameroun), du 10 au 13 juin 2019 sur le thème : L'évaluation des dépenses fiscales : vers des réformes portées par le numérique.

[2216] Lire à ce sujet, GOUENET Marcel-René et NGUENA Lambert, « Instabilité sociopolitique et attractivité des investissements directs étrangers (IDE) au Cameroun », *AAYE Policy Research Working paper series*, issue : 06/ october 2014.

concurrentielles induites par les interventions étatiques[2217]. En d'autres termes, le renforcement des recettes douanières passe par une amélioration radicale du contexte d'application de l'impôt douanier. Il s'agit de réduire la corruption et la fraude afin de promouvoir des administrations douanières modernes de service[2218].

Le constat est donc clair : les incitations fiscales ne définissent pas à elles seules l'attractivité d'un territoire[2219]. Pour notre part, nous ne pouvons militer en faveur d'une suppression totale des exonérations douanières, mais il convient tout simplement de faire un savant dosage entre la fiscalité de développement et les stratégies de mobilisation optimale des recettes douanières. L'efficacité doit être le premier critère à prendre en compte pour juger de la pertinence d'une incitation : l'objectif poursuivi sera-t-il atteint ? Cette tendance conciliatrice renvoie aussi à l'amélioration de la gestion des dépenses fiscales, ainsi qu'au renforcement de la transparence fiscale[2220]. Il est question de mettre un accent sur les analyses portant sur l'impact distributionnel des exonérations de TVA et l'impact économique des incitations fiscales à l'investissement.

Les douanes des pays sous-développés continuent d'être jalouses de leur fonction fiscale. Elles restent au cœur du budget des États. Les exonérations douanières doivent désormais être intégrées dans une approche globale de développement. Aussi, la nouvelle approche des exonérations douanières doit conduire à une meilleure adéquation des interventions étatiques. Ainsi l'interventionnisme, au travers des exonérations douanières, se doit d'être ciblé pour créer moins de dégâts dans le cadre de la mobilisation des recettes douanières et celui de la dynamique d'harmonisation douanière, tout en contribuant à la relance effective des économies à travers la promotion de l'investissement. Il faudra absolument réduire l'écart pour atteindre la cible de la CEMAC de 20 % de recettes en proportion du PIB[2221].

---

2217 Lire à ce sujet, PEIFFERT Olivier, « À la recherche d'une exigence de concurrence fiscale 'loyale' en droit de l'Union européenne *», IRENEE/Université de Lorraine/ « Civitas Europa* », n° 29, pages 103-135.

2218 Voir Groupe de la Banque mondiale, *Côte d'Ivoire : relever le défi de la mobilisation fiscale*, rapport préparé dans le cadre d'une étude sur la politique fiscale en Afrique de l'Ouest, juin 2019.

2219 Par exemple, les incitations fiscales se classaient onzième sur douze sur les facteurs motivant le choix d'un lieu d'investissement dans une enquête auprès de 7000 entreprises de 19 pays africains (ONUDI). Les dernières enquêtes de motivation des investisseurs réalisés en Tanzanie, au Rwanda, en Ouganda et au Burundi montrent que plus de 90 % des investisseurs auraient procédé à leurs investissements même en l'absence d'incitations (Banque mondiale).

2220 RAESS Pascal, « Fiscalité et gouvernance : rôle et impact de la coopération internationale au développement », *Annuaire suisse de politique de développement*, 2007, pp. 227-245.

2221 Pour plus d'éclairage, voir le rapport de synthèse sur l'étude sur la fiscalité en Afrique de l'Ouest : options de réforme dans une perspective sous régionale, Groupe de la Banque mondiale, juin 2019.

Dans cette mouvance, la nouvelle approche des exonérations douanières doit être strictement limitative. Il faut ainsi prôner un retour à l'orthodoxie douanière. Celle-ci postule une application conforme et compatible de la réglementation communautaire en la matière[2222]. Cette orthodoxie est gage d'une uniformisation des systèmes internes de taxation des marchandises importées et assure l'égalité de traitement des opérateurs économiques au sein de la communauté. Ainsi, il est temps de revenir aux fondamentaux, à savoir, la généralisation du champ d'application des droits et taxes, la définition d'une base commune et l'application des taux uniformes à toutes les marchandises franchissant le cordon douanier. Bien plus, l'application des principes communs en ce qui concerne la taxation douanière, devrait davantage faciliter la convergence des systèmes douaniers nationaux et garantir ainsi une neutralité fiscale[2223]. Dans cet ordre d'idées, pour la cohérence de la fiscalité communautaire, une place prépondérante doit être laissée au développement d'une justice communautaire à l'échelle de l'Union[2224]. Bien plus, l'exercice de coordination mériterait d'avoir plus de place dans le programme des instances sous-régionales au regard de l'absence de mécanismes efficaces de coordination et de suivi des règles douanières décidées au niveau communautaire[2225].

La problématique de la conception et de la mise en œuvre des exonérations douanières au Cameroun, et partant en zone CEMAC, doit désormais occuper une place essentielle du discours politique avec pour objectif de parvenir à construire une politique fiscale en conformité avec les contraintes communautaires. Elle vise à construire un cadre juridique, stratégique et institutionnel plus propice à la mobilisation des recettes fiscales. En mettant en avant la mobilisation optimale des recettes douanières comme prisme d'évaluation, il est désormais question de laisser de côté des comportements étatiques aventureux et de passer à une phase plus concrète de l'harmonisation douanière. Celle-ci requiert donc une forte volonté politique dans l'application des textes communautaires[2226]. En outre, il faut procéder à un choix optimal

---

[2222] Lire à ce sujet, KAMENI N. Lazare, *Droit OHADA et droit constitutionnel des États-parties : contribution à l'analyse sous le prisme de la pratique camerounaise,* Thèse de doctorat PhD. en droit public, Université de Yaoundé II, année académique 2014/2015.

[2223] Voir préambule de la directive n° 07/11-UEAC-028-CM-22 portant révision de la directive n° 1/99-CEMAC-028-CM-03 portant harmonisation des législations des États membres en matière de taxes sur la valeur ajoutée (TVA) et du droit d'accises (DA).

[2224] WATHELET Melchior, « Refus d'harmonisation fiscale et condamnation de la Cour de justice : cohabitation diabolique ? Panorama de la jurisprudence de la CJCE en matière de fiscalité directe », *Revue de jurisprudence fiscale*, 7/2005, p. 469.

[2225] TIEMTORE Salifou, « La coordination fiscale et harmonisation des politiques douanières dans la zone de la Communauté économique des États de l'Afrique de l'Ouest (CEDEAO) », Dakar, 30 avril au 2 mai 2014.

[2226] À l'heure actuelle, l'intégration est confrontée au manque de volonté politique de la part des responsables des différents pays qui se manifeste par la prédominance des préférences nationales et une mauvaise gouvernance.

du ou des secteurs qui pourront bénéficier d'avantages fiscaux, avec bien sûr une rationalisation de leur gestion, dans le but de réduire le manque à gagner et la pression exercée sur la trésorerie des États membres[2227].

Les contraintes pesant désormais sur la définition et la mise en œuvre des politiques fiscales nationales, spécialement dans le cadre communautaire de la CEMAC, doivent conduire à un renouvellement des méthodes d'action économique par l'impôt[2228]. « En fait, une contrainte majeure à la réussite de la stratégie de développement en zone CEMAC est la contrainte financière. Celle-ci ne pourrait être relâchée que s'il est possible d'assurer durablement une accumulation maximale des recettes »[2229]. À cet effet, la fiscalité efficace est l'instrument qui doit permettre aux États de renforcer leur indépendance vis-à-vis de l'aide extérieure et de se réapproprier pleinement leurs politiques de développement[2230]. Pour rester dans cette optique, les États doivent réfléchir à l'opportunité d'offrir des incitations fiscales pour attirer les investisseurs et à la façon de les concevoir afin de réduire l'impact sur les recettes publiques et de stopper la dérive budgétaire des dépenses fiscales. La fragilité du modèle de développement basé sur les incitations fiscales invite les États membres de la CEMAC à repenser leur développement en éliminant les paradoxes fondamentaux qui entourent les exonérations fiscales[2231].

En tout état de cause, ces États doivent s'inscrire dans la mouvance de la nouvelle gouvernance financière et fiscale afin de répondre aux défis de la gestion des dépenses fiscales [2232]et aux exigences des finances publiques optimales[2233]. Un changement de stratégie est nécessaire. Une fiscalité douanière de droit commun aussi transparente et simple que possible doit être substituée à l'exonération systématique et aux régimes dérogatoires, peu efficaces pour promouvoir le développement d'activités économiques[2234].

---

2227 HASSAN EL KTINI, *Les dépenses fiscales en droit marocain, op. cit.*, p. 335.

2228 MASTERS (A), « Stratégies d'amélioration des systèmes d'incitations fiscales : l'expérience de l'Afrique australe », séminaire, « exploiter les possibilités d'investissements rentables en Afrique », Tunisie, 28-1er mars 2006.

2229 KAMGNIA DIA Bernadette, « La réforme fiscale et douanière en zone CEMAC est-elle optimale ? », *in :* BEKOLO-EBE Bruno, TOUNA MAMA, FOUDA Séraphin-Magloire (sous la direction de), *Mondialisation, exclusion et développement africain : stratégies des acteurs publics et privés, op.cit.*, p. 96.

2230 DARCOS Xavier, préface du livre de CHAMBAS Gérard (dir), *Afrique au sud du Sahara : mobiliser des ressources fiscales pour le développement, op. cit.*

2231 Lire AVOM Désiré, NKOA ONGO Bruno Emmanuel (dir.), *Pertinence des politiques publiques de développement en Afrique subsaharienne*, Paris, L'Harmattan, 2021, 254 pages.

2232 Voir HARAKAT Mohamed (dir.), *La gouvernance des finances publiques en Afrique*, Paris, L'Harmattan, 2019, 344 pages.

2233 Voir MEDE Nicaise (dir.), *Les nouveaux chantiers des finances publiques en Afrique : mélanges en l'honneur de Michel BOUVIER*, Paris, L'Harmattan, 2019, 565 pages.

2234 Lire Groupe de la Banque mondiale, *Côte d'Ivoire : relever le défi de la mobilisation fiscale*, rapport préparé dans le cadre d'une étude sur la politique fiscale en Afrique de l'Ouest, juin 2019.

Aussi, pour renforcer les recettes douanières de manière significative, les États de l'espace CEMAC doivent rompre avec une culture d'octroi de dérogations et avantages fiscaux de faible efficacité[2235]. À quoi bon lutter contre les paradis fiscaux pour créer insidieusement de petits îlots défiscalisés, à quoi bon instaurer un système fiscal pour en faire tarir les bénéfices ? se demandait BOUBAY-PAGES[2236]. D'ailleurs, le recours à l'interventionnisme fiscal étatique est-il encore envisageable dans le cadre des accords régionaux d'intégration économique ?

---

2235 *Idem.*

2236 BOUBAY-PAGES Michèle, « Les exonérations fiscales pour des investissements vertueux », *op. cit.*

# ANNEXES

1. Décision N° 31/19-UEAC-010A-CM-34 du 18 décembre 2019 fixant la catégorisation des mesures d'exonération totale ou partielle des droits et taxes à l'importation et précisant les modalités de contrôle des déclarations de mise à la consommation en exonération totale ou partielle des droits et taxes

2. Typologie des exonérations douanières proposée par le comité des experts de l'UEMOA

3. Suivi et contrôle des exonérations

**Annexe 1 :** Décision N° 31/19-UEAC-010A-CM-34 du 18 décembre 2019 fixant la catégorisation des mesures d'exonération totale ou partielle des droits et taxes à l'importation et précisant les modalités de contrôle des déclarations de mise à la consommation en exonération totale ou partielle des droits et taxes

## III-14. Décision n°31/19-UEAC-010A-CM-34 du 18 décembre 2019 fixant la catégorisation des mesures d'exonération totale ou partielle des droits et taxes à l'importation et précisant les modalités de contrôle des déclarations de mise à la consommation en exonération totale ou partielle des droits et taxes

[*Décision n°31/19-UEAC-010A-CM-34 du 18 décembre 2019 fixant la catégorisation des mesures d'exonération totale ou partielle des droits et taxes à l'importation et précisant les modalités de contrôle des déclarations de mise à la consommation en exonération totale ou partielle des droits et taxes*]

### Section 1 - Catégorisation des exonérations à l'importation

**Article 1.**- 1) Pour évaluer avec précision, l'impact budgétaire généré par les mesures d'exonération totale ou partielle des droits et taxes à l'importation des marchandises, les Administrations des douanes paramètrent leur système d'information pour permettre d'établir automatiquement la perte de recettes occasionnée par chaque catégorie ou sous-catégorie d'exonération reprise à la liste en annexe.

2) La structure des Codes additionnels (alphabétique, numérique, alphanumérique) intégrés dans le système informatique douanier pour satisfaire au point 1, est laissée à la libre appréciation des Administrations des douanes.

### Section 2 - Contrôle immédiat et après dédouanement des déclarations de mise à la consommation en exonération totale ou partielle des droits et taxes

**Article 2.**- Les déclarations de mise à la consommation en exonération totale ou partielle des droits et taxes sont contrôlées lors du dédouanement (contrôle immédiat) dans les conditions fixées par l'article 92 du Code des douanes, au même titre que les déclarations soumises à la taxation de droit commun. Le contrôle immédiat de ces opérations doit porter, non seulement sur la conformité des marchandises avec la déclaration de mise à la consommation, mais également sur leur conformité avec les termes de l'autorisation d'exonération, notamment en ce qui concerne leur nature (espèce tarifaire), leur quantité, et, si elle est fixée dans cette autorisation, leur valeur.

**Article 3.**- Hormis le contrôle exercé lors du dédouanement, les marchandises exonérées totalement ou partiellement des droits et taxes pour une raison autre que l'origine préférentielle restent, après leur mainlevée, sous sujétion douanière jusqu'à leur affectation définitive à la destination qui a justifié l'octroi de l'exonération.

**Article 4.**- 1) Pour assurer la surveillance de ces marchandises après leur mainlevée, le Directeur National des Douanes détermine les éléments qui doivent figurer dans le compte rendu annuel visé à l'alinéa 3 de l'article 329 du Code des douanes. Les services douaniers rappellent ces éléments à l'importateur lors de la délivrance de l'autorisation d'exonération. Au titre de ces éléments, doivent notamment figurer la localisation des marchandises, l'objet et/ou la personne auxquels elles ont été affectées.

2) Les opérations relevant des catégories 1, 2 et 3 de la liste en annexe ne font pas l'objet du compte rendu annuel visé à l'alinéa 3 de l'article 329 du Code des douanes, sauf exception justifiée par un risque élevé de détournement de destination.

**Article 5.**- La présente Décision prend effet à la date de sa signature et sera publiée au Bulletin Officiel de la Communauté et, communiquée partout où besoin sera.

## Annexe 2 : Typologie des exonérations douanières proposée par le comité des experts de l'UEMOA

### Encadré 2.2. Typologie des exonérations douanières proposée par le Comité des experts de l'UEMOA

Ces catégories et leur définition ont été proposées pour harmoniser le classement des exonérations douanières dans les pays membres de l'UEMOA, lors d'un atelier tenu à Ouagadougou en septembre 2000.

1. **Privilèges diplomatiques et assimilés** : privilèges diplomatiques; instituts et écoles (convention de Florence); organisations internationales et régionales.
2. **Déménagements et effets personnels** : déménagements; effets personnels; franchises accordées aux voyageurs.
3. **Incitations à l'investissement**[1] : codes des investissements; codes miniers et autres codes sectoriels; sociétés conventionnées; projets B.O.T. (Build-Operate-Transfer).
4. **Financements extérieurs** : marchés publics; accords et projets.
5. **Dons et aide** : dons aux œuvres sociales et associations de développement; dons destinés à la Croix Rouge; dons à caractère social et culturel; dons à l'État et ses démembrements.
6. **Organisations non gouvernementales.**
7. **Exonérations exceptionnelles**[1] : discrétionnaires.
8. **Exonérations conditionnelles** : cercueils et dépouilles; échantillons commerciaux; objets religieux; documents sans valeur commerciale; récompenses

---

[1]Lors de cet atelier, les experts ont proposé de supprimer les catégories 3 et 7.

# Annexe 3 : Tableau de suivi et contrôle des exonérations

**Tableau 7.1. Suivi et contrôle des exonérations**

| Type d'exonérations | Calcul du manque à gagner au titre des droits et des taxes | Conditions d'exonération | Déclaration exigée | Contrôle douanier |
|---|---|---|---|---|
| Admission temporaire | Oui | Une autorisation est délivrée selon l'importateur, le type de marchandises et la durée de séjour des marchandises dans le pays. | Déclaration d'importation commerciale | Vérifier l'autorisation de l'importateur et le type de bien. Créer un dossier de contrôle pour vérifier que la durée d'admissibilité en franchise est respectée. |
| Biens diplomatiques | Oui | Il faut figurer sur la liste des diplomates autorisés. L'autorisation est délivrée pour une quantité annuelle donnée pour les boissons alcoolisées et les cigarettes. | Déclaration d'importation commerciale | Contrôler les autorisations relatives aux personnes importatrices et aux quantités importées. |
| Particuliers (touristes, résidents de retour et immigrants) | Non | *Touristes* : effets personnels pour la durée du séjour. Valeurs limites pour les cadeaux qui seront laissés dans le pays et pour la quantité de produits alcoolisés et de tabac admis en franchise. | Verbale | Inspection sélective des bagages en cas de doute. |
| | | *Résidents de retour (après un court séjour)* : effets personnels qui accompagnaient le résident lorsqu'il a quitté le pays. Il y a une valeur limite pour les nouveaux achats (par ex., 100 dollars EU) et pour la quantité d'alcools et de cigarettes admis en franchise. | Verbale | Inspection sélective des bagages en cas de doute. |
| | | *Immigrants et résidents de retour (après un long séjour à l'étranger)* : effets personnels normalement nécessaires à une installation. La valeur ou la quantité des produits coûteux (automobiles, par exemple) peut être limitée. | Déclaration écrite simplifiée | La déclaration doit inclure une liste de tous les biens qui accompagnent le voyageur ou le suivront. Inspection sélective. |

Tableau 7.1 *(suite)*. Suivi et contrôle des exonérations

| Type d'exonérations | Calcul du manque à gagner au titre des droits et des taxes | Conditions d'exonération | Déclaration exigée | Contrôle douanier |
|---|---|---|---|---|
| Discrétionnaire | Oui | La demande d'autorisation doit être appuyée par une commande ou un plan d'exportation qui comprend une description des intrants dont l'importation est envisagée (description avec libellé SH, quantité, valeur et calendrier d'importation). | Déclaration d'importation commerciale | Vérifier que l'importation correspond à l'autorisation délivrée (par exemple, nom de l'importateur, description des marchandises, etc.). Valider les exportations de marchandises prévues. Contrôle sur place auprès des fabricants pour vérifier que les quantités d'intrants importés sont utilisées pour fabriquer des quantités d'exportations correspondantes. |
| Exonérations tarifaires partielles | Oui | Les marchandises doivent satisfaire aux règles d'origine pour bénéficier du taux préférentiel. | Déclaration d'importation commerciale | Déclaration spontanée par l'importateur de l'origine des marchandises avec vérification sélective en cas de demande de régime préférentiel. |
| Projets d'investissement financés par l'étranger | Oui | Demande d'autorisation appuyée par la description du projet et la liste des marchandises importées (description avec libellé SH, quantité, valeur et calendrier d'importation). | Déclaration d'importation commerciale | Vérifier que les conditions d'exonération sont satisfaites (nom de l'importateur, libellé SH, quantité). Effectuer des visites sur place pour confirmer que les marchandises importées sont utilisées aux fins prévues. |

Tableau 7.1 *(fin)*. Suivi et contrôle des exonérations

| Type d'exonérations | Calcul du manque à gagner au titre des droits et des taxes | Conditions d'exonération | Déclaration exigée | Contrôle douanier |
|---|---|---|---|---|
| Code des investissements | Oui | Demande d'autorisation appuyée par la description du projet et la liste des marchandises importées nécessaires au projet. L'approbation peut inclure : la description des marchandises importées pour le matériel de construction, les équipements d'usine et les intrants pour le processus de fabrication. | Déclaration d'importation commerciale | Vérifier que les conditions d'exonération sont satisfaites (nom de l'importateur, libellé SH, quantité). Effectuer des visites sur place pour confirmer que les marchandises importées sont utilisées aux fins prévues. |
| Aide humanitaire | Non (Estimation) | L'organisation doit être agréée comme étant habilitée à importer de l'aide humanitaire. Description des types de marchandises par libellé SH et indication précise des quantités approuvées. | Déclaration d'importation commerciale | Vérifier que les conditions d'exonération sont satisfaites (nom de l'importateur, libellé SH, quantité). Effectuer des visites sur place pour confirmer que les marchandises importées sont utilisées aux fins prévues. |
| Achats des administrations publiques | Oui | Les achats doivent être effectués TTC (toutes taxes comprises). | Déclaration d'importation commerciale | Veiller à ce que tous les achats des administrations publiques soient soumis aux mêmes droits et taxes que les importations commerciales. |

# BIBLIOGRAPHIE

## I. Ouvrages

### A- Ouvrages généraux

**ABANDA ATANGANA Anicet,** *L'administration fiscale et les contribuables au Cameroun*, L'Harmattan, Paris, 2010, 159 pages.

**ABOUEM À TCHOYI David, M'BAFOU Stéphane Claude** (dir.), *50 ans de réforme de l'État au Cameroun, stratégies, bilans et perspectives*, Harmattan Cameroun, 2013, 525 pages.

**ABOUEM À TCHOYI David, M'BAFOU Stéphane Claude** (dir.), *Améliorer l'efficacité de l'État au Cameroun, propositions pour l'action*, Paris, l'Harmattan, 2019, 568 pages.

**ABWA Daniel, ESSOMBA Joseph-Marie, NJEUMA Martin Zachary, De LA RONCIÈRE Charles M. (dir.),** *Dynamiques d'intégration régionale en Afrique centrale*, Tome 1 et 2, PUY, Yaoundé, 2001,791 pages.

**AKAM AKAM André** (sous la direction de), *L'effectivité du droit : de l'aptitude du droit objectif à la satisfaction de l'intérêt particulier, Mélanges en l'honneur du professeur François ANOUKAHA*, Paris, L'Harmattan, 2021, 1340 pages.

**ALAKA ALAKA Pierre,** *L'impôt au Cameroun contribution à l'étude d'un dysfonctionnement administratif*, L'Harmattan, Paris, 2009, 278 pages.

**ALAKA ALAKA Pierre,** *La gouvernance fiscale*, Edilivre, Paris, 2009, 364 pages.

**ALBERT Jean-Luc**, *Les nouvelles relations UE/ACP dans les accords de partenariats économiques*, Coll., Guide, 322 pages.

**ALIOU BAH Mamadou**, *La fiscalité des pays de la Communauté économique des États de l'Afrique de l'Ouest (CEDEAO) face à la mondialisation*, Paris, L'Harmattan, décembre 2021, 430 pages.

**ATANGA FONGUE Roland** et **TOCKE Adrien,** *Éléments de la fiscalité des affaires au Cameroun*, L'Harmattan, collection des finances publiques, Paris, 2011, 189 pages.

**ATANGA FONGUE Roland,** *Contrôle fiscal et protection du contribuable dans un contexte d'ajustement structurel,* L'Harmattan, Paris, 2007, 342 pages.

**ATEBA ASSIGA Etienne Modeste,** *Croissance économique et réduction de la pauvreté au Cameroun*, Paris, L'Harmattan, 2010, 181 pages.

**ATECK À DJAM Félix,** *Droit du contentieux fiscal camerounais*, nouvelle édition L'Harmattan, Paris, 2017, 406 pages.

**AVOM Daniel, NKOA ONGO Bruno Emmanuel** (dir.), *Pertinence des politiques publiques de développement en Afrique subsaharienne*, Paris, L'Harmattan, décembre 2021, 254 pages.

**AYANGMA AYANGMA Joseph,** *La pratique du contrôle fiscal des prix de transfert dans l'espace CEMAC : le cas du Cameroun*, L'Harmattan, Paris, 2015, 358 pages.

**BAHEL Dieudonné Luther**, *Droit du contentieux douanier de la CEMAC*, Paris, Les Éditions du Panthéon, 2020, 230 pages.

**BAREL Etienne, BEAUX Christophe, KESLER Emmanuel, SICHEL Olivier,** *Économie politique contemporaine*, Paris, Armand colin, 2000, 351 pages.

**BEKOLO-EBE Bruno, TOUNA MAMA FOUDA Séraphin Magloire** (dir.), *Mondialisation, exclusion et développement africain : stratégies des acteurs publics et privés*, Tome 1, Afrédit, 2006, 259 pages.

**BEKOLO-EBE Bruno, TOUNA MAMA, FOUDA Séraphin Magloire**, (dir.) *Mondialisation, exclusion et développement africain : stratégie des acteurs publics et privés*, Tome 2, Afrédit, 2006, 471 pages

**BELEBENIE Pierre,** *Les transformations de la fiscalité locale au Cameroun*, L'Harmattan, Paris, 2016, 587 pages.

**BELLA AMBATINDA Claude Henri**, *L'école du chef de brigade des douanes camerounaises*, L'Harmattan, Paris, 2018, 249 pages

**BERR Jean-Claude et TREMEAU Henri**, *Le droit douanier communautaire et national*, 4e édition, Économica, Paris, 1997, 626 pages

**BERR Jean-Claude,** *Droit douanier et aspects économiques*, coll., guide, 293 pages.

**BERR Jean-Claude,** *Les échanges commerciaux internationaux et l'origine des marchandises*, Coll., Guide, 398 pages.

**BESBES Slim,** *Le principe de la légalité de l'impôt en droit tunisien*, L'Harmattan, Paris, 2011, 462 pages.

**BETCH Martine,** *Droit fiscal*, 4e édition, Vuibert, 2012, 410 pages

**BILOUNGA Steve Thiery**, *Finances publiques camerounaises : budgets-impôts-douanes-comptabilité publique*, Paris, L'Harmattan, janvier 2021, 700 pages.

**BIROKI Samuel**, *Les politiques industrielles du Cameroun depuis 1945, espoir, désillusion et utopie*, Paris, L'Harmattan, décembre 2021, 380 pages.

**BLIN Olivier**, *Droit institutionnel, matériel et contentieux de l'Union européenne*, 3e édition, Bruylant, Collection Paradigme, 429 pages.

**BONIN Bernard**, *L'entreprise multinationale et l'État, Éditions* Études vivantes, Montréal, 1984, 292 pages.

**BOR Emmanuel,** *Réforme budgétaire et gestion axée sur les résultats en Afrique subsaharienne, l'exemple de Maurice*, LGDJ, 2018, 357 pages.

**BOSSERELLE Éric**, *Les courants économiques et leurs enjeux*, Paris, Top Éditions, 1998, 190 pages.

**BOUVIER Michel**, (dir.), *Finances publiques*, 14e édition, LGDJ, 2015-2016, 895 pages.

**BOYA Jean-Louis,** *Pratique de la douane et du transit*, Yaoundé, Afrédit, 2017, 399 pages.

**BRASSEUL Jacques, LAVRARD-MEYER Cécile**, *Économie du développement, les enjeux d'un développement à visage humain*, 4e édition, Armand Colin, 2016, 384 pages.

**BUISSON Jacques,** (dir), *La sécurité juridique,* Paris, L'Harmattan, 2011, 221 pages.

**CARONI (R), GUAVANA (C),** *L'économie mondiale,* Bréal, 2005, 664 pages

**CARTOU Louis**, *L'Union européenne, Traité de Paris- Rome- Maastricht*, DALLOZ, Paris, 1996, 676 pages.

**CASTAGNEDE Bernard**, *La politique fiscale*, PUF, Paris, 2008, 127 pages.

**CEPII**, *L'économie mondiale, 2002*, Paris, Éditions La Découverte, 2001, 123 pages

**COURADE Georges, (dir),** *Le désarroi camerounais, L'épreuve de l'économie-monde*, Yaoundé, Éditions Ifrikiya, 2011, 283 pages.

**COUTURIER Patrice,** *Cessions et acquisition d'actif, restructurations d'entreprises*, éditions EFE, 2010, Paris, 370 pages

**COZIAN Maurice, DIBOUT Patrick, PIERRE Jean-Luc,** *Droits et garanties du contribuable, évolutions* et *perspectives vingt ans après le rapport Aicardi*, LITEC, 2008, 656 pages.

**COZIAN Maurice**, *Précis de fiscalité des entreprises*, Litec, Paris, 1994 /1995, 640 pages.

**COZIAN Maurice,** *Précis de fiscalité des entreprises*, Litec, Paris, 2011/2013, 600 pages.

**DARREAU Philippe, PONDAVEN Claude,** *Problèmes économiques et sociaux contemporains*, Éditions Cujas, 1998, 603 pages.

**DE BISSY Arnaud,** *Comptabilité et fiscalité, du résultat comptable au résultat fiscal,* Lexis Nexis, Paris, 2013, 586 pages.

**DE LA MARDIERE Christophe,** *La preuve en droit fiscal*, LITEC, Paris, 2009,327 pages.

**DEBAT Olivier,** *Droit fiscal des affaires,* 4e édition, Collection Cours, 2017,591 pages

**DELAS Jean-Pierre**, *Économie contemporaine, faits, concepts, théories*, Paris, Ellipses, 2008, 751 pages.

**DEMBA,** (dir), Les économies de l'Afrique centrale 2012, les défis énergétiques en Afrique centrale, Je Publie, 2012, 279 pages.

**DIALIGUE BA M. El Hadji,** *Le droit fiscal à l'épreuve de la mondialisation : la réglementation des prix de transfert*, Paris, 2012, 497 pages

**DIKOUME Albert Léonard**, *La fiscalité pétrolière des États membres de la CEMAC*, L'Hamattan, Paris, 2008, 417pages.

**DIONE Alioune,** *Le droit douanier, le commerce électronique et la dématérialisation*, L'Harmattan, Paris, 2015, 297 pages.

**DJEUWO Marcellin,** *Le contentieux douanier dans les pays de la CEMAC*, Paris, L'Harmattan, 2015, 225 pages.

**DOGAN Dilek**, *Les enjeux du concept d'origine en droit international*, Coll., Guide, 382 pages.

**DUBOIS Louis, BLUMANN Claude**, *Droit matériel de l'Union européenne*, 7e édition, LGDJ, 2015, 878 pages.

**DUREAU Ariane Périn,** *L'obligation fiscale à l'épreuve des droits et libertés fondamentaux*, Paris, Éditions DALLOZ, 2014, 565 pages.

**EFANGON Daniel Yannick**, *La réforme des juridictions des comptes dans l'espace CEMAC,* Paris, L'Harmattan, juin 2018, 258 pages.

**ENGUELEGUELE Stéphane B.**, *Gouverner l'urgence politique camerounaise*, Paris, L'Harmattan 2019, 234 pages.

**EVINA OBAM Richard,** *La politique fiscale au Cameroun depuis les années 1980*, L'Harmattan, Paris, 2016, 417 pages.

**FALL Moustapha,** *Les cours de justice africaines et l'intégration*, Paris, L'Harmattan, novembre 2021, 516 pages.

**FAO**, *Manuel sur le contrôle des importations alimentaires fondées sur les risques*, Organisation des Nations Unies pour l'alimentation et l'agriculture, Rome, 2017, 171 pages.

**FOKAM Paul**, *Misère galopante du sud, complicité du nord, jeux, enjeux, solutions*, Paris Maisonneuve& Larose, 160 pages.

**FOKAM Paul**, *Tomorow's Africa, what about a take-off*? Paris, Maisonneuve & Larose, 2004, 234 pages.

**FONGOD NUVAGA Edwin**, *CEMAC customs guide*, Éditions Design House, Limbe, 2002.

**GAFFARD Jean-Luc**, *La croissance économique*, Armand Colin, Paris, 2011, 211 pages.

**GARCON Jean-Pierre,** *La TVA appliquée à l'immobilier*, 2e édition, Paris, Défrénois, Lextenso éditions, 2013, 397 pages.

**GIONOLO Elizabeth,** *La sécurisation foncière, le développement socioéconomique et la force du droit : le cas des économies ouest-africaines de plantation (la Côte d'Ivoire, le Ghana, le Mali),* l'Harmattan, Paris, 2000, 289 pages.

**GIRONDEAU Lolita**, *Contribution à l'étude de la pénalisation du droit fiscal*, Paris, L'Harmattan

**GOUTHIERE Bruno,** *Les impôts dans les affaires internationales édition*, Francis Lefebvre, 1056 pages.

**GRAVEREAUX Amélie Lièvre**, *La rétroactivité de la loi fiscale : une nécessité en matière de procédures*, L'Harmattan, Paris, 2007, 432 pages.

**GUILLET Nicolas, (dir)**, *Les transformations de l'administration fiscale*, Paris, L'Harmattan, 2011, 166 pages.

**GUINDO Moumouni**, *Le contrôle des finances publiques au Mali d'indispensables réformes*, Paris, L'Harmattan, mai 2021, 518 pages.

**GUITTON Jocelyn,** *Quel gouvernement économique pour l'Union européenne*, Bruylant, Bruxelles, 2013, 139 pages.

**HAKIM BEN Hammouda, (**dir), *Les économies de l'Afrique centrale*, Maisonneuve & Larose, 2003, 246 pages.

**HARAKAT Mohamed** (dir), *La gouvernance des finances publiques en Afrique*, Paris, L'Harmattan, juin 2019, 350 pages.

**HARAKAT Mohamed,** (dir*), Économie politique de la fragilité et de la gouvernance en Afrique*, Paris, L'Harmattan, décembre 2021, 242 pages.

**HARAKAT Mohamed,** *Les finances publiques et les impératifs de la performance : le cas du Maroc*, Paris, L'Harmattan, juin 2011, 458 pages.

**HARAKAT Mohammed** (dir), *Études d'impact et politiques publiques au Maroc*, Paris, L'Harmattan, août 2020, 214 pages.

**HUGON Philippe,** *Afriques, entre puissance et vulnérabilité*, Armand Colin, 2016, 271 pages.

**HUGON Philippe**, *L'économie de l'Afrique*, 7e édition, La découverte, 2013, 126 pages.

**HUNAULT Michel,** (dir), *La lutte contre la corruption, le blanchiment, la fraude fiscale. L'exigence d'éthique dans les mouvements financiers*, Paris, Presses de Sciences Po, 2017, 231 pages.

**HYEANS Andy**, *La douane au cœur de la stratégie internationale des entreprises : du contrôle au partenariat*, Paris, L'Harmattan, Logiques juridiques, 2012, 274 pages.

**ISAAC Guy,** *Droit communautaire général*, 7e édition, Armand Colin, Paris, 1999, 358 pages.

**JEANNARD Sébastien,** *Les transformations de l'ordonnancement juridique douanier en France*, LGDJ, Montchrestien, 2011, 493 pages.

**KALLEGRIS Andréas**, *La compétence fiscale*, éditons Dalloz, Paris, 2018, 1002 pages.

**KAMGA KAMGA Louis**, *Les critiques des Accords de Partenariat économique(APE)*, Book on Demand, Norderstedt, 2016, 81 pages.

**KAMTO Maurice, DOUMBE-BILLE, METOU BRUSIL Miranda** (sous la direction), *Regards sur le droit public en Afrique, Mélanges en l'honneur du doyen Joseph-Marie BIPOUM WOUM,* Paris, L'Harmattan, 2016, 466 pages.

**KENGNE FODOUOP, (dir.),** *Le Cameroun autopsie d'une exception plurielle en Afrique*, Paris, L'Harmattan, 2010, 378 pages.

**KRUGER Hervé**, *Liberté de gestion et endettement des entrepr0ises en droit fiscal*, LGDJ, 2007, 493 pages.

**LADO Ludovic et AL**, *La responsabilité sociétale de l'entreprise au Cameroun*, Presse de l'UCAC, Yaoundé, 2011 429 pages.

**LAMARQUE Jean, NEGRIN Olivier AYRAULT Ludovic,** *Droit fiscal général*, 2e édition, Lexis nexis, Paris, 1463 pages.

**LEFEBVRE Francis**, *Audit fiscal*, 2008, Ed. Francis Lefebvre, 631 pages.

**LEFEBVRE Francis,** *Mémento pratique,* fiscal, 1999, 1403 pages.

**LEGRAND Gérard MARTIN Hugues, DELAGARDE Perrine,** *Le recouvrement de l'impôt*, Lexis Nexis, 2e édition, Paris, 2014, 430 pages.

**LIBOM LI LIKENG Minette, CANTENS Thomas, BILANGNA Samson,** *Se regarder dans le miroir : le contrôle de l'exécution du service dans les douanes camerounaises*, Banque mondiale-SSATP, 2009, 30 pages.

**LIBOM LI LIKENG Minette, DJEUWO Marcellin, BILANGNA Samson**, *« Se regarder dans le miroir II » : les contrats de performances dans les douanes camerounaises*, Banque mondiale-SSATP, 2011, 45 pages.

**LIPOP Éric Romuald,** *Vers un droit fiscal de développement de l'Afrique, analyse sous le prisme de la fiscalité camerounaise à partir de l'espace OHADA*, Paris, L'Harmattan 2019, 274 pages.

**LOGMO MBELEK Aaron,** (dir), *L'Union africaine : entre avancées incontestables et reculs contestable*s, CEDDAF, Les Presses universitaires de Yaoundé, 2019, 293 pages.

**LOGMO MBELEK Aaron**, *Le juge administratif et l'impôt ; contribution à l'étude du contentieux fiscal au Cameroun*, Édition du SUD, avril 2020.

**MAITROT de la MOTTE Alexandre,** *Droit fiscal de l'Union européenne*, Bruxelles, Éditions Brulyant, 2e édition, 2016, 867 pages.

**MAITROT de la MOTTE Alexandre,** *Souveraineté fiscale et construction communautaire, recherche sur les impôts directs*, LGDJ, Montchrestien, 2005, 537 pages.

**MALGOYRE Antoine,** *Montages juridiques et habileté fiscale*, Gualino éditeur, Lextenso éditions, Paris, 2018, 287 pages.

**MANCEBO François**, *Le développement durable*, 2e édition, Paris, Armand Colin, 2010, 320 pages.

**MARCEAU Gabrielle**, *Le régime juridique du commerce des produits agricoles dans le droit de l'OMC*, Coll., Guide, 263 pages.

**MARTINA Daniel,** *La pensée économique, des mercantilistes aux néo-classiques*, Paris, Armand Colin, 1991, 191 pages.

**MASSON ROBBEZ Charles,** *La notion d'évasion fiscale en droit interne français*, Paris, LGDJ, 1990,503 pages.

**MBIMBI Pierre**, *Le contrôle du recouvrement de la TVA intracommunautaire*, Diffusion ANRT, Lille, 356 pages

**MBOUNOU-NGOPO Mathurin**, *La fiscalité et l'impératif de développement de la Centrafrique*, Paris, L'Harmattan, 2019, 379 pages.

**MEDE Nicaise** (dir), *Les nouveaux chantiers de finances publiques en Afrique. Mélanges en l'honneur de Michel BOUVIER*, Paris, L'Harmattan, 2019, 565 pages.

**MEDE Nicaise TONI Errol** (dir), *La fiscalité de développement en Afrique de l'ouest francophone,* Paris, L'Harmattan, mai 2018, 108 pages.

**MEDE Nicaise, YENOUSSI Nicolas,** Benin : *les recettes publiques en débats*, Paris, L'Harmattan, mars 2020, 492 pages.

**MEKONGO Jean-Marie,** *Les retenues à la source dans le système fiscal du Cameroun*, Diffusion ANRT, Lille, 2005, 577 pages.

**MERRIEN François-Xavier**, *L'État-providence*, Paris, coll. « que sais-je ? », PUF, 1997, 127 pages.

**MGBATOU François,** *Le budget participatif, un outil d'accélération de la décentralisation au Cameroun*, Paris, L'Harmattan 2019, 315 pages.

**MINTZBERG Henry**, *Le manager au quotidien, les dix rôles du manager*, Nouveaux Horizons, Paris, Éditions d'Organisation, 1984, 220 pages.

**MOUELLE KOMBI Narcisse**, *La démocratie dans la réalité camerounaise : libertés, légitimité et modernité politique sous Paul BIYA*, Paris, Dianoïa, 366 pages.

**MULAMBU Prosper-Kibuey**, *La fiscalité et le développement, analyse critique et perspective*, L'Harmattan, Paris, 2018, 247 pages.

**MUTUMBA KAOMBA Jean-Bosco**, *La gestion des finances publiques en République Démocratique du Congo,* Paris, L'Harmattan, septembre 2021, 238 pages.

**NAJIB CHARBI**, *Le contrôle fiscal des prix de transfert*, Paris, L'Harmattan, collection finances publiques, 2005,495 pages.

**NDI FOE Christophe,** *Le droit à la santé au Cameroun*, Paris, L'Harmattan 2019, 461 pages.

**NDIAGA SOUMARÉ**, *Le droit douanier à l'épreuve de la criminalité transnationale organisée dans l'espace CEDEAO*, Paris, L'Harmattan, 2019, 403 pages.

**NDZANA BILOA Alain Symphorien**, *Fiscalité, levier de la croissance : le cas du Cameroun*, édition l'Harmattan, Paris, 2015, 348 pages.

**NDZANA BILOA Alain Symphorien,** *Sauvons l'impôt pour préserver l'État*, les éditions du panthéon, Paris, 2018, 326 pages.

**NDZANA BILOA Alain Symphorien**, *Un système fiscal international 3G pour financer le développement durable*, Paris, Les Éditions du Panthéon, 340 pages.

**NEVIA Cicin-Sain,** *Analyse comparée des dispositifs de lutte contre l'évasion fiscale en droit fiscal croate et français, le cas de l'impôt sur les sociétés*, LGDJ, 2017, 379 pages.

**NGAKOSSO Antoine,** *Réformes fiscales en Afrique, le management du changement*, Paris, L'Harmattan, 2013, 256 pages.

**NGUEDA NDIEFOUO Gustave**, *La douane camerounaise à l'heure de la facilitation des échanges commerciaux*, L'Harmattan, Paris, 2011,287 pages.

**NIRMAL Thomas Jérôme,** *Le contrôle fiscal des opérations internationales,* L'Harmattan, collection des finances publiques, Paris, 2004,395 pages.

**NNOMENKO'O Joseph-Éric,** *Les Objectifs du millénaire pour le développement (OMD) face à la réalité camerounais*e, Paris, L'Harmattan 2019, 117 pages.

**NOUETSA Léopold Hyacinthe,** *Les principes de répartition des compétences en matière de fiscalité locale au Cameroun,* Yaoundé, les Éditions le Kilimandjaro, 2012, 163 pages.

**NYAMA Jean-Marie,** *Droit bancaire en zone CEMAC,* Quatrième édition, Presses de l'UCAC, Yaoundé, 2017, 428 pages.

**NYAMA Jean-Marie**, *Éléments de droit des affaires Cameroun-OHADA,* Presses de l'UCAC, nouvelle édition, Yaoundé, 2002,266 pages

**NZAKOU André,** *Droit fiscal et douanier appliqué*, novembre 2011, tome1, 495 pages.

**NZOYEM Bruno**, *La responsabilité fiscale du notaire en matière immobilière et successorale au Cameroun*, Paris, L'Harmattan, 230 pages.

**OHADA**, *Traité et actes uniformes commentés et annotés*, Juriscope, 2016, 1440 pages.

**OLO SIB Palé**, *Au cœur d'une administration douanière africaine : Douane en action*, paris, L'Harmattan, 198 pages.

**OMBALA ATEBA Marc**, *Le contrôle juridictionnel des comptes de la Communauté économique et monétaire de l'Afrique Centrale*, Éditions SOPECAM, 2007, 247 pages.

**ONDOA Magloire**, (dir*), L'administration publique camerounaise à l'heure des réformes*, Paris, L'Harmattan, 2010, 318 pages.

**ONDOA Magloire, ABANE ENGOLO Patrick Edgard**, (sous la direction de), *L'exception en droit, Mélanges en l'honneur de Joseph OWONA*, Paris, L'harmattan, 794 pages.

**ONDOUA Alain, (dir)**, *La constitution camerounaise du 18 janvier 1996 : bilan et perspectives*, Afrédit, 2007, 268 pages.

**ONDOUA Alain**, *Étude des rapports entre le droit communautaire et la constitution en France*, Paris, L'Harmattan, 2001, 480 pages.

**ONDOUA BIWOLE Viviane et TCHEUWA Jean-Claude**, *Lois sur les établissements et entreprises publics au Cameroun*, Afredit, Yaoundé, 2018, 196 pages.

**OSSA René,** *Administrer l'impôt les nouveaux enjeux de la fonction de gestion, dans les pays en développement*, Iroko éditions, mai, 2007, 278 pages.

**OSSA René**, *Réformes fiscales et développement en Afrique subsaharienne,* Paris, Edilivre, 2012, 261 pages.

**OUEDRAGO Yakouba,** *L'influence de la démarche de performance sur le droit public financier des États membres de l'UEMOA*, LGDJ, Paris, 2018, 571 pages.

**PANCRAZI Laurent**, *Le principe de sincérité en droit budgétaire*, Paris, L'Harmattan, septembre 2012, 714 pages.

**PASSERON Serge,** *Comprendre la fiscalité des affaires*, 2e éd. J. Delmas et Cie, 625 pages.

**PERRIN-DUREAU Ariane**, *L'obligation fiscale à l'épreuve des droits et libertés fondamentaux*, Paris, Dalloz, 2014, 565 pages.

**PICHET Éric**, *Théorie générale des dépenses sociofiscales*, Les Éditions du siècle, 2016, 491 pages.

**POKAM Hilaire de Prince,** *Le Cameroun à l'épreuve de l'insécurité en Afrique centrale depuis le nouveau millénaire*, Paris, L'Harmattan, 2018, 249 pages.

**RAINELLI Michel**, *La nouvelle théorie du commerce international « la nécessité d'une intervention publique dans les flux commerciaux.* », Paris, Éditions La Découverte, 2001, 121 pages.

**RAMPULLA Cristina, SEMEGA (D), VELLUTINI Charles**, *Analyse de l'impact des accords de partenariat économiques sur les recettes douanières et la fiscalité intérieure*, Coll., Guide, 2015, 117 pages.

**REMI Peres,** *Thèmes d'actualité, économiques, politiques et sociaux*, Paris, Vuibert, janvier 2008, 442 pages.

**SALIN Pascal,** *L'arbitraire fiscal*, Éditions Robert Laffont, Paris, 1985, 275 pages.

**SALIN Pascal**, *Libre- échange et protectionnisme*, PUF, Paris, 1991, 127 pages.

**SANDAVOY ADAMOH DJELHI-YAHOT**, *La théorie des finances publiques optimales : une approche gagnante pour l'Afrique*, Paris, L'Harmattan, décembre 2020, 200 pages.

**SCHWEITZ Nicolas**, *La répartition de la charge fiscale*, Diffusion ANRT, Lille, 2002, 564 pages.

**SERLOOTEN Patrick,** *Droit fiscal des affaires*, 5e éd, Sirey, Paris, 710 pages.

**SY Aboubakry,** *La transparence dans le droit budgétaire de l'État en France*, LGDJ, Montchrestien, 2017, 419 pages.

**TCHAKOUA Jean-Marie**, *Introduction générale au droit camerounais*, L'Harmattan, Paris, 2017, 442 pages.

**TOGOLO Odile,** *Administration fiscale et ressources humaines en Afrique subsaharienne : le cas du Cameroun*, Diffusion ANRT, Lille, 1996, 486 pages.

**TOH Aymar**, *La prévention des difficultés des entreprises, étude comparée de droit français et droit OHADA*, LGDJ, 2017, 415 pages.

**TOUNA MAMA**, *L'économie camerounaise à l'épreuve de l'émergence*, Yaoundé, Afrédit, 2018, 382 pages.

**TOUNA MAMA,** *L'économie camerounaise, pour un nouveau départ*, Afrédit, 2009, 472 pages.

**TSUAYO David**, *L'institution douanière au Cameroun*, 1860-1960, Yaoundé, Éditions Saagraph, 2006, 311 pages.

**VILLEMOT Dominique,** *Le débat fiscal une passion française*, Paris, L'Harmattan

**WIBER Sophie-Lambert,** *Le contrôle fiscal décodé*, Paris, éditions L'apart, 2013, 267 pages.

**YATTA Paul-François,** *La décentralisation fiscale en Afrique, enjeux et perspectives*, Paris Éditions Karthala, 2009,314 pages.

### B- Ouvrages spécialisés

**ALLOUARD Ophélie**, *Les frontières fiscales dans l'Union européenne appliquées à la fiscalité des entreprises*, L'Harmattan, Paris, 2016, 558 pages

**ALTINDAG Selçuk**, *La concurrence fiscale dommageable : la coopération des États membres et des autorités communautaires*, L'Harmattan, Paris, 2009, 435 pages.

**AZIZ ICHAM**, *Lutte contre la fraude commerciale douanière à l'importation, une démarche managériale en guise d'approche*, Coll., Guide, 2004, 158 pages.

**BAH ALIOU Mamadou**, *La fiscalité des pays de la Communauté économique des États de l'Afrique de l'Ouest (CEDEAO) face à la mondialisation*, Paris, L'Harmattan, 2021, 430 pages.

**BELHEDI Larbi**, Les *discriminations fiscales en droit français*, Diffusion ANRT, Lille, 2000, 567 pages.

**BERTHET Karim**, *L'évolution de la lutte contre les paradis fiscaux*, Europe, États-Unis, Larcier, Bruxelles, 2015, 582 pages.

**BINON André**, Harmonisation *européenne des droits d'accises sur les produits pétroliers* : *insuffisances et perspectives*, Diffusion ANRT, Lille, 2005, 482 pages.

**BLUEMANN Yves,** *Les régimes douaniers et fiscaux dérogatoires dans l'espace communautaire*, Coll., Guide, 577 pages.

**CARLOS DOS SANTOS Antonio,** *L'Union européenne et la régulation de la concurrence fiscale*, Bruylant, LGDJ, Paris, 2009, 694 pages.

**CHAMBAS Gérard** (dir.), *Afrique au sud du Sahara : mobiliser des ressources fiscales pour le développement*, Paris, Ed. Économica,2005, 273 pages.

**CHAMBAS Gérard,** *Fiscalité et développement en Afrique subsaharienne*, Paris, Ed. Économica, 1994, 152 pages.

**DRAPIER Sylvie**, *Les palliatifs du défaut d'harmonisation fiscale communautaire*, Diffusion ANRT, Lille, 2005, 707 pages.

**DULIN Antoine,** Les mécanismes d'évitement fiscal, leurs impacts sur le consentement à l'impôt et la cohésion sociale, Paris, CESE, 2016, 134 pages.

**FALCAO Maurin Almeida,** *L'harmonisation de la taxation de la valeur ajoutée comme instrument d'intégration régionale dans le mercosud*, Diffusion ANRT, Lille, 2000, 487 pages.

**GEOURJON Anne-Marie**, (dir.) *Intégration régionale pour le développement en zone franc*, Économica, Paris, 2013, 323 pages.

**GERVAL Charles-Eloi,** *L'apparition d'instruments limitant la concurrence fiscale dommageable*, EUE, Berlin, 2016, 413 pages.

**GNIMPIEBA TONNANG Édouard**, *L'ordre juridique communautaire de la CEMAC*, Paris, L'Harmattan, 2016, 241 pages.

**GODBOUT Luc**, *L'intervention gouvernementale par la politique fiscale, le rôle des dépenses fiscales, étude comparée : Canada, États-Unis, France*, Économica, Paris, 2006, 309 pages.

**HERBAIN ADLINE Charlène,** La fraude à la TVA, Larcier, Belgique, 2017, 357 pages.

**IGBOKWE Christopher**, *La politique fiscale française face à l'harmonisation fiscale européenne de 1958-1993*, Diffusion ANRT, Lille, 1996, 331 pages.

**IREH ASSIM Thomas,** *La TVA en Afrique centrale*, Paris, L'Harmattan, 2012, 597 pages.

**KALINDA ODYA Princesse, BOTSHINDO INGONDE Gédéon**, *La fraude et la contrebande minières en R. D. Congo*, Paris, L'Harmattan, 2021, 247 pages.

**LEPETIT Yves,** *Les zones franches d'exportation et la dynamique du régime des investissements directs*, Coll., Guide, 359 pages.

**LUGREZI LALEURE Jeanne,** *Les régimes fiscaux des régions insulaires d'Europe latine*, LGDJ, 2014, 501 pages.

**MAMOUDOU BARRY**, *Politiques fiscales et douanières en matière d'investissements étrangers en Afrique francophone : le cas du secteur des ressources naturelles extractives*, Paris, LGDJ Lextenso, 2020, 422 pages.

**MARTINETTI Robin-Ch.**, *L'aide fiscale à la recherche-développement en France*, Diffusion ANRT, Lille, 2000, 344 pages.

**MATANDA KABANDA Boniface,** *Les exonérations fiscales des investissements en RDC*, L'Harmattan, Paris, 2016, 819 pages.

**MEYONG ABATH Roger Athanase**, *L'harmonisation fiscale et douanière en zone CEMAC, fiscalité communautaire en Afrique centrale (Cameroun, Centrafrique, Congo, Gabon, Guinée Équatoriale, Tchad*), EUE, Berlin, 2011, 557 pages.

**MICHEAU Claire,** *Droit des aides d'État et des subventions en fiscalité : Droit de l'Union européenne et de l'OMC*, Éditions Larcier, Bruxelles, 2013, 266 pages.

**NIANE Abdoulaye**, *Fiscalité et intégration économique, le cas du système fiscal sénégalais dans l'UEMOA*, L'Harmattan, Paris, 2013, 446 pages.

**ONANGA OPISSINA Vianney**, *La problématique de l'application de la TVA dans l'espace OHADA*, L'Harmattan, Paris, 2016,371 pages.

**PAPADAMAKI Ioanna,** *Les aides d'État de nature fiscale en droit de l'Union européenne*, Bruylant, Bruxelles, 2018, 539 pages.

**PASCAL Lionel**, *République centrafricaine : douanes et corruption, causes de la déliquescence du pays*, L'Harmattan, Paris, 2015, 484 pages.

**RENARD Geoffroy,** *Les règles communautaires en matière d'aides d'État et la fiscalité,* L'Harmattan, 2005, 178 pages.

**SUARON Jean-Luc**, *Procédures européennes devant la CJUE (CJ et tribunal, devant la CEDH*, Lextenso édition 2018, 331 pages.

### C- Ouvrages méthodologiques et dictionnaires


**ALBERT Jean-Luc (dir.),** *Dictionnaire de droit fiscal et douanier*, Ellipses Éditions, Paris, 2007, 598 pages.

**ATEMKENG Bertin André**, *Glossaire de traduction des termes professionnels en audit, gestion des ressources humaines, fiscalité, comptabilité et finance*, 1re édition, 2013, 282 pages.

**BEAUD Michel**, *L'art de la thèse, Guide repères, 2001, 201* pages.

**BOUTILLIER Sophie, COGUEL D'ALLONDANS Alban, UZUNIDIS Dimitri**, *Méthodologie de la thèse et du mémoire*, 3e édition, Studyrama, France, 2007, 255 pages.

**BRAUCOURT-SAHLAS Cécile, LORIC Laurent**, (dir.), Dictionnaire universel, revue, corrigée et mise à jour, 4e Édition de 2002, AUF, Hachette Edicef, 1507 pages.

**CORNU Gérard, Association Henri Capitant,** *Vocabulaire juridique*, IIe édition, PUF, Paris, 2016, 1101 pages.

**DELMAS Sylvie**, *WORD, rédiger un rapport, une thèse, un roman comme un pro*, La collection Objectif Solutions, ENI Éditions, France, octobre 2006, 202 pages.

**ÉTIENNE Jean REVOL René**, *La dissertation économique*, Armand Colin, Paris, novembre 2000, 202 pages.

**GUERRIEN Bernard**, *Dictionnaire d'analyse économique*, Éditions La découverte, Paris, 1996, 541 pages.

**GUINCHARD Serge et alii,** *Lexiques des termes juridiques,* 25e édition, Dalloz, Paris, 2017-2018, 1200 pages.

**KALIKA Michel,** *Le mémoire de master, Mobiliser internet pour réussir à l'université et en grande école,* 3e édition, DUNOD, France, 210 pages.

**MONGEAU Pierre,** *Réaliser son mémoire ou sa thèse ; côté jeans et côté tenue de soirée*, Québec, Presses de l'Université de Québec (PUQ), 2008, 145 pages

**OMD,** Lexiques des termes douaniers internationaux, éditeur OMD, Belgique, juin 2018.

**ROMELAER Pierre, KALIKA Michel**, *Comment réussir sa thèse*, Campus LMD, Dunod, 2016, 175 pages.

**VAN CAMPENHOUDT Luc, MARQUET Jacques, QUIVY Raymond**, *Manuel de recherche en sciences sociales*, 5e édition, DUNOD, France, 2017, 384 pages.

## II- Thèses et Mémoires

### A- Thèses

**AKONO Christian Joël,** *La légitime défense en droit contemporain des relations internationales*, Thèse de doctorat Ph. D. en droit public : option droit international, Université de Douala, année, 2010-2011, 512 pages.

**ATANGANA Etienne Joël Louis,** *La révision des constitutions en droit camerounais*, Thèse pour le doctorat Ph. D. en droit public, Université de Yaoundé II-Soa, 2012, 508 pages.

**ATTILA GBEWOPO,** *Corruption, fiscalité et croissance économique dans les pays en développement*, Thèse de doctorat, Université d'Auvergne- Clermont-Ferrand I, 2007, 354 pages.

**AWOUNANG DJOUAKA Christelle Gladine,** *Intermédiation financière et croissance économique dans les pays de la CEMAC*, Thèse de doctorat/Ph. D. en sciences économiques, Université de Douala, 2014, 271 pages

**AYANGMA AYANGMA Joseph,** *Le dirigeant social*, Thèse de doctorat/Ph. D. en droit privé, Université de Douala, 2009-2010, 727 pages.

**BAKAM TITGOUM Nadine Josiane,** *Normalisation et libre circulation des marchandises dans les marchés communs CEMAC et UEMOA : étude comparative*, Thèse pour l'obtention du Doctorat/Ph. D. en droit, Université de Dschang, 2016, 351 pages.

**BAMOU Ernest,** *Intégration régionale et performances économiques des pays de la CEMAC : une analyse basée sur un modèle d'équilibre général calculable multipays*, Thèse de doctorat ès sciences économiques, option : analyse et politiques économiques (APE), Université de Yaoundé II, 2004-2005, 384 pages.

**BANGO Ange,** *L'élaboration et la mise en œuvre de la fiscalité dans les pays de la communauté économique et monétaire de l'Afrique centrale (CEMAC),* Thèse de doctorat en droit, Université Jean Moulin Lyon 3, 2009, 663 pages.

**BEGNI BAGAGNA,** *L'harmonisation des politiques fiscales en zone CEMAC : esquisse de théorie du droit fiscal communautaire*, Thèse de Doctorat/ Ph. D. en droit public, Université de Douala, 2012/2013, 551 pages.

**CARBONNIER Clément,** *Fiscalité optimale et incidences fiscales, analyses théoriques et estimations sur réformes françaises de la taxe sur la valeur ajoutée et de la taxe professionnelle, 1987-2004* Thèse pour l'obtention du grade de docteur en sciences économiques, École des Hautes Études en Sciences sociales, Paris-Jourdan Sciences économiques, 2006, 225 pages.

**CARUANA Nicolas,** *La fiscalité environnementale, entre impératifs fiscaux et objectifs environnementaux, une approche conceptuelle de la fiscalité environnementale*, Thèse de doctorat, Université Aix-Marseille, 473 pages.

**CAUSADE Thomas**, *La stratégie fiscale de l'entreprise, entre optimisation et fraude*, Thèse de doctorat en droit, Université Toulouse Capitole, 2017, 771 pages.

**CUONG VU SY,** *La politique fiscale et le développement du Vietnam au cours de la transition*, Thèse de doctorat en économie et finances, Université Panthéon-Sorbonne- Paris I, 2009, 261 pages.

**DIAGNE YOUSSOUPHA Sakrya**, *La réforme du code général des impôts au Sénégal : principales mesures et implications*, Thèse de doctorat en science de gestion, Université de Reims Champagne-Ardenne, 2017, 337 pages.

**DIFFOUO Guy-Innocent**, *Le principe de sincérité budgétaire en droit public financier camerounais*, Thèse de doctorat/Ph. D, Université de Douala, 2015, 554 pages.

**EKATERINA ISLENTYEVA**, *L'application du droit européen de la concurrence aux entreprises des États tiers*, Thèse de doctorat en droit, Université de Luxembourg, 2012, 545 pages.

**ENGONE Kénaelle Cyndie**, *Les mécanismes d'incitations fiscales à l'investissement des entreprises étrangères en France et au Gabon*, Thèse de doctorat en droit public, Université de Limoges, décembre 2019, 635 pages.

**FIPA NGUEPJO Jacques,** *Le rôle des juridictions supranationales de la CEMAC et de l'OHADA dans l'intégration des droits communautaires par les États membres*, Thèse de doctorat en Droit, Université Panthéon -Assas, 2011, 488 pages.

**FOZEU NOUDJOM Joachim Léopold**, *L'imposition des revenus d'activités au Cameroun : la question de l'assiette fiscale*, Thèse de doctorat/Ph. D. en droit public, Université de Douala, 2022, 484 pages.

**GNIMPIEBA TONNANG Édouard**, *Droit matériel et intégration sous-régionale en Afrique centrale : contribution à l'étude du droit communautaire de la Communauté économique et monétaire de l'Afrique centrale (CEMAC*), Thèse de doctorat en droit, Université Nice Sophia Antipolis, 2004, 476 pages.

**GUILLAUME André-Jean**, *Le droit des investissements internationaux face à l'Union européenne*, Thèse de doctorat en droit, École doctorale de Dauphine, 2016, 556 pages.

**KAMENI Nick Lazare,** *Droit OHADA et droit constitutionnel des États-parties : contribution à l'analyse sous le prisme de la pratique camerounaise*, Thèse de doctorat Ph. D. en droit public, Université de Yaoundé II Soa, 2015, 432 pages.

**KANGEU EKEUH Robert**, *Les aspects institutionnels, juridiques et pratiques des zones franches africaines : les cas du Cameroun, du Togo et de la Tunisie*, Thèse en vue de l'obtention du doctorat en droit, Université Paris Val-de-Marne (Paris XII), juin 1997, 385 pages.

**KENFACK TEMFACK Etienne**, *Le pouvoir constituant au Cameroun*, Université de Douala, 2012, 649 pages.

**KITIO Édouard,** *La problématique de la sécurité du transport maritime en zone CEMAC*, Thèse pour le doctorat en droit, Université de Douala, 2010, 471 pages.

**KONMAN Prosper,** *La fiscalité locale au Cameroun*, Thèse de doctorat, Université Panthéon-Sorbonne, 2013, 513 pages.

**LAURENT Cyril,** *L'encadrement normatif des politiques budgétaires sous la Vème République*, Thèse de doctorat en sciences juridiques, option droit public, Université de Reims Champagne-Ardenne, 2017, 465 pages ;

**MACCHI Virginie,** *Protection de la santé publique et droit communautaire*, Thèse de doctorat en droit, Université Paul Verlaine- Metz, 2007, 522 pages.

**MAYER Sarah,** *Étude des obstacles à l'équité et à l'efficacité du système fiscal français*, Thèse de doctorat en droit, Université Panthéon-Assas, 2016, 398 pages.

**MBALLA OWONA Robert,** *La notion d'acte administratif unilatéral au Cameroun*, Thèse de Doctorat/Ph. D., Université de Yaoundé II-Soa, 2010, 753 pages.

**MBANDJI MBENA Etienne**, *Les droits fondamentaux de l'enfant en droit camerounais*, Thèse de doctorat de l'université de Toulouse en cotutelle internationale avec l'université de Douala (Cameroun), février 2013, 656 pages.

**MBPILLE Pierre-Esaïe,** *Le Président de la République en droit constitutionnel camerounais*, Thèse de Doctorat/Ph. D. en droit public, Université de Yaoundé II, 2015, 492 pages.

**MEMPHIL NDI Evelyne Patience**, *Attractivité économique des investissements directs étrangers en zone CEMAC : harmonisation des instruments juridiques aux règles internationales*, Thèse de doctorat en droit, Université Nice Sophia Antipolis, 2015, 372 pages.

**MEVO MEVO Emmanuel**, *La souveraineté fiscale de l'État et les défis de l'économie numérique*, Thèse de doctorat/Ph. D. en droit public, Université de Douala, 2019, 482 pages.

**MFOYOUOM Guy Herman,** *Changements constitutionnels et institutions administratives au Cameroun,* Thèse de Doctorat / ph.D. en droit public, Université de Yaoundé II, 2015, 601 pages.

**MODI KOKO BEBEY Henri-désiré,** *Le régime des investissements privés au Cameroun*, Thèse de doctorat en droit, Université de Paris, 1989.

**MONEBOULOU MINKADA Hervé Magloire,** *Système pénitentiaire et criminalité au Cameroun,* Thèse de doctorat, Université de Yaoundé II, 2011, 568 pages.

**MONEMOU OUO-OUO WAÏTA**, *Contribution à l'amélioration de la performance en matière d'imposition sur le revenu en République de Guinée*, Thèse de doctorat en droit fiscal, Université Paris Dauphine, 2015, 338 pages.

**MOUANGUE KOBILA James,** *Le Cameroun face à l'évolution du droit international des investissements*, Thèse de doctorat en droit international économique, Université de Yaoundé II-Soa, 2004, 674 pages.

**NGOUNGO David**, *Investissement direct étranger et performance de la gouvernance des entreprises d'accueil*, Thèse de doctorat en sciences de gestion, Université de Yaoundé II, 2007, 388 pages.

**NGUELE ABADA Marcelin**, *État de droit et démocratisation : contribution à l'étude de l'évolution politique et constitutionnelle au Cameroun*, Thèse de doctorat en droit public, option droit constitutionnel, Université de Paris I-Panthéon Sorbonne, 1995, 640 pages.

**NGUEPDJOP TOUKAM Vincent**, *L'application du droit communautaire en zone CEMAC : le cas du Cameroun*, Thèse de doctorat/Ph. D. en droit public, Université de Douala, 2020, 314 pages.

**NJEHI Amel,** *L'interventionnisme économique public : étude de droit comparé franco-tunisien*, Thèse de droit, Universités Lyon 2 ; Tunis El-Manar, 2018, 492 pages.

**NOUMA MENYENGUE,** *La communautarisation du droit fiscal en zone CEMAC : enjeux et perspectives*, Thèse de Doctorat en droit privé, Université de Douala, 2013, 739 pages.

**ONDOUA Alain**, *Étude des rapports entre le droit communautaire et la constitution en France, l'ordre juridique constitutionnel comme guide du renforcement de l'intégration européenne*, Université de Poitiers, 1998, 464 pages.

**OUEDRAOGO Sylvain**, *Les compétences nationales en matière fiscale et la communautarisation des règles dans l'espace ouest- africain*, Thèse de doctorat en droit, Université de Bordeaux, 2015, 619 pages.

**OUGUENOUNE Hind,** *La politique de promotion et d'attraction de l'investissement en Algérie,* Thèse de doctorat, Université de la Sorbonne nouvelle- Paris III, 2014, 373 pages.

**PECLAT Mélanie**, *Représentation de la déviance fiscale en France : du consentement sous contrôle à la concertation citoyenne*, Thèse de doctorat en science politique, Université de Versailles de St-Quentin-en Yvelines, 2015, 357 pages.

**PEIFFERT Olivier,** *L'application du droit européen des aides d'État aux mesures de protection de l'environnement*, Thèse de doctorat, Université de Lorraine, 2013, 571 pages.

**REMEDEM Arnaud**, *La protection des droits fondamentaux par la cour de justice de l'Union européenne*, Thèse de doctorat en droit, Université d'Auvergne Clermont 1, 2013, 469 pages.

**ROZENN Cren**, *Poursuites et sanctions en droit pénal douanier*, Thèse de doctorat en droit, Université Panthéon-Assas, 378 pages.

**SAWADOGO Elvis Flavien**, *Les instruments de la convergence des politiques budgétaires dans la zone UEMOA*, Thèse de doctorat en droit, Université de Bordeaux, 2016, 546 pages.

**SIAMMOUR Madjid**, *Parafiscalité et droit communautaire*, Thèse de doctorat en droit, Université Panthéon-Assas (Paris II), janvier 2000, 308 pages.

**SONGUE Guy Parfait**, *Coopération entre l'Union européenne (UE), et le groupe Afrique Caraïbe Pacifique (ACP) : aspects normatifs et applications*, Thèse de Doctorat en sciences politiques, IRERIE, 2004-2005, 177 pages.

**TAMOKWE PIAPTIE Georges Bertrand,** *Globalisation et diversification dans l'appareil industriel du Cameroun,* Thèse de doctorat/Ph. D. en sciences économiques, Université de Douala, 2004, 312 pages.

**TCHABO SONTANG Hervé Martial,** *La réglementation du commerce électronique dans la CEMAC, contribution à l'émergence d'un marché commun numérique*, Thèse de doctorat Ph. D. en droit, Université de Dschang, 2014, 549 pages.

**VEDRINE Claire,** *Fiscalité et environnement*, Thèse doctorat en droit public, Université Montpellier I, Université d'Ottawa, 2011, 483 pages.

**ZINELAABIDINE Djelil**, *L'impact des dépenses fiscales sur l'économie algérienne : une évaluation à l'aide d'un modèle d'équilibre général calculable*, Thèse pour l'obtention du diplôme de doctorat en science de gestion, Université d'Oran 2, 2016/ 2017, 156 pages.

### B- Mémoires

**ABANDA AYISSI Gabriel**, *La réforme fiscalo-douanière en UDEAC et ses conséquences : cas du Cameroun*, Mémoire présenté en vue de l'obtention du diplôme de Maîtrise en droit public, Université de Ngaoundéré, 1998, 87 pages.

**AKAMBA Dimitri**, *Réforme douanière au Cameroun : impact de la mise en œuvre sur les performances de l'Administration des douanes*, Master II fiscalité appliquée, Université de Douala, 2012-2013, 105 pages.

**AMOUGOU ESSI Vincent**, *les régimes économiques et le développement du pays en période de crise*, Mémoire de fin de formation à l'ENAM, Yaoundé, 1997, 73 pages.

**ATANGANA Modeste-Jean,** *La problématique du rendement fiscal à la direction des impôts cas du Cameroun*, Mémoire, ENAM, 1997, 75 pages.

**AZEBAZE TADA'A Francis Nathan,** *La fraude fiscale*, Mémoire de Master II fiscalité appliquée, Université de Douala, 2010, 89 pages.

**BANAKEN Jean,** *Le contrôle fiscal au Cameroun, Mémoire de Master II Fiscalité appliquée*, Université de Douala, 2008-2009, 137 pages.

**BEGNI BAGAGNA,** *La sécurité juridique en matière fiscale au Cameroun,* Mémoire de DESS en administration fiscale, Université de Douala, 2006/2007,110 pages.

**BIBI Lucie,** *La fiscalité des investissements au Cameroun*, Mémoire de fin de formation à l'ENAM, Yaoundé, 1999.

**BIBOUM NLEP Théodore,** *La contribution de la formation et de l'information du contribuable dans la lutte contre l'incivisme fiscal*, Mémoire de fin de formation à l'ENAM, Yaoundé, 1997, 89 pages.

**BIKITE BI Malet,** *Les options en droit fiscal camerounais*, Mémoire de Master II, Fiscalité appliquée, Université Douala, 2008/2009,100 pages.

**BIKOND (B-F),** *La répression des infractions dans la fiscalité de porte au Cameroun*, Mémoire de Master II en administration fiscale, Université de Douala, 2014, 93 pages.

**BINDE BEHALAL Jean-Marie,** *La problématique d'une fiscalité contractuelle avec application au Cameroun*, Mémoire de DESS, Fiscalité appliquée, Université de Douala, 2003/2004,72 pages.

**BIYECK BALEBATA Jean Calvin,** *La problématique de l'optimisation fiscale en entreprise*, Mémoire de DESS, Fiscalité appliquée, Université de Douala, 2004,75 pages.

**BOHECK Edwige-Lucie**, *La fiscalité pétrolière des États membres de la CEMAC : les mesures incitatives*, Mémoire de Master II, Fiscalité appliquée, Université de Douala, 2009.

**BOME EKALLE Mariette**, *La dématérialisation de l'administration publique camerounaise*, Mémoire de Master II recherche en droit public, Université de Douala, année académique 2019-2020.

**DJOMENI KOLOKO Elvis,** *La fiscalité des investissements et l'optimisation fiscale : cas du Cameroun*, Mémoire de Master II professionnel en fiscalité appliquée, Université de Douala, 2008, 94 pages.

**DUMONTET (A-F),** *La concurrence fiscale dommageable,* Mémoire de DEA droit des affaires, Université Robert Schuman Strasbourg, 2003, 118 pages.

**ESSAGA Stéphane Victor**, *La clause de stabilité fiscale dans les contrats pétroliers au Cameroun*, Mémoire de DESS en fiscalité appliquée, Université de Douala, 2006, 127 pages.

**ETCHEGYA NOM Serges-Marius**, *Fiscalité et attractivité du secteur minier camerounais*, Mémoire de Master II, Fiscalité appliquée, Université de Douala, 2011, 86 pages.

**FEUNKEU Télesphore,** *La problématique de la répression des infractions fiscales au Cameroun*, Mémoire de fin de formation à l'ENAM, Yaoundé, 1987, 57 pages.

**FOUDA Philippe Lambert,** *L'optimisation fiscale en matière d'impôt sur les sociétés au Cameroun et rôle du conseil-fiscal*, Mémoire de Master II, Fiscalité appliquée, Université de Douala, 2013-2014, 85 pages.

**GAIDRO Salomon,** *Réforme fiscalo-douanière en UDEAC et problématique de l'intégration sous régionale*, Mémoire de fin de formation à l'ENAM, Yaoundé, 1995. 34 pages.

**JACQUES Olivier**, *Les trois mondes des régimes fiscaux : l'économie politique du financement des États- providence*, Mémoire présentée en vue de l'obtention du grade de M.Sc en science politique, Université de Montréal, 2015, 150 pages.

**KAMENI FOEKO Arsène,** Le régime d'exonération fiscale au Cameroun, Mémoire de Master II en fiscalité appliquée, Université de Douala, 2013-2014, 116 pages.

**KAMOUN Fériel,** *La preuve en droit fiscal, Mémoire DEA en droit des affaires*, Université de Sfax pour le Sud, 2001-2002, 114 pages.

**KANA Guy Ebénezer,** *La maximisation des recettes douanières : enjeux et défis pour le Cameroun,* mémoire de fin de formation en vue de l'obtention du diplôme en planification, programmation et gestion du développement, IPD-AC, Douala, 2005-2006, 145 pages.

**KO Benoîte,** *La place de l'information du contribuable et de la répression des infractions fiscales dans le dispositif camerounais de lutte contre la fraude fiscale*. Mémoire de fin de formation à l'ENAM, Yaoundé, 1997-1999, 102 pages.

**KOUAM Emma-Serge,** *Le cadre légal de l'optimisation fiscale*, Mémoire de Master II, Fiscalité appliquée, Université de Douala 2008/2009, 78 pages.

**MAJOMO Marceldeteze**, *La fiscalité de porte face à l'APE d'étape au Cameroun : enjeux et perspectives*, Mémoire de Master II, Fiscalité appliquée, Université de Douala, 2014, 144 pages

**MBOGNE CHEDJOU Gabriel Cédric**, *La transposition dans l'ordre juridique national des directives CEMAC : une analyse sous le prisme de la pratique européenne*, Université de Yaoundé II, IRIC, Master en relations internationales, option intégration régionale et management des institutions communautaires, 2012,101 pages.

**MEYO AKOULOUZE Maryse,** *L'attractivité du code des investissements camerounais : aspects juridiques*, Mémoire de Master II, juriste-conseil d'entreprises, Université de Douala, 2005, 100 pages.

**MOUBITA Hervé Rock,** *La fiscalité de porte et développement au Cameroun*, DESS fiscalité appliquée, Université de Douala, 2003-2004, 84 pages

**MUGARUKA NYANGEZI**, *Les infractions douanières, recherches et poursuites,* 209 pages.

**NDZANA Benoît**, *La problématique de la fraude douanière*, Mémoire de fin de formation à l'ENAM, Yaoundé, 1990. 48 pages.

**NDZIE FOE Agnès-Michèle,** *Les cohérences des informations d'une déclaration statistique et fiscale*, Mémoire de DESS, Fiscalité appliquée, Université de Douala, 2004/2005, 88 pages.

**NGAMOU MENDJEU Hulda,** *La vérification générale de comptabilité en droit fiscal camerounais*, Mémoire de Master II, Fiscalité appliquée, Université de Douala, 2014/2015, 211 pages.

**NGASSAM TCHOUBANE Marianne**, *Les exemptions douanières dans la zone CEMAC*, Mémoire de fin de formation à l'ODECI, Douala, 2003, 36 pages.

**NGO GOUED Inès Claire**, *La lutte contre la fraude et l'évaluation fiscale internationale*, Mémoire de Master II, Administration fiscale, Université de Douala, 2010, 115 pages

**NGOUOTHE FONNING Marie Noël,** *La pratique de l'audit fiscal dans le contexte des entreprises camerounaises*, Mémoire de DESS, Fiscalité appliquée, Université de Douala, 2003/2004,73 pages.

**NOGNING FOAGUAN,** *Principe de la liberté de gestion fiscale des entreprises*, Mémoire de Master II, Fiscalité appliquée, Université de Douala, 2009/2010,77 pages.

**NONDJI KOUAGNOU Nathalie Flore,** *Audit fiscal et optimisation,* Mémoire de Master II, Fiscalité appliquée, Université de Douala 2008/2009, 80 pages.

**NOUMBISSIE Séraphin**, *La problématique des exonérations fiscales au Cameroun : essai d'analyse critique,* ENAM, 1998. 96 pages.

**NOUTSAWA Bernard,** *Le contribuable camerounais face aux abus de redressement de l'administration fiscale*, Mémoire de Master II, Fiscalité appliquée, Université de Douala, 2004/2005,78 pages.

**NYEMB MELHA Etienne Donnacien,** *La fiscalité des projets structurants au Cameroun*, Mémoire de DESS, Université de Douala, 2009-2010, 78 pages.

**OLAMA NDOUMOU Jean-Noël,** *L'entreprise camerounaise face à la déclaration fiscale*, Mémoire de Master II, Fiscalité appliquée, Université de Douala, 2008/2009, 87 pages.

**ONDOUA (C-C),** Garantie *et sécurisation du contribuable*, Mémoire de DESS, Fiscalité appliquée, Université de Douala, 2003/2004, 102 pages.

**OSSI Rodrigue,** *La politique publique de lutte contre la fraude fiscale en France*, Mémoire professionnel ENA/Université de Strasbourg, 2013, 40 pages.

**PEMPOURA KENTOUMA Seid**, *Fiscalité et compétitivité des moyennes entreprises au Cameroun*, Mémoire de Master II, fiscalité appliquée, Université de Douala, 2009, 106 pages.

**SAICHE Adel, SBAIHI Mohamed**, *La* fiscalité *comme élément attractive aux investissements directs étrangers : cas de l'Algérie,* Mémoire en vue de l'obtention du diplôme de Master en sciences commerciales, Université Abderrahmane Mira de Bejala, 2017, 97 pages.

**SAKINA Mekhmoukh,** *Étude comparative des systèmes fiscaux d'attraction de l'investissement étranger dans les pays du Maghreb (Algérie, Maroc, Tunisie),* Mémoire en science de gestion, option, management économique des territoires et entrepreneuriat, Université A. MIRA de Bejaia, 2010, 194 pages.

**SCHMITZ Guillaume**, *Aides fiscales et concurrence fiscale dommageable, quel équilibre entre le régime des aides d'État et le code de conduite dans le domaine de la fiscalité des entreprises* ? Mémoire de Master en droit, Université catholique de Louvain, 2014-2015, 87 pages.

**SOURABIE Baperma Régis,** *Le management et l'accroissement des recettes fiscales au Burkina Faso* : cas de la Direction générale des impôts », Mémoire pour l'obtention du Master II spécialisé en management des entreprises et organisations, Institut international d'ingénierie de l'eau et de l'environnement, 2016, 41 pages.

**TAKOUDOUM Syverain**, *L'impact de la pression fiscale sur la performance de l'entreprise,* Mémoire de Master II, Fiscalité appliquée, Université de Douala, 2005, 85 pages.

**TANA Alexandre,** *Dépenses fiscales et fraude dans les régimes douaniers de production,* ENAM, 1991.

**TANENDJIO NGNEZEKO Rodrigue,** *La prévention des risques fiscaux dans les entreprises camerounaises,* Mémoire de Master II, Fiscalité appliquée, Université de Douala, année 2008-2009, 81 pages.

**TAZONG SONKING Stéphane,** *La répression de l'incivisme fiscal au Cameroun,* Mémoire de Master II, Fiscalité appliquée, Université de Douala, année 2013-2014, 92 pages.

**TCHOUATA KENNE Jackson**, *Régime fiscal des missions diplomatiques, postes consulaires et organisations internationales,* Mémoire de Master II, Fiscalité appliquée, Université de Douala, 2011, 88 pages.

**TCHOUKEU Georges,** *Les difficultés d'application du système fiscal camerounais,* Mémoire de DESS, Fiscalité appliquée, Université de Douala 2004,117 pages.

**TCHOUYEP Dienedort,** *L'harmonisation fiscale en zone CEMAC,* Mémoire en vue de l'obtention du diplôme de Master II professionnel en Fiscalité appliquée, Université de Douala, année 2009-2010, 149 pages.

**TEDOUNFOUET Martial Aimé**, *La problématique des prix de transfert dans un contexte camerounais d'incitation des entreprises multinationales à l'investissement privé,* Mémoire de Master II, fiscalité appliquée, Université de Douala, 2012-2013, 168 pages.

**TONGA Dieudonné,** *Les politiques française et camerounaise face au défi de la mondialisation, une analyse comparée de la période 2007-2010*, Mémoire de fin de formation à l'ENA de Paris, 2011.

**TONZE KENFACK Patrick-Bertrand,** *L'influence de la fiscalité camerounaise sur les* investissements *directs étrangers*, DESS fiscalité appliquée, Université de Douala, 2004.

**VIEUX PE Pierre**, *La problématique de l'évaluation des dépenses fiscales de porte au Cameroun*, Mémoire en vue de l'obtention du Master II professionnel en Fiscalité appliquée, Université de Douala, année 2013-2014, 96 pages.

**YAMEDJEU Joëlle**, *Le régime des incitations fiscales à l'investissement au Cameroun : étude comparative des lois de 1990 et de* 2013, Mémoire de Master II, Fiscalité appliquée, Université de Douala, 2013, 83 pages.

**YOUAGAM Richard Vivien,** *La sécurisation des recettes fiscales au Cameroun*, Mémoire de Master II, fiscalité appliquée, Université de Douala, 2013-2014, 2014, 101 pages.

**III- Articles scientifiques**

**ABOUDOU Malèhossou-Raouf, «** La dématérialisation des procédures douanières au Bénin », *in* **MEDE Nicaise, YENOUSSI Nicolas** (dir), *Bénin : les recettes publiques en débats*, Paris, L'Harmattan, 2020, pp. 391-412.

**ACCLASSATO Denis,** « Éthique et évasion fiscale au Bénin », *Éthique et économique*, 2015, pp. 1-14.

**AKAKPO Maxime B.**, « La justice financière : le mal logé de la démocratie en Afrique subsaharienne », in **MEDE Nicaise**, *Les nouveaux chantiers de finances publiques en Afrique, Mélanges en l'honneur de Michel BOUVIER*, Paris, L'Harmattan, 2019, pp. 131-144.

**AKAKPO-DJIHOUNTRY Éric Maxime M,** « La TVA: vers un meilleur rendement », *in* **MEDE Nicaise, YENOUSSI Nicolas,** *Bénin : les recettes publiques en débats*, Paris, L'Harmattan, 2020, pp. 129-152.

**ALAKA ALAKA Pierre,** « Dépenses fiscales et développement économique en Afrique : des pistes exploitables », *Cahier africain de fiscalité et du droit des affaires*, n°46, juin-juillet-août, pp. 5-14.

**AMINE BOUZAIENE**, « Les avantages fiscaux, une perte de recettes pour un bénéfice incertain, lecture critique de la nouvelle loi sur les incitations fiscales », *Observatoire tunisien de l'économie*, 2018, PP.1-12.

**AMSON Ariane,** « Concurrence fiscale et réforme des systèmes fiscaux européens », *Étude de* cas, pp. 1-12.

**ANTONIO CARLOS DOS SANTOS**, « Aide d'État, code de conduite et concurrence fiscale dans l'Union européenne : les centres d'affaires comme cibles », *Revue internationale de Droit économique*, 2004, pp.9-45.

**ARMANI Giorgio,** « L'évolution de la politique communautaire relative à la fiscalité des centres d'affaires », *Revue internationale de droit économique*, 2004, pp. 1-28.

**AUWAERTER Stéphane,** « Surveillance multilatérale : cadre et pratique de l'Union européenne », CEMAC, actes de l'atelier sur la surveillance multilatérale et l'harmonisation des statistiques dans la CEMAC, 2001, pp. 93-99.

**AVOM Désiré,** « Intégration régionale dans la CEMAC : des problèmes institutionnels récurrents », *Afrique contemporaine*, 2007/2, n° 222, pp. 199-221.

**BACONNIER Robert, TALY Michel,** « Fraude fiscale : caractérisation et enjeux », in : *Rapport moral sur l'argent dans le monde* 2005, pp. 195-206.

**BAGUEKA ASSOBO Alfred,** « la problématique de la dépense fiscale dans la diversification des sources de financement de l'économie », *Conférence annuelle des responsables des services centraux, déconcentrés et extérieurs du ministère des Finances*, 2011, pp.1-13.

**BAGUEKA ASSOBO Alfred**, « La réforme de l'administration fiscale au Cameroun », *conférence sur la mobilisation des recettes fiscales dans les pays en développement*, Washington, avril 2011, pp. 1-11.

**BAMOU Ernest,** « La performance du système fiscal des pays d'Afrique subsaharienne », *in Mondialisation, exclusion et développement africain : stratégie des acteurs publics et privés,* Tome 1, pp. 119-136.

**BAZIN Guillaume, «** Les administrations fiscales : une efficacité en question », *Pouvoirs*, 2014, pp. 71-85.

**BELA (L)**, « Qualité de l'information et pertinence du cadrage budgétaire », Actes de la conférence annuelle des responsables des services centraux, déconcentrés et extérieurs du ministère des Finances, Yaoundé, 2014.

**BENSOUDA Noureddine,** « La stratégie fiscale entre la logique de la compétition et le choix de l'harmonisation », *Chambre française de commerce et d'industrie du* Maroc, 2004, pp. 1-14.

**BIDA-KOLIKA,** « Expérience du conseil de convergence de la CEMAC (1993-2000) « *in* Actes de l'atelier sur la surveillance multilatérale et l'harmonisation des statistiques dans la CEMAC, CEMAC, 2001, PP. 35-41

**BILAGNA Samson,** « Reformer les douanes en mesurant la performance », Communication à la 11e session du sous-comité de l'OMD sur l'éthique, *Revue des douanes camerounaises,* N° 025, 2012, pp. 34-36.

**BOCCANFUSO Dorothée, QUATREBARBES Céline**, **SAVARD Luc**, « La fin des exonérations de TVA est-elle favorable aux pauvres ? Le cas du Niger », in Luc Savard, décembre 2010.

**BODIN Jean-Paul, «** Modernisation de l'administration fiscale dans les pays en développement : impact de la TVA », *Revue d'économie du développement,* 2012/3, VOL. 20, pp. 83-103.

**BOISSET Louis, EHRHART Hélène, «** La mobilisation fiscale dans les pays de la zone franc : principaux enseignements sur longue période », *Techniques financières et développement,* 2014/2, N. 115, pp. 15-28.

**BOSVIEUX Jean,** « Incitations fiscales à l'investissement locatif : succès quantitatif ciblage imparfait », La découverte, *Regards croisés sur l'économie*, N° 9, 2011, pp.162-171.

**BOUBAY -PAGES Michel**, « Des exonérations douanières pour des investissements vertueux », *Boubaypagès*, pp. 1-63.

**BOUNGOU BAZIKA Jean Christophe,** « Les APE : atouts et freins à l'intégration régionale des pays de la CEMAC », *in* : intervention lors du colloque 'Quel cadre pour les politiques agricoles, demain, en Europe et dans les pays en développement ?' 2006.

**BRONGNIART Philippe, MERCIER Arnaud, STELLINGER Anna,** « L'État providence face à la mutation des risques fiscaux », *Fondation pour l'innovation politique*, 2007, pp. 1-58.

**BRUN Jean-François, CHAMBAS Gérard, GUERINEAU Samuel, «** Aide et mobilisation fiscales dans les pays en développement », *in AFD programme* Rch065.2006.

**CADOT Olivier, CALIPEL Samuel, GOOURJON Anne-Marie, QUATREBARBES Céline, LAPORTE Bertrand,** « Intégration commerciale et harmonisation fiscale », in : **GOURJON Anne-Marie**, (dir), Intégration régionale pour le développement en zone franc, FERDI, ECONOMICA, PARIS, 2013, pp. 61-110.

**CANTENS Thomas, RABALLAND Gaël, BILANGNA Samson, DJEUWO Marcellin,** « Comment la contractualisation dans les administrations fiscales peut-elle limiter la corruption et la fraude ? le cas des douanes camerounaises », *Revue d'économie du développement*, Vol. 20, 2012, pp. 35-66.

**CASTELNAU Pauline, MARTEAU Jean-François,** « Quel accompagnement des douanes par la Banque mondiale en Afrique subsaharienne ? », *Afrique contemporaine*, n° 230, 2009, pp. 115-134.

**CHAMBAS Gérard, «** Afrique au sud du Sahara, quelle stratégie de transition fiscale ? », *Afrique contemporaine*, 2005, pp.133-163.

**CHAMBAS Gérard**, « TVA et transition fiscale en Afrique, les nouveaux enjeux », *in Afrique contemporaine* 2005/ 3 n°215, pp. 181-194.

**CHARLET Alain, LAPORTE Bertrand, DE QUATREBARBES Céline, BOUTERIGE Yannick,** « La convergence fiscale dans le secteur minier des pays de l'UEMOA : la législation communautaire en question ? », *Revue de droit fiscal*, n° 8, 2019, pp.1-39.

**CIFAM, «** La gouvernance fiscale au Mali : enjeux et défis de la mobilisation des recettes fiscales », in communication sur la fiscalité, 2011.

**COGNEAU Denis,** « Transition fiscalo-douanière et répartition dans un pays en développement : éléments de réflexion et application aux cas du Cameroun et du Maroc », *in* : *Fiscalité, développement et mondialisation*, 1999, pp. 217-238.

**CONTAMIN Bernard,** « La libéralisation douanière de la Côte d'Ivoire : une politique sous conditions », *in* : *Fiscalité, développement et mondialisation,* 1999, pp. 207-216.

**CONTAMIN Bernard, FAURE Yves André,** « Des économies et des États en Afrique francophone : pour comprendre l'interventionnisme », *Cah. Sci. Hum.* 28 (2) 1992 : pp. 305-326.

**CORFMAT François,** « Simplifier les procédures et améliorer les contrôles avant mainlevée », *in* : **KEEN Michael**, (dir), *Moderniser la douane, défis et stratégies de réforme de l'administration douanière*, FMI, 2003, pp. 74-81.

**CORFMAT François, GOORMAN Adrien**, « Régimes douaniers suspensifs et exonérations », *in* : **KEEN Michael**, (dir), Moderniser la douane, défis et stratégies de réforme de l'administration douanière, FMI, 2003, pp. 103-121.

**CORMAT François, CASTRO Patricio,** « Informatisation des procédures douanières », *in* : **KEEN Michael**, (dir), *Moderniser la douane, défis et stratégies de réforme de l'administration douanière*, FMI, 2003, pp. 130-150.

**DELALANDE Nicolas, «** *L'***é**conomie politique des réformes fiscales, une analyse historique », *Revue de l'OFCE*, 2012, VOL 3, N° 122, pp. 35-59.

**DEQUIEDT Vianney, GEOURJON Anne-Marie, ROTA-GRAZIOSO Grégoire, «** Les programmes de vérification des importations (PVI) à la lumière de la théorie de l'agence », *Afrique contemporaine*, pp. 151-166.

**DIDIER Michel, OUVRARD Jean-François, SCAPECCHI Pascale,** « Réforme fiscale et retour de la croissance », Economica, *Les dossiers du cercle Rexecode*, pp. 1-20

**DIETSCH Peter, CLAVEAU François,** « Concurrence fiscale et responsabilité étatique », Revue internationale d'éthique sociétale et gouvernementale, Vol. 10, n° 1, 2008, pp. 1-14.

**DIEYE Mohamed,** « Quelle politique fiscale pour impulser le développement du marché financier régional de l'UEMOA ? », Politique fiscale et développement, Afrilex, n° 4, pp. 27-38.

**DIFFOUO Guy Innocent,** « Notion d'origine : l'état de la question », *Revue des douanes camerounaises* N°023- 2010, pp. 40-42.

**DIFFOUO Guy Innocent,** « SH 2012 quels enseignements », *Revue des douanes camerounaises*, N° 026, 2012, pp. 54-57.

**DJEUWO Marcellin,** « Contexte, état d'avancement et priorités de la réforme des douanes camerounaises », *Revue des douanes camerounaises*, n° 026, 2012, pp. 64-66.

**DJEUWO Marcellin, «** La corruption dans le management des ressources humaines de l'administration douanière », *Afrique contemporaine*, 2009/2, n° 230, pp. 55-67.

**DLATA Hervé et NGAKOSSO Antoine,** « L'intégration et la nécessité d'une transition fiscale : cas de la TVA dans les pays de l'Union africaine », *Revue africaine de l'intégration*, Vol.1, N° 1, 2007, pp. 76-95.

**DRISS AL-ANDALOUSSI**, « Risques de corruption dans la gestion de l'impôt : plateforme d'analyse et de plaidoyer », Transparency *Maroc*, 2018, pp. 1-19.

**ECALLE François, «** La maîtrise des dépenses fiscales », *Les commentaires de l'actualité, FIPECO* le 05.07.2018, pp. 1-28.

**ECALLE François,** « Les niches fiscales », *Les commentaires de l'actualité, FIPECO*, 2019, pp.1-7.

**ENA, «** dépenses fiscales et niches sociales », promotion 2006-2008.

**EPEE (C)**, « Incitants et cadre normatif des investissements directs étrangers au Cameroun », *Lexlau*, 2019.

**ESSOMBA Jean-Marie, OUM NDIGI**, « Le passé composé de l'intégration en Afrique centrale », *in* **ABWA Daniel**, (dir), *Dynamique d'intégration régionale en Afrique centrale*, Tome 1,2001, pp. 15-30.

**FACK Gabrielle, LANDAIS Camille,** « Les incitations fiscales aux dons sont-elles efficaces ? », *Économie et statistique* N° 427-428, 2009, pp. 101-121.

**FOURNIER Alice**, « La lutte contre la concurrence fiscale dommageable après le Brexit », *Convention réguler la mondialisation*, 2017.

**GAUTIER Jean-François,** « Taxation optimale et réformes fiscales dans les PED, une revue de la littérature », *Développement et insertion internationale*, DT/2001/02, pp 1-31.

**GBEWOPO ATTILA, CHAMBAS Gérard, COMBES Jean-Louis, «** Corruption et mobilisation des recettes publiques : une analyse économétrique sur les pays en développement **»,** *CERDI-CNRS*, juillet 2006, pp. 229-268.

**GENDRON Pierre Pascal, «** Options pour renforcer le rôle de la TVA dans la mobilisation des recettes », *Coordination fiscale en UEMOA*, 2014, pp. 1-22.

**GEOURJON Anne-Marie, (dir),** « L'évaluation des dépenses fiscales : des principes à la pratique, guide pédagogique », Fondation pour les études et recherches sur le développement international, 2018, pp. 1-67.

**GEOURJON Anne-Marie, CALDEIRA Émilie,** « L'évaluation des dépenses fiscales : vers des réformes portées par le numérique », *Fondation pour les études et recherches sur le développement international*, 2019, pp. 1-15.

**GEOURJON Anne-Marie, GUERINEAU Samuel, GUILAUMONT JEANNENEY Sylviane, PLANE Patrick,** « Enjeux et difficultés de l'élargissement des unions », *in* : **GEOURJON Anne-Marie** (dir), Intégration régionale pour le développement en zone franc, FERDI, ECONOMICA, 2013, pp. 199-210.

**GEOURJON Anne-Marie, ROTA GRAZIOSI Grégoire,** « L'illusion des dépenses fiscales en Afrique », *FERDI,* 2014, 1-7.

**GHAZOUANI Kamel,** « Les incitations à l'investissement pour le développement régional en Tunisie : une évaluation région et développement », n° 31, 2010.

**GIMENEZ ROCHE Gabriel A.,** « La fiscalité et son impact négatif sur les activités d'investissement des entreprises », *Institut économique Molinari,* pp. 1-6.

**GOUENET Marcel René, NGUENA Christian Lambert,** « Instabilité sociopolitique et attractivité des investissements directs étrangers (IDE) au Cameroun », Association des jeunes économistes africains, 2014, pp. 1-20.

**GREGORY DE PAEPE, BEN DICKISON, «** Les recettes fiscales, moteur du développement durable », *Coopération pour le développement*, 2014, pp. 101-108.

**GUERINEAU Samuel, GUILLAUMONT JEANNENEY Sylviane,** « Coordination des politiques budgétaires nationales et surveillance multinationale », *in* : **GEOURJON Anne-Marie,** (dir), Intégration régionale pour le développement en zone franc, FERDI, ECONOMICA, Paris, pp. 111-134.

**GUILAUMONT Patrick,** « Impact de l'intégration sur la croissance », *in* : **GEOURJON Anne-Marie,** (dir), Intégration régionale pour le développement en zone franc, FERDI, ECONOMICA, Paris, 2013, pp. 249-293.

**HAULOTTE Samantha, VALENDUC Christian, «** Réduire les dépenses fiscales : une voie de réforme ? », *Reflets et perspectives de la vie économique*, 2014, Tome LIII, pp. 31-47.

**HIND HOURMAT Allah, ELMORCHID Brahim**, « Les congés fiscaux, un outil inefficace pour relancer l'investissement privé en Afrique », Codesria, Conférence sur la renaissance et la relance des économies africaines, Dar es Salam, Tanzanie, 2010, pp. 1-13.

**HORS Irène,** « Les difficultés de la lutte contre la corruption : l'expérience de quatre pays en développement », *in* : *Tiers-Monde*, tome 41, N° 161, 2000, corruption, libéralisation, démocratisation, pp. 143-163.

**HOUESSOU Éloge, «** Expérience de l'UEMOA en matière de surveillance multilatérale », CEMAC, actes de l'atelier sur la surveillance multilatérale et l'harmonisation des statistiques dans la CEMAC, Brazzaville, 2001, pp. 77-92.

**HUGON Philippe,** « La réforme fiscalo-douanière dans le contexte de l'ajustement de change au Cameroun et au sein de la CEMAC », *in* GASTELLU (Y-M), MOISSERON (J-Y), POURCET (G), (sous la direction), *Fiscalité, développement et mondialisations*, Maisonneuve et Larose,1999, pp. 183-205.

**HUGOUNENQ Réjane, LE CACHEUX Jacques, MADIES Thierry,** « Diversité des fiscalités européennes et risque de concurrence fiscale », *Revue de l'OFCE*, N° 70, 1999, pp. 63-109.

**ISRAËL Jean-Marc, «** La surveillance multilatérale et les critères de convergence dans l'UEM », CEMAC, actes de l'atelier sur la surveillance multilatérale et l'harmonisation des statistiques dans la CEMAC, Brazzaville, 2001, pp. 101-109.

**ISSOUFOU Adamou,** « La transparence des finances publiques : un nouveau principe budgétaire dans l'UEMOA ? », *in* **MEDE Nicaise** (dir), *Les nouveaux chantiers de finances publiques en Afrique, Mélanges en l'honneur de Michel BOUVIER*, Paris, L'Harmattan, pp. 269-302.

**ITRIAGO Deborah,** « La fiscalité pour combattre la pauvreté », *OXFAM International*, 2011, pp. 1-8.

**JACQUEMOT Pierre, RAFFINOT Marc,** « La mobilisation fiscale en Afrique », *Revue d'économie financière*, N° 3, VOL. 131, 2018, pp. 243-263.

**JAULIN Annabelle,** « Les niches fiscales : de l'évolution naît la réforme ».

**JEITZINER Bruno,** « Les allègements fiscaux de la confédération : inventaire et besoin d'optimisation de la vie économique », *in revue de politique économique*, 2011.

**KAM YOGO Emmanuel,** « Le droit douanier de la communauté économique et monétaire de l'Afrique Centrale à l'épreuve des règles de l'Organisation mondiale du commerce », *Revue québécoise de droit international*, 2009, pp. 27-51.

**KAMENI NICK Lazare**, « La douane camerounaise face au défi de la nouvelle « normalisation » des produits à forte valeur ajoutée (P.F.V.A) et l'enjeu de la facilitation des échanges commerciaux », *Revue des douanes camerounaises*, N° 025, 2012, pp. 26-28.

**KAMENI NICK Lazare,** « Les douanes camerounaises à l'ère des contrats : outils d'appropriation de la gouvernance intelligente en matière d'innovation managériale », *Revue des douanes camerounaises,* N° 028, 2013, pp. 54-57.

**KAMGA Joseph,** « L'apport du droit de l'OHADA à l'attractivité des investissements étrangers dans les États Parties », *Revue des Juristes de Sciences Po*, N° 5, 2012, pp. 43-51.

**KAMGNIA-DIA Bernadette**, « La réforme fiscale et douanière en Zone CEMAC est -elle optimale ? » *in* : **BEKOLO EBE Bruno,** (dir), *Mondialisation, exclusion et développement africain : Stratégies des acteurs publics et privés*, Tome 1, pp. 95-118.

**KANANURA Paul**, « Contrôle des finances publiques en Afrique, entre les exigences politiques et la rigueur de la transparence démocratique », *in* **HARAKAT Mohamed**, *La gouvernance des finances publiques en Afrique*, Paris, L'Harmattan, 2019, pp. 21-36.

**KANGUEU EKEUH Robert**, « Analyse juridique du décret n° 2019/195 du 17 avril 2019 fixant les modalités de création et de gestion des zones économiques au Cameroun », *SOLON, Revue africaine de parlementarisme et de démocratie*, Volume III, n°25, juillet 2021, pp. 29-52.

**KARATAS DURMUS Neslihan,** « La fonction économique de l'impôt », *Law and justice Réview,* 2016, pp. 64-79.

**KASSIM Lanre, MANSOUR Mario,** « Les rapports sur les dépenses fiscales des pays en développement : une évaluation », *Revue d'économie du développement*, Vol. 26, 2018, pp. 113-167.

**KETCHEKMEN Benoît,** « Dispositif de surveillance multilatérale dans la communauté économique et monétaire de l'Afrique centrale », in Actes de l'atelier sur la surveillance multilatérale et l'harmonisation des statistiques dans la CEMAC, 2001, PP. 43-51.

**KHEMICI Chiha, «** La fiscalité comme levier de développement économique dans les pays en développement : cas de l'Algérie », *Revue algérienne de la mondialisation et des politiques économiques,* N° 3, 2012, PP. 31-45.

**KIMMGNANGNON, «** Quel sera l'impact des APE sur les budgets publics et la fiscalité ? », 2007.

**KOLEVA Kalina, MONNIER Jean-Marie, «** La représentation de l'impôt dans l'analyse économique de l'impôt et dans l'économie des dispositifs fiscaux », *Revue économique*, 2009, VOL.60, pp.33-57.

**KOTCHO Jacob**, « L'intégration régionale, facteur d'amélioration de l'efficacité de l'État au Cameroun », *in* **ABOUEM A TCHOYI David, M'BAFOU Stéphane Claude** (dir), *Améliorer l'efficacité de l'État au Cameroun, propositions pour l'action*, Paris, l'Harmattan, pp. 375-405.

**KOURALEVA-CAZALS Polina,** « La simplification de l'action publique en matière fiscale », *Revue française d'administration publique,* Vol. 157, n°. 1, 2016, pp. 83-94.

**KPUNDEH SAHR John,** « Gouvernance et économie en Afrique : la corruption en Afrique », Centre africain de formation et de recherche administratives pour le développement, pp.1-10.

**LAMBERT Thierry**, « Le contribuable face à l'administration fiscale », *psychologie et science administrative*, pp. 102-121.

**LEROY Marc**, « La modernisation de la bureaucratie fiscale », *Gestion et management publics*, Vol. 6, novembre 2008.

**LEROY Marc, «** Les enjeux de la territorialité fiscale », *Gestion et management public,* 2016, PP. 5-24.

**LIBOM LI LIKENG Minette,** « Les douanes camerounaises à l'épreuve de la gouvernance : éléments d'une mutation endogène », Les actes du club management, 3e édition, Institut supérieur de management public, 2011, pp. 8-17.

**LIBOM LI LIKENG Minette**, « Les douanes camerounaises à l'ère du budget programme : quels instruments pour une administration performante en 2013 », *conférence annuelle des responsables des services centraux, déconcentrés et extérieurs du ministère des Finances*, 2013, pp. 1-12.

**LIBOM LI LIKENG Minette**, « Performances et discipline budgétaire : les leviers de la performance douanière », exposé du DGD à la conférence annuelle des responsables des services centraux, déconcentrés et extérieurs du ministère des Finances, *Revue des douanes camerounaises*, N° 029, 2014, pp. 48-50.

**LOGMO MBELEK Aaron,** (dir), *L'Union africaine : entre avancées incontestables et reculs contestables*, 2019, pp. 213-244.

**LOGMO MBELEK Aaron,** « Fiscalité et développement : la problématique du rendement », *revue internationale de droit africain EJDA*, N° 93-2012, pp. 9-26.

**LOGMO MBELEK Aaron**, « La souveraineté fiscale des États africains au sud du Sahara (face aux enjeux de développement), l'exemple du Cameroun », *Revue internationale de droit africain*, EDJA, Dakar, n° 78,2008, PP. 39-54.

**MANSOUR Mario,** « Une base de données sur les recettes fiscales en Afrique subsaharienne », 1980-2010, *Revue d'économie du développement*, 2014/3, vol. 3, pp. 99-128.

**MANSOUR Mario, ROTA-GRAZIOSO Grégoire,** « Coordination fiscale dans l'Union économique et monétaire ouest africain », *Revue d'économie du développement*, 2012/3, Vol.20, pp. 9-34.

**MANZITTI Andréa,** « Les problématiques d'amnistie fiscale », in *Rapport moral sur l'argent dans le monde*, 2005, pp. 215-225.

**MAPUIBI HEKA Junior**, « Les mesures fiscalo-douanières d'accompagnement des entreprises au Cameroun », *Forum douanes- entreprises*, Douala, 2020.

**MARINI Philippe,** « La concurrence fiscale en Europe : une contribution au débat », rapport d'information, commission des finances, 1999.

**MBANDJI MBENA Etienne**, « Le droit à l'éducation à l'épreuve de la pandémie de COVID-19 au Cameroun », SOLON, *Revue africaine de Parlementarisme et de démocratie*, Volume III, n° 25, juillet 2021, pp. 171-204.

**MBARGA NYATTE Daniel**, « La dynamique intégrative en Afrique Centrale, perspectives et *limites de la CEMAC* », in **ABWA Daniel**, (dir), *Dynamiques d'intégration régionale en Afrique* Centrale, Tome 1, 2001, pp. 347-309.

**MBOGNE CHEDJOU Gabriel Cédric,** « La directive communautaire au sein de l'UE, la CEMAC, et l'UEMOA », *LEGAVOX, La voix du web juridique*, 2014.

**MENGA (S),** « Les mesures d'incitation et de promotion à l'investissement », Forum douanes entreprises, Douala, 2020.

**MENNA Khaled,** « La problématique des IDE en Algérie : paradoxes d'une économie attractive faiblement attrayante », Centre de recherche en économie appliquée pour le développement (CREAD), 2018, pp.1-19.

**MESPLE-SOMPS Sandrine**, « Quelques réflexions sur la situation économique et sociale africaine et les politiques économiques préconisées par le NEPAD », *in* : Développement et insertion internationale, DT/2002/08, pp.1-15.

**MICHAEL Keen,** « L'avenir des frontières fiscales et la modernisation de l'administration douanière », *in* : **KEEN Michael**, (dir), Moderniser la douane, défis et stratégies de réforme de l'administration douanière, FMI, 2003, pp. 1-24.

**MOH TANGONGHO Sylvester,** « Impact de l'exécution budgétaire sur la qualité des comptes publics et la gestion de la trésorerie », Actes de la conférence annuelle des responsables des services centraux, déconcentrés et extérieurs du ministère des Finances, Yaoundé, 2014.

**MONEBOULOU MINKADA Hervé Magloire**, « L'expression de la souveraineté des États membres de l'OHADA : une solution- problème à l'intégration juridique », *Pénant* n°890, 2015, pp. 40-70.

**MONNIER Jean-Marie,** « La politique fiscale : objectifs et contraintes », Centre d'économie de la Sorbonne, PP. 1-8.

**MONNIER Jean-Marie,** « Quelles voies de réformes de la fiscalité ?», pp. 1-11.

**MONTAGNAT-RENTIR Gilles, PARENT Gilles, «** Réforme et modernisation des douanes en Afrique subsaharienne francophone, 1995-2010 », *Revue d'économie du développement*, 2012/3 Vol. 20, pp. 105-146.

**MOORE Mick, PRICHARD Wilson,** « Comment les gouvernements des pays à faible revenu peuvent-ils augmenter les recettes ? », *Institut of development studies*, 2017, PP. 1-34.

**MOUMMI Ahmed,** « La mobilisation des ressources fiscales et son impact sur les niveaux de vie des ménages : cas du Niger », *Banque africaine de développement, Working paper series*, 2012, pp. 1-42.

**MOUSTAPHA HAMZAOUI, NEZHA BOUSSELHAMI**, « Impact de la fiscalité sur la croissance économique du Maroc », *European scientific journal*, Vol.13, N° 4, 2007, pp. 104-127.

**MPIANA KAZADI Joseph,** « La problématique de l'existence du droit communautaire africain. L'option entre mimétisme et spécificité », *Revue libre de droit*, 2014, p. 38-78.

**MUBIRU Alex,** « Mobilisation des ressources intérieures à travers l'Afrique : tendances, défis, possibilité d'action », in Banque africaine de développement.

**MUET (P-A), AVOUYI-DOVI (S),** « L'effet des incitations fiscales sur l'investissement », in : Observations et diagnostics économiques : *Revue de l'OFCE*, N° 18, 1987, pp.149-174.

**MURRATH Anne,** « La concurrence fiscale », *Accountancy &tax*, numéro 1, 2003, pp. 15-19.

**MVAEBEME Éric Stéphane**, « Le renforcement du contrôle des finances publiques au Cameroun », in : **ABOUEM A TCHOYI David, M'BAFOU Stéphane-Claude** (dir), *Améliorer l'efficacité de l'État au Cameroun, propositions pour l'action*, Paris, l'Harmattan, pp. 431-458.

**NAJAT ZATLA, ZINELAABIDINE Djelil, «** Aperçu sur les dépenses fiscales en Algérie », *Revue algérienne de finances publiques*, N° : 5-decembre 2015, p63-77.

**NASSIROU BAKO-ARIFARI**, « La corruption au port de Cotonou : douaniers et intermédiaires », Éditions Karthala, politique africaine, N° 83, 2001, pp. 38-58.

**NDOM NACK Elie**, « Améliorer l'efficacité de l'État par l'optimisation du contrôle des finances publiques », *in* **ABOUEM A TCHOYI David, M'BAFOU Stéphane Claude** (dir), *Améliorer l'efficacité de l'État au Cameroun, propositions pour l'action*, Paris, l'Harmattan, pp. 407-429.

**NGAH Achille Magloire,** « L'épineuse question de la place du droit communautaire au sein de la hiérarchie des normes internes : un droit hors hiérarchie ? réflexion à la lumière des systèmes constitutionnels des États d'Afrique francophone », *European scientific journal,* Vol.15, 2019

**NGUEMA MBA Benjamin**, La Cour des comptes du Gabon et la lutte contre la corruption : enjeux et perspectives », *in* MEDE (N) (dir), *Les nouveaux chantiers de finances publiques en Afrique, Mélanges en l'honneur de Michel BOUVIER*, Paris, L'Harmattan, pp. 361-370.

**NJEUFACK TEMGWA René**, « La pratique décisionnelle de la commission de la concurrence : regard sur le contrôle de la concurrence au Cameroun », in : **ABOUEM A TCHOYI Daniel, M'BAFOU Stéphane-Claude**, *Améliorer l'efficacité de l'État au Cameroun, propositions pour l'action*, Paris, l'Harmattan, pp. 475-491.

**NKEN KOME** et **BIKELE (D-M),** « L'infraction en droit pénal douanier, contribution à l'étude de la notion d'infraction douanière », *Rapport annuel division des requêtes et du contentieux*, 2015, pp. 1-26.

**NKEN KOME** et **DJIDJIOUA MAIWA Christian,** « Le droit douanier processuel », Rapport *annuel de la division des requêtes et du contentieux*, 2015, pp. 1-42.

**NKEN KOME** et **SIAKEU Jacques, «** Le comité d'appel, un instrument au service de la sécurité juridique et de la performance douanière », *Rapport annuel de la division des requêtes et du contentieux,* 2014, pp. 1-11.

**NKEN KOME** et **SIAKEU Jacques**, « Rapport d'étude sur les procédures en matière de contrôle et de contentieux », *Rapport annuel, Division des requêtes et du contentieux*, 2013, pp. 1-17.

**NKEN KOME** et **TCHERBONN YAMNDOU (V),** « Lutte contre la contrefaçon : rôle des douanes camerounaises et perspectives », *Rapport annuel 2015 Division des requêtes et du contentieux,* 2015, pp. 1-26.

**NKEN KOME,** « Contentieux douanier : une politique de censure introuvable », exposé au Forum douanes-entreprises, in *Rapport annuel, division des requêtes et du contentieux*, 2013, pp. 1-18.

**NKEN KOME, DJIDJIOUA MAIWA Christian**, « Réflexions sur la problématique de la nullité des actes de constatation », Rapport annuel de la division des requêtes et du contentieux, 2013, pp.1-17.

**NKODO Laurent,** « Budget programme : l'élargissement de l'assiette comme vecteur essentiel de mobilisation des recettes fiscales », *conférence annuelle des responsables des services centraux, déconcentrés et extérieurs du ministère des Finances*, 2013, pp. 1-13.

**NKODO Laurent,** « Optimisation des recettes dans un contexte d'incitations fiscales à l'investissement », *Conférence des responsables des services centraux et extérieurs du Ministère des Finances*, 2008, pp. 1-11.

**NORODOM KIARI Jean-Bedel**, « L'harmonisation douanière entre le Cameroun et L'AEF », *in* **ABWA Daniel, (dir),** in *Dynamiques d'intégration régionale en Afrique Centrale*, Tome 1, 2001, pp. 417-427.

**ODD-HELGE FJELDSTAD**, « Vers plus d'éthique dans les douanes en Afrique subsaharienne », *Afrique contemporaine*, 2009, N° 230, pp. 33- 54.

**OMOTUNDE E. G. JOHNSON,** « Renforcement des capacités pour la mobilisation des ressources intérieures en Afrique », *Fondation pour le renforcement des capacités en Afrique*, pp. 1-22.

**ONDOA Magloire**, « Le droit public des États africains sous ajustement structurel : le cas du Cameroun », *in* : **BEKOLO-EBE Bruno, TOUNA MAMA, FOUDA Séraphin-Magloire,** *Mondialisation, exclusion et développement africain : stratégies des acteurs publics et privés,* Afrédit, 2006, pp. 375-424.

**ONDOUA BIWOLE Viviane**, « Les aides publiques à l'entrepreneuriat au Cameroun », *in* **ABOUEM A TCHOYI, M'BAFOU Stéphane-Claude**, (dir), *50 ans de réforme de l'État au Cameroun, stratégies, bilans et perspectives*, L'Harmattan Cameroun, 2013, pp. 95-111.

**OROU-GUIDOU Sadeck,** « Les APE : entre opportunités et menaces », *in* **MEDE Nicaise, YENOUSSI Nicolas** (dir), *Bénin : les recettes publiques en débats*, Paris, L'Harmattan, 2020, pp. 343-366.

**PADONOU Mahugnon Honoré**, « Le tarif extérieur commun (TEC) de la communauté économique des États de l'Afrique de l'Ouest (CEDEAO) : avancées et contraintes », *in* **MEDE Nicaise**, **YENOUSSI Nicolas** (dir), *Bénin : les recettes publiques en débats*, Paris, L'Harmattan, 2020, pp.367-390.

**PECH Thierry,** « Les vrais comptes des niches fiscales », *Alternatives économiques* n° 305 septembre 2011, pp. 1-4.

**PEIFFERT Olivier,** « À la recherche d'une exigence de concurrence fiscale 'loyale' en droit de l'Union européenne », *Civitas Europa*, 2012, pp. 103-135.

**PEKASSA NDAM Gérard**, « Les transformations de l'administration fiscale camerounaise », *in* **ONDOA Magloire**, (dir), *L'administration publique camerounaise à l'heure des réformes*, Paris, L'Harmattan, pp. 29-65.

**PFISTER Mike, «** Une fiscalité orientée vers l'investissement et le développement **:** aperçu de quelques enjeux politiques fiscales en Afrique », *OCDE, centre de politique et d'administration fiscale,* 2009, pp. 1-22.

**PICHET Éric,** « Théorie de la dépense fiscale et propositions de réforme du système français de niches fiscales », *in Revue de droit fiscal* n° 14, 2012, p.25-36.

**POLLARD Julie,** « L'action publique par les niches fiscales », l'exemple du secteur du logement », in *: Gouverner (par) les finances publiques*, 2011, pp. 263-297.

**RABALLAND Gaël, CANTENS Thomas**, « Réformes des douanes et développement en Afrique subsaharienne », *Afrique contemporaine* n° 230, 2009-2, pp. 19-31.

**RADU Ghénadie,** « L'Union douanière européenne : bilan et perspectives d'avenir », *Revue internationale de droit économique*, 2014, pp. 409-429.

**RAESS Pascal,** « Fiscalité et gouvernance : rôle et impact de la coopération internationale au développement », *Annuaire suisse de politique de développement,* 2007, pp.227-245.

**REVIL LAHRECHE Amina,** *« L'harmonisation fiscale en Europe », Éditions La Découverte, collection Repères*, Paris, 2000, pp. 68-79.

**RUUD DE MOOIJ, KEEN Michael**, « Les principes de l'impôt, comment s'accommoder au mieux d'un mal nécessaire », *L'ABC de l'économie, Finance & développement,* 2014.

**SANTISO Carlos,** « Combattre la corruption et améliorer la gouvernance financière : les institutions financières internationales et le renforcement du contrôle budgétaire dans les pays en développement », *Revue française d'administration publique*, 2006/3- N° 119, pp.459-492.

**SEGO Pierrot**, « Gestion budgétaire par la performance au sein des États membres de l'UEMOA : une ambition, quatre défis ! », *in* **MEDE Nicaise** (dir), *Les nouveaux chantiers de finances publiques en Afrique*, Paris, L'Harmattan, 2019, pp. 145-166.

**SEGURA-UBIERGO Alex, (dir),** « Mobilisation des recettes fiscales en Afrique subsaharienne : quelles sont les possibilités ?», *Perspectives économiques régionales : Afrique subsaharienne*, pp. 33-61.

**SOMA Abdoulaye**, « Les caractères généraux du droit communautaire », Revue CAMES/SJP, n° 001/ 2017, p. 1-10

**SOMO**, « Fiscalité et financement du développement, *Document d'informations SOMO*, octobre, 2008, PP. 1-19.

**SPIRE Alexis,** « L'inégalité devant l'impôt, différences sociales et ordre fiscal dans la France des trente glorieuses », *Revue d'histoire moderne et contemporaine,* 2009, pp. 164-187.

**SPIRE Alexis,** « La domestication de l'impôt par les classes dominantes », Actes de la recherche en sciences sociales, 2011, N.° 190, PP. 58-71.

**TCHODIE KOKOU Philippe**, « Les motivations ultra-matérielles et la question des moyens de travail dans les administrations fiscales », *in* **MEDE Nicaise, YENOUSSI Nicolas** (dir), *Bénin : les recettes publiques en débats*, Paris, L'Harmattan, 2020, pp. 293-326.

**THIERRY LAMBERT**, « Le contrôle de la performance du contrôle fiscal en France », *in* **MEDE Nicaise, YENOUSSI Nicolas** (dir), *Bénin : les recettes publiques en débats*, Paris, L'Harmattan, 2020, pp 241-252.

**TONI Errol**, « Les révoltes fiscales diffuses en Afrique de l'Ouest francophone », in **MEDE Nicaise**, *Les nouveaux chantiers de finances publiques en Afrique*, Paris L'Harmattan, 2021, pp. 487-496.

**VALENDUC Christian,** « les dépenses fiscales » *in Reflets et perspectives de la vie économique*, 2004,87-104.

**VAN POTTELSBERGHE Bruno, MEGALLY A Esmeralda, NYSTEN Steve,** « Évaluation des incitants fiscaux actuels à la R&D des entreprises en Belgique », *Service public fédéral de programmation politique scientifique*, série d'étude 02, 2004, pp. 1-32.

**VANDENBERGHE Pierre, «** Dépenses fiscales », *Commission européenne*, Bruxelles, 2019, pp. 1-18.

**WALSH James,** « Dispositions pratiques visant à promouvoir l'éthique au sein des administrations douanières », *in* : **KEEN Michael**, (dir), *Moderniser la douane, défis et stratégies de réforme de l'administration douanière*, FMI, 2003, pp. 167-180.

**WALSH James**, « La stratégie de réforme », *in* : **KEEN Michael**, (dir), *Moderniser la douane, défis et stratégies de réforme de l'administration douanière*, FMI, 2003, pp. (57-72.

**WALSH James,** « vérification et audit a posteriori », *in* : **KEEN Michael**, (dir), *Moderniser la douane, défis et stratégies de réforme de l'administration douanière*, FMI, 2003, pp. 82-90.

**WEIDENFELD Katia,** « Les niches fiscales, un instrument ambigu », *Revue projet-chercheur*, pp. 1-8.

**YEHOUENOU Charles,** « Dépenses fiscales au Bénin : propos évaluatifs », *in* **MEDE Nicaise, YENOUSSI Nicolas** (dir), *Bénin : les recettes publiques en débats*, Paris, L'Harmattan, 2020, pp. 109-128.

**YETNA BACKINY Prosper,** « Secteur informel, fiscalité et équité, l'exemple du Cameroun », *STATECO* N° 104, 2009, pp. 91-108.

**YONABA Salif**, « Le recouvrement des recettes publiques dans les États africains : un état des lieux préoccupant », *Revue française d'administration publique*, 2012, n° 144, p. 1043-1051.

**YOUCEF Bellatreche**, « Algérie : la nouvelle politique d'attraction d'investissements étrangers face à l'hésitation des investisseurs », *Institut d'Études* européennes.

**ZENOVIA GRIGORE Maria, DIAMANDESCU Andrei**, « La bonne gouvernance dans le domaine fiscal » Vl-1, JO Annals of the University of Oradea : Economic Science, pp. 1-7.

### IV- Documents divers

**ABESSOLO Serge,** « Réflexions et propositions pour une fiscalité de développement en Afrique », in conférence consultative en Afrique, 5-7, novembre, 2007.

**KAKO KOSSIVINUBUKPO,** « dépenses publiques et croissance des économies de l'UEMOA », décembre 2003.

**MOPA FATOING Modeste,** « Réorganisation des services et modernisation des procédures comme facteurs de performance en administration fiscale », *Actes de la conférence annuelle des responsables des services centraux, déconcentrés et extérieurs du ministère des Finances*, Yaoundé, 2014.

**NDJEUTCHEU Louis,** *Initiation pratique à la méthodologie de rédaction des thèses et mémoires en sciences sociales, master et doctorat*, cours polycopié non édité, 82 pages.

**NSOE (J-B),** « La compétitivité des entreprises au Cameroun : état des lieux, difficulté et perspective », *Forum douane entreprises*, Douala, 2020.

**NUBUKPO KOSSIVI**, « Dépenses publiques et croissance des économies de l'UEMOA », décembre 2003, pp. 1-19.

**RIZQY MARWAH**, « L'évasion et l'évitement fiscal grâce aux paradis fiscaux », Mémoire pour la commission des finances publiques dans le cadre de son mandat d'initiative sur le phénomène du recours aux paradis fiscaux, 2016, pp. 1-17.

**SAKHO Ousmane,** « La surveillance multilatérale », in Actes de l'atelier sur la surveillance multilatérale et l'harmonisation des statistiques dans la CEMAC, CEMAC, Brazzaville, 2001, pp. 27-33.

**SAMBA (A-F),** « Qualité de la dépense et performance au cœur du budget programme », Actes de la conférence annuelle des responsables des services centraux, déconcentrés et extérieurs du ministre des Finances, Yaoundé, 2014.

**TATY Georges,** « Le recours en manquement d'État de l'article 4 du traité révisé de la CEMAC : analyse critique », UEMOA, Dakar, 2010.

**TRAORE Habasso,** « projet de décision sur les dépenses fiscales », présentation au séminaire sur la coordination fiscale dans les États membres de l'UEMOA, 2014, pp. 1-14.

**TSOUCK IBOUNDE Rick Emery**, « L'assistance de la banque mondiale à la rationalisation des dépenses fiscales en zone CEMAC, les cas du Cameroun et du Gabon », novembre 2019, pp. 1-12.

### V- Rapports et autres études

- Assemblée nationale française, maîtriser la dépense fiscale pour un impôt plus juste et plus efficace, synthèse des propositions de la mission d'information sur les niches fiscales, Commission des finances, de l'économie générale et du plan, juin 2008.

- Assemblée nationale française, Rapport d'information en conclusion des travaux d'une mission d'information sur l'optimisation fiscale des entreprises dans un contexte international, Commission des finances, de l'économie générale et du contrôle budgétaire, 2013.
- Assemblée nationale Québec, Le phénomène du recours aux paradis fiscaux, Commission des finances publiques, mars 2017, 19 pages.
- Banque africaine de développement (BAD), « Mobilisation des ressources intérieures à travers l'Afrique : tendances, défis et possibilité d'action », *Comité des dix, note d'information*, n° 2, 2010, pp. 1-13.
- Banque africaine de développement, « Perspectives économiques en Afrique centrale 2019, performances macroéconomiques et perspectives, intégration régionale en Afrique centrale », 2019, pp. 1-52.
- Banque de France, « La mobilisation fiscale dans les pays de la zone franc : principaux enseignements sur longue période », Rapport annuel de la zone franc, 2007.
- Banque mondiale, « Cameroun, mémorandum économique, marché, administration publique et croissance », pôle mondial d'expertise en macroéconomie et finances publiques, région Afrique, 2016, pp. 1-39.
- Banque mondiale, Les perspectives économiques mondiales et les pays en développement, Économica, 1995.
- Bureau international du Travail (BIT), Évaluation de l'environnement des affaires au Cameroun, Genève, 2013, 131pages.
- CAMERCAP-PARC, Facilité élargie de crédit (FEC) : le Cameroun de nouveau à la recherche d'un équilibre budgétaire, comment atteindre le potentiel fiscal du Cameroun ? *Série note d'orientation*, octobre 2017, 45 pages.
- Cameroun, Cameroun Vision 2035, Division de la prospective et de la planification stratégique, février 2009.
- Cameroun, Document de stratégie de réduction de la pauvreté, avril 2003.
- CEMAC, Actes de l'atelier sur la surveillance multilatérale et l'harmonisation des statistiques dans la CEMAC, Brazzaville du 17 au 20 avril 2001
- CEMAC, Conjoncture économique et financière des États membres de la CEMAC et perspectives pour 2019.
- CEMAC, Programme des réformes économiques et financières de la CEMAC (PREF-CEMAC, FERDI, 2017.
- CIFAM, La gouvernance fiscale au Mali : enjeux et défis de la mobilisation des recettes, *in* communication sur la fiscalité, 2011.
- Collection guide, Guide sur l'analyse de risque dans les contrôles douaniers : amélioration des méthodes de travail, l'analyse de risque dans les contrôles douaniers, Édition collection guide.
- Commission des communautés européennes, Encourager la bonne gouvernance dans le domaine fiscal, communication de la Commission au conseil, au parlement européen et au comité économique et social européen, Bruxelles, 2009.
- Commission économique pour l'Afrique (CEA), Optimiser la mobilisation des recettes publiques et la création de la valeur ajoutée, 2016, 37 pages.

- Commission économique pour l'Afrique, Rapport sur la gouvernance en Afrique II, 2009, 315 pages.
- Commission générale du plan, Les aides publiques aux entreprises : une gouvernance, une stratégie, France, octobre 2003.
- Conférence des Nations unies sur le commerce et le développement (CNUCED), La concurrence dans l'économie du Cameroun, Nations unies, 69 pages.
- Conseil de l'Europe, Les systèmes d'incitations fiscales et leur impact sur la production cinématographique et audiovisuelle en Europe, rapport publié par l'Observatoire européen de l'audiovisuel, 2014, 145 pages.
- Conseil des impôts français, La fiscalité dérogatoire, pour un réexamen des dépenses fiscales, 4e rapport au Président de la République, 1979.
- Conseil des impôts français, La fiscalité dérogatoire : pour un réexamen des dépenses fiscales, 21e rapport au Président de la République, septembre 2003.
- Conseil des prélèvements obligatoires, Entreprises et « niches » fiscales et sociales. Des dispositifs dérogatoires nombreux, octobre 2010.
- Conseil des prélèvements obligatoires, La fraude aux prélèvements obligatoires et son contrôle, mars 2007, 329 pages.
- Conseil des prélèvements obligatoires, Les dépenses fiscales en faveur des entreprises. Éléments de comparaison internationale, rapport de Valenduc Christian, juillet 2010.
- Conseil économique, social et environnemental, *Conséquences économiques, financières et sociales de l'économie non déclarée,* Les éditions des journaux officiels, 2014.
- Conseil économique, social et environnemental, *Pour une réforme globale de la fiscalité locale*, avril 2018.
- Cour des comptes française, L'action de la douane dans la lutte contre les fraudes et les trafics, janvier 2015.
- Cour des comptes française, L'efficience des dépenses fiscales relatives au développement durable, Communication à la commission des finances du Sénat, septembre 2016.
- Cour des comptes française, La gestion des dépenses fiscales en faveur du logement, mars 2019.
- Cour des comptes française, Les missions de la douane : des coûts élevés, une modernisation et une simplification à mettre en œuvre, Rapport public annuel, 2018.
- Cour des comptes française, Les soutiens fiscaux et sociaux aux familles en France : une mise en perspective internationale, septembre 2017.
- Cour française des comptes, Les dépenses fiscales, note d'analyse de l'exécution budgétaire de 2014.
- Direction générale des douanes, rapport annuel 2018
- Direction générale des impôts, rapport annuel 2018
- Direction générale des impôts, rapport annuel, 2014
- Direction générale des impôts, rapport annuel, 2015

- Direction générale des impôts, rapport annuel, 2016
- Direction générale des impôts, rapport annuel, 2017
- Direction générale des impôts, rapport décennal 2010-2020
- Division des requêtes et du contentieux, Rapport annuel 2013, DGD 2014.
- Division des requêtes et du contentieux, Rapport annuel 2014, DGD 2015.
- Douanes camerounaises, Le temps des mutations, volume 1, 2010, 127 pages.
- Douanes camerounaises, Le temps des mutations, volume 2, 129 pages.
- Douanes camerounaises, rapport annuel 2014
- Douanes camerounaises, rapport annuel, 2009
- Douanes camerounaises, rapport annuel, 2010
- Douanes camerounaises, rapport annuel, 2011
- Douanes camerounaises, rapport annuel, 2012
- Douanes camerounaises, rapport annuel, 2013
- FERDI, « L'évaluation des dépenses fiscales », séminaire régional de formation sur l'évaluation des dépenses fiscales, Douala, 2019.
- FERDI, « Présentation des méthodes d'évaluation des dépenses fiscales et rédaction du rapport », séminaire régional de formation sur l'évaluation des dépenses fiscales, Douala, 2019.
- FERDI, « Appréciation de l'impact économique et social des dépenses fiscales », s*éminaire régional de formation sur l'évaluation des dépenses fiscale*s, Douala, 2019.
- FERDI, « Définition et identification des dépenses fiscales », séminaire régional de formation sur l'évaluation des dépenses fiscales, Douala, 2019.
- FERDI, « Renforcement de l'intégration économique régionale en zone franc : les politiques fiscales », 2017.
- FERDI, renforcement de l'intégration économique régionale en zone franc : les politiques fiscales, Réunion des ministres des Finances de la zone franc, 2017.
- FMI, Communauté économique et financière d'Afrique centrale, « Questions générales », Rapport du FMI n° 19/2Washington, mars 2019.
- FMI, Mobilisation des recettes dans les pays en développement, 8 mars 2011.
- FMI-CEMAC, Rapport des services du FMI sur les politiques communes à l'appui des programmes de réformes des pays membres, avril 2018.
- FMI-Département Afrique, coordination des politiques fiscales dans les pays de la zone franc, résultats, difficultés, enjeux et perspectives, Réunion des experts de la zone CEMAC, 2015
- GIDE, « les nouvelles pratiques en matière d'optimisation fiscale face aux nouvelles réformes », mars 2014, pp. 1-17.
- Groupe de la Banque mondiale, « Côte d'Ivoire : relever le défi de la mobilisation fiscale », juin 2019, pp. 1-58.
- Groupe de la Banque mondiale, « Étude sur la fiscalité en Afrique de l'Ouest, rapport de synthèse, options de réforme dans une perspective sous régionale », juin 2019.

- Groupe de la Banque mondiale, « étude sur les écarts fiscaux en République démocratique du Congo », *région Afrique,* avril 2017, pp. 1-51.
- Institut de recherche en économie contemporaine, Éléments de réflexion pour une réforme de la fiscalité au Québec, mémoire soumis à la commission d'examen sur la fiscalité québécoise pour accroître l'efficacité, l'équité et la compétitivité du régime fiscal, octobre 2014.
- IRAM, Étude d'impact des Accords de partenariat économique (APE) sur l'économie du Niger, 2004, 167 pages.
- Ministère des Finances du Cameroun, Rapport sur les dépenses fiscales de l'exercice 2016, septembre 2017.
- Ministère des Finances du Cameroun, Rapport sur les dépenses fiscales de l'exercice 2017, octobre 2018.
- Nations-Unies, Commission économique pour l'Afrique, « La politique budgétaire au service du financement du développement durable », 2019, pp. 1-160.
- OCDE, « Fiscalité et développement, principes pour améliorer la transparence et la gouvernance des incitations fiscales à l'investissement dans les pays en développement ».
- OCDE, *« L'investissement direct étranger au service du développement, optimiser les avantages, minimiser les coûts* », les Éditions, 2002.
- OCDE, « Projet de l'OCDE sur les pratiques fiscales dommageables : mise à jour 2006, sur le progrès dans les pays membres », Centre de politique et d'administration fiscales, pp. 1-6.
- OCDE, *Dépenses fiscales : expériences récentes, OCDE*, Paris, 1996.
- OCDE, *Les dépenses fiscales dans les pays de l'OCDE*, 2010.
- OCDE, *Lutter contre l'érosion de la base d'imposition et le transfert de bénéfices*, OCDE 2013
- OCDE, *Relever les défis fiscaux posés par l'économie numérique*, OCDE 2014.
- OMD, Lexiques des termes douaniers internationaux, OMD, Belgique 2018.
- OMD, Recueil de l'OMD sur l'origine, mai 2017.
- OXFAM, La bataille des paradis fiscaux, droit dans le mur : l'impasse de la concurrence fiscale, Note d'information OXFAM, 2016, 43 pages.
- Rapport de la commission d'enquête sur l'évasion des capitaux et des actifs hors de France et ses incidences fiscales, « L'évasion fiscale internationale, et si on arrêtait ? », Sénat, France.
- Rapport de Solidaires Finances publiques, Lutte contre la fraude fiscale : état des lieux, bilan législatif, organisation et perspective, pourquoi et comment en finir avec l'impunité fiscale, Paris, janvier 2018.
- Rapport du comité d'évaluation des dépenses fiscales et des niches sociales, juin 2011.
- Rapport économique sur l'Afrique, « La politique budgétaire au service du développement durable », Nations unies, Commission économique pour l'Afrique, 2019, pp.1-148.

- Rapport mondial de suivi sur l'éducation pour tous, augmenter les recettes fiscales pour combler le déficit de financement de l'éducation, 2014.
- Rapport mondial de suivi sur l'éducation pour tous, document d'orientation, « Augmenter les recettes fiscales pour combler le déficit de financement de l'éducation », 2014, pp1-9.
- UEMOA, Séminaire sur la coordination fiscale dans les États membres de l'UEMOA, 2014.
- Unité de gestion du programme ACP, « Impact de la mise en place d'un APE sur l'économie ivoirienne, sur les recettes fiscales de l'État et son environnement social », rapport final, 2006, pp. 1-206.

**V- Textes internationaux, communautaires et nationaux**

**A- Textes internationaux**

- Accord d'étape vers un accord de partenariat économique entre la communauté européenne et ses États membres, d'une part, et la partie Afrique centrale, d'autre part du 28/02/2009
- Accord de florence pour l'importation d'objets de caractère éducatif, scientifique ou culturel, 17 juin 1950.
- Convention de Chicago, du 7 décembre 1994
- Convention de Vienne sur les relations diplomatiques, 1961
- Convention internationale de Genève en vue de faciliter l'importation des échantillons commerciaux et du matériel publicitaire, 1952.
- Règlement (UE) 2016/1076 du parlement européen et du conseil du 8 juin 2016 appliquant aux produits originaires de certains États appartenant au groupe des États d'Afrique, des Caraïbes et du Pacifique (ACP) les régimes prévus dans les accords établissant ou conduisant à établir des accords de partenariats économiques.

**B- Textes communautaires**

- Acte 4/93-UDEAC-556-CD-SEI visant la mise en conformité des conventions d'établissement avec le programme régional des réformes (PRR).
- Acte n° 02/96-UDEAC-1297-57 du 1er juillet 1996 portant adoption de la réglementation sur le fonctionnement de la zone franche.
- Acte n° 2/92-UDEAC-556-CD-SEI du 30 avril 1992 ainsi que les textes modificatifs subséquents portant exemptions exceptionnelles et conditionnelles des droits et taxes.
- Acte n° 23/93-UDEAC-556-CD-SEI fixant la date de mise en application du programme régional des réformes fiscalo-douanières.
- Acte n° 3/93-UDEAC-556-CD-SEI portant mise en conformité des Codes des investissements avec le programme régional des réformes fiscalo-douanières (PRR).
- Acte n° 8/65-UDEAC-37 du 14 décembre 1965 portant adoption du Code des douanes de l'UDEAC, ainsi que les textes modificatifs subséquents.

- Acte n° 9/94 UDEAC-600-CE-30 du 22 décembre 1994 approuvant le protocole d'assistance mutuelle administrative en vue de prévenir, rechercher et réprimer les infractions douanières entre les États.
- Décision n° 31/19-UEAC-010A-CM du 18 décembre 2019 fixant la catégorisation des mesures d'exonération totale ou partielle des droits et taxes à l'importation et précisant les modalités de contrôle des déclarations de mise à la consommation en exonération totale ou partielle des droits et taxes.
- Directive n° 02/11-UEAC-190-CM-22 relative au règlement général de la comptabilité publique.
- Directive n° 02/11-UEAC-190-CM-22 relative aux lois des finances.
- Directive n° 03/19-UEAC-010A-CM-33 portant harmonisation des législations des États membres en matière de droit d'accises.
- Directive n° 06/11-UEAC-190-CM-22 relative au Code de transparence et de bonne gouvernance dans la gestion des finances publiques.
- Directive n° 07/11-UEAC-028-CM-22 portant révision de la directive N° 1/99-CEMAC-028-CM-03 portant harmonisation des législations des États membres en matière de taxe sur la valeur ajoutée (TVA) et du droit d'accises (DA).
- Règlement n° 06/19-UEAC-639-CM-33 relatif à la concurrence.
- Règlement n° 17/99/CEMAC-020-CM-03 relatif à la charte des investissements de la CEMAC.
- Traité de l'Union douanière et économique de l'Afrique centrale suivant modifications de l'Acte n° 2/91-UDEAC-556-CE-27 du 6 décembre 1991 à Libreville.
- Traité révisé de la Communauté économique et monétaire de l'Afrique centrale (CEMAC), Traité du 16 mars 1994, révisé le 25 juin 2008.

**C- Textes nationaux**

**1. Lois**

- Loi n° 006/PR/2008 instituant la charte des investissements de la République du Tchad
- Loi n° 15/1998 instituant la charte des investissements du Gabon
- Loi n° 2000/08 du 30 juin 2000 portant loi de finances de la République du Cameroun pour l'exercice 2000/2001
- Loi n° 2002/013 du 30 décembre 2002, modifiée par la loi n°2012-006 du 19 avril 2012
- Loi n° 2002-004 du 19 avril 2002, portant charte des investissements en République du Cameroun, modifiée par la loi n° 2004/20 du 22 juillet 2004 et par l'ordonnance n° 2009/001 du 13 mai 2009.
- Loi n° 2006/013 du 29 décembre 2006 portant loi de finances de la République du Cameroun pour l'exercice 2007.
- Loi n° 2008/012 du 29 décembre 2008 portant loi de finances de la République du Cameroun pour l'exercice 2009.

- Loi n° 2010/015 du 21 décembre 2010 portant loi de finances de la République du Cameroun pour l'exercice 2011.
- Loi n° 2013/ 004 DU 18 avril 2013 fixant les incitations à l'investissement privé en République du Cameroun, modifiée et complétée par la loi n° 2017/015 du 12 juillet 2017
- Loi n° 2013/011 du 16 décembre 2013 régissant les zones économiques en République du Cameroun.
- Loi n° 2016-17 du 14 décembre 2016 portant Code minier.
- Loi n° 2019/023 du 24 décembre 2019 portant loi de finances de la République du Cameroun pour l'exercice 2020.
- Loi n° 2020/018 du 17 décembre 2020 portant loi de finances de la République du Cameroun pour l'exercice 2021.
- Loi n° 90/001 du 29 janvier 1990créant le régime de la zone franche industrielle au Cameroun, 29.
- Loi n°2011/020 du 14 décembre 2011 portant loi de finances de la République du Cameroun pour l'exercice 2012.
- Loi n°2018/012 du 11 juillet 2018 portant régime financier de l'État et des autres entités publiques.
- Loi n°2019/008 du 25 avril 2019 portant Code pétrolier.

### 2. Ordonnances

- L'ordonnance n° 2006/002 du 30/10/2006 modifiant et complétant l'ordonnance n° 2006/001 portant révision de la fiscalité applicable à certains produits de première nécessité.
- L'ordonnance n° 2008/001 du 7 mars 2008 portant révision du taux du tarif extérieur commun applicable à l'importation du ciment.
- L'ordonnance n° 2008/002 portant suspension des droits et taxes de douane à l'importation de certains produits de première nécessité.

### 3. Décrets

- Décret 2019/135 du 17 avril 2019 fixant les modalités de création et de gestion des zones économiques au Cameroun.
- Décret n° 2013/299 du 9 septembre 2013 portant création, organisation et fonctionnement du Comité paritaire de suivi de la stabilité des incitations à l'investissement privé au Cameroun.
- Décret n° 2016 du 3 août 2016 fixant les règles d'origine et les méthodes de coopération administrative applicables aux marchandises de l'Union européenne dans le cadre de l'Accord d'étape vers l'Accord de Partenariat économique.
- Décret n° 2019/3179/PM du 2 septembre 2019 portant reconnaissance du statut de zone économiquement sinistrée aux régions de l'Extrême-nord, du Nord-ouest et Sud-ouest.

### 4. Autres normes réglementaires

- Circulaire N° 001/CAB/PRC du 24 juillet 2019 relative à la préparation du budget de l'État pour l'exercice 2020.
- Circulaire n° 001 du 30 août 2021 relative à la préparation du budget de l'État pour l'exercice 2022.
- Circulaire n° 00000454/MINFI/DGD/du 30 décembre 2021 fixant la liste des appareils, consommables, équipements et matériels médicaux éligibles à l'exonération des droits et taxes de douane à l'importation pour une période de 24 mois.
- Instruction interministérielle N° 0060/MINFI/DIPL du 26/03/2010 relative à l'application des privilèges diplomatiques en matière fiscale et douanière.
- Instruction n° 00000338/MINFI/DGD du 26 mars 2020 fixant les modalités d'application des dispositions de l'article septième de la loi de finances pour l'exercice 2020 relative au taux réduit du droit de douane de 5 % pour les véhicules neufs acquis auprès des concessionnaires à des fins de transport urbain en commun des personnes.

# TABLE DES MATIÈRES

## Structures éditoriales du groupe L'Harmattan


**L'Harmattan Italie**
Via degli Artisti, 15
10124 Torino
harmattan.italia@gmail.com

**L'Harmattan Hongrie**
Kossuth l. u. 14-16.
1053 Budapest
harmattan@harmattan.hu

**L'Harmattan Sénégal**
10 VDN en face Mermoz
BP 45034 Dakar-Fann
senharmattan@gmail.com

**L'Harmattan Cameroun**
TSINGA/FECAFOOT
BP 11486 Yaoundé
inkoukam@gmail.com

**L'Harmattan Burkina Faso**
Achille Somé – tengnule@hotmail.fr

**L'Harmattan Guinée**
Almamya, rue KA 028 OKB Agency
BP 3470 Conakry
harmattanguinee@yahoo.fr

**L'Harmattan RDC**
185, avenue Nyangwe
Commune de Lingwala – Kinshasa
matangilamusadila@yahoo.fr

**L'Harmattan Congo**
219, avenue Nelson Mandela
BP 2874 Brazzaville
harmattan.congo@yahoo.fr

**L'Harmattan Mali**
ACI 2000 - Immeuble Mgr Jean Marie Cisse
Bureau 10
BP 145 Bamako-Mali
mali@harmattan.fr

**L'Harmattan Togo**
Djidjole – Lomé
Maison Amela
face EPP BATOME
ddamela@aol.com

**L'Harmattan Côte d'Ivoire**
Résidence Karl – Cité des Arts
Abidjan-Cocody
03 BP 1588 Abidjan
espace_harmattan.ci@hotmail.fr


## Nos librairies en France


**Librairie internationale**
16, rue des Écoles
75005 Paris
librairie.internationale@harmattan.fr
01 40 46 79 11
www.librairieharmattan.com

**Librairie des savoirs**
21, rue des Écoles
75005 Paris
librairie.sh@harmattan.fr
01 46 34 13 71
www.librairieharmattansh.com

**Librairie Le Lucernaire**
53, rue Notre-Dame-des-Champs
75006 Paris
librairie@lucernaire.fr
01 42 22 67 13